■ 김공칠 저작집 6

제주방언통사론

– 비교통사론 –

김공칠 지음

백산출판

김공칠 저작집 6

제주방언통사론 – 비교통사론

2011년 8월 11일 초판 1쇄 펴냄
2015년 3월 30일 초판 2쇄 펴냄

저　자 김공칠
출판인 김공칠
발행처 백산출판

책임편집 이경민
표지디자인 윤인희

등록 2010년 9월 17일 제 651-2010-000018호
주소 제주시 이도이동 1172번지 11
전화 (064) 722-0238
팩스 (064) 722-0238
메일 imongil@kornet.net

ISBN 978-89-966229-0-1 93710

정가 35,000원

책 머리에

제주방언은 그 특수한 입지조건으로 인해서 내외적으로 많은 이의 관심의 대상이었다. 국어사적인 관점에서 음운과 어휘의 고어성이 부각되고 그 특수성은 비교언어학적인 처지에서 활용되기도 하였다. 그러한 가운데서도 기술언어학적인 관점에서의 음운과 형태의 연구가 중심을 이루어 왔다고 할 수 있다.

필자는 이에 보태서 생성문법적인 관점에서 제주방언의 통사적인 생성기제의 해명과 이와 관련된 구문의 분석을 시도하려고 한다.

필자가 고교 교사 시절에 써 낸 약 30년 전의 「방언학」(1977년간)은 필자의 방언 연구의 기반을 보인 것이라면, 이 책은 그 이후에 변모하는 언어이론을 꾸준히 닦아서 그 중에서도 특히 생성문법이론을 원용하여 제주방언에서의 구문형성의 통사적 특성을 제 나름대로 해명해 본 것이다.

저의 경험상 언어의 기술이나 비교의 연구에는 언어 요소들의 표면적인 분화상의 실상을 파악하는 것도 중요하고, 이와 더불어 표면적인 다양성에 깃들어 있는 내면적인 규칙성이나 원리성을 도출하는 것도 중요하다고 보고 있다. 그것은 언어의 중핵적인 문 형성의 통사과정의 분석과 비교에도 당연히 고려되어야 할 일이다. 계통적인 비교연구에서도 그 부분은 매우 중요할 것이다.

아쉽게도 이 책에서는 국내의 방언 구문간의 통사적 과정의 이동(異同)을 다루지 못하였다. 허지만 방언에 따라 연구자에 따라 분석의 방법이 다를 수 있겠으나, 필자의 방식대로라면 방언 구문의 형성과정에 큰 차이는 없고 다만 통사 범주 특히 술어핵과 그 병합의 형태상의 다양성만이 있는 것으로 예견된다.

대신에 핵문법을 공유한다고 보는 인근언어인 일본어의 구문 분석의 예시를 통한 대비를 보였다. 일본어는 원시한국어의 분파언어라고 하는 필자의 관점에서는 넓은 의미에서의 방언관계에 있는 언어다. 또한 한국어와 동계로 추정되는 알타이제어와의 관련 부분도 단편적이나마 구문 분석의 각 장의 말미에 보주로서 보였다. 이러한 일들이 제주방언의 통사적인 특성의 파악에, 반대로 여러 지역에 분화된, 뿌리가 같은 언어들의 통사적 특성의 이해에 참조가 되었으면 한다.

이상과 같은 필자의 의도가 이 책자에서 어느 정도 반영되었는지 걱정이 되는 바지만, 그러한 노력의 일단에 대한 독자 여러분들의 이해와 기탄없는 고언을 기대하는 바다.

그리고 이 자리를 빌어 졸고를 잘 가다듬어서 편집·교정을 수행한 이경민 책임편집인에게 깊은 사의를 드린다.

2011년 6월

지은이 씀

차 례

제4장 이동과 재구조화

제5장 술어와 문의 형성기제

제6장 중간동사구문

제7장 격 실현 기제

제8장 소위 예외적격표시구문에 대하여

제9장 주격목적어구문

제10장 이중목적어구문

제11장 결속이론

머리글

제주도에서 태어났거나 아니면 다른 지역에서 태어났다 하더라도 대개 12·13세 이전의 어린 시절을 제주방언 환경에서 자랐다면 제주방언을 몸에 배게 된다. 그것은 순전히 가족 또는 이웃 주민 그리고 친구들 사이의 언어경험만으로 터득한 것인지, 혹은 타고난 때부터 유전적으로 언어를 터득하는 바탕이 있어서 앞서의 여러 경험들이 자극이 되어서 터득하게 된 것인지는 학자간에 이견이 있다.

미국에서 1950년 후반부터 비롯된 변형문법 또는 생성문법에서는 사람은 유전적으로 언어를 익힐 수 있는 바탕을 지니고 태어나며, 주변환경의 언어경험에 의하여 개별적 언어가 형성되는 것으로 보고 있다. 어떤 언어에도 순응할 수 있는 보편적인 언어능력을 지녔기에 국적에 관계없이 미국에서 자라면 영어를, 한국에서 자라면 한국어를 하게 된다고 생각하는 것이다. 한국이라 하더라도 서울에서 자랐는가 제주도에서 자랐는가에 따라 언어경험도 달라지고 형성된 언어도 달라진다. 또 제주도에서 자랐다 하더라도 부모가 다른 지방의 방언사용자이면 가정에서의 언어경험과 주변의 언어경험이 달라서 순수한 제주방언 습득에 어려움이 있게 되겠지만 주변과의 친화력 여하에 따라 제주방언 사용자가 될 수 있다.

어떻든, 영어든 한국어든, 한 지방의 방언이든 그것을 습득할 수 있는 환경만 어린이에게 주어진다면 신체적 조건에 아무 하자가 없는 한, 성별이나 기타 사회적, 계층적 차이에 관계없이 누구나 해당 언어를 습득할 수 있다는 것은 모든 사람이 지니는 공통된 특권으로 세상사에서 참으로 신기한 일이 아닐 수 없다.

언어의 습득도 그저 단순한 단어의 암기에 그치지 않는다. 이 책자에서 보여주는 것과 같은 언어형성의 기제를 의식적이든 무의식적이든 터득하고 있다고 볼 수 있다. 보통, 사람은 어린이들도 노인들도 마찬가지지만 이 책에서 자주 쓰고 있는 명사구(NP), 동사구(VP), 시제소(T) 등의 범주기호에 접한 기회가 없다. 그렇지만 이들의 범주가 암시하는 내용을 머리/마음 속에서 무의식적으로 분간하고 있으며 그 요소들이 어떤 구조체를 이루고 있다는 것을 지각하고 있다. 그것은 NP와 VP의 순서에 따라서, 혹은 NP와 VP의 내용 여하에 따라서 문의 뜻이 달라진다는 것을 알고 있기 때문이다.

이 책은 바로 제주 사람들이 머리/마음 속에서 앞서의 범주들을 어떻게 조합하는가, 그리고 어떻게 소리와 뜻이 잘 소통되는 여러 가지 문을 만들어내어 가는가 하는 그러한 생성기제를 풀어보고자 하는 것이다.

이 책의 제목이 되는 통사론의 이름에 대하여 일반인은 매우 생소하게 느낄 지도 모른다. 과거의 방언연구에서는 음운, 어휘, 형태, 문법 등의 이름은 많이 보였지만 통사론의 이름은 그렇게 보이지 않았다.

방언을 듣고 말하는 데에 제주사람들의 머리/마음의 내면의 세계에서 여러 가지 규칙이나 원리가 상관적으로 혹은 통합적으로 작용하고 있는 것으로 보고, 그러한 규칙이나 원리의 내막을 명시적으로 보이려고 하는 것이 통사론이다. 이러한 통사론의 연구는 자기의 언어의 성찰이나 이해에 도움을 주게 될 뿐만 아니라 그러한 방언에 반영되어 있는 사람으로서의 심적과정을 통사적 분석의 표상으로서 조금이라도 그려낼 수 있게 되고, 그럼으로써 방언이나 언어의 습득의 과정의 이해와 학습에 도움을 주게 된다.

그런데, 제주방언이라 하더라도 지역적인 변이가 적지 않다. 여기서 한 예를 들어보면 '소'(牛)의 음형도 지역에 따라 다르게 분포한다. 지금까지의 방언사전에는 '쇠, 쉐'가 보인다. 이들은 모두 소(牛)+ㅣ(주격형)에서 온 것 같다. 자음 'ㅅ'을 뺀 모음 'ㅚ'는 원래 중앙에서는 단모음의 ø소리다. '에'(e) 발음할 때 입술을 둥글게 해서 내면 ø(외)소리가, 입술을 펴서 내면 e(에)소리가 된다. 모두 단모음이다.

제주도에서는 ø(외) 발음을 이중모음의 we(웨)로 보통 내고 있는 것으로 보인다. 중앙어의 원순의 ø(외)발음을 원순의 w음을 붙이는 식으로 하다 보니 그렇게 된 것 같다. 발음을 쉽게 내려는 의도가 있었지 않나 싶다.

앞서의 사전에 '쇠' 표기는 중앙어 sø발음을 나타냈다기보다 제주방언의 '외'는 응당 [we]로 발음되는 것으로 알고 그대로 쓴 것이 아닌가 싶다. 그렇지 않고 원래의 '외' 발음대로 표기한 것이면 제주방언에 중앙어의 sø발음이 기록 당시에 있었다는 것이 되는데 그러한 가능성은 희박해 보인다. 이에 대해, 또 하나의 '쉐'표기는 '외'의 제주도의 발음 we 그대로의 swe를 적은 것으로 보인다.

그런데 필자의 고장(제주도 동남부)에서는 '셰, 쉐'로 발음했던 것으로 기억하고 있다. 최근에도 그 인근지역 주민과 만났을 때 그것을 확인한 바도 있다. 역사적으로 볼 때 '셰'나 '쉐'도 자연스럽게 이루어질 수 있는 음형이다. '소'는 15세기 문헌에 '쇼'로 나타난다. 그리고 연대는 좀 뒤지지만 복합어로 문헌에 '쇠거름, 쇠고기'등이 보인다. 복합어의 '쇠' 전항은 '쇼(牛)+ㅣ(속격)'의 구성으로 보인다. 이 때의 '쇠(거름)'의 발음은 원래대로라면 ʃø지만 제주방언이라면 ʃwe가 되어 쉐(거름)가 된다. 이러한 데서 필자가 기억하는 '쉐'발음이 '쇼+속격'에서 유래된 것인지 혹은 '쇼+주격'에서 온 것인지는 확실하지 않으나 '쉐'가 복합형 외에 단독형으로 쓰이기 때문에 양쪽 모두에 쓰인 것으로 볼 수 있다.

이런 면에서 제주도에서 '쉐'형이 쓰이기도 하였다고 보면 그것의 원순성(w(우)음)이 사라진 '셰'도 쓰이는 것이 맞다고 할 수 있다. 곧 ʃwe>ʃe가 된다. 그 외에도 이론상 중세어의 '쇼'(牛)의 고형이 '슈'였다(모음추이)고 볼 수 있어서 제주방언에서는 '쇼'보다 고형인 '슈'로 받아들였다고 할 수도 있다. 그 가부에 대하여는 복잡한 이론 전개가 소요되기 때문에 여기서는 줄인다.

참고로 지금 민간에서의 윷놀이의 말의 호칭을 보기로 한다. 그 호칭은 부여의 사출도(四出道)의 족장의 이름에서 유래되었다고 하는데, 그렇다면 도(혹은 토)는 저가(豬加)(돗), 개는 구가(狗加)(개) (걸은 염소로) 숫(혹은 슷)

은 우가(牛加)) (모는 말(馬)로)로 견줄 수 있다. '숫'에 해당된 공통어는 '윷' 인데 그 고어가 '슛'(훈몽자회)이므로 △자음이 제로로 변하여 된 것이다(ᄆᆞ술→ᄆᆞ을). 제주방언 책자에 모두 '숫'으로 기록되고 있으나 필자의 기억에는 '슛'발음도 있는것으로 알고 있으며 또 그것이 고형 유지형으로 보고 있다. 이는 중앙어의 '쇼'의 고형으로 추정되는 '*슈'와도 그리고 제주방언어 '쉐'와도 어떤 경로로든 연관되는 것으로 볼 수 있다.

여기서 잠시 전국의 방언형을 사전에서 찾아본다면 단독형으로 제주방언의 사전형인 '쉐, 쇠' 외에 '쇄, 쉬, 시'형이 보이고, 복합형에는 이외에 전남지방의 '새(게기/고기)'가 보인다. 필자가 제시한 '셰, 쉐'는 보이지 않는다. 그렇다면 필자가 확인한 '셰, 쉐'형의 실재는 전국적으로 독특한 것이 된다. 그렇지만 전국적으로 미확인된 지역이 많겠으므로 어딘가에 있을 가능성은 있다.

요는 '소(牛)'의 방언 호칭들은 고형인 쇼, *슈에서 유래하며 그 두자음은 [ʃ]([시]에 가까운 소리)이고 그 유지형인 ʃu(슈), ʃwe(쉐) ʃwi(쉬) ʃe(셰) ʃi(시)로 전국에 남아있는 것으로 보아진다. 그리고 나머지의 '쇠, 쇄'의 표기는 '소'의 표기에 견인된 것이 아닌가 한다.

이상에서 '소'(牛)의 방언어휘가 지역에 따라 다름을 보았는데, 마찬가지로 통사적 범주의 형태도 지역에 따라 다를 수 있다. 격이나 굴절어미의 기능범주의 형태는 물론 그 운용의 관점에도 차이가 있을 수 있는 일이다. 그러한 형태적인 변이 문제 그리고 문 생성에 기여하는 형태론의 연구는 앞으로의 연구과제다. 통사론에서도 지역마다 다르게 나타날 수 있는 문생성의 경로와 문 도출방식에 대해 연구자의 견해차가 있을 수 있어 여러가지 어려움이 따를 수 있다.

그렇지만 방언통사론의 연구를 위해서는 각 방언의 특징적인 구조적인 분석이나 구성소의 형태분석도 중요하지만 가급적이면 기본적으로 공통적일 수 있는 문의 생성과정과 그 기제를 추구하는 일도 중요하다.

언어(방언)에 대한 관점으로 외적인 것과 내적인 것이 있다. 외적이라 함은 이미 언어로서 발화된 결과물에 대해 분석하는 것이고, 내적이라 함은 언어표현의 생성과정에 대해 분석하는 일이다. 구조주의 문법은 전자에 치중했고 생성문법은 후자에 치중한다. 외적인 접근도 머리/마음에서 이루어지는 생성과정을 이해하는데 기여하는 면이 전연 없는 것은 아니다. 예컨대 IC(직접구성소) 분석을 통하여 구성소 간의 결합 양상의 파악은 곧 문의 생성과정의 파악과도 같은 것이다.

내적인 것은 구성소의 결합에 내재하는 규칙의 정립이다. 이는 다분히 직관적인 통찰력으로 파악할 수 있는 성질의 것이다. 따라서 논자에 따라서는 다양한 연역적 규칙이 범람할 수 있는 폐단이 있다. 그러나 언어생성의 내재성을 규칙적으로 밝힐 수 있다면 머리/마음의 언어표현의 심적과정을 파악할 수 있는 이점이 있다.

사람에게서의 내적인 언어의 최초상태에 대해서는, 쉽게 말해서 태어날 때부터 유전적으로 선천적인 능력을 지닌 상태라고 하는 이성주의적 언어관이 있는가 하면, 백지상태라고 하는 경험주의 언어관이 있다. 모두 최초상태 이후의 경험이 중요하다는 점에서는 동일하다. 그런데 정상적으로 태어난 어린이면 누구나 놀라울 정도로 언어(방언)를 익혀가는 것을 보면 무슨 특별한 경험이 있었다 해서 그리 됐다 보기 힘들고 어떤 특별한 유전자 혹은 능력이 있어서 그렇다고 볼 수 있다. 실지 그렇게 생각하는 이가 많은 편이다.

그러한 능력이 있기에 제주도에 태어난 어린이는 최초상태(So)에서 얼마간 경험을 쌓고 나면 제주방언을 보통으로 말하게 되는 안정상태(Ss)에 이르게 된다. 방언이 핵문법을 거치고 안정상태에서 이루어진다면 방언의 연구도 발달언어심리학 또는 언어획득이론의 경우처럼 최초상태 곧 UG(보편문법)에의 연구도 필요하다. 다만 중복적인 연구를 피할 필요가 있으므로 그것에 대한 본격적인 연구는 그 쪽에 맡기더라도 UG-핵문법-개별문법(제주방언)의 형성과정의 가정과 이해는 제주방언의 보편성과 개별성(특수성)을 밝히는 데 소홀히 할 수 없다고 본다.

이를 위해서 이 책에서는 개별문법으로서의 방언의 통사구조를 생성문법적인 구조적 형상성으로 명시적으로 보이려고 노력하고 있다. 그것은 해당 언어(방언)의 생성기제의 파악에 도움이 될 뿐 아니라 다른 언어(방언)와의 비교에도 이용될 수 있으므로 개별성과 보편성의 추구에 도움이 될 것이다. 화용적 요소와의 접점을 위해서 또 보편적인 문의 시발을 위해서 문의 발제 - 결말의 시발구조를 상정하고 이에 포용되는 명제구조의 도출주의적 파생과정과의 일치에서 문의 생성이 완결되는 접근법을 보여준다. 개별성은 도출과정 특히 술어부의 형성과정과 그 과정에서의 형태변이의 차이라고 본다.

보이려고 하는 통사상의 표상이 여러 가지로 나타나듯이 이들을 운용하는 문법의 부분도 독자적으로 그리고 자율적으로 기능하면서 전체적으로 함께 작동하는 module처럼 운용되고 있다고 가정된다. 그 부분은 크게는 소리를 내고 알아듣는 부분, 뜻을 나타내고 풀이하는 부분, 소리와 뜻을 잘 어우르게 하여 문을 이루어내는 부분과 같이 나눌 수 있다. 음운론, 의미론, 통사론이 그것인데 그 외에도 형태론, 어휘론의 부분이 있고 이 모두에도 자체적으로 여러 하위 부분이 있다고 볼 수 있다. 이 모든 부분의 요소들은 구조적으로는 계층구조를 이루고 있고 운용에는 여러 가지 원리와 규칙이 작동하고 있는 것으로 보고 있다. 만일에 언어가 module로서 사람의 심적 과정을 나타내는 것이라면 사람의 머리/마음의 module적인 어느 영역의 활동과도 연계되는 것임에 틀림없다.

이미 널리 알려신 사실이지만 프랑스의 외과의사인 P. Broca(1824-80)가 1861년에 좌뇌의 전두엽(前頭葉)의 경색에서 말은 알아들어도 말을 못하는 장애(Broca 失語)가 생긴다고 보고한 일이 있다. 지금은 그 부분이 언어에서의 음운처리와 관계되는 부분이 아닌가 보고 있고 문법의 처리도 이 부분의 활동이 필요하다고 해서 통사론의 module이 이 부분에 있는 것으로 보기도 한다(酒井 2002: 250). 통사론의 정보중에서 이동요소와 흔적 사이의 관계로 처리되는 구조형성과정은 다른 구역에서 처리된다고 하기도 한다(Grodzinsky 1999, 필자 未見, 박순혁 2005 : 97 참조).

1874년에 독일의 정신과 의사인 C. Wernicke (1848-1905)는 이와 다른 부분 곧 좌뇌의 측두엽(側頭葉) 상부의 영역에 장해가 있으면 말을 들어도 이해 못하고 말할 때의 언어선택에도 장애가 생긴다고 하였다(Wernicke 失語). 앞서의 Broca 영역보다 후부의 영역이다.

Broca 영역과 Wernicke 영역 사이를 중계하는 역할을 하는 각회(角回), 연상회(緣上回)도 하나의 언어 중추 노릇을 한다고 보고 있다. 각회에서는 문자의 시각정보를 청각정보로 바꿔서 음독에 필요한 처리를 한다고 한다(酒井 2002: 187). 연상회는 음의 정보가 전해져 오는 부분이고 음을 단기적으로 저장하는 부분이다. 장해가 있으면 들은 말을 반복해서 말하지 못한다. 이러한 일부의 예들을 보아도 분명히 머리(뇌)에는 언어와도 직결되는 module적인 구실을 하는 부분이 있다는 것을 알 수 있다.

또한 실문법(失文法) 환자에게는 뇌손상 때문에 문의 처리에 쓰이는 작업공간이 한정되어버린다. 구조의 대소에 따라 처리의 다름이 있다. 곧 작은 구조를 지닌 문은 큰 구조를 지닌 문보다 다루기 쉬워서 작은 구조 쪽이 말하고 이해하기 쉽다. 계층적으로도 장해의 정도에 따라 기능범주의 어휘에 대한 장애의 정도가 다르다. 중증인 경우는 모든 기능범주의 어휘에 장애가 나타나는데, 경증인 경우는 가장 높은 위치에 있는 보문소의 잘못도 바르게 가려내기도 하고 그 어휘를 말하기도 한다고 한다. 말을 회복하는 과정에서도 낮은 위치의 어휘로부터 높은 위치의 어휘의 차례로 회복된다(萩原 1998: 70). 이러한 예들을 보아서 역시 머리/마음에도 언어에 계층구조를 반영하게 하는, 계층적인 기능부분이 있다는 것을 알 수 있다.

한편으로 제주방언은 외적으로 주변언어하고 유사성도 지닌다. 특히 한국어와 일본어는 언어의 속성으로 볼 때 핵문법을 같이하는 언어이며, 역사적으로 비교할 때는 동계의 언어이다. 현대에서는 어휘가 제각기로 변모하였지만 고대에 소급하면 비교적 유사성을 지녔었다. 따라서 고대에 서로 가까웠던 이들 두 언어를 지금까지 분화식으로 계승해온 만큼 그 중의 한 갈래인 제주방언의 특성 특히 통사적 특성의 연구에도 일본어 측면의 것도 참고될 점이 많을 것이다. 그래서 이 책 중에는 일본어와 대비하는 경우가 많다.

또한 한국어와 일본어는 크게는 알타이어계에 속한다고 보기도 한다. 그래서 이 책에서 구체적인 구문을 다루는 장에서는 그 말미에 보주 형식으로 알타이어계의 튀르크어, 몽고어, Evenki, 만주어의 경우를 보여주고 있다. 이들 언어는 아주 넓게 보면 모두 방언적 관계가 되는 언어들이다. 비록 일부적인 대비지만 그러한 작업을 쌓아감으로써 각 언어(방언)들의 개별성과 공통성을 추려나갈 수 있을 것이다.

제주방언은 그 입지적 조건의 고립성, 특이성으로 방언의 보수성, 독자성이 내외에서 주목을 받아왔다. 필자가 제주도 출신인 줄 아는 비교언어학 관계자들은 제주방언의 특성에 대해 많은 관심을 표명하기도 하였다. 과거의 비교연구는 주로 음운과 어휘에 관련된 것이어서 구조적으로 파악하는 데는 다소 도움은 되었어도 크게는 도움이 되지 못하였다. 이 책에서는 방언구조의 생성경로를 도출주의식 파생으로 계층구조의 수형도로 나타내고 있는데 그러한 형상화가 핵심적인 부문의 대비에 도움이 되었으면 하고 바랄 뿐이다.

이상에서 언급한 방언의 내적, 외적인 일들은 한 두 사람의 힘으로 쉽사리 이루어질 수 있는 것은 아니다. 실지로 외국의 논저를 보아도 어느 것이나 선행연구의 기반에 서고 있다. 필자도 내외 문헌에서 계몽되고 자극받은 것이며 그 내용에도 선행연구를 참조, 인용한 것이 많다. 필자의 능력에도 한계가 있는 것이니 선행연구를 잘못 이해한 부분도 없지 않을 것이다. 그래서 참조, 인용한 부분은, 단행본은 책자의 페이지를, 논문은 게재지 페이지를 일일이 표시하였다. 혹시 누락된 부분이 있다면 그것은 필자의 기장의 누락의 실수이니 양해 바란다. 또 논저의 인용에서 미견(未見)이라고 한 것은 그것을 인용한 연구자의 논문을 보았을 뿐 인용논저를 직접 보았다는 것이 아님을 나타낸 것이다. 미견의 이유는 그러한 논저가 국내에서 얻기 어려운 게재지였기 때문이다.

이 책자에 나오는 약자 표기는 쉽게 알 수 있도록 따로 약식표기일람으로 정리하여 다음 난에 실었다.

이 책의 각 장은 오래전부터 독립적으로 쓰기 시작한 것으로, 그래서 각 장에 중복되는 서술 부분이 없지 않을 것이고 지금으로서는 진부한 부분도 없지 않을 것이다. 그렇다고 내놓을 시일을 너무 오래 늦출 수 없는 일이고 해서 이번에 다듬어진 대로 한 책으로 엮어서 내놓게 되었다.

약식 표기 일람

이 책에 쓰인 약식 표기를 모아보았다. 이것들 거의가 생성문법에서 일반적으로 쓰인다. 일부를 제하고 대문자로 약식부호를 표기했으나 경우에 따라 첫째자 외는 소문자로 표기하기도 하였다. *표시는 필자가 사용하는 것이다.

A	Argument 논항
A′(A−bar)	Nonargument 비논항
A(V)/A(V)P	Adjective/Adjective Phrase 형용사/형용사구
ACC, Acc	Accusative Case 대격
*Af	Affix 접사, *통사적접사핵
AGR/AGRP	Agreement/Agreement Phrase 일치소/일치소구
AGRO/AGRPOP	Object Agreement/Object Agreement Phrase 목적어 일치소/목적어 일치소구
AGRS/AGRSP	Subject Agreement/Subject Agreement Phrase 주어 일치소/주어 일치소구
ARB	통칭자질
Aux	Auxiliary 조동사,
α(alpha), β(beta), γ(gamma), δ(delta), …	구성요소의 변항들
C(COMP)/CP	Complementizer/Complementizer Phrase 보문소/보문소구 *보문기능핵(구)
D(DET)/DP	Determiner/Determiner Phrase 결정사/결정사구 *조사(구)
DAT	Dative Case 여격
DO	Direct Object 직접목적어

DS	Deep Structure 심층구조
ECM	Exceptional Case-Marking 예외적 격표시
EPP	Extended Projection Principle 확대투사원리
F(F-Feature)	Functional Feature 기능자질
FI	Full Interpretation 완전해석(원리)
GB	Government and Binding (Theory) 지배와 결속(이론)
GEN	Genetive Case 속격
GF	Grammatical Function 문법기능
HON	Honor, Honorifics 경의, 경어
I(INFL)/IP	Inflection/Inflection Phrase 굴절사/굴절사구
IO	Indirect Object 간접목적어
λ(lambda)	LF에서의 의미표현
LF	Logical Form 논리형식(부)
M	Modality 양상
N/NP	Noun/Noun Prase 명사/명사구
N(um)	Numeration 배번집합
NEG	Negation 부정어
NOM	Nominative Case 주격
NV(AV)	Noun-ha Adjective 하다 형용사
NV(N)	Noun-i Predicate 명사술어
NV(V)	Noun-ha Verb 하다동사
O, OBJ, Obj	Object 목적어
OP	Null Operater 공연산자
π(pi)	PF에서의 음성표현
P/PP	Preposition/Prepositional Phrase 전치사/전치사구 *후치사/후치사구
PF	Phonetic Form 음성형식(부)
PRES	Present 현재시제
PRO(big PRO)	Null Pronoun (a covert (null-case) subject

	pronoun) 보문주어 공대명사
pro(little pro)	Null Pronoun (a covert nominative/accusa -tive- case pronoun) 공대명사
PS	Phrase Structure 구구조
ψ(phi[fai])	Agreement-Feature 일치자질
Q	Question Particle/Feature 의문사/자질
Q/QP	Quantifier/Quantifier Phrase 양화사/양화사구
Σ(sigma)	통사체의 합체/의미부문의 표시
S	Sentence 문
*S/SP	*Sentence Settlement/Sentence Settlement Phrase 문 결말소/문 결말소구
SC	Small Clause 소절
SPEC	Specifier 지정어
SUB, Subj	Subject 주어
T/TP	Tence/Tence Phrase 시제소/시제소구
t	Trace 흔적
TOP	Topic 주제
θ(theta[θɛːta])	Thematic 의미역
θ′(theta-bar)	Nonthematic 비의미역
UG	Universal Grammar 보편문법
V/VP	Verb/Verb Phrase 동사, *술어(동사)어근핵/동사구
VN	Verbal Noun 동작성명사
𝓋/𝓋P	Light Verb/Light Verb Phrase 경동사, *핵문술어핵/경동사구, *핵문술어구
WH	WH-Word/Feature 의문사/의문자질
X	Variable 변항
X/X′/X″	Head Word/Intermediate Projection of X/ Maximal Projection of X 핵어/핵어의 중간투사/핵어의 최대투사

제1장 문법의 체계

1. 문법의 체계

제주 사람들은 머릿속에 방언의 생성을 위한 문법이 어떠한 체계를 이루고 자리하고 있을까? 설혹 그런 것이 있다 하더라도 지금으로서는 그 부분을 해부해서 직접 확인할 수 있는 것도 아니어서 그 해명은 이론적인 추론과 인공적인 구조 묘사에 그칠 수밖에 없을 것이다.

언어보편성의 가설대로라면 사람이면 세계의 어느 곳에서 태어나 자라든 동일한 문법 곧 언어기능(Faculty of Language, FL)을 지닌다는 것이 되는데, 그렇다면 세계의 갖가지 언어들에 대한 경험적인 관찰을 통하여 그 공통성을 추구하는 데서 그 일면을 엿볼 수 있을지 모른다. 근본적으로 언어는 소리와 의미의 양면을 지니고 있어서 그 두 가지가 잘 연합됨으로써 제구실을 할 수 있는 것으로 본다면, 머리 / 마음에서 소리와 의미 그리고 그 연결작용의 세 가지를 통합하는 기제가 문법의 체계일 것이다.

문법이론에 따라서는 그 중의 어느 한 가지를 중심적으로 보는 경향도 없지 않다. 의미가 바탕이 되어 구조가 이루어지고 음성적으로 실현되는 것으로 보아,

(1) 의미→의미구조→통사적 조작→음성실현

의 기제로 작동된다고 할 수 있다. 그러나, (1)은 출발에서부터 의미원소의 어휘화 연산의 복잡한 과정을 거치게 되어 통사부에 복잡성을 안겨다 주는 부담이 있다.

통사(구조)가 바탕이 되어 거기에 적절한 어휘가 삽입되고 변형 등의 조정을 거쳐 제격의 문이 잡힌 다음 음성과 의미가 제대로 해석됨으로써 제구실을 한다고 하기도 한다.

(2) 통사구조 → 어휘삽입 → 변형 → 문구조 < 음운해석 / 의미해석

이와 달리 소리가 바탕이 되어 의미를 구조화하는 것이라고 생각할 수도 있다. 소리는 의미 없이는 제값을 못하는 것이므로 소리와 의미의 제1차적 결합인 형태소가 바탕이고 그것을 목록화한 어휘항목이 언어생성의 연산의 출발점이 된다고 할 수 있다. 그렇게 되면 통사부의 할 일은 어휘항목의 배열을 적절하게 하는 일이 되어 그만큼 할 일이 수월해질 것이다.

무엇이 바탕이 되든 사람들이 보편적인 문법장치를 지니고 태어난다고 가정했을 때 그 최초의 존재 상태를 최초상태(Initial State, So)라고 한다. 그러다가 어느 곳에서 어떠한 언어경험을 쌓으면서 성장하였는가에 따라 나름대로 내면화된 내재적언어(Internalized Language, I-언어)를 지니게 되는데, I-언어는 학습자에 의해 습득되고, 화자와 청자에 의해 쓰이는 말을 아는, 사람의 마음의 어떤 요소이다(Chomsky 1986b: 22). 이에 대해 외면적인 결과물로서의 외재적언어(Externalized Language, E-언어)는 마음/머리의 특성하고는 독립적으로 존재하는 구조물이다.

I-언어의 1차적인 원초형은 필자는 방언(능력)이라고 생각한다. 1차적으로 방언의 틀을 몸에 배고서 유치원, 초등학교에서의 공통어교육, 텔레비전 등의 매체와의 접촉 등으로 공통어가 받아들여진다. 그래서 가정에서 그리고 가까운 친구 사이는 방언을, 학교와 공공장소에서는 공통어를 쓰는 등 이중적인 언어생활을 하게 되지만, 그렇더라도 그것은 거의가 어휘적인 선택 구사와 술어핵의 형태상 차이에 불과하고 근본적인 내면의 문법의 체계가 달라지는 것은 아니다. 곧 머릿속에 있는 I-언어의 문법체계의 바탕은

동일하게 유지되면서 경험과 학습에 의해 습득한 어휘의 구사와 술어핵의 형태만이 다르게 나타나게 되는 것뿐이다. 그러다가 노년이 되면 쓰기 편해서인지 다시 방언으로 회귀하는 현상을 주변에서 경험할 수 있다. 방언도 결국은 조상 대대로 변화를 겪으면서 물려받아온 방언 어휘를 익히면서 그것을 머릿속에 목록화(사전으로 생각해도 좋다)하고 문법장치에 입력하여 음성과 의미가 합치한 문으로 출력시키는 것인데 이는 일반언어의 생성과도 같다. 이 때의 문법장치는 보편적인 것으로부터 각 언어의 실정에 맞게 매개변항화된 핵문법(Core Grammar)의 단계를 넘어선 것으로 보아진다. 핵문법의 단계에서는 한국어(방언)나 일본어(방언)는 공통적이었다 할 수 있다. 서로가 유사한 골격을 지니고 있기 때문이다. 이후의 각각의 경험의 다름에 따라 개별문법으로 안정되어진 것인데 그러한 안정기는 12세, 13세 시기로 본다면 초등학교 졸업기 정도로 볼 수 있다. 방언어휘와 공통어어휘의 이중사용시기가 되어서 제주방언문법의 바탕 위에 공통어 문법이 형성되고 방언과 공통어 어휘가 사용되는 양상이 된다. 그렇다면 방언 어휘든 공통어 어휘든 그것이 문법의 장치에 입력되면 제주방언이든 공통어이든 이루어지게 되는 그 매직박스의 내막이 궁금하다. 지금까지 그 내막을 묘사하려는 여러 가지 시도가 있어 왔다. 어떻게 하면 그것을 최소적이면서 최적적인 것으로 구도화할 수 있는가가 관심거리였다. 방언이나 언어연구의 목적에는 이러한 생성장치의 해명도 그 한 몫이 된다.

생성문법의 초창기의 모형은 졸저(김공칠 1989: 106-108)에 언급되어 있고, 80년대는 대충 다음과 같은 구도가 제시되었다.

(3)

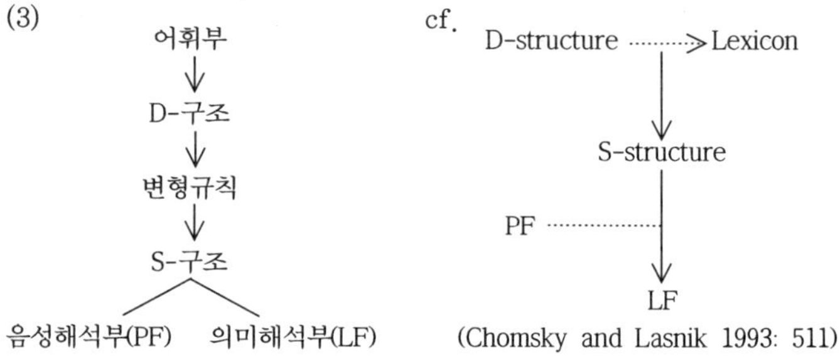

이 중에 변형규칙은 α-이동으로 총괄하게 되는데, (3)에서는 기저적인 D-구조와 파생적인 S-구조 사이에 일어난다. 이외에도 S-구조와 의미해석부(LF) 사이에도 일어나는 것으로 보게 된다. 한 가지 예로 영어에서의 외현적 WH-구 이동에 견주는 한국어·일본어에서의 내현적 WH-구 이동의 경우(제2장 5절의 (52) 참조)가 그것이다. 중국어형(한국어·일본어도 필자 주)의 언어는 WH-구는 제자리에 있고 영어형은 외현적으로 이동을 한다는 것이 하나의 매개변항(Parameter)인데(Chomsky and Lasnik 1993: 562), 영어에서는 PF 분리 이전에, 한국어·일본어 등은 PF 분리(문자화, (8) 및 (10) 이하 참조) 이후에 LF에서 α-이동이 적용된다는 것이 된다. 전자를 외현적 이동, 후자를 내현적 이동이라 한다. 이와 같이 파생이 PF로 분리되는 시점이 α-이동의 후인가(가시적) 앞인가(비가시적)가 Parameter화되는 것이다.

어휘부에서 제주사람들이 '나, 밥, 먹(다)'를 선택하여 D-구조에 사상(寫像, Mapping)할 때에 그 구조를 제약하는 원리가 있게 되고 그 중에 θ-이론(의미역이론), 투사원리(술어핵의 투사원리), X′-이론에 따르게 되면 핵문의 경우 다음의 기저구조의 표상을 이룬다고 보고 있다.

(4) D-구조 [$_{IP}$ e [I′ [$_{VP}$ [$_{NP}$ 나 [$_{NP}$ 밥 [$_{V}$ 먹-]]] [$_{I}$ 엄쩌]]]].
S-구조 [$_{IP}$ 나(가) [$_{I'}$ [$_{NP}$ 밥(을)] [$_{V+I}$ 먹엄쩌]]].

(4)의 D-구조에서 [$_{VP}$ …] 구조는 동사의 θ-역할(동작주, 대상)과 그것을

구조에 반영하는 투사원리(5장 1절 참조), 그리고 그 계층적 제약을 나타내는 X′-이론 그것도 VP내부주어가설(3장 3절, 6절 참조)에 입각하고 있다. D-구조에 대한 S-구조의 차이는 [$_{VP}$ …] 내의 동작주의, IP의 지정어 자리에의 이동과 V+I의 병합이다. 이동은 술어부의 병합과 더불어 동작주 명사가 주격을 받기 위한 것으로 풀이된다. 그러한 NP-이동과 V의 이동 이외에도 괄호에 묶은 조사처럼 S-구조에서의 조사 부가의 경우가 있다. 그렇다면 조사의 부가 같은 일들은 D-구조에서 S-구조로 유도하는 변형규칙이 된다. 이에 대해 조사의 부가는 D-구조에서 비롯된다는 의견도 있다.

한국어의 공통어에서 조사가 부착한 형태가 일반적으로 쓰이나(부착하지 않는 경우도 있다) 제주방언에서는 부착하지 않는 것이 일반적이다. 하지만 부착하여 쓰는 경우가 늘고 있다. 부착하지 않아도 제로격조사가 있는 것으로 간주한다.

이러한 과정을 수형도로 나타내면,

(5) a. D-구조 b. 변형 c. S-구조

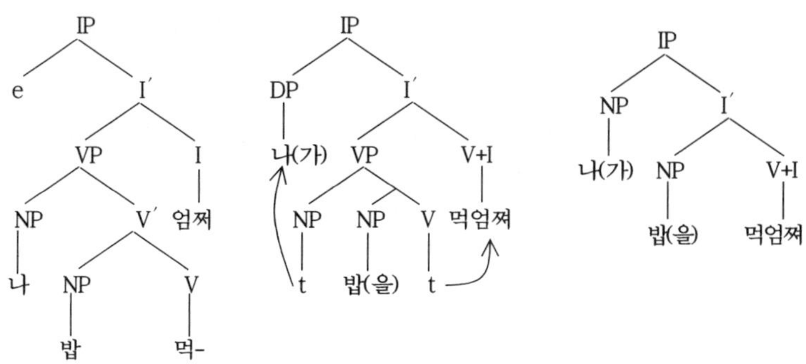

IP는 굴절사 I의 최대투사이며 S(문)와 동일하다. t는 이동 요소의 흔적으로서 그것의 본래의 의미역이나 기능을 나타내는 것이기에 그것이 표시된 상태가 S-구조가 되겠지만 여기서는 술어핵 병합에 의한 구조조정의 과정을 나타내는 것으로 하였다. 술어핵의 명칭으로 재구조화된 사연도 알 수 있고 이미 부여된 의미역 틀과 격도 그대로 알 수 있다. 흔적은 LF에서의 해석에 도움이 되고 PF에서의 부담도 없는 것으로 보지만 그와 같은 변형중에 생긴 새로운 요소는 인정하지 않는 경향이다.

핵문의 형성은 핵문술어 *v*에서 1차적으로 마무리지어진다. 따라서 (5)와 같은 과정은 수용하지 않고(비교 고찰에는 활용되지만) 다음의 (6)과 같이 표시한다.

(6)

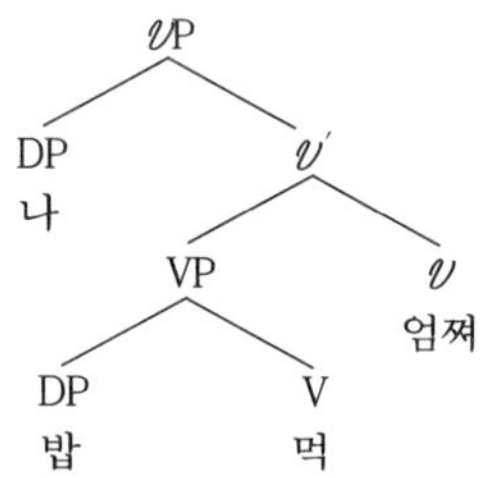

각 술어핵의 표시만으로 VP, *v*P를 알 수 있고 상대항의 논항은 DP이므로 그러한 명칭 표시는 없어도 된다. 다만 이해의 편의를 위해서 종전대로 그러한 명칭을 쓰고 있다.

이러한 핵문의 투사제도는 핵문법을 공유하는 한국어의 다른 방언, 그리고 일본어, 만주어, 몽고어 등 알타이제어와 함께한다 할 수 있다. 이들 언어와 다른 점이라면 제주도라는 특수한 지역적, 사회적 환경에서 경험하여 축적한 머리 안의 방언사전이 될 것이며, 간혹 술어핵의 병합과정에서의 변이와 같은 것이 있을 수 있다. 격조사가 무형적이냐 유형적이냐도 변이적으로 볼 수 있다. SOV의 어순은 동일하게 유지되며 서양어의 SVO언어하고는 핵문법 이전의 어순의 매개변항에 의해 이미 갈라선 것이다.

기저적인 D-구조 표시는 그것에 직결되는 θ-이론, 투사원리, X′-이론에만 관계되는 것이 아니고 마지막 표시인 의미해석부(LF)와도 관계하기 때문에 D-구조 표시 없이 의미해석에 지장이 없다. 어휘부에서의 어휘속성대로 곧 술어핵이 상대논항을 선택하여 병합해감으로써 자연스레 구조를 이루어 가는 것을 보이면 된다. 음성과 의미 양면으로부터 해독성을 보장받기 위해서도, 종래의 정지적인 층위 표시보다는 어휘 병합의 연산과정이 명시되는 파생구조가 표시될 일이다. 그리고 다음 예시처럼 문법의 안정화의 과정을 보더라도 어느 단계에서든 그러한 연산의 시초가 되는 어휘부의 내용이나 항목 여하가 중요함을 보여준다.

(7)

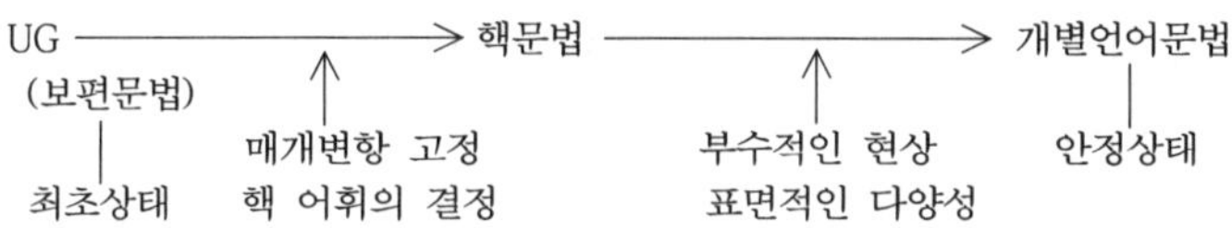

생득적이라고도 하고 생득적인 것이 초기 경험에 촉발된 것이라고도 하는 최초상태인 UG의 본질이 과연 무엇인지 지금으로서는 알 수 없으나 어휘요소의 병합과 반복성의 기제성을 간직한 것은 틀림이 없다. 주변의 언어경험을 겪으면서 나름대로의 어순이나 기본적 어휘가 몸에 배고 해서 핵문법을 가지게 되는데 그러한 언어 사이의 변이를 결정하는 과정은 각기 어휘항목을 어떻게 획득하느냐에 달린다고 하면(Manzini and Wexler 1987: 424) 어순도 어휘(동사) 자체의 보충어 선택방향의 여하로 결정될 수 있다. 그래서 Parameter는 어휘와 관련되는 것이고 통사부문이나 LF하고는 관련되는 것이 아니라고 하기도 한다(어휘적 매개변항화 가설, Lexical Parametrization Hypothesis).

기초적인 어휘습득(거기에서 자생된 문법도)으로 이루어진 핵문법 이후에도 다양하고도 주변적인 언어경험으로 개별언어(I-언어)가 형성된다고 보면 역으로 개별언어의 그런한 과정의 연구를 통하여 그 주변적 요소를 가려내고 핵문법에 접근하는 것도 생각할 수 있다. 또한 핵문법에서 매개변항적 요인(그것을 반영하는 어휘의 요인도)을 밝힐 수 있다면 UG에 접근하게 될 것이다. UG는 언어능력의 최초상태로 존재하므로 아마도 언어습득에 좋게 잘 설계되어 있을 것이고 좋은 설계일수록 단순성, 경제성 대칭성, 비잉여성이 반영되어 있다고 본다(cf. Chomsky 1995: 1).

따라서, 언어의 연구든 방언의 연구든 그 자체의 어휘 또는 형태의 착실한 구명을 통하여 또 다른 언어 또는 방언과의 비교를 통하여 통사적으로도 핵심적인 요소와 주변적인 요소를 가려낼 필요가 있다. 개별문법이 올바르게 기술되면 문법의 기술적 타당성을 얻는 것이 되고, 보편문법의 최초상태에 접근한다면 설명적 타당성을 얻게 된다. 곧 안정상태의 I-언어에 이르는 언어습득의 과정의 설명을 통하여 최초상태의 UG에 접근할 수 있다. 바로 문법의 체계는 좁게는 안정된 개별문법의 일이고 넓게는 핵문법과 UG에 미치는 일이다.

2. 문법체계의 한 모델

90년대 초반부터 생성문법이론도 많이 변모하여 언어생성의 경제성과 완벽성을 기하는데 주력하는 듯이 보인다. 어휘부에서 선택(복사)된 어휘의 병합·이동의 연산을 최소화하고 종전의 D-구조 - S-구조의 표시층위를 제거하고 간명화의 병향으로 가고 있다. 다만 종전의 LF와 PF부분을 그대로 두어 음성과 의미를 잘 해독할 수 있도록 하고 그것을 위해 그 두 부문의 접합면에의 출력조건이 부과된다. 그것을 종전부터 완전해석원리 혹은 최소출력조건(Bare Output Conditions) 또는 해독성조건(Legibility Conditions)을 충족하는 일이라고 하였다(다음 3절 참조). 어느 면으로나 동적(動的)인 생성문법의 체계는 생성과정의 명시성과 그것을 받쳐주고 지켜주는 제약성이 주축이 되어 있다.

이제 (3)에서 보인 문법의 체계를 가로 형으로 보이면,

(8)

음성형태 - 조음-청취체계⇒소리
PF (A-P)
어휘부 —— (배번집합) —— 문자화
(음성화)
논리형태 - 개념-의도체계⇒의미
LF(내현적통사론) (C-I)
Lexicon (Numeration) Spell-Out

연산체계(외현적 통사론) 수행체계

오른 쪽의 의도체계는 화자의 처지에서는 자신의 의도가, 청자의 처지에서는 상대방의 의도가 되는 것으로 필자는 풀이한다. 조음-청취체계도 화자의 처지에서는 발성이, 청자의 처지에서는 청취가 된다. 청취한 것은 단어 및 통사적 분석을 행하여 어휘배열에 이른다고 생각된다.

어휘부(Lexicon)에서는 연산체계에서 사용될 어휘항목이 명세화되어 있다. 그것은 보편적인 언어자질의 명세에서 가져다가 조립된다. 사람이 태어난 후의 경험에 따라 언어 혹은 방언마다의 특유한 형태가 갖추어진다. 다만 어휘항목이 공통어근에서의 파생형이 각각 별개로 등재되었는가(잡다, 젭히다(잡히다)) 아니면 어근만 등재되고 파생형은 통사부의 변형에서 나타나는 것인가에 대해서는 이론이 있을 수 있다. 필자는 술어의 파생과정이 통사구조(논항구조)의 변동을 가져오는 경우에는 후자의 처지다. 이에 대해 모든 어 형성은 어휘부에서 이루어진다고 하는 것이 강한 어휘론의 처지다. 생산성과 규칙성이 낮은 것은 어휘부에서, 높은 것은 통사부에서 이루어질 수 있다. 논항의 변동을 가져오는 술어핵 구실을 하는 것은 통사부에서 그 외의 합성, 복합 부분은 어휘부에서 맡을 수 있다.

연산체계는 어휘부의 재료를 가지고 언어(방언)를 조립하는 장치이다. 배번집합은 Numeration의 번역이며 계산열, 선택어휘집합이라고도 한다. 어휘로부터 선택한 어휘항목의 집합이다. 어휘항목이 사용되는 회수가 표시되므로 그 이름이 있다. 연산은 배번집합으로부터 하나씩 어휘항목을 선택하여 운용하는데, 어휘항목에 있는 사용 지표를 줄여 모든 지표가 0이

될 때에 연산의 결과가 이루어지는 것이 된다(Chomsky 1995: 225). 다시말하면 N(배번집합)에는 어휘항목(LI)과 회수의 정보가 주어져 있다. 곧 N={(LI, i)}이다. LI는 어휘항목이고 i는 LI가 선택되는 회수를 나타내는 지표이다. 예컨대「쥐가 고양이를 보고 도망치는 것을 고양이가 알고 뒤쫓아가는 것을 개가 보고…」를 생성하기 위한 배번집합은,

> {쥐(1), 고양이(2), 개(1), 보고(2), 도방치는(1), 알고(1), 뒤쫓아가는(1), 그냥(1), 가(3), 를(/을)(3), 것(2)}

이고 각 어휘항목이 쓰여질 때마다 그 항목의 수 지수는 줄고 다 쓰여지면 0이 된다는 식이다. 과연 통사부에서 어휘부의 출력을 개괄하고 그것을 축소해가는 일을 하는지는 두고 생각해 볼 일이다. Chomsky(1998: 13)에서는 배번집합 대신에 어휘배열(Lexical Array, LA)라는 말을 쓰고 있다. 배번집합과 다른 점은 사용되는 회수를 지표로 나타내는 일 없이 단순히 반복배열된다.

어휘항목은 자질의 집합으로 이루어진다. 보편적 자질이 개별언어의 표현에 이르는 과정에 대해,

(9) a. 보편적 자질의 집합 F로부터 [F]의 선택
b. [F]로부터 자질을 조립한 어휘(LEX)의 선택
c. LEX로부터 어휘배열(LA)의 선택
d. LA를 표현(EXP)으로의 전환(Map) (Chomsky 1998: 14)

a.는 UG에서 개별언어의 Parameter의 값을 정하는 단계, b.는 개별언어의 어휘론, 형태론(어휘형태론)의 단계, c.는 배번집합과 같은 단계, d.는 c.와 함께 연산체계의 단계로 협의의 통사론(외현적 통사론)의 부분이다. 이들 a. ~ d.의 각 단계의 운용은 각 단계에 한정되고(한정성가설, 양동위 2003: 68-69), 운용중에 전단계의 요소를 추가로 선정해서 조립할 수 없다.

결국 어휘배열 혹은 배번집합에 선택된 어휘들을 가지고 어떤 새로운 요소의 추가 없이 LF까지 가게 한다는 것이다. 다만 어휘의 강세, 음조 등은 어휘항목에 내포되지 않는다고 보면 이것이 PF에 와서 추가된다고 보아야 한다. 그렇다면 한정성가설은 PF에는 적용되지 않게 된다.

연산체계에의 어휘도입에 (9) c. 처럼 LA(혹은 N(um))를 통해서 이루어진다고 보는 데 대해서, Collins(1997: 90)는 이에 반대하고 어휘부에서 직접 어휘가 도입되는 것으로 보고 있다. 이는 통사적 운용의 복잡성의 관점의 차이인데, Chomsky는 LA(혹은 N(um))를 통하는 쪽이 운용의 복잡성을 덜해준다고 본 것이고, Collins는 어휘부에서의 직접 도입하면 되고 배번집합이나 어휘항목의 지표를 지닐 이유는 없다고 본 것이다. Chomsky(1998: 13-14)에서는 LEX에서부터 어휘배열(LA)를 일시에 선택하는 것은 LA는 LEX에 더 이상 접근하지 않게 하는 단순한 운용을 위함이라고 하였다. 연산 도중에 LA(또는 N(um))를 거치지 않는 자질도입이나 첨가를 막을 수 있다는 것이다. 만일 LA든 N(um)이든 존재한다면 그것은 어휘부와 통사부의 접합점 구실을 하는 것으로 생각할 수 있다. Collins의 말대로 어휘부에서 어휘 하나하나를 끄집어 복사(도출)한다기보다는 끄집어 낼 어휘를 어느 정도 정돈하고서 통사부로 내보내는 것이라고도 볼 수 있다.

연산체계는 어휘부의 출력(LA든 N(um)이든)으로부터 음성형태(PF)에서의 언어표현(π)과 논리형태(LF)에서의 언어표현(λ)을 생성하게 하는 부분이다. 그 중에서 N(um)→π에서의 연산에서는 외부적인 요소가 가미될 수 있는데 N(um)→λ에서의 연산은 외부적인 요소가 가미될 수 없기에 Lexicon에서 LF 까지가 순수한 인지체계의 부분이 된다.

배번집합에서 어느 지점까지 구성된 통사체의 합체(Σ)에 문자화(음성화)라는 작용이 적용된다고 가정한다(Chomsky 1995: 229). 문자화는 Σ로부터 π에만 관련되는 요소를 분리하고 나머지 요소 ΣL는 LF로 보내고, π는 PF로 보낸다. 그래서 문자화를 LF·PF분리 라고도 한다. 연산체계의 도출(N→Σ)을 외현적 통사부, 문자화에서 LF(λ)까지의 연산체계(Σ→λ)를 내현적 통사부라고 한다. 문자화에서 PF(π)까지의 도출(Σ→π)은 그 어느 쪽에도 들지 않는다. 따라서 연산체계란 N(um)→λ의 과정이다.

LF에서의 논리형태와 그것에 이어지는 개념-의도체계의 구별은 의미해석의 차이에서도 온다. 전자의 의미해석(SI-1)은 의미역 구조와 같은 구조의존적 해석에 후자의 의미해석(SI-2)은 담화기능적 주제, 초점 등과 같은 비구조의존적인 해석에 관계된 것으로 본다. 강세와 탁립(卓立)과 같은 음성형태 - 조음-청취체계의 정보는 SI-2에서 이용될 것이다. 그리고 LF 접합점에서의 의미자질이 개념-의도체계(사고체계)에 의미해석하도록 지시하는 경우 의미자질이 직접 지시한다기보다 의미자질의 정보가 수행체계를 움직이게 지시하는 것이다(Chomsky 1998: 3). PF의 경우도 마찬가지다. PF 접합점에서 음성자질의 정보가 수행체계로 하여금 발성하도록 지시하는 경우도 음성자질 자체가 직접 혀를 이렇게 저렇게 움직여라 한다기보다 자질의 정보가 수행체계로 하여금 움직이도록 한다. 이에는 언어주체의 의도가 수행체계에 작용하여 인지체계를 잘 접합하도록 한다고 본다.

접합점 LF는 PF에 대해서도 선도적이나 PF에서 문체규칙, 삭제등이 적용되는 점에서 PF가 최종적으로 마무리짓는다고 본다면, 이를 위해서 LF의 자질(표찰)이 PF에 복사되어 나타나는 것으로 가정해야 한다. 어휘배열이나 연산과정에 억양, 음조, 리듬 등을 도입하기 곤란하므로 PF에서 추가될 때에 LF에 그 정보를 제공해야만이 π와 λ가 함께 해석될 수 있다. 그러한 일에도 의도 혹은 조음의 체계가 지침이 되어 π와 λ가 잘 접합되도록 작용한다고 볼 수 있다.

N→λ의 연산체계는 언어에 따라 다른 것이 아니고 UG에서의 보편적인 체계로 가정한다. 다시 말해서 어느 언어나 보편적으로 동일한 연산체계를 지닌다고 본다. 다만 핵-보충어/보충어-핵과 같은 언어에 따라 다른 연산의 방향은 이미 핵문법 이전에 Parameter로서 정립되어 있거나 어휘항목의 선택자질에 구별지어졌다고 볼 수 있다.

구체적인 연산의 예로 가정되는 것으로, 어휘부에서 어휘항목을 선택하여 연산에 참여하도록 하는 α−선택(Select−α) 그리고 어휘항목을 병합, 이동을 하게 하는 α−처리 또는 α−변형(Affect−α)이 있다. 그 구도를 보이면,

(10)

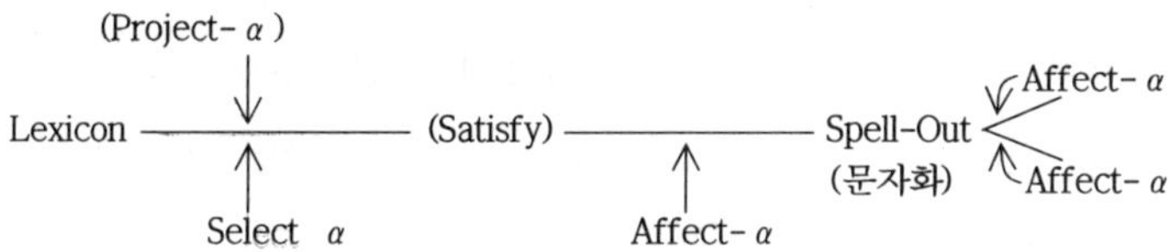

α−선택은 연산에 참여하는 어휘항목을 선택하는 일이다. Chomsky(1993: 6)에서는 어휘부에서 선택된 어휘항목들이 연산체계에서 어휘배열로 입력되면 그것은 기본적으로 X′−이론에 따라 구구조로 형성된다. 그러한 구조로 α−투사(Project−α)되었을 때가 충족(Satisfy)이 된다.

Chomsky(1994: 7)에서는 연산에 의해 형성되는 모든 구조는 배번집합에 이미 다 들어있는 요소로 되어 있고 연산과정 중에는 어떤 새로운 요소도 추가되지 않으므로 지표든 X′−이론의 바−층위도 없다고 하고 있는데 그렇다면 (10)에서 괄호를 친 Project−α나 Satisfy의 과정(허가)은 제거할 수 있다.

보다 큰 단위를 형성하기 위해 병합·이동의 일을 하게 되는데 그것이 α−처리이다. α−처리는 여러 단계에서 작용한다. α−처리의 실례로 이동(부가와 대치), 삭제, 그리고 삽입 등의 변형작용을 들고 있다(Chomsky 1995: 27). Chomsky(1995: 262)에서는 α−처리가 F−처리(F는 자질)로 바뀐다. 그것은 이동은 자질만의 인상이라는 가정에 선다.

(3)의 구도에서는 연산의 시초에서 형태소 배열의 D−구조, 형태소의 형태음운적 변동이나 어순의 변동 등의 파생의 변형구조, 파생 완료인 최종구조 S−구조로 되어 있는데 그 과정이 (10)에서의 문자화까지이다. 그 이후는 (3)의 PF와 LF와도 같다. α−처리는 이 두 부문에도 적용된다. 문자화는 종전의 S−구조와 비슷하다. 다르다면 연산(α−처리)이 LF에 계속된다는 것

이다. 문자화에서 외현적 통사운용((8) 참조)이 일단 마무리되고 소리/의미의 종합체에서 소리의 자질 부분만 분리시켜 PF에 내보내게 되면, 나머지 자질은 그대로 LF에 보내어 내현적 통사운용이 이어진다. PF에서 음성해석, LF에서의 의미해석이 되고 이를 수행하는 체계로 넘기는 구도이다.

연산체계의 할 일은 단어, 구로 시작해서 최종적으로 문의 PF와 LF의 합치를 이루는 것인데, 그 운용 기제가 문법체계라면 그 짜임새나 연산이 경제적일수록 바람직하다. 그러한 노력이 경제성으로 나타나서 표시층위 D-구조, S-구조를 없애서 PF와 LF만 남기고 있는 것도 그 한 예다. 유도과정도 간소화하여 각 술어핵의 도출하는 상대논항과의 병합을 통하여 각 국면을 이루게 한다.

필자의 소견은 생성문법의 기반은 보편성과 명시성이라고 생각하고 있다. 보편성은 다른 언어와의 비교에서, 명시성은 생성기제의 구체화와 언어습득의 효율성 여하에서 접근할 수 있다. 배번집합과 Project-α와 Satisfy를 거의 동시에 하는 층위로 D-구조를 설정하는 것도 문법의 비교나 명시화에 도움이 되지 않을까 한다. 술어핵의 병합에 따른 논항 도입이나 술어부의 형성이 과정적이기에 고정적인 D-구조의 표시로 나타낼 필요가 없을지 모르지만, 과정의 양상이나 매듭을 보여주는 효용은 있을 것이다. 이 책에는 그러한 층위 표시가 필요에 따라 사용되고 있다. 어떻든 문법의 최소화의 노력에서 D-구조, S-구조에 적용되었던 여러 가지 원리나 규칙, 조건들이 수정되거나 변모되기도 하고 PF와 LF에 이관되기도 하였다. 일례로 투사원리나 X′-이론도 그 효율성이나 잉여성이 제기되어 수정되거나 제한적으로 이용되기도 한다.

(8)에서 보인 대로 어휘부에서 PF/LF까지의 인지체계가 언어의 중핵이다. 곧 사람의 내적인 언어이며 독자적이고 자율적인 그러한 언어능력이며 언어생성(구조기술)의 기제가 간직되어 있는 언어지식이다. 인지체계를 포용하고 외적인 언어(뇌/마음)와 연결해 주는 것이 수행체계이다. 수행체계는 인지체계의 정보에 접근하여 인지체계를 움직이게 한다(Chomsky 1998:

2). 곧 외적인 마음/뇌가 생각하고 행동하게 한다. 인지체계는 사람의 성장시의 언어환경에 따라 다른 I-언어가 되나, 수행체계는 언어환경에 다른 변이는 없는 것으로 보고 있다.

이 두 체계의 접합은 LF와 PF의 두 표시 레벨을 통하여 이루어진다. 그것은 내부의 인지체계와 외부의 수행체계의 접합점(Interface)이 된다. PF는 문법 밖의 조음-지각체계와 접합하고 LF는 문법밖의 개념-의도체계와 접합한다. 인지체계(언어능력)와 수행체계 전체를 통틀어 언어기능(Language Faculty)이라고 한다.

인간 이외에도 다른 생물(유인원처럼)에게 두뇌와 마음이, 그리고 공포, 희망, 욕망 등이 있다고 보지만 인간만이 언어능력을 지닌다고 볼 수 있는 점에서 먼저 외부세계에 마음/뇌가 존재하고서 인간에게만 언어능력이 주어진 것으로 보면, 언어는 외부의 마음/뇌의 내부에서 중심을 잡고 있고 외적인 마음/뇌하고는 접합점에서 상호작용한다고 볼 수 있다.

언어능력과 언어 외적인 요소(외부세계, 마음/뇌/의식/의도)와 구별함으로써 그만큼 문법의 영역을 한정시킬 수 있다. 그러나 언어 외적인 요소의 영향이 언어생성의 구조에 미칠 것은 확실하다. 자연, 풍토, 환경, 시대적 상황, 역사적 변화의 영향이나 개개인의 심성의 차이등도 그렇다, 종래의 문법이 언어내적 현상만을 주로 다루었다면 이 외에 언어 외적인 요소 그 중에서 조음·청취, 개념·의도 등의 수행체계도 관련시키려고 한 것이 최소주의의 문법이라고 생각할 수 있다. 종전의 D-구조에 투사된 어휘항목도 자연계와 인간사회의 사물이나 개념을 기초로 한 것이므로 인지구조와 외부와의 접합점이 되지 않는 것은 아니다. S-구조에서도 Scrambling, 혹은 조사의 부가, 부가어의 부가 등을 통하여 의도체계와 접합한다고 할 수 있다. 그러나 그러한 구조 자체로서가 아니고 LF나 PF와 같은 수행체계를 통하여 현실적인 발화, 청취, 의도체계로 관련시킨 점이 다르다고 하겠다. 언어에 개념적 체계와 화용적 능력의 체계의 양면성이 있다면(Chomsky 1995: 167), 전자가 인지체계, 후자가 수행체계에 상응할 것이다. 이 두 체계는 상호작용하면서도 장애받기도 하여 속성이 다르다고 볼 수 있다. 이 두 체계의 접합점이, 앞서의 (8)의 체계 구도로는 맨 오른 쪽에 배열되어 있어서 마지막 역할 부문으로 생각할 수 있으나 그렇지는 않다고 본다. 이는 어휘부(또는 그 이전의) 자질 저장소에도 어휘부 안의 어휘음운론과 어휘의미론에도 미칠 것이다. 문 생성 과정에도 수시로 참여할 것이고 LF의 개념·의도대로 구조체 형성에서도 발제(의도) – 결말의 시발구조로 작용한다고 볼 수 있다. 개념체계가 곧 명제구조라면 그것을 움직이는 작용자가 의도체계일 것이다. 개념체계는 술어핵의 투사원리와 의미역할의 계층적 투사로 이루어지고 의도체계는 발제(의도) – 결말의 시발구조에서 반영된다. 그들의 합치는 술어핵과 결말의 합치(병합)에서 이루어진다.

개념체계의 통사적 파생은 국면(Phase) 단위로 진행된다. 필자가 생각하는 전형적인 통사적 파생은 다음과 같다.

(11)

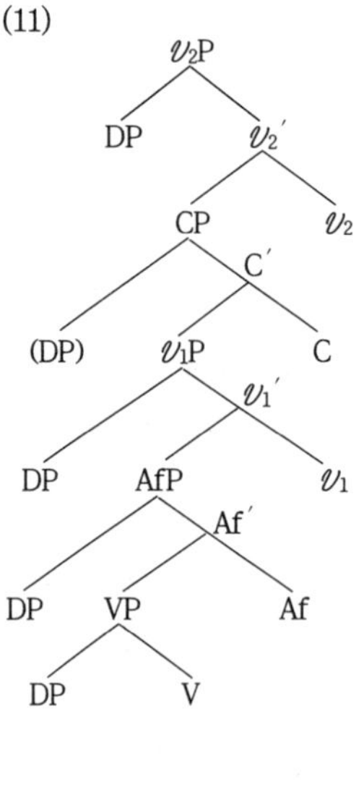

여기서 술어핵의 범주 명칭 이외의 것은 제거해도 무방한 것이며, 그 자리는 술어핵의 병합과 함께 선핵이 도입한 DP가 자리하게 된다.

(11)의 v_2P는 발제 – 결말의 시발구조에 수용되어 문이 완결된다.

(12)

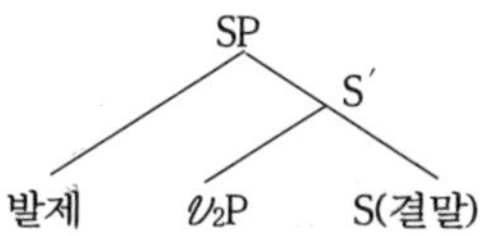

(11)에서 술어핵 V-Af-v_1-C-v_2는 상대항으로 DP의 논항을 도입한다. v_1레벨은 핵문의 국면이다. 보문소 C도 술어부의 일부를 이루는 것으로 보았다. 제주방언에서 절말 외에도 문말에 쓰이는 융합형 '-뎅(/덴)'(~다고), '젱(/젠)'(~다고/~려고)을 그 예로 들 수 있다. 보통 핵문술어 v_1 그리고 보문소 C(그리고 v_2도)의 투사체를 국면으로 보지만 필자는(특히 한국어에서) V 그리고 Af의 투사체도 국면으로 본다. 그러한 국면이 형성될 때마다 그 안에서의 병합, 도입 논항과의 일치 등 통사적 그리고 형태적 운용의 내막이 LF나 PF에 전송되는 것으로 보고 있다. Chomsky(1998: 33)에서는 분산형태론(Distributed Morphology, D. M.)의 가정을 받아들여 Spell-Out과 PF 사이에 D. M.의 과정이 있는 것으로 보고 있다. 그렇다면 다음의 구도가 되는데,

(13)

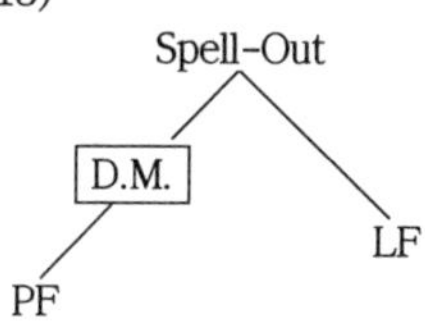

통사적 파생이 끝난 다음 Σ가 PF에 가기 전에 형태론적 조정을 받는다는 것이 된다. 단어를 구성하고 Σ를 π로 보내는 음운과정과도 관련되며 또 연산에 더 이상 관계없는 자질들을 제거하는 음운과정과도 관련된다. 필자는 형태론도 module의 하나로 보고 있으며, (13)의 구도에 한정되지 않고 어휘부에서든 국면의 파생에서의 자질변동에서도 관여하는 것으로 보고 있다.

여기서 (8)의 구도(우방향의 일차적인 것)를 평면적(3차적인 입체화도 가능)

으로 나타내면,

(14)

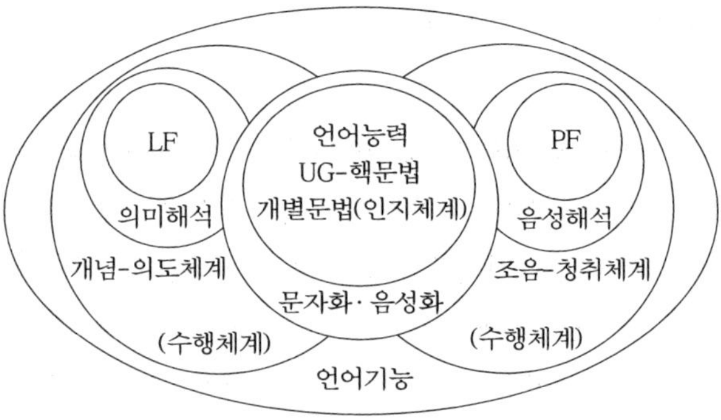

여기서는 형태론의 자리를 표시하지 못했으나 적절한 자리가 있을 것이다. (10)도 통사적 파생의 국면으로 고쳐쓰면,

(15)

a. 어휘부-(어휘배열)-국면-문자화 < LF / PF

b. 어휘부-(어휘배열)-국면$_1$-국면$_2$-국면$_3$-문자화 < LF / PF

c. 어휘부-(어휘배열)-국면$_1$-국면$_2$-국면$_3$-문자화 < LF / PF (각 국면$_1$, 국면$_2$, 국면$_3$마다 위로 LF, 아래로 PF)

어휘배열 자체가 Select-α의 일을 하고, 술어핵의 상대항 논항의 도입의 일이 국면을 이루어 Project-α의 일을 하고 있다고 볼 수 있다. 또 술어핵의 병합에서 Af, 𝓋등의 기능범주적인 핵과의 결합이나 상대항의 기능범주 D(조사)의 병합 등은 이미 Affect-α의 구실을 하고 있는 셈이다. 문제는 국면의 연속 후에 일괄적으로 의미해석과 음성해석을 하는 것인지 국면마다 하는 것인지의 문제가 있을 수 있다. 필자는 (15) c.쪽이다. LF나 PF가

최종적 위치에 있는 것이 아니고 모든 국면과 통하고 있다면 결국 (15) a., b.와도 같은 것이 된다.

이와 같이 LF와 PF가 통사적 파생이 일단락된 후 단일 문자화로 인지체계와의 접합점 구실을 하는 언어층위라는 생각이 (15) c.처럼 바뀌고 있는데 Kitahara(2002: 174)도 연산체계는 통사적 관계를 결정할 뿐만 아니라 파생과정중에도 접합점에 그 정보를 제공하는 것으로 보고 있다. LF로 말하면 어휘항목들이 해석성일 때 파생과정중에서도 해석된다는 것이다. 통사적 도출을 여러 단계인 국면의 연속이라고 생각한다면 인지체계와 수행체계는 국면 형성과정중에도 수시로 접합하여 음성해석이나 의미해석이 국면의 단계마다 이루어지는 것으로 볼 수 있다.

견해의 차이는 예컨대 비해석적인 격이나 일치자질은 점검 후에도 문자화까지 기다리다 삭제되는가, 국면마다 문자화가 이루어지면서 수시로 삭제되는가의 차이에서도 온다. 필자는 후자의 처지다. 그렇지만 이들 전체적으로 마무리짓는 LF와 PF 그리고 그 수행체계의 층위는 있는 것으로 본다. Chomsky(1995)에서는 PF와 LF의 층위와 그 일들이 예거되어 있는데, PF에서 흔적 삭제(p. 301), 병렬구조의 생략(p. 203)(이외에도 강세나 운율의 규칙)이 다루어지고, LF에서 양화사 인상(자질인상)(p. 377), 결속이론, LF에서의 연쇄조건, 그 하나의 ECP(공범주원리)(p. 156)가 다루어진다. 이러한 일들은 국면의 순환적 과정에서보다 비순환적 층위에서 이루어진다고 보는 것이다. 이후에도 PF와 LF의 두 층위는 유지시키는 것 같다.

이러한 데서 도출이 오로지 국면의 순환적 과정에서 이루어지고 PF와 LF가 도출의 한 단계마다 존재한다고 보는 강력도출주의가설(Strong Derivational Hypothesis)의 처지도 있게 되고 도출주의에 입각하면서도 전 문자화와 후 문자화와 같은 순환성의 처지(Chomsky 1998: 11, 48, 2001b: 4–5, 9)의 약도출주의가설(Weak Derivational Hypothesis)의 처지도 있게 된다(Cf. 양동휘 2003: 46–47).

통사부의 시초운용으로 보는 배번집합 혹은 어휘배열도 무작위적으로 선택된 것으로 보기 어렵고 의도체계에 의해 선택된 것으로 볼 수 있다. LF 그리고 PF 그리고 그에 따른 수행체계는 문자화라는 접점을 통하여 양편으로 연산체계로 전류가 통하듯 소통되는 것으로 보아진다.

통사부에서의 파생이 술어핵(발제 – 결말의 시발구조의 핵과 직결되는)과 상대논항과의 병합으로 이루어진다고 보면, 의도체계의 지시에 따라 발제와 결말의 시발구조의 큰 상자 안에 최초의 술어핵과 상대논항의 국면을 가장 안쪽에 두고 후속하는 술어핵과 상대항의 국면의 상자가 시발구조에까지 차곡차곡 포개어 가는 형상이 된다. 한국어는 후핵언어이므로 술어핵은 우측(뒷쪽)에 상대논항은 좌측(앞쪽)에 대칭적으로 펼쳐진다. (11)과 (12)에 맞추어 나타내면,

(16)

[발제 [DP [WH/TOP [DP [DP [DP V] Af] v_1] C] v_2] 결말]

(17)

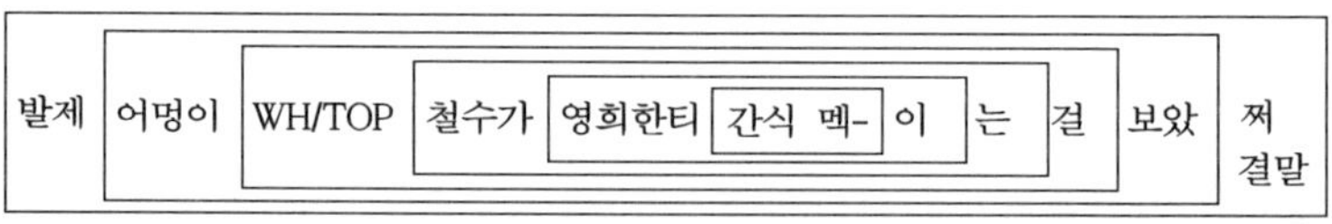

(멕이-=먹이-, 보았-쩌=보았-다/네)

VP 국면에서의 술어핵 '먹-'이 Af국면에서의 Af핵 '-이'와 병합시 역행동화의 변동을 가져온다. 필자는 음운부가 관여하는 것으로 보고 있다.

발제 자리에 선행문맥(화맥)과의 접점으로 관련 DP를 내세울 수 있고, 의도체계에서의 주제/대조/탁립/강조의 DP를 내세울 수 있는 자리다. 그것에 상당한 내포문의 DP와는 복사관계로 볼 수 있다. DP의 수식절은 DP의 부판(보조판)의 확장으로 이루어지고 부사, 감탄사, 접속사의 출현은 의도체계에 관련된다고 보며 그것은 그것이 나타나는 자리로 미루어볼 수 있다. DP도 결국은 조사에 의해 기능한다고 보면 조사의 부가도 의도체계와

관련되며 그것은 어떤 조사가 어떤 구문상의 위치에 실현되는가에서 미루어볼 수 있다고 생각한다.

3. 문법체계와 관련되는 조건, 제약

연산체계의 시초운용인 배번집합(혹은 어휘배열)이 술어핵의 의미역할에 따라 의미역구조 곧 논항구조로 가다듬게 된다. 반대로 의미역 구조에 따라 맞춰진다고 할 수 있다. 의미역구조는 D-구조의 그것과 동일하게 통사적으로 위치하는 자리가 고정되어 있다고 하기도 하는데 이를 의미역부여일률성가설(Uniformity of Theta Assignment Hypothesis, UTAH)이라고 한다(Baker 1988: 46). 이 가설대로라면 대상의미역의 NP는 V의 보충어 자리에 고정적으로 있어야 하고, 그 NP가 뒤섞기 또는 피동화 또는 능격동사문화하는 경우는 본래의 위치에 흔적을 남기고 문두로 이동한 것이 된다.

의미역 사이에는 계층을 달리 이루며 그 계층이 통사현상에 반영된다고 보는 처지가 의미역계층인데, 일반적으로 동작주 술어의 의미역 계층은 (18) a.와 같고 경험주 술어의 의미역 계층은 b.와 같다.

(18) a. 동작주 〉 장소·기점·착점 〉 대상
　　b. 원인 〉 경험주 〉 목표 / 주제　　(Pesetsky 1995: 59)

(18) b.는, 어떤 술어가 경험주와 목표/주제를 논항으로 취하면, 경험주는 윗쪽에 있고, 원인과 경험주를 취하면 경험주는 아래쪽에 있음을 보여준다. 이와같이 의미역을 담당한 논항의 위치는 절대적으로 고정되어 있지 않고 상대적으로 있다고도 한다.

그러한 자리에 맞추어 술어핵이 방출하는 의미역 감당의 논항 투사체계를 명시하려는 X'이론에 투사 층위가 일률적으로 3계층이라고 하는 일률적 3계층 가설(Uniform Three-Level Hypothesis, Jackendoff 1977: 52)이 있다. 그러나, 여기서의 3계층은 X의 핵 층위는 포함되지 않는 것으로 포함시킨다면 4층위다. Chomsky(1986b: 160)에서는 핵범주 X−X′(X−보충어)−X″(X′−지정어)의 층위를 보여주는데, 핵 층위를 포함시키면 3층위가 된다. 그러나 이것도 핵범주의 최소범주의 층위와 최대범주 사이의 중간범주가 하나 이상 나타나는 경우가 있으므로 실지로는 여러 층위가 될 수 있다.

Fukui(1986: 25)는 핵이 어휘범주인가 기능범주인가에 따라 투사 층위가 다르다고 하여 어휘범주는 X−X′(X′의 반복성은 허용) 2단계, 기능범주는 X−X′−X″의 3단계로 보았다(상대화 X′−이론). 필자는 술어핵의 범주와 관계없이 상대항(외항) 한 가지를 취하기 때문에 2단계가 기본이면서 그 내항으로 선핵의 투사체 혹은 부가어를 취하게 되면 3단계의 구도가 되는 것으로 하고 있다.

술어핵마다 이루는 투사 층위의 구도에 필자는 국면의 이름을 붙일 수 있는 것으로 보고 있다. 그리고 핵문술어의 국면에서는 의미역의 전형적인 계층구조가 갖추어지는 것으로 보고 있다(제5장 4절 참조).

논항은 그 문법적 기능에 상응하는 격을 지니고 있어야 한다. 논항구조와 격틀이 잘 상응하고 있을 때는 문제는 없는데, 잘못되어 있으면 그 구조는 파탄이 된다. 어쩌다가 논항이 격을 부여받지 못하는 정황이 있게 되면 격을 받기 위한 최후수단적인 이동이 있게 된다. 논항의 이동은 논항연쇄를 이루게 되고 그 논항연쇄는 오직 하나의 의미역 위치와 적어도 하나의 격이 부여되는 위치가 있어야 한다. 연쇄(a_1, ⋯, a_n)에서 a_1의 본래의 자리인 a_n의 자리는 의미역 위치이고, a_n이 이동한 a_1의 위치는 격 위치이다. 논항연쇄의 머리는 격표시가 되고 꼬리는 의미역표시가 되는 위치이어야만 한다. 이를 (논항)연쇄조건(Chain Condition)이라고 한다(Chomsky 1995: 46).

이와같이 격의 기능에는 의미역 표시를 위해 논항연쇄를 가시적으로 만드는 일이 있다. 가시성 조건(Visibility Condition)은 격이 부여된 요소(논항)(명사구)만이 의미역이 가시적이라는 것이다(Chomsky 1986b: 94). 바꿔 말해서 격이 부여되는 위치(또는 그것과 연쇄되는 위치)에 있어야 만이 의미역을 받을 수 있다는 것이다. 따라서 논항은 의미역표시에 가시적이기 위해서, 격표시되지 않는 자리에 있으면 격표시되는 자리로 이동해야 한다. 연쇄는 격 위치가 포함되어 있어야만이 의미역 표시에 가시적이다(Chomsky 1993: 561). 영어에서는 NP에는 적용되지만 격이 없는 절(CP, IP) 그리고 전치사구에는 적용되지 않는 것이 문제점일 수 있다. 격필터가 NP에 대한 PF의 해석조건이라면 가시성조건은 NP에 대한 LF의 해석조건이 된다.

이동에는 뒤섞기, 주제화, 대상논항의 주어화, 양화사의 인상, WH구의 이동 등 다양한 것이 있다. 이러한 이동의 ~~운용을~~ α-이동 혹은 α-처리라고 하는 것인데 이러한 일이 자의적으로 행하지 못하게 하는 여러 가지 조건·제약들이 부과된다. 몇 가지 예를 들어보면 다음 예문에서,

(19) a. the destruction of the city
b. the city's destruction t by the enemy
c. the city was destroyed t by enemy.

(19) a.에서 the city가 of 삽입으로 그 자리에 머물러 있어도 of에 의해 격부여된다. b.에서는 the city에 격부여자가 없다. 할 수 없이 이동하여 NP의 선두에서 [$_{NP}$ _ X]의 형상에 의해 본유적인 속격을 부여받는다. c.에서는 선행의 과거분사는 격부여능력이 없으며 그 바로 뒤에서 of삽입될 형상도 아니다. the city는 격부여받기 위해 최후수단적으로 이동할 수밖에 없다. 필연적인 사정으로 최후수단적으로만 이용해야 하는 이러한 조건을 최후수단조건(Last Resort Condition)이라고 한다.

영어에서 do-지지도 최후수단적이다.

(20) a. Mary read the book.
b. Did Mary read the book.

(20) a., b.의 기저구조를 각각(21)의 a., b.로 보면,

(21) a. Mary I(AGR) read the book.
b. Q Mary I(AGR) read the book.

여기서 Q는 의문문과 평서문을 구별하는 보문표지(+WH)이다. I-to-V 식으로 V 다음에 I(AGR)가 오게 되면 평서문과 의문문이 구별되지 않고 접사 Q가 고립되어 있는 처지다. 이와 달리 do를 I 위치에 삽입하고 그 do에 접사(I, AGR)를 결합시키고 Q의 자리에 인상하여 의문문을 파생시킬 수 있다. 이러한 do 지원(삽입)에는 do 삽입, do에의 접사 부가, 그 후에 Q에의 인상 등 비용이 많이 드는 흠은 있으나 정문의 파생을 위해 최후수단적으로 사용한다는 것이 된다. 참고로 Chomsky(1995: 280)에서 최후수단원리를 α-이동이 아닌 F-이동으로 하여 규정하고 있는 것을 보이면,

(22) 최후수단원리 : F-이동은, F가 K의 하위표찰과 점검관계에 들어갈 경우에만 K를 표적으로 하여 F를 인상한다.

(여기서 K는 구표지(범주), 필자주)

최후수단에는 지연성(Parastinate)과 이기성(Greed)의 속성이 있다. 지연성은 모든 연산 처리를 가능한 한, LF까지 지연시켜야 한다는 것인데 그것은 LF이동이 외현적 이동보다 값싸다는 데 있다(Chomsky 1995: 198). 다시말하면 적절한 PF를 도출하기 위해 꼭 필요한 때만 지연성이 적용되는데 문자화 이전의 외현적 이동보다 문자화 이후의 내현적 이동이 경제적일뿐만 아니라 단순하다는 데서 온다. 단순하다는 점에서 단순성가설과도 연계된다. 단순성가설(Simplicity Hypothesis)(양동휘 2003: 56)은 단순한 운용이 복잡한 운용을 앞서야 한다는 것에(Chomsky 1998: 18) 의한다. 동일한 여건이라면 복잡한 운용보다 단순한 운용이 앞서야 하는 것은 당연하다.

Chomsky(1998: 49)에서는 종전의 지연성의 원리가 지탱할 수 없는 것으로 하고 있으나 순환적인 국면의 미진함을 뒤로 미룰 수 없다 할지라도 격의 경우 영어와 제주방언처럼 추상적으로 나타난다 하면 형태격의 실현은 뒤

로 미룰 수 있는 것이 아닌가 한다. 필자는 소위 예외적격표시구문에서의 내포절 주어가 주격/대격의 형태적 교체의 경우라든지, WH구가 두 개 이상 있는 경우에는 외현적이든, 내현적이든 그 어느 하나에 지연 운용이 있는 것으로 보며 연산체계 안에서도 지연성이 작용하는 것으로 본다.

이기성은 어떤 요소에 대한 연산 처리는 그 요소에 득이 되는 경우에만 적용된다는 것이다. 격자질이나 [+WH]자질의 점검을 받기 위한 이동도 득을 위해서이다. 논항의 이동, 연산자의 이동, 술어핵의 이동과 같은 모든 이동은 형식자질 점검을 위한 이기성에서 온다고 할 수 있다.

최후수단은 부득이 이동하는 경우이고 이기성은 이동에는 득이 되는 것이 있어야 한다는 것이다. 이동의 거리도 원거리 이동이 아닌 단거리 이동이어야 하는 최소이동을 기한다.

Chomsky and Lasnik(1993: 542)에서 언급되어 있는 Rizzi(1990: 7)의 상대적 최소성(조건)은 간단히 말해서 X가 Y를 지배하는데 Y를 지배하는 또 다른 Z가 X와 Y 사이에 개재하지 않아야 된다는 것인데 그것은 바꿔 말해서 (25)와도 같이 한 성분은 개재 지배자가 없는 가장 가까운 적절한 위치로 이동한다는 것으로 상대적최소성원리(Relativized Minimality Principle)라고도 한다. 그 적절한 위치는 이동 성분의 유형에 따라 상대적으로 결정된다. 곧 술어핵은 술어핵 위치로, 논항은 논항 위치로, 연산자는 연산자 위치로 간다는 것이 된다. 이는 핵은 핵 위치를 건너뛸 수 없고 논항도 논항 위치를 건너뛸 수 없고 연산자도 연산자 위치를 건너뛸 수 없음도 의미한다. Chomsky(1995)에는 α-이동은 항상 최단연결이어야 한다(p. 89) 하고 다음과 같은 일반화된 경제성조건으로 제시되고 있다(p. 90)(Chomsky and Lasnik 1993: 546).

(23) 연쇄의 고리를 최소화하라.

이를 최소연쇄조건, 최소고리조건, 최소(최단)이동의 원칙 등으로 불린다.

이에 내포되는 사항을 정리하면,

(24) a. 핵은 핵 위치로만 이동하고,
b. 논항 위치의 요소는 논항 위치로만 이동하고,
c. XP는 항상 지정어 위치로만 이동하고,
d. α는 자신을 성분통어하는 위치로만 이동한다는 것이다(p. 90).

(23) a.는 종전에 핵의 핵에의 이동(Head-to-Head Movement)이라 불리기도 했고, 핵이동제약(Head Movement Condition)(Chomsky 1995: 49)으로 제시되기도 한 것이다. 그리고 a.-c.에서의 구조상의 신분의 변동이 없는 점에서 구조보존제약(Structure-Preserving Constraint)과 관련된다. Emonds(1976: 3)는 어떤 C범주의 이동(변형)은 동일한 C범주 자리가 되어 구조보존된다고 한 바 있다. d.는 상대성 최소성과 관련된다. 간단히 말해서 한 성분은 가장 가까이 있는 위치(c-통어되는 위치)로 이동한다는 것이다. 다음의 (24) a.형상과, b.의 예문에서,

(25)
a. 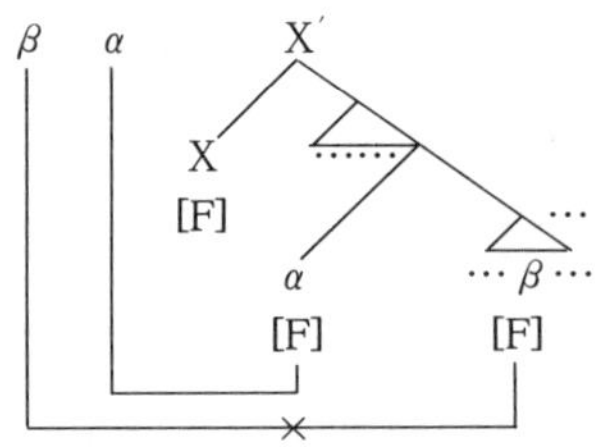

b. 1) [$_C$ who$_i$ C [$_P$ t$_i$ bought what]]?
2) *[$_C$ what$_j$ who$_i$ [$_P$ t$_i$ bought t$_j$]]?

a.에서 F는 형식자질이다. 핵 X의 F가 같은 자질의 F를 지닌 요소를 자질점검 때문에 유인한다고 했을 때 그 X에 가까운 α의 요소에게만 적용된다는 것을 보여주며, b.에서 1)은 α의 요소가 이동하여 정문이 되고, 2)는 β의

요소가 이동하여 비문이 되고 있다. 곧 α이동의 일반적 조건은 이동의 표적이 가장 가까운 위치에 있어야 한다는 것이다.

연산의 간결화 그리고 경제성을 도모하는 일은 가급적 문법적 조작의 영역을 최소화하는 일이다. 예컨대 영어에서 주격 점검의 조작의 영역은 격 부여자인 핵 I와 지정어가 들어가는 IP의 영역으로 한정하는 것과 같다.

다음의 형상에서(한국어형은 Ⓧ와 Z″ 그리고 H와 X의 어순이 바뀐다.),

(26)

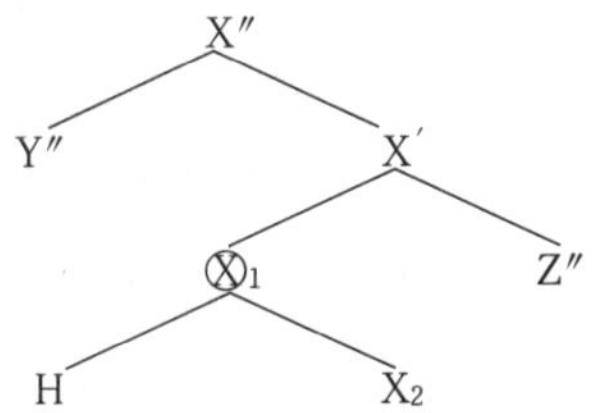

여기서 H와 X는 각각 핵이며 H가 인상하여 X_2에 부가한 경우(Ⓧ1)이다(Chomsky 1995: 177). X의 아래첨자는 그 하위분절이 있다는 것이다(Y″도 마찬가지다). 핵 Ⓧ(원을 친 것은 필자)의 점검영역은 X의 최소영역이 된다. 최대투사범주인 X″ 안에 있는 절점은 Ⓧ를 제외하면 Y″, X′, Z″, H, X이고 이 중에 X와 다르면서 X를 포함하지 않는 것은 Y″(관할 요소 제외), H, Z″가 되는데 이것이 Ⓧ의 최소영역이 된다. Y″-Ⓧ는 지정어-핵의 영역이며 Y″의 형식자질을 점검한다. 영어의 Ⓧ-Z″은 핵-보충어 영역으로 최소보충어 영역이다. Ⓧ의 최소보충어 영역을 내부영역, 나머지의 영역을 점검영역이라 부르기도 한다(p. 178). 그것은 영어에서는 전자는 Ⓧ의 내부논항들과 관련되고 후자는 굴절자질의 점검과 관련되는 데서 온다. 이상의 논의에서 보아는 병합이나 이동의 어떤 제약이나 조건들은 필자의 1술어핵 1논항 도입과 술어핵 병합의 기제((11)참조)하고는 자연스레 어울린다.

그런데, (26)에서 표시된 구범주나 바-레벨의 명칭은 내포성조건에 의해 내포될 수 없다((11)의 부기 참조). 소체구구조를 제외한 X′-이론이나 이외의 구구조이론도 없어지게 된다면(Chomsky 1998: 28) 이러한 영역의 기술은 바뀌게 된다. 술어핵의 투사 범위로 국면을 최소화하는 방법은 있다.

내포성(포괄성)조건(Inclusiveness Condition)은 연산체계에서 PF와 LF에 합치되는 도출을 운용할 때에 그 과정에 어떤 새로운 요소도 추가될 수 없다는 것이다. 곧 연산에 의해 형성되는 어떤 구조도 배번집합이나 어휘배열에 선택된 어휘항목에 이미 존재하는 요소들만으로 구성되어야 하고, 어휘속성의 재배열을 제외하고는 연산과정에서 어떤 새로운 것도 추가되어서는 안 된다는 것이다(Chomsky 1995: 228, 1998: 27). 여기서 종전의 흔적은 이동요소가 이동하면서 남긴 자취이므로 이 조건에 위배된다. 그래서 흔적이 아닌 복사체로 다루게 된다. 마찬가지로 조응사의 동일지시의 지표도 이 조건에 위배된다. 지표의 부여 없이 LF에서의 국소적 영역의 해석결속조건(제11장 6절 참조)으로 풀이하게 된다. 혹은 조응사 자체가 동일 R-표현의 하나의 복사체(부분자질)로 생각할 수 있다.

한편으로 구구조를 확장할 때에 기존의 구조는 반드시 내포되어야 한다는 확대조건(Extension Requirement)이 있다. 일반화변형(제3장 10절 참조)은 구표지 K를 표적으로 K 속의 Ø 자리에 K^1를 대입하여 K*를 확장하는데 이때 K는 K*속에 완전히 내포되어야 한다는 것이다(Chomsky 1995: 189). 곧 일반화변형과 이동의 경우에도 어떤 구조가 새로 만들어지면 그 구조는 언제나 기존의 구조를 확대한 것이라야 한다는 것이다. (11)에서 술어핵 V-Af-$\mathscr{V}_1$…의 확장과정에서 선핵의 투사체가 후핵의 투사체내에 완전내포되어 있음을 보여준다.

연산체계 안에서의 도출에 대한 여러 가지 제약들과 관련해서 도출의 경제성원리에 대하여 언급하고자 한다. 최후수단인 지연성과 이기성, 그리고 (23)의 최소이동의 조건을 최소노력의 원리(Least Effort Principle)라고 하며 이들 모두 합쳐서 도출의 경제성원리라고 한다.

최소노력의 원리는 파생뿐만 아니라 층위 표시에도 관계된다. 어느 것도 최소이어야 한다는 것은 경제적이라야 한다는 것인데, 이동에 있어서의 국부성, 도출에 있어서의 잉여적 단계 금지(Chomsky 1995: 220) 등이 그것이다. D-구조, S-구조 표시를 제거하려는 것도 이러한 노력의 일단이다. Chomsky(1991: 427-428)에서처럼 UG의 원리는 가능한 곳에서 항상 적용되지만(Cost가 적다), 개별문법은 UG의 규칙으로 제격의 출력을 못할 때 그것을 구하는 것이라고 본다면 그만큼 비용이 더 드는 셈이다. 가능한 한, 개별문법을 줄여서 UG를 이용할 수 있도록 하는 것이 최소노력적이고 경제적인 것이 된다.

이상과 같이 문법체계의 중핵으로서 인지체계와 그 연산체계에서의 도출의 조건·제약들을 살펴봤는데 이제는 그러한 출력을 받아들이는 수행체계가 그 접합점에 부과하는 제약들을 보고자 한다. 곧 연산체계에서 제공하는 정보가 그것을 사용하는 쪽에서 받아들일 수 있도록 조건을 충족할 수 있어야 한다.

수행체계에서 해독될 수 있는 내용의 것만이 인지체계에서 출력되어야 한다는 것이 필수(소체)출력조건(Bare Output Condition) 또는 해독(성)조건(Legibility Condition)이다. 곧 필수출력조건은 수행체계가 인지체계에 요구하는 해독조건이다. 언어가 언어로서 기능을 다하기 위하여 인지체계의 출력이 PF와 LF에서 만족되어야 하는데 그것은 연산체계가 엄격하게 도출한 유일한 출력이라야 한다(Chomsky 1995: 224). 두 체계의 접합점에 부과되는 조건이므로(Chomsky 1995: 221) 접합점조건(Interface Condition)이라 불리기도 한다.

그러므로 언어 요소의 최적·최소의 연산은 λ와 π의 표상을 이루어 그것이 필수출력조건을 충족시킬 수 있는가가 핵심 과제이다. 그것은 그러한 조건을 충족시킬 수 있다면 다른 모든 경험적 조건도 저절로 충족되는 것으로 볼 수 있기 때문이다. 그래서 필수출력조건 한가지 조건의 만족으로 모든 경험적 조건들의 만족이 보장된다는 것이 최강력최소주의가설이다(양동휘 2003: 17).

소위 완전해석원리(Full Interpretation, FI)도 PF와 LF에 내포된 모든

요소가 남김없이 완전히 해석되어야 한다(해석되지 않는 요소는 있어서는 안 된다)는 점에서, LF와 PF하고 수행체계와의 접합점에서의 합치조건이 된다. 완전해석원리에 대해서 Chomsky(1986b: 98)는 FI는, 통사부(광의)와 언어사용 체계와의 접합점이 되는 PF와 LF의 모든 요소는 적절한 해석을 받아야 함(곧 허가되어야 함)을 요구하는 것이라고 하였다. 곧 LF와 PF의 모든 요소는 적절한 해석을 받을 수 있어야 한다는 것이다. 다시 말해서 LF와 PF까지는 인지체계 곧 언어능력이고, A-P와 C-I부터 수행체계로 본다면 PF에서의 표시 π는 A-P수행체계에 의해 해석을 받기 위해 전적으로 적법한 PF 요소로 구성되어야 하고, LF에서의 표시 λ는 C-I 수행체계에 의해 전적으로 적법한 LF 요소로 구성되어 있어야만 PF와 LF에서 FI를 만족시킬 수 있다. 예를 들어 Chomsky(1995)는 음운론에서도 어떤 기호가 감각운동신경계의 해석을 받지 못하면 그 표시구조는 PF 표시구조의 자격을 갖지 못하며, LF에서도 그 표시구조의 요소는 해석을 받아야 하므로 진정한, 허사, 공연산자는 존재할 수 없다고 하였다(p. 27-28). 이를 접합점(Interface)조건이라 부르고(p. 27) 또 합치(Convergence) 조건이라 부르고 있다(p. 194). 그래서 FI를 충족하는 π와 λ 쌍만이 언어표현이며 접합점의 PF와 LF 외의 언어구조의 층위 곧 D-구조, S-구조 층위는 없는 것으로 하고 있다(p. 219).

합치의 개념은 Chomsky(1995: 219-220)에 의하면 (π, λ)의 쌍을 지닌 파생체는 PF와 LF의 어느 하나에서 제각기 FI를 만족시키면 그 층위에서 합치되고 PF, LF의 두 접합점에서 합치되면 최종적으로 합치하고 그렇지 않으면 그 파생은 파탄(Crash)이 된다는 것이다. 예컨대 영어에서의 격자질과 같은 비해석적 자질은 합치 전에 삭제되어야 하는데 그렇지 않으면 그것을 간직한 파생은 합치되지 못하고 파탄하게 된다. 한국어의 경우는 격자질은 필자는 술어핵의 것은 비해석성이나, NP(DP)의 것은 해석적 자질로 보기 때문에 NP의 것은 합치 전에 삭제되지 않아도 되는 것으로 보고 있다.

Chomsky(1998: 27)에서 제시된 해석조건(Interpretability Condition)도

자질면에서 규정하고 있다. 곧 어휘항목들은 접합면에서 해석되는 소리와 의미의 속성 이외에 어떠한 자질도 가져서는 안 된다. 접합면에서 어떤 해석을 받는 자질만이 자질로 인정된다는 것이다. 앞서의 FI나 합치조건들을 속성자질의 해석성으로 규정한 것이다. 해석성자질과 비해석성자질의 구별은 격자질처럼 언어에 따라 해석부문에 따라 다를 수 있다. 영어의 동사의 3인칭단수어미는 LF에서는 비해석성자질이어서 소용이 없기에 해석조건에 위배되지만, PF에서는 -s의 발음으로 음성해석을 받을 수 있다. 어떻게 보면 일률성조건에 상치된다고도 볼 수 있는 일이지만 해석성/비해석성이 주로 LF에 관련되는 것인데 PF에도 관련된다면 오히려 그 반대일 수도 있다.

지금까지 보아온 연산체계에서의 여러 가지 제약이나 수행체계와의 접합면에서의 그것들은 바람직한 연산과 출력을 기대하는 뇌/마음의 의도체계의 바램으로 이해된다.

가령, 어휘항목이 a, b, c의 다의성을 지녔다고 하자. 접합점에서 기대하는 것은 a.의 의미자질인데 연산체계에서 b 또는 c의 자질로 운영되었다면 합치를 이루지 못한다고 생각된다. 이러한 일도 만일 LF 및 수행체계가 어휘선택에도 작용해서 애초부터 a의 자질의 것으로 운용되었다면 문제가 되지 않을 것이다. 발화, 청취에서도 마찬가지다. 발화자는 a의 자질로 운영하였다 하더라도 청취자는 b 또는 c로 받아들일 수 있다.

이렇게 보면 문법이란 언어표현의 개인적인 지식이고 그것이 얼마나 그리고 어떻게 사회적으로 공유화되었는가에 의해 방언 또는 공통어로서 구실하는 것으로 생각된다.

확실히 초기상태의 언어는 보편적인 언어생성 장치에 입각한 것이라 하더라도 안정상태에 이르기까지는 개인적인 가정언어로부터 지역과 학교, 방언과 공통어의 다양한 경험을 겪게 되는 것은 사실이다. 그 시기에 의식적이든 무의식적이든 공유화 과정을 끊임없이 겪어온 것이다.

어휘적매개변항화가설을 빌릴 것도 없이 어휘목록의 특성에 의해 문법운용이 달라지므로 그 공유화 여부가 문법의 갈림이 되고 결국은 공유화된 어휘자질의 운용 여하가 합치조건 충족과도 관련된다고 할 수 있다.

언어사용자 개개인이 기억하고 있는 어휘항목은 방언 아니면 공통어일 것이고, 그것의 제약적인 연산을 통하여 자기나름대로 접합점에서 합치조건을 충족하고 있다. 그러나 그것은 청취자의 문법에서는 받아들일 수 없거나 왜곡하게 되는 경우도 있을 것이다. 방언이든 공통어이든 공통화의 과정이 진척되면 그러한 일은 줄어들고 의도체계든 C-I 혹은 AP의 체계든 공통화(다른 말로 세련화)가 진척되면 발화–청취의 간격도 줄어들 수 있다. 안정상태 이후에도 이러한 언어사용자의 세련화가 계속되지만 그럴수록 서로의 문법의 간격이 좁혀진다. 커지는 경우도 있겠지만 그것을 슬기롭게 극복하고 있음도 유의할 필요가 있다.

요는 연산체계의 조건들은 각 술어핵이 상대논항을 도입하는 국면을 국소화함으로써 충족될 수 있도록 하고, 접합점에서의 여러 제약이나 조건들도 어휘항목의 특성의 이해의 공통화는 물론 수행체계의 세련화를 통하여 충족될 수 있도록 할 일이다.

4. 마무리

1. 문법체계는 소리와 의미 그리고 그 연결작용의 세 가지를 통합적으로 운용하는 기제이다. 문법이론에 따라서는 그 중의 어느 한 가지를 보다 중점적으로 보는 경우도 있다. 그리고 사람에게 최초상태의 문법은 보편적이고 이에 언어경험이 쌓여서 안정상태의 개별문법에 이르게 된다고 한다. 그렇다면 그 언어경험은 1차적으로 방언이고 2차적으로 공통어라 할 수 있다. 최초상태의 보편문법에 매개변항이 정해지면 핵문법이, 이후의 개별언어경험에 의해 개별적인 방언문법이나 공통어문법이 이루어지는데, 이들의 문법의 핵심적인 바탕에는 큰 차이가 없고 세부적인 사항과 어휘 구사의 차이가 있을 뿐이다.

방언어휘든 공통어어휘든 통사적 부문에 입력(복사)되면 방언으로서 공통어로서 온전하게 출력된다고 보면 그 통사부 장치의 내막이 궁금하지 않을 수 없다. 이에 관한 언어생성의 기제를 주로 다루는 생성문법의 module에 대한 생각도 시대에 따라 변천해온 것은 사실이지만, 어휘가 통사부로 입력되면 통사부의 운용에 따라 문의 골격이 이루어지고 그것을 음성부문과 의미부문의 양편에서 해석한다고 하는 기제의 큰 틀은 계속 유지되고 있다. 그러면서도 통사부 내의 기저구조와 파생구조의 층위 그리고 그 사이의 변형규칙 모두를 어떻게 단순화하고 최소화할 것인가 하는 일에 힘써온 것이라고 할 수 있다.

한편, 예컨대 제주방언 그리고 공통어, 일본어의 경우를 보면 파생과정 중에 격이 영어처럼 추상격으로 실현되는 경우가 많으면서 형태격으로도 다양하게 실현되기도 하는데, 그것은 이들 언어가 핵문법을 공유하면서도 세부적인 차이의 개별문법화에서 갈렸다고 본다면, 그러한 구체적인 파생의 차이를 원리적으로 단순화할 수 없는가 하는 것 이외에도 국소적인 통사적 운용의 다경로로 해명할 수 없는가 하는 일을 추구해 볼 수 있는 일이다. 그리고 방언이든 공통어이든 통사부의 일을 다른 방언 혹은 언어들과 비교함으로써 서로의 핵심적인 요소와 주변적인 요소를 가려내고, 게다가 핵심적인 요소의 습득과정의 설명을 꾀하여 핵문법 나아가서 최초상태 UG에도 접근할 수도 있다. 마찬가지로 주변적인 요소의 비교를 통해서 개별문법의 특성의 연유도 파악할 수 있다. 곧 문법의 단순화도 중요하지만 다양화도 간과할 수 없는 일이다.

2. 지금까지 생성문법에서 제시해 온 문법체계도 어휘부–연산체계–문자화–PF/LF–수행체계 와 같이 종전의 큰 틀은 유지하면서도 PF에서의 조음–청취체계와 LF에서의 개념–의도체계가 가미된 것이 다르다면 다르다.

연산체계의 출발점인 배번집합 혹은 어휘배열에 대해서는 이론이 있을 수 있다. 일단은 어휘부로부터 연산에 필요한 어휘들을 걸러낼 것이고 술어핵을 중심으로 상대논항과의 병합의 연산이 전개될 것이다. 이러한 외현적 통사부의 운용은 문자화에서 마무리되고 수행체계의 접합점인 LF와 PF로 분리된다. 이어지는 수행체계도 최종적인 단계로 보기보다 어떤 경로를 통해서든 연산체계에 작용하고 있는 것으로 보아진다.

필자는 선행 화맥(문맥)과의 연계 그리고 특히 의도체계와의 접합을 위해서 연산의 시발구조로 발제 – 결말의 구조를 상정하고 있다. 그 테두리 안에서 술어핵의 의미역으로 조립되는 논항구조가 포용되는 형상이다. (16), (17)처럼 술어핵이 중심이 되어 그 상대 논항과의 대칭관계로 확장하고 그 외곽은 발제 – 결말의 시발구조에 안겨있는 형세다. 그리고 이들의 문자화는 이러한 연산의 전 과정이 마친 다음에 있는 1회적인 것이 아니고 국면마다 문자화가 이루어질 수 있는 다중적인 것으로 보고 있다. 곧 국면의 연산에도 LF와 PF가 관여하고 있다고 보는 것이다. (19)에서 보인 것처럼 문법체계는 인지체계의 언어능력 곧 UG, 핵문법이, 나아가서는 개별문법이 중핵을 이루고 그 양편에 의미해석과 개념–의도체계의 LF 그리고 음성해석과 조음–청취체계의 PF의 두 접합이 양날개로 감싸서 인지체계를 언어기능화한다고 보는 것이다.

3. 문법체계의 각 부문에는 서로간의 원만한 운용을 위해서는 여러 제약, 조건들이 있기 마련이다.

의미역구조에 대해서 통사적으로 그 자리가 고정되었다고 보기도 하고(의미역부여균일성가설), 절대적으로 고정되어 있다기보다 상대적으로 있다고도 한다. 술어핵을 비롯해서 통사요소의 투사층위에도 X′–이론에 의해 2층위, 3층위, 4층위 등 의견이 갈린다. 투사층위가 일률적으로 동일하다고(일률적 3계층가설, 실지는 4계층) 하는가 하면 범주에 따라 층위가 다르다는 것(상대화X′–이론)도 있다. 필자는 핵 요소가 상대항을 취하는 층위로서는 2층위가 되고 그 중간에 부가어가 있게 되면 3층위가 된다는 처지다. 투사의 원점이 최소범주, 투사가 닫는 종점을 최대범주로 하고, 그 중간범주는 다중으로 인정하는 것과 비슷하게 된다.

각 술어핵이 도입한 논항의 위치조정인 논항이동으로 자아낸 논항연쇄를 가시적으로 만드는 일이 격의 부여다. 논항연쇄의 머리는 격표시가 되고 꼬리는 의미역표시가 된다. 통사요소의 이동에는 여러 가지가 있지만 동일하게 어떤 제약하에서 치러지는 조작이라 해서 α-이동, α-처리로 일괄한다. 이러한 일들은 Do-지지처럼 최후수단적으로 행해진다. 그리고 가급적이면 문자화 이전의 외현적 이동보다는 문자화 이후의 비용이 덜 드는 내현적 이동으로 미루는데 그것이 지연성원리다. 그리고 이동에는 격 점검 등의 득이 있어야 한다는 이기성원리도 있다.

이동의 길이(연쇄의 길이)가 최소화해야 하고 고리도 최소화해야 한다(최소연결/고리의 조건). 이동하는 위치도 상대적최소성조건에 의해 이동 성분의 유형에 따라 상대적으로 가장 가까이에 있는 적절한 위치로 이동해야 한다. 상대적인 구조상의 신분에 변동이 없는 점에서 구조보존제약을 지킨다. 이러한 노력들은 통사적 운용의 최소화를 기한다는 면에서 최소노력의 원리, 도출의 경제성원리라고도 한다. 필자의 1술어핵 1논항 도입과 술어핵 병합의 기제((11))로서는 병합과 이동에 어떤 조건이나 원칙에 어긋나는 일은 없다.

연산과정중에 어떠한 새로운 요소가 추가될 수 없다는 것이 내포성조건이고, 이에 따라 연산과정중에 표시되는 구범주, 바-레벨 그리고 흔적 등이 제거된다. 그것들은 PF, LF의 접합점에 받아들일 수 없으므로 접합점에서의 조건이기도 하다. 또한 구구조를 확장할 때는 기존의 구조를 반드시 내포되어야 한다는 확대조건이 있다. 통사적 운용의 영역을 좁히고 혼란을 막기 위한 노력의 일단이다. 도출이 마무리되어 PF와 LF로 분리되고 또 수행체계로 이어지는 접합점에서 도출의 적부를 가리는 여러 가지 제약도 제시되었다. 필수출력조건/해독조건, 완전해석원리, 합치조건, 접합점조건, 해석조건 등등은 연산체계의 출력이 제대로 되어서 그것이 접합점에서 잘 받아들여지고 해석도 잘 되기를 기대하는 것들이다.

이러한 제약, 조건들에 대해서는 어휘부에서 어휘항목이 잘 정리되어 있고 그것을 연산체계에서 한정된 영역에서 병합, 이동하도록 운용하면 음성이나 의미해석부문에서의 합치에 지장이 없으니 그리 큰 문제가 되는 것은 아니나, 문제는 어휘의 다의성과 비유성도 그렇고, 아무리 한정된 틀에서의 운용이라도 다경로의 것이 있을 수 있고 또 사람에 따라 조음·청취 그리고 개념·의도의 작용이 다를 수 있다는 점이다.

어떻게 보면, 문법은 언어표현의 개인적인 지식이고 그것이 얼마나 그리고 어떻게 사회적으로 공유화하고 세련화되었는가가 변수로 딸린 것이라고 할 수 있다. 곧 문법이란 어떤 언어든 어휘항목이 잘 이해(기억)되고 한정된 영역 내의 다경로의 통사적 운용으로 언어사용자끼리 잘 청취되고 잘 이해되는 그리고 의도도 잘 파악되는 언어표현을 이루어내는 개개인의 언어지식이라고 할 수 있다. 연구자마다 구문분석이 다른 것도 그러한 데서 연유된다고 볼 수 있다. 개인적인 측면이 강한 이러한 문법에는 문법 안의 각 요소, 층위의 공통화와 세련화가 계속 진전되고 있는 것으로 필자는 보고 있다. 곧 개별문법화의 안정상태에서도 경험과 학습에 의해 문법은 보편화 혹은 개별화로 계속 질량을 조정, 개선한다고 보는 것이다. 이러한 동성(動性)으로 공시적·통시적인 변동·변화가 있기 마련이다. 한편 좁은 의미에서의 문법은 연산체계와 의미부문(경우에 따라 음성부문도)의 외현적, 내현적 통사론으로서의 언어생성의 핵심적인 기제와 이와 관련된 제약과 규칙·원리 체계이다. 우리에게는 이들을 해명하고 이해하는 일이 있다.

제2장 범주와 자질

1. 문법범주

연산의 대상 곧 구조체를 이루게 하는 구성소는 각기 나름대로의 형태적, 의미적, 통사적 특징을 지닌다. 구성소 간의 그러한 특징의 공통점과 상이점이 잘 분간되어 적소(適所)에 도출·배열되어지는 것이라고 보면 구성소를 유별화하고 범주화하는 것은 그만큼 그 성격의 이해에 도움이 되고 그 연산이나 그 결과의 해독에 도움이 된다. 이는 역으로 말해서 사람의 뇌/마음속에 이미 그러한 유별이 지어져 있어서 그것에 접근하는 지름길 노릇하는 것이라고 할 수 있다.

전통문법에서의 품사 분류도 그러한 일의 한 가지 방법이다. 각 품사는 그 형태적, 통사적, 의미적 특징에 의하여 같은 묶음의 단어로 유별화됨으로써 각 묶음의 성분상의 위치나 기능이 제약적으로 표시될 수 있다.

한국어나 일본어에서의 그러한 주된 범주는 명사(대명사), 동사, 형용사(일본어는 이외에 형용동사), 부사, 지정사(일본어는 단정조동사)와 같은 어휘범주와, 조사 그리고 일본어의 일부의 조동사 등의 기능범주이다. 일본의 Tokieda(時枝)(1941: 234, 1950: 61-63)는 표현 대상을 객체화, 개념화한 것을 si(詞), 주관적 정의(情意)를 직접 표현한 것을 zi(辞)로 하여 구별하고 詞|辭와 같은 구실을 서랍|손잡이에 비유하여(1941: 241-2) 객체를 내포하는 언어표현주체의 의식을 강조했다. 비유로 보아서는 si(詞)는 어휘범주에 상응하고 zi(辞)는 기능범주에 상응함을 알 수 있지만 zi(辞)의 네 가지 범주 곧 접속사, 감동사(감탄사), 조동사, 조사 중에서 감동사 그리고 조동사가 si(詞)와 zi(辞)로 갈리기도

해서 이에 대해 짚어볼 문제도 없지 않다.

언어의 역사성으로 볼 때 어휘범주는 언어 사용의 시간 경과와 분화된 지역과 사회의 사정에 따라 많이 바뀌는 부류이다. 묵은 사물의 퇴출과 새로운 사물의 수입, 산출 등으로, 또 어형 또는 의미 자체의 시대적 변동 등으로 그럴 수 있다. 이에 대해 문 구성의 버팀목이 되는 기능범주는 어휘범주보다는 덜 바뀐다고 볼 수 있다. '나 우유 마셔'에서 어휘범주는 변해 왔을 것이고, 또 앞으로 변할 수 있다. 그러나 이들 어휘범주를 기능하게 하는 기능범주 곧 조사와 어미류는 비록 형태적으로는 다소 변동을 거쳤다 하더라도 본유적(추상격)으로는 변동이 없었다고 볼 수 있다. 변동이 있었다면 언어 유형이 뒤바뀌는 결과를 초래한 것이 된다. 그만큼 기능범주는 어휘의 생멸(生滅)에 덜 영향을 받으면서 문을 받쳐주고 기능하게 하는 점에서 중요하다는 것이며 그래서 쉽사리 변하지 않는 것이다. 어휘범주를 개방부류어, 기능범주를 폐쇄부류어로 부르는 것도 이러한 데서 온다.

문법범주에는 품사 외에도 성, 수, 격, 인칭, 시제, 상(相), 태(態) 등을 예거할 수 있다. 성과 수는 한국어에서는 영어, 독일어 등 유럽어처럼 그렇게 중요하지 않다. 통사구조(논항구조)에 변동을 가져오는 것은 동사의 태(態)만이며 필자는 시제와 상은 핵범주로 보지 않는다. 그것은 논항구조의 변동과 같은 일은 없기 때문이다. 인칭은 다소 술어성을 제약하는 경향은 있다.

이들 범주는 전통적으로 문의 평면적 단일 층위에서 배열되는 것으로 인식되는 것인데, 문을 계층적인 구조로 파악하는 처지에서는 범주가 분지의 절점을 이루거나 그것에 관할되는 것으로 인식하게 된다. 명사구(NP), 동사구(VP), 굴절소구(IP), 보문소구(CP)(이외에 다른 이는 시제소구(TP), 일치소구(AGRP)를 설정하기도 한다.) 등은 구(句)의 절점의 예이다. 이들은 최소범주 N, V, I, C의 최대범주이다. 필자는 이외에 형용사술어구(AVP), 명사술어구(NVP)와 문완결소구(SP)가 통사 단위 구실을 하고 있고, 이외에도 (핵)문술어구(ℓP)도 CP와 SP 앞에 자리하는 것으로 보고 있다. 이들 범주들은 어휘범주와 기능범주의 구별에서 어느 쪽에 분류되는 것이냐의 난문이 있겠지만, 필자는 그러한 분류는 절대적인 것이 아니고 어느 범주든 어휘성과 기능성을 띠고 있으며 그 어느 쪽이 치중되는가의 차이로 인식하고 있다. 그렇다면 핵문술어(𝒱)(이와 관련되는 영어의 굴절소(I), 시제소(T), 일치소(AGR)) 그리고 보문소(C), 결말소(S) 등은 어휘적인 면보다 연결소 내지는 결말소의 구실에 치중되는 점에서 구태여 양분하라면 기능범주에 속한다고 할 수 있다.

그리고 이상의 각 범주는 무형적으로 나타나는 경우도 있다. 구조적으로, 문맥(화용)상 빤하게 알 수 있는 것을 되풀이 할 필요는 없기 때문이다. 이것도 경제성원리의 발로의 하나다. 그러나 통사적 파생과정에서의 생성경로를 우리의 뇌/마음 속에 두고 있고 그것을 바탕으로 의미해석된다고 본다면 그것을 무형의 공범주로 표시할 수 있는 일이다. 이런 면에서 ∅의 형태, 이동 흔적의 t, 명사류의 PRO와 pro, 그리고 공연산자 OP 등이 마련되기도 한다.

이상의 범주들에 대해서 필요에 따라 수시로 언급하게 될 것인데 여기서는 범주에 관련된 자질과 그 점검 그리고 기타 언급해 둘 필요가 있는 것들을 다루어 두고자 한다.

2. 어휘범주

영어의 어휘범주(Lexical Category)에는 N(명사), V(동사), A(형용사), P(전치사)가 있다. 명사, 동사, 형용사, 분사(Particle)등 어휘부의 모든 항목을 실사범주(Substantive Categories)로 부르기도 한다.(Chomsky 1995: 6) 어휘범주는 범주변별자질인 [±N]과 [±V]의 복합체로 이루어진다.(Chomsky 1981: 48)

(1) a. [+N, −V] → N

이에는 동사성 명사(소위 경동사)도 포함된다. 보통의 명사와 동사적 명사의 차이는 범주의 차이라기보다 어휘적 의미의 차이로 보고 있다. 전자는 θ-역할을 부여할 수 없으나 후자는 θ-역할을 부여할 수 있다.

b. [+V, −N] → V

c. [+N, +V] → A

명사어근 술어, 한국어의 하다동사(일본어의 suru동사)(소위 경동사), 하다형용사(일본어의 형용동사(소위 경형용사)를 구별하기 위해서는 [±COP]자질을 필자는 도입한다. 예컨대 하다동사 경동사는 [+V, −N, −COP]이고 하다형용사(일본의 형용동사)는 [+V, +N, −COP], 명사술어는 [−V, +N, +COP]이다.

d. [−N, −V] → P

이러한 자질체계는 범주 간의 자연부류를 만들어낸다.

[+N] = N, A	[−N] = V, P
[+V] = V, A	[−V] = N, P

[+N]은 다음의 of 삽입(of−insertion)규칙에서,

(2) NP→[$_P$ of] NP in env. : [+N]____

(Chomsky 1981: 50)

[+N] 자질(명사, 형용사)에 후행하는 NP 앞에 전치사 of를 삽입하게 한다. [−N]은 동사와 전치사가 공동으로 격을 부여하게 하고, [−V]는 분열문에서 명사와 전치사로 하여금 계사 뒤의 초점의 위치에 올 수 있게 한다. 그 부분이 신정보이고 that절은 구정보가 된다.

(3) a. It was a car that Mary washed. (NP)

b. It was in the car wash that I met Mary. (PP)

c. *It was very week that Mary was.

(1)의 네 가지가 가장 기본적인 범주지만 이외에도 주요 어휘범주가 있다. 그 한 예로 일본어의 형용동사의 경우를 보면 그것을 형용사의 일종으로 처리하기도 하고 분리하기도 하는데, 분리하는 경우는 필자는 형용사 [+V, +N], 형용동사 [+V, +N(−COP)]와 같이 하고 있다. 또 한국어와 일본어에는 영어의 전치사와 상대적인 후치사 P [−N, −V]가 있겠으나 필자는 모두 조사(격조사, 부조사)로 해서 어휘범주가 아닌, 어휘범주 뒤에서 어휘범주를 기능화하는 기능범주로 하고 있다. 다만 격범주를 구조격과 의미격으로 나눌 때는 의미격은 어휘적인 특성을 지니는 것으로 하고 있다.

그 외에 부사(ADV)에 대하여는, 한일어 공통으로 하나의 어휘범주로, 아니면 형용사의 하위범주(부사[+ADV], 형용사[−ADV])로 처리하기도 한다. 그 외에 한일어 공통의 동사적 명사(소위 경동사)와 형용사적 명사(일본어의 형용사, 경형용사)는 앞서의 범주자질에서 전자는 동사와 같고([+V, −N]) 후자는 형용사와 같으면서 앞에서처럼 [−COP](지정사 아닌 경동사) 자질의 추가로 구별하고 있다. 특히 일본어에서 "健康だ"의 경우는 명사+だ, '건강이다' 또는 형용동사 '건강하다'의 양면성이 있기 때문에 그 구별이 필요하다. 전자는 [+COP], 후자는 [−COP]으로 할 수 있다. 곧 한국어의 지정사(명사술어)구문과 관련하여 지정사 혹은 계사의 범주 곧 계사성자질[+COP]의 설정으로 한국어의 '(이)다', 일본어의 'だ'(단정조동사)에는 [+계사성]이 있는 것으로 해서 구별지울 수 있다(제5장 2절 참조).

3. 기능범주

기능범주는 [±N], [±V]의 범주자질이 없는 비어휘범주로 문법적 기능을 수행한다. 어휘범주 NP, VP, AP 등을 보충어로 가지는 D(Determiner),

I(Inflection), C(Complementizer)(필자는 이외에 Af 그리고 I 대신 𝒱) 등을 가리킨다.

어휘범주와 기능범주는 모두 어휘적인 내용과 문법적인 기능을 다소간 지닌다고 보면 엄격히 구분하기 힘들다. 내용과 기능의 어느 면에 치중되는가의 차이로 생각된다. 형식면에서, 한국어의 경우 하나는 자유형식이고 다른 하나는 의존형식이거나 그것에 준하는 것이다. 기능범주는 통사구성체에서 결코 선두요소가 되는 일은 없다. 한 예로써 Af와 𝒱는 어휘범주 V와 병합해서 비로소 기능할 수 있으며, 그 기능체는 병합체적 성격을 띤다.

한국어와 일본어로 말하면, D는 조사, I(혹은 𝒱)는 어미, C는 형식명사(것, 줄 등 보문을 이끄는 것)에 상당한다. 이들 자체도 어느 정도의 어휘적 의미를 지니면서도 어휘범주가 문법적 기능을 수행할 수 있도록 뒤에서(영어는 앞에서) 받쳐주는 일을 한다.

영어에서는 D는 지시적이고 양화적 속성을 한정하는 관사(the), 지시대명사(this, that), 소유대명사(my)(이상 지시한정사) 그리고 양화사(all, some)도 포함된다(양화한정사). 영어는 선핵언어이기 때문에 NP를 한정하는 한정사는 NP에 선행한다. 다만 소유격의 's도 한정사로 보는 처지에서는 한정사가 NP에 후행하는 특이한 경우가 된다. 기능범주가 어휘범주를 뒷받쳐주는 것이라면 한국어처럼 D가 어휘범주에 후행하는 것이 논리적으로 보아서도 원형적이라고 할 수 있다. 다음의 D의 투사체에서,

(4)

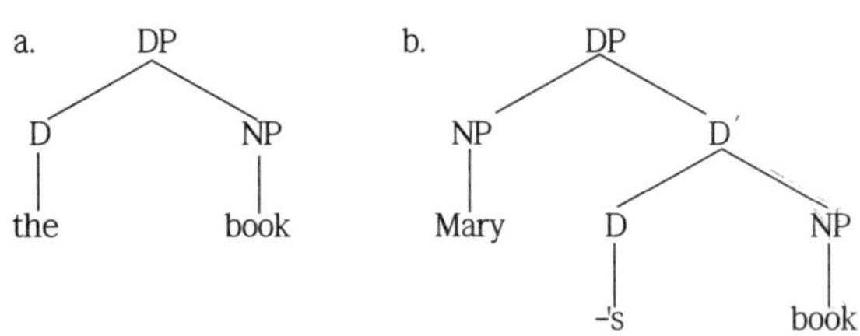

모든 명사는 격을 지녀야 한다는 격필터에 의해 NP가 있는 곳에는 D가

유형적으로든, 무형적으로든 따라야 한다고 보면 (4) a., b.는 다음과 같이 되는 것으로 생각할 수 있다.

(5) a.

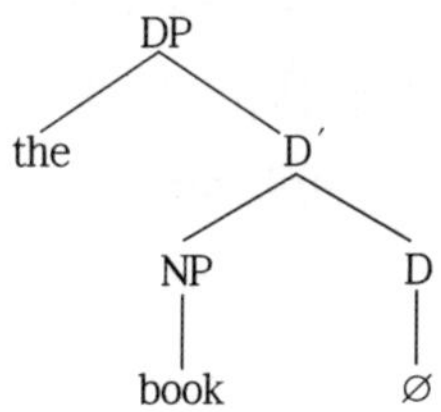

b.

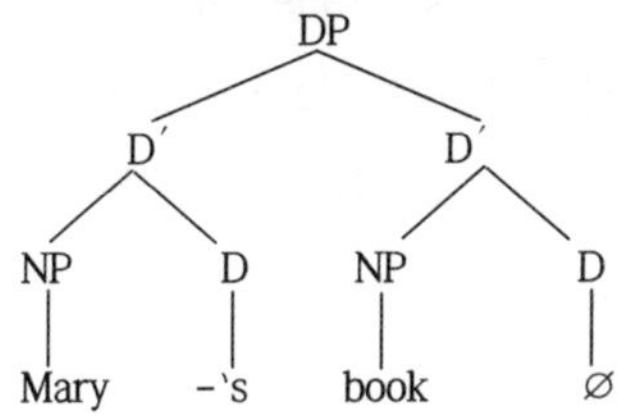

고대의 영어와 독일어는 격어미가 후접적이었고 현대에도 그 흔적을 일부 남기고 있다. 한국어도 (5) a.와 병행적으로 볼 수 있다.

(6) a.

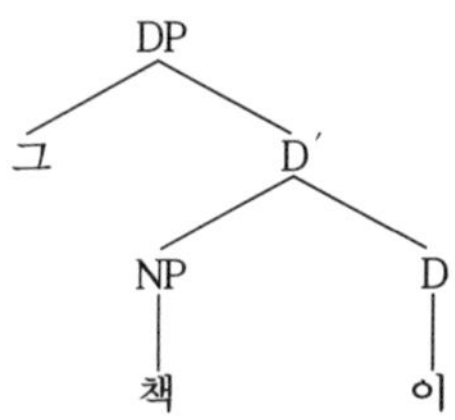

b.

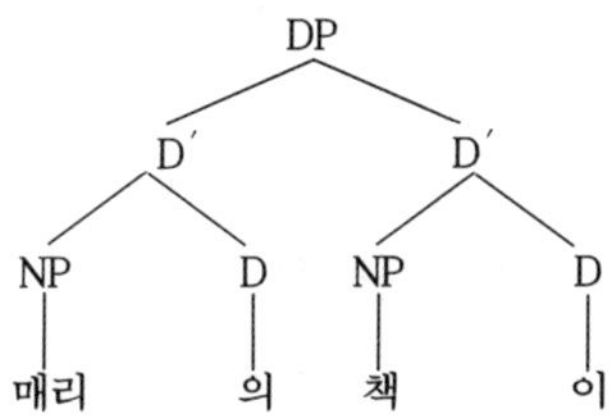

그러나 NP를 한정 또는 수식하는 요소를 NP의 내부적인 것으로 본다면 다음 구조의 가능성도 있다.

(7) a.

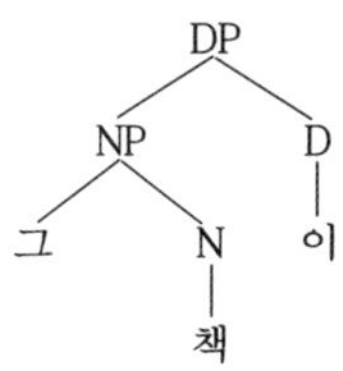

b.

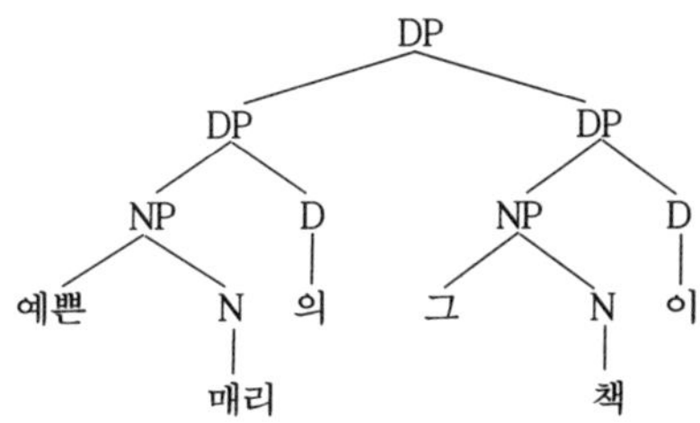

필자는 (6)보다는 (7)쪽이다.

이러한 관점과는 달리, 격조사 특히 구조격의 경우 핵 D(조사)가 NP에 격을 주는 것이 아니라 NP에 격이 접사화되었다(NP의 일부로)고 보는 관점도 있다(長谷川 1999: 57, 三原 외 2006: 23). [NP 철수-가]와 같이 NP로 간소화하는 이점은 있으나, 조사가 이미 어휘목록화되어 있다고 보면 NP에 구조격에만 접사화되는 특별한 기제가 마련되어야 한다.

기능범주 I는 지배결속(GB)이론 이전의 Aux(Auxiliary)이다. will, can, may, must와 같은 조동사와 have, be, do 등의 일부 용법(조동사 용법)을 가리킨다. 이들은 의문문에서 주어 앞으로 이동(도치)할 수 있다. 이외에 I에는 -s, -ed와 같은 굴절접사도 포함된다. 그것은 [± Tense]와 일치소 AGR의 복합체로 보기도 하고 그것을 분리해서 보기도 한다. AGR은 성, 수의 일치에 관한 자질을 지닌다. GB의 일반적 가정은 I(INFL)가 문의 핵이며(Chomsky 1981: 52, 139 fn. 13), I에 포함된 AGR이 [+NOM]을 부여한다고 본다. Chomsky(1981: 19, 52)에서는 굴절사인 I는 [± Tense]의 값을 지닌다. [+Tense]면 시제절(정동사절), [- Tense]면 비시제절(비정동사절)이 나타난다. 시제절인 경우 I는 인칭, 성, 수를 나타내는 자질을 갖게 되는데 이러한 자질의 복합체가 AGR다. I가 AGR을 내포할 때 주어를 지배하여 주어에게 주격을 부여할 수 있다.

이후에 I의 복합체 T와 AGR을 분리하는 제안도 있게 되고 그 AGR을 주어일치소 AGRs, 목적어일치소 AGRo로 다시 나누기도 했으나 나중에는 이들의 존재의 뜻이 약하다고 하여 T만 내세우게 되기도 하였다.

한국어의 경우, Han(1987: 30)은 V와 분리되는 시제형태소가 있는 점에서 I의 존재를 주장하고 S(문)의 핵은 I라 하였다. AGR을 포함하며 AGR이 주격을 부여하고 주어경어화는 주어-동사 일치의 경우라고 하였다. Yoon(1990: 10)은 IP에 관할되는 AGR(이에 [± Plural]을 부가함. p. 38)을 분리시켰다(그 분리의 논의는 김공칠 1995: 42 참조). 그 AGR에 의해 주격이 부여되는 것은 같다. 그리고 언어에 따라 AGR 특징의 현저성의 다름을 지적하였다(p. 32).

(8) a. 한국어·일본어 경어(및 수)의 AGR이 현저하다.
b. 영어 인칭과 수의 AGR이 현저하다.
c. 프랑스어·아랍어 인칭·수·성의 AGR이 현저하다.

이 AGR을 주어 격자질 점검을 위한 AGRs, 목적어 격자질 점검을 위한 AGRo로 나누는 이도 있다.

이러한 논의와는 달리 한국어에 주격을 부여하는 AGR이 없다는 의견(Kang 1986: 21)이 있다. 일본어 역시 AGR이 결한다는 의견이 있다(Fukui 1986: 235, Saito 1985: 199). 한편, Imai(1987: 225 fn. 9)는 AGR[± Tense, ± AGR, ± HON]이 I에 내포되고 주어 위치에서 이들에 의해 주격이 인가된다고 하였고, 三原(1994: 31)은 I에 AGR와 T가 포함된 것으로 하면서 일본어의 격부여에 관계되는 것은 AGR이 아닌 T라고 하고 있다. 長谷川(1999: 61)도 T로 보고 있으며 IP 곧 TP로 본다. 그리고 T의 확대투사자질이 언어보편적인 준선택자질로 보고 있다.

이러한 견해들은 동사(어간)에 이어지는 요소에 대해 통사적으로 어떤 구실을 하는가에 대한 해석 여하에서 오는 것이다. 한국어와 일본어는 그러한 부분이 다양하게 여겨지는 특색이 있다. 그러한 굴절요소가 논항 도입에 관여하는가 아니하는가의 차이에 의해 구별지울 수 있다.

이러한 굴절사 I가 V(어간)를 핵으로 하는 VP 투사체를 기능하게 하는 것으로 본다면 선어말어미, 어말어미(결말소 제외한 추상형 -다의 부분)의 부분이 되는데, 그 중에 시제(T)나 존경[HON]의 요소는 논항 도입에는 별도의 역할을 수행하지 않으나 피동, 사동의 접사는 논항 도입에 별도의 역할을 수행하고 있다. 별도의 역할을 하는 접사를 필자는 술어핵 Af로 하고 V-Af의 병합으로 V(VP) 투사체를 수용하도록 하고 그 다음에 핵문술어를 $\mathcal{V}$핵으로 하고 V-Af-$\mathcal{V}$ 병합을 통하여 핵문의 투사체를 마무리짓도록 하고 있다. 종래의 동사의 활용형을 다음의 (9)의 예시처럼 술어핵으로 가르고 종래의 어간은 대상논항을, 보조어간(선어말어미)은 소동주나 피사역주 논항을, 어말어미는 동작주 혹은 경험주(피동문에서는 피동주)를 도입하는 식으로 해서 핵문을 이루게 한다. 존대, 시제, 겸양의 보조어간은 논항 도입과 무관하다고 보고 술어핵으로 다루지 않고 통사적으로는 어말어미에 상당하는 𝒱에 내포되는 것으로 하고 있다. 그렇다면 I는 𝒱가 되는 것이다.

(9)

술어핵	속성(핵자질)		도입논항
어근 V, AV, NV	± V ± N ± COP	먹-, 높-,…	대상/동작주/경험주
통사적접사 Af	± deriv ± caus ± pass	-이-	피사역주/소동주 (수동주)
핵문술어 𝒱	± hon ± tense ± neg	-시- -었- (다)	핵문주어 동작주/경험주/대상 도입 또는 유인

영어는 문의 핵을 T 또는 T를 내포한 I로 했을 때,

(10) a. IP(=S)=$[_{IP}$ NP $[_{I'}$ I $[_{VP}$ V……]]]

b.

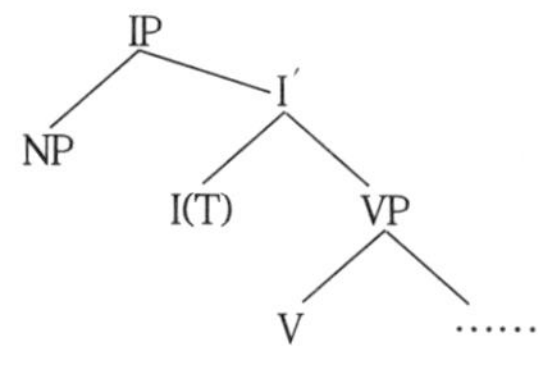

한국어는 T를 포함한 𝒱(V-Af-𝒱)의 내용이 풍부한 언어인데, 영어는 I(T)의 내용이 풍부하지 못한 언어이다. 아이슬란드어(Icelandic)는 T의 내용이 풍부하여 주어가 목적어를 건너서 이동할 수 있으므로 외현적 목적어 인상이 가능하고, 영어는 T의 내용이 풍부하지 않아서 그러한 이동이 불가능하다고 한다.

(11) a. $[_{TP}$ John$_i$ T $[_{vP}$ t$_i$ v $[_{VP}$ saw Bill]]].

b. *$[_{TP}$ John$_i$ T $[_{vP}$ Bill$_j$ $[_{vP}$ t$_i$ v $[_{VP}$ saw t$_j$]]]].

(양동휘 2003: 92)

(11) b.는 한국어와 같은 어순이 되는데 영어는 불가능하다. 한국어의 경우는 주어는 제 자리에 있고 목적어만 전치하는 양상이다. 영어의 T, 한국어의 v는 EPP자질(확대투사자질) 또는 주어투사자질을 지니며, 그것은 주어-술어의 일치를 이루게 한다.

한국어의 경우 (9)의 예시대로라면 다음과 같은 투사체를 보여 준다.

(12) a. $[_{vP}$ 영희는 $[_{AfP}$ 동생에게 $[_{VP}$ 미음을 먹]이]었다].

b.

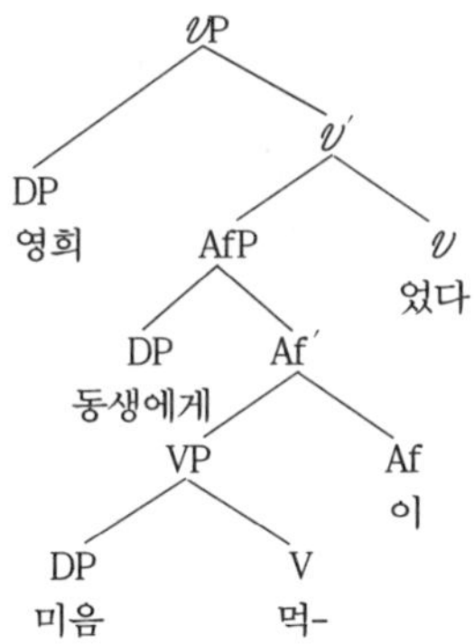

우단(右端)에 있는 술어핵은 V-Af-v로 병합하여 핵문 술어의 구실을 수행한다. 영어와 달리 T핵은 설정하지 않았다. DP는 이전의 관례에 따라 NP로 쓰기도 한다. 제주방언에서는 V(먹-)-Af(-이)의 병합시에 '멕이-'와 같이 움라우트 현상이 있게 된다. 이러한 음운현상을 보면 필자는 음운부의 작용이 연산의 단계 곧 각 핵의 국면에도 영향을 미치는 것으로 생각한다.

핵문과 상위문을 연계시키는 기능범주가 C(보문소)이다. 보문소구(보문절) CP는 영어에서는 상위문의 어휘범주 N, V, A, P에 의해서만 선택된다.

(13) a. I [$_{vp}$ claim [$_{CP}$ that [$_{IP}$ ……]]].

b. I make [$_{NP}$ a claim [$_{CP}$ that …… [$_{IP}$ ……]]].

c. I am [$_{AP}$ sure [$_{CP}$ that [$_{IP}$ ……]]].

d. It depends [$_{PP}$ on [$_{CP}$ how [$_{IP}$ ……]]].

C의 that는 한국어에서 (13) a.는 -고/-다고/-라고, b.는 -다는/-라는/-라고하는, c.는 -고/-는 것을, d.는 -는가에/-는 것에 등등으로 대역될 수 있는 것으로 조사, 형식명사, 어미, 후치사 등의 의존형식에 비길 수 있다, 이는 CP가 명사절, 관형절, 부사절의 어느 것인가에 의해서 대역이 갈리는 것으로 보인다.

이와 같이 기능범주 C는 IP(혹은 $\mathcal{V}$P)를 보어부를 취하여 종속절을 이루고 이것을 상위 술어핵($\mathcal{V}_2$)에 연계시키는(종속접속사와 비슷한) 기능을 하고 있다. IP(혹은 $\mathcal{V}$P)를 곧 문(핵문)이라고 한다면, 그것을 완결시키지 않은 채 뭉뚱그려서 보문화하고 그에 대한 서술과 완결은 상위문의 다른 서술요소 곧 후행 술어핵에 넘기는 구실을 C가 하는 것이다. 그럴 필요가 없을 때는 C는 선택되지 않는다. 곧 보문이 생기지 않는다. 보통 C를 보문(화)소라고 부르는데, 한국어에서 술어핵의 한 요소로 보는 것은 다른 술어핵과 순열을 이루고 그 자체로 종결(물론 완결에는 억양의 보조가 필요하다)할 수 있기 때문이다.

제주방언에서

(14) a. 철수(는/ㄴ/가) 자이가 질(을) 잊어벬젱 ᄀᆞ라라. (질=길, 잊어벳젱 =잊어버렸다고, ᄀᆞ라라=말하-였어/더라)

b. 철수(는/ㄴ/가) 애들이 바나나(를) 좋아ᄒᆞᆫ뎅 ᄀᆞ라라. (~뎅=다고)

주문에 내포된 보문은 (14) a.에서는 ~젱, b.에서는 ~뎅이라는 C를 통해 주문술어의 대상의 의미역할을 수행하고 있다. 곧 하나의 논항의 구실을 한다. 이에 대해 다음의 경우는 어떻게 되는가?

(15) 철수(는/ㄴ/가) 자이(가) 질(을) 잊어빈 줄 알안. (잊어빈=잊어버린, 알안=알았-다/어)

(15)의 '줄'에 대하여는 보문소로 보기도 하고 NP로 보기도 한다. 전통문법에서는 형식명사로 다룬다. 형식명사에는 조사가 따를 수 있는 면에서 DP로 처리할 수 있다. 이 경우 D의 상대항(외항)인 NP가 IP를 보어부로 취하는 것이 된다.

그렇게 되면 보문의 구조에는 핵이 C인 CP와 핵인 N(D)인 NP(DP)의 두 가지가 있게 되는데 그와 같이 두 가지 갈레의 보문구조가 있는 것으로 할 것인지 모두 C의 핵으로 묶을 것인지 논의의 여지가 있다. NP(DP) 구조인 경우는 보어부의 IP(𝓋P) 사이에 C(혹은 제로의 C)가 개재하는 것으로 처리할 수 있다. 다만 형식명사는 조사의 뒷받침 있어도 그 자체 논항이 될 수 없는 점에서 IP(𝓋P)를, 부가적으로 C를 개재하여 끌어온다기보다 그 자체가 C구실을 한다고 볼 수 있다. 그리고 실지로 C에는 영어의 that처럼 [+N]의 자질이 함유된 것으로 볼 수 있으므로(그러기에 조사가 수반된다) 하위문과 상위문 동사를 접합시키는 형식명사를 C로 일괄할 수 있다고 본다.

앞서의 (14) a., b.의 ~젱, ~뎅의 경우를 보면 잊어-베(버리)-ㅆ(과거시제)-제(다)-ㅇ(고), 좋아ᄒᆞ-ㄴ(현재시제)-데(다)-ㅇ(고)와 같이 형태분석된다면, 이 경우의 ~젱은 '다-고'의 융합체, ~뎅은 '다-고'의 융합체로 볼 수 있다. 따라서, 그러한 융합체가 보문화소로 쓰인다고 하겠다. 이들에게 조사가 수반할 수 있다.(잊어벳젱은 '있어버렸다고는', 집에 간뎅은 '간다고는').

문말에서 반어(反語) 혹은 의문을 나타내는 '가'의 형태는 문의 시발구조인 발제 - 결말 구조를 전제했을 때는 결말의 완결요소에 속하지만, 절말에서의 간접의문을 나타내는 'ㄴ가'의 형태는 C의 범주다. '~인지, ~인가'의 경우도 마찬가지다.

이에 상응한 일본어의 ~ka(−no ka/−ka(mo)) 형태는 부정서술을 유도하는 점에서 전통문법에서 계조사라고 하는데, 이는 한국어와 마찬가지로 의

문자질(Q자질)을 내포한 C로 볼 수 있다. 한국어나 일본어는 이처럼 C가 어휘적 의문어미로 채워지나, 영어의 경우는 Q-자질로 선택적으로 채워지고 그것의 EPP자질에 의해 지정어 자리에 의문사구(WH구)가 채워진다.

영어에서 내포절을 유도하는 C에 상당한 것으로 that, for의 [-WH]자질의 것과 whether, if, WH구와 같은 [+WH]자질의 것이 있다. [-WH]자질의 것은 평서절을 유도하고, [+WH]자질의 것은 의문절을 유도한다. [-WH]의 that와 for에서 전자는 시제절을, 후자는 비시제절을 보충어로 취한다.

Fukui(1986: 53)에서는, [±WH]자질은 C가 일치자질을 갖는가(KASE 부여자) 갖지 않는가(CASE 비부여자)로 구별한다. 전자가 [+WH]의 F자질을 갖는 것이고, 후자가 [-WH]자질을 갖는 것이 된다. Fukui의 투사체로는 전자에서 X″레벨까지 투사하고, 후자에서 X′레벨까지 투사하는데 일반적으로는 기능범주는 모두 X″레벨까지 투사한다고 보고 있다.

일치자질을 갖는 Spec 자리를 메꾸어주는 것은 WH-구다. WH-구는 [F]자질의 [+WH]자질을 지닌 C한테 유인되어 Spec자리에 착지한다.

Fukui의 C의 투사제도는 다음과 같다.

(16) a.

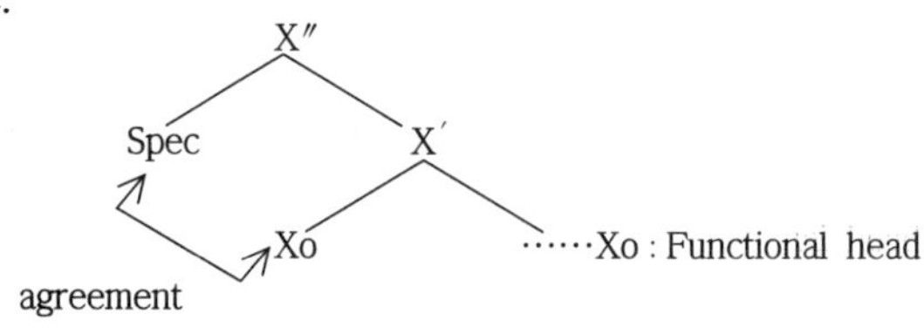

(Fukui 1986: 76)

b.

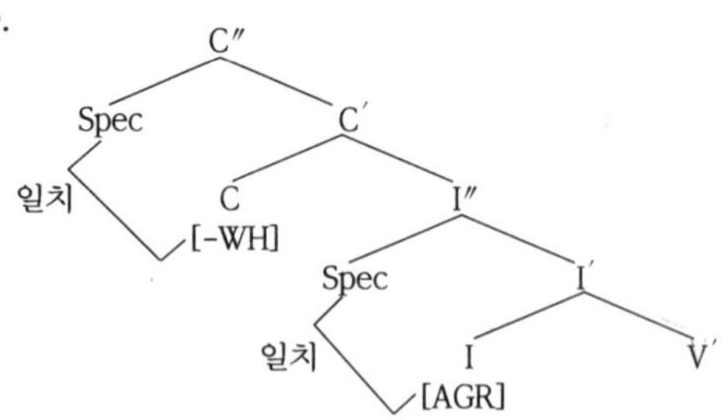

c.

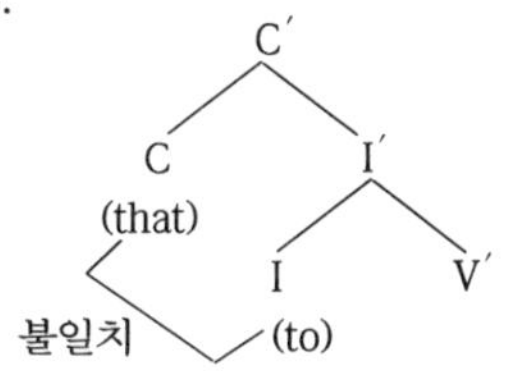

(16) a.에 의해 b.의 C의 투사는 일치자질을 갖는 경우이고 (I도 같은 경우) c.는 갖지 않는 경우이다.

CP=[...... $[_{C'}$ C I″]]에서 C의 지정어 자리는 최초부터 기저생성되는 자리가 되기도 하고, α-이동 (WH-구 이동)에 의해 이동되어 오는 자리가 되기도 한다. 예문을 가지고 보이면,

(17) a. Who does Mary love e?

b.

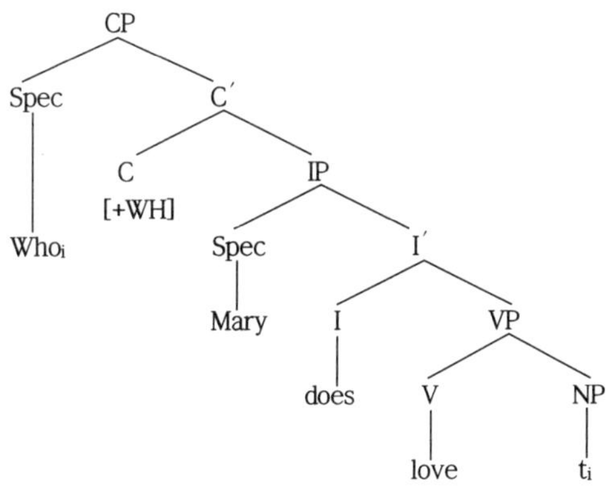

일치자질을 갖는 C(I도 마찬가지)는 X″ 레벨까지 투사하고 Spec 자리에 WH-구를 유인하고 있다. (17) b.는 단문이므로 C 자리에 [-WH]의 that(시제절), for(비시제절)는 나타날 수가 없다. 이와 경상(鏡像)관계, 곧 C가 우측 후미에 나타나는 한국어, 일본어의 경우는 말미의 C 자리에 의문조사 ka로 채워진 것이라고 본다면 영어와 같은 WH-이동은 일어날 수 없는 것으로

볼 수도 있다. 그러나 이는 영어와 대조적으로 생각해 본 것이고, 한국어와 일본어의 문말의 ka는 문의 완결요소의 일부로 생각할 수 있고 문중 곧 절 말의 ka는 C에 비겨볼 수 있다.

(18) a. 이게 무언가?

b. 이게 무언-가/지 알아질따? (알아질따=알 수 있(겠)느냐)

a′

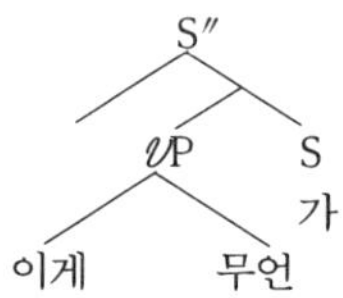

b′

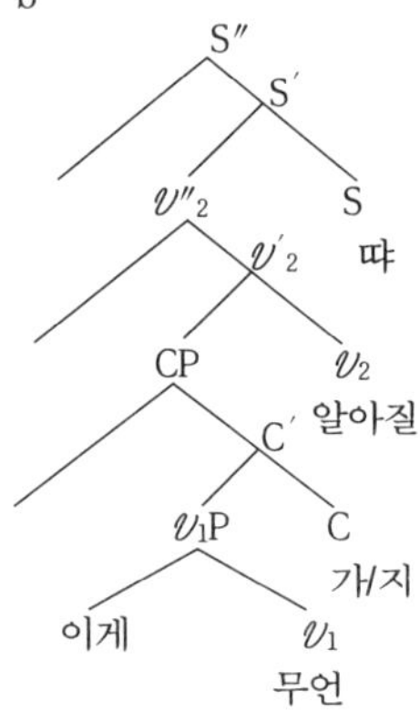

(17) a.의 예문과 b.의 수형도에 상응하는 한국어의 경우를 제시해 보면,

(19) a. 메리(는/가) 누구(ㄹ/를) 좋아하나?

b.

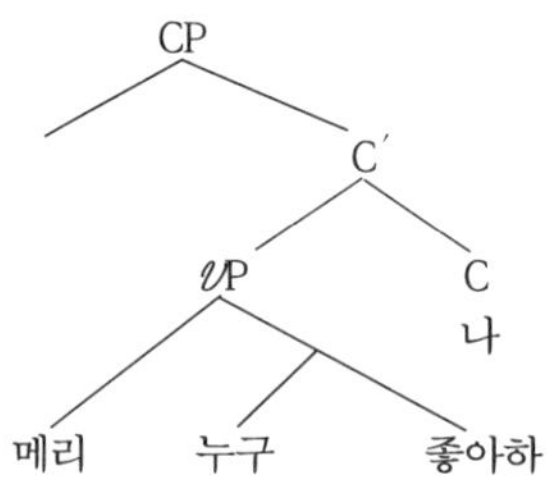

C가 [+WH]의 자질을 지니면 영어에서는 의문사가 CP의 지정어 위치에

필수적으로 이동하는 것이고, 한국어에서는 임의적으로 이동할 수도 안 할 수도 있다. 한국어에서는 C가 [-WH]이든 아니든 의문사를 제 자리에 두고서도 종속절 구실을 수행할 수 있다. (19)에서의 '나'는 Q자질이 있는 경우와 없는 경우가 있다.

필자는 문의 시발구조로 발제 - 결말의 구조를 설정하고 있기 때문에 C 자리의 Q자질이든, 한국어와 같은 어휘적 의문형어미든 결말에서 완결되는 것으로 보고 있다. 앞에서 보인 ~가?, ~나?의 의문 표현은 결말에서 굳혀진다.

의문표지가 문두에 지닌다는 생각은 Baker(1978: 118)에 제시된 바 있다. S의 다시쓰기 규칙에 특정적 의문기호 Q를 허용하도록 한 것이다.

(20) S→(Q) NP Aux VP

이 규칙에서 다음의 두 가지의 경우가 유도된다.

(21) a. S→NP Aux VP
b. S→Q NP Aux VP

곧 (21) a.에서 평서문이 생성되고 b.에서 의문문이 생성된다. Q로 시작하는 구조에 주어-조동사 도치규칙이 필수적으로 적용되는 기제이다. WH-의문문의 경우는 WH-구가 그 자리로 전치한다.

Bresnan (1970: 317-319)에서 Q 자리가 COMP자리가 된다. 곧 Q가 COMP가 되는 것이다. 문두에 COMP가 있게 되면 문중의 의문요소는 COMP의 자리까지 이동하게 된다는 것이 된다. 현재의 구구조 형성의 관점에서는 투사체계가 이전과는 달라졌지만 의문요소가 문두에 위치한다는 것은 매한가지다. 그만큼 의문요소는 화자간의 관심사고 화용의 초점이 되기 때문에 통사구조상 우위의 위치를 점유하는 것은 당연한 일이다. 한국어는 후핵언어이기에 발제 - 결말의 시발구조는 자연적이며 WH구가 초점화의 특별한 경우에만 발제의 자리를 차지하고 일상은 발제 자리는 다른 주제가 차지하므로 WH구가 이동한다면 CP의 외항 자리다. 결말의 문말어미가 Q 자질이기만 하면 의문문임에 다름없으니 문두에는 WH구가 외현적으로 이동하지 않는다 하더라도 내현적으로는 우위의 문두에 이동한다고 본다. 이에 대해 영어는 선핵언어이기에 발제 - 결말 구조 자체가 미약하며 오히려 도치적인 면을 지닌다. 따라서 문두 자리에 WH-구가 차지하는 것은 자연적이다. 그래서 외현적인 이동이 있게 되는 것으로 본다. 문두의 우위에 있게 하는 통사적 운용은 여러 관점에서 생각할 수 있다.

(22) a. CP 지정어 위치에의 이동분석

[$_{CP}$ 어떤 책을 [$_{vP}$ 철수(가) t 일러벴수]광].

(일러~일흐-=잃어~잃(으),
벴-버렸, -수광=습니까?)

b. 발제 - 결말 구조에서의 복사

[$_{S''}$ 어떤 책 [$_{vP}$ 철수가 (어떤 책) 일러벴수]광].

c. LF에서의 이동

[$_{CP}$ _ [$_{vP}$ 철수(가) 어떤 책(을) 일러벴수]광].

(22) a.는 한국어로서는 수의적인 운용이고, b.는 발제 자리에 있게 되는 선행화맥(문맥)이 전제되어야 하며, c.는 LF에서 우위의 의문사 해석을 받기 위해 내현적으로 이동하고 있다. 이동지의 CP의 지정어 자리에 있는 공연산자 OP가 원 자리(in sity)의 의문사를 결속한다고도 볼 수 있다.

이상과 같이 C는 [±WH]자질에 따라 보문으로서 의문문(절)으로서 수의적으로 실현되는데 앞서의 v는 필수적으로 실현된다. V-Af의 어간에 형식동사로서 경동사로서 '~(~이/~ᄒᆞ)다' 와 같이 술어의 형식을 갖추게 한다.

C를 개재하여 상위문으로 연계할 때 C에의 연결 구실도 수행한다. 그렇다고 단순한 기능적 역할만 수행하는 기능범주가 아니다. 모든 범주가 어휘적, 기능적 양면을 지니듯 v도 어휘적인 의미를 내포한다. 시제, 양상, 존대 등 요소가 그것인데 이들 요소들은 통사적으로 별도로 상대 논항을 도입하는 일을 하지 않는다. 이들 요소가 별도의 투사체를 설정하게 되면 v_1~v_n의 연속마다 계속 투사되어 번잡한 구도가 이루어지게 된다.

VP 구조를 통어·지배하는 vP의 패각구조에 대하여는 제3장 7절에서 언급하겠지만 여기서도 몇 예를 보이기로 한다. 타동사구문의 경우,

(23) a. 영어 b. 한국어

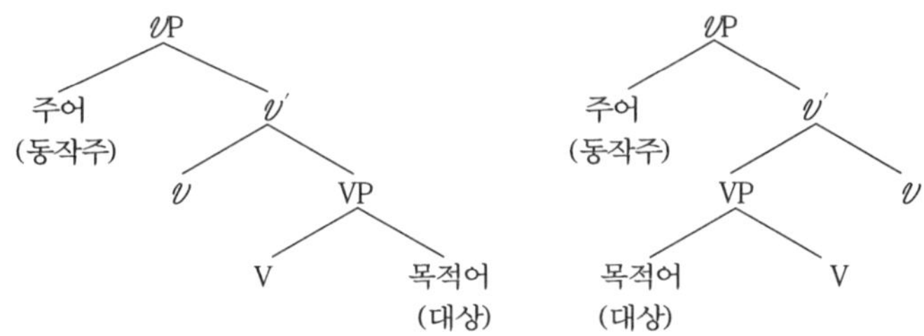

종래의 VP 내부주어가설에서는 동작주와 대상이 모두 하나의 VP 내에 있는 것으로 했으나, 모든 논항이 그 안에 수용될 수 있는 것이 아니고 이를 위해 다른 후핵 요소와 병합하여 덧붙인 구조를 형성해야 하기 때문에 선핵의 투사에 후핵이 덧씌우는 구조가 생기게 된다. 이때 하위의 V에 대해 상위의 V를 작은 글자로 표기하여 little v라 하고 그 투사체를 동사구 패각(vP-Shell)구조라고 한다. 여기서 술어핵은 외항 하나를 도입한다고 일반화할 수 있다(제5장 (5) 참조). (23)에서 V는 목적격자질을 지니며 v는 주격자질을 지닌다(이들의 격자질은 점검(확인)후 제거된다).

V와 v의 병합으로 술어구가 갖추어지는 예를 두어가지 보자면, 다음은 수여동사문의 경우다.((50) a., b. 참조).

(24) a. 영어

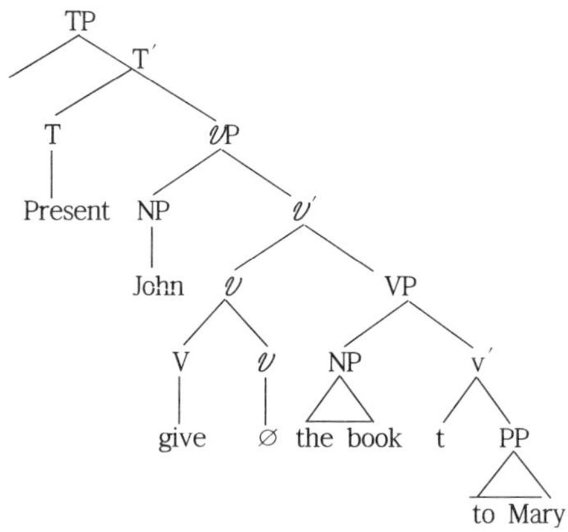

b. 한국어

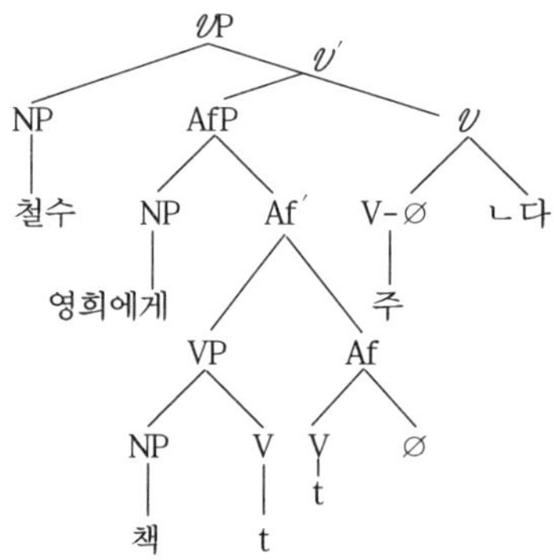

이 수형도에서, 술어핵의 상대논항(외항)을 NP로 나타내고 있으나 DP와 같은 것이며, 술어핵은 필수적으로 영어는 좌방으로, 한국어는 우방으로 도입·병합하기 때문에 일일이 각 투사층위의 병합체의 범주를 표시하지 않고 핵 표시만 해도 되지만, 여기서는 표시하였다. 그리고 목표논항은 후핵언어인 영어에서는 PP로 후치하지만 한국어에서는 Af핵이 도입하는 것으로 필자는 하였다. 물론 목표논항이 요긴하지 않다면 뒤섞기 혹은 VP의 부가어로 볼 수 있고 심지어는 그것은 생략도 가능하다. V의 𝓋와의 병합으로 시제를 제외한 술어구가 갖추어져 있다.

다음 비대격자동사의 경우에, 그 자신은 VP로 투사되고, 허사 there가 TP의 지정어의 형식 주어로 도입되는 다음 예문에서도(NP=DP), V의 v에의 상승이 있게 된다.

(25) There arrived a man to the Party. (Collins 1997: 16)

(26) a. b.

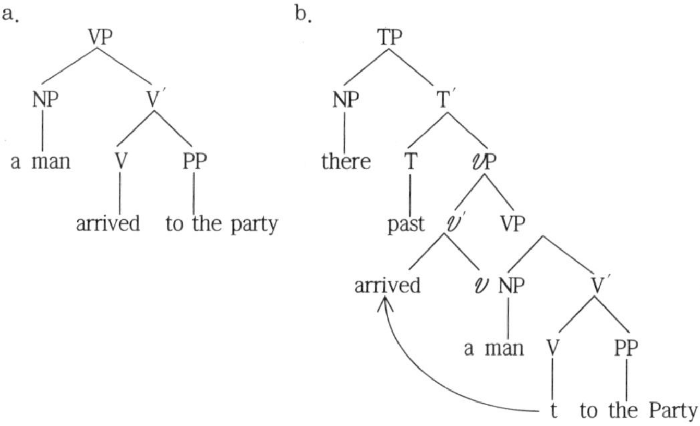

(26) b.의 v가 원문에 Tr(Transitivity, 타동성)로 표시되어 있으나 v(경동사)와 동일시되는 것이다(p. 15). v는 [± Tr]의 자질을 가진다고 본다. 그러기에 핵문술어의 구실을 수행할 수 있다. (26) b.를 그대로 문자화하면 there a man arrived to the party 가 되어서 비문이 된다. 올바른 어순을 얻기 위해서는 V(arrived)를 VP 내에서 VP 바깥의 상위 위치에 올려야 한다. 바로 그것에 알맞은 자리가 v 자리라는 것이다.

(26)에 대응하는 한국어의 경우는 필자로서는 다음 (27) a.의 핵문의 기반에서 there에 상응하는 부분은 주어로서가 아니고 부사로서 부가하는 기제를 취한다. 부가 위치는 점선으로 표시한 부분인데, 이러한 부가 위치 여하가 화자의 의도의 발로가 된다.

(27) a. b.

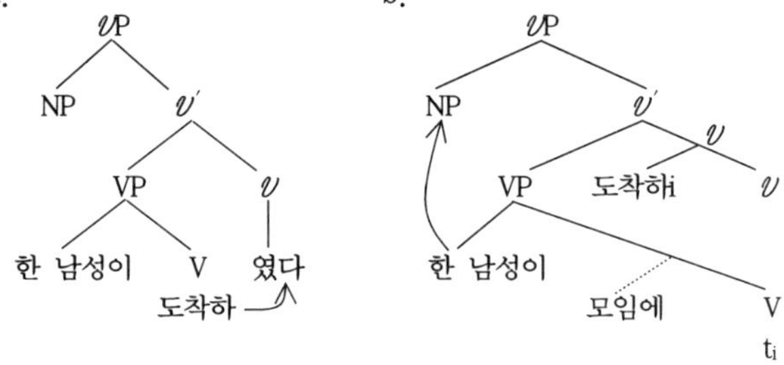

결과구문의 경우에도 이중목적어의 경우와 마찬가지로 최소 3개의 논항이 소요되기 때문에 v의 투사가 소요된다.

(28) a.

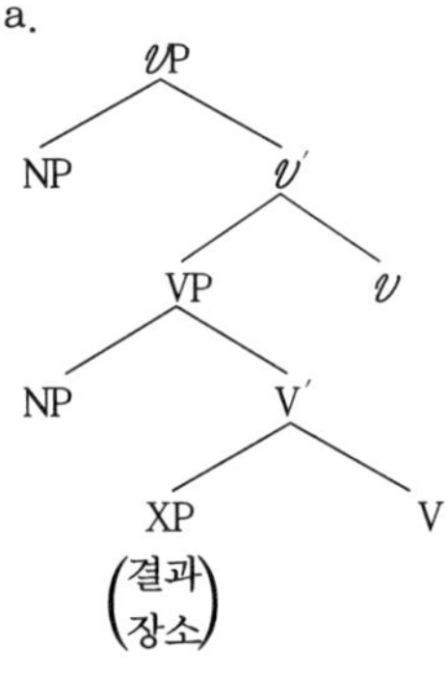

(長谷川 1999: 167)

필자에게는 술어핵의 투사에서 오직 하나의 외항을 도입하는 것이 원칙이므로 시발핵에서의 내항 XP는 부가어의 자리다. 실지 DP가 아닌 PP로 실현시키고 있다. 부사구가 실현되기도 한다. '주다, 보내다, 맡기다' 등의 동사에서 그 목표가 대상보다 상위에 실현되는 경우는 필수논항으로 Af가 도입하고, 하위에 실현되는 경우는 부가어(부가논항)로서 부가된 것으로 보고 있다. 후자의 경우는 생략이 가능한 경우이다. 작용역과도 관계되는 그 위치의 다름은 화자의 의도를 가늠하게 한다. '주다, 보내다'의 동사는 목표를 의도적으로 내세울 때 ∅Af의 투사를 거친 것으로 본다.

(29) a. b.

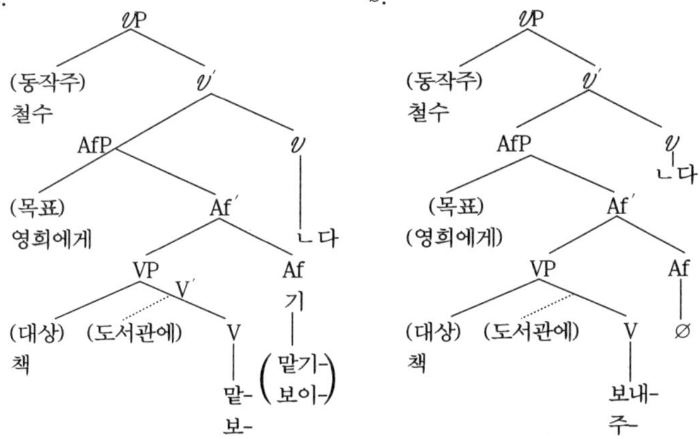

𝓋 자체의 구실이나 자질에 대하여는(자세한 것은 제5장 4절 참조) 長谷川(1999: 173)은 𝓋는 기저적으로 공범주로 생성되어 하위의 V가 그 자리에 상승하고 자타(自他) 교체의 경우도 그것과 관계되는 유표적 형태소가 자리하는 것으로 하고 있으나, 필자는 (29) a.의 타동/사동의 경우 그리고 타동/피동의 경우 Af핵의 통사적 파생을 거치는 것으로 하고 있다. 자동사와 타동사는 통사부가 아닌 어휘부에서 구별되는 것으로 보고 있다(중간동사는 잠재논항 때문에 Af를 거치는 것으로 함). 어휘부에서 [±목적어] 여부의 하위범주화가 명시되어 있는 것으로 본다. 그리고 𝓋는 공범주로서가 아니라 어간에 후행하는 핵문어미로 보고 있다. '-다'의 추상적인 것이기는 하다. 三原 외(2006: 17)도 𝓋를 소(小)동사라 부르고 음형을 지니지 않는 추상적동사지만 동작주의 의미역을 주는 일을 한다고 하는데 외현적으로 매듭짓는 요소가 있어서 그런 일을 한다고 필자는 본다.

長谷川(1999: 171)에서는 다음의 (30) a.는 자동사(도달동사), b.는 타동사(달성동사)의 구별을 𝓋의 [±격]의 자질 여하에 두고 있다.

(30) a. b.

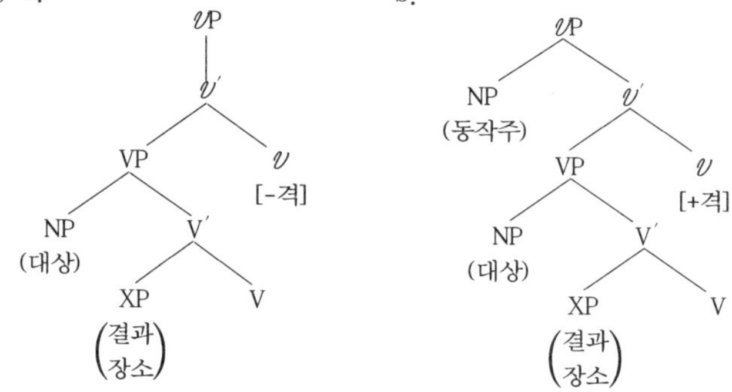

(35) a.류의 동사로 '죽다(死ぬ), 굽다(曲がる), 떨어지다(落ちる), 가라앉다(沈む), 깨지다(壊れる)'가 예시되고, b.류의 동사로 '죽이다(殺す), 굽히다(曲げる), 떨어뜨리다(落とす), 가라앉히다(沈める), 깨다(壊す)'가 예시되고 있다.

V를 어간(어근)으로 보는 것은 長谷川이나 필자는 마찬가지다. 다만 長谷川은 자타의 교체는 𝓋의 자리에 표시하고 자동사 형태소의 𝓋는 그 지정어에 동작주를 도입하지 않고(-격), 목적격을 부여하지 않는다. 그리고 타동사 형태소의 𝓋는 지정어에 동작주를 취한다. 그리고 V와 합체하여 대상에 목적격을 부여한다(p. 173). 필자는 보다 간편하게 V가 목적격의 대상을 취하는가 여부 곧 V의 격자질의 [±목적격](또는 [±대격])여하에 의한다. 𝓋는 어느 경우든 핵문술어핵으로서 주어를 도입 혹은 유인하여 핵문을 이루게 하는 요소로 하고 있다. 경동사든 어떤 형태의 술어든 기본형의 형태로 핵문술어로서 마무리짓게 하고 있다.

𝓋로 매듭지어지는 술어는 주어에 대하여 영어에서는 3인칭단수 현재의 일치와 같은 빈약한 일치현상이 있으나, 이태리어와 같은 대명사(pro)-탈락언어에서는 동사의 굴절에 의한 일치현상이 있다. 예컨대, 이태리어의 1, 2인칭 주격대명사와 그에 상응하는 동사의 직설법 현재의 활용어미 사이에 일치현상을 보여준다.

(31) 1인칭 io(단수)-o(/iseo) noi(복수)-iamo
2인칭 tu(단수)-i(/isei) voi(복수)-ate(/ete, /ite)
(괄호 안은 동사의 어군에 따른 이형)

그래서 동사의 활용형을 보고 주어(인칭, 수, 격)를 판단할 수 있게 된다. 따라서 주어의 생략이 가능하고 생략되더라도 동사의 활용형을 미루어 복원할 수 있다. 한국어도 활용어미가 풍부하여 영어보다는 못하지 않은 편이다. 핵문에서 𝓋핵은 외항(지정어)과 일치현상을 갖는 자질을 내포한다. 영어와 같은 인칭과 수와 (그리고 시제)같은 일치자질도 존대의 일치자질도 약하게 있다. 이태리어처럼 철저하지 않으나 풍부한 활용형이 나타내는 서법과 인칭과의 상관에서 보여준다. 그러나 그 서법은 𝓋보다 상위(후위)의 문결말핵의 몫이라고 본다면 𝓋레벨에서는 그 부분은 없는 셈이다. 𝓋는 술어핵으로서 필수적으로 주어와의 일치자질 그리고 격자질, 의미역자질이 있고, 선행술어의 자질에 따라 그와 합체할 때 주어에 경험주, 동작주, …… 등의 의미역으로 구체화하고 주어에 따라 주격 혹은 여격 등의 격자질로 구체화한다고 본다.

𝓋와 관련해서 그 전단계 곧 V-Af-𝓋에서의 파생접사핵 Af(Affix)의 경우를 보면, 피동/사동 등의 접사적 의미를 지니며 VP로 하여 그러한 일을 하도록 𝓋에 연계시킨다. 한국어나 일본어는 용언의 어근에 접사가 부착하여 어간을 이루는 경우가 많다. 그 접사의 여하에 따라 피동사, 사동사, 중간동사, 수여동사 등으로 갈리게 된다. 앞에서 長谷川은 자동사, 타동사가 교체되는 자리가 𝓋로 보기도 하였지만, 그것은 𝓋자리보다 Af 자리로 볼 것이다. Af에서의 수동주/사동주의 논항 도입과 술어의 형성이 대칭적으로 이루어진다((12) 참조).

통사적 접사인 Af의 항목은 어휘항목에 수록된 것으로 보며 그것은 용언어근에만 접미되는 특성을 지닌다. Af의 속성은 [±deriv]로서 선행어근에 따라 +값이면 피동, 사동이 실현되고, −값이면 실현되지 않는다. Af가 ∅

이면서 +값을 수행하는 경우가 있다. 중간동사구문, 이중목적어구문(수여동사구문)등이 그것이다. Af는 논항(외항)을 도입하며 그 의미역은 동사에 따라 소동주(행위자), 수동주, 목표(간접목적어) 등이 된다. 당연히 도입 논항과의 격과 의미상의 자질일치가 있게 되고 논항의 생략도 가능하다. 다만 그 복원은 선행화맥(문맥)에 의존한다.

예컨대 V '잡-'은 외항에 대상의 '손'을 도입한 후 [+deriv]의 Af인 사동의 '히'가 따르면 그 병합체가 새로이 외항으로 소동주 '누구에게((손 잡-)히다)'를 도입하고, [−deriv]의 Af면 그대로 대격동사(타동사)로서 대상 이외의 논항을 도입하지 않는다(무엇을 잡다).

일본어의 경우도 매한가지다. V의 'とる'(취하다, 잡다)에 피동의 'れる'가 병합하게 되면 소동주(행위자)가 도출된다(だれに(누구에게) なにを(무엇을) とられる(잡히다)). 한국어나 일본어에서 피동표현의 경우 대상 논항이 대격/주격의 격교체가 있는 경우를 보면, V에서 대격의 부여를 지연시키고 Af 투사체에서 소동주 (누구에게(서))가 도입되면 V−Af에 상응하는 주격으로 실현시키는 것으로 볼 수 있다.

제주방언에서는 '손잡안. 손젭현.'이 일상적으로 쓰인다. 전자는 ∅대격, 후자는 ∅주격의 경우다. 대격인 경우는 V가 대상에 대해 적극적으로 작용한 것이 되고, 주격인 경우 대상을 마지못해 받아들이는 화자의 인지·의도와 관계되는 것으로 여긴다. 이들 핵문 술어핵의 도입 논항의 생략이 모두 가능한 것을 보면 그만큼 대칭적인 도입 1항과 술어핵의 합치가 분명한 데서 온다고 본다.

4. 공범주

공범주는 외현적 형태(音形)가 없는 내현적(Convert) 범주를 말한다. 제로대명사인 PRO와 pro 그리고 흔적(NP 흔적, WH 흔적) 그리고 공연산자

등이 논의되지만 어휘목록에 등재될 수 있는 것은 PRO와 pro이다. 영어에는 pro는 없는 것으로 보기도 한다(외현형이 대명사). 흔적이나 공연산자도 외현형이 등재되고 있으므로 제외된다.

PRO와 pro의 존재는 (확대)투사원리에 의해 보증된다. PRO에 대하여는 곧 부정사(不定詞)절이나 동명사절 등에서 표면상의 주어가 안 보이는 경우에 음형을 지닌 NP에 상당하는 공범주로서 대신 내세운다는 것이 된다. pro에 대하여는 이를 허용하는 언어(pro-drop언어)와 허용하지 않는 언어(non-pro-drop언어)와의 구별이 있다. 그러한 2분하에서는 한국어와 일본어는 AGR은 약한 쪽이므로 pro가 허용되지 않는 언어가 되지만, 앞에서 언급한 대로 용언의 활용어미가 풍부히 발달되어 있어서 이태리어만큼 인칭대명사 복원이 쉽지 않지만 부분적으로 가능한 면이 있어서 pro탈락언어에 들어간다고 보기도 한다. 그렇다면 pro 공범주도 어휘목록에 등재된다고 할 수 있다.

이들에 대하여는 다른 각도로 생각할 수 있는 여지가 없지 않다. PRO의 경우 다음의 예문에서,

(32) John_i promissed Mary_j [PRO_i to help her_j].

[John help Mary]를 보문화소 없이 John promissed Mary에 내포되는 대상의 명사절 구조로 또는 이와 달리 선조식으로 주문 바깥에 외치된 것으로도 볼 수 있다. 어느 쪽이나 내포절의 주어 John은 주문의 John과 동일하기 때문에 삭제될 수 있다. 이 때에 이론상 절의 주어 자리를 비워둘 수 없어서 PRO로 메꾼다. 그런데 파생과정으로 볼 때는 보문의 생성이 먼저이다. 그렇다면 PRO가 아닌 John이 그 자리에 있다가 주문의 주어 자리로 옮겼다고 볼 수 있는데, 이 경우 NP의 흔적의 연쇄가 θ-위치 끼리의 연결이어서 정당한 연쇄가 되지 못한다는 문제가 있다.

혹은 발제 - 결말의 시발구조를 가정할 때 술어핵의 병합과 도출 논항의 위계화의 파생과정 중에 발제와 동일한 NP를 발제의 무형적인 복사로 대신

했다고 수 있다. 앞서의 이동의 가정의 경우도 그것으로 남긴 흔적을 복사체로 가정하면 흔적이나 지표와 같은 외적 요소의 도입도 배제할 수 있다(내포성 조건 참조). 발제의 복사로 보게 되어도 그것은 마찬가지다.

PRO를 마련하는 처지로서는 그 속성은 대명사적 조응형으로 한다. 대명사와 조응형의 성질을 가진다. 유독 외현형이 없는 특이한 공범주가 된다. 그 양면성으로 결속원리 A(조응형은 지배범주내에서 결속되어야 한다), B(대명사류는 지배범주내에서 자유이어야 한다)의 모순된 처지에 놓이게 된다. 여기서 PRO는 지배범주를 지니지 않는 곧 지배자를 지니지 않는 범주로서 곧 지배되지 않는 위치 곧 부정사절이나 동명사절의 주어 위치 외에는 생성되지 않는 범주로 특정하지만, 이와 다르게 볼 수도 있다. 다음에서처럼 PRO가 나타나는 하위절의 술어가 주어와 반드시 일치하는 현상이 있다.

(33) a. I want [them to be officers].
b. They want [PRO to be officers]. (Chomsky 1995: 119)

여기서 정형절의 I가 격을 부여하는 것처럼 비정형절의 b.의 I(to)도 제로격(Null Case)을 지니고 PRO에게 제로격을 부여한다고 가정하면 PRO도 지배되는 자리가 되고 PRO도 다른 명시적인 논항들처럼 격(제로격)을 가지는 것이 된다. PRO와 I의 일치가 이동의 요인이 되고 양자의 제로격의 일치가 확인된 후에 격자질이 제거되는 식이다.

(34) They want [PRO$_i$ [to] [t$_i$ be officers].

보문주어가 NP이든 PRO이든 그 이동에서 문제되는 흔적에 대해서 NP-이동(A-이동)의 NP흔적 그리고 WH구 이동(A′-이동)의 변항의 두 경우를 보면 전자의 예의 피동문에 있어서는 파생주어의 문법적 관계가 보장되어 있으나, 후자의 예의 의문사 이동에 있어서는 선행사는 그 문법적 관계가 보장되어 있지 않는 상태에 있다. 보장되지 않는 선행사에 결속되는 변항도 마찬가지로 불안정하다. 그래서 문두에 이동한 그러한 A′ 선행사를 처음 문두에서 접했을 때 그것을 일시적인 기억으로 남기고 제격의 것은 이동하기 이전의 본래의 위치에 있는 복사체로 본다는 인지적인 기제를 상정하게 된다. 여기서 LF 복사(Copy)이론이 나오게 된다.

복사의 예로서 A′-이동으로 보는 뒤섞기의 경우를 보면,

(35) [떡(을) 나(가/는/ㄴ) [떡(을)] 먹언].
(먹언=먹었-다/어)

A′이동으로 이동한 떡을 LF에서는 본래의 자리로 되돌린다(LF 재구성)는 것이다. 이때 t 자리로 되돌린다기보다 이동한 요소가 복사체로 자리잡고 있다고 볼 수 있는 것이다. 다음의 대동이동구문(Pied-Piped Construction)에서(Chomsky 1995: 202-203),

(36) a. (guess)[[$_{wh}$ in which house] John lived t]
b. [which x, x a house] John lived [in x]

a.에서의 연쇄[wh, t]는 연산자-변항이 아니므로 적법한 LF가 되려면 b.와 같이 재구성되어야 한다. (36) a.의 t를 흔적이 아니라 이동한 요소의 복사라고 본다면(외현적 이동의 경우는 음운부에서 생략된 것으로 가정한다.),

(37) [$_{wh}$ in which house] John lived [$_{wh}$ in which house]

이를 양화사 인상과 같은 운용을 하면,

(38) [[which house] [$_{wh}$ in t] (John lived [$_{wh}$ in which house])

LF에서 적법하게 되기 위해 (연산자-변항 구조가 되기 위해) CP 지정어

위치에 있는 요소 중 연산자를 제외한 나머지 의문사구는 다음처럼 삭제하면 (36) b.에 상응한 LF 표상을 얻을 수 있다.

(39) [[which house [$_{wh}$ ~~in it~~] John lived [$_{wh}$ in ~~which house~~]

따라서 PRO의 경우도 도출과정에서 볼 때는 핵문에서는 시제절의 주어였다고 본다면 그것이 제로보문소의 연산으로(혹은 SC화) 영어의 경우는 비시제절화되어 격도 상실하게 되므로 격이 점검되는 앞(윗)자리로 이동하게 되고 그 때에 원 자리에 그림자를 남겨둔 것이 LF에서 재생된다고 보게 되는 것이다. 한국어의 경우는 시제절 여부와는 무관하고 다음에서처럼,

(40) 철수(는/ㄴ/가) 영희한티 [~~철수(가)~~ 떠나켕/떠날걸로] 약속헤연.
(떠나켕=떠나겠다고, 떠날걸로 =떠날 것으로, 약속헤연=약속했-어/네)

v_2의 '약속하-'가 '누구에게'의 논항을 도입하여 핵문의 내용을 약속하는 것인데 약속내용의 행위자가 곧 약속자가 되므로 행위자 자리가 PRO이든 복사체의 자리가 되어도 복원할 수 있다. 만일 v_2가 '약속하다'가 아니고 '전하다'가 되면 행위자와 전달자가 달라질 수 있다. 이때는 전달내용의 행위자를 비워둘 수 없다.

(41) 철수(는/ㄴ/가) 영희한티 [민수(가) 떠낫뎅] 전헤연.
(떠낫뎅=떠낫다고)

발제 - 결말의 시발구조에서도 발제 자리에 약속자가 자리하고 핵문의 행위자와 동일할 때는 복사체가 자리하게 된다.

다음, pro는 PRO와는 달리 지배되는 자리인 주어와 목적어가 비어있는 자리의 것이다. Rizzi(1986)는 외현적으로 나타나지 않는 주어나 목적어를 음성형이 없는 대명사 pro로 보았다. 그 pro는 X°레벨 곧 어휘적 핵에 의해

지배되고(pro is governed by X°y, p. 519) 격이 주어진다(pro is case-marked by X°y, (여기서 y는 언어에 따라 다른 인가핵의 부류, 필자주) p. 524). 이 어휘적 핵은 이태리어에서는 굴절요소나 어느 부류의 동사가 해당한다고 하였다. 공주어는 이태리어, 스페인어에서 볼 수 있고 영어나 불어에서는 볼 수 없다(p. 519). 공목적어는 이태리어에는 인가되나 영어는 인가되지 않는다. 불어는 공주어는 인가되지 않아도 이태리어처럼 공목적어인 pro는 인가된다.

따라서 영어는 공주어, 공목적어인 pro는 없다는 것이다. 주어나 목적어 자리에 명사든 대명사든 비명시적으로 나타나는 경우가 없는 것이다. 이태리어나 한국어만큼 동사의 굴절이 풍부하지 않아서 pro에게 인칭이나 격을 부여하는 어휘적 핵이 없다. 이러한 차이가 대명사탈락(pro-drop) 매개변항이라고 한다.

제주방언에서 '느(가) 갈따'(너(가) 가겠느냐)의 의문표현에서 주어인 2인칭 대명사가 빠진 '갈따'만 가지고 쓰이고, 그것으로 주어의 인칭을 알아낼 수 있다. 왜냐하면 '갈따'라는 표현은 일상적으로 1인칭과 3인칭에 쓰이지 않기 때문이다. '(나(가)) 가키여'(나(가) 가겠-다/네')는 1인칭 주어에만 쓰인다. 그렇지만 이태리어 모양으로 모든 동사의 활용형에서 그 주어(인칭)가 알 수 있는 것은 아니다. '감서라'(가고 있더라)의 경우는 2인칭과 3인칭에 쓰이는 것으로 보아서 그 자체로는 주어의 인칭을 정확히 지정할 수 없다.

한국어는 이태리어와 같은 엄밀한 대명사탈락(pro-drop) 언어는 아니지만 영어와 같은 비대명사탈락(non-pro-drop) 언어하고도 다르다. 이태리어는 동사-주어의 어순이 가능하나 영어는 의문문의 경우 외는 그러한 표현은 없다. 제주방언에서는 동사-주어의 어순이 일상적으로 보인다(밥(을/은) 나(는/ㄴ/가) 먹어서). 만일 한국어도 넓게 pro-drop 언어에 속한다고 하면(혹은 목적어의 경우만을 생각해서) pro의 범주를 인정해야 한다.

pro의 자질은 [+pronominal, −anaphor]이며, 그 외현형은 물론 대명사다. pro의 자리는 문법적으로 안정된 자리며 지배받는 자리다. 격도 점검될 수 있다. 물론 지시내용은 선행화맥(문맥)이나 화용에서 복원된다.

(42) a. 느(ㄴ/가)밥(을) 먹언? (먹언?=먹었-나/어?)

b. pro pro 먹언.

주어의 pro는 본래의 동사의 활용형에서 결정되어야 하는데 (42) b.의 경우는 선행화맥(문맥)이나 화용에 의존하고 있다. pro의 연속을 피하여 PRO가 제로격이 보장된다면 혹은 공범주이든 복사체이든 공주어와 공목적어의 구별을 위해 공주어는 PRO(혹은 Pro의 표기로), 공목적어는 pro로 구별하는 방법을 생각해 볼 일이다.

5. 범주의 통사표상

어휘항목에 기재되는 이상, 문법범주는 통사표상상에 그 모습을 보인다. 통사표상은 어휘항목의 속성이 투사원리에 의해 직접 투사되는 것으로 그 일차적인 것을 D-구조라고 불렀다. 어휘항목의 요소들이 형상적 구조에 따라 주어(NP, IP), 목적어(NP, VP)의 문법기능(GF)과 동사의 의미역할도 감당하게 된다. 문법기능에 의미역할까지 나타내는 위치를 의미역위치(θ-위치)라고 하였다. θ-역할이 부여되는 문법기능(GF)을 GF-θ라 한다.

'보다' 동사는 자신의 θ-역할에 따라 누가(동작주), 무엇을(대상) 단독으로 아니면 후행술어핵의 도움을 받아 형상적으로 투사하게 되며 이에 따라 동작주는 주어, 대상은 목적어의 문법기능도 표시된다. 처음에는 이러한 형상성은 동사(술어)의 논항 방출에 의해 이루어지고 이러한 1차적인 구조의 표상을 D-구조라고 하였으나, 논항을 기능화하는 DP(결정사구〈한국어 조사구〉), 동사를 기능하게 하는 IP(굴절사구〈한국어 활용(술어)핵〉)가 있어야 제대로의 기본구조가 이루어진다고 보면 어느 선이 1차적이고 또 어느 선 이후가 2차적인 구조(S-구조)이냐의 가름이 어렵게 된다. 더욱이 술어핵의 병합과정과 각 술어핵의 도입논항의 위계화(어순화)와 같은 재구조화의 진행과정에서 D-구조/S-구조의 가름도 어렵게 된다. 격의 실현도 구조격의 추상격은 1차적이고 형태격은 2차적으로 보기도 하며 형태격으로 실현되는 의미격(어휘격)은 1차적으로 보기로 하는 등 그 가름에 어려움이 있다.

영어의 수여동사구문의 경우를 보면((43) a.를 여격구문, b.를 이중목적어구문으로 구별하기도 함),

(43) a. Mary gave a book to the man.

b. Mary gave the man a book. (Akmajian et al 1975: 183)

(43) a.의 기저구문에 여격이동규칙이 적용되어 b.의 파생구조가 유도되는 것으로 보는데,

(44) 여격이동변형(수의적)

SD	V–	NP–	$\begin{Bmatrix} \text{to} \\ \text{for} \end{Bmatrix}$–	NP
	1	2	3	4
SC	1+4	2	∅	∅

수형도로 보이면,

(45) a.((43) a.) b.((43) b.)

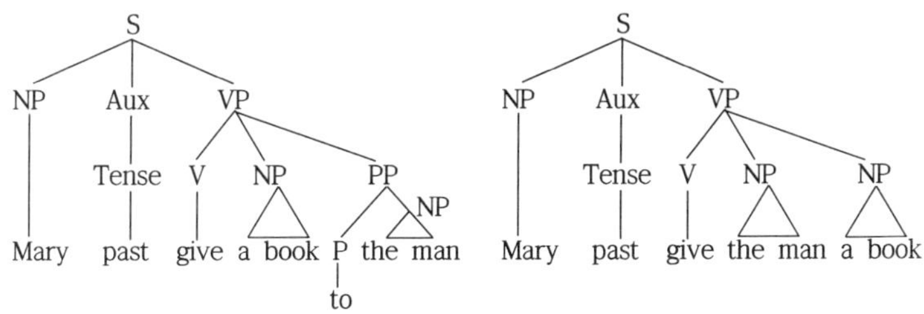

여기서 변형규칙 적용 이전의 구조를 D-구조, 적용 이후의 구조를 S-구조로 본다면, D-구조는 범주와 항목이 통사부에 제1차적으로 나타난 표상이고,

S-구조는 2차적으로 변형을 가한 구조다. 이러한 3분지구조에 대한 2분지구조의 처지에서 또 하위의 VP를 상위의 VP가 패각과 같이 포용하는 구조를 설정하는 처지에서는 다음 (46) b.와 같은 기저구조가 설정되기도 한다.

(46) a. John sent a letter to Mary (Larson 1988: 342-343)

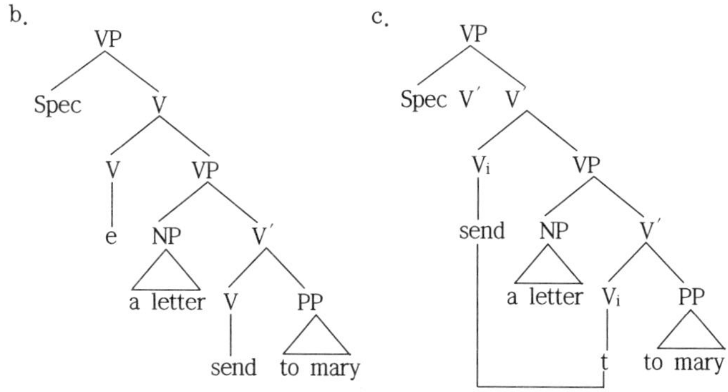

(46) b.에서는 종전에 없던 공범주 [e]가 나타나고 c.에서는 b.에서 안 보였던 흔적(t) 그리고 연쇄와 지표가 보인다. 따라서 2차적인 S-구조도 추상성을 지니는 것은 마찬가지다.

그리고 다음과 같은 술어핵의 반복된 병합과정에서 형성된다고 볼 수도 있다.

(47)

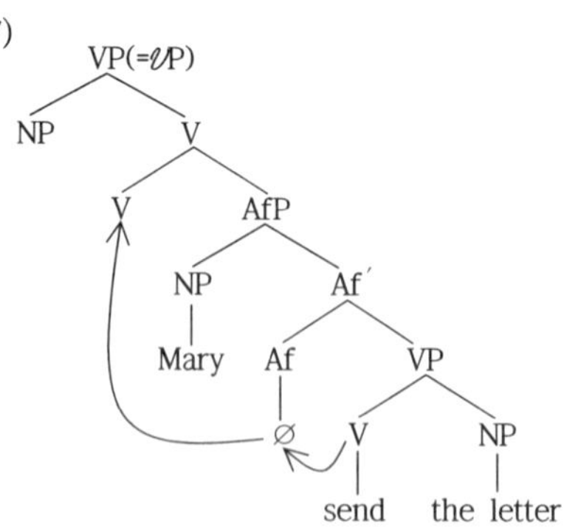

그렇게 보면 (43) a., b.는 어느 하나가 기저라기보다 양쪽이 기저적으로 볼 수 있다. PP구가 부가어로 도출된 것이 된다.

구문을 어떤 의도에 의해 어떻게 연산해가느냐의 차이이지 어느 경계에서 D-구조, S-구조 가리기는 어렵다. 추상적인 형태의 연산을 거쳐서 실지 발음이 실현되기 전에 문체규칙(보통 S-구조와 PF사이에서) 그리고 형태음운규칙이나 삭제규칙(이들은 PF에서)이 적용되어 현실적인 발화가 이루어진다. 따라서 통사부의 연산이 PF(그리고 LF)로 분리되는 길목(문자화)을 두고 D-구조, S-구조라는 통사표상을 가급적 제거하려고 하고 있다. 다만 통사적 연산의 모든 단계의 국면의 표상(의미구조와도 같다)을 D-구조, 그것을 재구성하는 과정이나 결과의 구조를 S-구조로 편의상 사용할 수도 있다. 실지로는 종래의 D-구조가 동사(술어)의 의미역할의 구조에 입각한 것이므로 그러한 의미 구조는 D-구조를 통하지 않고도 의미해석부문인 LF에서의 의미해석에서 포착될 수 있다.

내현적 통사부인 LF의 표상도 D-구조, S-구조와도 같이 구절표지(수형도), 범주 붙인 괄호(Labelled Brackets)로 나타낼 수 있다.

다음과 같은 (48) a의 양화사문에는 b.처럼 의사양화사인 WH구의 COMP에의 이동과 같이 LF에서 S-구조의 목적어 NP의, S절점에 Chomsky첨가식으로 양화사 이동이 있는 것으로 본다(May 1985: 4-5)

(48) a. John saw everyone.

b. $[_{S'}$ $[_{COMP}$ who$_2]$ $[_S$ did John see $[_{NP}$ e$_2]]]$.

c. $[_S$ $[_{NP}$ everyone$_2]$ $[_S$ John saw $[_{NP}$ e$_2]]]$.

b., c.의 수형도는,

(49) a. ((48) b.) b. ((48) c.)

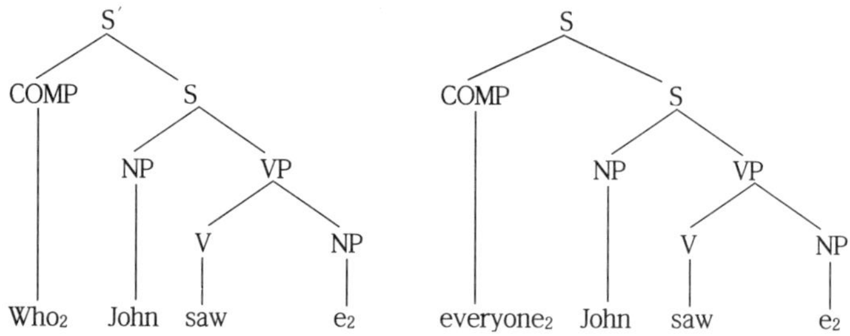

LF에서 α-이동한 이들 양화사의 작용역은 이들이 c-통어하는 S의 모든 절점에 미침을 보여준다.

이와 같이 LF는 내현적인 이동을 통하여 양화사 같은 것을 문두에 옮겨서 그 작용역의 의미성을 구조적으로 보여주는 통사표상이다. 외현적 통사부의 이동에서 제외된 의문사도 LF에서 이동되어 작용역의 해석 영역이 결정된다.

(50) a. Who bought what?

b. (S-구조) [$_{C''}$ who$_i$ [$_{e'}$ t$_i$ bought what]]].

c. (LF) [$_{C''}$ what$_j$ [$_{C'}$ who$_i$ [$_{C'}$ t$_i$ bought t$_j$]]].

음성해석부문인 PF에 대하여는 그 한 면모를 LF와 함께 제1장의 (15)이하에 언급한 바 있다.

6. 어휘(핵)자질

어휘항목이 자질의 집합체로 되어 있다면 어휘항목의 연산으로 이루어지는 언어표현은 이들 자질들의 연산으로 형성된다. 그러한 연산은 자질집합체의 단순한 배열이 아니고 자질들에 대한 어떤 작용이 가해지는 것임에 틀림없다. 어떻든 자질은 어휘부는 물론 연산체계의 기본요소가 된다.

연산작용은 병합과 이동을 반복하는 작용이다. 병합은 연산의 대상을 합쳐서 계속하여 또다른 구조체를 엮어가는 과정이고, 이동은 이미 형성된 구조체 또는 그 내부의 요소를 다른 적절한 자리로 옮아가게 하는 일이다. 단순병합보다는 비용이 많이 드는 이동은 부득이한 사정이 아니면 행해지지 않는다. 그러한 사정으로는 격자질 점검을 위해서 그 일에 상응하는 지정어(외항)와 핵과의 일치관계를 이루기 위한 것이 있다. 선행(하위)핵의 후행(상위)핵에의 핵이동(병합)을 통한 술어부의 형성을 위한 것도 있으나 보통 이 경우는 술어핵의 병합을 통한 확장과정으로 보고 제외시키고 이들 술어핵과 상대되는 논항 이동의 경우만을 이동으로 구별짓기도 한다.

병합이든 이동이든 이러한 연산체계 운용의 요인은 연산 요소 자체의 성격 곧 그 자질에서 온다. 영어의 비근한 예를 들면 동사의 3인칭단수현재는 −(e)s 라는 형태를 지녀야 하나 1, 2인칭단수이거나 복수의 현재일 때는 그러할 필요는 없다. 그리고 인칭대명사의 경우는 인칭 그리고 단수/복수에 따라 차이가 있다. 그러한 구별에는 인칭과 수의 일치자질이 어떠한 방식으로든 작용하는 것으로 보게 된다. 이러한 점을 자질 중심의 통사적 운용의 관점에서 본다면 언어의 형식적 구조의 차이는 요소의 자질 충족(일치)의 방식이 다름에서 온다고 생각할 수 있다.

술어핵으로 말하면 자신이 지니는 의미역 선택자질에 의해 의미역 구조를 형성하고, 격자질에 의해 각각의 점검구조를 이루어 일치를 기한다. 의미역구조는 의미역의 계층의 여하로 다양한 구문으로 나타난다. 점검구조에서의 격의 확인을 통하여 의미역 구조를 가시화하고 올바른 격틀을 지니게 한다. 주제, 초점도 그 과정에서 부각된다. 신구정보, 담화정보도 관련되기는 하나 필자는 발제 − 결말의 시발구조를 가정하고 있어서 그것과 선행 화맥(문맥)과의 접점의 일로 보고 있다. 시발구조는 화자의 인지·의도·심리와 직결되며 그 핵 요소는 물론 내포구조도 어휘항목의 어휘정보/자질에 의해 결정된다. 곧 어휘항목의 자질들이 연산의 요인이며 그 핵심은 자질의 일치/점검이다.

어휘부의 어휘항목들은, 따로 있는 자질목록(자질저장소라고도 한다)에서 가져온 자질로 구성된다. 어휘항목 중에서 통사부에서의 연산의 핵이 되는 그것을 어휘핵, 그것에 내포된 자질을 어휘핵자질이라고 부를 수 있다. 자질들은 어휘부의 어휘항목을 통하지 않고 배번집합/연산체계에 도입하는 것은 금지된다. 그러나 연산과정 중에서의 형태변이에서 오는 자질변동은 허용될 것으로 본다. 제주방언에서의 '먹(다)-먹이(다)'의 병합과정에서의 '멕이(다)'의 움라우트는 PF에서의 해석의 몫이라면 PF의 구실도 Spell-Out 이전의 일과 이후의 일이 있는 것으로 보인다. 국면의 바뀜에 따른 음운변동은 수시로 PF에서 관여하는 것으로 생각된다.

어휘항목의 어휘자질에는 음운자질(P), 의미자질(S), 형식자질(F)의 세 가지가 있다. 음운자질은 PF에서만, 의미자질은 LF에서만 해석되는 자질이며 형식자질은 외현적 통사부의 운용과 관련되는 자질이다. 곧 형식자질에 따라 구조체가 연산되고 일정의 구조가 이루어진다. 자질점검 등 통사적 운용에 관계되는 것은 형식자질뿐이다.

이 자질들은 Spell-Out까지는 부분적으로 변동을 거치면서 함께 가다가 전체적으로 음운자질은 PF로, 의미자질과 형식자질은 LF로 갈라선다. LF에서는 의미자질과 형식자질의 구조형성의 연산은 계속된다. 예외적으로 형식자질 중의 범주자질은 LF쪽으로 가면서 PF 쪽에 자신의 복사체(Copy)를 보내준다고 한다. 그것은 PF에서 명사 혹은 동사라는 범주에 따라 악센트가 달라질 수 있기 때문이다. 이와 달리 악센트는 어휘항목에 최초부터 있는 자질로 보기도 하는데 그렇다면 그런 일은 없게 된다. 일반적으로 통사부 출력 이후의 자질 첨가는 금지되어 있다. 그러나 통사부 출력 이후에 어느 국면에서든 음운론이 관여하여 음운자질의 변동이나 삭제와 같은 정돈이 있다고 본다. 의미해석과는 달리 음운해석에서는 음운의 변동성이 많기 때문에 앞서의 '먹이(다)-멕이(다)'와 같이 əCi〉eCi의 음운배열이 모두 움라우트로 해석된다는 보장이 없는 이상 PF 분리 후의 해석에는 혼선을 가져올 수 있다. 국면마다 음운해석(의미해석도 마찬가지)을 형태적으로 매듭짓는 것으로 본다. 어떻든 어휘자질이 연산체계를 거치지 않고 별도로 PF나 LF에 직접·입력될 수 없다. 그렇지 않다면 PF나 LF의 자의성을 막을 길이 없다.

모든 통사적 운용의 요인의 중심이 되는 술어핵의 형식자질은 종래에 굴절자질이라고 부르던 것이다. 형식자질은 범주자질(V, N, A, P 등), 일치자질, 격자질(그리고 범주자질의 강자질) 등으로 구별된다(Chomsky 1995: 277). 일치자질(φ자질)은 수·인칭·성 자질의 핵심적 굴절자질이며 유일한 점검/일치의 자질로 구실한다. 수자질은 일치에서 중요한 역할을 하며(these/*this books), 인칭자질은 영어에서 재귀사의 해석에 중요한 역할을 하며(He/*She/*It… himself), 격자질은 대명사의 형태를 결정하는 구실(He/*Him likes me/*I), 성자질은 3인칭에서 구별하는 기능(he/she, his/her, him/her)을 한다. 이외에 동사의 형태를 결정하는 굴절자질(He has gone/*go/*going)도 마찬가지일 것이다. 형식자질은 어휘항목의 형식(문법)을 결정한다고 해서 그렇게 부른다.

명사의 φ자질은 의미를 가지므로 의미해석에 관여하는 해석성자질이지만 형용사, 동사 그리고 T와 같은 모든 기능범주의 φ자질은 의미를 갖지 않고 의미해석에 관여하지 않아서 다만 형태를 가름하는 요인에 불과하여 그래서 수의적인 비해석성자질이 된다. 곧 명사의 φ자질 이외의 φ자질은 비해석성자질로 주어와 동사의 인칭·수·성의 일치만 위한 것에 불과하다. 따라서 LF 접합점에서 해석되지 않는 요소로 남게 되면 이는 완전해석원리에 위배하기 때문에 LF에 이르기 전에 그러한 비해석성자질은 제거되어야 한다는 것이다.

이와 같은 형식자질에서의 해석성자질과 비해석성자질의 구별은, 형식자질이 의미내용을 가지고 있어서 의미의 결정에 보탬이 되는가 아니면 의미내용이 없기에 의미의 결정에 보탬이 되지 않는가에 의한다. 전자는 LF에서 해석가능하다하여 [+해석가능] 자질이 되어 해석성자질이라 명명한다. 후자는 LF에서 해석불가능하다 하여 [−해석가능] 자질이 되어 이를 비해석성자질이라 명명한다.

'누구가 누구에게 무엇을 먹인다'라는 술어와 문의 형성과정에서 '먹-'의 술어핵은 대격의 대상논항을 도출하는 대격자질을, '-이'의 술어핵은 여격의 피동주를 도출하는 여격자질을, 'ㄴ다'는 주격의 동작주를 도출하는 주격자질을 분담한다고 보면 술어형성과정에서 이들 격자질을 후핵이 모두 짊어져 가게 한다는 것은 LF에서의 해독에 혼란을 줄 여지가 있다. 국면마다 소기의 역할을 다한 술어핵의 격자질은 바로 제거되도록 해서 술어의 의미자질만 LF에 출력할 수 있도록 하는 것이 마땅하다.

이러한 LF에서 불필요한 비해석성자질의 연산체계에서의 설정은 결국은 통사적 요소의 병합이나 점검/일치를 유발하고 부득이한 이동도 야기시키면서 구조형성·재구성의 연산을 하게 되는 메카니즘의 상정에서 온다. 한편으로 자질의 복잡한 복합체로 이루어진 구조체 자체의 자정(自淨) 작용도 겸하게 한다. 이는 PF, LF의 해석부문에서 보면 연산체계에 대해 적격의 통사적 요소들이 그 접합면에 출력하도록 요구하는 조건이 된다. 필수(혹은 소체)출력조건(Bare Output Condition)이라고 부르기도 한다(Chomsky 1995: 221, 224).

그런데 이들 자질은 어휘항목에 따라 본래부터 내재된 것도 있고, 어휘항목이 배번집합에 들어올 때 추가되는 것도 있다. 전자를 내재적 자질, 후자를 수의적 자질이라 하는데, 이들은 어휘항목마다 다르게 나타난다.

영어에서, 예컨대 sun(태양), moon(달)은 범주자질 N, 인칭자질 3인칭인 점은 공통이나 전자는 성자질이 남성, 후자는 여성인데 이들은 본래부터 지닌 내재적 자질이다. 그 외의 수자질이나 격자질은 명사의 처지에 따라 다르게 되므로 수의적 자질이다. 동사 like(좋아하다)는 범주자질 V, 격자질 대격은 내재적 자질이고 시제나 φ자질은 수의적 자질이다. 격자질도 명사와 동사에 있는 내재적 자질로 볼 수 있는데, 이를 기능범주에 있는 비해석성 φ자질의 반사영상으로 명사에게 수의적으로 있는 것으로 보기도 한다.

명사의 격자질이 비해석성자질이고 수의적 자질인 것은 한국어의 처지로서는 인정하기 어렵다. 영어에서는 주어, 목적어 같은 구조격은 명사가 생기하는 구조에 의해 격이 결정되므로 의미해석에 지장이 없고 따라서 격자질은 의미해석에 보탬이 되지 않는다고 할 수도 있다. 또 다음과 같이 시제절 보문과 비시제절 보문에서의 격교체의 예처럼,

(51) a. They expect [she will win].
b. They expect [her to win].

보어절 주어의 주격/대격의 교체는 있지만 동일한 의미적 역할을 하기 때문에 격자질이 비해석성자질이라고 볼 수 있다. 그렇지만 이 경우 격이 명시적으로 나타날 수 있는 한국어로 번역하게 되면 (51) a.에서는 '그녀가 이길 것이라는 사실을', b.에서는 '그녀를(또는 그녀에게) 이기기를' 기대한다는 의미상의 차이가 있을 수 있다. 그리고 한국어는 영어와는 달리 어순이 자유롭기 때문에 영어와 달리 구조적으로 격을 파악하기 어려운 경우가 있게 된다. 술어핵의 격자질은 LF에 이르기 전에 삭제되지만 명사의 격은 LF에서 해석되지 않으면 구문해석에 문제가 생길 수 있다. 그뿐만 아니라 한국어에서의 다양한 의미격의 형태격을 보더라도 격은 외부세계를 인지하고 해석하는 중요한 바로미터가 되고 있다.

구문 형성에서의 어휘자질들의 목록과 어휘배열의 예를 본다면, 다음 (52) a.의 문에서는 b.의 범주자질과 의미자질이 참여한다고 할 때에,

(52) a. 철수(는/ㄴ/가) 밥(을) 먹엄쩌.
b. 철수[[+human, +male, +boy], [N]], 밥[[+rice], [N]], 먹[[+eat], [V]엄쩌[[+present, +progressive] [I(=V)]]

범주 이외의 형식자질은 표시하지 않았지만 시발핵 V가 지니는 형식자질과 의미역할에 의해, '밥 – 먹–'의 VP 투사체가, I(=𝓋)가 지니는 형식자질에 의해 [철수 [밥–먹] 엄쩌]의 𝓋P 투사체 곧 핵문이 형성된다.

음운자질에 대하여는 그 연산과 해석에 여러 관점이 있을 수 있다.

첫째는 어휘부에서 이미 음운자질이 어휘항목에 음형으로 삽입되어 있다는 것 곧 형태소화가 되어 있다는 것,

둘째로 어휘부에서는 음운자질의 집합체로 있다가 통사부 연산이 끝나고 Spell-Out 이후 PF에서 비로소 음형이 이루어진다는 것,

셋째는 외현적 통사부와 PF 사이에 있는 형태론에서 음형이 이루어진다는 것 등이며 또 다른 관점도 있을 수 있다.

필자는 음운론이든 형태론이든 module과도 같이 어느 표상 레벨에서든 수시로 관여하고 있는 것으로 보고 있다. [+eat]의 음운자질의 집합체는 어휘부에서 이미 형태소화(음형화)가 갖추어 있는 것으로 보며, Af 국면에서 '먹이다(멕이다)의 음운변동(형태소의 변동)도 수행할 수 있는 것으로 본다. 곧 음운론 혹은 PF에서는 필요하면 즉시 음형화에 관여하는 것으로 본다. 이들 연산 요소는 발제 - 결말의 시발구조 테두리 안에서 V, Af, $\mathcal{V}$의 어느 국면에서든 1어문으로 음형화되어 출력될 수 있다고 여긴다.

Af국면에서의 '먹-이' mək-i〉megi, $\mathcal{V}_1$(내지 C)국면에서의 '먹는' mək-nɯn〉məŋnɯn 의 형태음운변이를 보면 통사부 연산에도 형태론이 관여하는 것으로 보인다. 곧, 먹-이〉멕이 의 움라우트에도 형태론적 조건이 작용하는 것 같다. 다음의 예문에서,

(53) 나이 어린 어진이에게 밥을 먹이고 머리도 깎아주었다.

이 예문에서 əCi 환경의 어휘가 4개나 있으나 실제로 변음하는 것은 '먹이(다)'의 경우뿐이다. 국면과 관계없이 외현적 통사론 이후의 형태론이나 PF에서 음형화되는 것이라면 혼돈이 야기될 우려가 있다. 개별적인 현상에만 한정하는 것은 더욱 운용을 복잡하게 할 것이다. 이러한 다양한 음형화를 Spell-Out 이후에 떠넘겨도 해석부문 PF에 큰 부담이 될 것이고, 그 앞 단계인 형태론에서 다루어도 마찬가지다.

필자는 음운론의 경우 어휘부에서 음운자질의 목록, 연산부에서 음운변

이음, PF에서의 악센트 부여와 억양 부여의 일들을, 형태론의 경우 어휘부에서 형태소(음운자질과 의미자질의 자의적인 결합체), 통사부에서 형태소의 교체·변동, 수행체계에서 형태정보의 제공 등을 분담하는 것으로 보고 있다. 연산과정의 경제성 관점에서 통사적 운용은 의미자질과 형식자질로만 하다가(혹은 음운자질을 잠재적으로 운용하다가) 형태부에서 음운자질과 결합(혹은 음질자질의 구현화로 결합)하게 한다고도 할 수 있으나, '먹-이-지-를, 먹-이-질, 멕-이-지-를, 멕이질'과 같은 음운의 변동 혹은 생략 등을 뒤로 밀리기보다 수시로 처리해 주는 것이 이어지는 연산에 부담을 주지 않을 것이고, 훨씬 경제적이라는 생각이 든다.

7. 비해석자질의 삭제

형식자질 중에서 비해석성 자질은 LF에서 해독이 불가능하므로 LF에 이르기 전에 그것을 해소하지 않으면 해독성 조건(Legibility Condition)에 위배된다. 그 조건은 인지체계와 수행체계의 접합점에서 도출이 수렴되려면 그것에 오직 해독가능한 요소(자질)들로만 있어야 한다는 것인데 혹이라도 비해석성자질이 포함되어 있으면 그 도출은 수렴될 수 없고 파탄에 이르게 된다.

그러면, 해소 곧 삭제되어야 한다는 비해석성자질은 어떤 구조적 상황에서 어떻게 삭제되는 것인지 그에 관한 의견을 음미해 볼 필요가 있다.

모든 문법적 운용의 핵심이 되는 것은 술어핵이다. 술어핵 자신이 형식자질(±해석성 자질)을 지니고 자신이 도입하는 최대투사의 지정어(외항)자리에 ±해석성자질을 지닌 요소(자질)를 있게 한다. 그러면 양자는 최소영역내의 지정어(외항)-핵 일치를 이루고 점검(혹은 확인)관계를 성립시킨 연후에 상호간의 비해석성자질만을 삭제한다는 것이다. 다시 말하면 ±해석성 자질을 지니는 술어핵이 도출자/유인자가 되고(그 비해석성자질이 일치자자질/

유인자 자질이 된다) 도출/유인 논항에 대한 점검자(확인자)가 된다. 영어에서는 양쪽의 비해석성자질이 확인된 후 양쪽 모두 제거된다고 보고 있고, 한국어에서는 필자는 논항이 지니는 격자질은 LF에서 해석되는 해석성자질로 보고 있으며 상대의 술어핵의 격자질만 비해석성자질로서 삭제되는 것으로 보고 있다. 해석/비해석은 동일한 자질인데도 LF에 가고 안가는 차이다.

술어핵의 상대논항은 술어핵 자신이 직접 도입하는 경우와 선핵의 도입논항을 유인해 오는 경우가 있는데 유인의 경우가 이동이다. 이동에는 이같은 외현적 통사론에서의 가시적 이동(외현적 이동)의 경우도 있고 내현적 통사론에서 비가시적 이동(내현적 이동)의 경우도 있다. 전자를 범주이동, 후자를 자질이동(후술)으로 보기도 한다. 새로이 술어핵인 도출자/유인자를 탐침, 도출/유인 논항을 표적(목표)이라고 부르고 그 탐침 역할을 하는 기능핵으로 영어에서는 T와 *v*를 생각하고 있다. 한국어에서는 필자는 V, Af, *v*의 술어핵이 모두 해당한다고 보고 있다. 탐침과 표적 간의 구조상의 관계는 극도로 제약된 영역내에 서로가 가장 가까운 데에 있어야 한다. 그것은 앞서 말한 지정어(외항)-핵(종전의 보충어-핵 관계도 이와 동일)과 같은 핵(탐침)의 c-통어 영역이다.

후핵이 선핵과 병합하면서 선핵의 도입논항을 보어부로 수용하든지 지정어(외항)로 유인하게 되는데, *v*의 외항과 C(보문핵)의 외항에 유인하는 경우가 있다. 어느 경우나 탐침인 이들 핵의 비해석성자질에 맞는 ±해석성 자질을 가진 표적을 유인하는데 *v*핵과 C핵의 처지로서는 지정어(외항) 자리를 꼭 채워져야 된다는 것이 된다. 영어로 말하면 T도 그러한 탐침이며 그 지정어에 주어에 해당하는 논항(DP)을 유인한다. 모든 절은 주어를 지녀야 한다는 확대투사원리(Extended Projection Principle, EPP)의 EPP자질이 그러한 몫을 맡고 있으며 T가 바로 그러한 자질을 지닌다는 것이다. 지정어를 요구하는 EPP자질은 T뿐만 아니라 모든 기능범주에도 해당되는 것으로 일반화되고 있다(일반화 EPP). 그 기능핵은 영어는 C, T, *v*이나 필자는 외항을 채우는 한국어의 모든 술어핵이 해당하는 것으로 보고 있다.

한 예로 WH-이동의 경우는 Q자질(비해석성자질)을 지닌 C가 탐침이 되어 WH구의 Q자질(해석성자질)을 표적으로 삼는다. 둘 사이의 일치가 이루어지면 C의 EPP자질이 WH구를 C의 지정어(외항) 자리에 이동하게 한다. 이동과 일치후에는 C의 Q 자질과 EPP 자질은 삭제된다. EPP자질은 이와 같이 가시적 이동의 동인(動因)이 된다. 필자는 술어핵은 모두 외항을 필수적으로 도입하기 때문에 특별히 EPP자질을 인정하지 않는 처지다. 사실 EPP자질도 내부병합과 관련되는 OCC(urrence) 자질로 대신하기도 한다.

이전에는 가시적 이동의 동인으로 격필터와 기능범주의 강자질을 들기도 하였다. 강자질은 기능범주의 자질로 언어에 따라, 경우에 따라 수의적인 것이다. 점검자 I가 강자질(비해석성)이면 피점검자 DP의 D자질(해석성)(영어는 결정사의 범주자질, 한국어는 조사의 격자질)의 도입/이동이 야기되며 I의 강자질은 삭제된다. 핵이동의 경우는 핵의 형태에 관한 자질이 동인이 될 것이다. 접사도 [+deriv](비해석성자질)면 선행 V핵(해석성자질)을 목표로 삼아 유인한다고 본다.

이상의 논의에서 비해석성자질을 구실에 따라 탐침 역할을 하는 ϕ-자질, 이동을 유발하는 EPP-자질, 이동할 범주를 정하는 격자질, WH-자질(Q-자질) 등으로 보았고 이외에도 불완전한 Q-자질(비의문절의 C(that)에 내포되는 것)로 간주되는 불특정 P-자질(cf. 양동휘 2003: 151)(불완전한 Topic, Focus 등의 자질과도 연관)과 Qu-자질(양화사자질) 등이 제시되기도 한다.

(54) a. ϕ-자질(인칭, 성, 수)
b. EPP-자질 (또는 OCC-자질)
c. 격자질
d. WH-자질(Q-자질)
e. 불특정 P-자질
f. Qu-자질

이들 술어핵의 유인자 자질은 모두 비해석성자질이며 그것은 단 한번만의 점검에만 참여한다. 그것들은 한정된 영역의 국소성조건을 지키며 그래서 비국소적 복잡성을 피할 수 있다. 따라서 선핵의 비해석성자질을 후핵에 넘기기 전에 삭제함으로써 계속되는 점검에 지장이 없도록 한다. 그런 점에서 첫 점검에서 삭제되어버리는 유인자 자질의 속성을 자살적이기성(Suicidal Greed)이라고 한다(양동휘 2003: 112). 필자의 술어형성기제로는 예컨대 V핵의 격자질과 상대논창의 격자질과의 일치를 이루고 나서 후핵과의 병합을 위해 V핵이 자신의 격자질을 없애버리는 것이 된다.

덧붙여서 앞에서 언급한 자질이동(Move-F)에 대해 다음의 예문 (59) a., b.(Redford 1997: 317-318 수형도 참조)로 보여두고자 한다.

(55) a. [There is [someone knocking at the door]].

b. [Someone is [t knocking at the door]].

c. [$_{IP}$ [ ] is [$_{VP}$ someone knocking at the door]].

(55) a.는 허사구문이고, b.는 비허사구문이다. c.는 a.와 b.의 주어 위치가 원래 비어있는 A/θ′로 가정한 것이다. a.에서는 someone이 VP의 지정어 자리에 그대로 있고 IP의 지정어의 A/θ′자리를 의미역을 지니지 않는 허사가 있다. b.에서는 someone이 그 자리로 이동한 것이 된다. a.의 경우는 자질이동으로, b.의 경우는 범주이동으로 보는데 범주이동은 복사체의 이동병합이다. 자질이동의 경우는 점검에 필요한 형식자질만 이동하고 그 이외의 자질은 그대로 남는다. a.에서는 I의 인칭(+), 단수(+), 주격(-)에 합치하는 someone의 해당자질만 A/θ′위치에 이동한다 볼 수 있다. b.에서도 의미자질은 남고 그 외의 자질만 옮긴 것으로 볼 수 있다. 곧 외현적 이동은 EPP의 요청에 의해 복사체의 결합을 수반하는데, 내현적 이동은 EPP가 존재하지 않으므로 복사체의 결합 없이 자질이동과 점검만 있게 된다는 것이다.

8. 실사핵과 기능핵의 상대항 선택(자질)

앞에서 연산체계 안에서 어휘항목의 자질정보에 의해 도출과 이동이 유발되는 운용에 대하여 보았다. 여기서 구조체 형성의 어휘핵 곧 실사핵과 기능핵의 속성을 선택자질의 관점에서 보기로 한다. 실사핵(Substantive Head)은 V, N, A, P와 같은 어휘범주의 어휘핵을, 기능핵은 T, C와 같은 기능범주의 핵을 가리키는 것으로 한다. 기능핵이라 하더라도 한국어로 볼 때는 실사적인 의미가 전연 없는 것이 아니고, 실사핵도 마찬가지로 기능적인 구실이 전연 없는 것은 아니다. 한국어로는 실사핵과 기능핵의 차이는 자립형식/비자립형식의 차이로 볼 수 있다. 영어에서 실사핵은 의미역 선택자질이 있고 기능핵은 비의미역 선택자질과 일종의 선택자질인 준선택자질(EPP)이 있다. 기능핵의 이 두 자질은 실사핵에는 없다. 일반적 선택자질이 유도하는 위치는 의미역 위치이고 이동을 수반할 수 없는데, EPP자질이 유도하는 위치는 비의미역 위치이고 이동을 수반한다. EPP를 충족하는 것은 I 또는 C의 강한 D-자질이며(Chomsky 1995: 232) 비해석적인 자질이다. 여기서 D-자질은 지정어에 DP가 나타나게 하는 자질이다. 예컨대 WH의문문에서 기능핵 C가 탐색자로서 [Q, EPP]자질을 지니는 표적인 WH구(Q, D)와의 일치관계를 이루어 WH구에 [Q]의 값을 부여하고, 그 다음에 C가 지니는 EPP자질의 유도로 범주자질 D(영어형 D→D-WH, 한국어형 D→WH-D)를 가진 WH구를 CP의 지정어로 유도한다. EPP 자질은 기능핵이 지정어를 필요로 해서 존재하는 자질이며 이것은 반드시 점검을 요하게 되어 있다. 이에 대해 필자는 1술어핵 1외항 도입의 원칙을 취하므로 EPP자질을 내세우지 않는다. 그리고 영어의 기능핵은 필자의 술어핵(어근핵 제외)과 D(조사)이며 실사핵은 술어핵의 어근핵과 D의 상대항에 견줄 수 있어 핵범주로 상대항의 구별이 된다.

영어의 경우의 실사핵과 기능핵의 대표적인 선택자질(cf. 양동휘 2003: 87)을 보게 되면 어휘핵에서 보충어 선택자질은(선형관계는 한국어와 반대순

이다. 그리고 PP=DP가 된다),

(56) a. N=[+___ PP] (한국어의 경우는 속격의 개재가 필요함)
b. A=[+___ PP]
c. P=[+___ DP] (한국어에서 P를 의미격의 D로 보면 NP선택)
d. V=[+___ DP (DP) (PP)]

이들 실사핵의 선택자질은 의미역의 선택자질이다. 여기서의 d.는 종래에 동사 엄밀하위범주화자질로 쓰인 것이다. V는 DP(NP)를 범주선택(Categorial Selection, C-선택)한다고 한다. ( )는 수의적임을 표시한다.

예컨대 PUT면 [+___ NP PP]이다. 의미정보(의미역할)까지 부가하면,

(57) Put [+___ NP PP] 〈Agent, Theme, Location〉

여기서, 통사적 정보(범주선택)는 여잉적인 것으로 보아서 다음과 같이 의미정보만으로 대치하기도 한다.

(58) Put=[Agent, Theme, Location]

여기서는 (57)의 통사·의미정보에 비해 주어 위치가 나타나 있으며 주어(외항) 의미역에 밑줄을 그어 표시한 것이 다르다.

기능핵의 선택자질은,

(59) a. C=[+___ TP]
b. T=[+___ VP]
c. v=[+___ VP], [+DP ___] (필자는 [+___ Af]도 상정)

필자는 한국어에서 b.의 T의 기능핵은 인정하지 않고 v의 내부형태로 보고 있다. 여기서 [+_ XP]는 보충어의 경우이고, [+XP ___]는 지정어의

경우이다. 필자는 보충어의 경우는 선핵과 후핵의 술어핵의 병합과 함께 선핵의 것이 후핵의 내항으로 수용된다고 보기 때문에 지정어(외항)의 선택자질만으로 구조 형성에 지장이 없는 것으로 보고 있다. 그리고 (63) 외에 Af핵도 마련하고 있다.

이들 기능핵의 선택자질은 비의미역이라고 하나 기능핵 자신도 어느 정도의 의미적 특성을 지니며, C의 경우 명제논항을 취한다고 보기도 한다. v는 핵문주어를 선택하며 그것은 v의 속성에 따라 동작주, 경험주 등의 논항을 취한다(필자의 Af는 소동주, 수동주 논항을 선택한다).

또한 이들 기능핵은 보충어에 대하여 다음과 같은 의미적 특성을 지닌다고 하는데 이는 선핵의 투사체를 후핵에서 보충어로 수용하는 데서 오는 당연한 귀결이다.

(60) a. C는 TP가 서술문인가 의문문인가를 가름한다.
b. T는 vP가 사건적 의미를 지니는가 지니지 않는가를 가름한다.
c. v는 VP가 주어(의미역)논항을 취하는가 취하지 않는가를 가름한다.

이는 영어를 위주로 생각하는 경우이고, 필자는 (60) a.는 발제 - 결말의 시발구조의 결말의 몫으로 보고 있다. b.의 T는 한국어의 경우 별도의 술어핵으로 보지 않는다. c.의 v는 반드시 주어를 취해야 한다.

영어에서 선택자질을 하나 이상 가지고 있는 핵은 두 번 이상 투사한다고 한다. 여격동사의 직목과 간목의 선택에서 보인다((65) a.). T의 동사구와 주어의 선택에서도 보인다((65) b.)(양동휘 2003: 86).

(61) a. $[_{VP}\ DP_2\ [_{V'}\ V\ DP_1]]$
b. $[_{TP}\ DP\ [_{T'}\ T\ VP]]$

(65) b.에서 vP는 T의 비의미역 선택자질에 의해, 주어(DP)는 T의 EPP 선택자질에 의해 유인병합된다는 것이다. 필자는 하나의 술어핵은 하나의

외항(상대논항)을 도입한다고 보기 때문에, (61) a. 는 V핵과 Af핵이 따로 도입(투사)한다고 보며, b.의 TP투사체는 v의 투사체가 대신한다. 이 같은 실사핵과 기능핵의 선택자질의 충족을 통하여 구구조가 형성된다. 앞에서 본 술어핵의 비해석자질의 삭제도 후행술어핵과의 병합을 순조롭게 하고 후핵술어핵의 선택자질의 충족을 위함이다.

술어핵의 1항 선택자질에 의해 유도되는 병합의 양식은 동일한 수형도라도 {α, β}냐 ⟨α, β⟩냐에 따라 다르다. 전자의 대입적 병합은 연산체계내에서의 어휘항목/구구조의 병합이다. 후자의 부가적 병합은 자질과 자질의 병합 또는 어휘항목과 자질의 병합 그리고 어휘항목과 어휘항목의 복합화의 경우이다. 간단한 예로 전자는 술어핵과 상대항의 병합, 후자는 술어핵의 병합을 들 수 있다. 수식어와 부사어도 부가적 병합이다. 이동병합의 경우는 모두 어느 한 가지로 보는 것으로 갈리기도 한다. 자질점검 수반 여부로 구별하기도 한다. 대입은 수반하고 부가는 수반하지 않는다는 것이다. 음운부의 경우의 병합(이동병합)은 부가적 병합이다.

병합으로 생긴 구조의 범주 표시(명칭)는,

1. 어휘항목과 자질이 병합되는 경우 어휘항목이 명칭이 된다. 일부 자질만으로는 명칭이 있는 요소가 될 수 없다. 병합되는 자질이 비해석적이면 점검후 삭제되기에 그럴 수밖에 없다. 부가적 병합의 범주표시(명칭)는 그 비대칭성에 의해, 종속적인 것보다 중심적인 관계에 있어서 우월적 관계를 갖는 쪽이 명칭으로 결정된다. 술어핵의 경우는 후핵언어에서는 후핵의 술어핵의 명칭이다.

2. 대입적 병합의 경우는 그 병합을 유도하는 선택자질을 내포하는 쪽이 명칭이 된다. 그 반대의 경우는 그 구조는 잘못된 것이 된다. 다음은 후핵언어의 경우이다.

(62) a. b.

어떤 병합이든 중심적인 부분의 명칭이 병합체의 명칭이 되므로 명칭 없이도 중심부(핵) 위치의 Parameter에 의해 병합체의 명칭이 파악될 수 있다.

9. 마무리

1. 연산의 요소 곧 구조체의 구성소는 각자가 지닌 형태적 의미적 통사적 특성에 의해 문법범주로 구별되어 있고, 그것은 구성소 간의 관계 그리고 그들의 연산과 그 결과의 해독의 바탕이 된다. 사람의 마음/뇌에도 그러한 유별이 지어져 있어서 그 상호관계가 언어형성의 동인이 되어 있다고 본다.

문법범주는 크게는 어휘적 내용을 가진 어휘범주와 기능적 내용을 가진 기능범주로 대변할 수 있지만 이들 사이에 확연한 선을 긋기는 어렵다. 한국어에서는 전자는 자립적 형식 후자는 의존적 형식이라는 점에서 어느 정도 구별이 된다. 문 형성의 관점에서 볼 때는 기능범주가 어휘범주를 안고 작동화한다고 할 수 있다. 이들의 핵범주 곧 어휘핵이나 기능핵이 투사하는 최대 혹은 중간범주도 모두 문법범주의 몫을 한다.

2. 어휘범주에서 기본적인 것은 N(명사), V(동사), A(형용사), P(전치사/한국어 후치사)이며 이들은[±N]과 [±V]의 복합체로 이루어진다. 이들 어휘핵은 최대범주 NP(명사구), VP(동사구), AP(형용사구), PP(전치사구/후치사구)를 투사한다.

기능범주는 어휘범주에서와 같은 변별적 자질의 복합체를 지니지 않고 통사상의 형식자질을 갖는다. D(결정사, 한국어는 조사), I(굴절사), C(보문소)(그리고 경동사의 v도)가 예거되며 그 기능핵은 최대범주의 DP(결정사구/조사구), IP(굴절사구), CP(보문소구)를 투사한다. 한국어의 기능범주는 의존적 형식이어서 P는 NP를, I(필자의 v)는 VP를, C는 IP(vP)를 필수적으로 보충어로 취한다. D 이외에는 모두 술어부 형성에 관련되므로 필자는 술어핵으로 하였다. 술어핵의 형태와 속성, 도입논항에 대해서는 (9)에서 보였다.

3. 일반적으로 문(핵문)은 I(또는 T)의 투사로 보나 필자는 𝓋의 투사로 보고 있으며 T는 𝓋의 내부속성으로 다룬다. 양상, 존대도 마찬가지다. 핵문과 상위문을 연계시키는 범주는 C다. C는 상위문의 N, V, A(영어는 P도)에 의해 선택된다. C에는 [−WH]자질의 것과 [+WH]자질의 것이 있다. 전자에서는 평서절을, 후자에서는 의문절을 유도한다. 또한 전자에서는 T(AGR)의 유무에 따라 시제절(that) 또는 비시제절(for)을 보충어로 취한다. [+WH]자질의 C는 지정어 자리에 WH구를 유인하여 WH의문문을 형성한다. 한국어는 외현적으로 이동하지 않으나 내현적으로 이동하는 것으로 본다.

한국어는 후핵언어이기에 발제 – 결말의 테두리에서 [+WH]자질이 문말에서 의문문을 이루고 절말에서 간접의문문을 이른다고 볼 수 있고 이에 대해 영어는 선핵언어이기에 문두 혹은 절두에 WH–구가 유인되어 의문문, 간접의문문을 이룬다고 볼 수 있다.

한편, 문의 논항구조는 V가 방출하는 동작주, 대상 등의 논항으로 이루어진다고 보았으나 이외의 논항 방출 구도가 V의 투사체(VP)의 층위 만으로 부족하여 V의 상위에 또 하나의 𝓋(𝓋P) 곧 𝓋(𝓋P)층위(𝓋패각구조)가 마련되어 동작주는 𝓋의 지정어 자리, 나머지는 VP 내에 실현된다고 보고 있다. 필자는 V(VP)와 𝓋(𝓋P) 사이에 Af의 술어핵을 마련하여 그 투사체 내에 사동과 피동에서의 피사동주와 소동주의 논항을 도입하는 것으로 하고 있다.

4. 외현적 형태가 없는 내현적 범주인 공범주에는 제로대명사인 PRO와 pro 그리고 흔적(NP흔적, WH흔적), 공연산자 등이 있다. 어휘목록에 등재될 수 있는 것은 PRO와 pro이다. pro에 대해서는 외현형이 대명사이고 외현형이 있는 흔적이나 공연산자처럼 등재되지 않은 것으로 보기도 한다.

PRO는 발제 – 결말 구조에서의 발제 혹은 주어가 부정사절의 주어 자리에 복사되었거나, 아니면 원래는 시제절의 주어였는데 비시제절화되면서 격이 상실되는 처지가 되어 격(제로식)이 점검되는 앞 자리에 이동하고 원위치에 그림자를 남겨 두었다가 LF에서 재생시킨다고도도 풀이한다. 이동 특히 WH–구이동의 경우(한국어는 LF–이동의 경우)의 흔적도 복사체로 보는데, 문두에 이동한 A′-위치의 WH구는 일시적은 기억이고 제격의 것은 본래의 위치의 복사체로 보는 것이다.

pro를 허용하는 대표적인 언어는 이태리어다. 인칭에 따른 활용형이 정해 있어서 그것으로 인칭대명사의 주어가 없어도 가늠할 수 있다. 한국어(제주방언도)도 활용형이 풍부한 편이므로 이태리어와 같지 않지만 어느정도 활용형을 미루어 주어의 인칭을 복원할 수 있다.

5. 어휘범주에 기재된 문법범주는 통사표상상에 그 모습을 드러낸다. 술어의 의미역 방출에 따르는 논항구조를 이루며 그 형상적인 위치에 따라 문법기능이 가름된다. 그러한 1차적인 층위가 D-구조다. 이로부터 현실적인 구조로 조정이 된 것이 S-구조의 층위다. 그러나 술어핵의 논항 도입과 술어핵의 병합의 구조적 형성이 단계적으로 이루어진다는 처지에서 보면 그것을 구별하기 어렵다. 일단 구조 형성이 매듭지어진 것과 그것에 어떤 변형이 가해진 것을 구별하기 위해 편의적으로 쓸 수는 있다. S-구조 다음에 음운해석과 의미해석을 분담해서 진행하는 PF와 LF의 표상이 이어진다. LF에서도 문법범주의 연산이 계속된다. LF에서의 이동도 그 한 예다.

6. 어휘항목은 어휘자질의 집합체이며 어휘항목의 연산은 어휘자질의 연산으로 행해진다. 연산은 항목의 병합과 이동으로 이루어지는데, 그 요인은 각 항목 상호간의 자질일치를 기하려는데 있다. 자질의 불일치하에서는 파생이 취소될 수밖에 없다(Chomsky 1995: 309).

어휘자질에는 음운자질, 의미자질, 형식자질이 있다. 이 중에서 통사부의 연산에 관련되는 중심 자질은 형식자질(의미자질도)이다. 형식자질은 범주자질, 일치자질, 격자질로 구별된다. 이들 자질은 LF에서 [+해석가능] 여부에 따라 해석성자질과 비해석성자질로 나뉜다. 일치자질로 말하면 명사의 일치자질 이외의 것은 비해석성 자질이고, 격자질도 비해석성자질로 보기도 하는데, 필자는 D의 격자질은 해석성자질로 본다. 비해석성자질은 LF에 이르기 전에 제거되어야 한다. 격의 경우는 흔히 점검과정을 통해서 표적과 탐침의 양자의 것이 삭제된다고 하나 필자는 탐침의 것만 삭제된다고 본다.

영어에서 지정어 또는 외항 자리에 논항을 유인하는 것은 T(필자는 $\mathcal{V}$), C 등 모든 기능범주에 해당된다. 이들이 지정어를 요구하는 자질을 EPP자질로 명명하기도 하나 필자는 술어핵은 V−Af−$\mathcal{V}_1$−C−$\mathcal{V}_2$로 잡고, 각 술어핵은 하나의 외항을 도입하는 것을 원칙으로 삼고 있으므로 EPP자질을 특별히 내세울 필요는 없다.

7. 어휘범주의 핵은 어휘핵 혹은 실사핵이라 하고 기능범주의 핵은 기능핵이라 할 수 있다. 어휘핵의 대표적인 보충어 선택자질은 (60)에, 기능핵의 대표적인 선택자질은 (63)에 예시하였다. 기능핵이 보충어에 대해 가지는 의미적 특성도 (64)에 보였다.

이러한 어휘핵과 기능핵의 선택자질의 충족을 위해 연산이 있게 되고 구 구조가 형성된다. 이는 기본적으로 선택자질에 유도되는 병합으로 나타나는데, 병합에는 {α, β} 혹은 ⟨α, β⟩에 따라 성격이 달라진다. 전자는 대입적 병합이며 후자는 부가적 병합이다. 병합으로 생긴 구조의 범주 표시는 대입적 병합이면 병합을 유도하는 쪽이 명칭이 되고, 부가적 병합이면 어느 것이 중심적이고 종속적이냐에 따라 중심적인 쪽이 명칭이 된다. 그것은 중심부(핵)의 위치의 매개변항에 의해 알 수 있으므로 명칭 없이도 쓰일 수 있다.

제3장 구조체

1. 머리말

단어 또는 형태소의 집합의 전체가 하나의 언어적 표현을 이룬 것을 구조체(Construction)라고 한다. 이에는 음운론적, 형태론적, 통사론적 레벨의 구별이 있다. '손'(手)은 발음으로 볼 때 [자음-[모음-자음]으로 된 음운론적 구조체이고 '헛손질'과 같이 세 가지 형태소의 배열 [$_N$ 헛 [[손] 질]]을 이룬다면 그것은 형태론적 구조체이다.

만일 '손'이 언어표현의 VP(AP) 국면에서 [$_{VP}$ [$_{DP}$ [$_N$ 손] [$_D$ ∅/이]] [$_V$ 차-]] 처럼 V(A)의 상대논항의 요소가 되어 VP의 다른 구성요소와 합해진다면 그 전체가 통사론적 구조체라 할 수 있다. 분명한 것은 '손(이) 차'처럼 하나의 문을 이룰 때는 전체가 통사론적 구조체이고 그 구조체의 주어의 요소로서 그리고 술어로서 기능하는 집합체도 구조체이다. 곧 문은 구조체와 구조체가 모여서 되는 구조체가 된다.

앞뒤에 휴지가 있는 문이 언어표현의 기본적 구조체이다. 물론 문맥(화맥) 등 요인에 의해서 문의 부분적 구조체가 언어표현에 쓰이기도 하지만 그러한 요인과 무관한 중립문에서는 주술의 구조체가 갖추어져 있는 것이 제격이다.

지금까지 이러한 통사적 레벨의 (문)구조체의 연구가 많은 사람에 의해 오랜 시일에 걸쳐서 행해셔 왔다. 그것은 쉽게 말해서 일단 주어진(표현된) 문장을 이해하기 위해서 요소적인 구조체로 분석하는 일, 이와 반대로 문이 어떤 기제로 구조체로 생성되는가에 대해 분석 하는 일, 일상적으로 주고받는 언어표현이 장면이나 화용에 따라 그 구조체가 어떻게 순응하는가에 대한 분석의 일 등등으로 대별할 수 있다. 여기서는 지금까지 관심을 끌어 왔던 견해들을 특히 문 생성의 관점에서 살펴보고 명시적이기 위해 보다 합리적이고 경제적인 분석의 길을 어떻게 모색하여 왔는지 보고자 한다.

2. 구조규칙

구조체의 생성을 그 구조체의 직접구성요소(Intimate Constituent, IC)의 범주기호의 배열로, 이어서 그 하위 구조체의 직접구성요소의 범주기호의 배열로 나타내는 바꿔쓰기규칙(Rewrite Rule)으로 유도하기도 하는데 이를 구구조규칙(Phrase Structure Rule)(PS규칙)이라고 한다.

Chomsky(1957: 26-27)(김공칠 1989: 118-119)를 보면 (1)의 바꿔쓰기와 (2)의 유도과정을 거쳐 문이 생성되고 있는데, (3)은 그 수형도(Tree-Diagram)이다. 수형도는 구구조표지 또는 구절표지(Phrase Marker)라고도 한다.

(1) S → NP+VP
NP → T+N
VP → Verb+NP
T → the
N → man, ball…
Verb → hit, took…

(2) Sentence
NP+VP
T+N+VP
T+N+Verb+NP
the+N+Verb+NP
the+man+hit+NP
the+man+hit+T+N

the+man+hit+the−N

the+man+hit+the−ball

이들 PS규칙에서 S→NP+VP에서의 → 는 S는 NP+VP로 다시써라(rewrite as), 확장하라(expand as)고 하는 메타언어이다. 메타언어는 이론을 말하기 위한 특수한 언어로서 →, +, ( ), { }, [ ] 등이 이에 속한다.

(3) a. b.

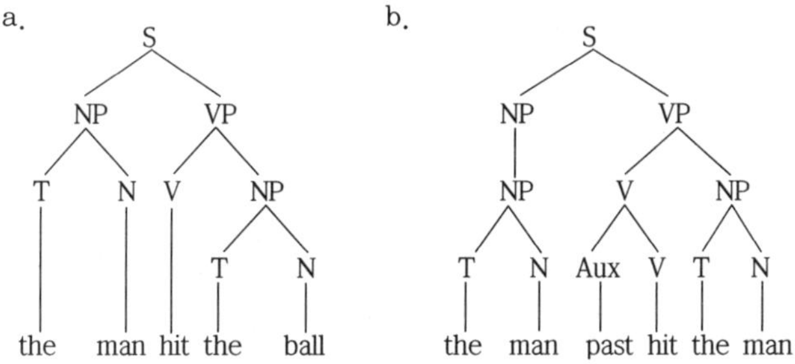

(3) b.는 (1)의 바꿔쓰기규칙에서 다음을 추가한 데서 온다.

(4) Verb → Aux+V

NP → NP Sing.

NP Pl.

NP sing. → T+N+∅

여기서 Aux는 조동사(Auxiliary)로 시제 T(Tense), 법조동사(Modal Auxiliary Verb) 그리고 시제 및 분사의 접사의 합체로 본다. 이는 다음과 같이 일반화된다.

(5) Aux → Tense(M) (have en) (be ing) [(be en)]

(Chomsky 1957: 39에서는 C(M) (have+en)(be+ing)(be+en)으로 제시됨)

시제는 필수적이고 ( )의 것은 수의적임을 나타낸다. 곧 Aux에는 반드시 시제가 있고 그것은 최초에 (M)이 있으면 그것에, (M)이 없으면 V에 부가한다는 것을 뜻한다. 곧 시제요소는 최초의 조동사에, 조동사가 없으면 동사에 부가한다는 것이다. 그리고 조동사 have가 있으면 V에 en이, 조동사 be가 있으면 V에 ing이 부가한다는 것도 나타내고 있다.

만일 (3) b.에서 (3) a.가 생성되었다면 이는 Aux가 Past의 접사인 경우인데 그 접사는 V(법조동사의 경우도)와 순서를 바꿔야하는 필수적인 조동사 변형을 거치게 된다.

(6) Past+hit ⇒ hit+Past

(5)에서의 과거시제접사 –ed, 과거분사접사 –en, 현재분사접사 –ing을 동사나 조동사 뒤로 이동해야 하는 규칙을 접사이동(도약)규칙(Affix–Hopping Rule)이라고 한다. 하나의 변형규칙이다.

게다가 (7)의 형태음운규칙의 적용을 거치게 된다.

(7) hit+past ⇒ /hit/

동사의 3인칭단수의 경우는 동사의 단수/복수를 구별하기 위한 다음 규칙이 적용되어,

(8) NPsing+Verb → NPsing+hits

이렇게 해서 문 The man hits the ball. 이 생성된다. (2)와 (3)에서처럼 구구조규칙이 적용되어 어휘삽입이 이루어진 구조를 1960년대말의 표준이론에서는 심층구조(Deep Structure)라고 하였고, (3) b.에 (6)의 조동사변형(후치)이 적용되어 (3) a.가 통사적으로 최종적인 문으로서 성립하였다면 이를 표층구조(Surface Structure)라고 하였다.

이상의 바꿔쓰기규칙들은 한 눈으로 보아서 큰 구조체에서 작은 구조체로 내려가는(분할되는) 식이며, 구조체의 직접구성요소가 표시되어가는 식이다. 어떻든 수형도는 다음의 세 가지 통사적 속성을 보여준다.

(9) a. 구성요소의 선적 배열을 보여주는 선형구조(Linear Structure)
b. 구성요소의 계층을 보여주는 계층구조(Hierarchical Structure)
c. 구성요소의 형태 곧 문법적 범주(Grammatical Category)

시발기호(Initial Symbol)인 S는 문(Sentence)의 생략기호이며, 수형도의 분지절점(Branching Node)(간단히 절점)의 범주기호 NP는 명사구(Noun Phrase), VP는 동사구(Verb Phrase)를 나타낸다. S, NP, VP, T(정관사), N(명사), V(동사)등 범주는 통틀어서 통사적 범주(Syntactic Category)라 한다.

수형도의 맨 아래에 있고 규칙의 좌측에 나오지 않는 어휘들은 최종(/종단)기호(Terminal Symbol)이라 부르고(이들의 연결체는 최종연결체(Terminal String)라고 함), 중간위치에 있는 범주기호(NP, VP, T, N…)는 비최종(/비종단)기호(Non-Terminal Symbol)라 한다.

(3) a.의 수형도 대신에 최종기호열을 각괄호 표시로 나타낼 수 있다. 이를 명칭(/범주)붙인 괄호(Labelled Brackets)라고 한다.

(10) $[_S\ [_{NP}\ [_T$ the] $[_N$ man]] $[_{VP}\ [_V$ hit] $[_{NP}\ [_T$ the] $[_N$ ball]]]].

괄호식의 범주 표시는 각 단위의 열린 괄호 바로 안 쪽에 표시되는 외에 닫힌 괄호 바로 바깥쪽에 표시하기도 한다(보기. [[the]$_T$ [man]$_N$]$_{NP}$).

제주방언의 예를 들어서 이상 PS 규칙에 의해 수형도를 그린다면, T는 필요없고 대신 조사 P가 필요하지만 조사 없이 쓰이는 경우가 많으므로 NP →N+P(/∅)로, 어순도 VP→NP+Verb, Verb→V+Aux와 같이 바뀌게 된다. NP의 단수/복수의 구별이나 조동사변형, 형태음운규칙(경우에 따라 필요, 차+암쩌⇒참쩌)이 쓰이지 않는다. 그리고,

N→ 철수, 공…

V→ 차(다)

Aux→ 암쩌 (~암쩌/엄쩌=~고 있-다/어(요))

를 삽입하면,

(11)

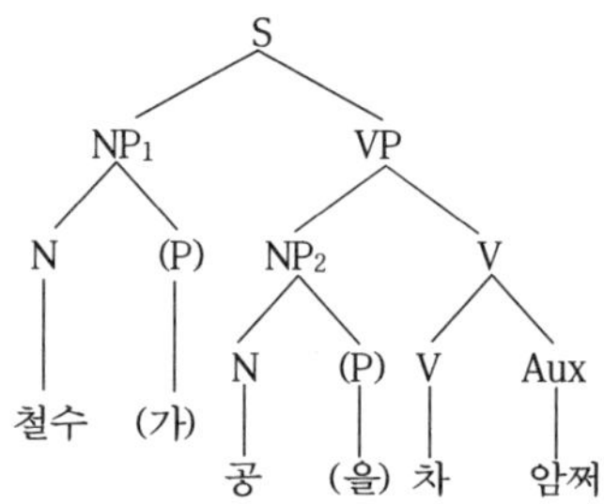

구조(체)를 이와 같이 바꿔쓰기규칙으로, 특히 S→NP+VP 식으로 나타낼 수 있다는 것은 매력적이다. 변형생성문법초기에 이러한 구조 표시는 신선감을 주었었다.

그러나 어느 나라 언어든 이렇게 간단하게 생성되는 경우는 한정되어 있고, 부가어, 내포문, 복문과 같은 복잡한 짜임이 있기 마련이다.

또한 능동문과 피동문과의 관계도 예컨대 (11)의 문에서 V의 목적어 '공'을 주어 위치로 바꿔서 피동문을 만들 때는 새로운 구구조규칙으로 전개하기보다는 별도의 목적어 NP→주어 NP와 같은 변형규칙으로 처리하기도 하였다. 비교적 어순이 자유로운 한국어, 일본어 같은 언어에서의 어순 변동으로 오는 구조체의 직접구성요소의 변동도 변형규칙으로 처리하였다. 부정변형도 처음에는 변형규칙에 의해 생성시켰다가 나중에는 부정, 의문 등의 형태표지(N, Q)가 수의적으로 구구조규칙에 의해 표시되는(이를 받아 변형규칙이 적용되는) 것으로 하였다. 이러한 일련의 작업에는 동사가 취하는 논항의 다름이나 의미역할에 따른 여러 가지 문의 생성의 다름이 있다는 것이 간과되었다. 모든 문이 (11)과 같이 천편일률적으로 동일한 방식으로 분지하여 생성되는 것이 아니라 술어의 특성에 따라 수형도(구성요소관계)가 달라진다는 것을 반영할 필요가 있게 된다. 이에 따라 동사의 특성이 구조를 구축하는 구조핵으로, 그리고 문은 통사핵의 투사체로 여기는 방향으로 가게 된다. 술어핵을 기점으로 위쪽으로 구조체가 형성되는 기틀이 마련되기 시작한다.

그렇다 하더라도 구조체의 구성소를 2분하는 것은 유용성이 있는 것으로 보인다. 특히 S의 시발기호에서 주부와 술부로 2분하는 것은 매우 시사하는 바가 크다. 문이 주어와 서술어로 되어 있다는 것은 고대 그리스시대부터 생각되었던 일이다. 주어는 대표적으로 NP이고 서술어는 VP이다. 앞서의 PS규칙에서의 S→NP+VP와 동일하게 되지만 각 분지의 중심요소가 반영되지 않고 있다. 이 문의 두 성분을 지탱하는 중심은 조사와 어미(굴절사)의 기능범주이다. 조사는 D, 어미를 I(INFL)로 표시하고, 또 수형도를 보이면,

(12) a. NP → N+D

VP → V+I

b.

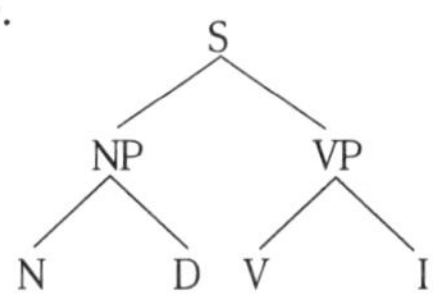

(12) b.는 (11)과 기본적으로 큰 차이는 없다. V의 특징에 따라 (11)의 NP_2가 있기도 하고 없기도 한다.

(11)이나 (12)에서 문은 조사와 굴절사라는 두 핵이 바탕이 되는 것을 알 수 있다. 그리고 조사가 뒷받침하는 NP는 결국 굴절사가 뒷받침하는 동사의 특성에 따라 한 개 또는 그 이상의 것이 도입된다고 보면, 문의 구성은 작은 요소 V와 그것이 도입하는 NP와의 병합으로 시작되고 그것을 I가 지탱하는 식으로 문이 구조화된다고 할 수 있다.

(13)

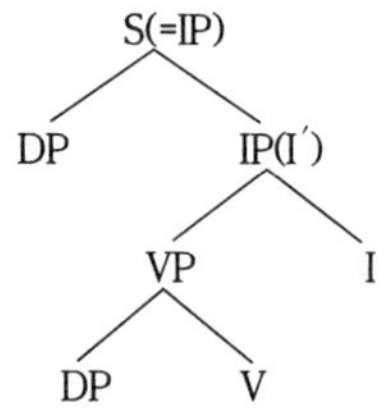

(11)이나 (12)의 수형도와 다른 점은 VP 자체 만으로 서술어가 되는 것이 아니라 굴절사(어미)의 뒷받침으로 서술어가 되고, 결국 서술어는 VP +I → IP로 구성되고 있다는 점이다.

V에 굴절사 Aux나 I가 내포되어 있다고 보면 문은 VP 자체라고 볼 수도 있다.

(14)

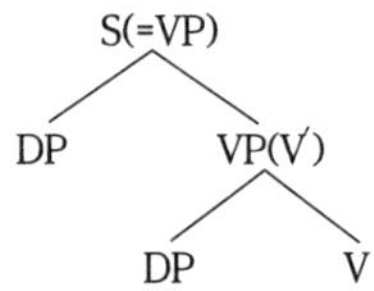

(13)의 IP(I′)와 (14)의 VP(V′)는 잠정적인 표기로 S의 2분지의 관점에서는 IP와 VP가 쓰일 수 있겠지만, I나 V핵의 상향적인 투사체로 본다면 I′와 V′가 쓰인다. 곧 I는 I → I′→ IP로, V는 V → V′ → VP의 3층위로 투사되고 있다. 이들 범주를 변항 X로 나타내면,

(15) $X^{\circ} \rightarrow X' \rightarrow X''$

여기서 X°는 동사(V), 명사(N), 형용사(A), 조사(D)(영어 전치사 P) 등이며, 이 층위에서는 분할식 바꿔쓰기규칙은 적용되지 아니한다. 위에서 내려다볼 때는 종점이 되기 때문이다. 그러나 아래서 올려 볼 때는 기점이 되므로 병합식 바꿔쓰기는 있을 수 있다. 곧 (15)는 다음과 같이 고쳐 쓸 수 있다.

(16) a. $X+Y \rightarrow X'$

b. $X'+Z \rightarrow X''$ (XP)

바꿔쓰기규칙의 이점은 간명하고 명시적인 데 있다. 위에서 아래로 내려오는 분할식이든, 아래서 위로 올라가는 병합식이든 구조의 간결성을 보일 때에 요긴하게 쓸 수 있다.

(16)의 a.는 동사와 같은 핵(주요부)(X)이 보충어(Y)와 병합하여 중간범주(X')를 이루고, 이 중간범주는 지정어(Z)와 병합하여 최대범주를 이루는 것을 보여준다.

(16)과 같은 X'의 규약으로 선핵의 투사체를 후핵의 보충어 (Y)로 수용하여 반복적으로 핵 요소의 확대를 기할 수 있다.

(17)

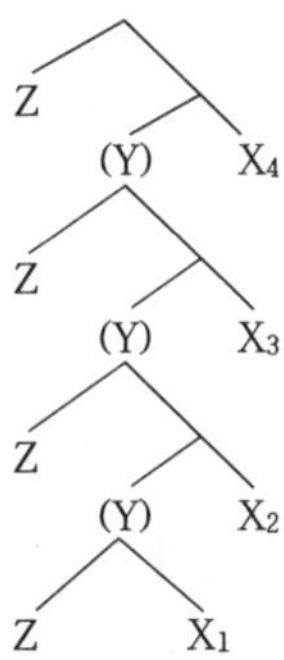

여기서의 Y표시는 X요소와 그 보충어의 병합체 표시이면서 상위의 X요소에 대한 내항이다. Z표시는 각 X요소에 대한 보충어 표시로 쓴 것으로 각 X요소에 대한 외항(하위 X에 대해 지정어)을 나타낸다. 본래의 구구조규칙에서는 (15) ((16) a.)와 같은 X층위의 중간투사층위가 설정되지 않았다. 그리고 (4)에서 Verb→Aux+V의 규칙과는 달리 Aux도 핵요소로 해서(이 경우 보통 I(INFL)로 표시) Verb에서 분리한다. 분리하더라도 다음과 같은 수형도는 좀 무리이다.

(18) a. b.

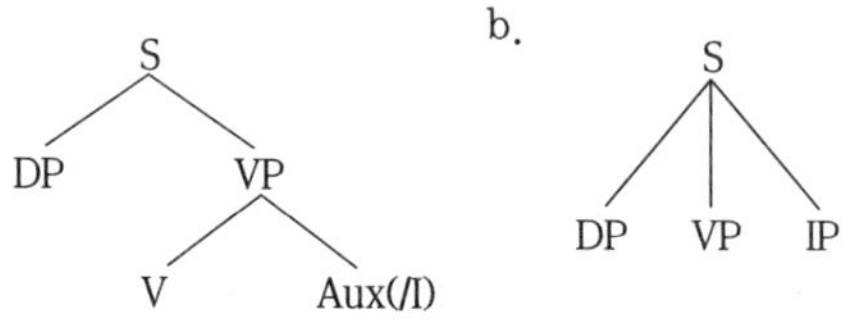

수형도 (18) a.는 I를 핵으로 했을 때 그 중간 투사체는 I′가 되어야 하는데 VP로 되어 있는 점에서 체계적이지 못하고, (18) b.는 2분지라는 관점과는 거리가 있고, 한가운데의 VP는 보다 IP와 밀접한 관계이기 때문에 다음과 같은 수형도가 바람직하다((19) a.). VP를 그 핵 V의 투사체까지 보이면 ((19) b.),

(19) a. b.

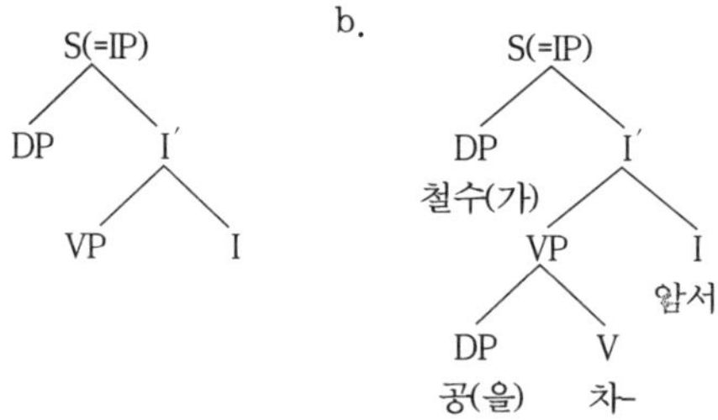

(19) b.를 (11)과 대조해 보면 (11)의 맨 오른쪽 가지가 그 핵인 I(Aux)의 층위로 되어 있고 VP는 I와 자매관계로서 I′층위를 이루고 있다. 그리고 목적어 NP(DP)는 V와 자매관계를 이루고 있다. 구조체가 모두 핵을 중심으로 이루어진다는 것을 명시적으로 보여준다.

문제는 V의 어휘적 특성에 따라 V를 관할하는 VP구조가 달라진다는 점이다. V가 자동사냐 타동사냐에 따라서 또 목적어를 하나를 취하는가 두 개를 취하는가에 따라서 다르고, 동사가 지니는 의미역할의 내용에 따라 곧 동작주의 주어를 취하는가 경험주 또는 대상의 의미역을 취하는가(목적어의 경우도 마찬가지)에 따라 달라진다. 그래서 문 구조체를 결정짓는 요인으로 술어핵을 중시하게 된다.

3. X′ -이론

(19)b.에서 V류는 어휘적 의미를 지닌 어휘범주이고 I류는 기능적 의미를 지니는 기능범주이다. 다음의 DP에서의 핵 D는 기능범주이고 NP는 어휘범주이다. NP와 VP의 핵인 N이나 V는 물론 어휘범주다.

(20)

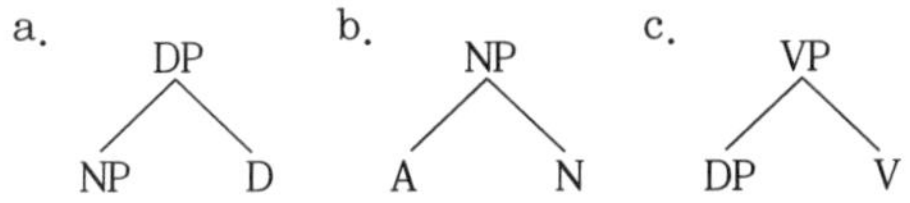

어휘범주든 기능범주든 그 핵을 기점으로 해서 그 속성에 상응하는 상대항을 도입하여 통사적으로나 의미적으로 뭉뚱그려지는 구조관계를 이루게 하는 것을 투사(Projection)라고 한다.

핵이 되는 범주 X가 있고 이를 상대적으로 보충하는 동심(同心)적인 자매요소가 생기면 X의 상위절점 X′가 이루어지고(경우에 따라서는 X′가 반복되기도 한다) 또 X′를 한정, 주관하는 상대적인 자매요소가 생기면 상위의 X″ 절점이 이루어진다. 여기서 일단 핵의 투사가 멈춘다. 후핵이 이어질 때는 후핵의 X′절점에 수용된다. 선핵의 투사체를 보충어로 수용하는 후핵의 투사체가 이어서 전개되는 것이다.

(21)

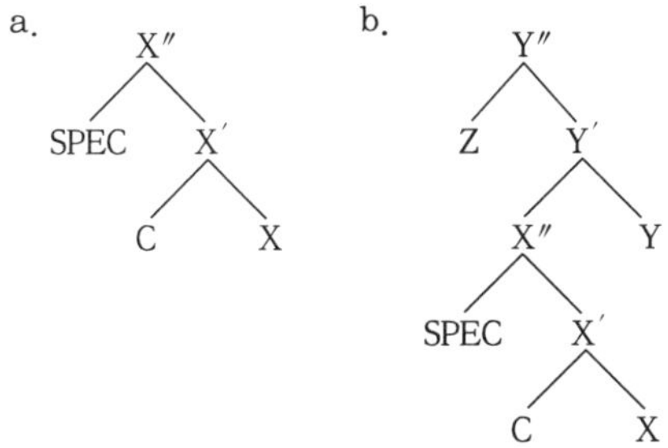

여기서 C(Complement)는 X의 보충어(보어)이며 SPEC는 X의 지정어이다.

(21) a.에는 두 가지 국부적 관계가 존재한다. 지정어-핵 관계와 보충어-핵 관계가 그것이다. 또 상하관계로 볼 때 X″는 SPEC와 X′를 직접 관할(Immediate Domination)하고 X′도 C와 X를 직접관할한다. X″는 X를 관할하되 직접관할하지 않는다. 수평관계로 볼 때 SPEC와 X′는 자매관계고, C와 X도 자매관계이다. 자매관계는 서로 성분통어(c-통어)하는 관계가 된다.

(21)a.를 바꿔쓰기규칙으로 쓰면,

(22) a. X″ → SPEC+X′
　　b. X′ → C+X

여기서 X는 최소범주, X′는 중간범주, X″는 최대범주라고 한다. 최소범주 X를 기점으로 X′, X″로 확대된다면 상향식 구조 구축이 되는데 그러면 (21)의 a., b.의 순서를 바꿔쓰게 된다. 이러한 $[_{XP}$ SPEC $[_{X'}$ C X]]의 X의 확장관계를 모든 범주에서 평행적으로 파악되는 이점이 있고 또 선핵의 투사구조를 후핵의 투사구조가 중간범주에서 수용할 수 있다. 이와 같이 각 범주마다 다른 개별규칙을 내세우는 구구조규칙과는 달리 어느 범주에나 공통적인 구조형성의 틀을 마련한 것이 X′-이론(X-bar Theroy)이다.

다음의 괄호식과 구절표지(수형도)에서,

(23) a. $[_{XP}$ $[_{ZP}$ W Z] $[_{X'}$ Y X]]

b.

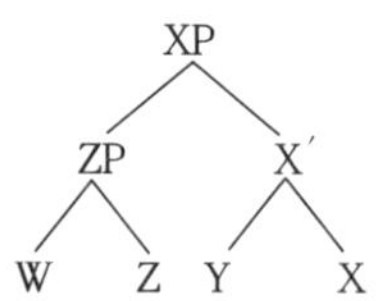

XP, ZP는 더 이상 투사하지 않는 최대범주, Z, X는 어떤 요소의 투사도 아닌 최소범주, X와 XP 사이의, 최소범주도 최대범주도 아닌 X′는 중간범주이다. W, Y는 일견 최소범주이나 W, Y를 기점으로 WP, YP를 투사할

수 있으므로 최소 또는 최대 중의 하나가 된다.

(23) b.에서의 X가 I라면 다음과 같은 구도가 된다.

(24)

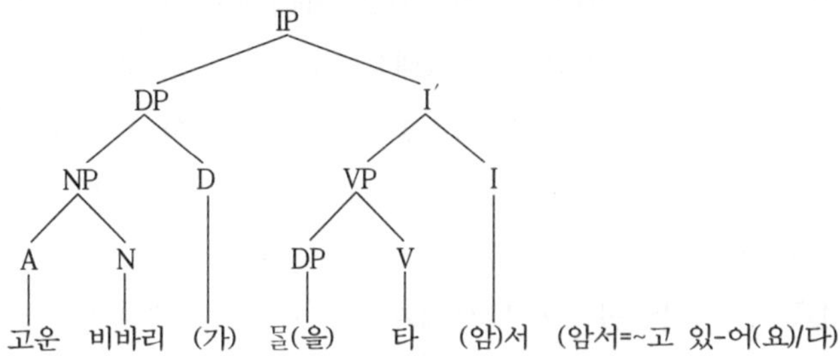

(23)의 W범주가 최소범주(N)도 최대범주(NP)도 될 수 있음을 보여준다. Y범주도 마찬가지다. Y범주도 최소범주(V)도, 최대범주(VP)도 될 수 있다.

이들 구성요소의 관계를 (23) b.에서 핵 X를 기준했을 때 X의 투사 X′가 관할하는 Y(YP)와는 서로 성분통어(c-Command, c-통어)하는 관계가 되고, XP가 관할하는 ZP에 대하여는 최대성분통어(m-Command, m-통어)하는 관계가 된다(Y(YP), ZP가 X의 아래에 관할되지 않는 한). c-통어 관계에 있는 Y(YP)의 위치는 X에 대한 보충어 위치, m-통어 관계의 ZP는 X에 대한 지정어 위치가 된다.

그리고 같은 높이에서 2분지 관계에 있는 W와 Z, ZP와 X′, Y와 X는 c-통어 혹은 최소성분통어관계에 있다. 그 관계는 c-통어하는 요소가 관할하는 요소에까지 미친다. ZP로 말하면 X′와 c-통어관계가 있고, 그 X′가 관할하는 Y, X에까지도 c-통어관계가 성립하는 것이다.

이러한 구조관계는 어휘항목의 속성이 포화/방출 되는 투사 양식이다. 문의 기점인 술어핵인 경우, 그 술어핵의 속성으로 지닌 의미역의 여하에 따라 보충어 그리고 지정어의 투사양식이 달라진다. 곧 의미역의 부여자는 술어핵인데 그 중에 타동사가 핵이라면 대상의 의미역을 보충어 자리(목적어 자리)에, 동작주의 의미역을 지정어 자리(주어 자리)에 방출하여 V-V′-

V″의 최대투사체를 이루게 된다. 형용사가 핵이라면 지정어 자리에 경험주 또는 대상을 방출하고 보충어 자리는 대상이 오는 경우와 오지 않는 경우도 있게 된다. 곧 투사체의 모양도 달라질 뿐만 아니라 동일한 자리가 상이한 의미역을 실현될 수 있다. 지정어(외항) 자리에 동작주, 경험주, 사동주, 원인, 대상등이 오기도 하고 보충어(내항) 자리에 대상, 원인, 도구 착점, 원천 등이 오기도 한다. 이러한 의미역을 감당하는 명사구 외에 명사적 요소가 주역할하는 전치사구, 절 등을 논항(Argument)이라고 한다. 이와 같이 한 술어핵이 의미역을 하나 이상 방출하는 것과는 달리 한 술어핵이 하나의 의미역을 감당하는 필자의 투사체계로는 X-바 이론대로 X°-X′-X″의 3단을 취하면서도 X′레벨의 보충어 곧 내항은 시발핵에서는 부가어 자리이고 후핵과의 병합시는 선핵의 투사체가 수용되는 자리가 된다. X-바 이론에서는 핵 X가 그 속성인 의미역 논항을 보충어와 지정어 자리에 방출하지만, 필자는 한 가지만 방출하고 나머지는 후핵의 몫으로하고 있다. 이에 대하여는 제3장 술어형성기제에서 다루고 있다. 여기서는 종전의 X-바 이론의 주지(主旨)에 따라 전개한다.

영어의 어휘범주 N(명사), V(동사), A(형용사), P(전치사) 그리고 기능범주 D(결정사), C(보문사) I(T)(굴절사(시제)) 등의 최소범주는 일률적으로 최대범주의 투사층위를 지닌다. 이 중에서 V와 A의 술어핵의 경우를 예시하면,

(25) a.

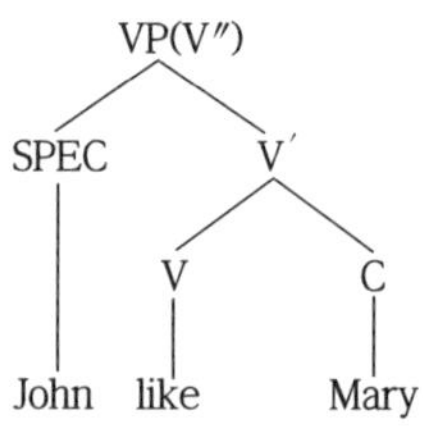

b.

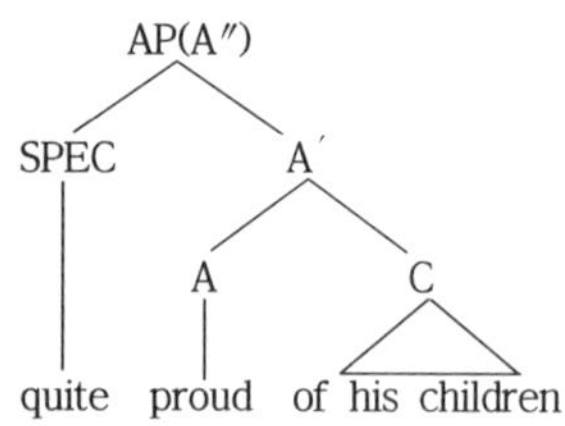

영어의 A는 V와 달리 단독으로 서술어 구실을 못해서 계사(be)의 도움이 필요하나 ((25) b.는 보어구) 한국어의 A는 계사의 도움이 필요없으므로 V와

같다.

(25) a.는 논항 두 개만 나타낼 수 있다. 목적어가 두 개 있는 경우 곧 논항이 세 개가 있는 경우는 VP에 또 하나의 VP를 더 씌워서 그것들을 모두 실현시키는 제안도 나오게 된다.

(26) a. John sent a letter to Mary.

b.

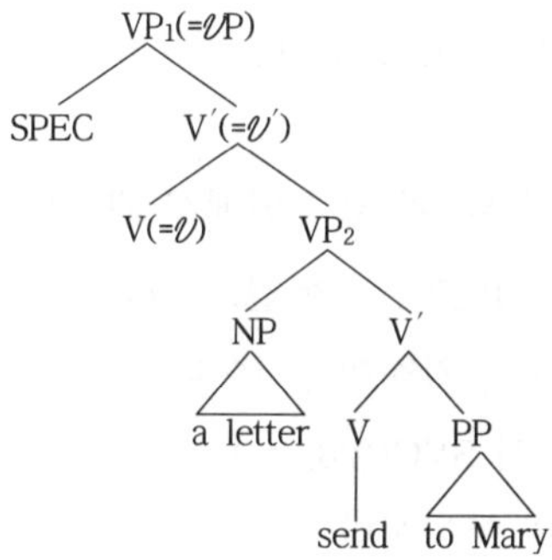

상위의 VP_1의 V를 𝒱(small 𝒱)로 나타내어 (𝒱 - 𝒱′ - 𝒱″) 하위의 VP_2와 구별하기도 한다. 𝒱P의 SPEC 자리에는 동작주 논항, VP의 SPEC 자리는 대상 논항, V의 보충어 PP 자리는 착점 논항을 나타낸다. X-바 투사체도를 유지하려는 하나의 노력의 일단이라고 볼 수 있다. 언어표현은 논항과 술어만으로 이루어진 것이 아니고 그것들과 관련되는 수식어(절), 부사어(절), 다중주어 등의 복잡한 요소가 얽히게 마련이다. X′의 층위에 모두 수용하기에는 한계가 있다. 그래서 X′의 확장 등이 행해지는데 그것은 X′-이론의 제약성적 이점을 덜게 한다. 그 골격은 유지하면서 중간 층위를 보충어의 수에 맞추는 방법, V를 분해하여 V(어근), Af(Affix)(접사), 𝒱(경동사)의 별도 투사체를 마련하는 방법이 있고, 병합구조에서의 부판의 활용 곧 그 한 예로 부가어는 해당 위치에 임의적으로 부가시키는 방법 등이 행해지기도 한다.

어휘범주로 된 논항들을 활성화시키는 것은 기능범주이다. 그래서 문 형성의 핵이 된다. 한국어에서의 양자의 순서는 다음과 같다.

(27)

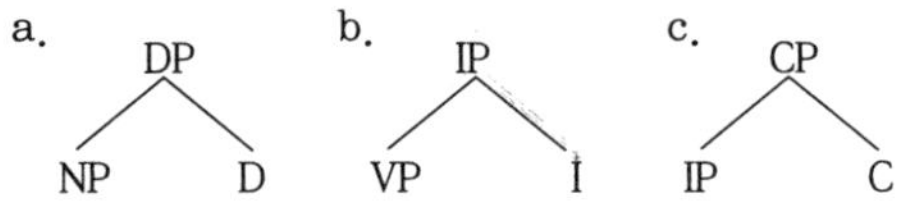

문은 이들의 요소의 집합체이며 그 중 논항의 NP와 술어의 VP 그리고 보문의 IP를 움직이게 하는 것이 D, I, C의 기능범주다. 이들 핵요소는 뒷자리에 있다.

X′-이론에서 볼 때 어순은 X′층위와 X″층위에서 매개변항(Parameter)화 되고 있다. X′층위에서 X가 선핵인가, 후핵인가 그리고 X″층위에서 X′와 지정어의 어순이 선지정어인가 후지정어인가이다.

영어는 선핵이며 선지정어로서 SVO((28) a.) 한국어(일본어도)는 후핵이면서 선지정어인 SOV((28) b.) 언어이다.

(28)

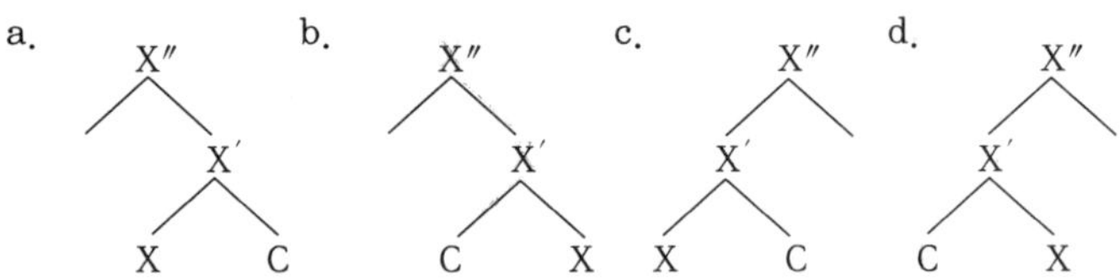

(28) c.는 선핵이며 후지정어인 VOS언어이고 d.는 후핵이며 후지정어인 OVS언어이다. 이외에 OV가 연접하지 않는 VSO, OSV가 있다. X′층위만을 볼 때 a., c.는 VO언어이고 b., d.는 OV언어이다. VO언어와 OV언어의 현저한 특징은 전자는 PO(전치사-목적어)이고 후자는 OP(목적어-후치사)라는 점이다. Greenberg(1966: 70)에 의하면 SVO, SOV, VSO, VOS, OSV, OVS의 유형 중에서 VOS, OSV 그리고 OVS 등 그 예가 드문 이들의 공통점은 O가 S에 선행하는 점인데, 이 세가지 유형을 제외한 나머지 VSO, SVO 그리고 SOV 유형을 각각 제1형, 제2형, 제3형으로 명명하고, 또 세가지

유형은 V가 O에 선행하는가(VO형), 후행하는가 (OV형)로 대별하고 있다. 그 상반성에 여러 가지 통사적 현상의 상대적 현상이 연계된다. VO형은 영어형이고 OV형은 한국어형(일본어도)이다.

柴谷 외(1982: 219-220)에서 양자의 현저한 대칭관계가 다음과 같이 정리되어 있다.

(29)

OV언어	VO언어
1 명사+후지사(조사)	전치사+명사
2 본동사+조동사	조동사+본동사
3 부사+동사	동사+부사
4 관계절+명사	명사+관계절
5 형용사+명사	명사+형용사
6 지시사+명사	명사+지시사
7 수사+명사	명사+수사
8 고유명사+보통명사	보통명사+고유명사
9 소유격+명사	명사+소유격

여기서의 대칭관계가 두 유형의 모든 언어에 성립하는 것은 아니다. 영어에서도 OV형의 특징을 지니는 것이 있다. 5~9항이 그렇다. 이 VO와 OV의 대립성이 선핵/후핵의 핵 매개변항(Head Parameter)화 된다.

유럽의 인구어족(印歐語族)의 언어들은 주로 OV형이였는데 VO형으로 바뀌었다고 한다. 영어는 고대영어에서 중세영어에의 변화과정 중에 그리 된 것으로 보고 있다. 그러한 이유로는 조동사의 접어화(Cliticization)에서 왔다고 보고 있다. 보통, 한국어와 같은 SOV에서 보이는 본동사-조동사의 어순인데 조동사가 접어화(현재 프랑스어, 이태리어의 로망스언어에서 목적어의 대명사를 접어화하면서 주어 다음에 전치하는 예가 있다)하면서 조동사가 주어 다음 위치로 이동하게 되고 이에 유추되어 본동사(조동사가 있을 때 문말에 있다)도 주어 다음으로 전치하게 되어 OV에서 VO어순으로 바뀌게 되었다는 것이다. 쉬운 예로 보인다면, 다음의 한국어의 예시에서 먼저 조동사 격인 사역표현이 전치하고, 본동사가 전치하여 영어의 예시문의 어순이 잡히는 것과 같다.

(30) 나는 그에게 그것을 하게 하였다.

I had him do it.

그러나 영어에서는 과거(-ed), 과거분사(-en)등은 아직도 동사에 후치하는 형태로 남아있다.

제주방언은 전형적으로는 SOV언어이지만 수의적으로 (31)의 유형이 나타난다.

(31) a. SOV 나 밥 먹었쩌.
b. SVO 나 먹었쩌 밥(을).
c. VOS 먹었쩌 밥(을) 나(가).
d. OVS 밥 먹었쩌 나(가).
e. OSV 밥 나 먹었쩌.
f. VSO 먹었쩌 나(가) 밥(을).

c., d.에서처럼 주어가 맨 끝에 오는 것(후지정어)은 특별히 강조한 경우 외는 잘 나오지 않는 형이다. 그리고 조사가 따라야 인지하기 쉽다.

e., f.는 지정어가 중간에 끼어서 전형적인 X′ 투사도에서 일탈한다. f.의 경우는 조사가 따라야 분명하게 된다. 그런 면에서 SV층위가 중심이 되고 O 부분은 부가어로 다룰 수 있다. 곧 O가 어느 부분이 오는 가가 매개변수화된다고 볼 수 있다.

멕시코의 Zapotec협곡에서 쓰는 언어는 VSO라고 하는데 강조적인 구성소나 의문어는 늘 동사에 선행한다고 한다(Downing 1977: 184). 고대아일랜드어는 VSO이다. Comrie(1981: 81~82)에는 VSO에 Welsh어가, VOS에

Malagasy어가, OVS에 Hixkaryana어가 거례되고 있다. (31) e.의 OSV 어순은 많은 언어에서 목적어 전치의 조작에 의하여 나타난다. 영어에서의 Who(m) did Mary like? 도 그 예가 된다.

(31)과 같은 어순은 일본어에서도 보인다.

(32) a. わたし ごはん たべた(よ).
b. わたし たべた(よ) ごはん(を).
c. たべた(よ) ごはん(を) わたし(が).
d. ごはん たべた(よ) わたし(が).
e. ごはん わたし たべた(よ).
f. たべた(よ) わたし ごはん(を).

한국어와 일본어처럼 전형적으로 SOV언어인 몽고어의 경우도 비슷한 면이 있다.

(33) a. Би будаа идсэн.
b. Би идсэн будаа(г).
c. ??Идсэн будаа (Би).
d. Будаа(г) идсэн (Би).
e. Будаа(г) би идсэн.
f. Идсэн би будаа(г).
g. Чи унш номыг. 너 읽어라 책을.
h. Номоо унш чи. 자기 책 읽어라 너.

(33) a.의 전형적인 어순 외에 용인성의 차가 있겠지만 b., d. 외의 c. ~ f.는 잘 쓰이지 않는다. 목적어 будаа가 대격조사 없이 쓰이지만, 뒤섞기된 경우 대격조사를 써야 이해되기 쉽다. 이들에서 주어와 목적어의 어느 하나를 줄이면 편히 쓰인다. g.의 명령문은 b.에 준하여 쓰이고, h.는 e.에 준하나 대격조사 아닌 재귀어미로 해서 쓰인다.

SOV를 근간으로 했을 때 나머지 어순은 뒤섞기의 이동으로 이루어진 구조가 된다. 이동 전의 기저구조를 D-구조, 이동 후의 파생구조를 S-구조라고 부르기도 한다.

영어에서도 주어가 맨 뒤에 오는 경우가 있다. 계사문에서의 예를 보이면,

(34) a. Who are you?
b. There is a tree.
c. Neither am I.
d. Strange creatures were women!

불어에서도 S-O-V어순의 경우도 있다. 보어인칭대명사가 동사의 직전에 오는 경우다(Je t'aime. 나는 너를 사랑한다.). 독일어 역시 종속절에서는 S-O-V어순이다(…daß der Mann der Jungen sah. 남자가 소년을 만났다는 것을…).

문의 핵심을 S-V로 볼 때 선행요소에 따라 V-S로 바뀐다고 생각할 수 있고 O는 S-V의 안팎에 놓을 수 있다.

교착어이고 S-O-V 순으로 알려진 알타이제어에도 인칭대명사의 주어가 문말에 오는 사실이 널리 알려지고 있다. 만주·퉁구스어계의 남군(南群)에 속하는 만주어에서 인칭대명사가 동사 뒤에 오는 일은 없지만 같은 어군의 Nanay어 에서는 뒤에 온다.

(35) ǯobo-ha mbi　내가 일하였다. (村山外 1993: 141)

북군에 속하는 Evenki에서는 자립성이 약한 인칭접사(어미)가 동사에 후접한다.

(36) Turu-du bi- ŋesi-vi tara-ve sa-čă-v　내가 Tura에 있을 때 그것을 알았다. (Nedjalkov 1995: 445)

튀르크어도 인칭어미가 붙는다.

(37) a. gerdi-m 내가 왔다.
b. sevdi-m 내가 사랑했다.

동부 튀르크어의 Tatar(Tartar)어도 마찬가지다.

(38) a. jazə́-m 내가 (글을) 썼다.(服部 1959: 376)

현대몽고어에는 안 보이지만 중세몽고어에는 인칭대명사가 동사 뒤에 온다.

(39) a. irebe bi 내가 왔다.
irebe či 너가 왔다.
irebe bu 우리가 왔다.
b. jerẹbẹb 내가 왔다. (Poppe 1955: 251)

b.는 Buriat어의 경우로 인칭어미가 후접한다.

현대의 몽고어 · 한국어 · 일본어에 이러한 현상이 없는 것이 주목된다. 아이누어에는 구전(口傳) 사요(詞謠)에 자동사의 1인칭 단수 주어가, 구어에서는 1인칭복수 주어가 인칭접사로 나타난다.

(40) ek an 나 온다.

동사의 활용형 뒤에 오는 인칭대명사 혹은 인칭접사가 본래의 것이냐 새로운 것이냐에 대해 의견이 갈린다. Ramstedt(1952: 82)는 알타이제어의 동사의 정동사형(定動詞形)은 전적으로 비인칭적이었다 하고 있다.

(40)의 아이누어처럼 한국어와 일본어에서도 고대에 인칭대명사(인칭접사)가 쓰인 흔적이 눈에 뜨인다. 한국어의 의향 · 희망을 나타내는 종결어미

-na, 그리고 일본어의 종조사(終助詞) na가 그것이다.

제주도 민요 오돌또기에서 보이는 ~꺼나/까나, 공통어의 ~할까나 의 '나'가 1인칭의 흔적이, 권유를 나타내는 '일어나지'의 '지'가 2인칭의 흔적이 아닌가 싶다. 제3인칭은 아이누어가 ∅형태인 점을 감안하면 흔적이 없을 수 있다.

고대일본어에 1인칭단수로 쓰이는 경우의 동사(조동사)의 미연형(-a/-ə형)에 자기희망이나 의지를 나타내는 na가 오는 예가 있다.

(41) 黃葉手折奈 (もみち たをら <u>な</u>) (萬葉集 1758番歌)

이는 '단풍(잎 나무)을 꺾으련다 <u>나</u>'처럼 해석될 여지가 있다.

한국어의 '~까나'에 상응하는 예로, 현대어의 行こうかな '갈까나'도 들 수 있다. 이러한 한국어나 일본어의 예들은 가능성을 제시한 것에 불과하나, 문의 핵심을 주어-술어로 본다면 이에 선행하는 강조, 의문, 부정, 부사어, 선행절 등의 여하에 따라 주술의 도치가 있을 수 있고 그 중에 인칭대명사의 경우는 인칭접사화할 가능성도 있다. 따라서, (31) c., d.에서 보인 S 말미형(그리고 알타이제어의 여러 경우도)은 (34) a.~d.의 영어에서도 보이듯 현저하게 유별한 것은 아니라고 본다. 문의 구조를 오로지 핵 X°의 X′-X″에의 투사체에만 의존하지 않고 시발의 주-술의 근간도 염두에 둘 필요도 있다. 거기에서 주술의 도치가 있게 되고 또 주술의 밀착/분리로 여러 어순이 있게 된다고 본다.

4. 상대화 X′ -이론

어휘범주와 기능범주의 투사 범위가 다르다는 것이 Fukui(1986)의 상대화 X′-이론이다(김공칠 1995: 97-108 참조). 어휘범주는 X′레벨까지만 투사하고(지정어가 없다는 것), 기능범주(I, C, D)는 X″ 레벨까지 투사할 수 있다는 것이다. 그의 투사이론은 지정부만이 투사를 끝낼 수 있다는 것인데, 결국 어휘범주만으로는 문 투사를 끝낼 수 없고 기능범주만이 문 투사를 끝낼 수 있다는 것이다.

(42)
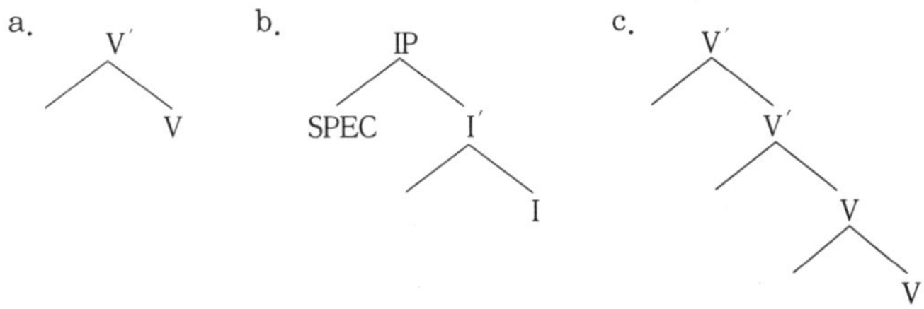

다만 어휘범주는 투사는 닫을 수 없어도 (42) c.처럼 투사를 반복할 수 있다. 어휘범주가 후속의 기능범주의 X′에 흡수되는 점에서 그러한 관찰은 있을 수 있다. 필자식이라면 다음에서 VP 다음에 I가 후속하면 V″구조는 붕괴된다. 지정어는 이동할 수밖에 없고 나머지는 I′에 흡수되기 때문에 어휘범주만으로 투사를 끝낼 수 없다.

(43)
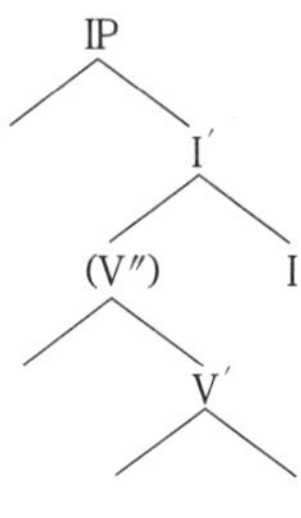

또한 Fukui는 기능범주로 IP, CP 외에 DP를 채택한 것이 특색이다. 영어의 경우는 속격을 부여하는 's 와 한정사를 들고 있다.

(44) a.

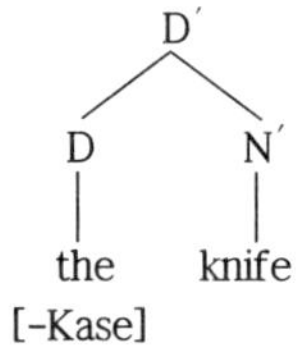

b.

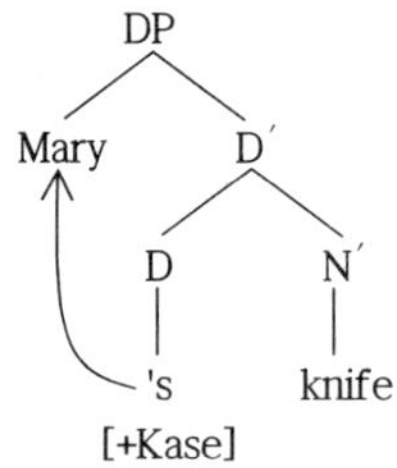

(44) a.의 경우는 D가 일치자질이 없는 경우고, b.의 경우는 's가 일치자질을 갖고 지정어-핵 일치에 의해 Kase가 방출된 경우이다. 주격을 부여하는 AGR/Tense(INFL), 속격을 부여하는 's(D), WH구의 [+WH](COMP)는 일치자질을 갖는데, 이들이 KASE 부여자다. KASE가 부여되는 위치가 Spec 자리다.

여기서 모든 기능범주는 핵이 지정어 자리를 방출할 기능자질 [Kase]를 지니고 있을 때만 최대투사를 하고 ((44) b.), 그밖의 경우((44) a.)는 최대투사를 하지 않는다는 기능범주투사원리를 제시한다(Fukui and Speas 1986: 154).

그러한 원리는 포화원리(Saturation Principle)와도 관련이 된다. 술어의 포화는 어휘적핵의 투사내에 이루어진다. 투사된 외항적, 내항적 자리가 모두 D-구조 내에 있다. 어휘부의 범주가 구 구조상에 나타나는 이러한 자리를 품고 있는 것을 격자(格子)(Grid)라고 하는데 기능범주에도 기능자질 나름의 격자를 지니는 것으로 보고 있다. 앞서의 DP구조에서의 일치자질이 있는 경우이다((44) b.).

Fukui (1986: 57)의 포화원리는

(45) a. 한 격자내의 모든 자리는 방출된다(discharged).
b. 만약 X가 Y에 격자리를 방출할 때는 오직 한 가지만 방출한다.

한 격자내의 모든 자리가 방출되었을 때 그 격자는 포화(飽化)(Saturated) 되었다고 한다(Fukui and Speas 1986: 140).

결국 어휘항목 X의 포화과정에서 X의 투사 층위나 표찰이 결정되므로 어휘항목에 따라 투사 층위가 달라지게 되어, 모든 범주마다 일률적으로 나타난다고 보는 X′-이론과는 동일하지 않는 것이 된다. 투사제도가 범주의 종별에 따라 구별이 있게 된다는 것은 X′-이론의 처지로는 이론적으로 약화되는 면이 없지 않고, 상대화 X′이론 처지로서도 포괄성이 약화되는 면이 있게 된다고 본다.

필자의 투사제도는 모든 핵범주는 상대항을 외항으로 취하고 보충적 요소(다른 핵의 투사체도)는 내항으로 (한국어는 그것을 외항과 핵사이에 품고, 영어는 외항과 핵의 바깥에 벌이는 식으로) 취하므로 모든 범주는 종전히 X″ 층위까지 열려 있고 또한 필요가 없으면 X′층위에서 닫을 수 있다. 더 이상의 투사가 없는 닫아진 층위가 최대범주 자리고, 핵 자리는 최소범주 자리가 되고, 중간투사 층위가 있다면 그것은 중간범주다.

5. DP 분석

일반적으로 영어의 [the book]의 구조체는 NP로 보고 [NP the book]로 보아 왔으나, 이를 DP구조로 보아 [DP the [NP book]] 와 같이 한정사 the를 핵으로 보는 결정사구(DP)가설을 취하게 된다.

Fukui에서는 앞에서 언급한 대로 영어의 기능범주 D(DET)에는 기능자질 KASE를 부여할 수 없는 the, a 등과, 기능자질 KASE 곧 속격을 부여할 수 있는 's가 있다고 하였다. (44)에서 제시한 것을 다시 여기에 보이면,

(46) a. b.

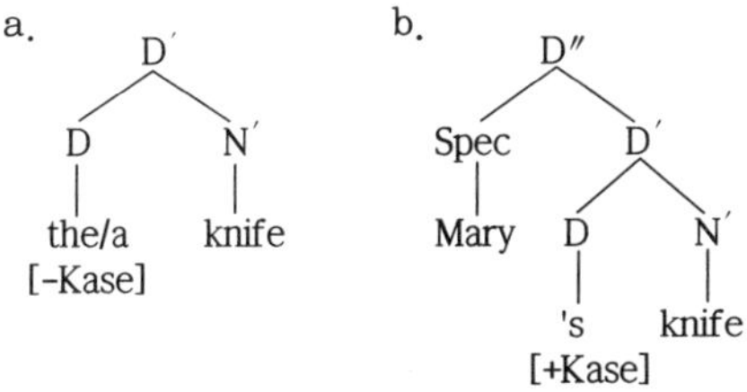

D가 [+Kase]인 경우, 지정어를 투사하여 Kase를 방출하고 있다. 명사구는 관사 없이 자유롭게 나타날 수 있고 (44) a., b.처럼 투사 층위를 달리하는 것은 재고의 여지가 있다. 한국어와 일본어의 경우 (46)에서의 D′층위의 어순을 바꾸면 다음과 같이 되는데, 필자처럼 D를 격자질로 본다면 D″층위까지 투사하게 되어 (47) b.처럼 여분적인 것이 될 우려가 있다. 핵이 외항만 도입한다면 (47)c.와 같이 될 것이다(그 이상의 투사가 없으니, a.와 같다).

(47)
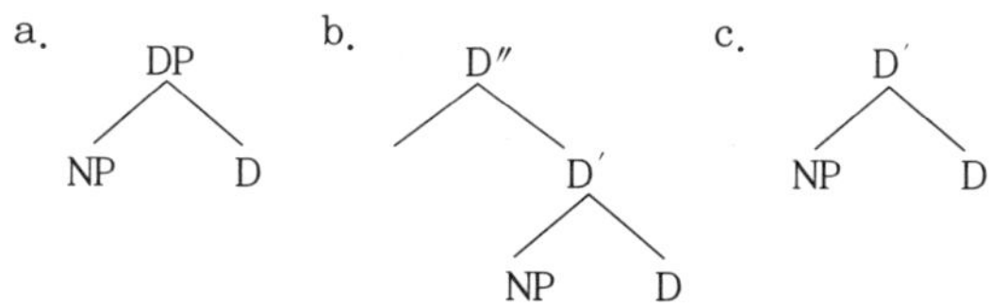

Abney(1987, 필자 未見, 原口 외 1992: 156 참조)에서는 D의 위치에 's가 아닌 일치요소 AGR이 있는 것으로 하고 있다. 문에서의 AGR이 Spec위치의 NP에 주격을 부여하는 것과 같이 D의 AGR은 그 Spec 위치의 NP에 속격을 부여한다는 것이다.

(48)
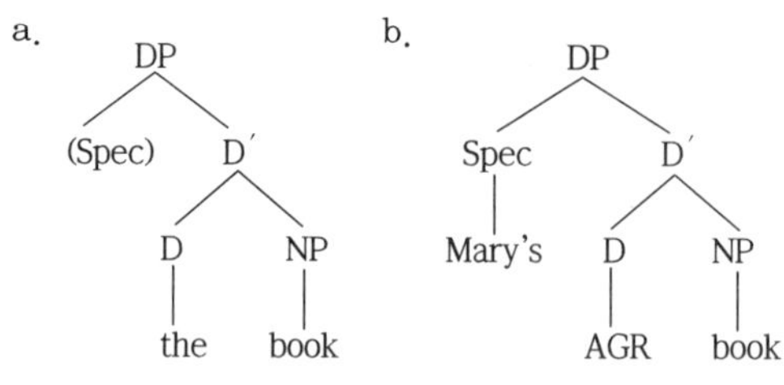

영어에서의 the, a(an)의 관사, this, that의 지시사, some, every의 수량사가 결정사로 결정사구(DP)의 주요부가 된다. 이들은 종전의 이론에서는 NP의 지정어 위치에 있는 것으로 생각되어 왔다. 그리고 Fukui의 속격의 's가 아닌 D 자리가 Abney에서 AGR 자리가 되어 있다. 곧 AGR도 관사, 지시사, 수량사 등과 마찬가지로 DP의 핵으로 다룬다. 's나 AGR의 경우는

(48) b. 처럼 DP를 투사하고 관사류는 a. 처럼 D′에서 멈추는 것인데 필자는 D' 층위는 없는 것으로 보고 있다. 곧 D의 상대항은 NP이며 둘이 DP를 이룬다.

DP분석의 하나의 이점으로 다른 기능범주와 병행적으로 포착될 수 있는 점을 들기도 하였다.

(49) a. b. c.

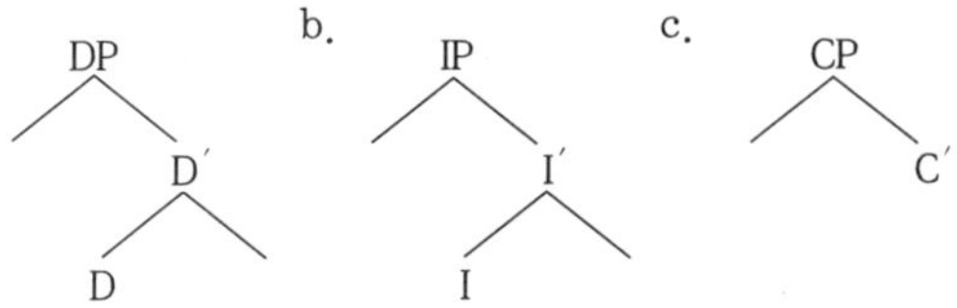

이들 투사체의 각 핵이 모두가 일치자질을 갖기도 하고 안 갖기도 한다. 가지는 경우 그 Spec자리에 D는 속격명사, I는 주격명사, C는 WH구가 자리하여 지정어-핵의 일치관계를 이루는 동일한 제도를 마련할 수 있다. 그러나, 격자질 중에서 속격자질만 통사핵으로 해서 독자적인 투사체를 지닌다는 것은 비체계적이라고 볼 수 있다.

한국어나 일본어에 있어 D는 어떻게 되는가? 모든 명사적 표현이 D-투사라고 하는 DP 가설에 따르면 명사를 기능하게 하는 영어의 -'s와 같이 D는 격을 나타내는 조사가 이에 상응한 것으로 본다. 그렇다면 속격뿐만 아니라 모든 격이 NP에 후치함이 맞다. 본래 명사의 격을 나타내는 범주는 고대의 그리스어, 라틴어, 독일어, 영어 할 것 없이 한국어나 일본어 모양으로 명사 뒤에 부속하였다. 이들 서양의 언어에서는 어순의 고정화와 더불어 후치적인 기능이 약해져서 현대영어의 's, 현대독일어의 한두 가지 격변화 어미로만 남아있을 뿐이다. 대신 명사를 규정(한정)짓는 역할은 선행의 관사류에 맡기게 되어 후핵→선핵의 변화를 거친 것이 되는 셈이다.

(50) a. b.

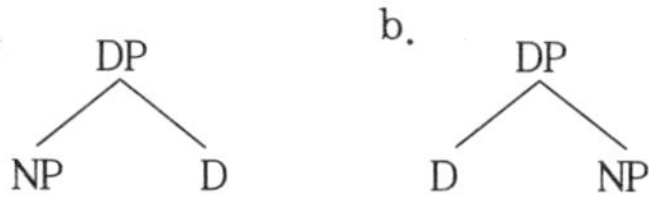

원래 (50) a.였던 것이 현대에 와서는 (50) b.로 바뀐 것으로 본다. 그런데 어휘적(의미적)조사 외에 기능적 조사(주격, 목적격 등)는 명사 뒤에서 명시적으로, 비명시적으로 기능한다고 보면 (50) a.와 b.의 어느 쪽의 투사체로 표시하지 않고 다음과 같이 NP 투사체로 표시하여 명시적 조사의 경우도 접사적인 D가 따르는 것으로 할 수도 있다.

(51) b.

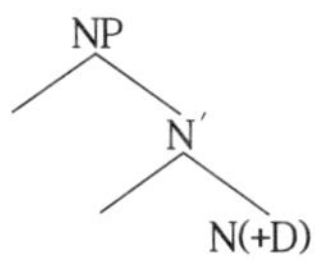

영어에서의 the boy의 표시를 관사를 핵으로 하는 {the {the, boy}} 보다는 명사를 핵으로 하는 {boy {the boy}}가 표찰로 보아서 이해하기 쉽다. 명사 논항이 열거되었을 때 모두 {the { }}로 나열된다면 LF에서의 해독이 지연될 우려가 있다. 영어도 NP 다음에 명시적인 D (속격의 's)가 있고 비명시적인 추상격의 ∅의 D가 있다고 볼 수 있고, 한국어도 마찬가지로 명시적인 D가 있고 비명시적인 추상격의 ∅D가 있다고 할 수 있다. 제로 D의 경우 제로 요소가 (52) a.처럼 DP를 투사한다고 볼 수 있고, 명사는 반드시 D에 의해 기능화한다 보면 ∅D의 경우도 NP 투사체 구도만으로도 (52) b.(=(51))처럼 N(+D)의 기능이 수행되는 것으로 볼 수도 있다.

(52) a. b.

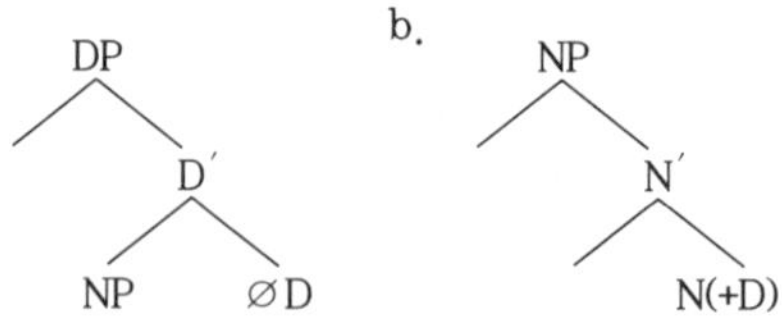

(52) a.의 투사체는 필자식이면 다음 (53)과 같이 되는데 NP를 외항으로 취한다. (52) b.의 중간 층위는 다른 핵 투사체를 수용(흡수)하는 경우를 상정한 것인데 지시사(Demonstrative)와 NP의 밀착성, 지시사와 D와의 호응의 애매성으로 볼 때 무리이다. 필자는 (53) c. 쪽이다.

(53)
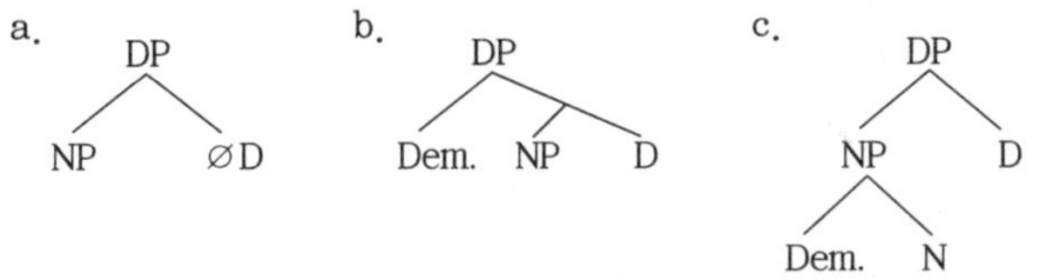

이 책에서는 NP와 DP를 혼용하는 경우가 있게 되지만 NP의 경우는 NP+∅D, DP의 경우는 NP+D가 함의된 것으로 한다. 영어에서 관사를 D로 했을 때 다음을 보더라도 일치자질을 갖는 기능범주라는 것이 이해되지만 (46) b.의 속격의 일치자질의 경우에만 지정어가 투사된다고 하는 특례는 문제 있다. (53) a., (56) a.가 은연중 작용하지 않나 싶다.

(54)
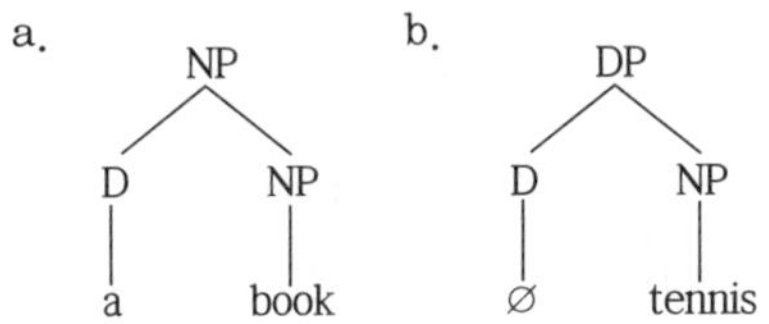

NP의 기능화가 후핵의 D에서 선핵의 D로 옮겨가는 것으로 본다면, 후핵이 흔적인 격어미는 형태적인 일로 처리할 수 있다.

(54)에서 만일 수식어구가 수용된다면 D핵이 지정어 자리로 올라가는 기현상이 일어난다. 물론 수식어구는 NP내에 수용되기 때문에 그런 일은 없을 것이다. 동사구를 움직이는 기능범주 I가 (NOM)자질을 갖는 핵이 되어 VP를 보충어로 갖고 외항(Spec)과 일치관계를 이루어, 주격을 부여하는 IP 구조처럼 DP도 그와 같은 유사한 구조를 지닌다고 보는 것은 선핵의 영어

의 경우에,

(55) a. b.

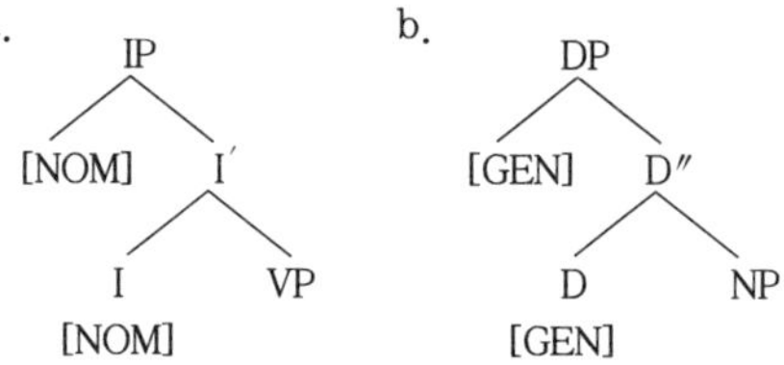

와 같이 D가 [GEN]의 자질을 갖는 때는 병행을 이룬 것 같지만, (55) b.는 여러 D 중에서 속격의 경우에 한정되는 기형적인 것이다. 영어에서 속격뿐만 아니라 관사, ∅관사 그리고 지시대명사 this / these, that / those가 일치자질 D를 갖고 있다면 이들은 지정어 위치에 있고 복수의 형태는 후치적이다. 현대독일어는 관사와 후접적인 격어미의 일치현상이 보인다. D자리의 혼선으로 볼 수 있다.

상대화 X′-이론에서는 D의 층위를 일치자질 유무에 따라 차이를 두었으나, D와 그 보충어의 밀착성에 의해 D' 층위가 곧 최대범주 DP로 일원화할 수 있지 않을 까 한다. 곧 D는 외항만 취하고 내항을 취하지 않는 범주가 되는 것이다. 그것은 모든 핵 범주가 외항만 취하는 원칙에 상응되며, 보충어는 언어에 따라 범주에 따라 그리고 경우에 따라 취하기도 하고 안 취하기도 하고, 취하게 되더라고 핵과 외항 사이에 안기도 하고 바깥으로 늘여놓기도 하는 성질의 것이기에 가능하다.

(56) a. b.

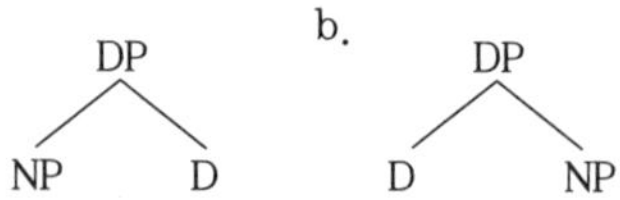

(56) a.는 한국어, 일본어 등 교착언어에 보이는 일이다. 고대의 서양언어도 이와 같고 일부 언어에서는 지금도 그 흔적을 남기고 있다고 앞에서

((50)~(52))도 말하였다. b.는 서양언어의 관사류를 D로 보았을 때의 구조이나 관사류 그리고 NP의 수식어 AP가 모두 NP의 투사체내에 (61) b.처럼 있다면 a.쪽이 바람직하다.

(46) b. 그리고 (48) b.에서의 D의 AGR에 [±Kase] 외에 [±Plural]이 있다고 보는 것도,

(57)

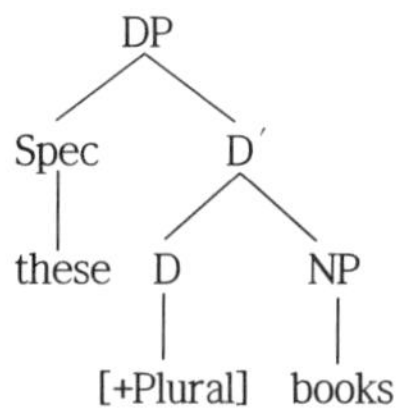

NP가 아닌 D에 3층위가 있게 되고 속격의 경우와 같은 형상이 되지만 여기서의 D도 여분적이다. 이와 마찬가지로 일본어의 연체격조사 no(한국어의 '의'에 상당)를 영어의 소유격 's처럼 D주요부로 제안하기도 하는데 (Whitman 1997: 161), 그렇다면 그것은 전형적인 후핵언어의 일본어에서는 특이한 현상이 된다. D를 격조사로 보는 관점에서는 D를 후핵으로 봄이 마땅하다.

(58)

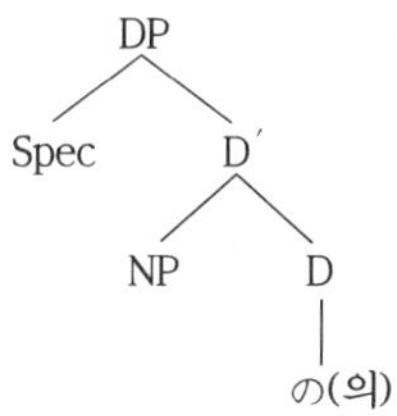

필자의 처지로는 D의 외항에 NP를 도입한다고 보면 SPEC는 여분적인 것으로 본다. (57)의 D의 복수성은 D를 격으로 보는 관점에서는 제외되고

그것은 NP의 형태론적인 문제로 보아진다.

격을 나타내는 D의 형태가 한국어, 일본어 등에서는 형태적으로 또는 추상적으로 나타나고, 영어는 속격의 's는 형태적으로 나머지는 추상적으로 나타난다. 본래 (59)의 a.와 같았었는데, D의 추상화로 b.와 같이 변한 것으로 보는 것인데, 필자는 아직도 a.의 제도로 운영되고 있지 않나 생각한다. 대명사의 격변화형이 참조된다.

(59)

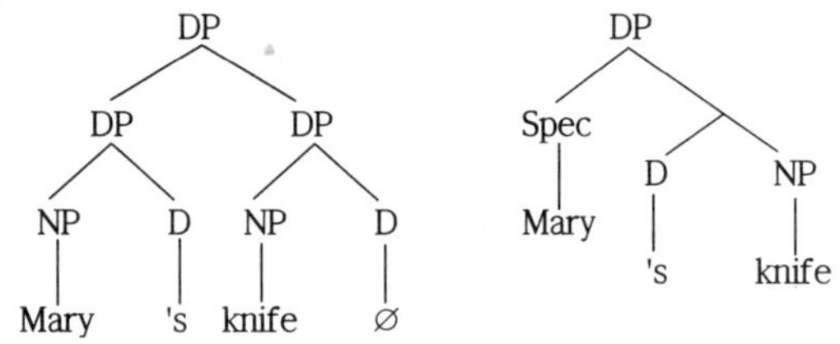

또, (59) b.에서 (52)에서처럼 NP에 D가 접어적으로 부가하는 것으로 보면, D핵이 제거되어 (60)과 같이 단순화할 수 있다.

(60)

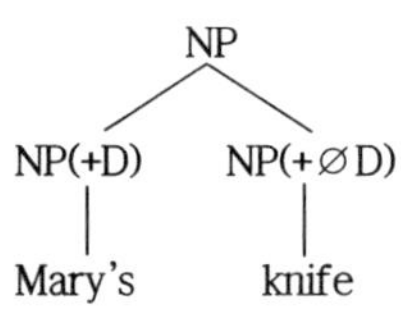

이는 속격이 [$_{NP}$____X]의 구조의 형상성에서 부여되는 기제와 비슷하다. 다만 NP에는 격을 접어적으로 함유한다고 보는 점이 다르다. 그러나 격이 접어적으로 표시된다는 것은 NP의 형태론이 복잡해질 수 있다. 격조사가 쓰이는 언어들의 예를 보아도 접어와는 다른 자립적인 어휘항목이다. 접어적인 기능보다 문법적 기능 곧 통사적 기능을 지닌 요소로 봄이 마땅하다.

지금까지 논의한 것을 공통어와 제주방언의 공통형을 들어 예시하면,

(61) a.

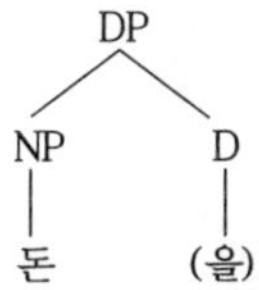

b.

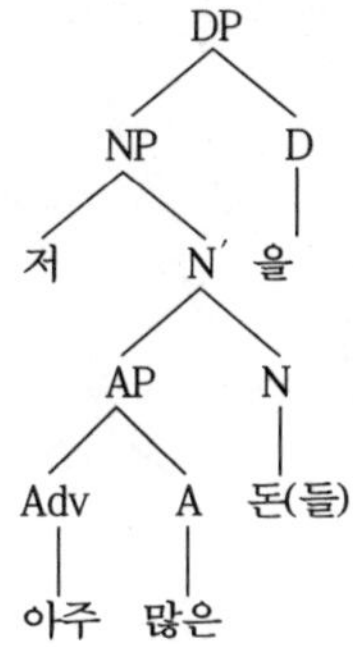

N핵이 3층위가 되고 있는 것은 수식어 AP를 보충어로 수용하였기 때문이다. N에서 복수접미사 '들'은 형태적인 문제이고, 어느 요소하고도 통사적으로 꼭 일치할 일은 없는 것으로 보인다. NP의 관형사-명사의 외항-핵 관계는 영어에서는 관형사(관사)를 D로 했을 때 핵-외항(상대항)의 DP구조와 같아진다. 한국어에서는 격조사 D가 있을 때 NP-D의 DP구조가 된다. 결과적으로 핵의 선후의 차이이다.

이와 다르게 IP에 DP를 맞추어 병행적으로 포착하는 영어의 경우에 따르면 한국어는 (62) c.와 같이 된다(단 핵의 순서를 바꿈).

(62) a.

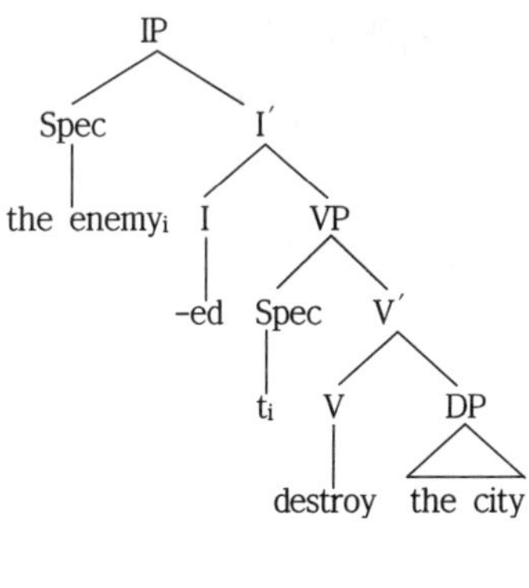

b.

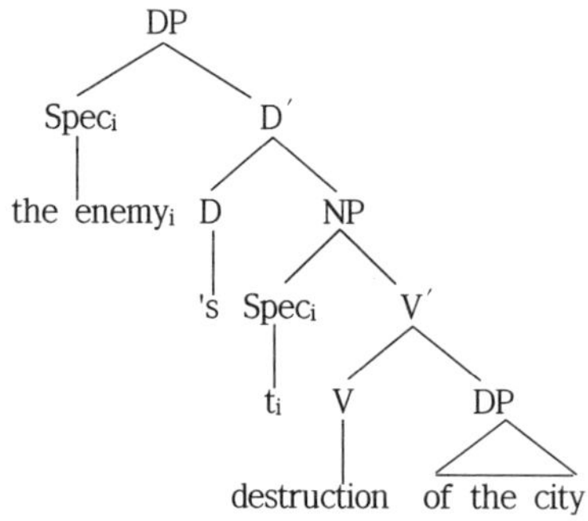

c.

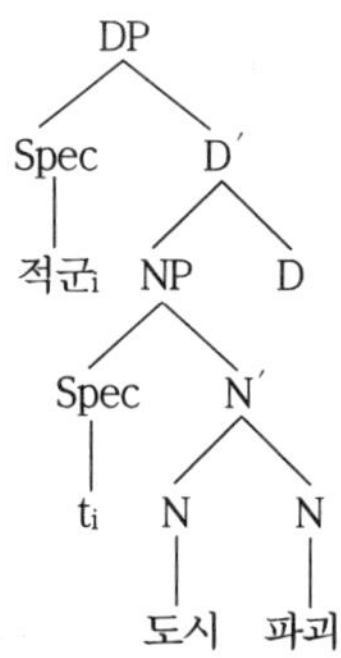

‘적군의 도시의 파괴’는 [적군 [도시 파괴]]와 [[적군 도시] 파괴]의 중의성을 지니나 여기서는 전자의 풀이에만 입각하고 있다. b., c.의 다른 점은 D핵의 선후에 따라 D의 역할이 크게 달라지고 있다는 것이다. b.에서는 그 지정어에 속격을 부여하는데 대해, c.에서는 DP 전체의 격(주격, 목적격…)을 주는 구도가 된다.

또한 D′ 층위가 보충어 구실을 못하고 있다. 단순한 맞춰보기로는 DP구조를 제대로 파악될 수 없고, 한국어의 경우는 다음 두 가지가 예상된다.

(63) a. b.

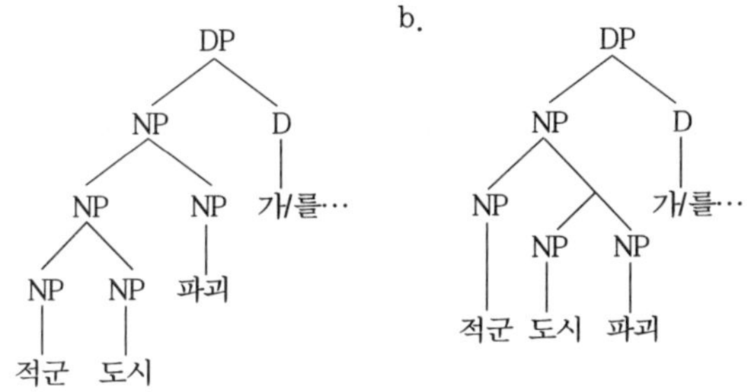

NP에는 으레 D가 따르기 마련인데, (63)의 경우는 접어적으로 따른다는 것이 되고, 형태격이 따른다면 다음의 구도가 된다.

(64) a. b.

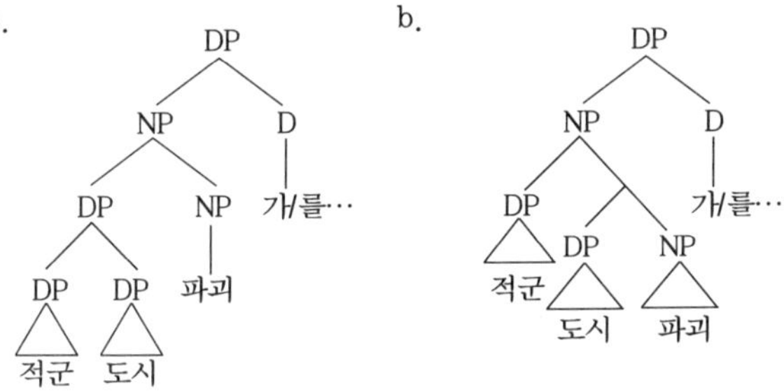

(63)b.나 (64)b.에서는 N(NP)이 외항을 두 가지를 취하고 있다. 제주방언에서도 이런 패턴의 NP(DP)는 흔하다(언니시집가기, 농가ᄆᆞ쉬ᄀᆞ꾸기, ᄆᆞ시ᄀᆞ꾸기=牧馬·牧牛).

(62) a.(b., c.)에서는 주어가 VP(또는 NP)의 Spec자리에서 IP의 Spec 자리에 옮기고 있다. 이와 같이 본래 주어가 동사구 내부의 Spec 자리에 생성되는 것으로 보는 가설이 동사구(VP)내부주어가설이다. 이에 대해 언급하기 이전에, DP의 확장구조 곧 D의 외항인 NP가 확장하는 구조의 패턴에 대해 알아보기로 한다.

명사구(NP)의 확장은 N을 핵으로 했을 때 다음과 같은 것이 있을 수 있다.

(65) a. 𝒱P+N→NP

b. CP+N→NP

c. CP+$\mathcal{V}_2$P+(CP_2+) N→NP

이 때의 𝒱의 핵에는 T를 함유한다.

𝒱P+N→NP 의 경우는,

(66) a.

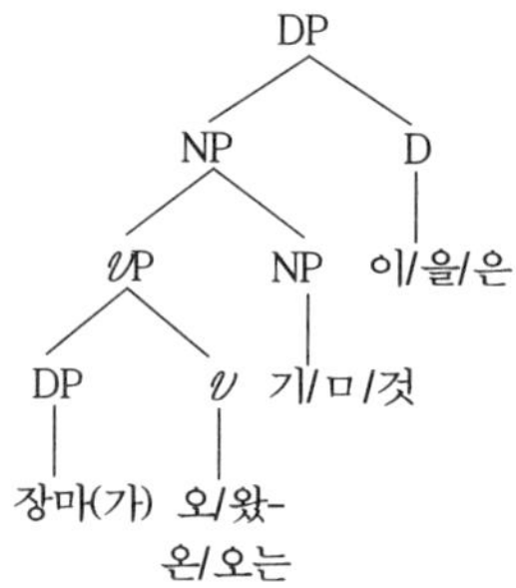

b. 장마(가) 오기를/왔음을/온 것을/오는 것을

V핵이 ∅T를 내포한 경우에 '-기'에 얹힐 수 있고, T를 내포한 경우에 'ㅁ/음'에 얹힐 수 있다. 여기서의 N핵 기/음에 대해 CP의 C핵으로 보기도 하여 문제되는 대목이지만, 다음의 CP+N→NP의 경우와의 구별에 도움이 되지 않을까 한다. 다음 '기/음'의 형태소가 형식명사 '것'보다 더 명사성이 약한 것이 문제다. 형태론적으로는 생산성이 강한 점에서 통사론적으로도 𝒱P를 반드시 보충어로 취하고 조사를 수반하는 N핵으로 다룰 수 있다고 본다. 괄호의 것(기타 이외의 -줄, -바…등 형식명사)도 이 부류로 볼 수 있다.

CP+N→NP의 경우는 다음의 경우가 있다.

(67) a.

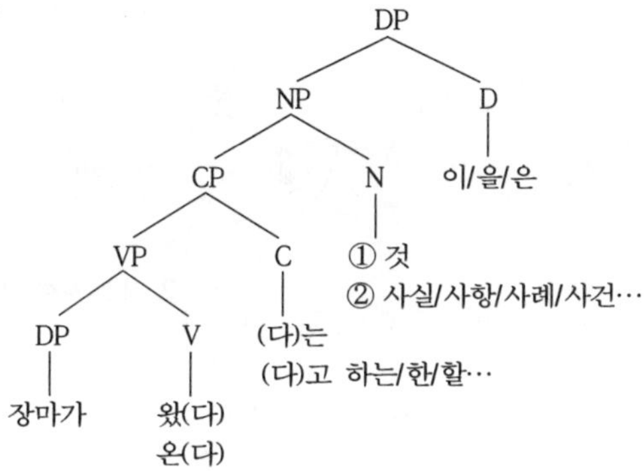

b. 장마가 온(다)/왔(다)는 것(사실…)

여기서의 N핵의 '것'도 CP의 C핵으로 보기도 하여 문제되기도 하지만 그 자리에 동격의 CP절을 도입하는 N(사실, 사항, 사례, 사건…)과 병행적으로 포착하여 N핵으로 하였다. 그렇다면 N핵 '것'에는 VP를 도입하는 것과 CP를 도입하는 것이 있게 된다.

이 '것'을 핵 C로 보게 되면 (67) a.를 보았을 때 C의 형태가 복잡하게 되고 인용절의 '~고'와 함께 얽히는 경우도 있을 수 있다. 문제점은 C 자체 시제가 없다고 보면 '(다)는/ㄴ'은 시제가 없다 하더라도 '(다)고 하는/할/한'의 경우까지 포함시키면 시제가 있게 되므로 이를 T를 지닌 $\mathcal{V}_2$로 넘겨야 된다. 곧 다음의 CP+$\mathcal{V}_2$P+(CP_2+)N→NP의 경우가 된다.

(68) a.

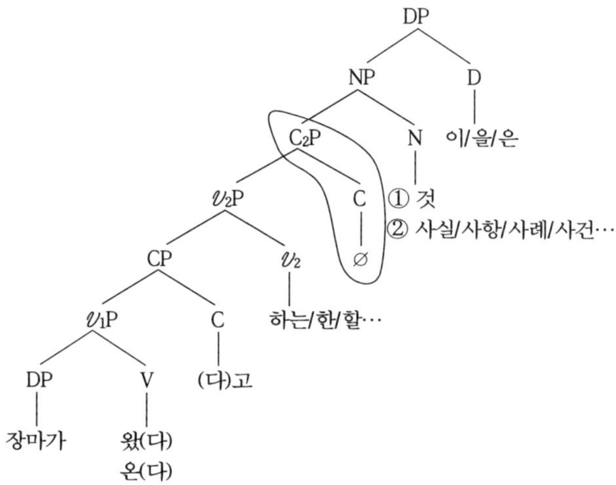

b. 장마가 왔(다)/온(다)고 하는 것(사실…)

여기서도 v_2P 다음에 N과 연관시키는 C_2P가 존재한다고 볼 수 있으나, 특별한 연결소의 개입이 없을 때는 가급적 번잡을 피해서 없는 것으로 할 수 있지 않을까 한다(그래서 선을 쳤다).

다음 관계절의 경우를 보면,

(69) a. b.

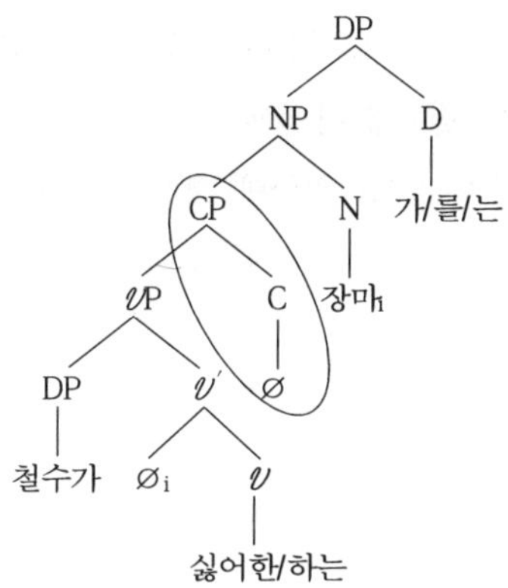

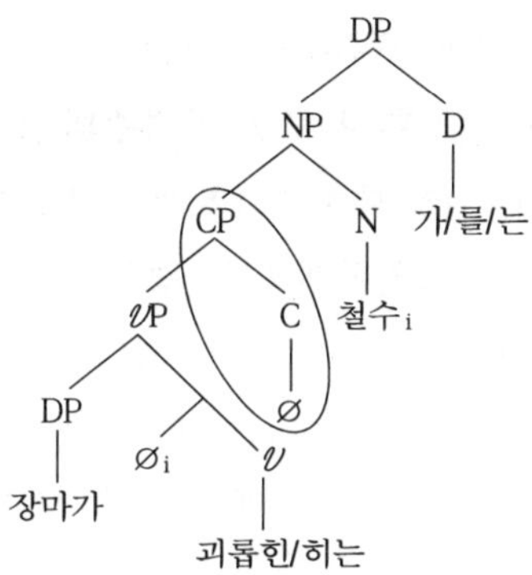

a′. 철수가 싫어한/하는 장마는 b′. 장마가 괴롭힌/히는 철수는

이들 경우, 𝓋P내의 ∅DP와 N핵과의 연계를 주선하는 공연산자가 있는 것으로 풀이하기도 한다.

(66)~(69)를 볼 때 N핵의 여하(명사형어미, 형식명사, 실질명사)에 따라, 또 수식절이 𝓋P, CP에 따라, 또 𝓋P내의 요소와 N핵과 동일한 경우에 따라, 여러 기제가 있음을 보았다. 문구조의 형성에서 NP구조의 확장이 중요한 몫을 차지함을 알 수 있다. T의 투사체는 $\mathcal{v}_1$, $\mathcal{v}_2$의 내부에 함유되는 것으로 보는데, 그렇지 않으면 CP가 개재할 때마다 T의 투사체가 반복해서 나타나서 통사구조를 번잡하게 만들 것이다.

또, 한국어에서의 𝓋의 풍부한 활용성(T 포함)을 고려하여 그 안에 연결소의 C도 내포한다고 하면 𝓋P+N→NP의 간명한 기제로 운용될 수 있는데, 그러한 설명이 가능할 수 있게 되는지 궁금하다. 다음에서,

(70) a. 철수는 [내일 떠난다고] 하였다.
b. 철수는 [영희가 내일 떠난다고] 하였다.

(70) a.에서는 주문주어와 보문주어가 동일하다. 확대투사원리에 의해 보문에 공주어를 설정하게 되는데, 만일에 주문에서의 보문소가 활용어미에 내포한다 보면 공범주의 설정은 필요없이 하나의 문으로 처리될 수 있다. 이에 대해 (71) b.에서처럼 $\mathcal{V}_2$ 술어가 그 외항에 보문주어와 다른 주문주어를 도입하게 되는 경우는 보문을 마련할 수밖에 없다. 그래서 a.와 b.의 상대성을 부각할 수 있다.

(70)에 상응하는 제주방언의 예, 그리고 그 보문술어가 과거시제로 나타나는 예를 다음에 제시해 보면,

(71) a. 철수(는/ㄴ/가) [내일 떠난뎅] 헤연.
b. 철수(는/ㄴ/가) [영희(가) 내일 떠난뎅] 헤연.
c. 철수(는/ㄴ/가) [어제 떠낫젱] 헤연.
d. 철수(는/ㄴ/가) [영희(가) 어제 떠낫젱] 헤연.

(71) c., d.는 보문술어가 과거형이 되면 보문소가 현재 · 미래형의 경우와 달라지는 것을 보여준다. 그리고 '뎅'과 '젱'의 형태는 '~다고'의 축약형(젱의 경우는 미상)으로 보겠는데, 이 경우의 본형 '~다고'의 형태도 '~다고'인지 '~다 ~고'인지 불명확하지만 (그래서 (67)과 (68)에서 '-다' 부분을 V와 C 양쪽에 괄호를 치고 표시하였다), 만일 '~다 ~고' 로 형태분석된다면 앞서의 제주방언의 형태는 활용어미와 보문소(연결소)가 융합한 것이 된다.

6. VP내부주어가설

동사가 지니는 의미역 논항을 동사의 투사 범위 안에 둠에 따라 주어도 본래 동사구 내부에 자리한다는 주장이다. 앞에서, VP를 기능하게 하는 기능범주는 I이고 문은 I의 투사체라고 한 바 있다. 그렇다면 가장 간단한 문은 I의 최대범주 IP가 되는 것인데,

(72)

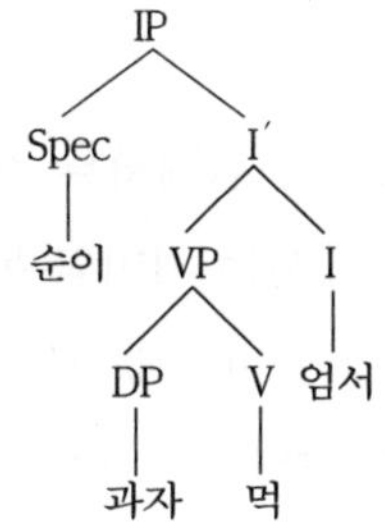

(72)에서 기능범주 I가 작용하고 있으나 작용하기 전에는 (73)과 같은 VP가 순수한 어휘범주만의 영역 다른 말로 명제적, 개념적 구조였다. 그것은 동사가 지닌 의미역이 실현되는 영역이다. 여기서 IP의 Spec 자리에 있는 주어는 본래 앞서의 VP 내의 Spec 자리에 있었다고 보는 것이 VP내부주어가설(VP-Internal Subject Hypothesis)이다. 이 때 VP내의 주어를 내주어(Internal Subject), IP내로 옮겨간 주어를 외주어(External Subject)로 구별짓기도 한다. 전자는 의미상의 주어, 후자는 문법상의 주어가 되는 셈이다.

(73)

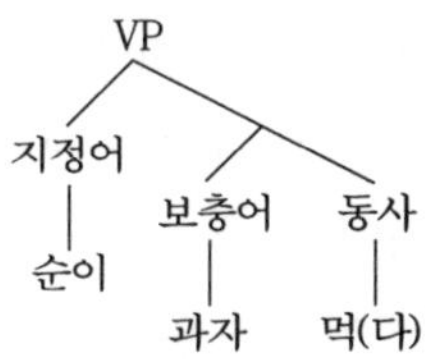

(73)에서 알수 있듯이 동사의 주어(동작주)와 목적어(대상)의 의미역 자리는 자체의 (VP)영역내에 있다고 본 것이다.

이는 동사가 지닌 의미역만을 동사의 투사체 안에 뭉뚱그려 통사구조의 의미기반을 다진 데에 뜻이 있다. Larson (1988: 382)에서는 다음과 같이 술어(부)내의 논항 실현으로 나타내고 있다.

(74) If α is a predicate and β is an argument of α, then β must be

realized within a projection headed by α.

그런데 논항인 명사구의 의미역을 가시적이기 위해서는 격이 있어야 한다(가시성가설, Visibility Hypothesis)는 관점에서는 의미역 논항의 NP(DP)는 추상격이든 형태격이든 그것으로 보장받아야 하는데, 대상 논항의 목적격은 바로 인접한 술어(동사)핵이 부여한다고 하더라도 주어 논항의 주격을 부여할 다른 요소가 보이지 않는다. 술어는 두 논항에 대해 두 개의 격을 부여할 수 없다. 언어에 따라서는 주어와 술어의 굴절소 사이에 일치현상이 보이고 해서 주격은 그 굴절소가 부여하는 것으로 하고 있다.

(75)

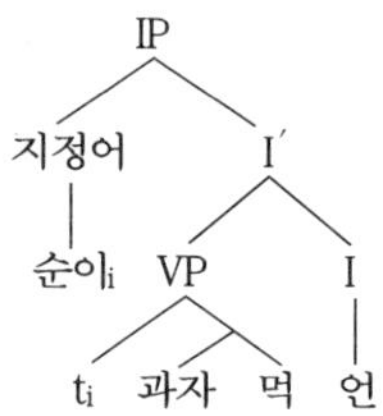

(75)에서 VP의 지정어 위치(ti)에 있던 주어가 그 자리에서는 주격을 받을 수 없으므로, 주어와 일치를 보여주는 I의 지정어 위치로 이동하여 지정어-핵 일치에 의해 주격이 부여된다는 가정이다.

한국어의 경우에는, I의 존재나 I의 지정어-핵 일치에 의한 격부여에 대해 의문을 제기하는 이도 있다. I가 있기는 하되 그 기능이 약한 곧 지정어-핵 일치를 유도하는 기능이 약한 것으로 보기도 한다. 게다가 한국어는 형태적인 격조사가 존재하기 때문에 격조사가 NP에 격을 부여한다고 하면 VP구조를 그대로 지탱할 수도 있다. 곧 주격 때문에 이동할 필요는 없다.

(76)

VP내부 주어가 인상되는 영어의 경우를 보게 되면,

(77) a.

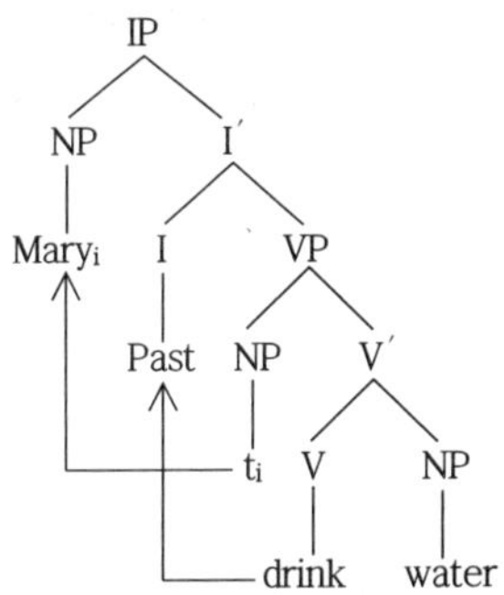

b. Mary drank water.

VP의 Spec의 NP(DP)는 IP의 Spec 자리로, V의 동사는 I(Past)의 자리로 이동함으로써 문이 형성되고 있다. VP 내부의 두 요소가 VP 밖으로 나간다는 것은 VP의 구조 자체가 무너지게 되고, 또 두 요소의 이동의 전후가 이론상 V+I의 병합이 먼저라고 할 수 있어도 NP의 이동 후 V-I의 병합체가 후행하는 처지이므로 어느 쪽이 먼저인지 확실하지 않다. 그리고 서로가 이동의 교차현상을 피할 길이 없어 문제점이 있는 구도이다.

VP의 내부구조 자체에도 문제점이 제기될 수 있다. V의 논항을 모두 그 안에 실현시키기 위해서는 VP구조가 비대해질 수 밖에 없다. 예를 들면 이중목적어구문, 사역구문, 결과구문에서의 VP는 중간층위가 다층이 될 수 밖에 없다.

(78) a. b. c.

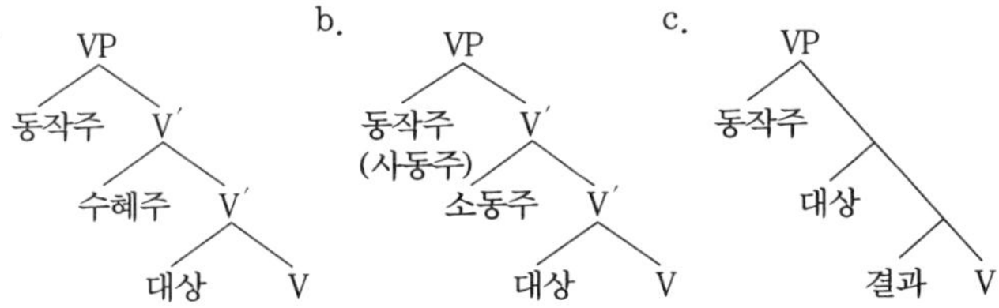

간단한 능동문의 주어(동작주)-목적어(대상)-술어 관계는 VP 내부에 수용되지만, 동사에 따라서는 (78)처럼 VP내부에 수용하기 어려운 경우가 많으므로 VP의 외곽에 또 하나의 VP 외곽 (V_2P로 표기되기도 하지만 *v*P로 표기된다)을 이루게 한다. V_1에 후속하는 V_2핵을 *v*로 하고 그 최대투사를 *v*P(VP Shell)구조라 명명하고 있다.

7. *v*P 패각구조

VP를 후속의 *v*(경동사라 하기도 함)를 핵으로 하는 *v*P가 외곽에서 감싸는 *v*P 패각구조는 다음의 구도가 된다. (78) a.~c.는 다음 구도와 같이 될 수 있다.

(79)

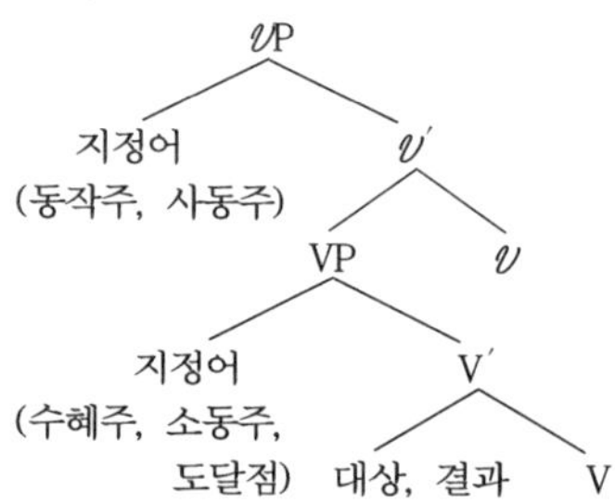

이 구도에서는 필수 논항을 모두 수용될 수 있는 것이 이점이다. VP내부주어가설이나 *v*P내부주어 가설에 의한 이들 구조가 술어의 필수적인 의미역을 모두 수용함으로써 실질적인 의미적 통사적 영역을 형성하게 되어서 종래의 D-구조를 대신할 수 있게 된다.

三原(2006: 17)에서는 *v*P를 VP의 구조를 보다 정밀화하고 의도적인 작용을 나타내는 부분으로 보고 있으며, *v*는 소동사(Small Verb)로 불리는, 음형을 지니지 않는 추상적인 동사지만 주어에 동작주의 의미역을 부여하는 일을 한다고 하고 있다. 長谷川(1999: 173)에는 $\mathcal{V}$에는 ∅를 포함해서 타동사 형태소 혹은 자동사 형태소가 자리하는 것으로 하고 있다. 필자는 핵문 술어로서 동사의 종결어미를 제외한 어간과 활용형어미가 V-$\mathcal{V}$의 병합으로 실현되는 것으로 보고 있다(이 책 제5장 술어와 문의 형성기제 참조).

$\mathcal{V}$P 패각의 착상은 Larson(1988)에서 보인다. 영어에서의 여격구문에서의 VP는 다음과 같이 예시된다.

(80) a. John sent a letter to Mary. (p. 342)

b.

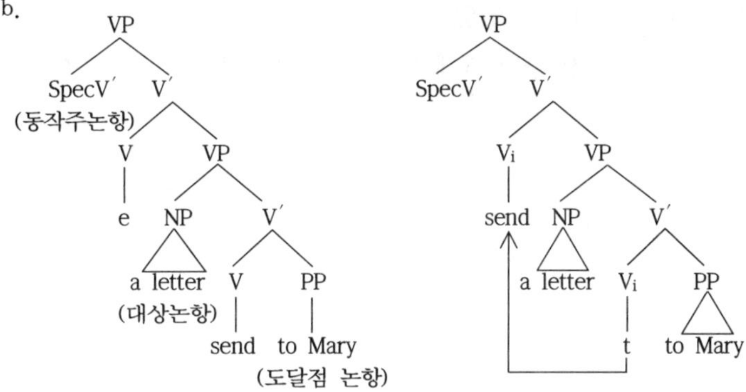

( )는 필자의 주기임.

b.의 기저구조는 영어의 O-V 어순의 근거가 되기도 한다. 하위 V의 Spec의 NP 자리에 직접목적어가 위치하는 것이 특이하다. 종래의 이론 그리고 D-구조에서는 당연히 동사(send)의 보어부에 위치해야 하기 때문이다. 이는 하위 술어의 Head-to-Head 이동으로 상위의 VP의 핵으로 이동함으로써 술어부를 형성한다는 것이 된다. 이렇게 해서 이중목적어구문이 형성된다면 상위의 VP가 하위의 VP를 패각(Shell)과 같이 포용하고 있는 형세다. 그 상위의 VP를 $\mathcal{V}$P로 표기해서 하위의 것과 구별한다. $\mathcal{V}$는 경동사구문을 도출하는 핵으로도 역할하는 점에서 경동사라 하는 것이다. 여기서는 경동사구문과는 무관하기 때문에 그 자리가 ((80) b. 참조) 공범주로 되어

있다. (80) b.의 수형도를 보면 직접목적어의 NP보다는 간접목적어의 PP구가 보어부의 자리에 있다. 게다가 상위의 V가 공범주로 되어 있어서 의미역 부여도 제대로 못한다. 따라서 종래의 D-구조의 논항구조와는 거리가 있는 셈이다.

이러한 데서 종전의 D-구조에 대한 관찰도 되새기게 되어 D-구조 무용론이 제기되기도 한 것이다. 종전에도 이중목적어구문에서 인접성조건을 지키는 목적어에는 구조격을, 그렇지 못한 목적어에는 의미역 부여에 의한 내재격을 부여한다고 하였는데 하나의 동사가 동시에 두 격을 부여한다고 하는 것이 문제되고 있었다.

(80) b.를 경상(鏡像)관계로 그리면 한국어에 맞는 구조가 될까?

(81) a. b.

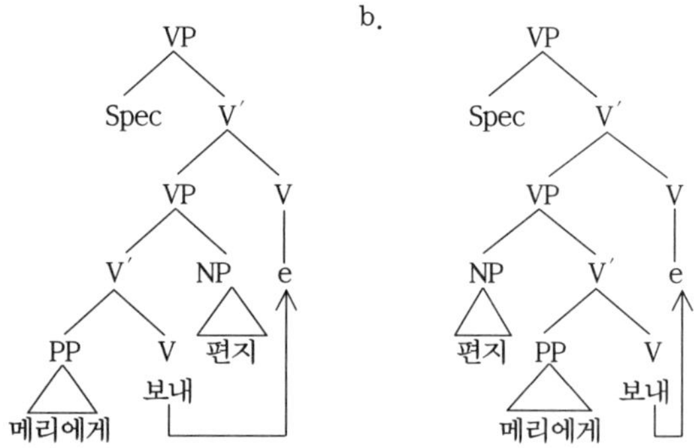

(80) b.에서의 영어의 NP-V′나 (81) a.의 한국어의 V′-NP 관계도 인위적인 구도로 보인다. 한국어의 경우를 (81)b.의 NP-V′로 고치면 자연스러운 구도가 된다.

(81)b.를 필자의 도출 구도에 맞춰보면,

(82)

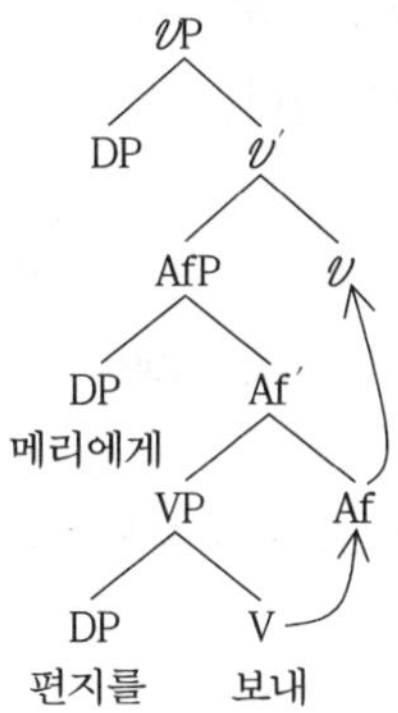

v는 핵문술어핵으로 ~(다)의 구실 ((80) b., (81) b.에서의 e와도 비슷함)을 하면서 외항에 핵문 주어를 도입한다. 최소영역에서 병합으로 이루어지는 것으로 볼 수 있다. 영어도 이에 맞추어서 생각해 볼 수 있을 것이다.

(83)

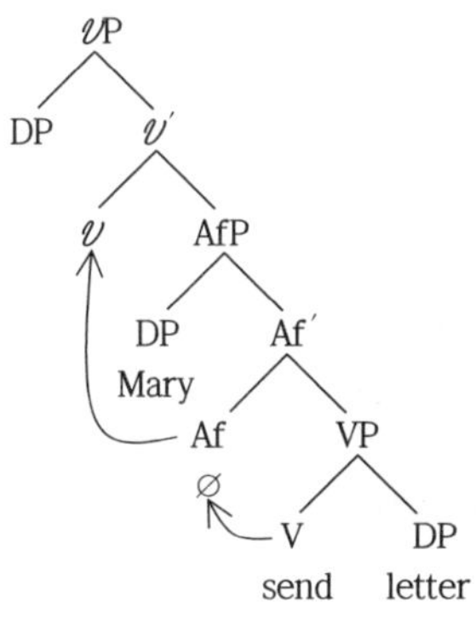

영어의 VP의 최소국면의 어순도 V의 이동 전에는((80) b.) 한국어와 마찬가지로 DP-V의 어순으로 볼 수 있다. 그것이 보편적인 어순이었지만 선핵화로 현재의 어순으로 바뀐 것일 수 있다는 것을 전술한 바 있다. (83)에서의 VP의 어순이 DP-V이면 (80) b.에서의 구도와 같아지며, 도달점의 DP(Mary)를 의미격으로(PP로) V의 외측에 부가하는 구도가 된다.

*v*P는 기능범주인 시제소 T의 투사체의 내항으로 수용된다. 그 경위를 Radford(1997b)의 예문을 가지고 살펴보기로 한다.

(84) a. The ball rolled down the hill.

b. We rolled the ball down the hill. (p. 199)

먼저, a.의 경우를 보면 다음과 같은 수형도가 제시되었다.

(85) a.

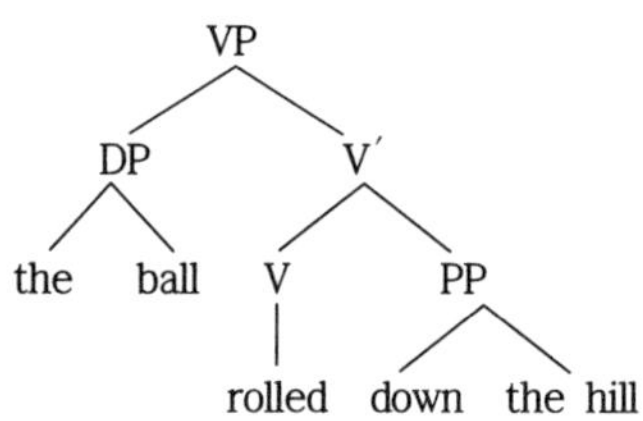

(p. 200)

b.

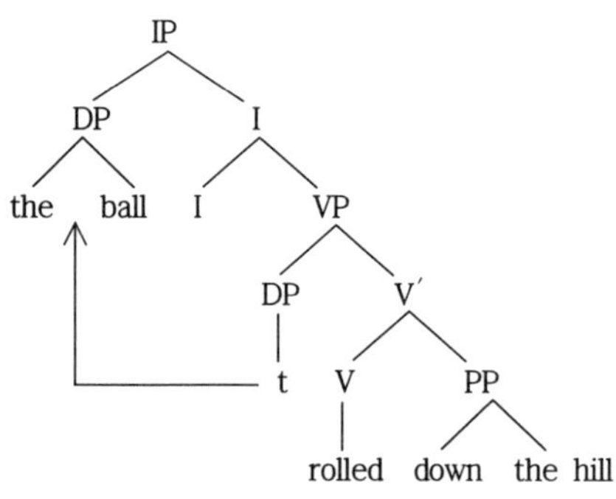

(p. 201)

(85) a.에서의 VP내부주어가 (85) b.에서 IP의 지정어로 이동하여 주격을 부여(점검)받고 있다. 여기서의 V 자리에 과거시제형이 표시되었지만 여기서 잠시 방편적으로 표시된 것으로 배번집합에 이미 과거형으로 올라 있다고 보기도 하고, 시제소가 함유된 I 자리로 이동하여 형성된다고도 한다. 동사와 시제의 병합으로 실지로 운용되는 문이 구성된다고 하는 처지에서 볼 때는 이동이 있게 되는데, 그 때는 이동의 교차관계가 생기는 문제도

있다.

IP를 TP로 바꿔 표시하면,

(86)

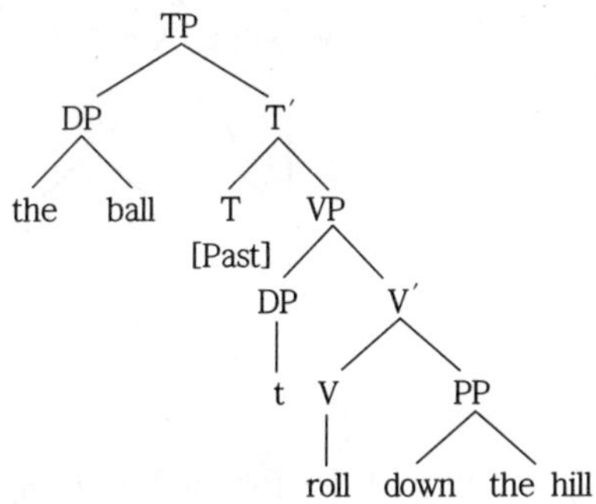

이 때 V와 T([Past])의 −ed와의 병합이 V의 T에의 이동(상승)으로, 아니면 T가 V의 자리로 내려와서 이루어질 수 있다. 영어의 경우는 T가 V에 하접하여 어형변화를 하는 것으로 보기도 하는데, 이는 프랑스어의 경우 V가 T에 상접하는 것과 상대적으로 보는 경우의 일로, 영어도 be동사나 have 조동사는 T에 상접하는 것으로 보듯이 술어의 병합은 일반적으로 상향적이다.

여기서 잠시 영어의 굴절사(I)−내리기(INFL(T)−Lowering)와 관련해서 프랑스어의 동사(V)−올리기(V−Raising) (영어의 be, have도)의 예도 보자면 일반동사의 경우 다음과 같은 뜻의 문에서,

(87) a. John often kisses Mary.

b. Jean embrasse souvent Marie.

영어는 동사 앞에 부사가 오고, 프랑스어는 동사 뒤에 부사가 오는데 이를 동사의 내리기와 올리기의 차이로 풀이하는 것이다.

(88) a. ((87) a.)

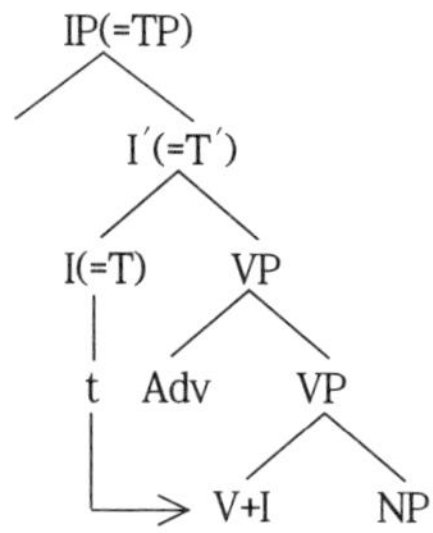

b.((87) b.)

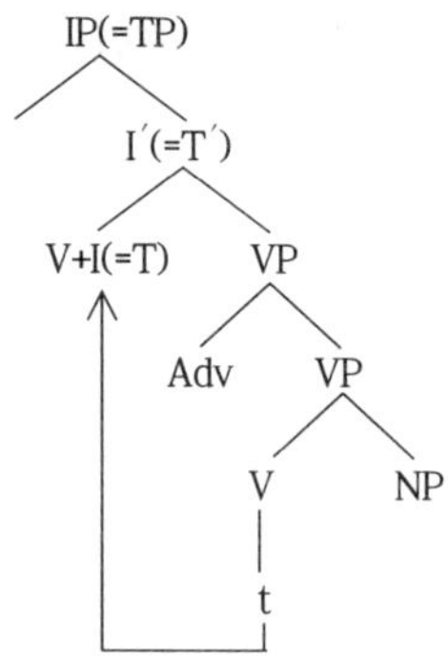

(88) a.는 I-내리기로 영어의 일반동사가 이에 해당되고, b.는 V-올리기로 프랑스어의 동사 그리고 영어의 be동사, have조동사가 이에 해당한다. 이러한 I-내리기, V-올리기를 I가 T가 아닌 AGR로 보아서 AGR의 강성/약성의 차이로 풀이하기도 한다. (88) a.의 경우는 AGR이 약해서, b.의 경우는 강해서 그러한 일이 있게 된다고 하는 것이다. 부정어의 예를 보면,

(89) a. John does not love Mary.

b. Jean n'aime pas Marie.

영어는 부정어 not가 동사에 선행하고 있고(*John loves not Mary), 프랑스어는 부정어 pas이 동사에 후행하고 있다. (85)에서의 부사의 경우와 마찬가지 패턴이다.

이러한 차이는 파생과정의 차이에서 오는데 INFL 또는 AGR의 자질이 강성이면 PF에 가시적이서 LF-PF 분리 이전, Spell-Out에 점검되지 않으면 파생이 수렴되지 못하는데, 약성이면 PF에 비가시적이어서 LF-PF 분리 이전에 점검되지 않아도 파생이 수렴되는 차이다. 곧 프랑스어는 AGR의 동사 자질들이 강하여 동사가 외현적으로 AGR에 인상되어야 그 자질이 제거되는데 영어의 AGR은 약자질이어서 LF-PF 분리 이전에 외현적 이동이 없더라

도 무방하다. 대신 내현적인 이동(음운자질 실현 없이)은 있다고 보는 식의 풀이다. 이러한 분석에서는 이동 조작이 LF-PF 분리 이전에 행해지는 것보다는 분리 이후에 행해지는 것이 값(비용)이 싸게 들기 때문에 가급적이면 이동조작이 지연되어진다는 지연성의 원리(Principle of Procrastinate, Chomsky 1993=1995:198)에 따르는 것으로 볼 수 있다. 그것은 LF의 작용들은 둘러친 반사신경(wired in reflex)의 기계적인 반응이므로 직접관찰되는 가시적인 작용들보다 덜 비용이 든다는 직관에서 온다. 영어의 be, 그리고 have의 조동사의 인상 이동의 경우는 이들은 의미적으로 아주 가벼운 동사이기에 LF규칙에 비치지 않아 외현적으로 이동하게 되는 것으로 풀이하고 있다.

이제, (84) b.의 예문에 되돌아가서 그 *v*P구조를 보이면,

(90)

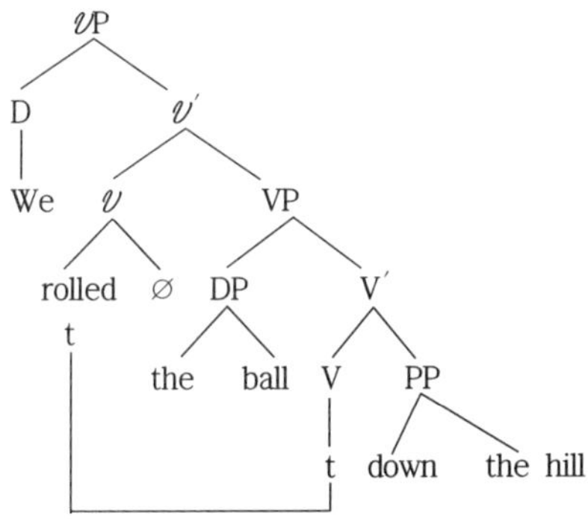

(Radford 1997b: 201)

여기서는 *v*핵이 동작주(사역주) 논항을 도입하는 것이 되어 *v*P의 지정어에 사역 주어가 자리하고 있다. 동작주(사역주) 주어는 *v*P 지정어 자리에 생성한다고 하는 *v*P 내부주어가설이 성립하는 셈이다. VP내부주어가설의 처지에서 야기될 수 있는 교차이동 같은 것은 피할 수 있다. *v*는 영어의 조동사 be, have들이 특정 구문에서 자리를 채워주는 일을 하는 의미적으로 가벼운 동사를 나타낸다. 한국어에서 핵문의 문미를 이루는 -(다)도 같은 부류이다. (90)에서의 ∅는 추상적인 사역 경동사를 나타내며 make와

같은 동사처럼 사역적 해석을 받는다. 이 𝓋가 지정어 자리에 동작주(사역주) 의미역을 부여하므로 'we'가 도입되고 있다. 그 𝓋 자리에 make가 생성되면 V의 상승은 없다(We make the ball rolled down the hill). 곧 의미적으로 가벼운 요소 곧 여기서 𝓋가 LF에 비치지 않으면 외현적인 인상이동을 겪게 된다((90)).

𝓋P구조는 𝓋핵과 I(T)핵의 병합으로 IP(TP)구조가 형성된다.

(91)

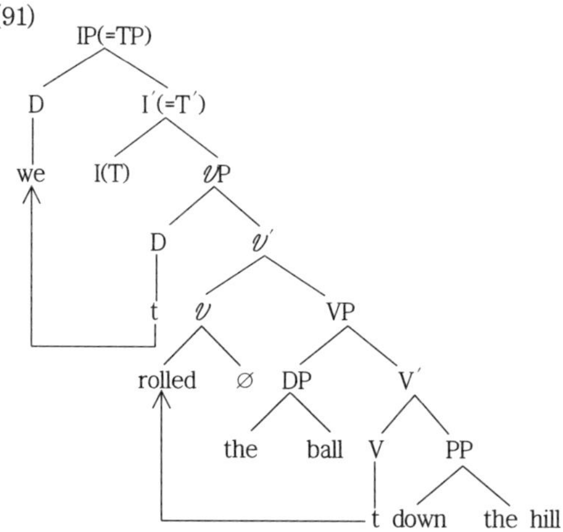

(Radford 1997b : 202)
(단 (T-T′-TP))표시는 필자가 함.)

𝓋의 의미역으로 도입된 we가 T의 지정어 위치로 이동하여 T로부터 주격을 받는 기제이다.

이상과 같이, 영어에서의 VP–𝓋P–TP의 핵문 구조의 여러 기제를 보았다. 필자는 한국어는 영어와는 다른 기제로 핵문이 형성된다고 본다. 영어의 핵문 술어핵은 T이지만 한국어의 핵문 술어핵은 𝓋이다. 영어와 마찬가지로 𝓋가 동작주 논항을 도입하지만, T가 핵으로서 TP라는 독립의 투사체를 이루어 그 지정어에 주격을 부여한다고 보지 않는다. 한국어의 술어는 활용형이 풍부하여 T의 요소는 그 일부로 보며, 시제소 단독으로 그 지정어에 주격을 부여한다기보다 T를 포함한 활용형이 주어와의 합치에 의해 부여하는 것으로 보고 있다. 시제소 단독으로 논항 혹은 비논항을 도입하는 통사적 역할을 수행한다고 보지 않기 때문이다. 영어의 경우도 마찬가지일 수 있으며 시제소는 형태적인 문제로 다루어서 배번집합에 과거형으로 배열될 수 있는 일이다.

8. IP의 분리

굴절사구 IP가 X-바 계층의 투사체계를 지니며 그 IP가 곧 문으로 생각되어 왔다. 그 핵 I(INFL)에는 시제소(T)와 일치소(AGR)가 포함된다. 제주방언 '먹젠'('먹으려고 한다'의 경우)은 평서형에서, 1인칭주어에만 쓰이는 점에서 시제 외에 일치소도 있는 것으로 볼 수 있다. 다만 별도의 일치소구의 설정은 여잉적으로 본다. 흔히 시제소는 [±Tense, ±Aspect], 일치소는 [±AGR]의 자질로 지정된다. 이들을 분리적으로 보는 시각도 있다.

앞에서 Pollock(1989)의, 영어와 프랑스어간의 어순(부사와 동사)의 차이를 보여주는 설명 예를 보았지만 여기서 IP의 분리 문제와 관련해서 다시 부정사의 어순((89))의 일을 부연하기로 한다. Pollock(1899: 420-421)는 영어, 프랑스어 모두 AGR을 가지며(영어의 AGR은 결여적이며 고유장벽이 아님) 이는 시제와 부정사의 보어가 되고 또한 두 언어 모두 부정사는 독립의 부정사구(NegP)로서의 투사체가 있고 이 역시 이동의 고유장벽이 아니라고 하고 있다. 여기서 (86)에서의 수형도를 부정사구와 일치소구까지 확대해 보면,

(92)

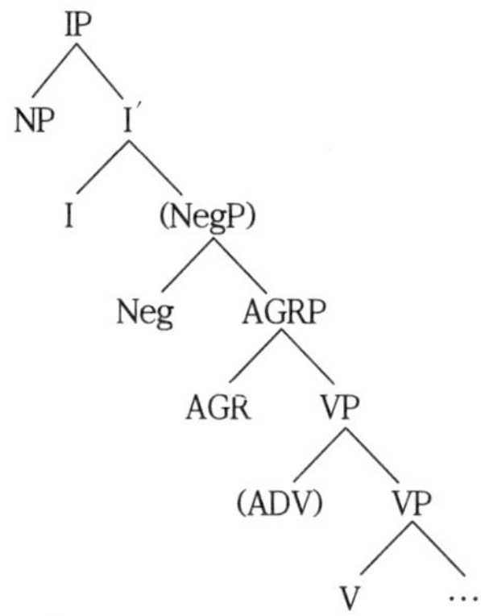

이는 Pollock이 제안한 것을 Chomsky(1995: 136)에서 인용한 것이다. 여기서 I는 [±finite], Neg.는 영어의 not 혹은 프랑스어의 pas이다 (Pollock은 ne - pas 구조에서의 ne가 NegP의 접어핵으로서 상위 위치에 인상된 것으로 분석하였다고 Chomsky(1995: 164)는 주 18)에 주기하였다).

영어의 조동사나 프랑스어의 동사는 I에 인상(V-to-I)하여 V-(부정사)-부사-목적어의 어순이, 영어의 조동사 이외의 동사는 제 자리에 있어 (I-to-V), (부정사)-부사-V-목적어의 어순이 됨을 앞에서 본 바 있다. 이러한 대조성은 동사(동사가 함유하거나 뒤따르게 하는요소 〈접사〉)의 형태적 차이에서 온다고 하였다. I를 분리한 T와 AGR에 관해서도 영어는 형태적으로 [-Strong]이고, 프랑스어는 그것이 [+Strong]이다(Chomsky 1995: 138 참조). 강하면 문자화 이전에 자질점검해야만 합치할 수 있고, 약하면 문자화 이후에 점검해도 합치할 수 있기 때문에 외현적/내현적 이동의 차이가 생긴다. 다음의 영어의 문에서,

(93) a. He studies English.

b. He does not study English.

c. I have studied English.

d. I had not studied English.

e. He is intelligent.

f. He was not intellighent.

have 조동사나 be 동사가 만일에 본래 V의 자리에 있었더라면 그것들은 V의 자리를 떠나서 AGR을 거치고 다시 T를 거쳐서 이동한 것이 되는데, 이동할 때마다 착지점의 핵과 병합하여 V-AGR, V-AGR-T식으로 병합한 것이 된다. 이에 대해 본동사는 그러한 이동을 겪지 않는 것으로 보는데 다음 look 동사의 예문에서,

(94) a. Mary looks pale.

b. Mary does not look pale.

(94) a.에서는 (93) a.의 경우와 마찬가지로 T와 AGR의 접사의 접사이동(하강)으로 동사 자리까지 내려와 동사와 결합한다. (94) b.는 (93) b.의 경우와 마찬가지로 부정문에서는 그러한 접사이동은 없다. (92)의 수형도에서 부정어를 핵으로 한 최대범주 NegP가 이동을 저지한다면 할 수 없이 무조동사문에서는 T와 AGR의 지탱을 위하여 do(does)의 지원(Do-Support)을 얻어야 한다.

그런데 프랑스어의 경우 부정사(不定詞)절에서는 좀 사정이 다르다. 일반의 동사는 부사 앞에 올 수 있는데, 부정어 앞에는 올 수 없다.

(95) a. PRO parler à peine l'italien… 이태리어를 겨우 말하는

b. *PRO ne comprehendre pas l'italien… 이태리어를 이해 못하는

c. Je parle I'italien. 나는 이태리어를 말한다.

여기서 핵 V(parler)가 핵이동제약에 의해 이동할 수 있는 가장 가까운 핵은 (90)의 수형도상 AGR이다. 정형절(문)의 (93) c.에서는 가장 가까운 핵 I에 이동하고 있다. (95) a.에서는 V가 I가 없음에도 부사 앞에 나와 있다

(I와 VP사이의 자리에 온 것으로). (95) b.에서는 V가 부정어 앞에 나와 있고 비문이다.

이러한 일을 설명하기 위해서는 부정어(Neg) 다음과 VP의 부사(Adv) 사이에 동사가 이동해 올 수 있는 어떤 중간 자리가 있어야 한다. 정형절에서는 V가 일단 그 어떤 핵 자리(AGR로 가정)에 이동한 후 다시 I(T)로 이동하는 것이고, 비정형절에서는 I(T)가 없기 때문에 그 중간의 어떤 자리에서 멈추고 만다는 것이다. 그 가정된 중간 자리(핵)가 AGR이다. 그렇게 되면 종전의 I는 I(T)와 AGR로 분할하게 되는데, 이와 같이 종전의 IP가 TP와 AGRP로 나누어져야한다는 가설을 굴절사(IP)분리가설(Split-INFL Hypothesis)이라고 한다.

이전에는 I를 T와 AGR의 복합체로 보았지만 Pollock가 이를 각각 별개의 핵을 지닌 투사체로 분리한 것이다(부정어를 핵으로 한 NegP의 투사체도 설정).

AGR을 분리한 처지에서 (87)의 예문의 수형도를 다시 보이면,

(96) a. ((87) a.) John often kisses Mary.

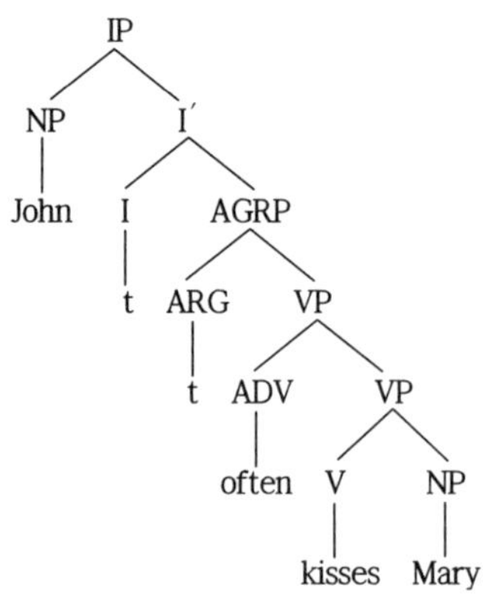

b. ((87) b.) Jean embrass souvant Marie.

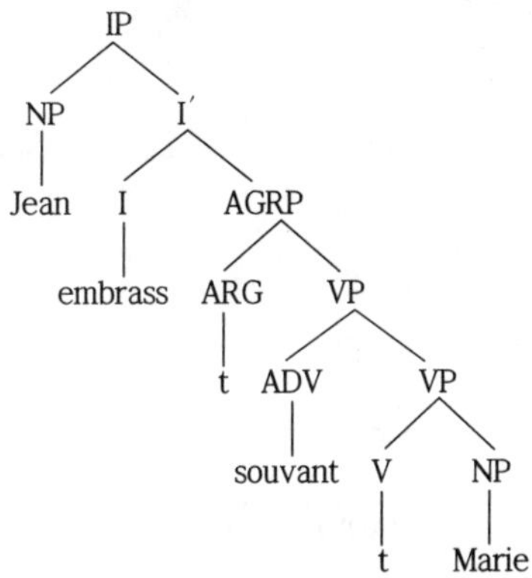

(96) a., b.의 대조성은 영어는 I와 AGR이 V에 하강하고 있고, 프랑스어는 V가 AGR을 거쳐 I로 인상하고 있다. 그러나 (96) a.는 외현적으로 I와 AGR의 하강 이동에는 곤란한 점이 있다. 하강으로 형성되는 연쇄(t, …I), (t, …AGR)는 t가 I 그리고 AGR을 c-통어하는 모양이 되어 그렇게 하강한 I와 AGR에 대한 선행사로서 지배한다면 흔적은 지배되어야 한다는 ECP(공범주원리)에 위반하게 되어 비문이 될 수 있다. LF에서의 해석을 위해서 영어에서도 외현적으로 V에의 무리한 하강의 조작이 있기보다 내현적으로 LF부문에서 프랑스어와 같은 V의 AGR, T에의 인상조작이 있는 것으로 보게 된다. 비견으로도 하강조작은 부사의 부가어성을 감안할 때 여분적인 것으로 보인다. 심지어 AGR의 분리 후 이 AGR을 AGRsP와 AGRoP로 나누는 시도도 있게 된다. 다음의 수형도(Chomsky 1991: 434)에서 AGR을 AGR-S(=I)와 AGR-O의 두가지로 분할하고 있다(F=[+Finite], T와 같은 것).

(97)

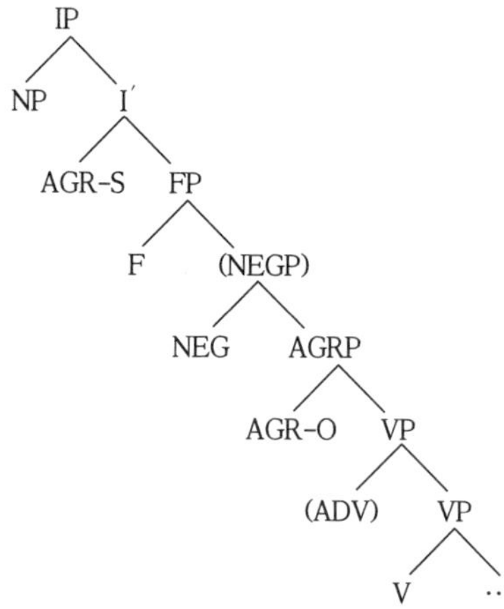

AGRsP는 주어일치소구이며(AGRs는 주어일치소), AGRoP는 목적어일치소구(AGRo는 목적어 일치소)다. 영어에서는 목적어 일치현상은 보기 어려우나 프랑스에서는 볼 수 있기에 보편문법의 견지에서 마련된 것으로 본다. 이러한 구도에서는 주어 NP는 AGRsP의 지정어 자리에, 목적어 NP는 AGRoP의 지정어 자리에 이동하여 지정어-핵 일치관계로 AGRs/o에 의해 격점검을 받게 된다.

이렇게 되면, IP가 TP와 AGRP로 나뉘고 AGRP는 두 가지로 나뉘는 등(심지어 $AGR_{IO}P$ 〈간접목적어 일치소구〉를 설정하기도 함) 기능범주의 투사체가 매우 복잡하게 되어 간다. 언어습득의 관점에서는 너무 번잡한 기제다. AGRsP, AGRoP 등의 투사체 없이도 주격과 목적격의 점검을 치를 수 있는 방책이 강구되어야 하는 것으로 여겨진다.

한국어에서의 IP와 AGR의 관계, AGR의 분리, 분할에 관한 논의는 김공칠(1995: 90-93)에 간단히 언급되어 있다. 필자는 이들의 범주를 따로 내세우지 않으며 T와 AGR은 술어의 활용형 그것도 핵문의 술어핵 v_1에 (상위문에는 v2에) 내포되는 것으로 가정하고 있다(이 책 제5장 참조).

필자의 vP 관할의 투사체계는 다음과 같이 V와 v의 중간에 Af(Affix)핵을 마련하여 피동, 사동접사의 구실을 맡고 그 외항에는 소동주, 피사동주의 논항을 도입하게 하고 있다. 그 외곽의 v_1투사체에서 술어부의 1차적 서술 곧 핵문을 이루도록 하고 있다. v_1는 곧 1차적 술어핵이 된다. 시상과 부정은 논항의 변동을 일으키지 않는 한 v가 맡는다.

(98)

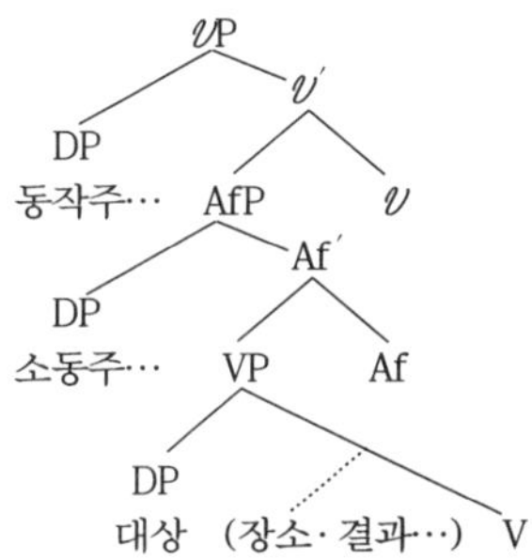

대격동사의 외항은 vP의 지정어 자리, 능격동사와 비능격동사의 외항은 VP→vP의 지정어 자리가 된다. 종래에 V투사체내에서 처리하기 어려웠던 필수적인 주어, 목적어(직목, 간목), 소동주 기타의 논항을 모두 vP의 투사체내에 수용할 수 있고, 술어의 유별에 따른 투사체 조절의 융통성도 기할 수 있다. 2차적 술어는 vP 외곽에 보문소 CP를 개재하여 v_2가 수행한다.

9. Kayne의 어순공리

지금까지는 구조체를 계층구조 도출의 관점에서 논의하였으나 이를 어순 문제와 관련시켜 기본적으로 구구조는 선형구조라고 하는 견해를 보고자 한다.

구구조는 내부적으로 구구조 사이에 선형적인 어순이 있기 마련이다. 상향식의 구조 조립으로는 조립이 완료된 후 나타나는 구표지로 알 수 있다. Kayne는 구조가 있다면 그 구표지의 성분통어 관계로 어순이나 구조관계

(관할 관계, 성분통어 관계)가 알 수 있다고 했다. 다음의 구표지에서,

(99)

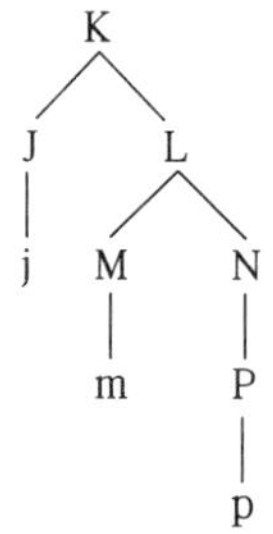

최하위의 소문자의 j, m, p는 종단요소로서 종전의 형태소(어휘항목)에 해당한다. 종단요소의 바로 위의 대문자 J, M, N, P는 비종단요소이다. 이 비종단요소는 모두 하나의 종단요소를 관할하고 있다.

이 종단요소는 PF부문에서 선조적으로 순서지어져야 되는데 결국 이들 종단요소의 배열순이 어순이 되는 셈이다. 어순에는 세 가지 속성이 있다고 한다(Kayne 1994: 4).

(100) a. 어순의 이행(移行)성(transitive) 곧, xLy & yLz → xLz
여기의 x, y, z를 a, b, c로 바꾸면 aLb & bLc → aLc이다. 이는 a, b, c의 세요소가 있는데 만약 a가 b를 선행하고, b가 c를 선행하면 a는 c를 선행한다는 것을 말한다.

b. 어순의 총합성(total). 어순은 문중의 모든 요소에 걸치는 것이다. 곧 모든 요소간에는 어순이 있다는 것이다. 모든 a, b에 대해 aLb 아니면 bLa 이어야 한다는 것을 말한다.

c. 어순의 반대칭성(antisymmetric) 곧 aLb & bLa는 될 수 없다. 이는 어떤 요소 a가 b에 선행하면서 또 b를 후행할 수는 없다는 것을 말한다.

이 세가지 속성을 가진 성분통어관계가 성립하는 구조만이 적격한 구구

조이며, 그 계층구조에 반영된 종단요소의 선형순서가 어순이다.

Kayne의 성분통어의 개념은 이전의 것과 다르다. 종래의 성분통어의 개념에는 같은 절점에서 분리한 두 (α, β) 요소(성분)간의 상호(/대칭)통어가 들어가지만, 이것은 부분적으로만 수용하고 비대칭적인 성분통어가 중심이 된다. 곧 X(α)가 Y(β)를 성분통어한다면 Y(β)는 X(α)를 성분통어하지 않는 것이 되는데, 이를 X(α)가 Y(β)를 비대칭적으로 성분통어한다고 한다(p. 4). 이는 바꿔 말해서 X(α)요소가 Y(β)요소를 선행(어순)하기만 하면 (물론 X를 관할하는 첫 번째 절점이 β를 관할하고, X가 Y를 관할하지 않는 경우이다) X(α) 요소가 Y(β)를 일방적으로 성분통어한다는 것이고, 어순에서 앞선다는 것이다.

그리고, 만일 두 개의 종단요소가 자매성분이면 하나는 핵범주이고 다른 하나는 비핵범주가 된다. 핵은 다른 비종단절점을 관할하지 않는 비종단절점이며 비핵요소는 적어도 하나의 다른 비종단절점을 관할하는 비종단절점이다. 도시하면,

(101)

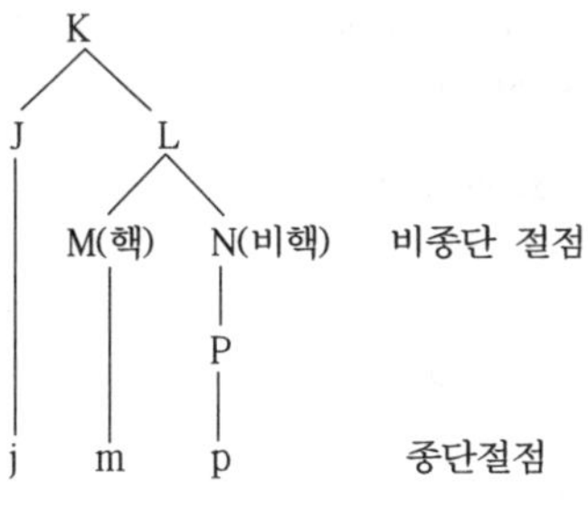

여기서 ⟨J, M⟩, ⟨J, N⟩, ⟨J, P⟩, ⟨M, P⟩은 비대칭적 통어관계에 있다. J, M, N 그리고 P는 오직 하나의 종단요소를 관할하고 있다.

여기서의 종단절점의 집합을 T, 그 중에서 구구조에서의 비대칭통어 관계를 맺고 있는 모든 비종단요소의 집합은 A로 나타내고, 그 비종단요소 A가 관할하는 종단요소들의 순서쌍을 d(A)로 나타낸다(d는 domination(관

할)표시).

그러면 A는 {⟨J, M⟩, ⟨J, N⟩, ⟨J, P⟩] 외에 ⟨M, P⟩가 포함된다. d(A)는 ⟨j, m⟩, ⟨j, p⟩ 외에 ⟨m, p⟩가 있다. 그래서 d(A)가 T의 선형순서가 된다. 따라서 d(A) 곧 선형순서를 이룰 수 없는 다음 구조는 허용되지 않는다.

(102) a.
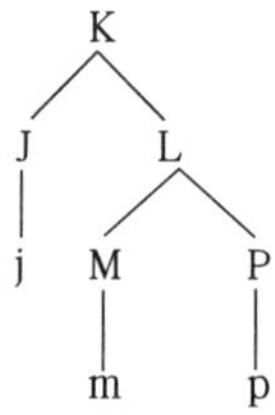

b.
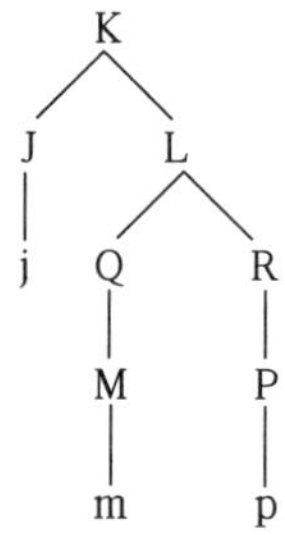

(102) a.의 비종단요소 M과 P는 서로가 다른 비종단절점을 관할하지 않기 때문에 모두 핵이 되는 격이 된다. 또 양자는 대칭적으로 서로 성분통어하는 관계가 되어서 종단요소 m, p사이는 비대칭적으로 c-통어하는 관계가 아니어서 어순이 결정될 수 없다. 비종단요소가 더 있는 b.의 경우도 마찬가지다. 이러한 규정으로 다음의 단순 XP구조에서 (103) a.의 DP구조는 허용되지 않고, (103) b.의 구조는 허용된다.

(103) a.
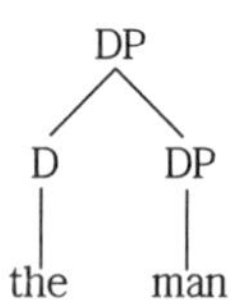

b.
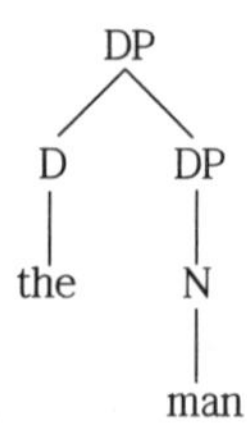

마찬가지로 VP의 적격구조는 (104) a.가 아닌 (104) b.로 보게 된다.

(104) a. 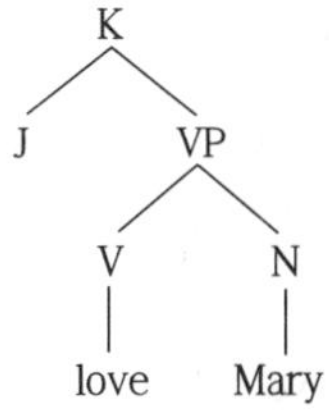 b. 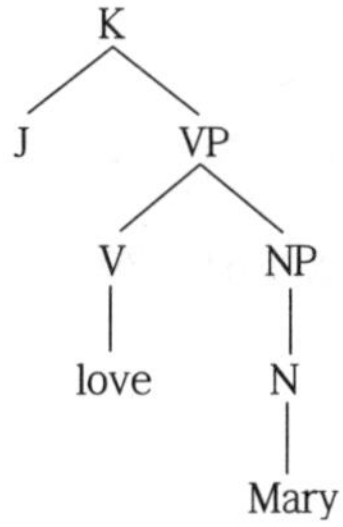

(104) b.의 목적어 NP는 DP분석대로 해도 공범주 D를 핵으로 하면 DP−D′−D 구조가 될 것이고, 비대칭적 성분통어 관계가 이루어진다.

이상의 예시와 같이, Kayne는 계층구조와 선형순서의 관계를 규정하는 어순대응공리(Linear Correspondence Axiom, LCA)를 제시하였다(p. 6).

(105) LCA d(A) is linear ordering of T.

곧 주어진 구표지 P에 관하여 종단절점의 집합 T를 가지고 있을 때 d(A)는 T의 선형순서라는 것이다. 결국은 Kayne의 LCA에서의 d(A)를 결정하는데 필요한 성분통어 관계는 비종단요소들 간에만 국한되는 비대칭적인 것이다. 다시 LCA가 허용하는 기본적인 구구조를 보이면,

(106) a. 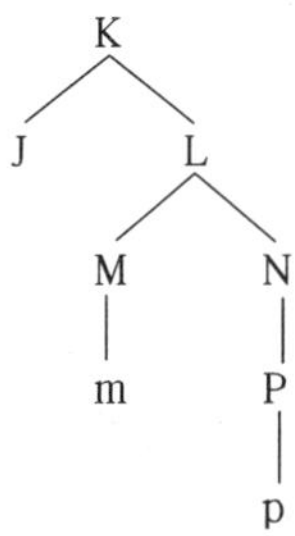 b. 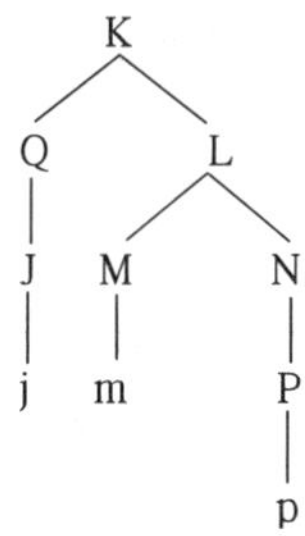

(106) b.를 XP 그리고 VP구조로 나타내면,

(107) a. b.

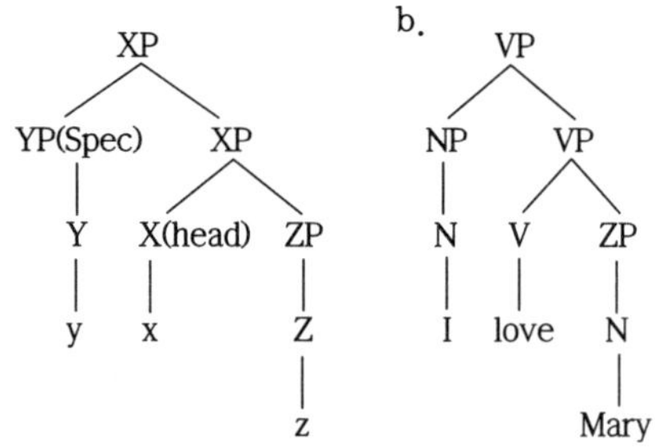

(107) b.를 예를 들어서 NP 그리고 VP는 비핵범주이다. 두 개의 비핵범주가 자매성분으로 결합할 때는 그 어느 하나는 부가어인데 그렇다면 주어 NP(지정어)는 VP에 부가된 부가어(Adjunct)이다. 이 형상은 비종단절점을 관할하지 않는 핵을 중간에 두고 나머지 요소는 서로 반대편에서 하나는(지정어) 높은 위치에 다른 하나(보어부)는 낮은 위치에 있는 어순이 이루어지고 있다.

한국어(제주방언)의 경우 이에 대충 맞춰 보면,

(108)

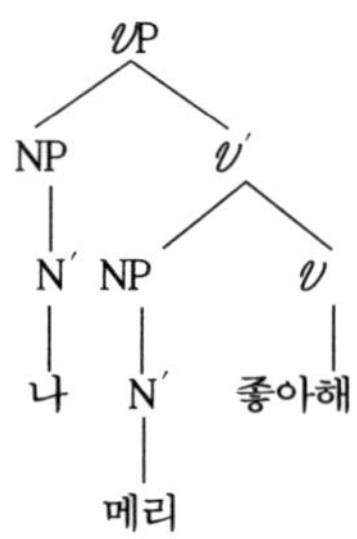

Kayne식으로는 어순이 역으로 나타나고 있다. 핵이 말미에 그것도 상대적으로 높은 위치에 있고 지정어와 보어부가 한 쪽에 모여 있다.

Kayne는 SVO를 UG의 어순으로 보고 있으며 (108)과 같은 SOV구조는 분명 불가능하다 하고 있다(p. 35). 영어식으로 되려면 핵과 보어부의 위치가 바뀌는 재구조화가 있어야 하는데 그런 일이 있게 되는지 의문스럽다.

Kayne식으로 지정어 위치에의 상승도 기대하기 어렵다. SVO를 UG의 어순으로 보는 데는 문제가 있다. 종전에는 핵과 보어부의 어순은 UG와 핵문법 사이의 매개변항의 값 곧 선핵/후핵에 의해 결정된다고 보았는데, 보어부가 핵을 선행하는 것이 그러한 방향성 매개변항에서 오는 것일 수 없다고 Kayne는 하고 있다(p. 47). 종단요소의 성분통어관계도 핵요소 자체를 변항적인 요소로 보아 제외시키면 순조롭게 어순으로 나타난다. SVO, SOV, VSO는 SO순, VOS, OVS, OSV(통사적인 뒤섞기현상도)는 OS순으로 파악할 수 있고 핵의 선, 중, 후의 위치가 중요하다. 그 중에서 후핵의 SOV 언어 곧 한국어, 몽고어, 퉁구스, 만주어, 튀르크어, 아이누어 등과 같은 어순의 언어가 세계의 언어의 반을 차지한다.

고대의 그리스어 · 라틴어 · 독일어 · 영어는 모두 그 중심은 SOV이다. 현대독일어도 종속절에서 목적어가 동사에 선행한다. 명사에서의 격에 따른 굴절이나 동사의 어미변화도 후치적이다. 현대영어도 마찬가지며 특히 소유격 's 표지는 명백한 후치적 조작이다. Larson(1986: 342)이 보여준 여격구문의 심층구조((80) 참조)는 V가 지정어 자리에 직접목적어를 도입하고 있는 것은 O–V의 어순이다. 그 V가 상위의 V와의 병합에 의해 V–O순으로 바뀌지만 그것은 파생적인 어순이 되는 셈이다. 뒤섞기에 의한 목적어의 문두 이동, WH구의 문두 이동도 O–V 어순의 복원의 시도로 볼 수 있다.

SOV 언어인 아이누어, 몽골어, 튀르크어에서도 주어가 문말에 오는 경우가, 모두 인칭접사(어미) 또는 대명사의 경우이지만(전술한 바 있다) 주어가 후미에 온다는 경우의 화석적인 예로 볼 수 있다. 다양한 경로의 언어생성이 있을 터인데 오로지 핵 위치의 단 하나의 고정화로 그러한 경로를 제한할 수 없는 일이다.

어순 문제 말고, Kayne의 LCA의 기본적 착상은 주시할 필요는 있다. 어순 문제를 구구조의 계층문제와 관련시켜서 제시하고 통사론에서 가장 기본적인 구조는 선형구조라고 한 점은 주목된다. 다음과 같이 구구조의 적격구조는 2분지 구조라고 하였다. 곧 3분지 구조에서는 LCA를 적용하여 어순을 결정할 수 없기 때문이다.

(109) a. b.

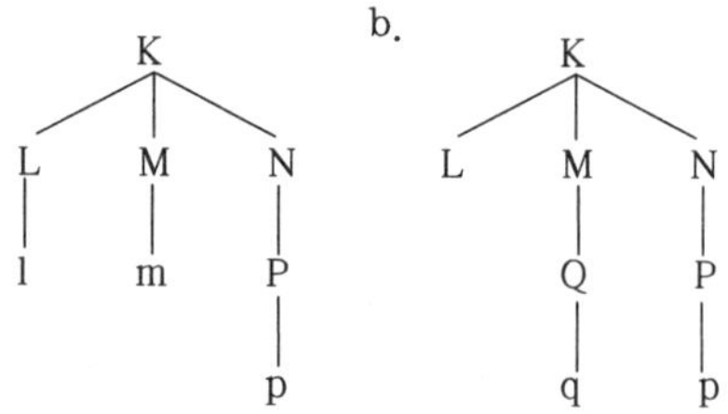

n〉2인 n분지구조에서는 내재적으로 종단요소의 어순을 결정할 수 없는 구조를 포함하고 있다. 최소주의에서도 이분지 구조만을 허용한다.

그리고 LCA에서 구는 하나의 핵, 하나의 지정어, 하나의 보어(핵만으로 구성되지 않는)만 도출한다고 함으로써 종래의 X′이론이 원초적인 개념이기보다 형식화의 한 방법에 불과한 것으로 보게 된다. 복수의 지정어를 도입하는 투사제도에서는 이 이론을 수용하기 어려운 점도 있으나 종전의 X′이론에서 설명할 수 없었던 문제들 곧 핵이 핵인 보어를 취하지 않는 것 바꿔 말해서 보어는 핵으로만으로 되어 있지 않다든지 구가 두 핵을 가질 수 없다는 사실들을 보여주었다. 그러나 UG의 어순 SVO, 그리고 부가어(적어도 XP-부가) 같은 문제는 소체(Bare)이론에서 수정되어야 한다고 하고 있다(Chomsky 1994: 31). LCA도 개념적 논의의 지지도 얻지 못하는 것으로 보고 있고 LCA는 형태론의 출력에 적용하는 음운부문의 원리로 다루기도 한다.

10. 소체구조

소체구조(Bare Phrase Structure)는 어휘항목 그 자체이며(Bare는 소체(素體), 필수 등으로 번역) 통사적인 수형도의 절점에 범주 표시가 없다.

(110) a.

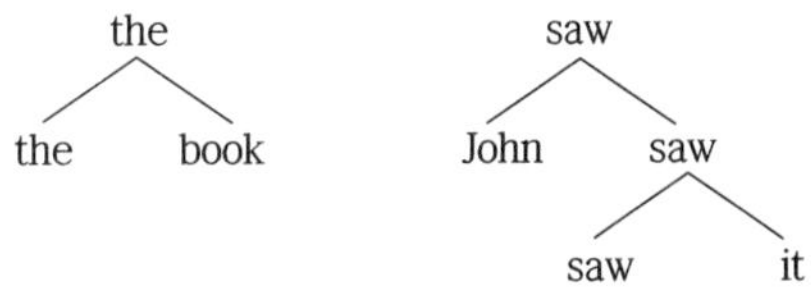

b.

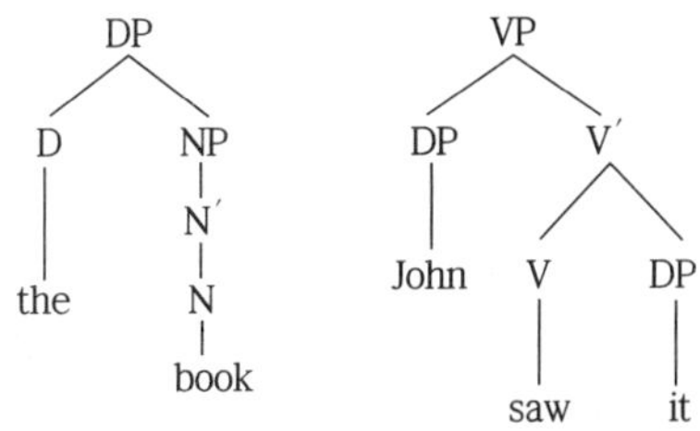

(110) a, b.의 차이는 범주 표시의 유무의 차이이면서 핵과 종결요소의 구별이 없다. 이해의 편의상 종전의 범주 표시를 답습하지만, 원칙적으로 범주 절점은 없는 것이다. 범주 표시가 없더라도 어휘항목은 음운자질(P), 의미자질(S), 형식자질(F)의 집합 {P, S, F}으로 되어 있어서, F 자질 속에 범주자질이 내포되어 있기에 그것으로 미룰 수 있다는 것이다.

(110)은 동사 saw가 대명사 it(보충어)와 병합하여 saw it(동사구)를 구성하고 이것에 명사 John(지정어)이 병합하여 절(문)을 구성함을 나타낸다. 핵의 자매관계에 있는 최대투사(DP)가 핵의 보(충)어이며 핵의 투사내에 있는 다른 모든 최대투사(DP)는 지정어이다.

saw는 선택자이며 it는 피선택자이다. 이들의 병합체에는 선택자 saw가 투사되고 그 다음도 마찬가지다. 선택자가 피선택자를 선택하는 것은 불완전한 자신이 다른 항목의 병합으로 완전해지려는 과정이다. 이는 다음과 같이 바꿔 말할 수 있다. 어휘목록에서 범주자질 K를 가진 어휘항목 α를 선택하고(α-선택) 이 α를 표적으로 삼아(α-표적) X′이론의 방식이면서 분지 없는 구조로 투사한다(비분지 투사, 자유투사).

(111) a. X′이론 방식

(a) X (X=X°=[$_X$X])

(b) [x′ X]

(c) [xp [x X]]

b. 비분지투사(Non-Branching Projection)

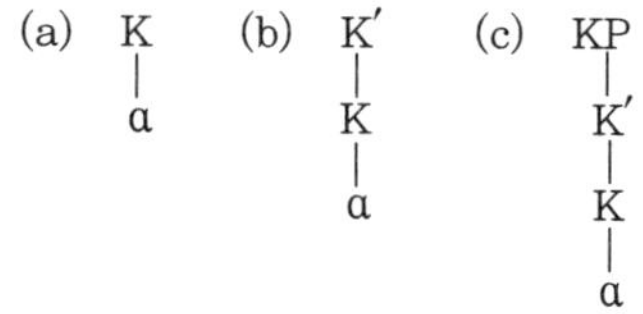

(111) b.의 (a), (b), (c)에서 알 수 있듯이 선택된 어휘항목은 꼭 최대투사까지 투사하는 것은 아니다. 필요한 만큼만 투사하면 된다. 상대화 X′이론에서처럼, 모든 범주의 투사 층위가 동일하게 나타나지 않아도 된다. 앞에서 K는 최소범주, K′는 중간범주, KP는 최대범주이다. 필수구조이론에서는 X′이론 대신에 통사체가 나타나는 구 구조 위치에 따라 다음과 같이 결정된다.

(112) a. 투사된 범주가 아니면 최소범주이고,

b. 더 이상 투사되지 않으면 최대투사범주이다.

c. 최소범주도 최대범주도 아니면 중간투사범주이다.

(Chomsky 1994: 10)

다음의 선택된 α를 표적으로 투사된 투사체에서,

(113)

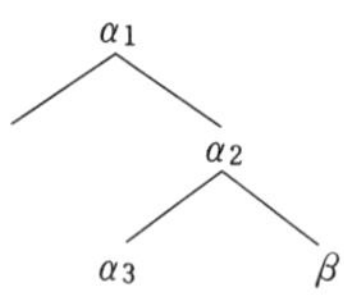

α_3이 최소투사범주, α_2가 중간투사범주 α_1이 최대투사범주이다. β는 다른 투사체가 투사한 범주도 아니고, 더 이상 투사하지 않기도 하니 최소범주도 최대범주도 될 수 있다. 그리고 최대도 최소도 아닌 중간투사범주가

얼마든지 있을 수 있게 되어 종전의 X'이론에 비해 중간범주의 융통성으로 다중지정어가 있을 수 있게 된다.

(110) a.의 X'이론의 구조는 다음과 같다.

(114)

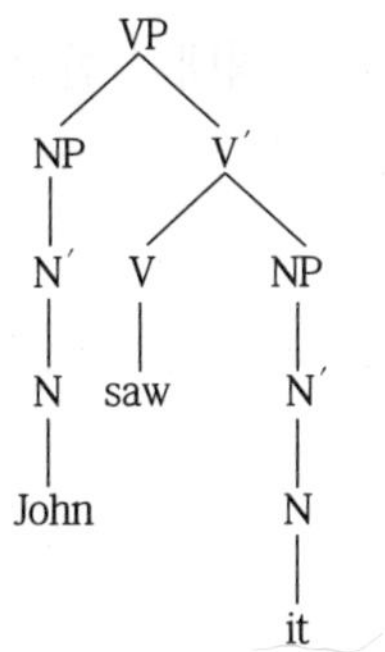

3층위 투사를 표시하다 보니 아무 실속이 없는 중간투사가 개재하고 있다. 내포성조건에 의하면 연산체계에서 형성되는 구조는 모두 어휘항목 중에 나타나는 요소만으로 구성된다. 연산과정에는 그 이외의 다른 요소는 첨가될 수 없다. 그렇다면 (114)는 다음과 같이 고쳐써져야 한다.

(115) a. b.

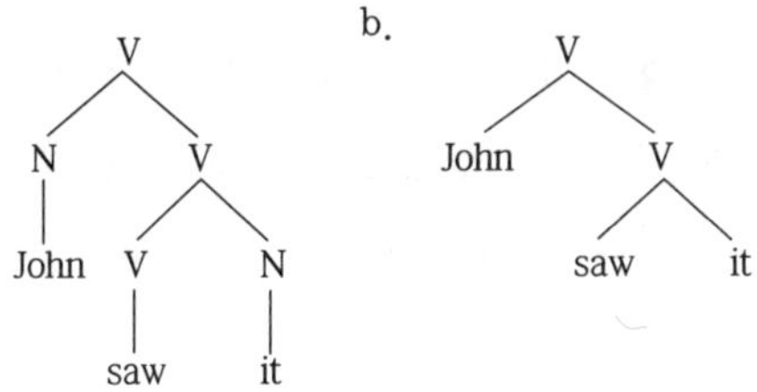

(115) a.에서의 종단요소의 범주표시(표찰)도 잉여적이다. 어휘항목 내부에 범주자질이 내포되어 있기 때문이다. 그것을 제거하면 (115) b.가 된다.

마찬가지로 중간 그리고 최대의 범주표찰도 꼭 있어야 할 이유가 없다. 어휘항목만으로 나타내면 (116) a.와 같은 것이 된다.

(116) a.

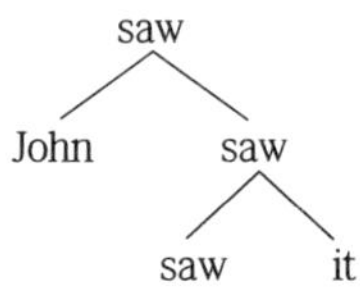

b.

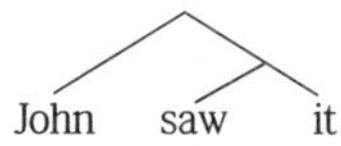

X′이론에서의 핵에 상당한 saw가 중간 그리고 최대의 범주의 표찰에 쓰이고 있다. 이러한 구조가 소체(Bare)구구조이다.

여기서 한 걸음 나아가 (116) b.와 같이 표찰 자체를 달지 않는 이론이 제기되기도 한다. 예컨대, 다음 수형도에서는 표찰이 쓰이지 않고 있다.

(117)

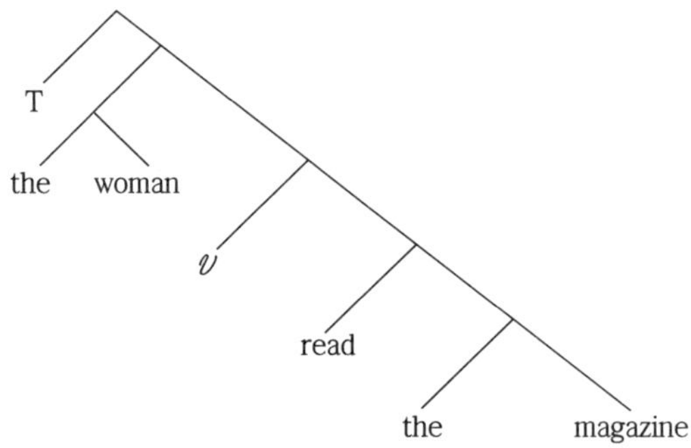

병합시에 병합되는 두 요소 중의 하나의 선택자질 F가 충족되어야 하는데 그 F에 따라 그 병합은 a) Theta(X, Y), EPP(X, Y), Agree(X, Y), Subcat(X, Y)의 관계다. 앞의 예에서 the(D)와 N(magazine)은 하위범주화 관계, read(V)와 the magazine은 의미역관계, T와 V는 일치자질로 주어(the woman)의 투사(EPP자질 충족)와 관계된다. 그 어느 경우나 표찰 없이도 그 일반화를 설명할 수 있다고 한다(Collins 2001 : 22).

필자도 핵이 확인되는 한(선핵/후핵) 무표찰이다. 술어핵의 상대항은 DP이므로 일일이 표찰을 붙일 필요가 없다(이 책 제5장 참조). 다만 일반의 관례에 따라 이 책에서는 범주 표찰을 붙이기도 하고 있다.

여기서 잠깐 X′이론의 폐기화의 움직임과 소체(필수)이론 제기(Chomsky 1994: 31)와 더불어 병합으로 바뀌게 된 일반화변형(Generalized Transformation, GT)에 대해 간단히 언급해 두고자 한다. 인간의 언어생성의 가능한 방식의 이해와 보다 간결한 연산방식의 모색 과정의 일면을 보아 두려고 한다. GT에 의한 방식은 Select-α에 의해 동사가 선택되면 영어의 경우 그 오른쪽에 보(충)어, 그 왼쪽에 지정어를 첨가시킨다. 일반화변형으로 생성되는 구 구조가 적격의 구조인가의 여부는 X′이론에 의한다. 다음 예문을 들어서 예시하면,

(118) The student saw the play.

이들을 생성하기 위한 Select-α와 Target-α의 반복작용으로 다음과 같은 비분지투사의 구절표지를 얻는다.

(119)

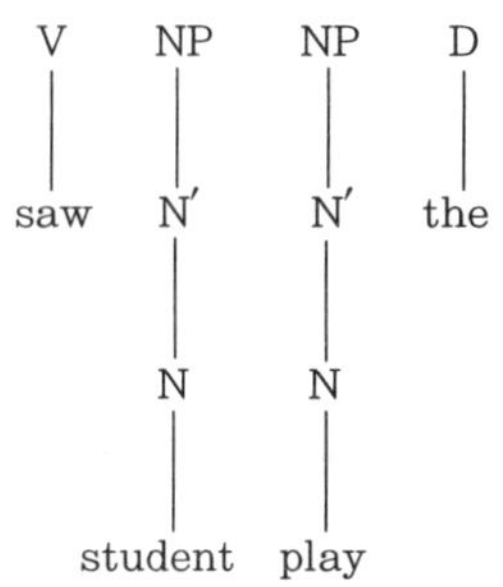

이들 구절표지의 결합과정이 다음의 일반화변형이다.

(120) a. 구표지(범주) K를 표적으로 하여

b. K의 외적 요소를 K의 옆에(영어는 우측, 한국어는 좌측) 대입할 수 있도록 하나의 빈 자리(∅) δ를 마련(삽입)하고,

c. 다른 구표지 K¹를 취하여

d. K¹를 δ에 대치하여 새로운 구표지 K*를 형성한다.

Chomsky(1993: 22=1995: 189)는 GT를 대입(/대치)(Substitution)조작이라 하고 있다. GT는 K를 표적으로 K의 ∅자리에 K′를 대입한다. ∅는 어휘부에서 도입되지 않으므로 그것은 GT 자체에 의해 삽입된 것으로 본다. 이러한 조작이 K*마다 반복하여 X′이론을 충족시킨다. 이들의 전개를 예시하면,

(121) a. ((120) a.)　　b. ((120) b.)　　c. ((120) c.)

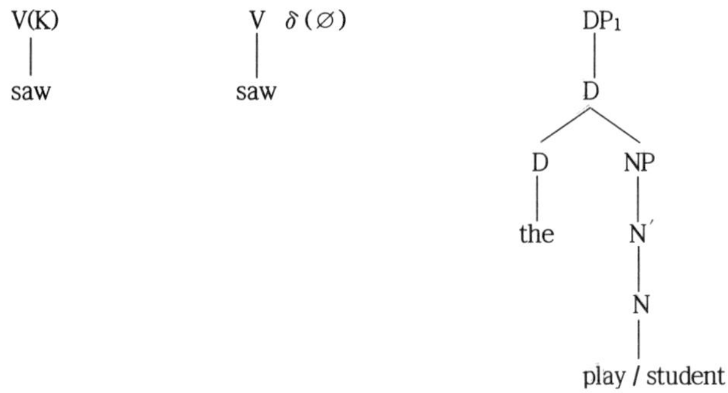

d. ((120) d.)

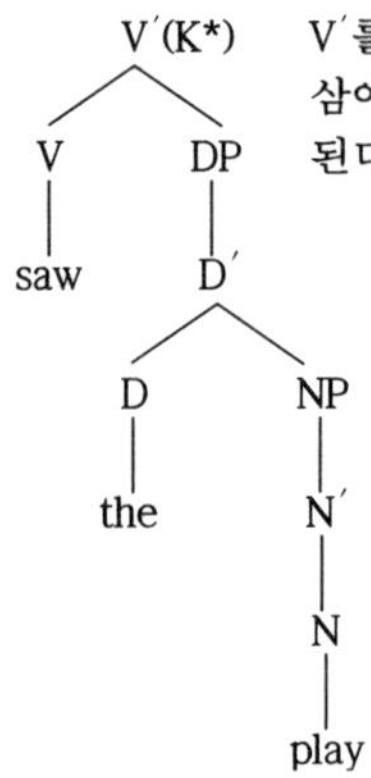

V′를 표적으로 삼아 V″가 투사된다.

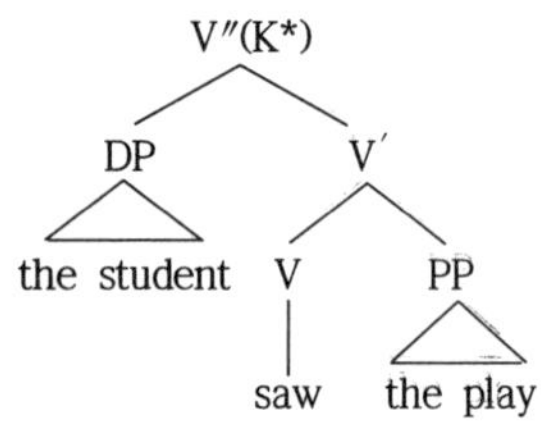

the student의 구성은 the play와 같고 다만 위치만 다르다. 그것에 대한 (120) c. 그리고 (121)과 같은 과정을 보이면,

(122)

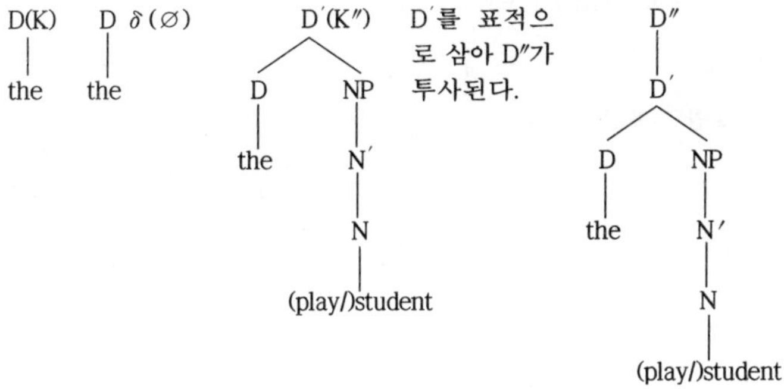

(118)예문 전체의 구성(수형도)은 다음과 같다.

(123)

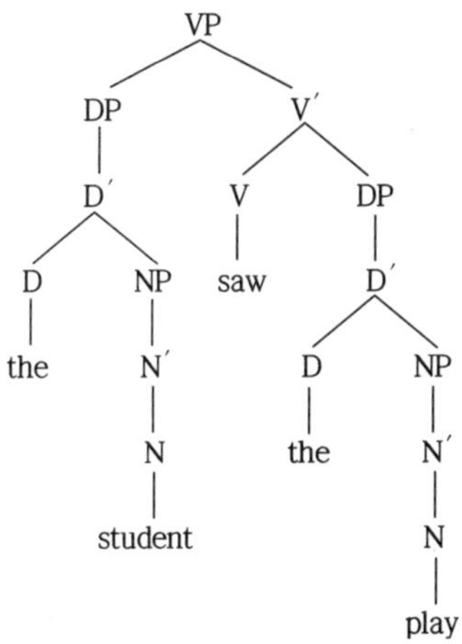

이렇게 초기 최소주의의, X′이론을 원용한 일반변형으로 구구조가 생성되었었다.

(120)의 일반화변형에 따른 영어의 (121)~(123)의 예시를 한국어(제주 방언)에 맞춰보면,

(124) a. ((121) a.~d.)

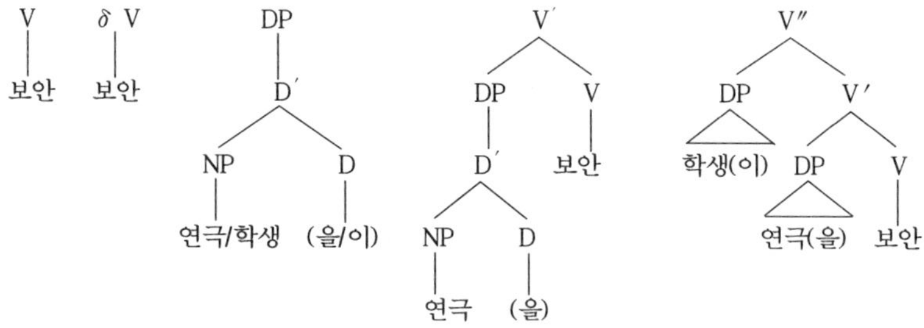

b. (122)

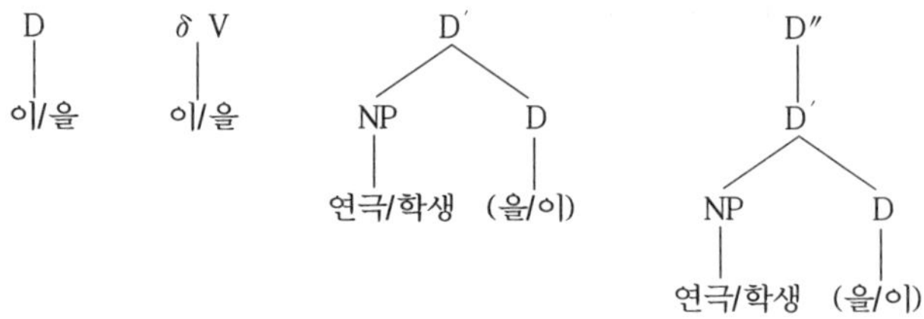

c. (123)

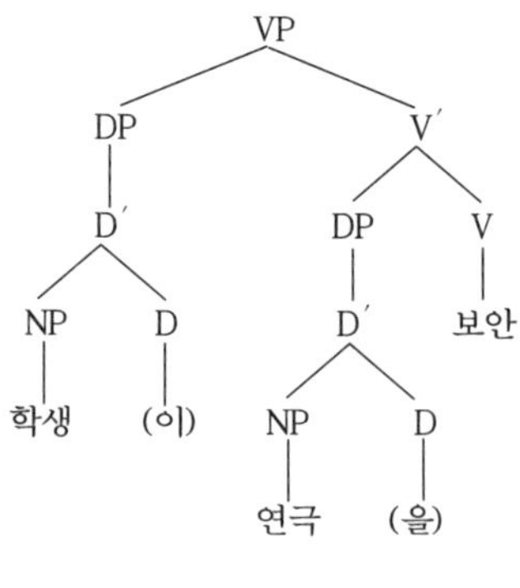

(이상 '보안'은 보았다, 보았어)

이상과 같은 일반화변형을 바탕으로 해서 소체구조이론에서는 병합(Merge)이라는 새로운 연산방식을 취하게 된다. 이 연산은 X′이론에 얽매이지 않으나 연산의 진전은 X′구조 형상성과 닮아지는 면이 있다.

병합은 두 개의 구조성분 α와 β에 적용하여(결합하여) 새로운 구조 K를 형성하는 조작이다. 곧 K가 α와 β에 의하여 구성되는 집합의 단순한 예는

K={α, β}이며 이러한 병합은 대입적 병합으로 두 요소가 대등한 신분으로 병합되는 경우가 된다((125)). 대칭적인 병합이 된다.

(125)

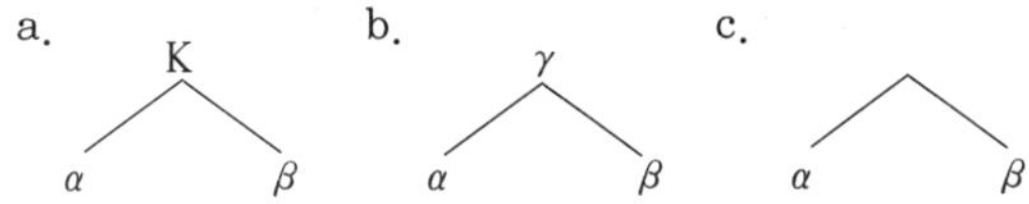

α와 β가 구조 γ를 형성하면 {γ {α, β}}이다((125) b.). 여기서 α, β는 통사체(통사적 대상물)(Syntactic Object)이고 γ는 K의 표찰이다. 이 통사체(병합체)와 어휘항목들 두가지를 통사체의 유형으로 보고있다(Chomsky 1995: 243). α와 β 중의 어느 한 쪽이 핵이 되면 K는 K={α {α, β}}같이 표시한다(여기서는 α가 핵). 여기서 α(γ)는 K의 표찰로서 K의 유형과 특성을 나타낸다. {α {α, β}}에 요소 ε를 병합하여 구조 K를 만드는 경우는 핵 α가 K의 표시가 된다.((125) c.는 무표찰, Collins(2001:1) 참조)

(126) K={α {ε {α {α, β}}}}

동사구의 예를 든다면 종전의,

(127) [$_{VP}$ [$_{DP}$ the man] [$_{V'}$ saw it]]

의 각 구조의 표시는(소괄호는 종전의 방식, 그 다음에 한국어 예를 보임),

(128) a. V′= {saw, {saw, it}} ([$_{V'}$ saw it]) {보안 {그것, 보안}}
b. DP= [the [the student]] ([$_{DP}$ the student]) {이 {학생, 이}}
c. VP= {saw {the {the student}} {saw{saw it}}}
([$_{VP}$ [DP the student] [$_{V'}$ saw it]]) {보안 {이 {학생 이}} {보안 {그것 보안}}}

이를 수형도로 보이면, 다음의 a.는 영어형, b.는 한국어형이다.

(129) a.

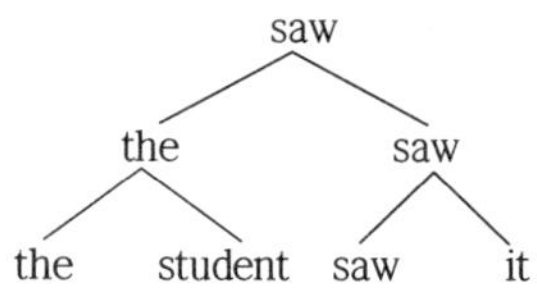

b.

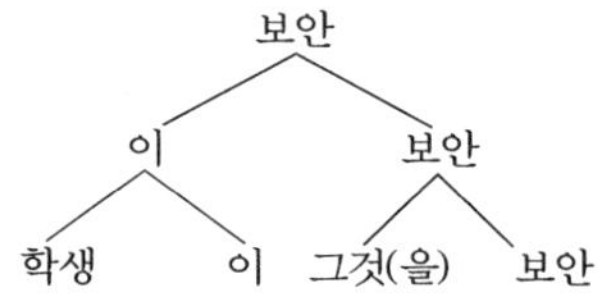

K통사체를 통해, 핵-보(충)어(saw it) 관계는 XP(=VP)에서의 종단 핵 X=X°=saw)에 대한 가장 국부적인 관계이다. XP 안에서의 모든 나머지 관계(the student)는 핵-지정어 관계로 규정된다.

여기서 구의 절점으로 표시된 정보도 항으로 구실한다. 항(Terms)은 다음과 같이 정의된다.

(130) 어떠한 구조 K에서도 a. K는 K의 항이다.
b. L이 K의 항이라면 L의 원소들의 원소들도 K의 항이다.(Chomsky 1994: 12, 1995: 247)

예컨대 P={X {X, Y}}에서 앞의 X는 표찰이고 뒤의 X는 K의 원소인 {X, Y}의 원소이다.

종단요소 z, w, x, y로 되는 다음 영어의 구조를 가정했을 때,

(131)

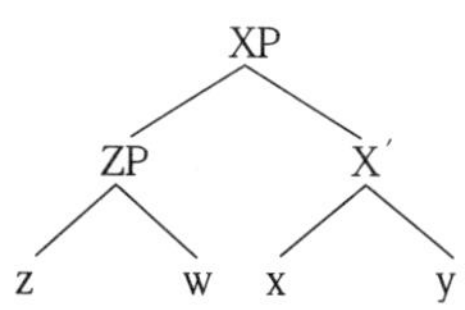

여기서 ZP={z {z, w}}, X′={x {x, y}}, XP={x {ZP, X′}}이다. ZP를 근(根 root)으로 가지는 수형도는 {z {z, w}}, 각 근의 표찰은 표준적인 구 구조 표지와는 다르게 아무런 자격도 가지지 않는다(Chomsky 1995: 247). w, y는 최소투사이면서 최대투사이고 z, x는 오직 최소투사체이다. 여기서 공

식적인 기능적 요소는 z, w, x, y 그리고 {x {x, y}}=P 그리고 그 자매인 {z {z, w}}=Q 그리고 근인 {x {P, Q}}이다. 이들이 XP의 항이 된다.

(128)의 예에서 VP는 (130) a.에 의해 VP 자체가 VP의 항이며, V′, DP 그리고 모든 어휘항목이 (130) b.에 의해 VP의 항이 된다. 따라서 병합은 어휘항목만을 병합하는 것이 아니라 the student 와 같이 이미 구(항)가 되어 있는 것도 병합의 대상이 된다. 어휘항목과 구를 총칭하여 통사체 (/통사적 대상물)(Syntactic Object)라고 한다. 따라서 병합은 두 개의 통사적 대상물을 결합하여 새로운 통사적 대상물을 만드는 조작이 된다.

병합은 α와 β의 어느 하나가 표찰이 되는 대입(대치)(Substitution)의 경우와 α와 β의 어느 한 쪽이 순서대(順序對)인 경우의 부가(Adjunction)의 경우인데 순서대의 표시는 대입의 {α {α, β}}와는 달리 {⟨α, α⟩ {α, β}}로 표시한다. 학자에 따라서는 대입과 부가의 어느 하나를 안 쓰지만 Chomsky(1955: 248)는 다음처럼 구별한다.

대입은 H(K)(투사체 K의 핵)를 핵으로 하고 L={H(K), {α, K}}와 같은 표찰의 구조를 생성하지만 부가는 K로부터 구성된 통사체이긴 하지만 그것의 핵인 H(K)와는 구별되는 표찰인 L={H(K), H(K)⟩, {α, K}}이다. 부가 곧 핵에 또 다른 핵을 부가시키는 것으로 ⟨H(K), H(K)⟩로 생성된다. 그리고 이것이 전체 통사체인 L의 표찰이 된다. 필자의 술어핵의 병합의 경우가 그 예가 된다(V+Af+𝒰…). 필자는 이 경우도 대입의 경우와 마찬가지로 후핵 언어에서는 주도핵인 후핵의 표찰만 쓰고 있다.

이상의 병합은 이동의 경우와 대비해서 외부병합이라 한다.

(132) a.

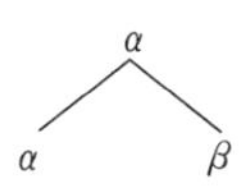

b.

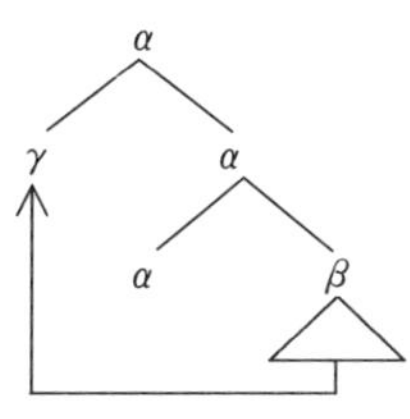

이동은 이미 외부병합된 요소의 내부로부터 나와서 새로운 병합을 이루는 것이다. 그래서 내부병합이라고 한다. 이 때 (132) b.의 γ를 β요소의 복사에 의한 출현으로 본다면 양자는 연쇄를 이루는 관계이다. 우위의 머리어인 γ만이 PF에 비치게 된다. 외현적으로 위치 변동이 있는 것이니까 편의적으로 종전의 이동의 용어를 쓰기로 한다.

구조체의 형성은 병합과 이동이라는 연산이 반복적으로 적용되어 되는 것인데, (132) a.는 α와 β의 외부병합을, b.는 β 내부요소의 이동병합(내부병합)을 보여주고 있다. 다음 예문에 대해 a.~g.의 수순으로 h의 구조체가 되는 것이 그 하나의 예다(cf. 渡辺 2001).

(133) Mary seems to be wise.

a. 병합 (Mary, wise) ⇒ [Mary wise]
b. 병합 (be [Mary wise]) ⇒ [be [Mary wise]]
c. 병합 (T [be [Mary wise]]) ⇒ [T [be [Mary wise]]]
d. 이동 (Mary [T [be [Mary wise]]]) ⇒ [Mary [T [be [t wise]]]]
e. 병합 (seems [Mary [T [be [t wise]]]]]) ⇒ [seems [Mary [T [be [t wise]]]]]
f. 병합 (T [seems [Mary [T [be [t wise]]]]]) ⇒ [T [seems [Mary [T [be [t wise]]]]]]
g. 이동 (Mary [T [seems [Mary [T [be [t wise]]]]]]) ⇒ [Mary [T [seems [t [T [be [t wise]]]]]]]
h. Mary seems [t to [be [t wise]]].

(133)에 대응하는 한국어(제주방언)의 예문((134) a.)과 구조((134) b.)를 보이면,

(134) a. 영희 총멩ᄒ게 보여./영희 총멩헤 보여.(총멩=총명)
영희 총멩ᄒᆫ 것 같아.
b. 영희 [$_{CP}$ t [$_{VP}$ t 총멩ᄒ] 게] 보여. / 영희 [t 총멩헤] 보여.

영희 [$_{CP}$ t [$_{\mathcal{V}P}$ t 총명흔] 것] 같아/닮아.(이해의 편의를 위해 범주 표시함)

필자는 T는 $\mathcal{V}$에 내포된 것으로 보며, 한국어의 형용사는 be 계사와 관계 없으므로 이를 제외하면 술어부의 전후의 차이뿐이다. 뒤쪽으로 술어핵은 병합을 하고, 앞쪽으로 논항은 이동하고 있다.

11. 마무리

언어의 구조체는 그 구성요소 집합의 전체가 언어적 표현의 통일체를 이룬 것인데, 여기서는 통사론적 구조체에 대해 문생성기제의 관점에서 고찰하였다.

S의 시발기호로부터 큰 범주에서 작은 범주로 분할식으로 바꿔쓰기규칙(구구조규칙)에 따라 그 종단에 이르러 어휘삽입하여 문을 이루어내는 것은 모든 분지마다 범주표지하고 바꿔쓰기해야 하는데, 그렇다고 각 분지의 중심요소가 반영되는 것도 아니어서 분지구조의 공통점이 파악되지 않는 등의 단점이 노출되었다.

구조체 형성의 적격성을 보장하기 위해 구조체를 핵 요소 X°층위를 기점으로 하여 보충적 요소는 X′층위 안에서, 지정어적 요소는 X″층위 안에서 뭉뚱그리는 제약성을 지닌다고 보게 된다(X′ 이론). 이로써 모든 범주의 공통점과 중심요소를 포착할 수 있게 되었으나 모든 범주마다 필연적으로 공통적인 3층위를 이루는 것이 아니며 범주의 종별 곧 어휘범주냐 기능범주냐에 따라 다를 수 있어서 제약성이 약화된다. 어휘범주는 2층위, 기능범주는 3층위로 보는 처지(상대화 X′이론)도 있다. 필자는 핵은 원칙적으로 필수적인 상대 논항을 취하므로 외항-핵의 2층 투사이며, 다른 핵의 투사체는 내항으로 수용하게 되면 범주에 구별없이 외항-내항-핵의 3층이 된다. X′-이론은 모든 범주의 구조 형성(투사체)의 공통성을 포착하는 이점이 있으나 다양한 논항이 도입되는 복잡다단한 언어적 표현을 한결같은 3층의 층위에 뭉뚱그릴 수 없는 난점도 있게 된다. 3층 층위가 자체적이든 외부적이든 확대될 수밖에 없다. 술어핵의 상대논항 NP구조도 한정사(영어형), 격(한국어형)이 핵이 되고(D), 상대 논항(보(충)어)이 NP가 되는 DP구조로 분석하게 된다(DP 분석). 이러한 분석의 이점으로는 다른 기능범주 IP와 CP하고 병행적으로 포착할 수 있다는 것인데, 필자는 한국어에서 DP는 IP, CP와 달리 X′층위가 없는 것으로 보고 있다.

X′이론 구도에서, 보(충)어(목적어)와 비대칭 관계에 있는 주어의 생성 위치는 술어핵의 의미역을 포화할 수 있는 그 최대투사인 VP 안의 지정어 위치로 가정되었다(VP내부주어가설). 그러나 VP의 투사 안에 V의 의미역을 모두 포화할 수 없으므로 VP 외곽에 *v*P의 투사체를 마련하게 되고(*v*P패곽구조) 주어(특히 동작주)의 자리는 *v*P의 지정어 자리로 가정하게 된다. 필자는 기본적인 문 곧 핵문은 *v*P투사체 안에서 이루어지고 *v*를 핵문 술어핵으로 다루고 있다, 물론 문으로서의 완결은 긍정/의문/청유/명령/감탄…을 결정짓는 문말 핵 S에서 이루어진다. 따라서 핵문은 이러한 문말 요소를 제외한, 문말 '-다'로 형식화할 수 있는 가장 최소의 문이다.

영어의 핵문은 *v*P 상위의 IP 구조인데, 그 구조에서 영어와 프랑스어가 부사(그리고 부정어)와 동사의 어순이 다른 점에 착안하여 프랑스어의 동사는 V-to-I로 인상하고, 영어의 I는 I-to-V로 인하한다고 보았다. 이는 I 자질의 강성/약성 여하에 의한다.

그런데, 프랑서의 비정형절에서 I가 없음에도 V가 부사 앞에 올 수 있는데 부정어 앞에 나오면 비문이 된다. 이것은 VP의 부사와 부정어 사이에 동사가 이동해 올 수 있는 중간 자리가 있는 것으로 가정하게 한다. 정형절에서는 그 곳을 거쳐서 I(T)에 이동하고, 비정형절에서는 그 곳에 멈춘다는 것인데 그 곳이 AGR의 자리라는 것이다. 그렇다면 종전의 I는 I(T)와 AGR의 두 가지 투사체로 분리된다(IP 분리가설). 또한 프랑스어에서 볼 수 있는 목적어 일치현상으로 AGR을 AGRs와 AGRo로 나누기도 한다. 영어나 한국어에서는 AGRo를 인정하지 않는 경향에 있고, AGRs는 I 혹은 T와 같다. 필자는 AGR과 T, 그리고 이를 한묶음하는 I도 독립의 투사체로 인정하지 않으며 그러한 일치요소 및 시제는 동사의 활용형에 내포된 것으로 보고, 핵문의 경우 핵문술어에 함유된 것으로 하고 있다.

이상의 논의는 계층적인 구조의 도출을 전제로 한 것인데, Kayne에서의 적격한 구구조는 비대칭적인 성분통어관계로 배열되어 있는 구조다. 구조의 최하단의, 두 개의 요소(종단요소)가 자매성분이면 하나는 핵범주이고 다른 하나는 비핵범주다. 핵범주–종단절점, 비핵범주–비종단절점–종단절점의 비대칭적 성분통어관계가 성립한다. 종단절점의 집합을 T, 비대칭적 관계를 맺고 있는 모든 비종단요소의 순서쌍을 d(A)로 나타내며, d(A)는 T의 선형순서라는 어순대응공리(LCA)를 제시하였다.

이러한 어순대응공리는 핵인 V가 목적어 NP를 앞설 때(SVO형)는 맞아떨어지지만 그 반대인 SOV형에서는 적용하기 어렵다. 그래서 Kayne는 SVO를 UG의 어순으로 보고 있고, SOV는 I와 V가 바뀌는 재구조화로 이루어지는 것으로 보고 있다. 범주에 따라 또 구문에 따라 범주의 투사체가 다룰 터이고, 어순이 꼭 SVO만이 UG라 할 수 없는 데서 문제가 있다.

또한 지금까지는 구조체의 분절 마디마다 분절의 범주 표시가 있었으나 그것이 없는 소체구조가 제시된다(소체구조이론). 투사체의 범주 층위도 최대(그 이상 투사하지 않는 것)와 최소(투사되지 않는 것), 그리고 그 사이의 중간의 층위로 구분되어 다중지정어가 있을 수 있게 되었다. 그리고 범주마다 필요하지도 않은 3층위 투사를 표시할 필요도 없게 된다. 게다가 범주자질이 어휘항목 내부에 내포되어 있으므로 범주 표시(표찰)는 잉여적인 것이 되어 제거된다.

X′이론의 폐기화의 움직임과 더불어 쓰이지 않게 된 일반화변형은 대치조작이었다. 구표지 K를 표적으로 K의 ∅자리에 K′를 대치하는 조직이 K* 마다 반복하여 X′이론을 충족시켰던 것인데, 이를 바탕으로 소체구조이론에서는 병합이라는 새로운 연산 방식을 취하게 된다. 병합은 두 개의 구성성분에 적용하여 새로운 구조를 형성하는 조작이다. 병합과 그 반복을 통하

여 구구조를 만든다. 병합에는 대입(대치)과 부가의 두 가지 있지만 이를 구별하지 않기도 한다. 전자는 요소 α와 β의 어느 하나가 표찰이 되는 경우고, 후자는 α와 β의 어느 한쪽의 순서쌍인 경우다. 한국어에서의 술어핵의 병합은 후자의 경우다. 또한 이들의 병합은 이동의 경우의 내부병합 이외는 외부병합이다. 구조체는 외부병합과 내부병합(이동)을 통하여 이루어진다.

필자의 핵문 그리고 그 상위문의 결말핵은 S이다. 이 S를 F(Final) 혹은 E(Ending)로 잡기도 하나 문을 완결한다는 뜻에서 S로 나타냈다.

(135) a. S″ → Spec (발제) – S′

S′ → $\mathcal{V}_1$(또는 $\mathcal{V}_2$) – S (결말)

b.

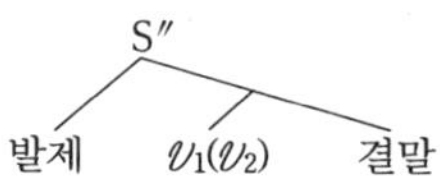

발제 – 결말의 하위에, 술어핵의 외항(논항) 도입 그리고 술어핵의 병합에 따른 다른 외항(논항)의 도입의 반복으로 핵문 혹은 보문 구조를 구축하여 상위의 시발구조와 합체를 이루어 완결되는 기제이다. 2분지구조이며, X′층위는 융통성 있게 운영된다. $\mathcal{V}$P패곽구조, VP내부주어가설, 결정사구가설 그리고 소체구조이론에 입각하고 있으며 더 나아가 표찰 자체를 제거하는 처지이다(단 이 책에서는 범주 표시를 편의적으로 사용하고 있다). IP분리가설은 채택하지 않으며 시제와 일치요소는 술어의 활용형에 함유되는 것으로 하고 있다. 모든 언어이론이 그러듯이 구조체에 관한 이론도 모두 다 완벽하지 않으며 또 그 이론들은 어느 한 사람의 독자적 창출이기보다 선행연구에 계몽되거나 선행연구를 개선하며 이루어지는 것이다.

방언도 방언 나름의 구조체를 이루고 있으며 그것은 그 나름대로의 생성기제로 구축되는 것이다. 그러한 경로의 올바른 분석을 위해서도 이와 관련되는 언어이론을 마땅히 음미할 일이다. 이들 문제와 관련된 각 구문의 구체적인 형성에 대해서는 제5장 술어형성기제에서 언급하게 된다.

제4장 이동과 재구조화

이동이란 말 그대로 문 중의 요소가 어떤 통사적 이유로 해서 본래의 위치에서 다른 위치로 이동하는 것을 뜻하였다. 종전에는 D-구조상의 위치에서 S-구조상의 위치 변동을 가리켰다. 뒤섞기도 넓게는 이동이지만, 이동은 문생성과정의 제자리 찾기이고 뒤섞기는 문 생성 이후의 자리 바꿈이란 다름이 있다. 종전대로 문생성 계층이 VP-vP-CP로 나뉘어진다면 VP내의 요소가 vP 그리고 CP내의 자리에 나타나는 내부병합이 이동이 된다. 종전의 이동에는 장거리이동, 교차이동 등 무리한 장면이 설정되기도 하였다. 발제-결말의 시발구조와 술어핵의 논항 도출의 기제를 취하게 되면 술어핵의 병합과정에서 도입되는 논항 위치의 조정 바꿔 말해서 재구조화의 과정에 지나지 않는다. 복사에 의한 내부병합의 기제를 취하게 되면 실지로 이동하는 일은 없지만 외면적으로는 위치 변동이 있는 것이니 관례대로 이동이란 말을 쓰기로 한다. 이제 종전의 이동이론을 돌아보면서 이동 구문의 사례를 들어보고자 한다.

1. A-위치와 A′-위치

여기서 A(Argument)는 논항을 뜻한다. 논항은 명제표현에 있어서 동사의 의미역 관계를 충족시켜주는 요소를 말한다. 보통의 명사구, 변항, 조응형, 대명사류, 절 등이 해당한다. 문에서 보통 주어, 목적어의 위치에 있는 것들이다. 동사의 의미역 관계는 하나의 동사가 그의 논항에 대하여 고유적으로 가지고 있는 의미역할(θ-role)로 나타낸다. 의미역할로는,

(1) a. 동작주 (Agent)
b. 대상 · 주제 (Theme)
c. 목표 (Goal)
d. 원천 · 유래 (Source)
e. 장소 (Location)
f. 도구 (Instrument)
g. 피동작주 · 수동주 (Patient)
h. 경험주 (Experience)
i. 소동주 · 피사역주 (Causee)
j. 명제 (Proposition)

등이 있다. 이는 하나의 원형적인 범주화의 분류이다. 한국어의 경우 하나의 의미역할이 여러 형태격으로 나타나고(목표 '로/에/까지'), 동형의 형태격이 여러 의미역할에 쓰이고('를' 대상/목표/원천/도구) 해서 어느 면에서는 연접적임을 보여준다.

이러한 의미역할을 담당한 요소가 차지하는 위치를 논항(A)위치(Argument Position)라고 한다. A-위치는 영어에서는 주어, 목적어의 위치 외에 전치사의 목적어 위치도 해당된다. 한국어는 (1) a., b., g., h., j. 에 해당하는 주어, 목적어 등 구조격의 위치 외에 (1) c., d., e., f. 등이 필수적으로 요구되는 경우 그 의미역의 위치도 이에 해당한다.

A-위치는 일정한 θ-역할을 맡고 있기 때문에 θ-위치와 같다. 그러나, 이동의 경우는 사정이 다르다. A-위치에 있는 논항은 일단 θ-역할을 지녀 있기에 만일에 이들이 어떤 부득이한 이유로 의해 옮겨가게 되면, 그 옮겨간 자리는 A-위치지만 θ'-위치가 된다. 그것은 한번 지닌 θ-역할 외에 다시 θ-역할을 받을 수 없기 때문이다. 예컨대, 종전의 피동문에 있어서 이동분석 또는 격흡수(Case Absor ption)분석에서는,

(2) a. 형사가 범인(을) 붙잡았젱.(았(/었)젱(↔았(었)젠)=았(/었)다-고(/더라)

b. 범인이 형사한티 t 붙잡혔젱.

c. 범인을 형사가 t 붙잡았젱.

d. 형사(한티) 범인 붙잡혔젱.

(2) a.에서 b.가 파생된 것으로 (c.는 a.의 뒤섞기) 한 적도 있다. b.는 원래 d.와 같은 피동구조가 그 기저구조라고 하기도 한다. b.에서의 이동분석에서 범인의 DP가 이동해 온 자리는 A-위치이며 원 위치의 t 자리도 A-위치이다. 다만 원 위치에서 격을 받지 못하기 때문에 주어의 A-위치로 옮겨와서(착지점) 격부여자(I)로부터 격을 받는다는 것이다. 원래의 t 자리는 대상의 의미역을 받는 자리이므로 θ-위치이다. 일단 하나의 θ-역할을 받았으면 이동하더라도 이동지에서 다시 받을 수 없다. 따라서 이동지는 θ′-자리가 되어서 주어인 '범인' 의 자리는 A-위치, θ′-위치, 격을 받는 위치가 된다. 이에 대해 c.에서 '범인'의 자리는 뒤섞기의 결과인데, DP의 뒤섞기로 옮긴 자리는 A′-위치이다. 원래의 t 자리는 A-위치이며, θ-위치이고 그리고 격을 받을 수 있는 자리다.

그렇다면, b.에서는 A-위치에서 A-위치로 이동하고 있고, c.에서는 A-위치에서 A′-위치로 이동하고 있다. 출발점이 어디든 착지점이 A-위치면 그 이동은 A-이동이라 하고, 착지점이 A′-위치면 A′-이동이라고 한다. 이렇게 되면 t도 A-위치의 선행사에 결속되는 경우와 A′-위치의 선행사에 결속되는 경우(변항)가 있게 된다. 전자의 t에서는 격을 받지 않고, 후자의 t에서는 격을 받고 있다.

A-이동의 착지점은 θ′-위치라야 하고 A′-이동의 경우도 A′-위치가 원래 θ′-위치이므로 문제되지 않는다. 이렇게 보면 이동이란 A/ A′가 θ′-위치에 이동하는 것이 된다.

문 안에서의 모든 요소(구)가 동사의 논항이 되는 것은 아니며, 동사와의 의미역 관계를 나타내지 않고 문에 부가적 의미를 나타내는 구들 곧 부가어

(Adjunct)가 있다. 시간이나 양태의 부사(한국어에서는 명사의 형태로도 나타난다), 전치사적 표현(한국어는 후치사적 표현)들이 그것이다.

만일 부가어가 하나의 NP를 포함하고 있으면 이 NP는 동사로부터 θ-역할을 부여받지 못하므로 반드시 동사 이외의 source로부터 θ-역할을 받아야 한다. 그리고 앞서의 여러 가지 의미역할도 그 문에서 필수적으로 요구될 때 논항이 될 수 있는 것이고 그렇지 않으면 부가어(논항의 경우는 임의논항으로)가 된다 다음에서,

(3) a. 난 땅(을) 판. (판=팠-다(/어))
b. 난 땅(을) 팔안. (팔안=팔았-다(/어))

(3) a.의 '땅을 팠다'(掘)에서 땅을 판 도구명사가 없으면 의미가 완전하지 못한 느낌이 있으며, b.의 땅을 팔았다(賣)에는 다른 요소가 꼭 끼어들지 않아도 그대로 쓰일 수 있는 느낌이 든다.

(4) a. 난 밥(을) 먹언. (먹언=먹었-다/어)
b. 난 죽을 젓언.

(4) a.에서 도구의 '숟가락으로' 가 개재하면 여분적이지만, b.에서는 오히려 개재되어야 제격으로 해석된다. 선행문맥 등 화용적인 장면에서 얼마든지 그러한 요소들의 생략이나 부가가 있을 수 있겠지만, 일상적인 표현이나 중립적인 문에서 꼭 필요한 요소만을 사용한다고 했을 때 필수적인 것과 여분적인 것의 구별은 필요하다.

(5) a. *난 보낸. (보낸=보냈-다/어)
b. *난 영희한티 보낸.
c. */?난 책 보낸.
d. 난 영희한티 책(을) 소포로/항공으로/어제/우체국에서 보낸.

(5)의 '보낸' 동사에는 누가, 누구에게, 무엇을 의 요소는 필수적이기에 a., b., c.에서 그 요소가 빠진 것은 온전하게 이해되지 않는다. d.에서 그 나머지의 사선 친 부분은 특별히 요구되는 정황이 아니면 쓰이지 않아도 되는 부분이다. 문 중에서 DP가 꼭 필요하게 쓰이는 경우는 필수논항으로, DP가 경우에 따라 수식적으로, 수의적으로 쓰이는 경우는 임의논항으로 구별하고자 한다. 그러한 예로는 시일 · 시간(3월에, 3시에), 원인(병으로), 도구(연필로), 목표(학교에), 장소(학교에서)…을 나타내는 명사+부사격조사의 형식을 들 수 있다. 이들은 동사로부터 θ-역할을 받지 않고 반드시 동사 이외의 source로부터 받아야 하는데 필자는 앞서의 의미들을 지니는 부사격조사가 의미역을 부여하는 것으로 보고 있다. 곧 부사격조사가 NP에 의미를 부여하는 의미격으로 독자적인 특성을 지니는 것으로 풀이한다. 이에 대해 부사는 논항이 아니며 그 자체의 의미로 수식기능을 수행하게 된다.

(6) a. 나는 식사를 일찍/아침에/식당에서/7시에/철수하고 했다.
b. 파도가 태풍으로/매우 거세다.
c. 학생이 병으로/자주 결석했다.

부가어가 나타나는 위치를 비논항(A')위치라 하며 A'-위치는 부가어의 위치 이외에도 CP의 지정어의 위치와 보문표지의 위치, 그리고 동사의 위치와 같이 θ-역할을 부여하는 요소가 차지하는 핵의 위치가 이에 해당한다. A'-위치는 항상 θ'-위치이다. 영어에서,

(7)

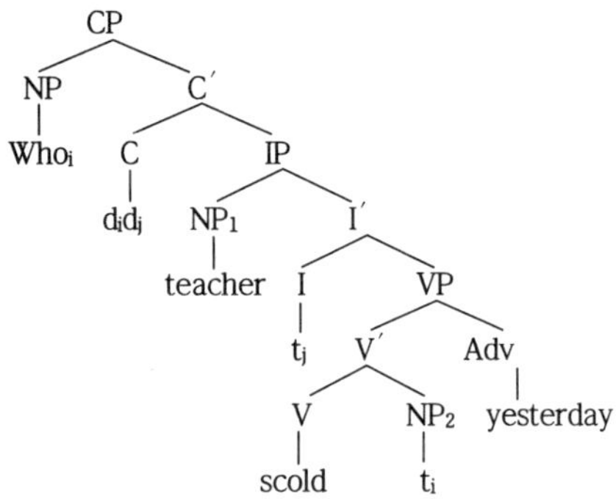

(7)에서 주어의 NP_1(teacher)와 목적어의 NP_2(t_i)의 위치가 A-위치이고, 그 이외의 위치는 A′-위치이다.

그런데 그러한 부가어가 어떻게 도출 중에 파생되는 구조 속에 편입(Incorporation)되는가가 관심사다. A-위치는 동사핵의 의미역 방출에 의한 도출에서 필수적으로 생기하여 선택자질의 점검을 거치지만, 부가어는 국소적으로 제약된 파생과정 중에 어떤 방식으로 어떤 자리에 도출되는 것인지 궁금하게 여겨진다.

X′-이론의 구도를 원용하면,

(8) a. 영어　　　　　　　　b. 한국어

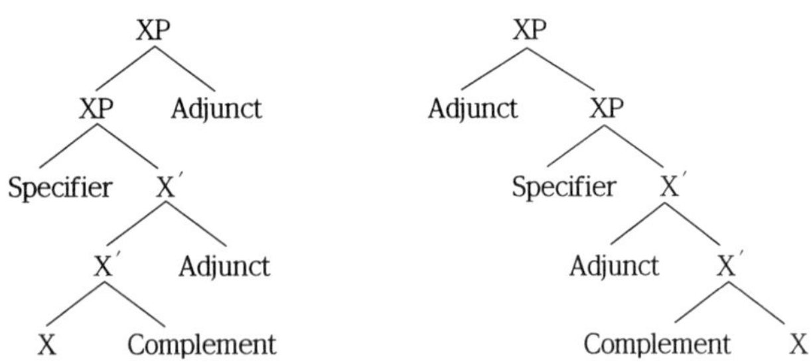

(8)a., b.는 경상관계를 보여주고 있다. 부가어가 X′에 부가할 때는 X′를 더 투사하고, XP에 부가할 때는 XP를 더 투사하여 거기에 부가시키고 있

다. 제주방언에서는,

(9) a. 꼭 문(을) 잠그라.
b. 문(을) 꼭 잠그라.
c. 6시에 문(을) 잠그라. (잠그라=잠가라)
d. 문(을) 6시에 잠그라.

부가어의 위치가 자유스러워서 어느 자리에나 비대칭적으로 예속시킬 수 있는 처지다.

그런데, 논항의 병합과 부가어의 병합의 구별에 대하여는 전자는 두 요소가 대등한 신분으로 병합하여 하나의 집합을 이루는데, 후자는 한 요소 α 곧 부가어가 자신이 수식하는 다른 요소 β와는 대등이 아닌 (비대칭관계) 흡수되는 형식이며 구조적으로 자신의 처지가 약한 것을 나타낸다. 따라서, α는 예속되는 관계가 되어서 독자적인 특성을 유지해야 한다. 논항들의 병합은 어떤 요소(핵)의 선택자질에 유인되는, 의무적이고 필수적인 것이지만, 부가어는 그런 일과 무관한 비의무적, 수의적 병합인 것이다.

두 개의 구조(요소) α와 β가 병합하여 구조 γ를 형성하여 집합 {α, β}로 표시 δ를 가진다면 δ는, α와 β중의 하나이거나(핵), 어느 한쪽의 순서대(順序對)다. 전자는 (10)과 같다.

(10) a. 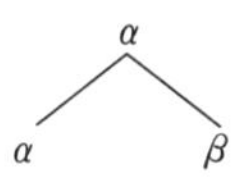 아니면 b. 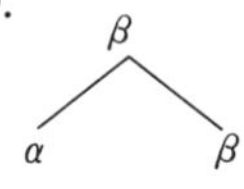

표기도, (10)의 대칭적인 병합의 경우는 α가 투사하면 γ는 {α, {α, β}}로 표기되고, 순서대의 비대칭적인 병합의 경우는 α의 순서대가 표시되면 γ는 {⟨α, α⟩, {α, β}}로 표기된다((11)참조). { }은 항으로서 문법적 기능을 나타내고 있고, ⟨ ⟩는 문법적 기능을 나타내지 않는다. 전자는 대입(대치)이고 후자는 부가다. α, β의 병합이 대입인가 부가인가를 기호로 구별한 것이다. 사람에 따라서는 대입과 부가의 구별을 하지 않고 지정어와 부가어를 거의 동일시하기도 하는데 Chomsky(1995: 248)는 그러한 구별은 현실적인 사실로 가정한다. 이와 관계된 A-위치와 A′-위치는 다르다고 하고 있다.

이러한 병합을 유도하는 것은 한 요소의 선택자질인데, 대입적 병합의 경우는 병합으로 두 요소 사이의 의미역의 의미적 관계가 성립하고, 부가적 병합의 경우는 이와는 달리 의미역 아닌 어떤 선택자질에 의해 도입되는 의미 관계(그 한 예로 한정-피한정)와 같은 것이 성립한다.

대입적 병합(대칭적 병합)만으로 생성된 구조는 표현의 다양성을 기할 수 없다. 개념-의도체계에서 요구하는 다양하고도 미묘한 의미의 충족에는 부가적 병합도 필요할 수밖에 없다. 논항의 대칭적 병합은 대칭적으로 도출의 순환성도 확대조건도 지키는데 부가어의 비대칭적 병합은 순환성도 확대조건도 지키지 않으며 α와 β의 중간에 병합될 수도 있다. 논항병합에서의 확대조건은 문자와 이전에 수시로 적용되고 부가어는 계제의 병합 곧 늦은 병합일 수 있다. 그러한 부가어의 늦은 병합과 비순환성이 논항과 대조적이다.

대칭적 병합으로 생성되는 구조만이 본판(/주판)(Primary Plane)을 형성하고 비대칭적 병합의 부분은 부판(/보조판)으로 구실한다. 그렇지만 본판도 어느 계제(상위문에 수용)에 부판의 처지와도 같게 된다고 할 수 있다. 마찬가지로 부판도 어느 계제에 본판의 일부분이 되는 것이다.

(11)

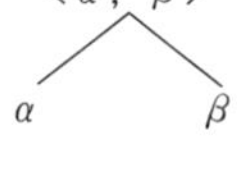

(여기의 순서대의 형상에서는 구조 γ가 {α} 또는 {β}가 아님을 유의할 것)

부가어와 부가어의 수식(한정)을 받는 요소가 분리되어 문자화될 수 없다는 점에서 부가어가 부판으로 있다가 본판으로 들어와야 하는 것이다. 곧 ⟨α, β⟩부가구조가 문자화가 적용되는 계제에 의미부분에 {α, β}의 단순구조로 바뀌는 운용이 있게 되고 그 운용후에 본판과 부판의 구별이 없어지게 된다. 곧 A-위치의 논항의 생성은 핵과의 대칭적 병합에서, A′-위치에서의 부가어의 생성은 비대칭적 병합에서 오고 해서, 전자의 구조가 본판 구실을 하고 후자는 부판 구실을 하다가 어느 계제에서 통합이 된다는 것이다.

1술어핵 1외항 대칭 병합과 선핵 투사체(혹은 부가어)의 내항 편입의 필자의 술어핵 투사 제도(이 책 제5장의 (5) 참조)에서는 후핵언어는 후핵이 주도핵이 되어 주도핵의 명칭이 유지된다.

2. A-이동과 A′ -이동

문중의 A-위치와 A′-위치는 문 내용에 따라 원래부터 어떤 요소가 자리잡고 있기도 하고 비워두고 있기도 하는데, 비워 있는 경우 어떤 통사적 이유로 해서 그 위치에 기존의 요소들을 이동(내부병합)시켜 메꾸는 일이 있게 된다. 이에는 θ-역할의 문제도 관련되어 θ-위치와 θ′-위치에 대해서도 알아볼 필요가 있다.

특정의 의미역할을 맡고 있는 위치가 의미역(θ)-위치이며, 의미역할을 맡지 않는 위치는 비의미역(θ′)-위치라고 한다. θ-위치에 나타나는 요소는 술어핵과의 의미적 관계를 갖는 요소이고 θ′-위치에 나타나는 요소는 그렇지 않는 요소이다. 후자에서의 영어의 허사의 it나 there처럼 의미내용을 갖지 않는 것도 있지만 한국의 DP의 의미격처럼 자체적으로 의미내용을 지니는 것도 있다. 원칙적으로 θ-위치는 A-위치에 상응하고 θ′-위치는 A′-위치에 상응한다. A′-위치가 θ-위치가 되는 일은 없다. 그 대응을 표시하면,

(12) a. A-위치 b. A-위치 c. *A′-위치 d. A′-위치

a.	b.	c.	d.
A-위치	A-위치	*A′-위치	A′-위치
|	|	|	|
θ-위치	θ′-위치	θ-위치	θ′-위치

문제는 b.의 경우다. 다음에서,

(13) a. It seems [that John is honest].

b. [e] seem [John to be honest].

(13) a.에서 that절은 명제라는 θ-role을 맡고 있으므로 θ-위치다. 주어 it는 그렇지 않으므로 A-위치이면서도 θ′-위치이다. a.의 구문은 b.에서 오며 θ′-위치가 가주어 it로 채워진 것이 된다.

A-위치는 오직 하나의 θ-role을 지니며 각 θ-role은 오직 하나의 논항에만 부여된다.이를 의미역(θ)-기준이라고 한다. 따라서 일단 θ-표시된 논항은 θ-위치에는 이동할 수 없다. 그것은 두 가지 θ-role을 가지는 것이 되기 때문이다. 결국 논항의 이동은 본래의 θ-위치에 흔적을 남기고 θ′-위치로 이동하는 것이 되고, 그 θ′-위치가 A-위치인가 A′-위치인가에 따라 A-이동, A′-이동이라는 이름이 주어진다.

(14)

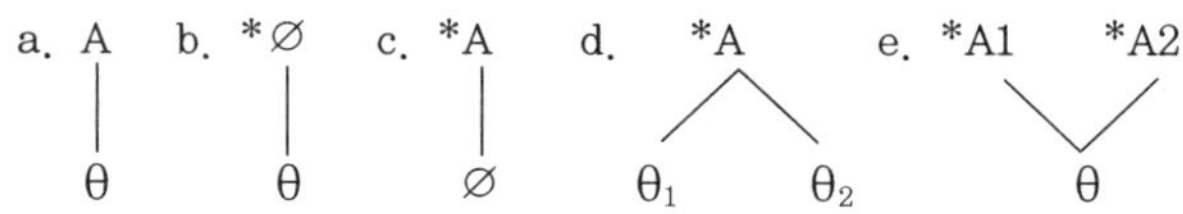

여기서 A-위치나 θ-위치는 비워 있으면 안 된다. (13) b.에서 [e] 자체가 A-위치이므로 비워둘 수 없으며 그렇다고 θ-role을 지닌 that절이 옮아갈 수도 없다. (14) d.의 경우가 된다. 그래서 허사 it가 가주어로 삽입되는 것이다. 따라서 A-위치이며 θ-위치인 요소가 만일 옮겨간다면 A-위치이면서 θ′-위치인 자리로 가야 한다.

영어에서 주어 자리가 비어 있는 것으로 분석되는 동사로는,

(15) a. 인상술어동사 seem, appear, happen, certain, likely, sure…

b. 피동동사 believed, arrested, killed…

c. 존재 · 출현동사 be, arrive, come, exist, follow, occur…

이들의 표시는 다음의 a., b., c.와 같고 그 예문은 a'., b'., c'.와 같다.

(16) a., b. [$_{CP}$ [$_{IP}$ e [$_{I'}$ [$_{VP}$ [$_{V'}$ [$_{CP}$ C [$_{IP}$ …]]]]]]].
e 자리에 허사 it가 삽입된다.

c. [$_{CP}$ [$_{IP}$ e [$_{I'}$ [$_{VP}$ [$_{V'}$ V [NP …]]]]]].
e 자리에 허사 there가 삽입된다.

a'. [$_{CP}$ [$_{IP}$ e [$_{I'}$ [$_{VP}$ [$_{V'}$ seems that John is a nice fellow]]]]].

b'. [$_{CP}$ [$_{IP}$ e [$_{I'}$ is [$_{VP}$ [$_{V'}$ believed that John is incompetent]]]]].

c'. [$_{CP}$ [$_{IP}$ e [$_{I'}$ [$_{VP}$ [$_{V'}$ arrived three men at the palace]]]]].

주어 위치가 비어 있는 것으로 능격동사(비대격동사라 하기도 하나, 보통은 구별한다)가 있다. 자동사의 주어와 타동사의 목적어를 같은 DP 내재항으로 지닌다. 따라서 주어에 θ-역할을 부여하지 않으므로 주어의 위치가 비어 있는 것이 된다.

(17) a. [$_{IP}$ e [$_{VP}$ break the glass]].

b.

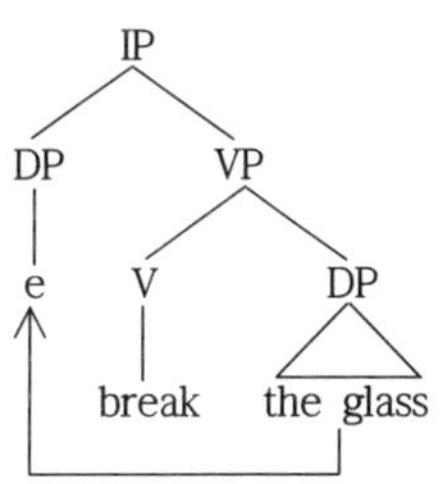

c.

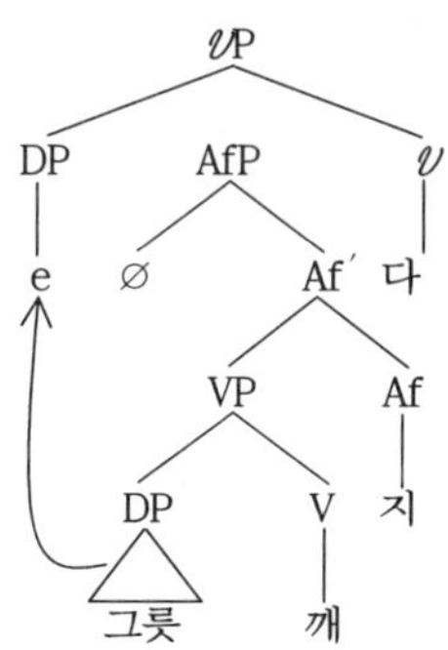

(c.에서 Af 투사체가 더 있는 것은 깨-> 깨지- 로 보았기 때문이다. 영어도 ∅Af를 거쳤다고 볼 수 있다.)

외항이 비어있기 때문에 (18)의 Bruzio의 일반화(1986: 178, Chomsky 1986b: 139)에 의해 그 목적어에 대격을 부여할 수 없다.

> (18) Bruzio의 일반화 : 동사가 주어에 의미역을 배당하기만 하면 그 목적어에도 대격을 배당한다.

(17)의 내항에 있는 DP는 격이 부여되지 않기 때문에 주어의 위치로 이동하여 The glass breaks. '그릇이 깨지다.' 와 같은 능격동사문이 생성된다.

주어가 비어 있는 경우는 여러 가지가 있다. 다음의 주술도치문, 술어단독문에서

> (19) a. [e [보염서 [해 뜨는 게]]] (보염서=보이고 있다(/어요))
> b. [e [ᄇᆞᆰ아서]] (날이) (ᄇᆞᆰ아서=밝았어)

(19) a.를 도치문으로 볼 수 있고 혹은 e 자리를 설정하여 그 e 자리에 주어 '그것이'를 일단 채워서 그 구체적 내용을 술어 뒤에 복사하여 보인 것으로도 볼 수 있다. (16) a'. 구문과 비슷한 꼴이 된다. b.는 이에 유추할 수 있다. 꼭 복사하지 않아도 뜻은 통한다. c., d.는 발제 – 결말 구조에서 선행 문맥에 제시된 것을 발제로 하고 무형 복사한 것으로 볼 수 있고, 감탄적, 감정적으로 직접표현한 것으로도 볼 수 있다. 그 때는 반복 부분에서 생략된 것이 될 것이다.

> (20) a. [보염서 [해 뜨는 게 ~~보염서~~]
> b. [ᄇᆞᆰ아서 [날이 ~~ᄇᆞᆰ아서~~]
> c. [~~해 뜨는 게~~] [e 보염서 [해 뜨는 게]]
> d. [~~날이~~] [e ᄇᆞᆰ아서 [날이]]

따라서 명제의 주어 e 자리는 이동으로 채운다든지 허사로써 채운다든지

하는 방식 외에 발제와 관련되는 요소가 명제의 주어 자리를 무형 복사로 메꾸는 경우도 있음을 유의할 필요가 있다. 영어처럼 주어의 e 자리를 내부 병합 아니면 허사로 채우든가 아니면 pro 탈락 언어처럼 그 자리를 그대로 비워두기도 한다.

아이누어에서는 자동사 하나만으로 문을 이루는 경우가 있다. 소위 ∅항 구조의 경우이다.

(21) a. sirkunne 어둡다. sirsesek 덥다.
sirpopke 따뜻하다. sirmeman 시원하다.
b. sirsak 여름이 왔다. sirmata 겨울이 왔다.

이를 다음에 대비해 보면,

(22) ku · sesek 나는 덥다.
ku · popke 나는 따뜻하다.
ku · memaŋ 나는 서늘하다.

(21)에서의 'sir'(형편이라는 뜻)가 주어 노릇을 하는 것 같이 느껴진다. 그러나 (21)에서와 같은 'sir'의 얹힘이 없이 'mean' 만으로 '춥다'가 되는 경우가 있는 것을 보더라도 그러한 얹힘이 절대적이 아님을 알 수 있다. 아이누어는 pro탈락언어가 아니며 따라서 'mean'의 경우 발제 관련 요소의 무형 복사로 주어 자리를 메꾸고 있는 것으로 보아진다.

3. 목적어이동 - 비대격동사

비대격동사는 대격의 DP를 취하지 않는 동사이기 때문에 자동사에 속한다. 자동사는 하나의 논항만을 갖는데 타동사와 달리 목적어는 갖지 않는다. 그 하나의 논항이 기저적으로 주어인 경우(비능격동사)가 있고, 목적어인 경우(비대격동사)가 있다. 그러나 비대격동사는 목적어에 대격을 부여할 수 없다는 점에서 피동분사(피동사)와 같다. 대격을 받지 못하면 격여과에 저촉되기에 그 목적어는 주어 위치로 옮기게 된다. 기저구조에서, 자동사에는 그 하나의 논항이 주어 자리가 아닌 목적어 자리에 있는 것이 존재한다는 것이 비대격가설(Unaccusative Hypothesis) (Perlmutter 1978: 160)이다.

(23) In front of the plaza, there stands a statue of General Lee.

이 예문에서, 보어처럼 처신하는 동사 뒤의 논항이 현재3인칭단수의 동사와 일치하는 점에서 주어(주격)의 구실을 하고 있다고 볼 수 있고 그것의 의미역은 대상인데도 목적어의 대격이 주어지지 않고 있다. 이와 같이 동사 뒤의 논항으로서 대상의 의미역을 지닌 NP를 주어로 취하는(이동하는) 자동사를 비대격동사라고 한다. 한국어 · 일본어의 경우도, 대상의 의미역을 취하는 내항의 명사를 외항의 주어 자리로 이동시키는 것과 같은 양상을 보여준다. 다음은 대격동사인 타동사와 비대격동사인 자동사의 대응을 보여준 것이다.

(24) a. 그릇을 깨다. 그릇이 깨지다.
a′. 그릇을 깨연. 그릇이 깨젼.(-아(/어)ㄴ=-았(/었)-다(/어))
b. 소리를 듣다. 소리가 들리다.
b′. 소리를 들언. 소리가 들련.
c. 수업을 끝내다. 수업이 끝나다.
c′. 수업을 끝내연. 수업이 끝난.(a′, b′, c′ 는 제주방언의 경우)

일본어에도 그러한 대응이 보인다.

(25) a. 자동사 閉(si)まる 見れる 飛ぶ 壊れる
b. 타동사 閉める 見る 飛ばす 壊す

이들 동사의 형태 대응에는 어느 한쪽에 접미사가 개재되어 있다. 또 그 동사가 취하는 DP의 격이 다르게 된다. 하나는 주격이고 하나는 대격인데 그것은 곧 문중에서 하나는 주어로, 하나는 목적어 구실을 한다는 것이 된다. 목적어를 지니는 쪽은 자동적으로 주어를 지니는 것이 되어 양자의 문구조(논항구조)도 다르게 형성된다.

타동사는 동작주-대상-타동사 구조이고, 자동사는 여기서 대상-자동사 구조이다. 수형도를 보이면,

(26) a. 철수가 문을 닫았다. b. 문이 닫히다.

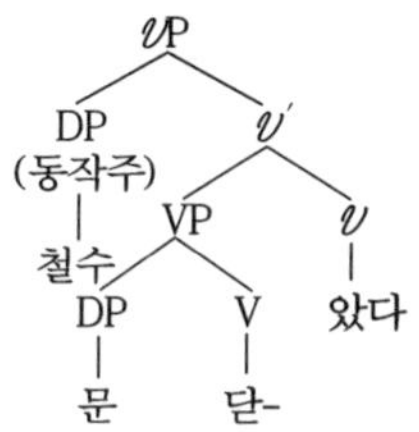

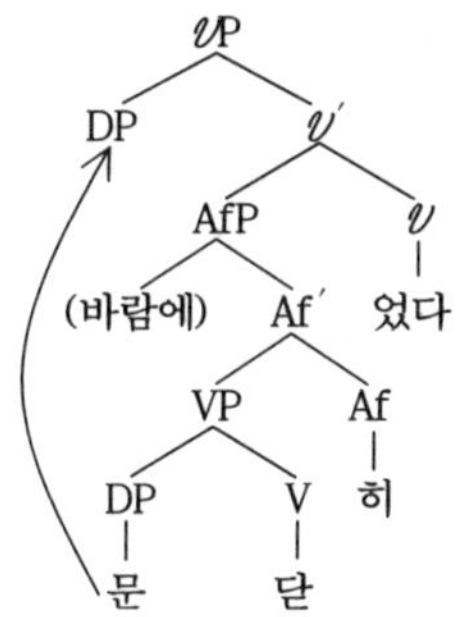

b.의 경우 V-Af 병합으로 피동사화하면(소동주 혹은 원인 논항을 도입하여) 대상 DP의 격을 흡수하기 때문에 의무적으로 V의 지정어 위치로 이동하여 주격을 받는다. A-위치의 θ′-위치에의 이동이다.

간략하게 이동의 기제를 나타내면,

(27) a. 영어

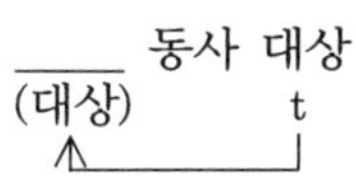

b. 한국어

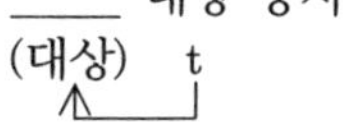

이들 비대격동사의 형성 기제는 영어에서는 제로 성분의 Affix, 한국어

에서는 외현적인 Affix핵의 병합으로 이루어진다고 본다. 곧 영어에서는 자타의 형태상 구별이 있는 동사도 있지만 일반적으로 같은 형태를 취하고 있다. 그렇지만 여기에서 한국어의 경우를 참조하여 자→타형 아니면 타→자형을 일반적인 패턴으로 보자면 ∅성분의 Af가 개재한 것으로 볼 수 있다. 곧 영어의 경우와 같은 자타동형인 경우는 자동사나 타동사의 어느 하나가 Af의 투사를 거치지 않고 DP가 V의 지정어 위치로 이동하고, 어느 하나는 ∅Af 병합과정을 거쳐 V의 지정어 위치에 주어를 생기시킨다고 보는 것이다. 사동사와 피동사는 Af의 병합을 거친다.

자동사는 대격의 대상을 도입하는 일은 없고 타동사는 대격의 대상을 도입하되 Af와 병합하면 대격이 흡수되는 것으로 풀이된다. 그렇게 되면 대상 DP의 이동은 의무적이다.

(28) a.

b.

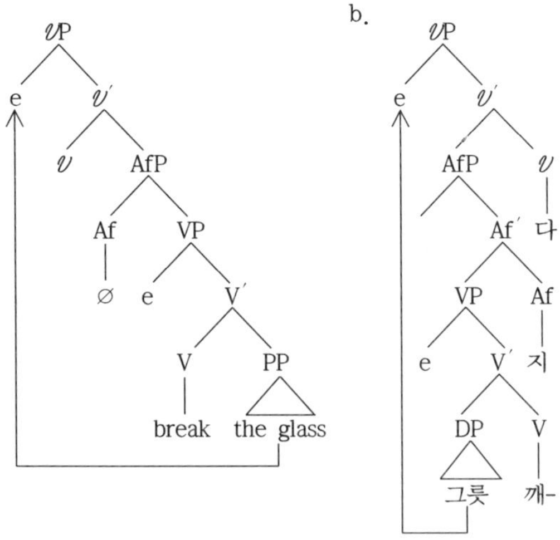

Tense는 𝓋에 함유되는 것으로 해서, 이 수형도를 보면, 영어는 동사 뒤의 논항이지만(선핵언어), 한국어는 동사 앞의 논항(후핵언어)이다. 어떻든 타동사가 취하는 논항은 하나이고, 또 그것이 대상의 의미역을 갖는 점은 마찬가지며 그 논항이 주격을 부여받기 위해 𝓋P의 지정어 위치로 이동하고

있다. 그것은 동사와 Affix의 병합과정으로 볼 때에 병합된 선핵의 투사는 재조정(후행핵의 투사에 편입)된다고 보면 대상의 DP 논항이 핵의 병합에 맞추어 조정 또는 이동하는 것은 자연적인 순리이다.

(24) a.와 (28) b.의 동사 '깨-'가 동작주를 취하지 않으면 또한 대격의 대상을 취할 수 없다. Bruzio의 일반화식으로 말하면 동사는 대격을 갖고 있지 않으면 주어 의미역을 갖지 않게 된다. '그릇 - 깨-' 의 병합체는 선택의 기로에 서게 된다. 주어 의미역의 구성소와 병합을 전제로 하여 대격동사화하든지 후핵의 도움을 받아 비대격동사화하든지 하는 수밖에 없다.

한국어나 영어나 술어핵의 병합에서 새로운 비대격동사가 형성되면 대상 논항은 주격을 받을 수 있는 곳(vP의 외항)에 안착해야만 격도 완전히 실현되는 것으로 설명될 수 있다. 대상의 θ-역할이 주어진 A-위치가 격의 불가시성으로 불안하게 되어 확실한 A-위치 그러면서 θ'-위치로 옮기는 A-이동이 된다.

이러한 비대격동사의 목적어가 vP의 지정어(외항)에의 이동은 수량사 유리현상과 결과술어 그리고 동사유래 복합어 등의 현상에서 확인되는 일도 있다. 그러나 수량사 유리현상에 대하여는 유리수량사와 그것이 수식하는 NP 사이를 상호 m-통어 관계로 포착하는 것과 이와 관계없는 유리수량사의 기저생성이라고 하는 의견 등이 있다.

(29) a. [$_{vP}$ 그릇 [나 때문에 [$_{VP}$ t 두 개 깨]지]었다].
b. [$_{vP}$ 그릇을 [$_{VP}$ 내가 [$_{VP}$ t 두 개 깨]었다]].

m-통어 관계는 흔적과의 관계로 성립하지만 '그릇이' 주어 위치에 기저생성되었다고 보면 ((29) b.는 뒤섞기에 의함) m-통어 관계가 성립하지 않으며 이동의 근거는 되지 않는다.

결과술어의 경우 영어에서,

(30) a. Mary painted the building white.

b. The buildingi was painted t_i white.

목적보어로 쓰인 white가 '칠한다'는 동작의 결과 생긴 상태를 나타낸다고 해서 결과술어로 해석되는데, b.의 피동문에서는 흔적이 그 결과술어와 관계짓고 있다.

한국어에서 다음 (31) b.에서의 '하얗게'도 그렇게 본다면 대비해 볼 수 있다. 이 때의 건물은 대상의 의미역이다. (31) a.의 대상과 동일하다.

(31) a. 주인이 건물을 하얗게 칠한다.
b. 건물이 (주인에 의해) 하얗게 칠해졌다.

그렇다면 구조표시는 [건물$_i$이 [하옇게 t_i 칠해지]었다]가 될 것이다. 목적어 위치의 흔적 t는 대상의 의미역을 받았음을 나타내면서 착지점에서는 이에 근접한 '하얗게'가 결과술어 해석을 낳고 있다고 할 수 있다.

복합명사의 후항이 동사의 명사형인 경우 전항과의 관계가,

1 전항의 의미역이 동작주인 경우
*가수 부르기, 어린이 걷기(대회) *동생 걷기
*가수(歌手) 나오기
2 전항의 의미역이 대상인 경우
노래 부르기, 산책로 걷기, 뺨치기

처럼 동작주의 전항을 취하지 않는데(예외는 있다), 대상의 전항을 취하는 경우가 많은 것을 볼 수 있다. 이상의 수량사 유리현상, 결과술어, 그리고 후항의 동사의 명사형에서 유래하는 복합어의 경우 등을 고려하면 비대격자동사가 대상 의미역의 주어를 가지는 경우가 있음을 이해할 수 있다.

이상과 같이 대상의 의미역을 가진 DP와 병합하면서 그것에 대격을 부여하지 않음으로써 그 대신 주어 자리에 옮기게 해서 $\mathcal{v}$(또는 I)로부터 주격을

받게 하는 자동사(타동사)가 비대격동사 혹은 능격동사이다. 곧 다음 (32)의 구조와 기제를 지닌다. 곧 비대격동사는 (동작주)주어를 가질 수 없는 동사이면서 대상의 DP에 대격을 줄 수 없는 동사이다. 그렇지 않으면 동일의 DP가 대격과 주격을 겹쳐 갖는 결과가 될 것이다.

(32) a. e-대상-비대격동사

b. [$_{vP}$ e [$_{Afp}$ [$_{VP}$ 문 닫] 히] 다].

또 한편, 자동사에는 직접 동작주 논항과 병합하는 것이 있다. 이를 앞서의 비대격동사(능격동사)와 대조적으로 보아서 비능격동사라고 한다. '가다, 오다, 웃다, 달리다, 춤추다'(어휘부에서의 합성동사로 보았을 때)… 등의 동사류이다. 수형도로 보이면,

(33) a. b.

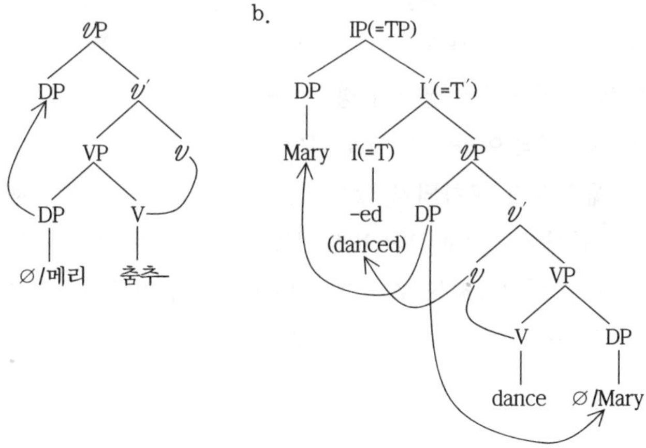

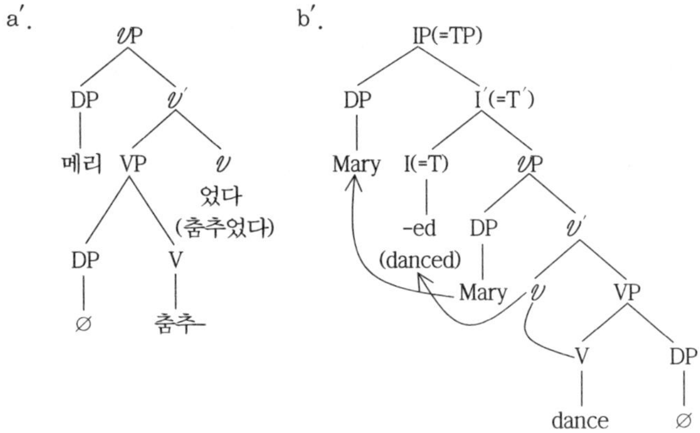

a와 a′., 그리고 b.와 b′.의 차이는 동작주 DP를 일단 VP 레벨에서 생성시키는가 아니면 애초에 𝑣P 레벨에서 생성시키는가의 차이다. 또한 위에서처럼 간단한 구문의 생성에서 𝑣P와 VP의 구별 없이 VP 한가지의 기제로 할 수도 있다. 다른 구문과 맞추어서 구별을 두었다(영어는 I(=T)의 투사체를 별도로 설정하고, 한국어는 𝑣에 내포되는 것으로 함).

앞의 수형도에서 영어의 경우 𝑣-I 핵병합과 𝑣P 지정어의 Mary의 IP 지정어 위치에의 이동이 교차를 이루고 있다. I의 도입을 계기로 먼저 Mary가 먼저 옮겼다면 교차되지 않는 것으로 볼 수 있으나 문제되는 형상이다.

대격동사(타동사구문)와 비능격동사의 주어는 𝑣의 지정어 위치에 생기하고 있고 비대격동사는 V의 대상(목적어)의 위치에서 𝑣의 지정어 위치로 옮겨서 주어가 되고 있다. 곧 비대격동사가 갖는 하나의 논항은 주어인 동시에 목적어이다. 영어에서 주어-동사 일치를 보이는 점에서 주어이고, 그 흔적 t는 목적어 위치의 의미역을 갖고 있다.

𝑣P의 지정어 위치는 주어의 위치이지만 영어의 경우 술어와의 일치(시제)를 위해서는 IP의 지정어 위치에의 이동으로 이어진다. 한국어의 𝑣P의 지정어 위치는 핵문의 주어 위치로서 𝑣P 내부의 요소가 이동하여 오는 경우(V의 지정어 위치의 주어가 이동하는 등)도 있고, 새로운 요소가 도입되는 경우

도 있다. 후자는 피동문, 사동문의 주어가 그것이다.

이외에도 대주어 위치(𝓋P 부가 위치(𝓋P의 다중 외항)), 주제 위치(C 또는 S의 지정어 위치)에의 이동이 있는데 bottom-to-up 분석에서는 구조적으로 아래에서 위로 이동하는 식이다. 그것은 술어핵의 병합과정에서 오는 자연의 이치다. 선핵의 투사체가 미완이면 후핵의 투사체의 보부에 수용(부가)되는 연산에서 온다.

필자는 밑에서 위로 구축해 가면서 재구조화하는 일에는 결국 그 목표 곧 개념·의도구조의 의도가 작용하는 것으로 본다. 배번집합도 그러한 의도에서 선택된다고 볼 수 있다. 곧 위에서 아래로 오는(전체를 휘감는) 의도적인 시발구조가 있는 것으로 보며 그것에 아래서 올라오는 연산과 합치됨으로써 문의 완결성이 보장된다고 본다. 곧 문의 의도와 요소의 짜임새가 합치될 때 비로소 문이 되는 것이다.

4. 목적어 이동 - 피동문

4.1. 접사피동

앞서의 한국어의 비대격동사하고 피동사는 그 처신이 비슷하다. 접사를 취하는 점이라든지 논리적 주어가 비어 있다든지 대상의 의미역이 표면적 주어 구실은 하게 된다든지 하는 것이 그것이다. 다른 점도 있다. 피동의 대상은 피동자의 경우가 많고, 또 논리적 주어인 동작주가 의미격으로서 명시적으로 또는 은연중에 나타나 있는 것 등이다. 앞에서의 '그릇이 깨지다'의 경우의 동사는 경우에 따라서는 비대격동사로서, 중간동사로서 혹은 피동사로서 논의되는 경우가 있다. '그릇'의 속성을 나타내는 경우는 중간동사로서, '그릇'이 누군가(또는 무언가에)에 의해 깨진 경우는 피동사로서 논의되지만, 비대격동사는 단순히 대상의 물체에 일어난 사건을 나타내는 것이다.

다음은, 형태적으로 한국어에서 대격동사에 대해 비대격동사와 피동사가 동일한 접사로 구별됨을 보여주고 있다. 일본어도 마찬가지다.

(34)

	대격동사	비대격동사	피동사
a. 한국어	깨다	깨지다	깨지다
b. 일본어	kowasu(壞)	kowareru	kowareru
c. 영어	break	break	(be) broken

영어에서는 대격동사와 비대격동사는 같은 어형(break–break)을 지니기 때문에 비대격동사화에서는 비명시적인 Affix핵이 부가된 것으로 풀이되며, 피동사화에는 한국어처럼 명시적인 피동접사 en이 접미하나 과거분사형으로 be동사에 후행한다. 그러한 피동사는 타동사로부터 된 것이라 해도 그 대상에 대격을 부여할 수 없는 것은 같다.

피동사가 후행(영어), 또는 선행(한국어) 목적어 DP에게 격을 부여할 수 없다면 그 DP는 이동해야 한다. 그 자리는 피동사가 아닌 다른 격부여자인 v 혹은 I의 지정어 위치인 주어 자리이다.

영어에서는 종종 능동문과 피동문을 짝지어 능동문에서 피동문이 파생되는 것으로 분석되기도 하였다. 곧 능동문 동사의 피동사화로 목적어 DP가 주어 DP자리로 옮기는 이동분석이 제시되었다. 다음의 능동문과 피동문의 대응에서, 능동문의 구조분석(SD)과 피동문에의 구조변화(SC)를 보이면,

(35) a. The man embraced the child.

b. The child was embraced by the man.

(36) a. SD DP_1 – Aux – V – DP_2 – X

1 – 2 – 3 – 4 – 5 ⇒

SC DP_2 – Aux – be en V – DP_1

4 – 2 – be en +3 – by+1

b. the man –Aux – embrace – the child ⇒

the child–Aux – be en + embrace – by the man

(36) a.의 SD는 구조기술이라고도 하며 SA(구조기술)로 나타내기도 한다. –는 분단된 연결체의 기호이며 +는 양편에 있는 요소가 동일한 요소에 의해 직접 관할되고 있음을(자매연접 절점임을) 나타낸다. SC의 구조변화는 ⇒ (변형적용) 곧 PP의 위치 변환과 필수적인 조동사변형의 두 번의 적용을 보여 준다.

(37) a. 필수적인 조동사변형의 두번 적용 the child be+past embrace+en by+the man
b. 형태음소규칙 적용 the child was embraced by the man

최종적으로 (37) b.가 적용되어 (35) b.와 같아진다. 제주방언이면,

(38) a. ᄉᆞ나이가 애기(ㄹ/를) 안안.(안았–다/어)
b. 애기가 ᄉᆞ나이한티 엥견.(엥견=안기었–다/어)

영어나 제주방언에서의 이러한 피동화(변형)에는, 1. 동작주의 후치 (수의적), 피동주의 전치, 3. 동사에 영어는 피동접사(–en)의 부가가, 한국어에서도 피동접사((38) b. –기–)의 부가가 있다. 차이가 있다면 V와 Aux의 어순과 DP와 V의 어순의 차이이다. 이는 선핵/후핵의 매개변수에 기인한다. 어떻든, 이러한 운용은 수형도상으로 보아도 상대성이 없는 절점의 교체(Node–Swapping)가 되어 값비싼 운용이다. 수형도(간략형)로 보이면,

(39) a. 영어

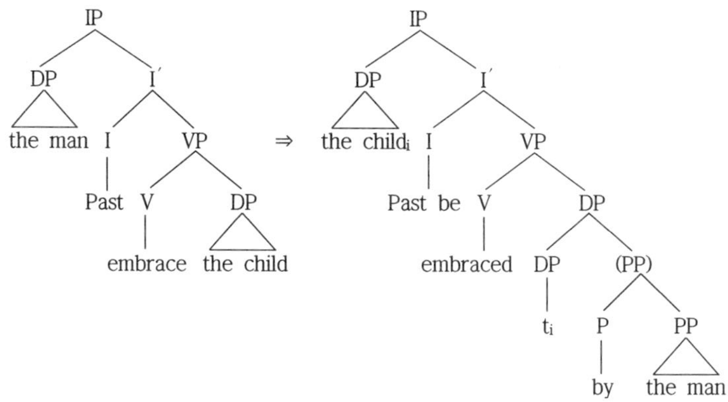

b. 한국어

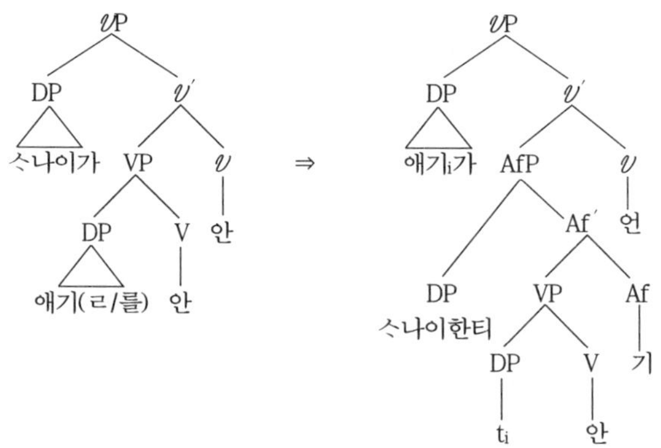

영어의 IP는 한국어에서 vP로 대체되고 있다. PP는 영어는 전치사구, 한국어는 후치사구(형태격)에 해당한다. 필자는 Af가 도입하는 소동주 논항(필수논항)으로 하고 있다.

영어나 한국어에는 여러 가지 피동구문이 있어서 앞서의 SD와 SC로 간단히 나타낼 수 있는 것은 아니나, 원형적으로 파악하려는 하나의 방법이다. 능동적으로 표현하려 하다가도 후위치의 대상의 요소를 특히 내세우려고 할 수도 있는 일이다, 초점화하고 강조하고 싶을 때는 이러한 기제가 작동할 수 있다고 본다. 선후 요소의 교환적인 기제 또는 그러한 분석은 비교적 간명하면서도 영어에서처럼 분사형, 접사이동 등의 형태음운규칙의 운용은 그렇게 단순하다고만 볼 수도 없다. 그리고 능동문과 피동문의 대응이 그 문중의 요소의 내세움, 강조 혹은 초점화의 여부에 그치지 않고, 문의 의미가 전연 딴판으로 바뀌는 경우도 있다. 양화사가 수반하는 구문에서,

(40) a. Every boy loves a girl.
b. A girl is loved by every boy.

(40) a.의 의미해석이 중의적인데, b.는 한가지다. 곧 a.는 1) 각자(누구나, 모두가) 각각 자기 여자를 사랑하고 있다는 것과, 2) 각자가(모두가, 누구나) 동일한 한 소녀를 사랑하고 있다는 뜻이 있다. 이에 대해 b.는 2)의 뜻밖에 없다.

한국어도 이에 준해서 생각할 수 있다. 다음의 제주방언에서도 그렇다.

(41) a. 모두가 한 여잘 사랑해.
b. 한 여자가 모두한티(서) 사랑받아.(-받아를 피동의 구실을 한다고 보았을 때)

여기서 피동문은 능동문과는 별도의 관계로 잡아서, 영어에서는 be-en과 by구가 애초부터 SD에 표시하고 명사구 전치(이동)만을 상정하게 된다.

(42) a. e was embrased the child (by the man).
b. e 애기 (ᄉᆞ나이한티) 엥견.

이러한 구조 표시의 설정은 영어에서의 명사구 후치와 같은 유별한 기제는 제거되고, 한국어에서는 피동화의 순조로움을 기할 수 있다고 보는 것이다. 그러나 (42) a.와 같은 구조 표시의 가정은 현실성이 없다고 보아진다.

과거의 D-구조의 추상적 구조를 가정할 때는 몰라도 처음부터 이러한 연산이 나올 수 없다. 타동사와 피동사의 구조상의 갈림 기제도 파악될 수 없고, 동작주가 의미격으로 후미에 위치해야하는 이유도 설명되기 어렵다.

영어와 한국어와는 be의 개재 여하의 차이가 있으나, 피동접사가 동사에 후접하는 것은 같다. by구가 영어에서는 맨끝에서 수의적으로 나타나는데, 한국어는 피동사 앞에 수의적으로 나타나고 맨 끝에 올 수 도 있다. 그리고 두 언어의 by구가 의미적인 면에서도 동일하다. 기저적으로 한국어는 DP_2가 선행하고 V와 I는 후행하는 어순인데 대해, 영어는 I-V-DP_2의 정반대의 어순이다.

피동사가 후행하는(한국어는 선행하는) 목적어에 격을 부여할 수 없는 이유로는 피동사의 격을 부여할 수 있는 자질의 결여 때문으로 보기도 하고, 그 보다 오히려 피동사가 상대방의 목적어의 격을 흡수해버려서 그렇다는 의견들이 있다. 전자에서는 격부여자는 보통 [-N]의 어휘범주이다. 영어의 피동사는 형용사와 닮은 처신을 하기 때문에 [+N, +V]의 자질을 지닌다고 보면 격부여능력이 없는 것으로 볼 수 있다. 후자에서는 영어의 피동형태소 -en이 주어의 θ-역할과 목적어 구조격의 부여능력을 흡수한다고 보고 있다. 그래서 격을 받지 못한 NP는 θ′의 IP 지정어 위치로 옮긴다는 것이다. 앞에서의 Bruzio의 일반화와 관련된다. 곧 주어의 의미역을 배당하기만 하면 그 목적어에 대격을 부여할 수 있다는 것인데, 이를 바꿔 말하면 동사가 목적어에 격을 부여할 수 없다면 주어에도 θ-역할을 부여할 수 없다는 것이 된다.

Chomsky(1981: 124)는 피동형에는 1) 주어가 의미역할을 받지 못하고, 2) 목적어가 격을 받지 못하는 두 특성이 있는데, 이 두 가지는 서로 별개의 것이 아니고 2)에서 1)이 연유하는 것으로 보고 있다. 그래서 피동 형태의 특성은 격을 흡수하는 것으로 보고 있다. Chomsky(1986b: 74)에서도 목적어의 주어 위치에의 이동의 피동화는 격여과와 피동형태소의(목적격)격의 흡수에서 오는 것으로 하였다.

中村(1991: 55)은 주어의 의미역할 흡수 쪽이 어느 언어에서나 볼 수 있는 피동형태소의 본질적인 특성으로 보고 있다. 곧 본래 있어야 할 주어를 없애는 것이 피동태의 본질이라는 것이다. 격의 흡수는 언어에 따라 Parameter화 된다고 하여 다음 세 가지의 가능성을 들고 있다.

(43) a. 수의적으로 격을 흡수하는 것 (일본어)
b. 가능한 때는 언제나 격을 흡수하는 것 (독일어, 네덜란드어(화란어), 노르웨이어)
c. 의무적으로 흡수하는 것 (영어)

(43) a.에서는, 피동태에서 격을 흡수할 필요가 없을 경우는, 자동사의 피동태라든지(자동사의 간접피동태), 타동사의 목적어가 구조격을 지니는 피동태(타동사의 간접피동태)가 있게 되고, 격을 흡수할 경우에는 타동사의 목적어가 주어의 위치에 이동한 피동태(직접피동태)가 가능한데 일본어가 이러한 언어에 속한다고 하였다. 한국어도 타동사의 경우 비슷한 현상이 보인다. 제주방언에서,

(44) a. 철수(가) 친구한티 욕(을) 얻어들언.
b. 철수(가) 친구한티 욕(을) 당해연.
c. 철수(가) 도둑한티 차(ㄹ/를) 도둑맞안.
d. 학생(이) 선생한티 욕들엄서. (욕들엄서=욕(을)듣고 있-다/어요)
e. 철수의 손이 영희한티 잡현.

(44) a., b., c.는 목저어 있는 피동으로 격이 흡수되지 않는 것으로 볼 수 있고(욕하다→욕들다), d., e.는 격이 흡수된 것으로 볼 수 있다.

일본어에서의 수의적인 격흡수의 양상은 피동접사 -rare의 통사적 위치의 다름에서 오는 것으로 보기도 한다(Washio 1990: (63)-). -rare 형태소에는 $-rare_1$(영어의 -en과 유사, 직접피동문에), $-rare_2$(간접피동문에)의 구

별(비동일기저분석)보다는 하나의 V의 −rare의 위치(필자 주, 병합)에 따라 구별이 있게 되는 것으로(동일기저분석) 보고 있다. 곧 접사적 위치에서는 영어처럼 격흡수하고(직접피동문), 다른(비어있는) 패각의 V 위치로 옮겨서는 격흡수하지 않고 새로운 논항(소동주)을 도입하여 간접피동문을 이룬다는 것이다. 필자의 술어핵의 병합과 논항 도입에서 생기는 것과 비슷한 면이 있으나 술어핵의 병합 그리고 그것으로 이루어지는 구 구조, 논항 도입 방식 등 많은 면에서 다름이 있다. 이동분석에 앞서서 피동사의 접사파생의 단계를 필자는 취하고 있다((67)이하). 곧 Af레벨에서 V+Af로 피동사가 되고 상대논항으로 by구인 소동주를 도입하는 방식이다.

한국어에는 −이/히/리/기 외에도 −당하다, −되다 등 피동접사가 쓰인다고 보는데 다음의 간접피동문에서도 대격이 유지되고 있다.

(45) a. 철수는(/ㄴ) 동생이 고리대금업자한티 집을 (저당으로) 잡혔젱.
b. 철수는(/ㄴ) 동생이 친구들한티(서) 폭행(을) 당헴젱./ 철수(는/ㄴ/가) 친구들한티 폭행당했젱.
c. 철수는(/ㄴ) 동생이 깡패들한티(서) 감금(을) 당헴젱(/감금되었젱)./ 철수(는/ㄴ/가) 깡패들한티 감금당했젱.

제주방언에서의 피동의 양상에서, 어휘적인 피동의 측면도 있다. (46) a.에서 대상의 대격은 유지된다.

(46) a. 누구한티(/에게) 잡현.
맞안./얻어맞안./얻어터전.
b. 누구한티(서/로부터) 보내완.
존경받안. 폭행당헤연.

'맞다'는 '맞추다'에 대해 ∅파생의 피동사로 볼 수 있다. 이에 '얻어'를 얹힘으로서 분명히 피동임을 나타내고 있다. 이러한 조어방식은 특수한 형식으로 아이누어에서도 보인다.

(47) a. nu '듣다' → a-nu '들리다'
b. rayke → a-rayke 죽임을 당하다.

영어에서도 능동의 형태로 피동의 의미를 나타내는 것이 있다. 이를 피동적 동사(Passive Verb), 능동피동태(Active-Passive)라고 한다(The book sells well). ∅파생의 피동사 혹은 어휘적 피동의 범주에 들지 않을까 한다.

(48) a. 화물이 (사무실에) 도착되언.
b. 등기우편이 (아바지 한티서) 보내완.
c. 우체부 아저씨는 (어린이 한티서) 환영받아.

(48) a에서는 착점이, b.에서는 동작주가, c.에서는 경험주가 잠재항으로 나타낼 수 있다. b., c.의 경우는 피동접사(-en)가 θ-역할을 흡수하였기에 그렇다고 볼 수 있다. 곧 피동형태소(-en)가 주어의 θ-역할을 흡수하였지만 영어의 경우처럼 by구로 재생되는 것과도 같다. 이상과 같이 한국어의 피동의 경우는 어느 한 가지 기제가 아닌 다양한 기제의 운용이 있다.

4.2. 짧은 피동과 긴 피동

한국어와 일본어에는 짧은 피동문과 긴 피동문이 있다. 전자는 어휘적 피동문, 후자는 통사적 피동문이라고 불리기도 한다. 예를 들면 '잡히다'와 같이 파생접사에 의한 피동사는 통사적으로 형성된 피동사로 보지 않고 어휘부에서 형성된 것으로 보면 어휘적 피동이 된다. 통사적 피동은 '잡혀지다', '잡게 되었다'와 같이 피동의 보조용언을 이용하는 경우이다. 필자는 이 모든 경우를 통사부에서 이루어지는 것으로 보고 있다. 어느 경우든 접사 및 보조용언은 술어형성의 핵의 부분이 되며 그것은 항의 도입과 직결되기 때문이다. 전자에서 짧은, 후자에서 긴 피동이 있게 된다.

일본어에서는 이와는 좀 다르게 동사 자체가 피동의 뜻을 지닌 경우가 짧은 피동형이고, 피동의 조동사 −reru/−rareru 가 쓰인 경우가 긴 피동형이다. 일본어의 예 (49) a.에서(b. 한국어, c. 제주방언 (시제형)병기),

	1	2	3
(49) a.	見る −	見える −	見られる
b.	보다	보이다	보여지다
c.	보암쩌	보염쩌	보여점쩌

1은 타동사이고, 2는 피동의 뜻을 지닌 동사(자동사)로서 짧은 피동형, 3은 피동접사(일본어 조동사)가 붙은 긴 피동형이다. 2와 3은 논항의 도입단계가 다르다. 2는 최소 1항, 3은 최소 2항이 소요된다. V+Af+$\mathcal{V}_1$의 술어핵의 병합과정에서 도출되는 피동문 외에 $\mathcal{V}_2$ 와의 병합에서 나타나는 피동문을 보조동사에 의한 피동이라고도 한다. Af 병합을 거치지 않는 자동, 타동의 술어핵이 보문핵과의 병합 후 피동의 보조동사 $\mathcal{V}_2$와의 병합으로 이루어진다.

(51) a. 형(이) (실직으로/때문에) 놀게 되언.
b. 형(이) 유학(을) 가게 되언.

'−게 되다'는 주어가 입는 상태변화이므로 피동형의 선행 여부에 관계 없이 피동의 뜻이 있다고 본다. '−게 되어지다'와 같은 '−지다' 접미형도 마찬가지다. 이때의 '−지다'는 이중피동이 아닌 형태적인 의미부가로 보아진다.

또한 V+Af−$\mathcal{V}$를 거친 피동문에도 C+$\mathcal{V}_2$를 거쳐 피동이 이루어지는 상황이 나타나기도 한다.

(50) a. 범인이 형사한티 잽히게 되언.

b. 형이 회사에서 실직당ᄒᆞ게 되언.

4.3. 직접피동과 간접피동

앞에서도 언급된 바 있는 직접피동문은 피동자가 직접 피동을 당하는 내용을 나타내고, 간접피동문은 주어 피동자와 긴밀한 관계가 있는 자가 제3자로부터 어떤 동작을 당함으로 주어 피동자에게 간접적으로 일을 당하는 내용을 나타낸다. 직접피동문은 능동문과의 대응이 있으나, 간접피동문은 그러한 대응이 없다. (52) a.에 대응하는 능동문 (52) b.는 비문이다.

(52) a. 花子が 先生に 友達を ほめられた。
(*花子가 선생님에게 친구를 칭찬받았다.)
花子가 선생님에게 친구의 칭찬을 받았다.
b. *先生が 花子を 友達を ほめた。
(*선생님이 花子를 친구를 칭찬하였다)

(52)의 예문이나 다음의 간접피동문의 예문에 대응하는 능동문은 없다. 이러한 간접피동문은 일상적으로 청취하기는 어려우나 정황에 따라 충분히 사용될 수 있는 그리고 사용되기도 하는 것이라고 한다.

(53) a. 철수 엄마가 선생님한티 철수(ㄹ/를) 칭찬받았젱.
b. 저 아방이 눈앞에서 형사한티(서) 자식(을) 체포당ᄒᆞ난(오죽ᄒᆞᆫ 줄 아니).

능동문과 직접피동문의 대응과 분석을 보이면,,

(54) a. 능동문　　형사가 (이장의) 자식(을) 체포헤연.
b. 직접피동문　　(이장의) 자식이 형사한티 체포되연/당해연.
c. 간접피동문　　이장이 형사한티 자식을 체포당헤연.

(55) a. 능동문 [$_{vP}$ 형사 자식 체포헤연]
b. 직접피동문 [$_{vP}$ [e] [형사 자식 체포] 당헤연]
c. 간접피동문 [$_{vP}$ 이장 [$_{vP}$ 형사 자식 체포] 당헤연]

(54) c., (55) c.의 간접피동문은 직접피동문의 기저문(피동동사)에 간접피동주가 도입(외부병합)되고 목적어는 대격을 지니고 있다. 이는 V단계에서 대상이 대격을 받은 연후 Affix 레벨에서 피동화하면서 소동주가, 나중에 간접피동주가 도입된 것으로 풀이된다. 곧 대상의 이동 여부의 차이이다. 다음의 일문도,

(56) a. 先生が 花子に 友達を ほめられた。
b. [$_{IP}$ 先生が [$_{IP}$ 花子 友達を ほめ] られた]。

능동문의 주어 '花子'가 소동주로 간접목적어화되고 있다.

長谷川(1999: 132)에서는 직접피동문과 간접피동문의 대비표가 제시되어 있다.

(57)

	직접피동문	간접피동문
a. 능동문과의 대응	있다	없다
b. 술어의 타입	타동사	자동사도 가함
c. 술어의 목적어	주어	목적어
d. 항의 수	하나 감소	하나증가(간접피동자)
e. 의미상의 주어	부가사	항

직접피동문에서 논항이 하나 감소하고 의미상의 주어가 부가사라는 것은 원래의 주어 논항이 PP구의 의미격으로 강등해서 그렇다. 간접피동문에서 논항이 하나 증가하고 의미상의 주어가 항이라고 하는 것은 PP의 의미격이 주어 논항이 되기 때문이다. PP구도 의미역할을 수행하기 때문에 여기서 쓰고 있는 항과 부가사를 전자는 구조격의 DP, 후자를 의미격의 DP로 이해

하면 된다. 필자는 이들 요소는 구조적으로 빠뜨릴 수 없는 것이기에 모두 구조격으로 보고 있다. 필자의 피동문 형성 기제는 (67)이하에서 보인다.

4.4. 자동사 피동

또한 영어와는 달리 한국어나 일본어가 자동사도 피동사가 될 수 있다.

(58) a. 웃다 - 웃어지다
b. 笑う - 笑われる

이들이 피동의 뜻 외에 자발과 가능의 뜻이 있는 것도 공통된다. 일본어의 경우는 주로 남에게 피해를 받는 뜻을 나타내는 '피해의 피동'이라는 것인데 일종의 간접피동문이다.

(59) a. 花子が 雨に 降られる。(花子가 비를/비에 맞다)
b. 親が 子に 泣かれる。(부모가 자식의 울음을 당하다)

일본어에 대한 한국어의 번역은 어색하리만큼 짝 짓기 어렵다. 일본어도 이러한 피동문에 상응하는 능동문이 없다.

(60) a. *雨が 花子を 降った。(비가 花子에 내리다)
b. *子が 親を 泣かす。(자식이 부모를 울리다)((59)b.의 의미에서 비문이다)

그 점은 한국어도 마찬가지나 핵문법을 공유한다고 보는 한국어와 일본어에 있어서 생성기제의 동일성이 피해의 피동에서 예외가 있게 되는 것 같은 문제가 생긴다.

(59) a., b.에 대응하는 한국어(제주방언)를 다시 보이면,

(60) a. (영희가) 비에/를 젖언/얻어맞안(/맞게 되연).

b. 부모가 자식에게/의 울음(을) 당헤연/들언(/당하게/들게 되연).

좀 어색한 의미상의 대응이나, 피동 표현의 형태상의 차이뿐이라고 볼수 있는 여지는 있다. 특히 내세우는 피동자 DP를 앞에 제시하고(혹은 생략하고) 소동주(사동주)에 의해 야기된 동작을 동사–피동 형태소로 나타내는 중심적인 틀은 같다고 할 수 있다. 일본어는 –reru의 형태 한 가지가 쓰이는 데 대해 한국어는 (비가) 내리다, (여인이) 울다와 같은 동사에는 조어상 일반적인 피동형태소(이/히/리/기)가 접미할 수 없고 (*내리리다, '울리다'는 타동/사동의 뜻) 다른 형태적 표현을 이용하였다고 할 수 있다. (60) a, b의 말미의 괄호 안의 긴 피동도 있을 수 있다.

4.5. 동일기저분석과 비동일기저분석

간접피동문이 직접피동문과 동일한 기저구조에서 도출되었다고 보기도 하고(균일이론이라고도 한다), 별개의 기저구조에서 도출되었다고 보기도 하는데(비균일이론이라고도 한다), 이에 따라 일본어의 피동형태소 –rare의 성격이 달라진다. 전자의 이론에서는 동일하다고 보는데, 후자의 이론에서는 간접피동문의 –rare는 주문동사의 성격을, 직접피동문의 –rare는 접미사적인 성격을 가지는 것으로 본다. 한국어의 피동표현의 갈림도 레벨의 다름 곧 도출단계와 격부여 기제의 여하에서 올 수 있다.

일본어에서 예컨대 다음 직접피동문과 간접피동문은 함께 보문구조를 설정하는 방식을 취하는 것이 동일기저분석이다.

(61) a. 山田さんが [奥さん 死ぬ] られた。(간접피동문)
(山田씨가 [부인 죽다] 당하다)
b. 山田さんが [奥さん ~~山田さん~~ 愛する] られた。(직접피동문) (동일명사구 삭제)
(山田씨가 [부인 ~~山田씨~~ 사랑하다] 받다)

비동일기적분석에서는 간접피동문은 (61) a.와 같은 보문구조를 설정하고, 직접피동문은 b.에서의 문법적 주어 자리를 비워두는 방식을 취한다.

(62) [______ [奥さん 山田さん 愛された]]。
　　　↑　　　(부인　山田씨　사랑받다.)
　　　└──────────┘

다음에서,

(63) a. 능동문　　: 영희가 철수(를/ㄹ) 지 방에서 안안.
　　b. 직접피동문 : 철수가 영희한티 지 방에서 안견.
　　c. 간접피동문 : 철수가 영희한티 지 방에서 동생을 안견.

(63) a.에서의 '지'(자기)의 선행사는 '영희'이고 b.에서는 '철수'이다(a., b. 모두 선행사가 주어인 공통점이 있다). c.에서는 '지'(자기)의 선행사는 주어의 '철수'를 가리킨다('영희'를 가리키는 뜻이 전연 없는 것은 아님). a., b., c.의 '지'를 '자신의'로 대체하면, a.와 b.에서는 '지'(자기)와 동일하나, c.에서는 '자신의'의 선행사는 '철수'도 '영희'도 될 수 있다. 만일에 '지(자신)'의 선행사를 절 안의 주어로 본다면, c.의 문은 대략 다음과 같다.

(64) [$_{vP}$ 철수 [$_{vP}$ 영희 지 방에서 동생 안] 견].

(62)에서의 비워 둔 자리에의 주어의 이동과 같은 분석은, (65) a.의 능동문과 b.의 직접피동문의 구조처럼 동일한 구조로 설정하면, 이동 DP의 성격과 이동 경로의 차이를 명시적으로 보여준다(단 a.의 이동은 b.와 대조적으로 보인 것이다. AfP는 ∅이고 vP의 지정어 위치에 도입된다고 보는 것이 경제적이다).

(65) a. [$_{vP}$ [e] [$_{AfP}$ 형사 [$_{VP}$ 범인 잡]안]].

b. [$_{vP}$ [e] [$_{AfP}$ 형사 [$_{VP}$ 범인 잡]히]언].

(65) a.의 *v*P의 지정어 위치는 동작주의 논항이다. b.의 AfP의 지정어 위치는 의미격의 부가어 위치이기에 생략이 가능하다고 보기도 하나, 필자는 피동문의 구조의 골격을 이루는 것은 구조격(Af가 도출)이며 생략 가능한 것은 다른 차원 (화용적인 면과 같은)의 문제로 생각한다. b.에서의 '범인'의 대상의 의미역은 비어있는 주어 자리로 이동하더라도 이동 후의 흔적 t 와의 연쇄 고리를 통해 동일한 대상 의미역이 유지된다. 그러나 간접피동문은 직접피동문과 달리 주문주어의 DP가 도입되고 그로 인해서 보문의 DP가 이동하지 못하고 제 자리에 멈춤으로서 대격으로 실현되는 것이다. 주격으로 실현될 여지가 전연 없는 것은 아닌데 이 경우는 '잡히'의 병합 후에 실현되었다고 본다. 어떻든 양자는 도출과정이 다르다고 할 수 있다.

(66) [$_{vP}$ 아방 [$_{AfP}$ 형사 [$_{VP}$ 아들 잡]히]언].

4.6. 피동문의 생성

(65) a., b.와 (66)의 모두를 다음의 술어핵의 병합과 문의 생성과정으로 나타낼 수 있다. 종전에는 술어핵의 병합을 동사이동 분석으로 불리기도 하였는데, 여기서 핵의 병합과정으로 보는 것은 단순한 동사의 이동 병합에 그치지 않고 병합으로 의해 반드시 새로운 논항 DP가 도입된다는 데 있다.

(67) a. [… [DP [DP [DP 술어핵] 술어핵] 술어핵]…].

b.

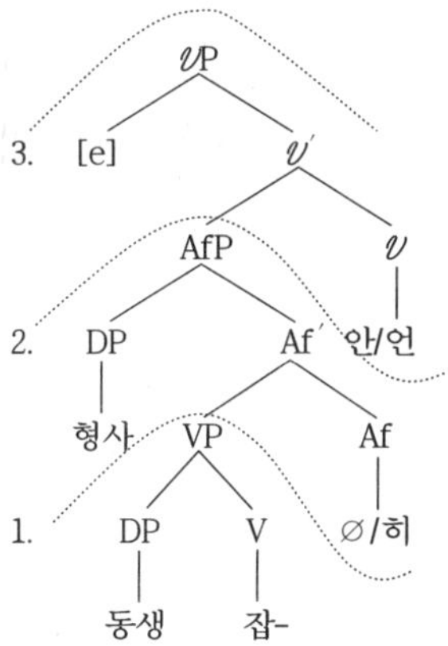

1. 에서 '동생'에 대격이 부여되고 Af가 ∅이면 능동문의 기틀이 된다.

2. 에서 V핵이 Af핵 '히'와 병합하고 동시에 논항(소동주) '형사(에게)'를 도입한다. Af핵이 ∅이면 동작주 논항은 𝑣P의 지정어에 도입되어 능동문의 골격이 이루어진다.

3. 에서 Af핵과 𝑣핵이 병합되고 [e]자리에 '동생'이 이동(내부병합)하면 직접피동문의 골격이 형성된다. 이 때의 이동은 최소연결조건에 저촉되는 내세움을 위한 값비싼 이동이다. 피동주가 발제 자리에 기저생성되었다고 보면 문제가 해소되는 점에서 피동문은 다분히 화용적인 운영기제로 보아진다. [e] 자리에 대상의 '동생'이 이동하지 않고 제자리에 남고, [e] 자리에 (간접)피동주의 DP가 도입(외부병합)되면 간접피동문의 골격이 형성된다. 긴 피동은 3. 레벨 이상에서 이루어진다.

일본어의 소위 어휘적 피동(見える)은 1. 의 레벨에서, −reru/−rareru 피동은 2. 의 레벨에서 이루어진다고 보기도 하나 피동표현은 2. 의 레벨에서의 Af핵이 ∅/reru 갈림에 의한 것으로 보고자 한다.

앞에서는 각 술어핵은 하나의 논항(DP)만을 도입하고 술어핵의 병합으로 재구조화되어 선핵의 투사체(병합체)는 후핵의 보어로 수용된다는 원칙에 입각하고 있다. 각 핵이 도입하는 DP는 추상격이다. (67) b. 의 1. 에서의

DP는 추상격이며 만일에 v의 지정어에 동작주 DP가 도입되면 Bruzio의 일반화에 의해 그 목적어(재구조화로 v에 근접한 DP)는 대격을 형태격 혹은 추상격으로 실현한다. 2. 에서의 Af의 지정어 위치는 의미격이라기보다 구조격으로 실현되며 소동주의 의미역을 수행하는 필수논항이다. 생략은 선행문맥(화맥)에서 인지되는 한 가능하다.

3. 의 v의 지정어 위치는 Af의 투사가 생략되면 동작주의 논항 위치이며, Af의 투사체가 수용되면 대상이 유인되는 자리(직접피동문), 혹은 경험주가 도입되는 자리(간접피동문)가 된다.

이로써 문의 골격은 형성되고 그 이상의 레벨은 긴 피동이 생성되는 영역이다. 술어의 형성에서 필자는 영어의 I의 역할은 한국어에서 v가 수행하는 것으로 하고, 따로 문의 마지막 결말핵으로 S를 가정하고 있다. 그리고 v핵과 S핵 사이에 보문소핵 C와 상위(후행)술어의 v_2핵을 설정한다. v_2에서는 긴 피동과 긴 사동을 형성한다.

(68)

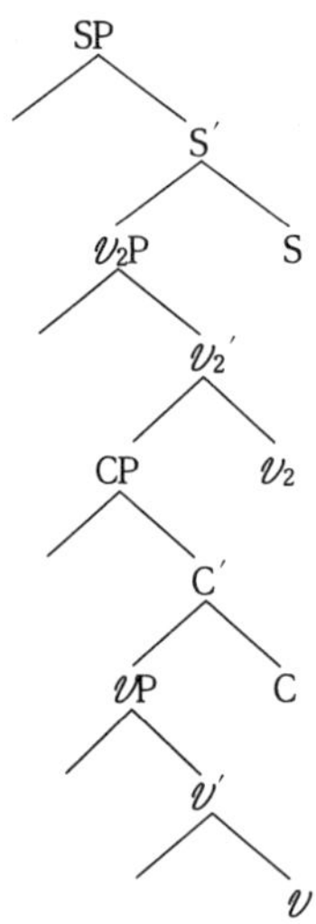

곧 CP레벨에서는 '~(하)는 것을', v_2P 레벨은 '(~(하)는 것을) ~하게 하였

다/되었다' 가 수행된다. SP 레벨에서는 종결어미/연결어미가 실현된다.

영어의 피동문도 술어핵의 병합으로 이루어진 것으로 분석된다. 다음 (69) a.의 능동문에 대한 피동문의 구조표시를 b.로 하면, 그 수형도는,

(69) a. John embarrassed Mary.

b. [$_{IP}$ e [$_{I'}$ I [$_{VP}$ be [$_{VP}$ embarrassed Marry ([$_{PP}$ by John])]]]].

(70)

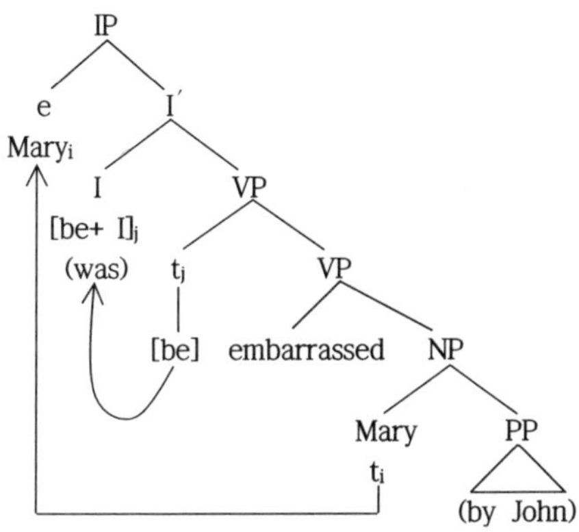

여기서는 한국어의 Af에 상당한 -en의 핵이 따로 내세우지 않고 있다. 그것을 설정한다면 다음의 (71)과 같이 되는 것으로 추정된다(약식으로).

(71)

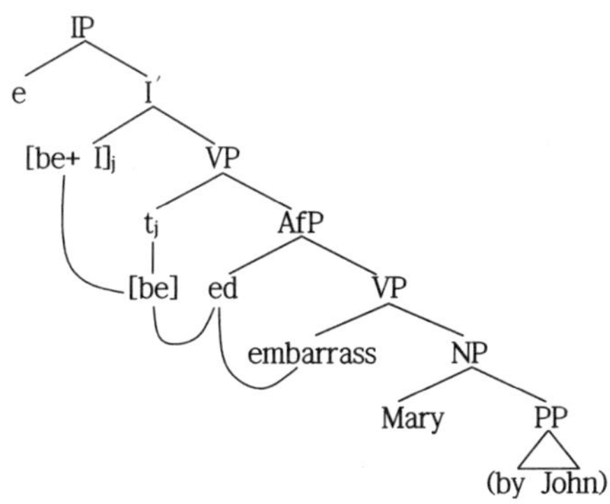

-en과 병합하기 이전의 embarrass는 타동사이며 순차적인 -en과의 병합으로 외재 의미역을 흡수하고, 그것을 실현할 필요성이 있을 때는 by구로 실현한다. 영어는 선핵언어이기에 술어의 형성도 be-embarrassed, [be+I](was)-embarrased와 같은 술어핵의 병합이 이루어진다고 보는 것이다. 이러한 구조 표시는 능동문과의 관계가 포착되지 못하며, by구의 후미 생성도 문제가 된다. PP구가 본래 AfP와 VP 사이에 있었는데 VP와 NP의 상위(선행)위치에의 병합과 이동으로 후미에 있게 된 것으로 할 수 있다.

長谷川(1990: 94)에서는 VP내부주어가설에 입각한 다음의 추상적 보편 피동구문을 가정하고 있다.

(72)

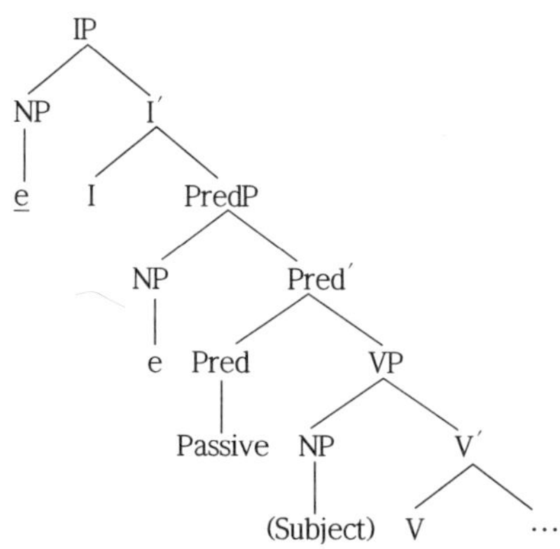

여기서의 PredP는 술어구이며 VP의 패각과도 같다. PredP의 핵 Pred의 Passive인 -en은 형용사적으로 보고 있다. 이 PredP와 Pred를 AP와 A로 표기하기도 한다. 술어핵을 V-Pred-I 레벨로 설정하는 격이 된다. (72)를 한국어와 일본어에 맞춰 바꿔 쓰면,

(73)

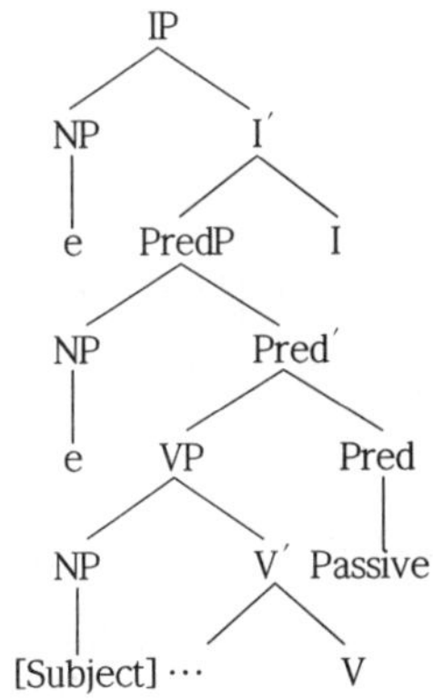

필자의 경우는 Pred(Passive)의 핵은 Af가 맡고 그 상위의 I핵의 일을 *v*핵이 맡는 식으로 술어기능을 분담시키고 있다.

(72)에 의해 (69) b.를 고쳐 쓰면, 능동문과의 관계가 잡힌다.

(74) [$_{IP}$ e [$_{I'}$ I [$_{PredP}$ e [$_{pred}$ embarrass$_i$−en [$_{VP}$ John t_i the Mary]]].

e (ⓔ)는 Mary의 이동지이다.

참고로 長谷川(1990: 100)의 영어와 일본어의 대비를 보면 피동형태소의 자질 차이 때문에 두 언어의 피동문 생성기제가 다른 것으로 보고 있다. 영어의 en은 [+N]이고 일본어의 rare는 [−N]로서 −en은 격부여 능력이 있고 타동사에만 결합하는데, rare는 격을 필요로 하지 않기 때문에 자동사든 타동사든 어느 것에나 결합한다는 것이다. 영어의 en이 [+N]으로서 격을 필요로 하고 타동사에 결합한다(격부여능력을 흡수한다)는 것은, [−N]의 동사에 [+N]의 −en이 결합함으로써 동사의 격부여 능력이 상실한다는 것이 된다. 그리고 rare는 [−N]이기에 동사성을 유지할 수 있어 간접피동에서 목적격의 실현이 가능하고, 존경문에서도 o격이 나타난다는 것이다.

(75) 先生が 子供を 叱られた。

(선생님이 어린이를 꾸중하셨다)

4.7. 긴(/장형) 피동문

장형 피동문의 경우, 보문핵에 후행(영어는 선행)하는 또 다른 술어핵 (필자는 v_2)의 병합으로 형성된다. 한국어의 '~게 되었다', 일본어는 '–reru/–rareru'의 경우가 이에 해당하는 것으로 보기도 한다.

영어에서는, 예컨대 다음의 (76)의 예문이 긴 피동의 예가 될 수 있지 않을 까 한다. '나의 지갑'이 누군가(someone)에 의하여 도둑맞았다의 뜻이라면 도둑맞게 되었다 와 병행적으로 생각해 볼 수 있다.

(76) I had (or get) my purse stolen.

한국어의 다음 구조에 견줄 수 있다.

(77) a. 나는 [나의 지갑이 (누군가에 의해서) 도둑맞게] 되었다.
b. 나는 [나의 지갑이 (누군가에 의해서) 도둑맞는 일을 당하였다.

'~게 되었다', '~지다' 와 같은 장형 피동은 피동접미사가 붙지 못하는 동사는 물론 피동형에도 실현된다. 전자와 후자의 의미상의 차이는 전자는 성취적인 뜻, 후자는 과정적인 뜻이다.

'~하다' 동사 (좋아하다, 연구하다)류는 '~하다' 자체가 접미사류이기 때문에, 그리고 수여동사 (주다, 안네다, 건네다)는 이중목적어를 지니기에, 득실(얻다, 잃다), 인식(알다, 모르다), 감정(느끼다, 놀라다), 왕래(헤매다, 가다, 오다, 찾다, 건너다), 의도(찾다, 돕다, 만나다, 가꾸다) 등의 동사는 피동접미사와 결합되지 않으므로 장형피동을 이룬다. 이들 동사는 표현주체의 정의적(情意的)인 표현에 쓰이는 것이기에 제3자의 소동주가 개재할 여지가 없기 때문인 것으로 풀이된다. 다음에서,

(78) a. 좋다 – 좋아지다 아버님이 운동으로 혈색이 좋아지셨다.
b. 예쁘다 – 예뻐지다 누나가 화장으로 얼굴이 예뻐지다.
c. 늙다 – 늙어지다 할아버지가 신병으로 늙어지셨다.
d. 이루다 – 이루어지다 동생이 꾸준한 노력으로 꿈이 이루어졌다.

여기서의 '좋다, 예쁘다, 늙다, 이루다' 등은 피동의 Af(~지다)와 병합하여 피동사가 될 수 있다. (79)의 사동에서의 $\mathcal{V}_2$에서의 '~게 하다' 와 같은 방식을 취하여 예컨대 (운동으로)혈색이 좋아지게 되었다/혈색이 좋게 되어졌다로 나타낼 수 있다.

(79) a. 운동이 아버님 혈색을 좋게 하였다.
b. 화장이 누나 얼굴을 예쁘게 하였다.
c. 걱정이 할아버지를 늙으시게 하였다.
d. 꾸준한 노력이 동생의 꿈을 이루게 하였다.

이에 맞추어 '~지다'도 $\mathcal{V}_2$레벨에서 구실하는 것으로 볼 수 있으나, '~게 되어졌다' 와 같은 경우 외에는 '~지다'를 Af의 레벨의 것으로 본다. Af 레벨의 것이기에 $\mathcal{V}$와 밀착되고 함께 거동한다. 그 중간에 다른 요소가 개재할 수 없다. $\mathcal{V}_2$ 레벨의 것이었다면 ~지다가 단독으로 처신하는 예가 나타날 것인데 그렇지 않다.

일본어의 -rare는 이런 면에서 $\mathcal{V}_2$레벨 곧 긴 피동의 거동도 한다고 볼 수 있다. *たべ(る)-たべられ(る)* '食'를 보면 그 형태가 밀착되어 있는 것 같지만 한국어와 달리 *たべ-られ* 사이에 다른 요소가 개재할 수 있다. 곧 *たべ-させ-られた* 처럼 사동의 요소가 개재된다. -rare는 보통은 접사피동의 일을 하지만 긴 피동의 일을 하는 경우도 있는 것으로 볼 수 있다.

'~지다'는 소동주 논항을 도입하지 않는 경우가 있다. 그것은 자동사화의 구실을 하는 것으로 볼 수 있다(수염이 길어졌다). 그러기에 '~지다' 피동이 원래가 '형용사+지다'에서 오는 경우는 목적어 있는 피동을 형성할 수 없

다. 문제는 다음 예에서,

(80) a. 바람이 문을 닫았다.
b. 문이 바람에 닫혔다.
c. 문이 바람에 닫혀졌다.

V+Af에서 '닫혔다'가 형성된 다음 '닫혀졌다'의 형성은 다시 Af가 겹치는 격(이중피동으로)이 되므로 '-지다'의 레벨이 Af가 아닌 v_2로 볼수 있다는 점이다. 그러나 '-지다'가 후속되었다 해서 피동문의 논항의 변화가 있는 것도 아니고 새로이 도입된 논항도 없다. 이는 Af의 형태상의 문제이며 '-지다'의 의미상의 부가(상태변화의 마무리)에 불과하다. '준비하다'와 같은 동작명사+경동사의 경우는 어휘부에서 형성되고 '준비되다'도 이와 병행적으로 보는 것이다. 동작성명사의 경우는 어근은 V(NV)이다.

(81) a. 준비를 하다 대격성 경동사 Af는 ∅, 하다는 V 어근에,
b. 준비하다 비능격성동사 전체가 어근에
c. 준비되다 전체가 V어근에 도출되고 Af를 거친다.
d. 준비가 되다 되다(어휘적 피동사)가 V어근에 도출된다.

(81) b., c.의 수형도는 (82) a., (81) a., d.의 수형도는 (82) b.이다.

(82) a. 준비하다, 준비되다

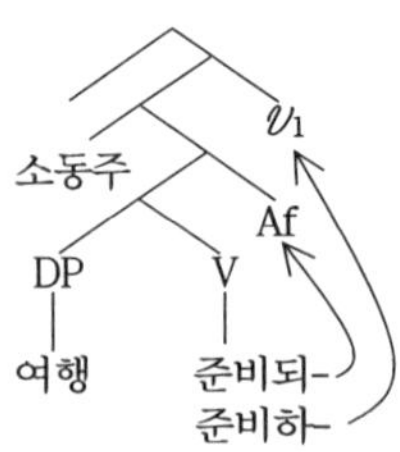

b. 준비를 하다, 준비가 되다

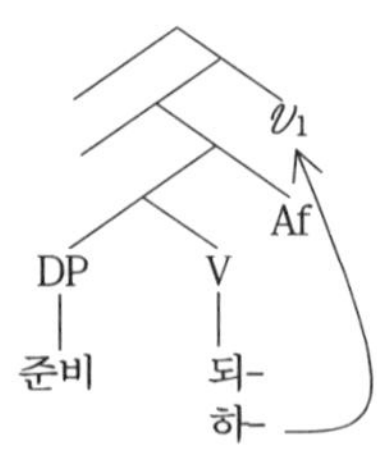

(82) b.는 능동과 피동의 대응과 목적어-술어관계가 간명하게 잡히나,

동작성명사가 DP 자리에, '하다'가 V 자리에 나타나는 분리성을 보여준다. (82) a.와 같이 동작성명사는 한결같이 V자리에 생기하는 것으로 할 수 있으나, 대격 '를'의 연유를 설명할 수가 없다. 동작성명사는 양면적 성격을 지니고 있으므로 DP 자리에 생기하느냐 V 자리에 생기하느냐에 따라 투사체의 형성이 달라질 것이다. 어휘적 피동사가 Af를 거치면 소동주/원인/원천의 논항(필수/임의)이 도입된다.

4.8. 피해의 피동

일본어에서 보이는 소위 피해의 피동의 경우도 술어핵의 병합과정으로 풀이 될 수 있다.

(83) a. 雨に濡れる。(비에 젖다)
b. 雨に濡れられる。(비에 얻어젖다/비에 젖음을 당하다)
c. 雨が降る。(비가 내리다)
d. 雨に降られる。(비를 맞았다, 비에 맞음을 당하다)

(83) a.의 '濡れる'(nureru)는 '濡る'(文語)에서 하2단화(下2段化)하여 어휘적 피동사가 된 것이고, b.는 피동조동사가 더 부가된 것이다. c.의 '降る'(huru)는 원래부터 피동의 뜻은 없으며 그것에 피동조동사가 부가되어, d.의 '降られる'(hurareru)가 된 것이다. 수형도를 보이면,

(84)
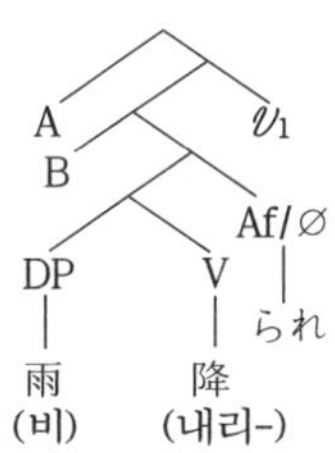

Af가 ∅면 '비'(雨)는 Af의 투사체 없이 $\mathcal{V}_1$의 지정어인 A위치에 옮겨서 자동문이 생성된다. V+Af의 병합에 의해 피동사 '降られ－'가 되면 그 지정어 위치인 B 자리는 소동주가 되어서 '비'(雨)가 그 자리에 옮기게 되면 '비에'(雨に)(의해서)의 구실을 한다. 그리고 A 자리에 주어 (피동주)가 도입되기도 한다. 곧 V+Af+$\mathcal{V}_1$의 병합체는 주어 DP를 도입할 수 있다.

(85) 大郎が雨に降られた。(大郎이 비를 맞았다/ 大郎에게 비가 뿌려졌다)

(85)의 한국어 번역은 일본어에 잘 맞지 않는다. (86)의 대응이 성립한다면,

(86) a. 비가 옷을 적시다. (적시다=젖게 하다)
b. 옷이 비에 젖다.

'젖다'에 피동의 뜻이 함유된다면 (85)의 번역으로 '大郎이 비에 젖었다'가 적절할 수 있다. '옷이 젖다'로는 불완전하며 무엇에(의해/ 때문에)라는 소동주(/원인)가 요구되는 피동의 뜻이 함유된 자동사라 할 수 있다. (바람에) '나부끼다' 같은 동사도 같은 류일 것이다. 다음을 보게 되면,

(87) a. 바람이 흰 눈을 날리다.
b. 흰 눈이 바람에 날리다.
c. 방문객이 종을 울리다.
d. 종이 방문객에(의해) 울리다.

동일 어형의 동사가 한편으로 사동/타동의 뜻으로 한편으로 피동의 뜻으로 쓰이고 있다. 피동접사 없이 피동으로 쓰이는 '받다, 얻어맞다, 듣다, 당하다, 속다, 녹다…'도 소동주 논항 '~한티(에게)'가 따라오게 된다면 어휘적 피동으로 볼 수 있다. 그렇다면 이들 동사는 어휘부에 소동주를 도입하는 피동의 뜻의 동사로 등재되어야 할 것이다.

만일 '젖다'에 피동의 뜻이 전혀 없다면, 긴 피동으로 해서 '비에 젖게 되었다'로 나타낼 수밖에 없다. 한국어의 긴 피동은 $\mathcal{v}_2$ 레벨에서 이루어지고, 일본어의 긴 피동도 그렇다고 보면 한일 두 언어의 피동형은 음형화의 차이(혹은 레벨에 이견이 있다면 레벨의 차이)뿐이지 기본적으로는 같은 통사적 과정을 겪는다고 할 수 있다.

4.9. 목적어가 있는 피동

앞에서도 피동문에서 목적어의 대상 논항이 대격을 유지하는 예가 있었지만 여기서 그 일을 살펴보기로 한다.

동사가 피동접사와의 병합으로 피동사화되면 주어의 동작주 의미역과 목적어의 대상역을 흡수하게 되어 피동문이 형성하게 되는데, 목적어의 구조격(대격)을 그대로 유지(실현)하는 경우를 목적어 있는 피동이라 이른다.

(88) a. 철수(가) 영희(의) 손(을) 잡안.
b. 영희(가) 철수한티 손이 잽현. (잽현=잡히었-다/어)
c. 영희(가) 철수한티 손을 잽현.

(88) b., c.가 (88) a.에서 피동화되었다고 보기는 곤란하다. '영희의 손을'의 DP구조에서 '영희'만을 빼어내기가 곤란하다고 보기 때문이다. (88) a.의 피동화는 (89)와 같이 될 것이다.

(89) 영희(의) 손이 철수한티 잽현.

(88) a.를 다음과 같이 DP의 연속체를 상정하면 어떻게 될까?

(90) 철수가 영희를 손을 잡안.

DP의 연속체는 DP 사이의 특수한 관계 곧 전신-신체 일부, 소유자-소유물, 전체-부분에 있다고 보면 그 중의 일부분만의 피동화는 곤란하다. 아마도 다음과 같이 DP 연속체가 함께 처신할 것이다. 아니면 (89)처럼 선행 DP가 속격화할 것이다.

(91) 영희가 손이 철수한티 젭현.

전체-부분의 연속체가 동사 앞에서는 이중목적격으로 실현되나, 피동문에서 어두에서의 이중주격 아니면 관형격-주격으로 실현되는 것은 있을 수 있는 일이다.

그럼 (88) c.는 (90)의 '영희'만이 피동주가 되었다고 보아야 할까, DP의 연속체로 보는 이상은 곤란할 것이다. 다시 문제의 피동문을 적으면,

(92) a. 영희의(/가) 손이 철수한티 젭현.
b. 영희가 철수한티 손을 젭현.

(92) a.의 피동화는 (88) a.와도 대응하고 피동의 파생과정에도 문제가 없다. (92) b.의 목적어 있는 파생의 경우는 술어핵의 병합과정으로 설명할 수 있지 않을까 한다. 어근핵의 보충어 DP는 어근핵의 성격에 따라 대상, 경험주, 동작주일 수 있다. V 잡-의 경우는 대상이다. V핵이 후행 Af핵과 병합하면서 소동주 논항을 도입한다. Af핵과 병합하지 않으면 바로 v_1핵과 병합하면서 동작주 논항을 도입한다.

(93) a. (영희의) 손이 철수한티 잽현.　　b. 영희가 철수한티 손을 잽현.

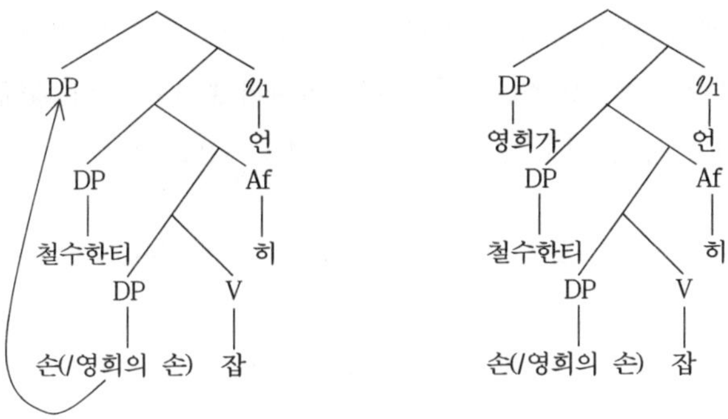

일견 (93) a., b.의 차이는 V의 대상의 격이 V+Af에 흡수되어 v_1의 지정어 위치로 이동하는가 아니면 V의 대상이 제자리에서 대격을 부여받은 후 V+Af가 병합이 이루어졌는가에 있다고 보겠으나, 다른 생성경로도 있을 수 있다.

한마디로, 목적어 있는 피동의 파생은 주어 위치에 직접피동자(부분)/간접피동자(전체)가 위치하느냐의 차이라고도 볼 수 있는데, 발제 – 결말의 상위구조에서 선행 맥락에 어떤 문맥 / 화용이 있었는가에 따라 주어 위치에 어떤 요소가 선점하는가에 달라질 수 있다. 관심사가 '영희의 손'이라면 '영희의 손이' 아니면 '영희가', 아니면 '손'만이라도(영희는 이미 아는 사실이기에 줄이고) 제시될 수 있다.

명제문에서도 그 어떤 성분의 도출이나 격 실현은 기계적으로 그리고 일률적으로 이루어지는 것은 아니라고 본다. 피동문에서도 술어핵이 도입하는 DP를 구조격이라고 본다면 그것이 추상격이든 형태격으로 실현된 후 그 적부를 점검받는다는 가정 아래에서는 점검이 이루어지는 한에서 융통성(격표시의 교체)이 있을 것이다.

(93) b.의 수형도에서 밑에서 쌓아올리기에서 V의 대상 DP '손'이 V의 외항 위치에서 대격을 혹은 지연되어 V+Af 병합 후 (93) a.에서처럼 주격을 점검받았을 수도 있다. 또 앞에서 말한 대로 선행 문맥에서의 '철수한테 손

이 잡힌 거냐' 아니면 '철수가 과연 손을 잡았느냐'의 관심사에 따라, 곧 위(앞)에서 아래로 또는 밑에서 위로의 연산으로 달라질 수 있다고 본다.

그리고 목적어 있는 피동에는 접사파생의 피동사 외에도 ∅파생의 어휘적 피동사의 경우로 볼 수 있는 것도 있다.

(94) a. 철수(가) 영희한티 머리(ㄹ/를) (얻어)맞안.
b. 철수(가) 형한얻어) 깎안티 머리(ㄹ/를) (/깎연.(깎연=깎이었-다/어)
c. 형사가 범인한티 (얻어)죽언.

이들 동사는,

(95) a.	맞 – 다	자동사	맞 – ∅Af – 다	피동사
			(맞 – 히 – 다	타동사)
b.	깎 – 다	타동사	깎 – ∅Af – 다	피동사
			(깎 – 히 – 다	피동사)
c.	죽 – 다	자동사	죽 – ∅Af – 다	피동사
			(죽 – 이 – 다	타동사)

깎다의 경우는 어휘적 피동으로 보기 어렵다 해도 피동사 '깎히–'는 대격의 DP를 취한다고 할 수 있다.

4.10. 의사피동문

보통의 피동문은 능동문의 NP_1의 주어와 NP_2의 목적어가 자리바꿈의 형상을 보여주는 것이 일반적인데, 영어에서 전치사의 목적어가 주어화하고 전치사는 원래의 자리에 남는 특별한 것이 있다.. 이를 의사피동문이라고 한다.

(96) a. He laughed at her.

b. She was laughed at t (by him).

c. She slept in the bed.

d. The bed was slept in t (by her).

이 경우, laughed at 와 slept in 이 하나의 복합동사로서 재분석되어 과거분사로서 목적어에 격부여할 수 없기에 목적어가 주어 위치에 이동한다고 보고 있다. 모든 동사-(전치사)의 경우를 복합동사로 재분석할 수 있는 일도 아니어서 의미적으로 어떤 상관관계로 풀어야 하는 경우가 된다.

제주방언에서 구조격(여격)의 피동화로 볼 수 있는 것이 있다.

(97) a. 철수(는/ㄴ/가) 영희한티 책(을) 주언.

b. 영희(는/ㄴ/가) 철수한티서 책(을) 받안/받게 되연.

이것의 기저구조가 (98) a.또는 a′.와 같다면 설혹 이동의 운용이 있었더라도 격의 충돌을 피할 수 있으나,

(98) a. ??철수 영희 책 주언.

a′. ?철수 책 영희 주언.

b. *영희 철수 책 받안.

b′. *영희 책 철수 받안.

(97) a.에서처럼 여격 부여 후 (97) b.에서 주어 위치로 가서 다시 주격을 받는 다는 것은 두 개의 격의 충돌을 일으킨다. 또 (97) b.를 (97) a.의 피동화문이라고 보기 어렵다. 그것은 '받다' 동사를 그 자체만으로 어휘적 피동사라고 규정짓기도 어렵기 때문이다. 받-∅-다 의 Af 레벨에서보다는 보조동사를 쓰인 $\mathscr{V}_2$레벨의 피동화가 이루어진다고 볼 수 있다.

(99) a. 철수(는/ㄴ/가) 영희한티 미음(을) 멕연.

b. 영희(는/ㄴ/가) 철수한티서 미음(을) (얻어) 먹게 되언.

영어에서는 to(전치사)와 술어와의 인접성으로 재분석이 가능하였다. 한국어는 후치사(조사)와 술어와의 인접성으로 접사피동은 물론 어휘적피동을 관용화할 수 있다.

(100) a. (목표)~에게(한티) 주다 －(소동주/원천)~에게서/~로부터(한티(서)) 받다
b. (목표)~에게(한티) 멕이다 －(소동주/원천)~에게(한티(서)) 얻어먹다

(101) a. 철수(가) 영희한티 책(을) 주언. b. 영희(가) 철수한티(서) 책(을) 받안.

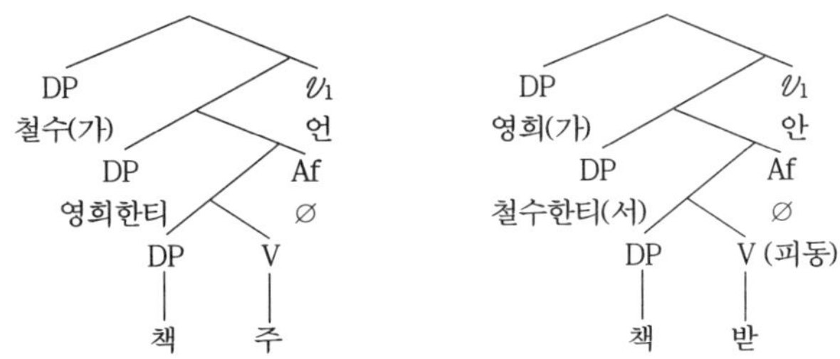

(101) a.에서 V자리에 '주-'가 있는 경우, '주+∅-' 병합체(수여동사화)가 목표(도달)의 논항 DP '영희한티'(여격목적어)를 도입하고,

b.에서 V자리에 '받-' 이 있는 경우, '받+∅' 의 피동사화로(또는 주+∅(피동)의 통사부 이후의 음형화로 '받-'이 되었다고 볼 수 있다.) 소동주(원천)의 논항 DP '철수한티(서)'를 도입한다. 이들 a.와 b.를 별도의 기저구조로 하지 않고 동일한 기저구조로 본다면 주+∅→받- 의 통사부 이후의 어휘화와 DP_1와 DP_2의 자리바꿈 아니면 DP_2의 DP_1위로의 상승의 운용이 있는 것이 된다. 문의 생성이 하향식이든 상향식이든 '~에게 주다, ~에게서 받다'는 뗄레야 뗄 수 없는 관계이고 '~에게(한티)'를 두고 NP(∅D)의 자리바꿈으로 피동의 표현이 이루어질 수 있다고도 볼 수 있다.

이상에 본 한국어의 여격의 피동화의 한 운용은 영어의 의사피동문에 견

주어 보기도 하고 이외에 이중목적어의 피동과 같은 패턴과 견주어 보기도 하나 격실현에 차이를 보여준다. 다음의 영어의 이중목적어 구문에서 보듯이 추상격(대명사는 형태격)의 간접목적의 피동화는 가능하고 직접목적어의 피동화는 불가능하지만 한국어는 (104)처럼 가능하다.

(102) a. He gave her a book.
b. She was given a book by him.
c. *A book was given her by him.

(102) c.가 적격문이 못되는 것은 (102) b., c.의 구조표시를 다음으로 한다면,

(103) [$_{IP}$ e [$_{I'}$ I [$_{VP}$ be [$_{VP}$ given her book by him]]]].

(103)에서는 book이 원 위치에서 내재격을 받고 주어 위치(e자리)로 이동 후 주격을 받는 것이 되어 격충돌이 되기 때문이다. 간접목적어(her)에도 격부여자 없는 것도 이유가 된다. (102) b.의 경우는 book가 give에 의해 의미역(대상)을 받고 있고 내재격을 지니므로 이동할 필요는 없으나, her는 격부여자가 없어서 격이 없으므로 비어있는 주어 자리로 이동하여 I로부터 주격을 받고 있다. IP의 지정어 위치는 A-위치이며 θ′-위치이다.

그러한 이동에 의한 피동 표현의 상황도 있을 수 있으나, 한국어의 경우 DP들이 형태적인 구조격으로 실현되었다고 보면 격충돌을 야기하는 이동 분석은 매우 어려운(값비싼) 운용이 될 것이다. 그럼에도 (102) c.에 상응하는 한국어의 피동표현이 가능한 것은 명시적으로 구조격/의미격을 늦추어 나타내는 방편이 있기 때문일 것이다.

(104) a. 책이 그로부터 그녀에게 주어졌다.
b. 책이 그녀에게 그로부터 주어졌다.

여기서 이들의 기저구조를 다음으로 본다면,

(105) 그(가) 그녀(에게) 책(을) 주었다.

그→그로부터(/에게서) (-받다)의 하강(또는 다른 DP의 상향)으로 술어가 피동사화할 수 있다고 본다.

(106) a. 그녀가 책을 그로부터 받았다/?주어졌다.
b. 책이 그녀에게 그로부터 주어졌다.

'~에게 주다'와 '~에게(서)/로부터 받아'의 상관에서 오는 어휘적 피동을, 소동주(원천)의 후치사(조사)와 동사의 밀착한 피동화로서 의사적 피동으로 생각할 수 있지 않을까 한다.

5. 사동문

사동문 특히 간접사동문의 경우 DP의 자리바뀜이 실현되는 경우가 있다. 자리바꿈을 이동으로 볼 것인지 재구조화의 자동적 재편화로 볼 것인지 논의의 여지는 있으나 자리 변동이 있는 것은 분명하니 넓게 이동이라는 말을 쓸 수 있다.

5.1. 사동문의 갈레

사동문도 피동문의 경우와 마찬가지로 동사 어근 V가 사동접사인 Af와 병합하면 피사동주 (피동주) 논항을 도입하고 V+Af와 $\mathcal{v}$와의 병합으로 사동주를 도입하는 접사적 사동(짧은사동)과 CP국면을 거쳐 $\mathcal{v}_2$레벨에서 '~하게 하다' 식으로 사동을 나타내는 긴 사동이 있다.

(107) a. 철수(는/ㄴ/가) 영희한티 죽을 얻어먹언.
b. 철수(는/ㄴ/가) 영희한티 죽을 멕연.
c. 철수(는/ㄴ/가) 영희한티 손(∅/이/을) 젭현.
d. 철수(는/ㄴ/가) 영희한티 죽을 먹게 헤연.(헤연=하였-다/어)
e. 철수(ㄴ/는) 영희가 죽을 먹게 헤연.

(107) a., c., d.의 '영희한티'는 소동주, b., d.의 '영희한티'는 수동주이다. a., c.는 DP_1-DP_2가 피동주-소동주 관계이고 b., d.는 사동주-수동주 관계이다. a., c.는 피동문이고, b., d.는 사동문이다. e.는 d.의 소동주(피사동주)/동작주의 의미역, 격의 교체를 보여준다. b.는 짧은 사동, d.는 긴 사동이다. 그리고 b., d.에서의 주어진 DP_1의 사동주는 직접적인 사동주이고 행위자이기에 직접사동이라 불린다.

5.2. 사동문의 구조분석

(107) b., d.의 사동문의 수형도를 나타내면,

(108) a. ((107)a.)

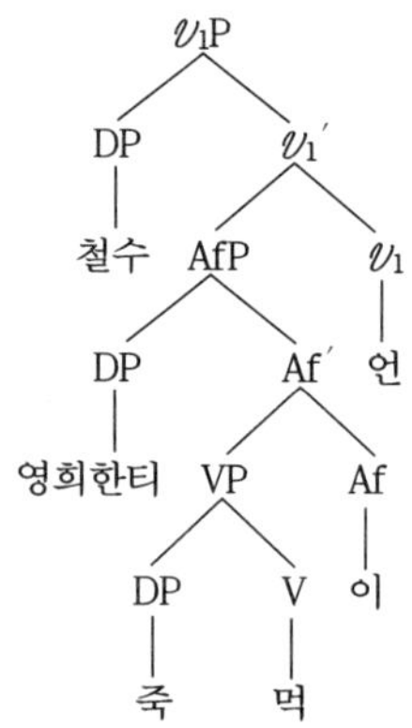

b. ((107)d.)

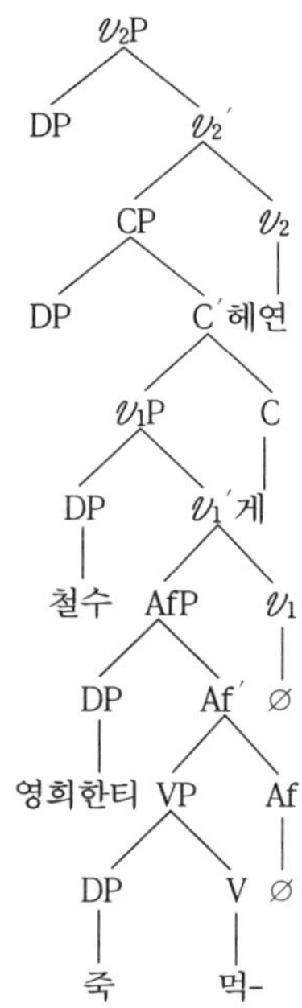

c. ((107)e.)

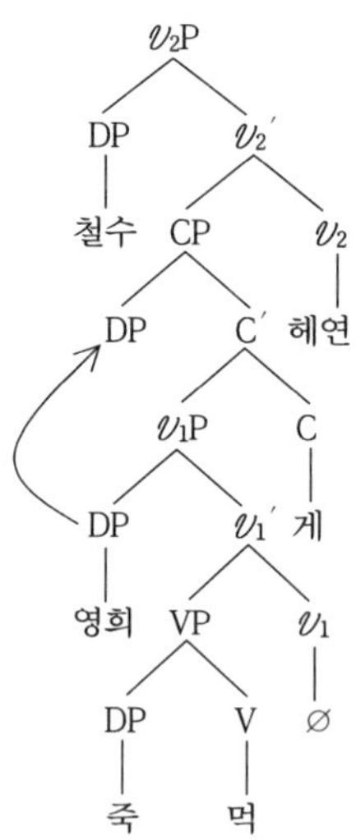

(108) b., c.의 대조를 통하여 '영희'의 의미역과 격의 바뀜이 동일위치에서 자유롭게 이루어진다고 보기보다는 도출 레벨의 다름에서 기인함을 볼 수 있다.

(109) (108) a. [철수 [영희 [죽 먹]이]언].
(108) b. [철수$_i$[t_i [t_i [영희 [죽 먹]∅]∅]게]헤연].
(108) c. [철수 [영희$_i$ [t_i [죽 먹] ∅]게]헤연].

(108) a.는 사동접사(Af) '-이'와의 병합으로 이루어진 것이고, (108) b.는 사동접사 없이 CP(-게)의 국면을 중개하여 v_2 국면에서 긴 사동문으로 이루어진 것이다. v_1P 지정부에 도입되는 주어 (사동주, 행위자)는 v_2P 레벨에의 위치조정(상승)된다. (108) b.에서 Af의 사동의 ∅파생을 가정하는 것은 피동주(피사동주) '영희한티'를 도입하기 위한 것이다. 그렇지 않으면, 먹는 대상인 DP에게 대격을 부여한다면 '영희'가 동작주의 의미역이 부여될 수 있고, 사동문의 형성과정에서 다시 피동주의 의미역을 받게 되는, θ-기준 위반의 일이 있게 된다. (108) c.에서는 '영희가' V_1레벨에서 동작주로서 주격으로 나타나는 경우이다.

이러한 구조적 분석은 능동문, 사동문, 피동문을 Af의 유형적/무형적 파생의 여부로 포괄적으로 설명할 수 있는 이점이 있다. Af에서는 타동사화 기능도 있다고 보면 다음의 B의 경우 사동사가 아니라는 것을 유의할 필요가 있다.

(110) A B C
a. 높다 → 담을 높이다 → 높이게 하다
b. 좁다 → 길을 좁히다 → 좁히게 하다
c. 웃다 → 철수를 웃기다 – 웃기게 하다
d. 익다 → 열매를 익히다 – 익히게 하다

B가 사동사가 아닌 것은 Af 병합 후 수동주(피사동주)를 도입하지 않기 때문이다. 이들은 짧은 사동 대신 C의 긴 사동으로 표현된다. 보문 내의 조응사 '자기' 의 해석에 도움이 된다는 점에서 기저적으로 복문구조 분석을 취하기도 한다.

(111) 철수가 [영희 자기 사진 버리]게 하다.

보문 내의 '자기'는 보문 내에서 보문주어와 동일지시될 수 있고 주문 편입 후에 주문주어와 동일지시될 수 있다고 설명하는 식이다. 그러나 보문주어가 어떻게 여격을 지니게 되고 동작주의 의미역이 수동주의 의미역으로 바뀔 수 있는가 하는 문제점이 있다.

영어의 재귀대명사화 규칙(柴谷 1982: 284)을 보면,

(112) a. XP X NP

1 2 3 ⇒ 1 2 3 [+대명사, +재귀형]　단 1. 1과 3은 동일지시를 지닌다.
2. 1과 3은 S내에 있어야 한다.

b. Johni hit Johni ⇒ John hit himself.

이에 따르면 보문구조 분석에서는 보문에서는 보문주어에 의해, 주문에 편입되면 주문주어에 의해 조응사가 동일지시되는 것이 되는데, 사동문에 수동주의 의미역으로 나타나는 경우는 주어로 보기 곤란하다.

(113) a. 어머니는 아들에게 자기 방에서 공부-시켰다/-하게 하였다.
b. 어머니는 아들에게 미움을 먹-였다/-게 하였다.

여기서((113) b.) 보문의 동사를 주문의 술어 '-게 하였다' 와 합치는 것을 동사상승이라고 하는데, 이들 술어의 요소를 술어핵으로 보아 핵-이동, 혹은 핵-병합이라는 말도 쓴다.

(114) a.

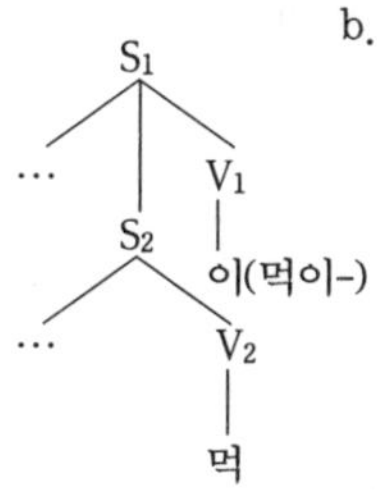

b. 어머니는 아들에게 지기방에서 미음을 먹였다.

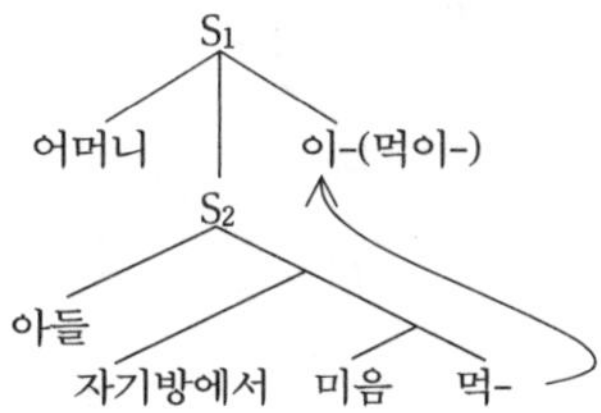

(114) b.의 보문에서 아들=자기가, 주문에서 어머니=자기가 성립할 수 있는 것 같지만 사동의 전체문에서는 이러한 두 가지 해석은 불가능하고 주문의 어머니=자기만 성립한다. 그러나 다음과 같은 긴 사동에서는,

(115) 어머니는 아들에게 자기 방에서 미움을 먹게 하였다.

어머니=자기, 아들=자기 의 두 가지 해석이 가능하다. 그 차이는 어디에서 오는 것일까? 하나는 V+Af의 먹이- (짧은 사동), 하나는 V+…$\mathcal{V}_2$의 먹게 하- (긴 사동)의 국면의 차이에서 오지 않을까 여겨진다. 전자는 도출과정에서의 보문주어-조응사의 관계가 가까워 보문주어의 직접적인 사동성이 강하여 보문주어지향적이고 후자는 보문이 주문과 합체 후 주문주어지향성으로 바뀌는 것으로 볼 수 있다. 곧 보문 인지의 지속의 차이로 볼 수 있다.

따라서, 재귀화(대용화)도 파생레벨(종전의 보문구조와 주문구조의 이중구조)의 인지 정도와도 관계되며, 병합 연산의 과정(핵요소의 여하)과 관련이 된다고 볼 수 있다. 술어형성과정으로 볼 때는,

(116) a. 철수가 영희에게 자기 사진을 버리게 하였다.

b.

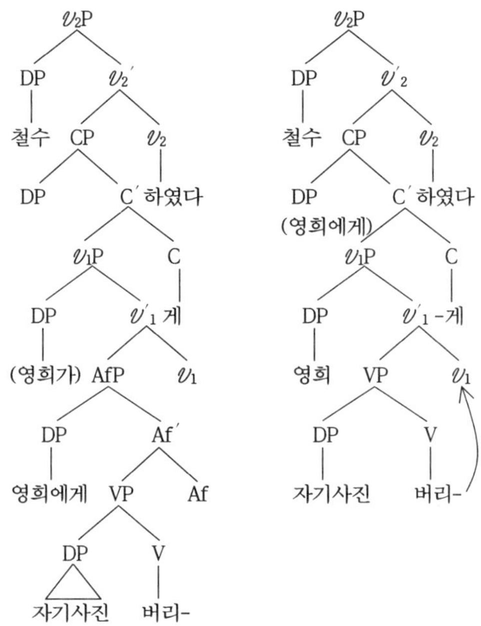

(116) b.는 Af와 v_1이 비어 있는 것이 여분적이고, c.의 경우는 '-게 하다'의 C-v_2의 합체가 보문 주어를 주문에서 소동주(피사동주)로 인상하는 식이 된다. v_1레벨에서 능동문, v_2레벨에서 사동문이 이루어지고 있다.

한편 동일지시의 결속문제도 문의 형성이 밑에서 위로냐, 위에서 아래냐의 문제와도 관련이 되는 것으로, 필자는 이러한 형성기제는 거의 동시적으로 이루어지며 그것이 합치될 때 적격문이 성립되는 것으로 보고 있다. 그렇게 보면 조응사 '자기' 는 밑에서 위로 올라가는 과정 중의 DP와 위에서 아래로 내려오는 DP의 복사에 의한 조응사화로 동일지시관계가 성립한다고 보는 것이다. 선행 문맥(화맥)이 '철수의 사진' 아니면 '영희의 사진'의 어느 쪽에 맞춰졌는가에 의해 달라진다고 본다. 일본어에서,

(117) a. 大郎が [花子を 車に 乗]せた。(大郎가 花子를 차에 태우다)

b. 大郎が [花子を車に乗ら]せた。(大郎가 花子를 차에 타게 하다)

모두 [花子…乗る]의 보문구조를 공유하지만 보문 내에 조응사 '自分'(자기)이 개재하면,

(118) a. 大郎が [花子を 自分の 車に 乗]せた。
b. 大郎が [花子を 自分の 車に 乗ら]せた。

(118) a.에서는 自分=大郎, 自分≠花子인데, b.에서는 自分=大郎/花子가 성립하는 점에서 a.는 단문(어휘사동), b.는 복문(통사부 사동)으로 보고 있다. 외형상 필자의 병합연산에서 a.는 $\mathcal{V}_1$레벨의 접사사동(사동사)의 짧은 사동, b.의 $\mathcal{V}_2$레벨의 긴 사동과 비슷하나 a.의 동사는 애초에 어휘부에서 대상과 착점의 논항을 취하는 타동사로 등재되어 있다고 보면 b.와는 달리 보문의 구획은 인지되지 않는다. 단순한 타동사문이다. 다음에서,

(119) a. 乗る – 자동사 (타동사적 용법도 있다) 타다
b. 乗せる – 타동사 태우다
c. 乗らせる – 사동사 타게 하다

(119) b.를 사동사로 보지 않는 것은 피사동주의 도출이 없기 때문이다. '花子を 車に 乗せる'와 같은 경우는 대격을 취하는 점에서 대상/피사동주 어느 쪽으로 볼 것인지의 문제가 있다. 대개 피사동주는 여격을 취한다.

b.를 사동으로 보게 되면 o격 사동이라 할 수 있다. c.는 o격 사동 외에 ni격 사동도 가능하다. 이 경우도 花子=自分의 결속이 가능하다.

지금까지는 타동사문의 사동화를 보았는데, 자동사문의 경우를 보면,

(120) a. 어린애가 웃었다.
b. 어머니가 어린이를 웃겼다.
c. 어머니가 어린이에게 웃게 하였다.

d. 어머니가 어린이를 웃게 하였다.

(120) b.의 경우는 동사는 타동사이고 '어린이'가 대상이다. c., d.의 경우는 긴 사동의 경우라고 할 수 있다.

일본어에서는 다음과 같이 ni사동과 o사동이 있다.

(121) a. 母が 子供に わらわせた。
(어머니가 어린이에게 웃게 하였다)
b. 母が子供をわらわせた。
(어머니가 어린이를 웃게 하였다)

ni(에게)사동은 허용적인 의미가 있으며 자기통제 가능의 (보문)동사(어린이가 웃다)를 취하나 '기절한다'와 같은 동사는 잘 취하지 않는다. 그래서 o(를)사동은 강제적인 의미를 지닌다고 풀이한다.

(121) a., b.는 통사적인 긴 사동으로 보는 경우이다. 따라서 (120) b.에서는 그러한 두 가지 의미 표현이 없는 점에서 사동적 표현이라기 보다는 타동적 표현이다. 이에 대해 (121)의 자동사의 피사동주를 도입하는 술어병합체는 긴 사동인 '-게 하다'의 경우라고 볼 수 있다. 그렇게 본다면 한국어와 일본어의 통사체의 차이는 미묘한 병합단계의 차이뿐이라는 것을 알 수 있다. 한국어에도 피사동주의 격 여하에 따라 허용적/강제적인 의미가 구별되는 듯이 보인다.

(122) a. 어머니가 어린이를 기절하게 하였다.
b. ?어머니가 어린이에게 기절하게 하였다.

(122) a.의 수동주는 강제적으로 당할 수 있지만, b.는 자기 의사로 기절할 리가 없다. 그렇다고 비문이라고 할 수 없는 것 같다. 문맥에 따라 그런 장면의 연출도 가능하기 때문이다. 여기서 -를 사동과 -에게 사동의 도출

과정을 맞춰 보면,

(123) a. 어머니는 어린이를 웃게 하였다. b. 어머니는 어린이에게 웃게 하였다.

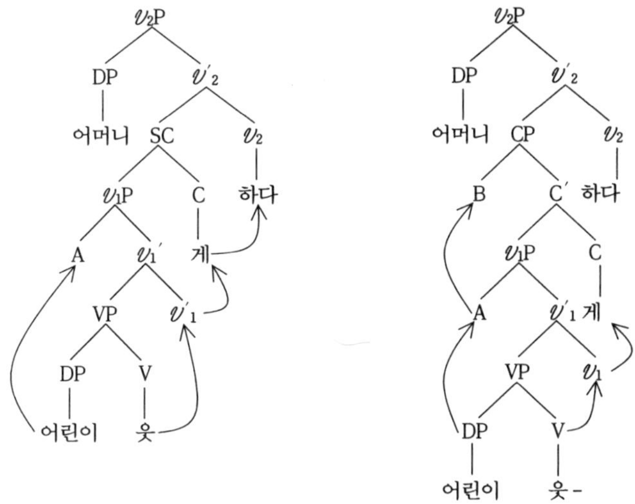

술어핵의 병합과 DP의 위치조정의 단계의 차이로 설명을 해보면, 먼저 자동문의 형성은 v_1P 레벨에서 이루어진다. A 자리는 그 주어 자리다. '웃게 하다'의 병합(CP의 붕괴)과 주문주어 '어머니'를 도입하면 DP '어린이'는 주문에 상승하여 (123) a.에서의 v_2'관할의 오직 하나의 DP로서 대격을 부여받아 형성된다(정문/비문의 판정은 일단 덮어 두고). v_1+C(웃게)의 술어병합에서 멈추면(CP유지형) (123) b.의 DP자리는 피사동주 '어린이에게'로 채워지고 (123) b.의 B의 문이 형성된다.

(124) a. 어머니가 어린이가 웃게 하였다.
b. 어머니가 어린이를 웃게 하였다.
c. 어머니가 어린이에게 웃게 하였다.

술어핵의 병합과 구조 가지치기 과정에서 (124) b.의 경우는 피사동주가 근문에 이르렀기 때문에 사동주의 직접적인 영향이 커서 강제성을 띠게 되고(대격 실현), c.는 CP레벨에서 머물렀다고 보면 그만큼 피사동주(여격)의 재량성을 지닐 수 있어 허용의 여유가 있게 되는 것이라고 풀이될 수 있다. a.의 경우는 핵문에서 이미 피사동주가 주격으로 실현된 경우라고 할 수 있다. 사동성이 가장 약한 경우라고 할 수 있다.

다음의 경우도 이에 준해서 피사동주의 도입을 레벨의 차이로 설명할 수 있다.

(125)

a. 철수는 영희에게 소설을 사게 하였다. b. 철수는 영희가 소설을 사게 하였다.

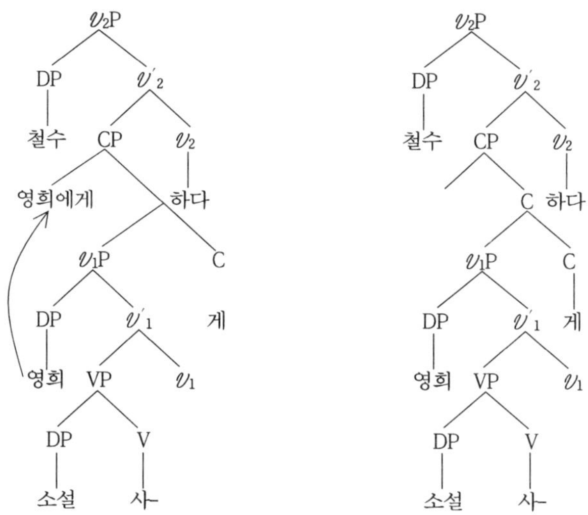

v_1의 지정어에서 주격을 받지 않고 v_1+C 병합시 피사동주화(영희에게) 한다.

v_1의 지정어에서 주격을 받는다. v_1+C 병합시 피사동주화하지 않는다.

영어에서는 사역표현을 피동 표현과 동일한 형식으로 나타내면서 의미해석만 상반적으로 하는 경우가 많다.

(126) a. I had my hair cut.

b. I had him do it.

(126) a.에서 '내 머리를 깎게 하였다'면 사동, '얻어 깎았다'면 피동이 되는 식이다.

b.에서도 '그에게 그것을 하도록 하였다(시켰다)'면 사동, '그에게 그것을 얻어하게 했다'면 피동과도 같다.

(127) a. I got him to do it.

b. I make him do it.

(126)의 have는 목적격 보어에 to 없는 부정사를 취하고, (127) a.의 get는 to 있는 부정사를 취한다. b.의 make는 사역동사이다.

이들을 보면 모두 기본적으로 사역동사+목적어+동사(to 있고 없는 차이)의 패턴으로 되어있다. 필자 나름대로 그 구조를 수형도와 괄호식으로 보이면,

(128)

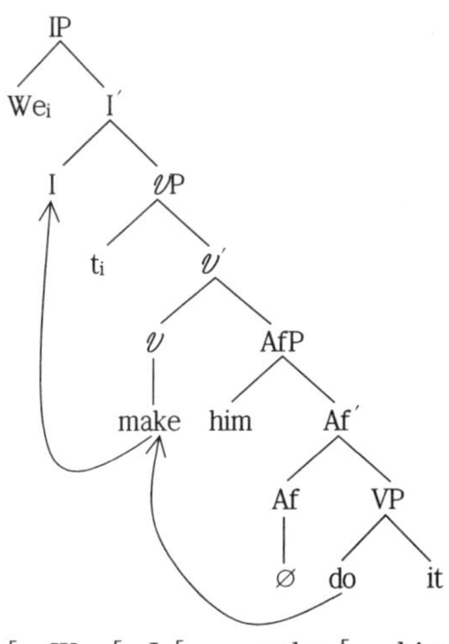

$[_{IP}$ We$_i$ $[_{I'}$ I $[_{VP}$ t_i make $[_{AfP}$ him $[_{Af}$ ∅$[_{VP}$ do it].

5.3. 피동문과의 대비

피동문의 경우와 대비해 보면 술어핵의 병합과정은 마찬가지나, 피동문의 경우는 비어 있는 주어 자리를 하위(목적어)의 DP가 이동(내부병합)하여 채우는 경우도 있지만, 사동문의 경우는 전적으로 사동주를 도입(외부병합)하고 있다.

여기서 참고로 한국어와 일본어의 피동과 사동에서의 접사적인 것과 통사적인 구별의 대조를 맞춰보기로 한다. 접사적인 것은 어휘적, 형태적인 것이라고도 하는데, 통사부에서 동사 어근에 ∅ 또는 유형의 접사가 가미되어 표현되는 이상, 통사적인 것으로 본다. 다만 어느레벨에서 실현되는가에 따라 단형과 장형으로 구분하고 있다.

(129) 피동

a. 어휘피동

Kor. 형사에게 체포되다, 체포당하다, 체포를 당하다.

Jap. 刑事に とられる.

b. 단형피동

Kor. 형사에게 잡히다.

Jap. 刑事に とられる.

c. 장형 피동

Kor. 형사에게 잡히게 되다.

Jap. 刑事に とられられた/とられるようになる.

(130) 사동

a. 어휘사동

Kor. 어린이를 차에 태우다. 공부를 시키다.

Jap. 子供を 車に 乗せる. 勉強を させる.

b. 단형사동

Kor. 간식을 먹이다.

Jap. 間食を 食べさせる.

c. 장형사동

Kor. 1) 간식을 먹게 하다. 간식을 먹도록 시키다. 2)간식을 먹이게 하다.

Jap. 1) 間食を 食べるように する. 2)間食を 食べるように させる.

한국어의 '태우다' 동사는 접사적 방법으로는 불가능하고 장형의 방법을 이용할 수 밖에 없다. 이와 상대되는 일본어의 '乗せる' 동사도 접사적 방법은 이용되지 않는다. 어휘적 사동의 한 예다. 일본어의 피동/사동의 조동사는 접사적 피동/사동 (-reru/-seru)의 구실을 하는 점에서 그 자체가 술어핵의 구실을 감당하고 있다 하겠다.

5.4. 이중사동

끝으로, 사동문에서의 이중사동의 경우를 보기로 한다. 간접사동의 경우가 된다. 제1의 수명자(피사동주)가 제2의 수명자(피사동주)에 어떤 일을 하명하는 경우이다. (131) b., (132) b.의 경우가 그렇다.

(131) a. 영희가 동생에게 미움을 먹이다.

b. 철수가 영희가(/보고) 동생에게 미움을 먹이도록 하였다.

수형도를 보이면,

(132) a.((131) a.) b.((131) b.)

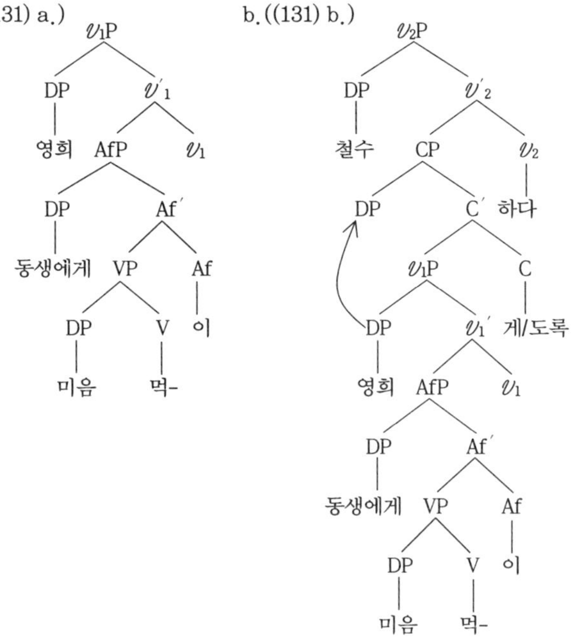

v_1 레벨에서의 '영희'가 수명자(피사동주)의 처지가 되면 자리이동을 한다고 본다. 하명자 '철수'는 최종적으로 도출되는 형상이나, 발제로서의 하명자의 '철수'가 전제가 되면 명제의 주어 '영희'가 '영희가/영희에게/영희한테/영희보고…'로 조정되는 경우가 있다고 본다. (130) c.의 장형사동 중에 2)는 이중사동의 경우가 된다.

지금까지 사동의 여러 가지 경우를 보았지만, 기저적으로 복문구조를 가정하여 하명자를 주문에, 수명자는 보문 주어자리에 잡도록 하면 이것이 주문에 상승하는 경우 격과 θ-역할에 변동을 초래하는 운용이 있게 된다. 한편, 사동문을 술어병합과정에 상응해서 사동주, 피사동주 논항을 도입하는 운용도 궁극적으로 주문에의 위치(구조) 조정이 있게 되지만 격과 θ-역할의 변동의 일이 덜하는 것으로 판단된다.

어느 경우든, 논항으로서 구조격의 위상을 유지하지만 복문구조분석에서는 θ-역할 내용의 변동은 있을 수 있다. 보문 주어의 동작주 역할이 주문에서 소동주 역할로 바뀜과 같다. 다만 기저구조의 보문 내에서는 격점검이 유예되었다면 달라진다. 어떻든, 주문에의 상승 혹은 위치(구조) 조정의 자리바뀜을 넓게 이동으로 본다면 A-이동, θ'이동의 범주이다.

6. 주제문

6.1. 주제문의 구조

주제문이라고 하는 것은 주어가 '는/은'의 구조격으로 실현되는 문을 이른다. 주어는 명제문 내지 시제문의 주부의 중심요소로서 술어부의 중심요소인 술어와 통사·의미적으로 일치관계를 이루는 것이라면, 주제 역시 이와 다를 바 없으나 담화분석이나 화용론적 차원에서 담화와 화용의 맥락에 맞추어 화자의 의향성을 드러내기 위해 주격 대신 주제격으로 나타낸 것이라고 할 수 있다. 주제격은 대게 주제 - 평술(評述)의 구조에 쓰이며 그 주제는 곧 평술의 언급대상성(Aboutness)을 지닌다.

구조상, 형식적 통사구조보다는 담화론적, 화용론적 표현구조가 더 포괄적(상위적)인 것으로 보아지기 때문에 주제가 주어(주격)를 감싸는 경우도 있게 된다. 주어는 구조격의 주격으로 실현되는데 추상격으로 실현될 수도 있다. 이에 대해 주제 역시 구조격(주제문 구조의 주제로서)으로 실현되지만 다른 대용(pause)없이 추상격으로 실현되지 않는다. 추상격으로 실현되면 주어와의 혼동을 야기하며 주제로서의 구실을 수행하기 어렵게 된다. 그래서 주제격을 의미격으로 보기도 하지만, 필자는 주제문이라는 구조문을 설정하는 이상 그 골격의 중심 곧 기저생성의 DP는 구조격을 지니는 것으로 보고 있다. '는/은' 의 주제격이 NP에게 주제의 자격(기능)을 부여한다고 보는 것이다.

보통 주제문 구조는 주제 - 평술의 이분관계로 파악되고 명제문 내지

시제문은 그 하위구조로 파악되고 있다.

(133)

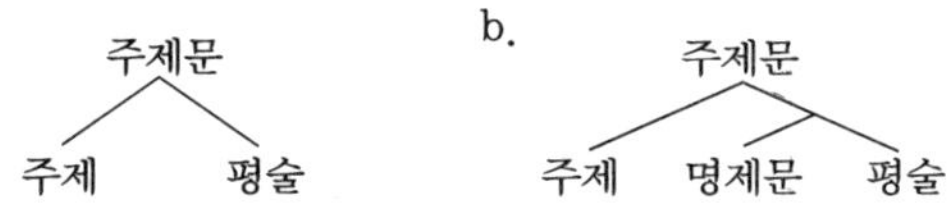

(133) b.는 사람에 따라 주제어-주어 구조를 주격중출구문(이중주격구문)의 하나로 보기도 한다. 그렇게 되려면 주제와 주어간의 의미상의 관련성이 있어야 한다. 이 때는 양자가 주어로서 vP(IP)의 복수의 지정어 위치에 생성되어 의미상의 관련성 예컨대 전체-부분과 같은 관계가 유지되어야 하며, 그 다음에 그 중 어느 하나가 주제화하는 것이다. 이와 달리 주제는 주제자리에 기저 생성되고 그것과 의미상 관련이 있는 평술이 있게 되는 것이다.

(134) a. 코끼리가 코가 길다.
b. 코끼리는 코가 길다.
c. 코는 코끼리가 길다.

vP(IP)의 복수지정어 위치에 생성하되 구조격의 형태적 차이뿐이라는 설명으로는 미흡할 수 있다. c.의 경우 '코끼리가 길다'의 문 형성은 무리이기 때문이다. 또 주제와 주어간의 의미상의 관련성이 없는 경우도 있다.

(134)의 예문에 상응하는 제주방언을 보면, DP$_1$과 DP$_2$가 단순히 vP의 복수의 지정어에 있는 것이라고 할 수 없는 것 같다.

(135) a. 코끼리(는/ㄴ/∅) 코(가/∅) 길다이/긴 게. (긴 게=길구나, 기네)
b. 코끼리(가/∅) 코(가/∅) 길다이/긴 게.
c. 코끼리(는/ㄴ/∅) 코(는/ㄴ/∅) 정말 길다이/긴 게.
d, 코끼리(가/∅) 코(는/ㄴ/∅) 정말 길다이/긴 게.

제주방언에서 모두 추상격으로 나타날 수 있기 때문에 pause를 대용하지 않는 한, 모두를 주격중출구문 외에 속격-주격 구문으로 보기 십상이다. 선두 DP에 pause가 있다면 그것은 주제 자리다.

(135) a., c.의 '코끼리'는 '코끼리-로 말하면 /-라고 한다면' 의 뜻으로 주제가 될 것이다. 제시어로서 혹은 선행 문맥이나 화맥에 언급, 인용되어 기지(旣知)적인 것을 내세운 것이다. b.의 '코끼리'는 전제없이 미지(未知)적인 처지에서 목전에서 새로운 정보를 얻은 것이면 중립서술이다. 문제의 대상(코가 긴 것) 중에서 코끼리만이라는 뜻이면 총기(總記)의 뜻이다.

상대적으로 내세운 때는 초점, 대비한 때는 대조가 되는데 그렇다면 '는/은' 에는 주제, 초점, 대비의 용법이 있게 되고 '이/가'에는 중립서술, 총기 · 초점의 용법이 있게 된다. (135) b.의 '코'의 초점 · 총기적이고, c., d.의 '코'는 대비하는 문맥이 아닌 한, 초점이 된다. 다만 d.의 경우는 뒤섞기현상이 있는 것이면 주제가 될 수 있다. 주제문이 담화론적, 화용론적 맥락에서 이루어지는 것이라면 이는 위에서 밑으로 내려오는 방향성을 지니게 된다.

명제문, 시제문도 시발점이 상위의 발제(∅발제)의 테두리에 있고 그러한 큰 테두리내에서 밑에서 위로 차곡차곡 의미체계를 구성해가는 것이다. 그것은 술어의 핵심부인 술어핵의 θ-역할과 그 투사의 논항구조를 골격으로 이루어진다고 보기 때문이다. 위에서 밑으로 내려오는 것과 밑에서 위로 올라가는 것의 합치점이 평술(결말)의 보부 곧 시제문, 명제문이 '주제-평술'에 편입하는 부분이다.

선두 DP가 추상격일 때 주제문의 주제인가, 시제문의 주어인가의 구별도 선행문맥에서 기지화된 구정보를 제시하는 것인지 그에 상응하는 미지의 신정보를 제시하는 것인지에도 달려있다. 그리고 '주제+은/는' 의 경우와 '주제-∅'의 경우의 구별은 전자가 공식적, 후자가 비공식적이라고 본다. 후자는 목전의 사실이나 선행문맥과의 가까운 연결 그리고 pause의 대용 등 유포적인 면이 강하기 때문이고, 일반적이고 보통의 서술은 '은/는'이 쓰인다고 보기 때문이다.

다음의 (135)의 제주방언에서,

(136) a. 비 왐수광.? (왐수광=옵니까, 오고 있습니까)
b. 비(ㄴ/는) 왐수광.?
c. 비(가) 왐수광.?

(136) a.는 일상적으로 쓰이고 '비'에 pause가 없다면 대개 c.의 경우이고 pause가 있다면 b.의 경우이다. b.에서는 이미 언급(걱정)되었던 '비'를 발제로 내세운 것이고, c.는 빗소리를 듣고 새삼스러이 다른 것이 아닌(배타성) '비'를 주어로 내세운 것이다.

주제는 문 표현의 시발점이라 생각하면 발제라 할 수 있다. 화자의 개념 · 의도체계에서 발제와 마무리를 의도했을 때 이미 명제문 내지 시제문의 조립요소를 예상하고 있다 하겠다. 이러한 기제가 없다면 어휘부로부터의 배번집합의 차출은 곤란할 것이다. 곧 발제와 마무리의 큰 틀 안에서 배번집합의 의미구조다운 연산이 이루어진다고 할 수 있다. 다음에서 선도 DP가 발제(주제/주어)로 나왔다면,

(137) a. 철수 e 밥 먹엄서. (먹엄서=먹고 있-네/어(요))
b. 밥 철수 e 먹엄서.

(137) a.에서 e 자리가 명제주어 자리, 발제는 주제다. e 자리가 없으면 주제가 아닌 주어일 수 있다. b.에서 e 자리가 흔적이면 뒤섞기가 있었다고 볼 수 있고, 선행 DP의 복사 혹은 삭제면 발제는 주제다. '철수'는 대상이 못되는 한, 주어일 수밖에 없다. 그리고 e 자리에 대명사가 오면 발제는 독립어(제시어)이다. 뒤섞기의 흔적의 e 자리가 아니면 그 e 자리는 발제의 무형의 복사체로 보게 되는데 이는 선행순서를 중시한 것이다. 이러한 일과 밑에서 올라오는 조립과는 상충관계 여부가 주목된다.

(138) ((137) b.)

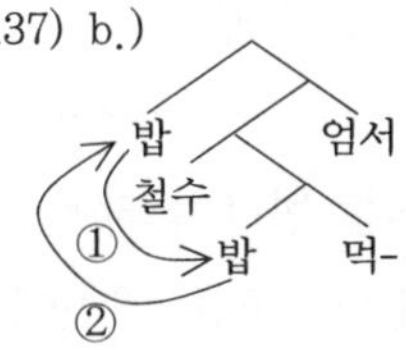

①은 발제의 무형적 복사(위에서 밑으로) 혹은 묵음화(탈음성화)에 의한 상(上)→하(下)의 조정이고, ②는 뒤섞기(초점, 대조화)이다.

인간의 뇌(마음)에서의 언어생성의 연산을 현실적으로 관찰할 수 없고 이론적인 합리성을 구하여 유추할 수밖에 없는데, 그런 면에서는 비용이 많이 드는 이동보다는 복사의 기제가 쓰이는 것으로 본다. 초기 병형문법의 주제화(Thematization)의 규칙은,

(139) SD : A–B–C

SC : 1 2 3 ⇒

3 2 1

(140) a. John saw Mary yesterday.

b. Mary, John saw ______ yesterday.

이동변형 후 선두 NP는 문중의 빈자리를 결속하는 관계로 주제화(화제화(Topicalization)라고도 함)의 의미해석이 주어진다. 주제 요소의 위치는 COMP절(WH–이동의 착지점) 혹은 이와 별개의 TOP 절점을 설정하기도 한다. 이 TOP 절점은 필자식대로라면 발제의 위치다. 문두주제가 이에 상당하고 문중주제는 COMP 혹은 vP의 지정어 자리에 있는 것으로 본다.

Chomsky(1977: 91)에서는 다음의 기저규칙을 제안하였다.

(141) a. R_1 : $\overline{S} \rightarrow TOP\overline{S}$

b. R_2 : $\overline{S} \rightarrow COMP \begin{Bmatrix} \overline{S} \\ S \end{Bmatrix}$

곧 주제요소를 기제생성하고 주제화 요소에 WH가 부여되어((142) a.) WH-이동에 의해 COMP에 이동 후((142) b.) 의무적으로 삭제되고((142) c.) 그 흔적이 TOPIC 요소에 의해 결속되는 변항이 되어 주제화의 의미해석이 주어진다는 것이다. 이러한 분석에서 WH 요소 대신에 공연산자의 이동 분석으로 바뀌기도 하였다((143)).

(142) a. [$_{\overline{S}}$ [$_{TOP}$ Mary] [$_{\overline{S}}$ [COMP] [$_{S}$ John saw what].

b. [$_{\overline{S}}$ [$_{TOP}$ Mary] [$_{\overline{S}}$ [COMP what] [$_{S}$ John saw t].

c. [$_{\overline{S}}$ [$_{TOP}$ Mary] [$_{\overline{S}}$ [COMP] [$_{S}$ John saw t].

(142) a.의 $\overline{S}$을 제거하고 (필자는 S″가 상위절점) 공연산자 OP를 표시하면 ($\overline{S}$=CP, S=IP),

(143) [$_{TOP}$ Mary$_i$ [$_{CP}$ OP$_i$ [$_{IP}$ John saw e$_i$]]].

이들 주제구의 자리는 기저생성이든 이동에 의한 것이든 S(=IP)의 상위의 자리다. 이동지가 그 아래의 IP의 부가 위치로 보이는 경우도 있다. 그것은 영어의 내포문에서의 주제화가 가능하기 때문이다.

(144) a. I believe that this book, you read.

b. …… [$_{CP}$ that [$_{IP}$ this book$_i$ [$_{IP}$ you read e$_i$]]].

COMP인 that의 오른쪽의 착지점은 IP 부가 위치일 수 밖에 없다. 이러한 분석들에서 필자가 주목하고 싶은 것은 주제구의 기저생성과 CP 이하에서의 이동분석이다. 곧 필자가 생각하는 발제 - 결말 구조의 시발은 위에서 밑으로, CP 이하의 구조는 밑에서 위로의 구축과 상통하는 바가 있다.

6.2. 주제의 성격

주제의 성격에 대하여 여러 가지 접근이 있을 수 있다. 서술어와의 관계에서 주제를 무표적인 주제, 유포적인 주제로 나누기도 한다. 또 주제가 다음의 (145) a., b.처럼 서술어와 θ-의미역으로 맺어 있으면 θ주제, 그렇지 않으면 θ′주제라고 한다(철수는 코가 크다와 같은 경우). (三原 1994: 197-198)

(145) a. 철수는 영리하다.
b. 철수는 학생이다.
c. 철수가 착하다.
d. 철수가 웃었다.

어떤 대상의 성상을 나타내는 서술어의 경우는 그 대상은 주제의 의미역을 지니는 것이 일반적이다. 대상의 속성 표시인 경우에는 대상은 당연히 주제격을 쓴다는 것이다. (145) a. 그리고 b.의 명사술어문의 경우가 그렇다. 이 때의 '는'은 무표적인 주제다. 그런데 c.와 같이 쓰이면 그것은 유표적이다. d.처럼 어떤 행동이나 사건을 나타내는 서술어의 경우는 그 주어는 구조격인 주격인 것이 일반적이다. 만일 그 주어가 주격의 구조격이 아닌 주제의 구조격으로 나왔다면 그것은 유표적인 주제이다. 곧 당연히 주격이 쓰일 것을 주제격으로 쓰이면 그것은 유표적이 된다. 당연히 쓰이는 무표적인 주제는 기저생성되고, 유별하게 쓰이는 유표적인 주제는 유별하게 쓰려는 어떤 연산 곧 주제화의 과정을 거친 것으로 볼 수 있다.

한편, 주어의 처지로서는 성상서술문의 경우는 유표적이고 사건서술문의 경우는 무표적이라 할 수 있다.

(146) a. 그 놈 참 성질 사납다.
b. 그 놈 밥 잘 먹네.

(146) a. 에서 '그 놈'은 특별한 화맥이 주어지지 않는 한, 주제격이고, '다름 아닌'의 유표적인 뜻의 경우는 주격이다. 마찬가지로 b. 에서 '그 놈'이 주격인데 '다름 아닌'의 유표적인 뜻의 경우는 주제격이다. 무표적인 요소는 기저생성되고 유표적인 요소는 어떤 사정(화맥, 정황)에 의해 야기되는 것(담화텍스트 주제(益岡 2004: 5)라 할 수 있다.)으로 보면, 주제의 위치도 기저생성의 위치와 이동의 착지점의 위치로 나누어질 수 있다. 그렇다면 무표적인 주제의 기저생성 위치를 보다 상위에 둠으로써 보다 하위의 요소의 주제화 이동자리와 겹치지 않게 할 수 있다. 곧 사건서술문에서의 무표적 주격의 유표적 주제화의 위치는 무표 주격의 상위이면서 무표 주제의 자리의 아래쪽이라 할 수 있다. 그렇다면 그것은 CP의 부가위치일 수밖에 없다. vP의 지정어자리는 다중 주격의 경우는 여지가 없을 수 있다.

(147) a. 나는 그가 온다고 믿었다.
　　　b. 나는 그는 온다고 믿었다.

일반적으로 주격주어가 선두에 나오는 경우의 상위의 주제 자리는 어떻게 되는가? 주제가 비어 있는 제로 주제(공주제)자리일 수도 있다. 그러나 발제의 자리는 기본적으로 무표의 곧 주제격이 기저생성하는 자리이며 θ-자리이다. 기저생성이 없을 때는 공주제의 자리이기는 하나 θ-자리임에는 변함이 없다. 그 자리에 유표의 주제격이 이동해오기보다는 IP(vP)의 부가어 위치 아니면 CP의 지정어 위치에 오게 마련이다. 주제격 연속 출현의 경우의 자리 중복을 피할 수 있다. 그러한 가정에 서면 주제화란 무표의 구조격이 유표의 주제격 자리로 이동해오는 현상이라 할 수 있다. 이는 곧 θ-위치에서 θ'-위치로 이동해오는 결과가 된다. (147) b. 에서의 문중(보문)에서의 주제화도 v_1의 주어 자리에서 CP의 지정어 자리에 이동한 것이 된다. 다만 그 자리가 A-위치일 수 있느냐의 문제는 있다.

(148) a. 철수가 머리가 좋다.
b. 철수가 머리는 좋다.
c. 머리는 철수가 좋다.

(149) a. b. c.

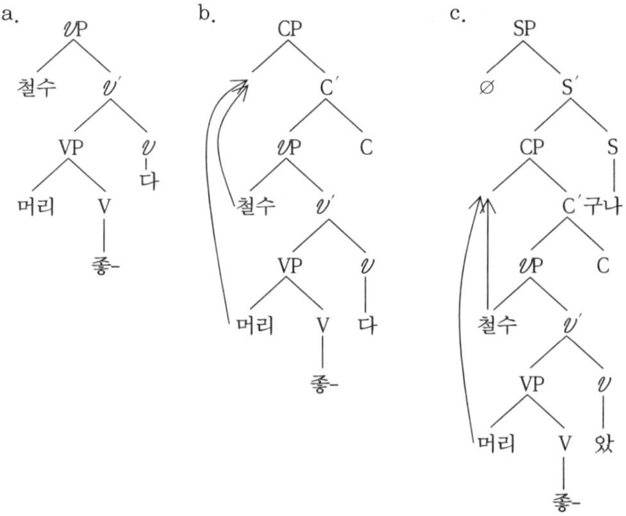

(149) c.에서 V－𝑣－C－S의 병합은 좋-다/았-구나와 같은 병합으로 이해할 수 있다. (149) b., c.에서 방향선이 둘 있는 것은 그 어느 하나의 주제화가 가능하다는 것이다. SP의 지정어가 ∅인 것은 기저생성의 주제가 없음을 나타낸다.

SP의 지정어는 발제이고 핵은 완결의 요소이다. 발제를 서술·완결하는 구조이다. 다음에서,

(150) a. 철수는 머리가 좋다는 것이(었)다.

b.

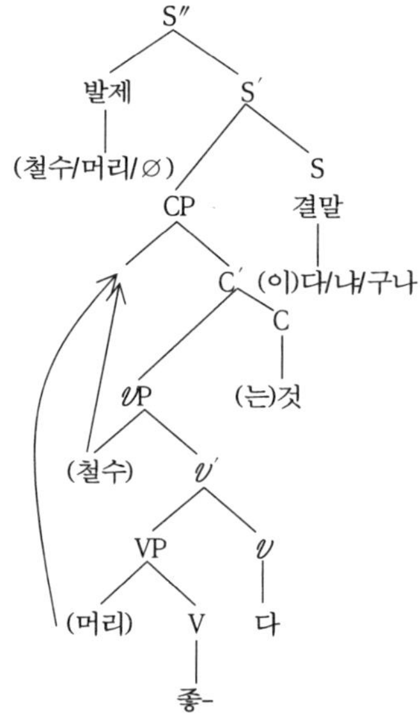

성상술어문의 주제는 무표적이며 vP 내지 CP 레벨의 것으로 본다. 이를 문내주제(절내주제)라 하기도 한다(益岡 2004: 6). 그렇다면 '머리는 좋다'의 병합은 vP 내지 CP내의 부가 위치에서 생기(또는 이동)하여 합치가 이루어져야 하고 이에 대해 '머리가 좋다'는 vP내에서 합치가 이루어져야 한다. (150) b.에서의 CP의 지정어 자리는 '철수' 또는 '머리'가 위치하여 주제화할 수 있다. '머리'의 경우 vP의 지정어 위치에서 주어(주제화도 가능)가 되기도 한다. 발제 자리에 생성되었을 때는 해당 DP의 vP 혹은 VP 자리는 무형복사되는 것이다.

'머리는 좋다'는 선행 화맥에 의해 발제 자리에 생기할 수도 있으나 머리 자체만의 속성이라기보다 어떤 특정인의 일부의 속성이라고 볼 때는 상위의 주제(철수는) 또는 주어(철수가)가 전제 또는 도입되어야 한다. 이 때의 '머리'는 유표적인 주제(초점 또는 대조)이며 vP 내지 CP의 부가 위치에 있고 반드시 그 상위에 무표적인 주제를 전제 또는 도입하거나 담화 · 텍스트의 공주제를 도입해야 한다.

외부적인 담화·화용의 맥락에서 주어졌건 내부적인 마음의 계시·연상에서 우러나왔건 간에 표출된 언어형식을 문이라고 보기 때문에 담화·텍스트주제, 문내의 주제의 구별은 용어적으로 가려 쓸 필요는 있다.

주제화의 개념은 益岡(2004: 6)은 사상서술어문의 담화텍스트 주제쪽을 가리키는데(속성술어문은 문내주제), 필자는 이와 좀 다르다. 필자는 담화·텍스트 주제는 ∅주제, 기타 기저생성되는 주제는 무표주제로 발제(주제)의 자리, 문내(𝓋P 내지 CP)에서의 주제화로 된 주제(益岡의 문내주제)는 유표주제로 원 위치에서 𝓋P 내지 CP의 부가위치(로 이동하기도 하는)로 보고 있다. 발제에서 주제가 기저생성한 경우는 동일 명사구는 복사된 것으로 본다.

형용사술어문·명사성술어문(益岡의 속성술어문)과 동사술어문(益岡의 사상술어문)은 밑에서 올라오는 병합연산에서는 큰 다름이 없다. V+Af-𝓋 과정에서 서술어-(목적어)-주어의 구조 구축이 이루어진다. 이것이 주제-평술의 위에서 내려오는 의도·개념체계와 담화·화용·텍스트 맥락과 합치하는 것은 마찬가지다. 다만 형용사술어문, 명사술어문의 주제는 무표의 주제로 𝓋P 내에 주제 자리를 잡아서 기정생성되는 격이 되고 동사술어문의 주제는 유표의 주제로 𝓋P 위에 자리를 옮기는 주제화과정을 거치는 것으로 본다.

(151) a. 철수(는/ㄴ) 영희가 머리가 좋뎅 헤여.
b. 철수(는/ㄴ) 영희가 머리는 좋뎅 헤여.
c. 철수(는/ㄴ) 영희는 머리가 좋뎅 헤여.
d. 철수(는/ㄴ) 머리는 영희가 좋뎅 헤여.
(~뎅 헤여(/ᄒᆞ여) = ~다고 해(요)/하네)

(151) d.는 단순한 뒤섞기로 보기는 어렵다. b.는 '영희'의 다른 부분은 안 좋은 면도 있지만 '머리'만은 좋다는 뜻이 되겠고, d.는 '영희'뿐만 아니고 다른 사람도 염두에 두어서 '두뇌에 관한 한' 이라는 뜻도 있게 된다.

'는'의 위치에 따른 작용역의 문제와도 관련되는 듯 싶다.

a., b.의 '머리'의 격의 다름은 형태격의 의미상의 차이로 설명할 수도 있으나 c., d.의 문내주어 위치와 b.의 문내주어 위치와 다른 데서도 작용역과 관련해서 동일위치에서의 '는/가'의 교체보다는 다소의 자리 옮김의 기제가 작동하는 것으로 보인다. 앞에서 언급한 바와 같은 *v*P 내에서 *v*P 내로, *v*P 내에서 CP 내로의 옮김과 같다.

서양의 언어는 주어가 무표적이고 주제가 유표적인 데 대해, 한국어나 일본어는 주제가 무표적이고 주어가 유표적인 것으로 보기도 한다. 주어와 주제가 없는 언어는 잘 없는 것으로 보면 어느 쪽을 더 쉽게 사용하고 힘을 들여 하는가의 차이에 있다.

주어-서술어의 문법적 관계가 기본적 역할을 하는 주어현저언어와 주제-평언의 문법적 관계가 기본적 역할을 하는 주제현저언어의 구별(Li and Thomson 1976: 459)에 입각한다면 영어는 주어현저형이고 일본어는 주제현저형이다(益岡 2004: 14). Li and Thomson (1976: 460)은 한국어와 일본어는 주어도 주제도 현저하게 나타나는 언어라고 하고 있다. 영어는 주제구가 기저적으로 생성된다기보다는 주어보다 값비싼 이동의 연산을 거친다고 보기에 주어 쪽이 기본이 되는 것이라고 할 수 있고, 한국어나 일본어는 주제구나 주어가 기저적으로 생성되기도 하고 덜 비용이 드는 이동의 연산으로 처리되기에 어느 쪽도 기본이 되는 것이라고 할 수 있다.

6.3. 주제와 이중주격구문

지금까지 논의해 온 것을 대조적으로 정리하면, 주제에는 발제주제와 공주제가 있다. 발제주제는 선행 문맥, 화맥에서 언급된 것이 주제로 제시되거나, 언급됨이 없어도 문제(주제) 제기로써 기저생성된다. 공주제는 이상의 언급이나 제기 없을 때 비워 두는 것으로 문두 주제화의 착지점의 빈 자리다. 따라서 주제에는 문두주제와 문내(절내)주제가 있게 된다. 문두주제에는 기저생성된 것도 있고, *v*P내의 요소의 주제화로 이동한 것도 있게 된다. 문내

주제는 vP 내지 CP의 지정어 위치에서의 주제화된 주제를 말한다.

또한 주제에는 θ-주제와 θ′-주제가 있다. 전자는 서술어와 의미역 관계에 있고 후자는 그렇지 않는 것이다. 기저생성의 경우도 그러한 구별이 있게 되고, 주어, 목적어 등의 논항의 주제화의 경우는 θ주제이고 이외의 요소 곧 부가어의 주제화는 θ′ 주제이다. 그리고 기저생성된 주제는 무표의 주제이고 주제화로 된 주제는 유표의 주제다.

어순이 주제-주어인 경우는 당연히 생기 위치가 다르게 된다. 주제는 발제-결말의 SP의 지정어 위치가 아니면 CP의 지정어 위치이고 주어는 v_2P의 지정어 위치이다. 주제는 결말의 S 아니면 C와 일치해야 되고 주어는 v와 일치해야 된다.

주어-주제의 어순의 경우는 주어가 발제의 위치에 있지 않고 vP내에 있다면 양자가 vP의 복수(다중) 지정어 위치에 있다고 보게 된다.

주격목적어구문이 아닐 때 주격-주격의 실현도 vP의 복수의 지정어 위치다. 그 성분이 주어-주어의 관계이고 전체-부분의 관계일 때 복수의 지정어 위치에서 v와의 일치를 이룬다. 주제든 주어든 병열구조를 이룰 수 있다. 복합의 병열구로서 술어와 일치를 이룰 수 있다.

여기서 전체-부분관계에 있는 DP 간에 전자가 후자를 비대칭적으로 성분통어관계에 있다고 볼 수 있고, 동일한 문법기능을 수행하는 면에서는 동일 절점의 자매관계 곧 복합의 병열구로 볼 수도 있다. 이와 관련된 DP가 vP의 지정어 위치에 많이 부가된다는 것은 구조 형상상 한 쪽에 편중되는 감이 없지 않다. 긴밀한 관계에 있는 사이면 동일 절점의 자매관계로 생기할 수 있다.

(152) 문명국가가 남성이 평균수명이 길다.

(153)

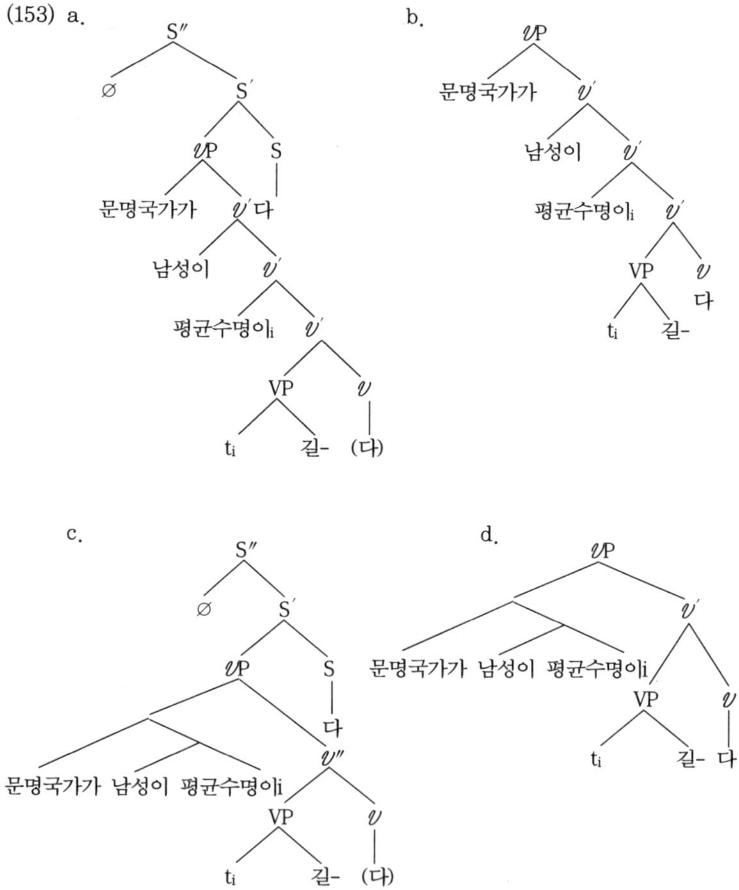

(153) a., c.는 필자가 상정하는 발제-결말구조이다. a., b.는 𝓋의 복수 지정어 위치에 다중주격이 생성되는 경우이고, c., d.는 복합 병열구로서 지정어 위치에 생성되는 경우이다.

'길다'의 θ주어는 '평균수명' 이고 나머지는 θ′주어이다. θ′주어는 θ주어의 서술어의 𝓋와의 병합 후의 일치를 거쳐서, 그 상위어 혹은 관련어를 c-통어 혹은 병열관계로 일치를 이룰 수 있는 한도(인지범위 안)에서 도입하는 것으로 본다. a., b.와 c., d.의 차이는, ∅주제 발제에서 '문명국가' 가 기저 생성했을 때는 그러한 차이의 간격은 줄어든다. 또 θ′주어를 속격화하여 다중 지정어를 줄일 수 있다. 복잡하고 미묘한 마음/뇌의 개념 · 의도 여하에 의하여 다양한 생성이 이루어지는 것으로 보인다.

S″의 ∅자리는 𝓋P내의 NP의 주제화의 이동지로도 쓰인다. 이동된 주제는 유표의 주제다.

술어핵의 병합과정에서 논항을 도입하는 처지로서 구체화하면,

(154) a.

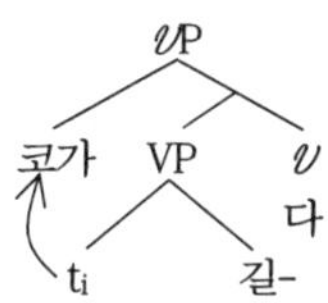

b.

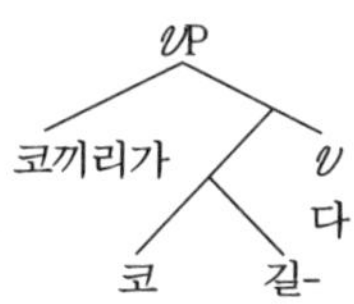

(154) a.는 𝓋의 지정어에 주어가 도입되지 않고 '코'가 그 곳으로 옮겨서 (내부병합) 주어(주격)가 된다. b.는 𝓋의 지정어 위치에 주어(주격)를 도입하면 '코'는 대상의 위치에서 대상격(주격)이 된다. 주격은 𝓋와 일치한다는 원칙에서라면 c.처럼 상정할 수도 있다.

c.

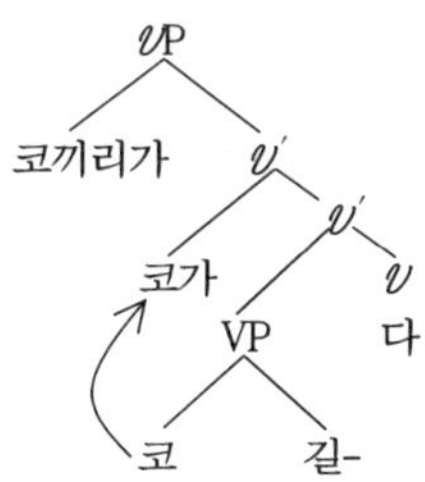

(153)의 경우는 ((153) a.를 여기에 고쳐 그리면),

(155)

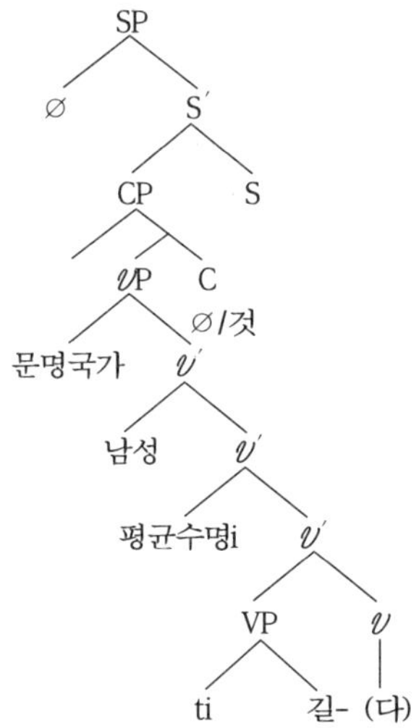

S″의 ∅ 자리는 각 레벨의 지정어의 NP가 주제화할 수 있는 자리다. 그 자리는 선행 문맥 · 화맥의 요소를 발제로 할 수 있는 자리고 '문명국가'도 신정보의 발제로 점유할 수 있는 자리다. 여기서는 VP–v_1P–CP–(v_2P)–S의 레벨만 설정하고 있으나 특별한 경우에는 v_3까지 술어핵의 병합이 있는 것으로 가정할 수 있다. 술어형성의 한 예로서 길–어지–었–(다)–(고)–(하)겠–느냐와 같은 것을 들 수 있다. 어떻든, (155)의 수형도의 S와 C의 지정어(그리고 v의 지정어) 자리에서 주제화될 수 있다. 문두와 문중(vP의 지정어도 고려하면)에서 선택적으로 두 개 이상의 DP도 주제화할 수 있는 것이 된다.

6.4. 좌방(左方) 전위문(Left Dislocation)

전위화(轉位化) 요소도 주제문과 마찬가지로 주제(TOP) 절점의 자리를 차지하는 것으로 가정되는 점에서 주제화와 관련되기에 여기서 언급해두고자 한다.

(156) a. This book, I really like _____.

b. John, Mary really loves _____.

(157) a. This book, I reall like it.

b. $John_i$, Mary really loves him_i.

(156)은 주제화문이고 (157)은 좌방전위문이다. 좌방전위문은 주제해석을 받는 명사구와 동일지시가 되는 대명사가 있다. 따라서 그 대명사 위치에서 주제구가 이동하였다고 볼 수 없다. 중국어도 이와 병행하는 것을 볼 수 있다.

(158) a. 小李我見过∅.

b. 小李我見过他.　李君은 내가 만난 적이 있다.

자동사문에서는 주어를 동사의 뒤에 둔다.

(159) a. 来客人了.　손님이 왔다.

b. 客人来了.　손님이/은 왔다.

c. *来他了.

d. 他来了.　그가/는 왔다.

중국어는 주제·주어의 형태적 표지가 없기 때문에 주어인지 주제인지 알 수 없다. (159) c.처럼 대명사가 주어인 경우 동사의 뒤에 올 수 없다는 점을 감안하면 동사 뒤의 NP는 이동요소로 볼 수 있다. 그것이 주어 위치에 이동하면 주어, 주제 자리에 이동하면 주제가 되는 것인데 그 어느 위치에 이동하였기에 주어와 주제의 두 해석을 받는다고 볼 수 있다.

(160) a. 小王吃了草果.　왕군이/은 사과를 먹었다.

b. 草果小王吃了 e. 사과는 왕군이 먹었다.

(160) b.의 草果는 e 자리에서 이동해온 것으로 볼 것인지, 발제 자리에 기저생성하여 e 자리에 무형적 복사를 남기는 것인지 분명하지 않으나, 선행 문맥 · 화맥에 '草果'가 나왔을 때는 발제 자리에 주제로 기저생성한 것이고, 안 나왔을 때는 기저생성과 이동의 두 가지 경우가 있을 수 있다. 이동은 부득이한 경우에만 최후수단으로 하는 것으로 본다면 대조 · 초점화와 같은 필요성에 의해 최소한의 범위에서 주제화가 행하는 것으로 볼 수 있다. 그 외는 주어로 해석될 수 있다.

앞서의 영어에서의 좌방전이문과 주제화구문의 사용상의 구별에 대하여는, 주제구가 되는 NP가 선행 문맥에서의 출현 여부의 차이에서 오는 것으로 보기도 한다(西光 2004: 120). 곧 선행문맥에 안 나오는 경우는 좌방전이문이, 선행문맥에 있는 경우는 주제화(화제화)구문이 쓰인다는 것이다((160) b.의 경우). (160) a.의 '小王'의 경우도, 선행 문맥이 있는 경우는 발제(주제) 자리에 기저생성하고, 대조 · 초점화 등의 유별한 경우는 주제 자리로 이동한 주제로, 그렇지 않으면 주어로 해석된다.

좌방전이문에서의 문두 NP는 선행 문맥에 나오지 않았기 때문에 주제를 드러내는 곧 발제의 기능을 하고, 나머지는 명제문을 구성한다. 이 외에도 선행 문맥에 나오든 안 나오든 특히 내세우고자 할 때는 발제가 된다.

발제는 담화론적, 화용론적 화맥에 의하여 혹은 발화자의 의도에 의해서 제일 먼저 생성되는 위치라면, 그 자리는 명시적이든 비명시적이든 표시되어야 한다. 형용사술어문, 명사술어문의 주제는 보통 그 자리에 기저적으로 생성되는 것으로 보며(무표의 주제), 동사술어문의 경우는 의도적으로 지향하는 경우도 있게 된다(유표의 주제). 주제구를 만들어내는 것(좌방전이문) 아니면 문내 요소를 이동시켜 채운다든지(주제화) 아니면 빈자리(공주제)로 남겨두든지 하는 것 등 여러 가지다.

문두 NP가 추상격일 때 주어 자리에 있는 것인지 주제의 자리에 있는 것인지 애매하다고 했는데, 주어현저(탁월)언어인 영어와는 달리 한국어 · 일본어는 주어현저 · 주제현저언어이기에 더욱 그렇다. NP 다음의 휴지의 개재 여부, 술어문의 종별, 음조상의 탁립(卓立) 그리고 문맥 · 화맥 등에 의해 분간되고 있다.

제주방언에서는 일상적으로 격표지 유무에 상관없이 쓰인다.

(161) a. 나 감쩌. 나가 감쩌. 난 감쩌.
b. 나 바보여. 나가 바보여. 난 바보여.
c. 가이 예쁜 게. 가이가 예쁜 게. 가인 예쁜 게.

여기서는 추상격의 문두 NP가 주어인지 주제인지 문자상으로는 분간할 수 없어도 앞서의 상황이나 표현의 직감으로 인지되는 것으로 본다. 곧 화용적, 통사적, 의미적, 음운적인 직감력이 작용하는 것이다.

(162) a. 나 밥 먹엄서. 난 밥 먹엄서. 나(가) 밥은 먹엄서. 난 밥은 먹엄서.
b. 밥 나 먹엄서. 밥은 나 먹엄서. 밥 난 먹엄서. 밥은 난 먹엄서.
밥(을) 나(가/는/ㄴ) 먹엄서.

문두 NP 외에 문중 NP의 경우도 추상격이면 애매할 수도 있으나 앞서의 분간의 방법에 준해서 인지할 수 있다. 문두주제는 기저생성과 주제화(이동)의 경우이고, 문내주제는 주제화(이동)의 경우이다. b.의 경우는 이외에도 뒤섞기의 경우도 있다.

6.5. 주제격의 의미

주제격의 '는/은' 에는 여러 가지 의미가 있지만 우선은 주지한 바와 같이 주제와 대조의 용법을 들 수 있다. 그 중 어느 것이 기본적인 것인가 아니면 서로 독립적인가 하는데는 이견들이 있다. 필자로서는 형태적으로 다의성을 띠겠지만 양자가 동일한 통사적 위치를 점유하고 동일한 기제로 생성된 것이라면 기본적으로 동일한 의미를 지니는 것으로 본다. 무표의 주제도 선행 맥락에서 기저생성할 수 있고 또 그러한 맥락 없이도 생성할 수 있다고 하면, 전자에서는 일단 언급된 것을 다시 환기 혹은 반복 · 대조하는 일을 하기 때문에 대조적인 의미가 뚜렷할 것이며, 후자에서는 그러한 맥락없이 발제(주제)로 제시되기 때문에 문제제기의 의미가 뚜렷할 것이다. 이에 대해 유표적인 주제는 말할 것 없이 강조 · 초점화하기 위한 것이다. 물론 문중 주제의 경우도 선행 맥락에 있다면 대조적으로 쓰이는 경우도 있다.

통사적인 실현에 따른 이러한 구별만으로 주제구의 의미를 분간할 수 있는 것은 아니다. '는/은' 의 의미적 갈래, 주제구와 나머지 요소와의 상관성으로 다양한 의미해석이 나올 수 있다. 이는 형태부에서의 의미 기술과 LF에서의 의미해석의 문제와도 관련된다.

정보구조 관계에서 포착하기도 한다. 담화 · 화용론적 관점에서 선행문맥에 있고 그것을 발제에서든 평술에서든 받아들일 때는 구정보가 되므로 그 정보구조는 구정보-신정보 의 구조가 아니면 신정보-구정보의 구조다. 구정보-구정보는 정보구조로서는 효용이 없다.

예를 들면, (163) a.라고 했을 때 그 대답은 b.의 정보구조가 된다.

(163) a. 상철이도 갔고 영희도 갔는데 철수는?
b. 철수는 (구정보) 이제 갈꺼야. (신정보)

(164) a. 저기 누가 감시니? (감시니=가고 있-니/는가)
b. 철수가(신정보) 감수다(구정보). (감수다=가고 있습니다)

(164)도 참조하면 정보구조면에서 구정보-신정보냐 신정보-구정보이냐에 따라 선두 NP의 격표지가 다르게 나타남을 알 수 있다. 구정보일 때는 '는/은', 신정보일 때는 '가/이' 이다.

그렇다면 발제의 자리는 문제 제기의 경우가 아니면 대개 구정보의 자리곧 담화 · 화용론적 주제의 자리이고, 그 자리가 공주제의 경우 후속의 주어 자리는 신정보의 자리이다. 구정보의 그 후속 자리는 발제-평술을 마무리하는 평술과의 상관관계로 구정보를 제공한다고 볼 수 있다. 정보구조와 무관하다고 볼 수 있다는 화자 자신의 문제 제기, 자문, 영탄에 있어서의 주제는 중립적인 주제라고 할 수 있다. 자기자신에게 혹은 따른 사람에게 전달한다는 의미에서 정보구조로 볼 수 있다면 그것은 문 전체가 신정보-신정보의 구조가 될 것이다.

다시 말하면, 통사구조상에서 발제(주제)의 자리에 기저생성된 것은 무표의 주제이고 그 주제가 선행문맥 · 화맥에서 유도된 것이면 구정보를 제공하는 것이 되고 그 다음의 평술은 신정보를 제공한다. 구정보-신정보의 구조다. 화자 스스로가 제기한 것이면 정보구조와 무관한 중립적인 주제가 된다. 이들의 격표시는 추상격으로 (pause의 음운적 방법을 취하기도) 혹은 형태격의 형태적 방법으로 나타난다.

통사구조 형성에서 명제문(그리고 시제문)의 요소를 비어있는 주제구 자리에 아니면 시제문의 *V*P 부가 위치에(주어 이외의 요소) 혹은 CP에 옮긴 주제는 유표의 주제이며 선행 혹은 후행문맥과 연관시 대조·초점을 나타낸다.

7. 마무리

지금까지 이동구문으로 목적어이동의 비대격동사구문과 피동문 그리고 기타의 사동문, 주제문 등을 다루었다. 이들의 구문 형성이 A- 이동과 θ'-이동의 성격을 띄지만 반드시 문중 요소의 이러한 이동을 거쳐서 형성된다는 것은 아님을 알 수 있다. 발제 - 결말의 시발구조의 발제 자리에 선행화맥이나 문맥의 반복 · 인용 · 언급이나 문제 제기로 주제구로서 주어로서 기저생성하는 경우도 있다.

술어핵 병합형성과정의 처지에서, 단계별로 논항의 도입으로 형성되는 과정도 발제와 결말의 시발구조의 테두리 안에서 명제문 · 시제문의 쌓아올리기라면, 이동이란 내부적(내부병합)으로 A-위치의 재편(어순 정리)의 성격을 지닌다.

A(논항)의 위치는 술어핵병합체가 θ-역할을 방출하는 θ-위치이기도 하다. 술어핵 병합과정에서의 A-위치의 어순 정리에서도 A-위치의 위상을 그대로 보지하는 것으로 본다면, 뒤섞기 이동의 A′-이동의 운용면도 있겠으나, 이동의 최소화, 회피화라는 원칙에서의 최단거리내의 어순 조정이다. 다만 θ-위치에서 θ-위치에의 이동은 불가하고 θ′-위치로 이동한다.

편의상, 부가사와의 구별을 위해 A와 A′, 그에 따른 A-이동, A′-이동의 용어가 사용될 수 있다. 논항의 어순 조정의 경우는 A-위치이고 θ′-위치이다.

이 장에서 다룬 구문에서 피동과 사동은 Af접사 술어핵에서의 접사 파생으로 이루어진다. Af-$\mathcal{V}$레벨에서의 피동과 사동은 짧은 피동/사동이 된다. 피동에서, Af핵이 소동주/피사동주를 도입하고 혹은 V의 대상논항이 비대격동사의 경우와 비슷하게 이동(내부병합)을 하게 되면 직접피동문이 형성되고 $\mathcal{V}_1$ 핵이 피동주를 도입(외부병합)하면 간접피동문이 된다. 사동문의 경우는 $\mathcal{V}_1$의 외항에 사동주를 도입하여 직접 사동문이 된다. Af핵의 무형적/유형적 파생의 여하에 따라 능동문과 피동문/사동문이 갈리게 되고 V_1P 핵문의 지정어의 주어 위치에 내부병합/외부병합의 여하에 따라 직접/간접의 피동문이 갈리게 된다.

조동사 혹은 보조동사에 따르는 $\mathcal{V}_2$레벨에서 긴 피동/사동이 있게 되는데, 이 때에 $\mathcal{V}_1$레벨의 주어가 상승(이동)하는 경우가 있다. 목적어가 있는 피동의 경우처럼 대상논항이 대격을 취하는 경우와 주격을 취하는 경우에는 이를 상관적으로 보고 대상논항의 이동 여하에 의한 것으로 보았다.

자동사의 피동화/사동화도 가능하다고 보는데 이 경우는 긴 피동/사동이다. 그리고 사동에서의 직접/간접의 두 경우도 피동의 경우처럼 직접 사동의 기저구조에 간접사동주의 도입으로 이루어진다고 보았다.

이러한 피동/사동 형성의 유사점은 일본어에서도 공통적이다. 그 대비에 참고되는 예가 (129), (130)에 제시되어 있다.

주제문에서의 문두주제와 문내주제의 생성경로에는 여러 가지가 있겠으나, (134)와 (135)의 논의와 관련시켜서 대략 정리하면,

(165) 문두주어

a. S의 발제(외항) A-위치, θ-위치(주제/화제의 의미역) 무표의 주제

a′.

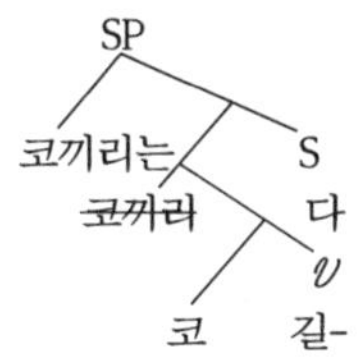

b. v의 지정어(외항) 혹은 내항→CP의 지정어(외항) θ′- 위치
(문두의 발제(주제)는 ∅)　　　　　　　유표의 주제(주제화)

b′.

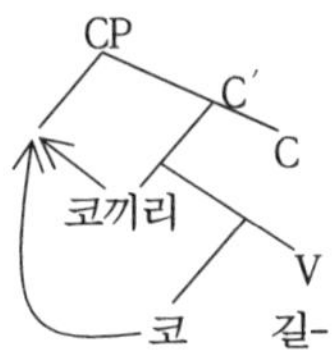

(166) 문내주제

a. v의 내항→v의 다중 지정어(외항) (혹은 v의 상위외항) (θ′-의 위치)
유표의 주제(초점화)
(때로는 문맥(화맥)에 따라 문두/문내에서)

b.

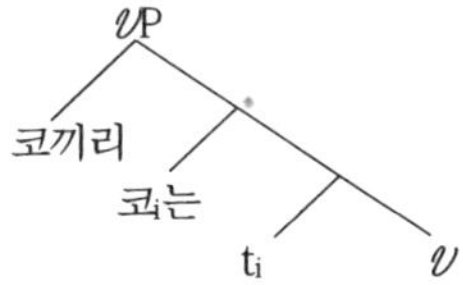

결국 문의 형성은, 발제 - 결말의 테두리 안에서 술어핵이 투사한 각 국면이 한편으로 술어핵의 병합에 의한 술어형성으로, 한편으로 각 술어핵이

도입한 논항의 위계화(어순화)로 재구조화되어 이루어진다고 할 수 있다. 말하는 이의 의도는 술어핵의 범주, 논항의 어순과 생략, 그리고 조사의 선택, 그리고 요소간의 휴지, 요소의 내세움, 강세, 탁립, 그리고 결말의 여하에 여실히 나타난다고 볼 수 있다.

또한 앞에서의 다양한 수형도는 인지의 영역과 구조를 단적으로 보여준다. 예컨대 피동이면 동작의 대상을, 사동이면 동작의 사동주를, 주제면 판단의 대상을 우위에 두고 원형적으로 중심화 하는 것이라고 할 수 있다. 다만 피동의 경우의 대상의 이동은 후핵의 도입 논항을 건너가는 교차적 이동일 수 있다. 수동주(대상)가 발제 자리에 기저생성되었다면 그런 일이 없으므로 피동문은 다분히 제시적이고 화용적인 운영기제에서 이루어진다고 볼 수 있다.

제5장 술어와 문의 형성기제*

1. 머리말

술어의 구실을 하는 단어는 그 의미, 형태, 직능에 따라 한국어는 동사, 형용사, 지정사로, 일본어는 동사, 형용사, 형용동사로 품사분류된다. 그 외에 일본어에는 한국어의 지정사에 상당한 것으로 단정조동사가 있다. 지정사나 단정조동사는 동사와 형용사와 같은 자유형식이 못 되고 명사와 일체가 되어야만이 술어 구실을 할 수 있으므로 명사술어라는 호칭이 있다.

이렇게 분류되더라도 각 품사의 성격은 그것에 속한 어휘에 따라 다양하게 나타난다. 개별어휘의 의미와 형태에 따라 취하는 논항의 의미역이 다르게 나타나기 때문이다. 그렇더라도 이들은 형태적으로는 어근으로 시발하여 파생을 거쳐 문술어로 형성된다는 공통점을 지닌다. 그 과정에서 동일 품사에 속한 어휘의 다양성도 도입 논항과 그 의미역 술어의 속성 등을 가지고 유별화할 수 있다.

그러한 술어의 도입논항과 술어의 속성과 관련해서는 논항구조, 어휘개념구조, 의미역, 격부여와 격점검기제, 지정어-핵일치, 또는 EPP(Extended Projection Principle)자질 등 많은 문법적인 논의가 전개되고 있다.

여기서는 모든 술어가 어근이라는 핵(주요부)을 시발핵으로 해서 후행 술어핵(및 그 투사체)과의 병합(및 포용)을 거쳐서 형성되어가는 과정을 다루고자 한다. 앞서의 여러 문법적 논의의 처리에 대해서는 관련된 부분에서 보이게 될 것이다.

---

* 이 글의 요지는 2007년 10월 20일 한국일어일문학회의 추계학술대회에서「술어의 형성기제」라는 제목으로 발표한 바 있다. (김공칠 2007)

필자 나름대로 술어형성을 주도하는 핵을 순서대로 적으면,

1. 어근핵 V, 2. 통사적접사핵 Af, 3. 핵문술어핵 v_1, 보문기능핵 C, 5. 보문통어술어핵 v_2, 6. 문결말핵 S 이다.

모든 핵은 통사적으로 최소범주이며 자신의 속성에 의해 DP를 상대항인 외항으로 갖는다. 여기서의 DP는 한국어로 말하면, 모든 명사적 표현은 조사가 투사하는 것으로 보고 조사구라고 할 수 있다. 조사는 Case 혹은 Particle에 상당하여 CP 혹은 PP로 나타낼 수 있으나 이와 동일한 약자형이 다른 범주에 쓰이므로 그대로 DP로 쓰고자 한다(KP로 나타내기도 한다). 술어핵의 병합시는 선핵의 DP는 내항으로 포용하고 병합핵은 상대항 DP를 외항으로 도입한다. 다음에서 (1) a.는 시발핵의, (1) b.는 후핵의 투사체이다.

(1) a. b.

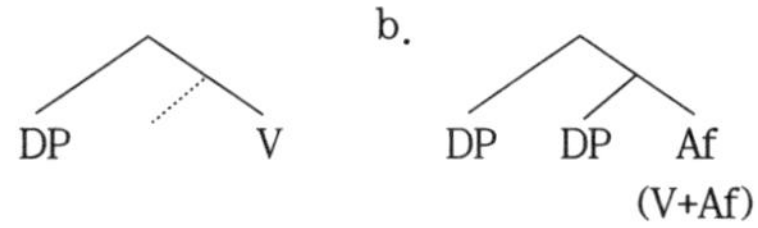

핵 투사체의 절점은 무 표시로도 충분하다. 핵의 범주에 따라 X–X′–X″의 범주 표시가 자연적으로 알 수 있다. X가 DP를 투사(도입)하고 그 이상의 투사가 없으면 그것은 X의 최대범주(X″)가 된다. 그 투사 내부에 내항이 있게 되면 그것은 X와 자매관계가 되어 X′ 층위를 이룬다. 그 X′도 상대항(외항)과 자매관계가 되는데 이 때의 외항은 종전의 지정어와 같다. 명칭의 애매성을 덜기 위해 필자는 외항이라는 말을, 술어핵(및 병합체)이 도입한 좌(상)단(左(上)端)의 DP항의 뜻으로 쓴다.

핵 투사의 원리로서는 지금까지 다음과 같은 것이 제안되었다.

(2) 투사원리 (Projection Principle)

각 통사층위(LF. D–구조, S–구조)의 표시는 어휘부에서 투사되는데 이는 어휘항목의 하위범주화를 준수한다(Chomsky 1981: 29).

여기서 어휘항목이 하위범주화를 지킨다는 것은 필자의 처지로서는 (1)처럼 각술어핵의 속성에 맞는 상대항을 선택한다는 것과 같다.

(3) 확대투사원리 (Extended Projection Principle)
모든 절은 주어를 갖는다(Chomsky 1982: 10).
절의 주어는 S-구조에서 반드시 존재해야 한다(Chomsky 1986: 10).

(4) 일반화된 확대투사원리
절과 명사구는 주어가 있어야 하고 기능범주도 지정어가 있어야 한다.
(윤종열 2000: 289 참조)

이는 모든 기능핵의 지정어 자리가 있고 그것은 기능핵의 선택자질에 의해 채워진다는 것이다. 처음에는 기능핵의 강자질에 의해서 이동이 야기되어 외현적 이동의 요소로 채워진다고 했다가 결국은 (4)의 투사 자질(EPP자질)에 의하는 것으로 풀이되었다.

(2)~(4)에서의 투사원리에서 필자가 생각하는 술어의 투사원리는,

(5) 술어의 투사원리
a. 술어는 어근핵과 파생접사핵 그리고 핵문술어핵의 병합으로 이루어진다. 단 파생접사핵은 임의적이다.
b. 각 술어핵은 단독 혹은 병합체의 속성에 맞는 의미역 논항을 왼쪽에 상대항으로 가지며 그것은 외항 자리가 된다. 언어에 따라서는 어느 레벨(영어는 X′레벨)까지는 오른쪽에 외항을 갖기도 한다. 어근핵은 부가논항을 내항으로 가질 수 있다.
c. 선후핵 병합시에는 선핵의 외항 논항을 후핵의 내항으로 포용한다.

이에 따라 앞서의 3. 4.의 투사원리는 술어에 관한 한, 5.의 자연스러운 귀결화로 볼 수 있다.

술어형성기제의 일반성을 확인하는 방법으로 비교, 대조의 방법이 있다.

한국어와 아주 가까운 일본어와의 비교 혹은 대조는 하나의 유익한 방법이 될 것이다. 먼저 조감적으로 한국어와 일본어의 술어의 분류를 보이면

(6) 한국어 / 일본어

한국어			일본어		
동사	동작동사	깨다 - 깨지다	동사	동작동사	わる - われる
		보다 - 보이다			見る - 見える
	상태동사	있다		상태동사	ある
	하다동사	운동하다		する동사	運動する
형용사	형상형용사	높다 - (높이다)	형용사	형상형용사	高い - (高める)
	성상형용사	아프다 - (아파지다)		성상형용사	痛い - (痛む)
	하다형용사	건강하다		だ형용사	健康だ
명사술어	건강이다		명사술어	健康だ	

이들은 부정(不定)형(기본형)으로는 한국어는 모두 –다 형식이고, 일본어는 품사에 따라 –u / i / da로 구별된다. 이 말미형식을 제외시킨 부분이 어간이며 어간 속에서도 공통부분을 추려질 수 있다면 그것은 어근이다. 어근을 기점으로 접사가 부착하여 타동(높–이–), 사동(입–히–), 피동(잡–히–) 등의 어간이 이루어진다. 이러한 바뀜이 있는 술어는 어근–접사→어간처럼 어근과 어간이 구별이 있고, 통사적이든 어휘적이든 접사파생이 없는 경우는 어근과 어간은 동일하다. 어근도 의미역논항을, 접사도 어근과 더불어 의미역 논항을 상대항으로 취하므로 술어형성의 핵으로 본다. 이들 핵과 더불어 1차적인 핵문술어를 이루는 v_1가 있다. 이는 선핵과 더불어 동작주 혹은 경험주의 주어논항을 도입한다. v_1을 순환화시키는 보문핵 C가 후행하게 되면 2차적 문술어를 이루는 v_2핵이 따르기 마련이다. 이제 이들 술어핵의 속성과 상대항의 의미역 등을 알아보고 여러 가지 술어의 형성(분류)과 그에 따른 여러 가지 구문도 살펴보기로 한다.

2. 어근 핵 V

2.1. 어근과 도입논항

어근핵(α)과 상대되는 의미역 논항은 외항(β)이며 다음의 구조가 된다.

(7) a.

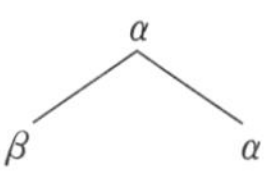

b. {α {β, α}}로 표시
Collins(2001:1)에서는 a.의 분지절점의 표찰은 없으며 b.는 {β, α}다.

여기서의 핵 α는 최소범주이다. 그것에 상대되는 β는 DP인 이상 최대범주이다. N의 최소범주로 볼 수도 있지만, 그것도 제로형태격의 DP로 보는 것이 술어핵의 도입항은 모두 DP로 일관화할 수 있는 이점이 있다. 격점검기제를 가정하면 점검되는 그대로 DP임이 확인된다. (7) a.는 술어핵의 병합시에 반복적으로 실현된다.

술어핵의 병합시에 후핵은 선핵이 투사한 DP를 내항으로 포용하고 상대항으로 새로이 외항을 도입하면 다음 구조가 된다.

(8) a. b.

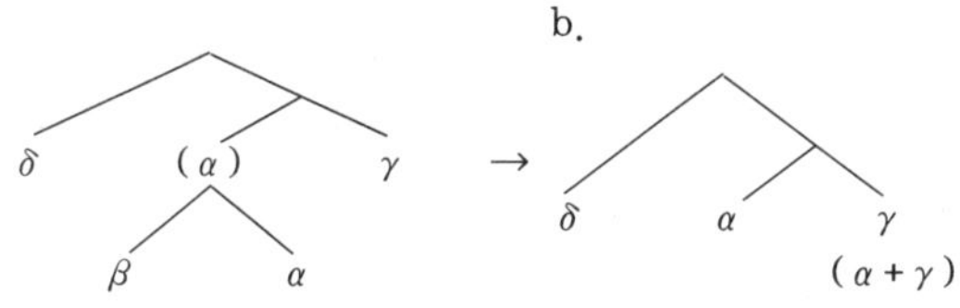

c. d.

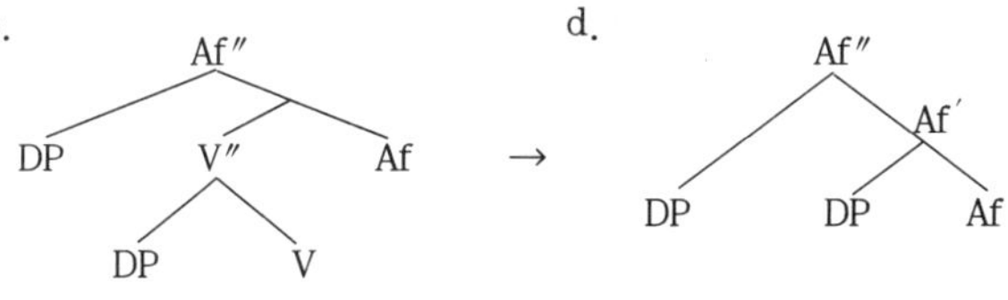

시발핵도 부가논항을 내항으로 취할 수 있으니 결국 모든 핵은 핵→내항→외항의 3층을 투사하는 것이 된다. 종래에 핵의 투사층위를 X-X′-X″의

3층으로 하고 각 층위를 최소범주-중간범주-최대범주로 규정하기도 하였다. 중간 층위는 복수로 나타날 수 있다.

이 책에서는 범주 표시의 번잡을 덜기 위해서 술어핵의 표시만 하고 필요할 때만 다른 층위의 표시를 한다. 각 술어핵의 외항이나 내항은 모두 DP이므로 특별한 경우 아니면 DP를 표시하지 않는 처지이다. 다만 다른 장에서는 이해의 편의를 위해서 종래대로 표시하기도 한다.

어근핵에 이어지는 통사적접사핵(간단히 접사핵)의 투사체를 보이면 다음과 같다.

(9) a.

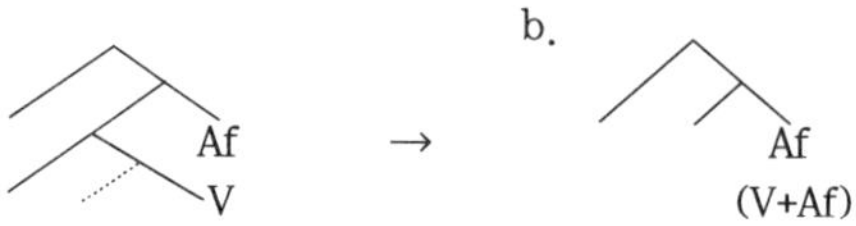

(9) b.에서 중간범주는 Af′, 최대범주는 Af″, 나머지는 DP임을 알 수 있다.

여기서의 (9) a.의 V는 어근을 나타낸다. Af핵은 임의적인 것으로 보면, V는 Af가 투사되면 어근, 투사되지 않으면 어간이 된다. V의 어근성을 나타내기 위해 기체(基体)라는 용어를 쓰고 root의 √로 나타내기도 하는데(外崎 2005: 91 참조), 어근은 어휘적 속성에 의해 V(동사술어), AV(형용사술어), NV(명사술어) 등으로 구별될 수 있고, 접사파생은 임의적인 것이기에 어근 자체의 범주성을 일반화하여 V로 표기할 수 있다.

가령 동사어근 V라면 도입(술어핵 이동은 병합, DP와의 병합은 도입으로 구별하고자 함)하는 상대상은 대개 (10) a. 아니면 (10) b.이다.

(10) a.

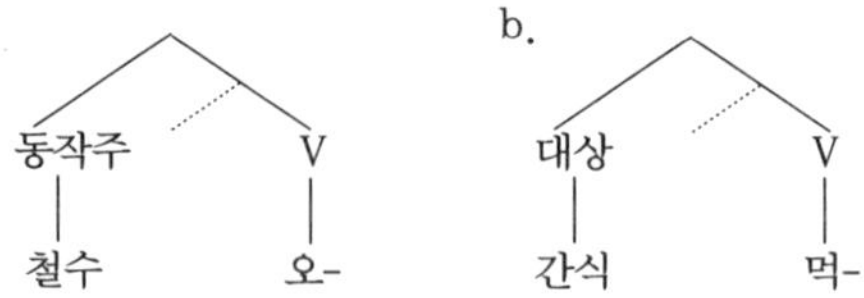

도입한 DP는 필수논항이며 VP의 외항이다. 점선 부분은 부가논항이 위치할 수 있는 자리다. 부가항이 있으면 3층의 투사체이고 없으면 2층의 투사체다. 2층이라도 그 이상의 투사가 없으면 V의 최대범주다. 부가항이 둘이면 V–V′–V′–VP가 된다.

(11) a.

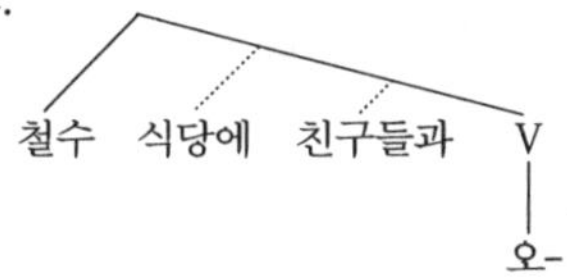

b.

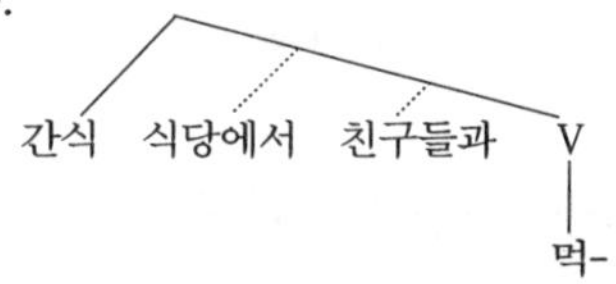

이 국면에서 핵과 도입항 사이에 의미적으로 합치되어야 한다. 도입항의 DP가 핵에 대해 갖는 의미적인 역할을 의미역(θ–role)이라 하는데 동작주, 대상, 장소, 도구, 원인, 목표, 공동(동반, 공조자)…등등이 있다. 이러한 의미역을 지닌 논항은 필수논항이다. 그런데 (11) a., b.에서 보이는 장소(식당에서), 동반(친구들과)은 필수논항이 아닌 임의논항(부가논항)이다. 그러한 부가논항이 없더라도 외항과 핵의 합치에 지장이 없기 때문이다. 만일 V가 '보내다' 면 '간식'을 보내다 로는 충분한 합치를 이룬다고 볼 수 없다. 목표의 필수논항이 도입되어야 바람직하다.

필수논항은 어근의 속성(엄밀하위범주화, 또는 의미선택)에 의해 필수적으로 도입되는 논항이며 부가논항은 그러한 합치에 수반하는 부대상황을 부가한 논항이다. 이를 부가어라 하지 않고 부가논항이라 한 것은 필수논항과 마찬가지로 DP구조이기 때문이다. DP구조 이외의 것은 부가어라는 말을 써서 구별할 수 있다.

어근에는 다음 속성자질이 있는 것으로 가정되고, 이들 자질의 조합 여하에 따라 곧 자질값의 명세에 따라 술어의 유별적인 범주로 나뉠 수 있다. 어근자질은 다음과 같이 유별화된다.

(12) 어근자질 a. [± 명(사)성] [±N]

b. [± 동(사)성] [±V]

c. [± 계사성] [±COP] (+계사성은 −이(지정사), −계사성은 경동사/경형동사의 하−)

[+V, −N]면 동사어근 (동사술어) V

[+V, +N]면 형용사어근 (형용사술어) AV

[−V, +N, +COP]면 명사술어어근 (명사술어) NV

이외에 '하다' 술어를 특별히 내세운다면,

(13) [+V, −N, −COP] 면 하다동사술어 (경동사)

[−V, +N, −COP] 면 하다형용사술어 (경형동사)

어근이 도입하는 항의 수에 따른 값어치가 술어속성에 주어지기도 하였다. 핵은 필수적으로 1항의 외항을 도입하게 되는 필자의 투사방식으로는 특별히 항도입자질을 설정할 필요는 없다. 종래의 운용은 V의 엄밀하위범주화자질 또는 의미역선택자질을 V의 최대투사내에 포화시켰지만(포화시킬 수 없는 경우 또 하나의 V를 씌워서), 필자의 1항 도입방식으로는 후속의 (상위의) 후핵과의 병합을 통하여 나머지 항을 포화시키게 된다. 항도입 자질은 여잉적이라 하더라도 그 대신 의미역선택자질은 필수적이다. 도입항의 의미역의 다름에 따라 술어의 유별이 있게 된다.

(14)

범주	속성 (핵자질)	도입항 의미역 (의미선택)	보기	유별
동사어근 V	[+V -N]	대상	차 멈추-	능격성/대격성
		동작주	친구 오-	비능격성
하다동사 (경동사) NV(V형)	[+V,-N,-COP]	동작주	철수 운동하	비능격성
형용사 어근 AV	[+V -N]	경험주	철수 어리-	성상성
		대상	교실 크-	형상성

하다형용사어근 NV(A형)	[+V,+N,-COP]	경험주	철수 건강하-	
	[+V,+N,-COP]	경험주	大郎 健康	일본어의 형용동사
명사 어근 NV (N형)	[-V,+N,+COP]	주제	자유 생명이-	

[+COP]는 –이(다) [–COP]는 –하(다). 곧 술어 어근에 접합한 요소가 지정사/경형용사냐의 차이이다.

2. 2. 동사어근의 유별

2.2.1. 능격성과 대격성

동사 어근이 대상 논항을 도입하였을 때 능격동사와 대격동사의 유별이 있게 된다.

(15)

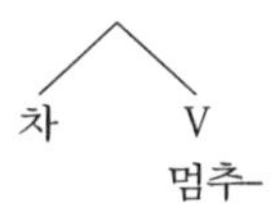

'멈추–' 동사어근이 대상 '차'를 도입하였을 때 동사어근의 성격상(자타공용) 대상논항이 목적어도 될 수 있고 주어도 될 수 있다. 목적어의 경우는 대격이 부여되고, 주격이 경우는 주어가 되는 자리(주격을 받는 자리)로 이동하게 된다.(t는 원 위치 곧 흔적 표시).

(16) a. b.

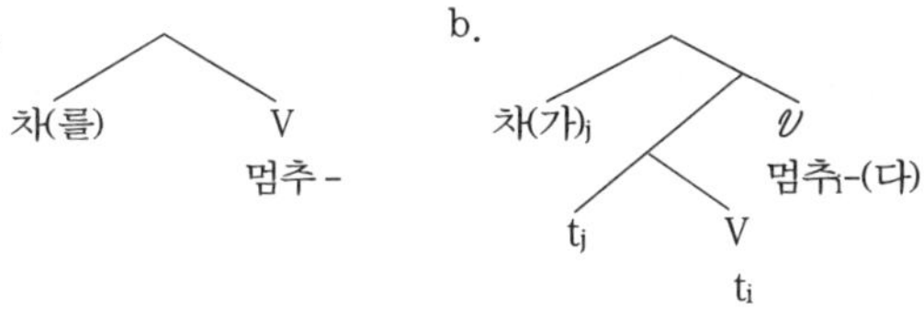

(16) a.는 대격동사의 경우이고 (16) b.는 능격동사의 경우다. V의 속성에 자동/타동의 구별성이 주어지면 [자동]에 능격성, [타동]에 대격성이 수반될 것 같지만, 그렇게 간단하지 않다. 보통 타동사로 생각되는 중간동사의 경우도 대상논항이 주어 자리에 있다(제4장 중간동사구문 참조).

필자는 여기서 동사 어근에 [±목적어] 선택자질이 있는 것으로 가정한다. V가 [+목적어]이면 상대논항은 그 자리에서 목적어의 자격을 갖게 되고 [−목적어]이면 [+주어] 선택자질을 갖는 $\mathcal{V}$(=$\mathcal{V}_1$) 술어 외항 자리로 옮겨야 한다. [±목적어] 대신에 [±대격]의 격자질로 할 수도 있다. 다만 격형태와 문법적관계가 완전히 대응하지 않는 경우가 있어 분간이 필요할 때가 있다.

[+대상] 선택자질을 갖는 V가 대상을 상대항으로 도입했다 하더라도 이 단계는 상대항의 격이 불투명한 상태다. '차가 멈추–'가 되는지 '차를 멈추–'가 되는 지는 '멈추다'가 [+대격]([+목적어])을 갖는가 갖지 않는가([−대격], [+주어])에 달려있다. 그렇게 본다면 격점검은 의미역 선택 이후의 형상성에 의해 이루어진다고도 볼 수 있다. 격점검 이후에는 이러한 V의 격자질은 소멸된다고 가정하고 있다.

V가 동작주 논항을 취하는 경우는 V는 비능격성술어이다.

(17) a. b.

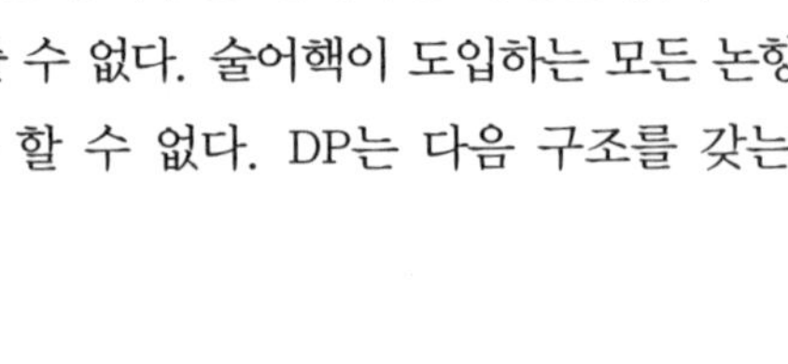

'오다' 동사는 동작주를 선택하는 자질은 있어도 V자리에서 [대격]은 물론 [주격]도 줄 수 없다. 술어핵이 도입하는 모든 논항 DP는 D 곧 격이 없으면 제 구실을 할 수 없다. DP는 다음 구조를 갖는다.

(18)

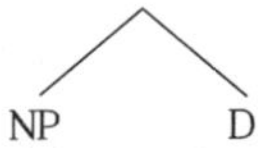

종전에는 다음과 같은 격필터에 의해 음성형식을 갖는 NP(명사구)는 Case(추상격) 또는 case(형태격)가 주어지지 않으면 안 되는 것으로 규정하였다.

(19) Case Filter (Chomsky 1981: 49)

*NP if NP has phonetic content and has no Case (or case)

((　) 부분은 필자 추기)

격(D)은 문법적으로 중요한 범주(보통 기능 범주로 이해)이며 NP를 대상항으로 삼는다. 그 말은 NP는 핵의 D가 있어야만 기능하는 범주가 된다는 것이다. 따라서 (19)의 격필터는 NP는 D가 없으면 안 된다는 것으로 해석된다. 따라서 (17) a.의 '철수'는 격이 없으므로 제 구실 못하고 최후수단으로 주격을 부여하는 $\mathcal{V}_1$의 외항으로(내항은 핵의 병합으로 떠 있다) 옮긴다는 것이 된다.

2.2.2. 경동사술어

이는 동작성명사(Verbal Noun, VN)에 '하다'가 접미한 형식의 술어로 하다동사로 불리기도 한다. '운동하-'의 형성은 통사부에서보다 어휘부에서 형성되는 것으로 필자는 본다. 다음에서,

(20) a. b.

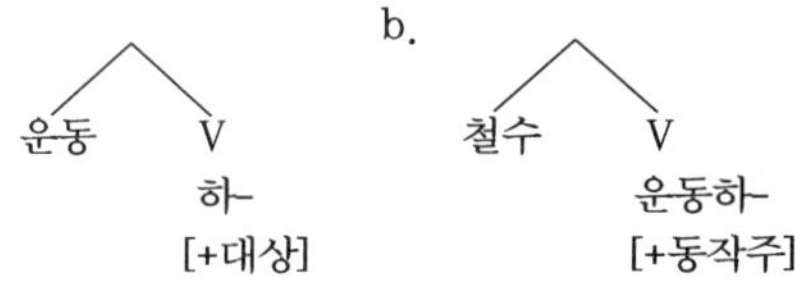

(20) a.에서는 VN이 대상으로 도입되고 b.에서는 VN이 어휘부에서 동사화하여 V에 도출(복사)되어 동작주를 도입한 것이 된다. a.에서는 VN이 대격을 받을 수 있고, b.에서는 동작주논항은 주격을 받기 위해 후핵의 v_1의 외항 자리에 옮기게 된다. 곧 a.는 대격동사, b.는 비능격동사와 같다.

명사술어의 경우도 적어도 어휘부에서 유표화되어야 (21) c.의 NV자리에 도출될 수 있다.

(21)

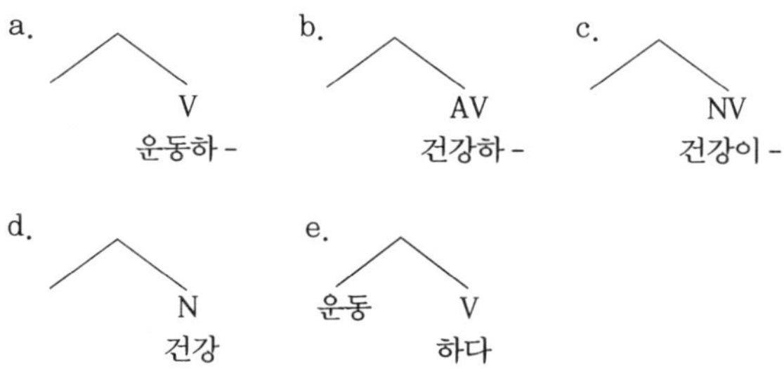

그렇지 않으면 d.와 같이 투사체 범주가 달라진다. '운동'과 '건강'은 어휘부에서 '–하(다)'가 접미하여 동사어근(어간)이나 형용사어근(어간)이 이미 형성되어 그에 상응한 통사부 어근핵 위치에 도출(복사) 되는 것으로 보아야 한다. 명사술어어근으로 쓰일 때는 물론 –이가 접미한 형태로 도출되어야 한다. 그렇지 않으면 어휘부와 통사부의 연결이 순탄하지 않으며 어떤 술어핵인지 아니면 이와 다른 상대방의 논항 요소인지 헷갈리게 된다. (21) e.처럼 유표적인 교체없이 DP의 자리에 도출되면 술어핵과 구별되고 대상의 DP요소로 처신할 수 있다. (21) a.와 e.의 투사도를 대비해 보면,

(22) a.

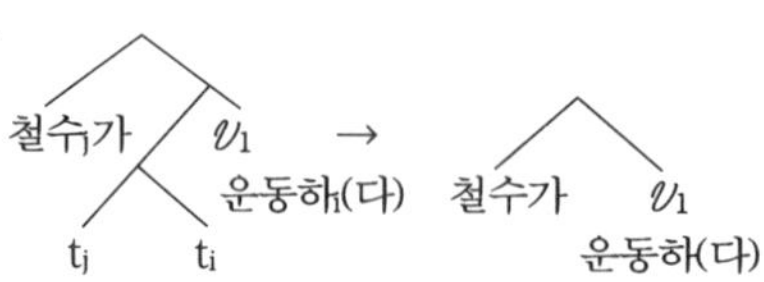

b.

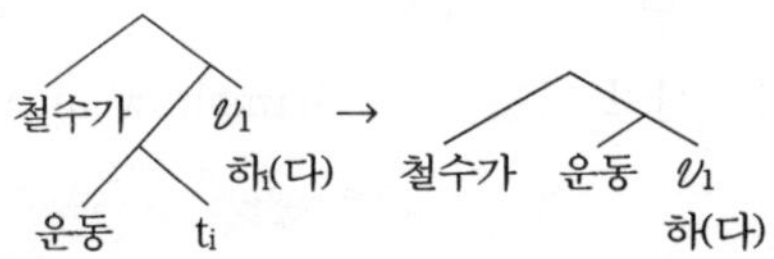

(22) a.(비능격동사구문)는, '철수'가 v_1의 외항에 유인(내부병합)되고 (22) b.(대격구문)는 동작주 철수가 v_1의 외항에 도입(외부병합)되었다.

(21) a., (22) a.의 -하다 동사술어에 대하여 그 특성을 살펴보면, 다음의 영어의 예문에서,

(23) a. John offered money to Mary.

b. John made an offer of money to Mary.

밑줄친 부분에서 하나는 동사가, 하나는 명사가 동작주(John), 대상(money), 목표(Mary)의 의미역을 부여하고 있다. (23) b.에서의 made는 본래의 의미가 엷고(가볍고) 불완전한 것이라 하여 경(輕)동사(Light Verb)로 부른다. (23)에 준하는 한국어나 일본어의 다음 예에서,

(24) a. 존은 메리에게 돈을 제공하였다.

b. 존은 메리에게 돈의 제공을 하였다.

c. ジョンは メーリに お金を 提供した。

d. ジョンは メーリに お金の 提供を した。

여기서의 '제공'(提供)의 VN이 동작주, 대상, 목표의 의미역을 부여할 수 있다. 그래서 (24)에서 VN에 후속하는 '하였다(した)'류를 영어의 경동사에 준하여 경동사라 하고 VN-하다, VN-을 하다 의 구문을 경동사구문이라고 하기도 한다. 경동사는 대개 한자어에 후속하기 때문에 한(자)어(漢(字)語) 동사라는 이름도 있게 되고, 후속어의 음형에 의해 하다동사(する動詞)라는 이름도 있게 된다. 한자어 외에도 '-에게(목표) 손짓(을)하다, 손가락질(을)

하다', '-와(공동) 놀음(을)하다' 등이 있다.

일본어의 する동사를 경동사로 다룬 것은 Grimshow and Mester (1998)이다. 다음 예문에서,

(25) a. Johnの村人への狼がくるとの警告
(존의, 마을사람에게의, 이리가 온다는 경고)
b. Johnは村人に狼が来ると警告をした。
(존은 마을사람에게 이리가 온다고 경고를 하였다.)

'경고'는 (25) a., b.에서 동작주, 목표, 대상을 지니는데, b.의 suru는 의미역을 지니지 않고 다만 대격을 부여하는 것으로 하고 있다(p. 212).

(26) a. keikoku (警告) (Agent, Goal, Theme)
b. suru ( ) 〈acc〉
c. keikoku (Theme) +suru (Agent, Goal) 〈acc〉

c.에서는 '경고'가 지닌 의미역 A, G가 suru에 옮기고 있다(항전이(項轉移) Argument Transfer). 보어부인 '경고' 자체는 대상의 의미역만 지닌다. 곧 (25) b. 예문의 suru(하다)는 (26) b.처럼 본래 부여할 의미역을 지니지 않지만 (26) c.처럼 보어부 명사 (警告)가 지니는 항의 의미역을 항전이에 의해 이어받는다는 것이다. 그와 같이 VN이 의미역을 지니고 후속의 '하다' 자체는 어떠한 의미역을 지니지 않기 때문에(항전이에 의해서만 지님) 불완전한 동사라는 의미에서 경동사의 이름이 있게 된다. 그렇다면 'VN을 하다'와 'VN하다'의 관계는 어떻게 될까? 이에는,

(27) a. 산보를 하다 → 산보하다
b. 산보하다 → 산보를 하다

와 같이 어느 한쪽에서 다른 쪽으로 변형이 되어 생성된 것으로 보기도 한

다. 이러한 운용은 통사적 배열 그리고 조사의 첨삭과 관계되기 때문에 통사부에서가 아니면 어휘통사부(어휘부의 확대)의 일이 될 것이다.

필자는 VN하다의 '하다'는 자립형식이 아닌 의존형식이기 때문에 하나의 단어로 볼 수 없고 VN을 동사화시키는 어휘적접사로 보고 있다. 따라서 어휘부에서 생성되고 통사부의 V어근핵 자리에 VN하-로 도출된다고 본다. 한편 자립형식 '하다'는 그 자체가 동작주, 대상, 의미역을 지니고 V어근핵 자리에 하-로 도출된다고 본다. 따라서 (27)과 같은 어느 한쪽의 변형조작이 있다면 도출(연결) 자격의 조정이나 공기어와의 역학관계에서 올 것이다.

그럼, VN과 VN-하다는 어휘부에서 제각기 등재되어 있을까, VN과 '-하다'로 따로 등재되어 있을까? VN-하다가 따로 등재되어 있다면 VN과 중복되어 비경제적이며 사전을 크게 부풀릴 염려가 있다. 대신 VN+하다의 어형성 기제를 어휘부에 미루고, 어휘부에서는 '하다'가 단독(자립형식)으로 쓰이는 경우와 접미사(의존형식)로 쓰이는 경우를 표시하면 된다. 접미사로서는 VN에 접미하면 동사, AN(형용사성 명사 健康 등)에 접미하면 형용사가 되는 비교적 생산성이 높은 술어화접사인 셈이다. '하다'의 활성성을 고려하면 자립/의존의 구별의 표지가 없어도 단독으로 쓰이면 대격성 동사, 의존적으로 쓰이면 VN동사의 일부분으로 구별된다고도 할 수 있다. 학습에는 구별표시가 있는 것이 유익할 것이다.

VN과 하다가 따로 등재되어 있고 접합적으로 쓰이는 경우와 분리적으로 쓰이는 경우가 있다 하더라도 (27) a., b.처럼 어느 한쪽에서 다른 쪽이 변형으로 이루어질 수 있다고 보는가 또 그렇게 본다면 a., b.의 어느 쪽이 더 쓰이는가의 문제가 있을 수 있다. 이들의 생성기제를 보면,

(28) a. b.

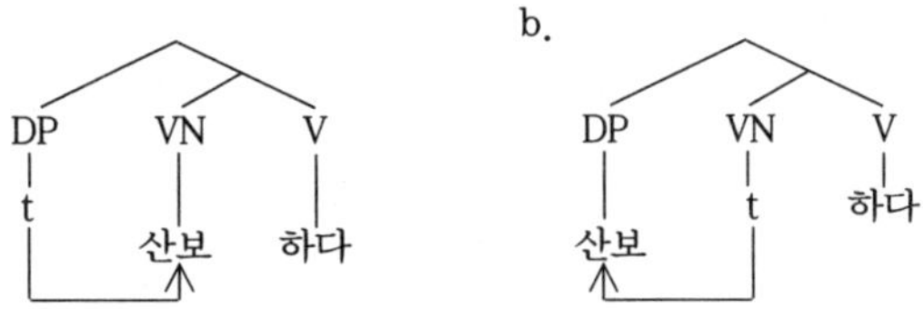

(28) a.는 분리→접합의 기제이고, b.는 접합→분리의 기제이다. 만일, 이러한 변형이 통사부에서 이루어진다면 그것은 V어근 투사체내의 일이다.

(29)

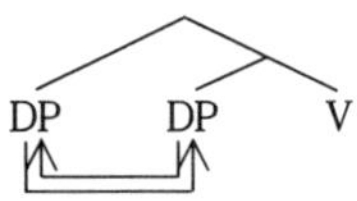

(28) a.식이면 V의 외항(대상의미역)으로 도출한 것이 내항화하는 것이며, b.식이면 첫째, 내항이 외항화하는 것이거나 둘째, 외항이 상위의 외항화하는 것이 되는데 그러한 운용을 통사부에서 하게 된다면 그 나름의 특별한 이유가 있어야 한다. 분리 또는 접합의 조작은 V어근핵의 동일 영역이고 최근접영역이기 때문에 특별한 사유가 있다면 하나의 전이현상으로 가능한 일이다. 그러한 변형이 통사부가 아닌 어휘부에서의 운용이라면 다음의 통사부에의 도출이 예상된다.

(30) a. b. c.

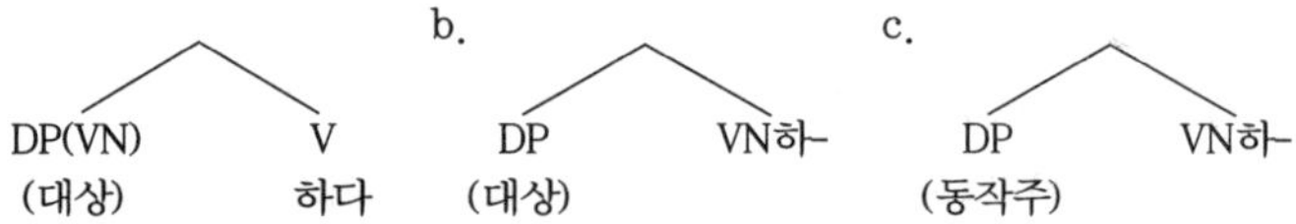

(30) a.의 V핵 자리에 도출하기 위해서는 (28) b.처럼 VN과 V는 거리를 두어야 하고 (30) b., c.의 VN(V)핵 자리에 도출하기 위해서는 (28) a.처럼 VN과 V가 밀착되어야하는 것으로 볼 수 있다. (30) a.의 '하다'는 대격동사로 기능하고, (30) b., c.의 VN하다는 대격동사와 비능격동사의 두 가지로

기능한다. (30) b., c.의 구별을 위해서는 VN하다의 자타의 구별 곧 [±대격]자질 표시가 필요하다. 어휘부에서는 분리작용은 없는 것으로 보인다. 술어핵에 도출된 VN이 가벼우면 굳이 분리할 필요는 없을 것이나 통사부에서는 대상의 VN이 무거우면 D의 지원으로 DP가 분리하여 V에 접합할 수도 있는 일이다.

(31) a. b.

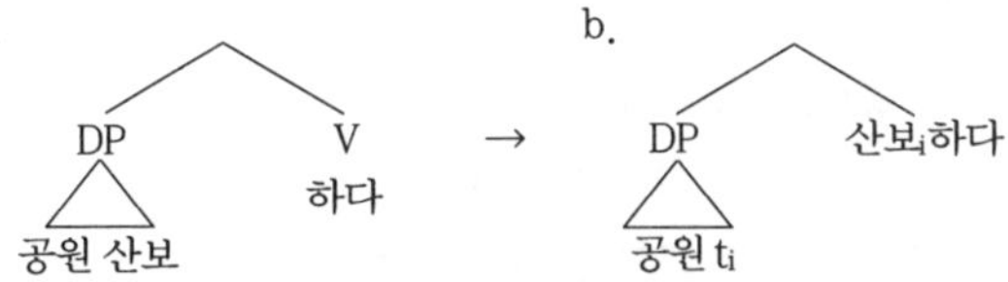

(31)과 같은 경우 도입 DP가 추상격이면 V에의 접합은 가능하다. VN에 수식어나 별개의 연산으로 된 수식절이 얹히는 경우는 VN이 분리될 수 있다. '나는 공부를 하다'의 대격구문에서 대격이 추상격이거나 생략될 경우 접합이 이루어질 수 있다고 본다(나는 공부하다). 그 반대로 '철수가 영어의 공부를 하다'나 '철수가 영어를 공부를 한다'의 이중대격구문의 도출을 위해 VN이 분리될 수도 있고 '영어'만을 남기고 접합할 수 있다. 이는 동일 국면에서의 pause의 개재여부와 같은 PF의 해석의 다름으로도 볼 수 있다. 또 발제 – 결말의 큰 틀안에서의 선조적인 국면이 예컨대 VN 앞에 [돈의–제공]과 같은 속격 DP가 선행될 때는 VN은 분리식으로 '하다'를, VN 앞에 [돈을] 제공하는 여부와 같은 대격 DP가 선행할 때는 VN이 접합식으로 '제공하다'를 도출한다고 할 수 있다. 복합 DP화를 위해 또 그 반대와 같은 경우를 위해 분리, 접합이 있을 수 있다. VN과 분리된 '하다' 항목은 동작주 – 대상의 의미역이, VN과 접합된 'VN하다'는 VN의 속성에 따라 1) 동작주 – 대상의 의미역과, 2) 동작주만의 의미역이 있게 된다. 그러한 구분은 이들 항목의 학습에도 유익할 것이다. VN'하다' 형식은 넓게는 경동사로 하면서도 좁게는 VN접합의 '하다'만을 가리키고, VN 분리의 '하다'는 대격동사로서 정리해 두고자 한다.

이렇게 경동사구문 형성에는 여러 경로의 연산이 있을 수 있으며, 크게는 의미역의 쌓아올리기와 내려오기식으로 나눌 수 있다. 필자의 발제 - 결말의 문 시발의 2분지 틀에서는 선행 화맥(문맥)에서 예컨대 '뭘 했느냐' '뭘 VN했느냐'의 질문이나 논의가 있었다면 결말에 이르는 술어는 어근핵에서 '하-' 아니면 'VN하-' 가 도출하게 될 것이다. 다음 질의 응답에서,

(32) a. 돈을 어떻게 했어?
 1 수령/제공/포기했어.
 2 ??수령/제공/포기를 했어.
 3 *돈을 수령/제공/포기를 했어

b. 돈의 수령/제공/포기를 할거야 말거야?
 1 할거야.
 2 ?돈을 수령/제공/포기할 거야.
 3 돈의 수령 할거야.

(32) a.에서는 대격의 DP가 선행하기 때문에 VN은 접합형으로, (32) b.에서는 속격의 DP가 선행하므로 VN은 분리식으로 도출됨을 볼 수 있다.

경동사 '하다'와 관련해서 문제되는 논의에는 다음 (33)과 같이 대상논항이 이중대격으로 나타나는 경우와 같은 것이 있다(자세한 것은 제10장 이중목적어구문 참조).

(33) 철수가 영어를 공부를 한다.

이러한 표현이 새로이 유포된 현상 그것도 일부의 주변적인 현상인지 아니면 정격화한 것인지, 또 (33)은 다음의 (34)에서 유도된 것인지 역으로 (33)에서 (34)가 유도된 것인지에 대해 논의가 있게 된다.

(34) a. 철수가 영어(의)공부를 한다.
 b. 철수가 영어를 공부한다.

(33)을 '영어를 한다', '공부를 한다'에서 동일술어의 '한다' 한 가지를 생략한 것으로 볼 수있으나 그 경우의 '영어'를 VN으로 보기 어렵고, 설혹 '영어한다' 를 VN으로 보아도 '공부를 한다' 와 동위관계로 보기 어렵다. (34) a.에서의 DP 복합체가 밀접불가분 혹은 상하위개념의 관계일 때 선행 DP의 후행 DP에의 유속화 혹은 후행 DP와 동일한 대상화가 가능하므로 (33)은 선행 DP의 대상화에서 올 수 있다. 그리고 (34) b.의 VN하다에서 VN의 선행 DP와의 밀접불가분· 상하위개념의 처지에서 VN분리가 있게 된 데서 올 수 있고 그 역으로 (33)에서 (34) b.가 올 수 도 있다. 표현 의도가 거의 같다면 어느 경로가 가장 간편하고 경제적인 통사운용이 되느냐는 것인데, 비록 (33)이 이중대격제약에서 저촉되지 않는다 하더라도 O－O의 연속체는 피하는 것이 좋다고 본다. 동작주－대상－(술어)의 각 논항이 단독일수록 바람직하다고 본다.

(35) a. 철수가 영어를 공부(하는 것)을 한다.
 b. 철수가 영어를 공부하지를 아니한다.

(35) b.의 ~지를 보문핵(C)으로 본다면, (35) a.와 같은 괄호부분의 구성을 상정할 수 있고, '~를' 조사를 NP뿐만 아니라 CP도 취한다고 보면 다음 (36)처럼 VN의 분리와 주문술어와 동일한 '－하다'와 C의 삭제를 통하여 (33)을 이룬다고 할 수 있다.

(36) a. b.

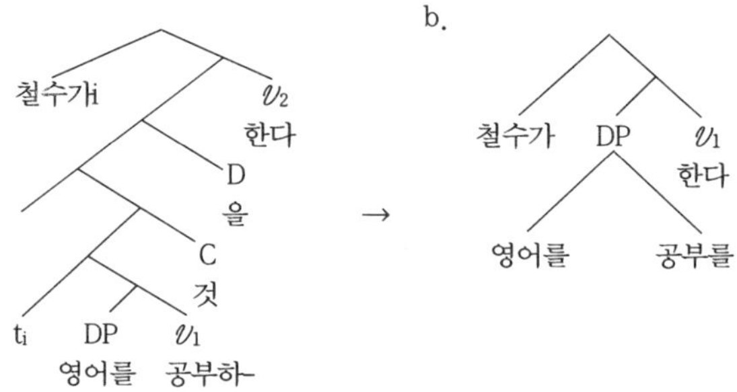

(36) a. → b.와 그 반대가 되는 생성기제도 있을 수 있다. 선조식 전개로 VN을 경동사 '하다'와 접합하여 보문핵의 내항으로 내포화하면 가능한 일이다. 뇌/마음의 다양한 움직임에 따라 다양한 회로로 다양한 문이 생성될 수 있는 일이다. 문제는 다양한 회로를 명시적으로, 경제적으로 포착할 수 있는가에 있다고 본다.

2.3. 형용사 어근

2.3.1. 형상성과 성상성

형용사 어근이 어떤 의미역의 상대논항을 도출하는가에 따라 형용사를 유별할 수 있다. 여기서는 형상형용사와 성상형용사의 경우를 보기로 한다.

(37) 형상형용사 코가 크다. 철수는 코가 크다.
지붕이 파랗다. 학교는 지붕이 파랗다.

(38) 성상형용사 성품이 착실하다. 철수는 성품이 착실하다.
몸이 아프다. 철수는 몸이 아프다.

후술하는 심리형용사도 (39) a.에서는 이와 동일한 패턴을 보여준다. (39) b., c.의 경우는 좀 다르다.

(39) 심리형용사 a. 입이 무섭다 철수는 입이 무섭다.(철수의 입 형상)
b. 입이 무섭다. 철수는 입이 무섭다.(남의 구설)
c. 영희가 무섭다. 철수는 영희가 무섭다.

형용사 어근이 대상 논항을 주격으로 취하고 있는 것은 공통적이다. 그런데, (37)과 (38)에서는 대상과 밀접불가분하고 상위개념의 주어(또는 주제로)를 도입하고 있는 점은 같으면서 (37)에서는 대상의 의미역의 것을, (38)에서는 경험주 (또는 유생주)의 의미역의 것을 취하는 점이 다르다.

한편 (39) a.에서는 (37)처럼 대상의미역을 주어로 도입하고 있으나 (39) b., c.에서는 (38)처럼 경험주를 도입하고 있음을 볼 수 있다. 그리고 (37)과 (38)은 첫 번째 DP의 속격화가 가능한 것도 공통적이며, (39) a.도 마찬가지나 (39) b., c.에서는 속격화가 불가능하다.

(37)와 (38)에서 DP가 두 개인 경우 어느 DP를 줄여도 문으로 성립한다.

(40) a. 철수는 코가 크다. 철수는 성품이 착실하다.
b. ______ 코가 크다. ______ 성품이 착실하다.
c. 철수는 ___ 크다. 철수는 ______ 착실하다.

(39) a., b.도 이와 같으나, (39) c.는 DP 하나를 줄이면 뜻이 애매해진다.

(41) a. 철수는 영희가 무섭다.
b. ______ 영희가 무섭다.
c. 철수는 ______ 무섭다.

DP 하나만으로는 대상의 의미역인지 경험주의 의미역인지 분간하기 어려워진다고 본다. 이들 형용사의 논항 도입기제가 어떻게 다른지 보기로 한다. 먼저 관련 논항을 정리하면,

(42) a. 형상형용사 {([대상]) [대상]} 또는 {[대상] ([대상])}

b. 성상형용사 {([대상]) [대상]} 또는 {[대상] ([대상])}
c. 심리형용사 1) {([대상]) [대상]} 또는 {[대상] ([대상])}
2) {[경험주] [대상]}

동일한 〈대상〉의 의미역의 DP가 연속하는 것은 서로가 밀접불가분의 관계, 상하위의 관계에 있어서 어느 하나의 생략이나 선행 DP의 유속화가 가능한 경우다. DP의 연속의 경우도 다중 외항(지정어)으로, 복합DP의 한 경우로 생각할 수 있다.

이외에도 '같다', '비슷하다'와 같은 비교형용사는 2항 내지 3항의 필수논항을 취한다. 2)의 –보다 논항의 경우는 임의논항으로 본다.

d. 비교형용사 1) {[대상] [주제] [여동주]}
철수는 키가 영희와 같다/비슷하다. 닮다.
2) {[대상] [주제] ([여동주])}
철수는 키가 (영희보다/처럼) 크다.

(42) a., b.와 c. 1)에서 대상 하나를 도입하면, (43) a.→b.의 과정을 거치고 두 개를 도입하게 되면 (44)의 여러 과정이 있게 된다.

(43) a.
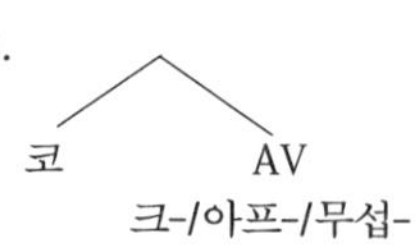

b.
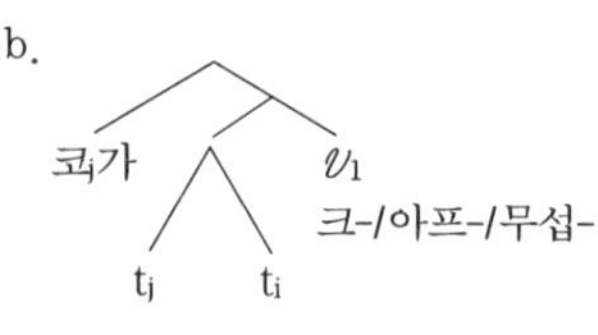

(44) a.
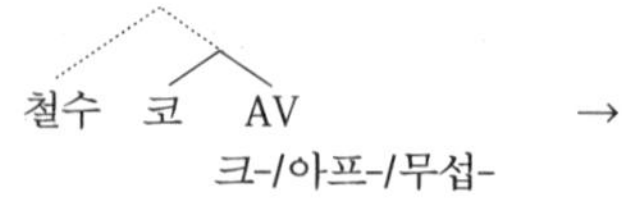

b.
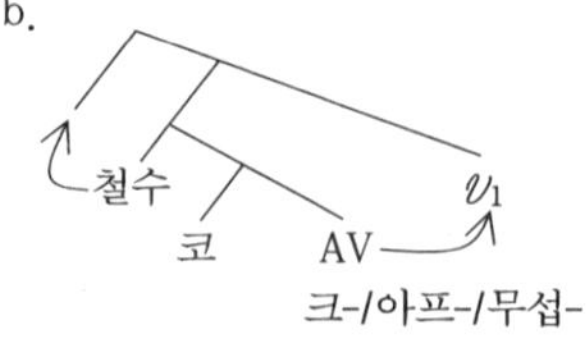

a''.

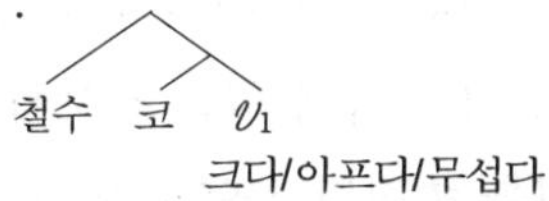

b. b.'

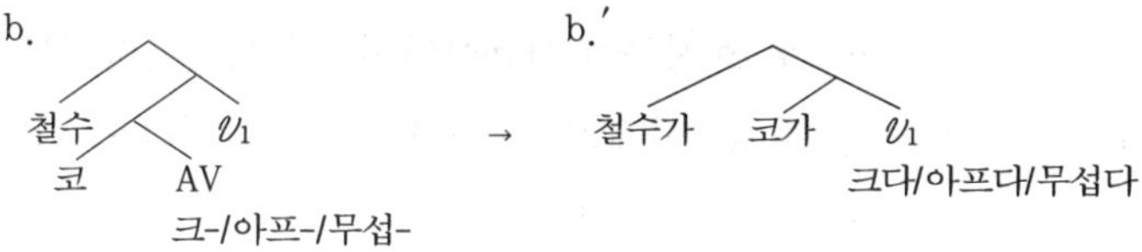

(44) a.는 대상의 DP의 밀접불가분하고 상위의 개념어가 되는 것을 다중 지정어(외항)로 부가하는 경우이다. 그 a'.는 v핵의 외항 자리로 옮기고 a''의 핵문이 이루어진다. 이에 대해 b.는 AV의 투사체가 핵병합으로 내항화하고 외항의 DP를 도입한다고 보는 것이다. (44) a'.와 동일한 핵문이 형성된다. 언어의 짜임이 어느 회로를 이용했던 간에 무리됨(장애점)이 없으면 된다고 본다. 첫 번째 DP의 두 번째 DP에의 유속화의 쉬운 경로를 생각하면 (44) a.쪽이 낫고, 핵과 도입논항(1항)의 대칭운용의 간편성을 생각하면 (44) b.쪽이 낫다. (42) c. 2)의 경우도 (44) b.쪽과 같은 점도 참조된다.

(42) c. 2)는 두 논항 모두 필수적으로 포화되어야 하기 때문에 1핵 1논항의 필자의 투사방식으로는 두 술어핵의 논항도입이 필수적이다.

(45)

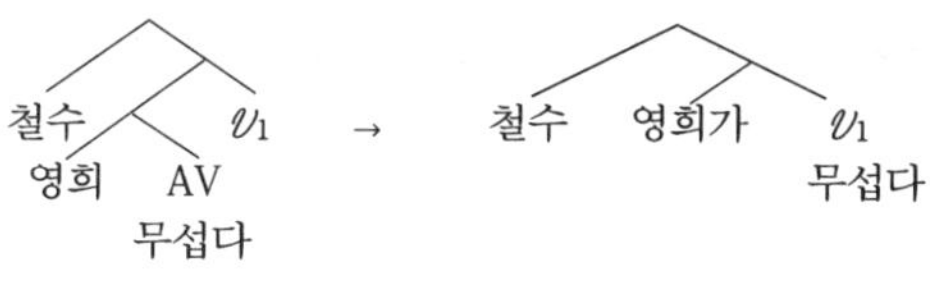

지금까지 본 대로라면 심리형용사는 [경험주](또는 [유생주])를 주어 논항으로 취하는 특성이 있어 보이나, 형상형용사와 성상형용사는 도입논항의 의미역이나 투사방식에서 다름이 있어 보이지 않는다. 논항 두 개를 취하는 경우의 형용사술어문은 v_1레벨에서 모두 동일한 패턴을 보인다. 그렇지만 앞에서 심리형용사문은 논항도입방식이나 논항들의 의미역 관계가 다르게 나타나는 또 하나의 경우가 있음을 보았다. 각 술어핵의 도입논항(의미역)과 투사체 구조를 의미구조로, 그리고 핵 병합에 의한 투사체의 조정이 이루어진 구조를 통사구조로, 혹은 전자를 종전의 용어를 빌어 간편하게 D-구조, 후자를 S-구조로 호칭하여 사용한다면, 곧 형용사술어문은 핵문으로는 결과적으로 동일한 통사구조(S-구조)가 된다 하더라도 의미구조(D-구조)는 다를 수 있다는 것이 된다.

이 레벨에서는 형상형용사와 성상형용사 간에 어떤 차이점이 부각되지 않는다. $\mathcal{V}_2$레벨의 타동화, 긴 사동화가 있게 되면 그 다름이 미묘하게 나타난다. 형용사술어문의 핵문이 CP통사술어의 보문이 되는 경우에 (46)에서는 안 보이나 (47)에서는 보인다.

(46)	A	B
a.	철수가 크다.	철수가(/를)크게 만들었다.
	코가 크다.	코가(/를) 크게 만들었다.
b.	철수가 착하다.	철수가(/를) 착하게 만들었다.
c.	철수가 무섭다.	철수가(/*를) 무섭게 만들었다.

(46)의 A는 1항 도출의 핵문의 경우이다. B는 거기에 동작주 또는 사동주가 있게 되었을 때의 보문화의 경우이다. (를)은 예외적격표시(이 책 제8장)의 경우인데, 심리형용사인 c.에서는 그것이 허용되지 않음을 보여준다.

(47) A	B
a. 철수가 코가 크다.	1) 철수를 코를 크게 만들었다.
	2) 철수의 코를 크게 만들었다.
	3) 철수에게 코를 크게 {만들도록 / *갖도록} 하였다(/시켰다)
b. 철수가 마음이 여리다.	1) 철수를 마음을(/이) 여리게(/아프게) 만들었다.
	2) 철수의 마음을 여리게(/아프게) 만들었다.

3) 철수에게 마음을 여리게(/아프게){*만들도록 / 지니도록} 하였다(/시켰다).

c. 철수가 영희가 무섭다 1)*철수를 영희를 무섭게 느끼도록 만들었다.
2)*철수의 영희를 무섭게 느끼도록 만들었다.
3) 철수에게 영희를(/가) 무섭게{*만들도록 / 지니도록} 하였다(/시켰다).

여기서 B의 1), 2), 3)은 동작주(사동주)가 도입되었을 때의 경우이다. (47)의 a.와 b.를 보아서는 1)과 2)에서는 차이가 없다하더라도 3)에서는 형상적인 술어냐 성상적인 술어냐에 따라 이를 취하는 $\mathcal{V}_2$가 달라진다는 것을 알 수 있다. 형상적인 술어에는 작위적인 것을 강요하는 표현이 따를 수 있으나 성상적인 술어에는 그와 같은 것은 따를 수 없고 스스로 생각하고 느끼는 표현이 따를 수 있다. (47) b.의 1), 2)를 보면 핵문에서 밀접불가분하고 상하위관계가 되는 DP의 연속이 있고 그것이 SC화 되면서 SC를 통어하는 술어가 있으면 대격의 DP의 병열구화나 선행 DP의 속격화가 이루어짐을 볼 수 있다. 그만큼 추상격→형태격의 실현은 핵문 다음 레벨까지 가급적 지연되는 것으로 풀이된다. 제주방언에서,

(48) a. 철수 마음 착하다/착해/착하뎅.
b. 철수가 마음 착하다/착해여/착하뎅.
c. 철수 마음이 착하다/착해여/착하뎅.
(a.–c.: 철수의 속격화 가능)
d. 철수가 마음이 착하다/착해여/착하뎅. (-뎅=다고, 어말은 다-고/더라)

(49) a. 철수 코 무섭다/무서워/무섭뎅. ┐
b. 철수가 코 무섭다/무서워/무섭뎅. │철수의 속격화 가능
c. 철수 코가 무섭다/무서워/무섭뎅. ┘
d. 철수가 코가 무섭다/무서워/무섭뎅.

(48)의 성상형용사문의 철수는 경험주이고 (49)의 심리형용사문의 철수는 대상이다. (50)에서는 (49)의 철수가 경험주가 되는 경우다.

(50) a. 철수 영희 무섭다/무서워/무섭뎅. ┐
b. 철수가 영희 무서워/무섭뎅. │철수의 속격화 불가능
c. 철수 영희가 무서워/무섭뎅. ┘
d. 철수가 영희가 무서워/무섭뎅.

여기서 술어말의 '-뎅'에서의 ㅇ은 보문 표지의 구실을 수행한다고 보면,

(51) a. 철수(가) 마음(이) 착하뎅 (ᄀᆞ랑게). (ᄀᆞ랑게↔ᄀᆞ란게
=말하-였어/더라)
b. 철수(의) 마음(이) 착하뎅 (ᄀᆞ랑게).
c. 철수(가) 코(가) 무섭뎅 (ᄀᆞ랑게).
d. 철수(의) 코(가) 무섭뎅 (ᄀᆞ랑게).
e. 철수(ㄹ/를) 코(ㄹ/를) 무섭뎅 (ᄀᆞ랑게).
f. *철수의 영희(가) 무섭뎅 (ᄀᆞ랑게).
g. *철수를 영희를 무섭뎅 (ᄀᆞ랑게). (단 병렬 DP가 아닌 경우)

(51)의 c.~e.는 심리형용사의 대상-대상의 경우이고 f., g.는 경험주-대상의 경우이다. (51) a.~e.에서 주문술어(ᄀᆞ랑게)가 따르면 당연히 주문주어가 도입된다((51) 예문에서는 생략됨). (51) a., b. 그리고 c., d.에서 특히 첫 번째 DP가 형태격이 아니면 주격과 속격의 구별이 애매하지만, 밀접불가분의 상하위관계의 두 대상이 전체적으로 어떻다는 풀이에는 큰 지장이

없는 것으로 보인다. 그런 면에서는 첫 번째 DP는 (44) b.와는 다른 (44) a.의 부가식으로 도입된 것으로 볼 수 있다. (51) e.에서 두 DP에 대한 대격의 예외적표시도 동일한 조작의 결과로 보아진다. f., g.에서는 두 DP가 서로 다른 의미역을 지니며 (45)에서처럼 도입해도 다른 데서 오는 당연한 귀결이다. 어근-(접사)-문술어핵에서 형성된 핵문에서 구조격의 주격과 대격 그리고 일부의 의미격도 추상격으로 충분하나 그 이상의 레벨에서는 주격과 속격의 구별 그리고 여러 DP의 도입에서 오는 혼동을 막기 위해 형태격이어야 한다. 단 대격은 인접성이 지켜지는 한, 추상격으로 지탱될 수 있다.

2.3.2. 심리형용사와 심리동사

심리형용사에 대한 언급과 함께, 서술 차례가 좀 뒤바뀌긴 했지만 이와 관련성이 있는 심리동사에 대해서도 언급하려고 한다.

심리적인 형용사문에는 2류가 있음을 앞에서 보았다.

(52) a. (대상) 대상 - 심리형용사
b. 경험자 - 대상 - 심리형용사

형용사가 논항 하나를 취하는 것이 기본적이라 본다면, b.류는 특별한 경우가 된다. 형상적/성상적 형용사문도 논항을 두 개 취하는 경우가 있으나 동일한 대상논항의 연속체와 같은 것이고, (40), (41)처럼 그 중 하나를 생략해도 문은 성립한다. 심리형용사는 (41) c.처럼 대상이 생략되면 나머지 DP가 경험주인지 대상인지 애매하게 된다. 일본어에서도 이와 동일현상을 엿볼 수 있다.

(53) a. 太郎は(/の) 頭が 痛い。(大郎은(/의) 머리가 아프다)
大郎は _____ 痛い。
_____ 頭が 痛い。

b. 大郎は(/の) 頭が こわい。(大郎(/의)머리가 무섭다)
大郎は _____ こわい。
______ 頭が こわい。

c. 大郎は(/*の) 花子が こわい。(大郎은(/*의) 花子가 무섭다)
大郎は _____ こわい。
_____ 花子が こわい。

(53) b.는 대상-대상의 심리형용사의 경우이고 c.는 경험주-대상-심리형용사의 경우이다. a.의 성상형용사문 그리고 b.의 대상-대상의 심리형용사문에서는 두 DP가 동일한 대상의미역 그것도 밀접불가분하고 상하위관계에 있는 것이면 어느 하나의 생략이나 선행 DP의 유속화가 가능하다. 이에 대해 c.의 경험주-대상의 심리형용사문에서는 첫 번째 DP의 유속화는 불가능하고 두 번째 대상 DP의 생략은 나머지 DP가 경험주/대상의 어느 것인지 분간하는데 혼동을 가져온다.

그런데 심리형용사문에는 경험주가 주어가 되는 제2류의 것 외에도 경험주가 목적어가 되는 제3류의 심리형용사문이 있다. 제2류의 전자를 경험주-주어(Experience-Subject, ES) 심리형용사, 제3류의 후자를 경험주-목적어(Experience-Object, EO) 심리형용사로 부르기도 한다(이하, ES와 EO로).

(54) a. ES 철수는 그 사고가 슬프다.
b. EO 그 사고가 철수에게 슬프다.

양자는 동일한 의미역의 어순의 차이뿐이라고 본다면 양자를 구조상 파생관계로 볼 수도 있다.

(55) a.

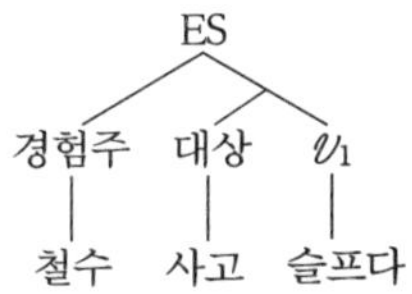

b.

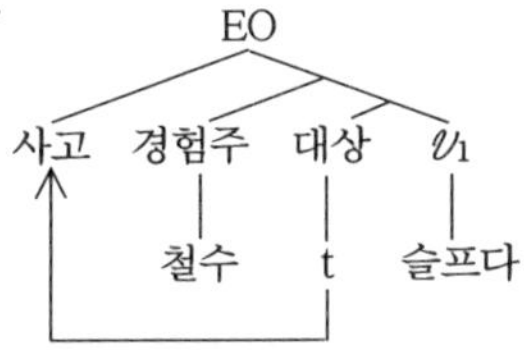

ES와 EO는 일견 같은 의미역의 논항구조를 지니므로 의미역부여일률성 가설(UTAH)에 의해 동일한 기저구조에서 EO가 파생하였다고 볼 수 있다. 한편, (54) b.의 '철수에게'는 구조격이 아닌 의미격의 부가어로 보게 되면 양자는 파생관계가 아닌 별개의 구조로 보는 비파생분석도 있을 수 있다.

(56) a.

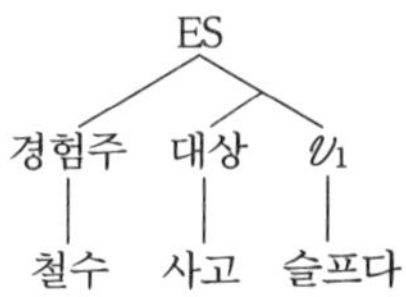

b.

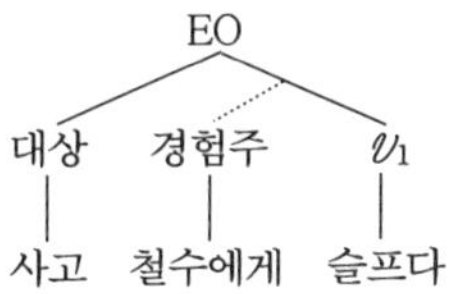

다음에서,

(57) a. 철수가 그 사고가 슬프다.
b. 그 사고가 철수에게 슬프다.
c. 그 사고로 철수가 슬프다.

(57) b.가 (55) a.→b.와 같이 (57) a.에서 왔다면 c.도 이와 같은 경로로 왔다고 보아야 하는데, c.의 '사고로'는 대상의 의미역이라기보다 원인의 의미역이다. 여기서의 '~로'의 의미격이나 (54) b., (56) b.의 '~에게'의 의미격을 모두 부가논항(임의논항)으로 본다면 다음과 같이 자유로이 부가할 수 있다.

(58) a. 철수에게는 그 사고가 슬프다.

b. 그 사고가 철수에게 슬프다.

c. 그 사고로 철수가 슬프다.

d. 철수가 그 사고로 슬프다.

따라서 심리형용사문은 다음(59) a., b.가 기본적이면서 ( )부분이 의미격으로 대신할 수 있다고 볼 수 있다.

(59) a. 경험주-(대상) -술어(심리형용사)

b. (경험주) - 대상 - 술어(심리형용사)

이번에는 술어가 동사로 실현되는 심리동사문의 경우를 보기로 한다. 심리동사에는 심리형용사의 어간+아/어+하다의 구성으로 된 것들이 있고 그렇지 않은 것도 있다.

(60) a. 슬프다-슬퍼하다　　싫다-싫어하다

부럽다-부러워하다　　기쁘다-기뻐하다

그립다-그리워하다　　놀랍다-놀라워하다

밉다-미워하다

b. 놀라다, 느끼다, 비통하다

심리동사의 형성은 대격동사의 경우와 마찬가지로 어근핵 V에서 대상을 도입하고 술어핵 v_1에서 경험주를 도입하여 핵문을 이룬다.

(61) a. 철수가 그녀의 배신을 슬퍼했다.

b. 철수가 그녀의 합격을 기뻐했다.

c. 철수가 그녀의 노래솜씨를 놀라워하다.

심리동사문도 동일기저로부터의 파생분석은 무리이다.

(62) a. 철수가 그 사고를 슬퍼했다.
b. 그 사고가 철수를 슬프게 했다.
c. 그 사고가 철수를 슬퍼하게 했다.
d. 그 사고로 철수가 슬퍼했다.
e. 철수가 그 사고로 슬퍼했다.

(62) a.와 b.는 구조 자체가 다르다. a.는 일반적인 v_1레벨에서의 대격구분과 같고, b.는 핵문이 형용사문이고, c.는 다음과 같은 v_2레벨에서의 사역구문이다.

(63) a. [그 사고가 [철수가 슬퍼하게] 했다].
b. [그 사고가 [철수를 슬퍼하게] 했다.

(63) a.는 주문동사가 CP를 취한 것이고, b.는 SC를 취한 것이 된다. (62) d., e.는 심리형용사문의 (59) a.경우와도 같이 대상논항 없이 의미격의 부가논항(임의논항)이 문두와 문중에 부가된 것으로 볼 수 있다.

다음의 영어의 경우 (정태구 2001: 126에서 인용),

(64) a. The girls fear the rattle snake.
b. The rattle snake frightened the boy.

(64) a.에서는 '방울뱀'이 대상역목적어 자리에 있고, b.에서는 대상역주어 자리에 있다. a.가 ES구문이고, b.가 EO구문이다. a.에서의 fear를 ES동사, b.의 frighten은 EO동사라고 한다. 영어의 심리동사는 (64) b.처럼 사람을 나타내는 명사와 대명사를 목적어로 취하는 형식이나 그 의미는 (64) a.처럼 사람이 주어가 되어 놀라는 것이다. 얼핏 보기에는 b.가 a.의 경험주 주어와 대상 목적어 위치를 바꾸는 간단한 조작으로 성립한 것 같지마는 한국어로 말하면 동사 자체의 의미가 다르다는 것을 유의할 필요가

있다. '두려워하다'는 v_1레벨의 것이고 '두려워하게 하다'는 v_2레벨의 것이다. 영어는 비록 한국어와 달리 하나의 어형으로 되어 있지만 두 동사는 각각의 어휘개념구조가 다르기 때문에 논항구조에의 연결이 다르게 된다든지, 통사부에서 사역화의 연산(자질 부가)이 한쪽에 있게 되어 다르게 된다고 볼 수 있다.

제주방언에서 놀라다–놀래우다 와 같이 자동사–타동사/사동사 의 짝이 있어서 다음과 같이,

(65) a. 소녀들이 뱀에(*을) 놀라다.
 b. 뱀이 소녀들을 놀래우다.

짝을 이룰 것 같지만 '놀라다'는 자동사이고 원인의 의미격(에/으로/때문에)을 취해야 되므로 논항구조가 다르다고 할 수 있다.

일본어도 이와 같이 おどろく(놀라다)–おどろかす(놀라게 하다)와 같이 말미형태의 교체로 자동–타동(사동)의 짝이 생산적으로 이루어지지만 통사적으로는 한국어의 '–게 하다'와 같은 기능을 odorok|asu의 뒷요소가 맡는다고 볼수있다. 다음의 일본어문에서,

(66) a. 大郎がその 話(を/に) 悲しんだ。
 (大郎이 그 이야기(를/*에/로) 슬퍼했다)
 b. その話が 大郎を 悲しませた。
 (그 이야기가 大郎을 슬프게 했다)

(66) a.의 ES와 b.의 EO를 파생분석으로 한다면, 다음의 (67)의 a.((66)의 a.)에서 b.((66) b.)가 파생하고, 비변형분석으로 한다면, ES와 EO가 각각 c.와 d.로 분석된다는 견해도 있다. 外崎(2005: 243, 249)는 (67)의 c, d를 취하고 있다.

(67) a. ES (심리동사) b. EO (심리동사) c. ES (심리동사) d. EO (심리동사)

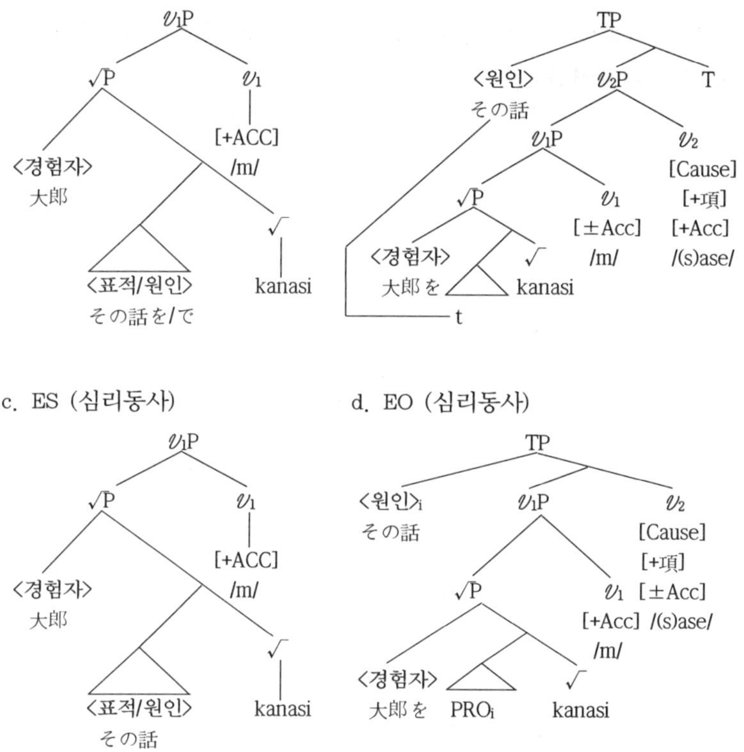

(67) d.는 c.를 내포하는 구조가 되어 있고 주어의 〈원인〉과 √P의 〈원인〉의 제로요소 PRO와 어휘적인 결속관계로 c., d.의 연관성을 도모하고 있다.

앞에서, [±ACC]는 대격을 취하기도 안취하기도 한다는 자질이며 [+ACC]는 반드시 대격을 취한다는 자질을 뜻한다. / / 는 음형을 나타내고 있다. [+項]은 지정어의 논항을 반드시 취한다는 것인데, 필자의 술어핵 1외항 도출의 기제에서는 여잉적인 것이 된다.

여기서처럼 심리동사문이 심리형용사문을 보문에 내포하는 복합문적 분석은 한국에서서 이미 Park(1972=1974: 9, 18-19)에서 제시된 바 있다. 다음 (68)의 심리형용사문이 (69) a.에서처럼 COMP(보문표지)를 거쳐 심리동사문화하고 있다. 이에는 NP는 상승하고 화살선(필자가 붙임)이 표시하듯 COMP는 하강하고 있다. 그리고 V(좋-, COMP)의 상승을 거쳐 (69) b.가 형성되는 기제이다.

(68)

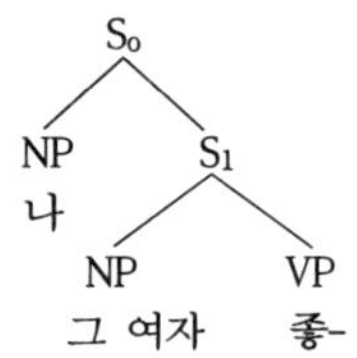

(69) a.

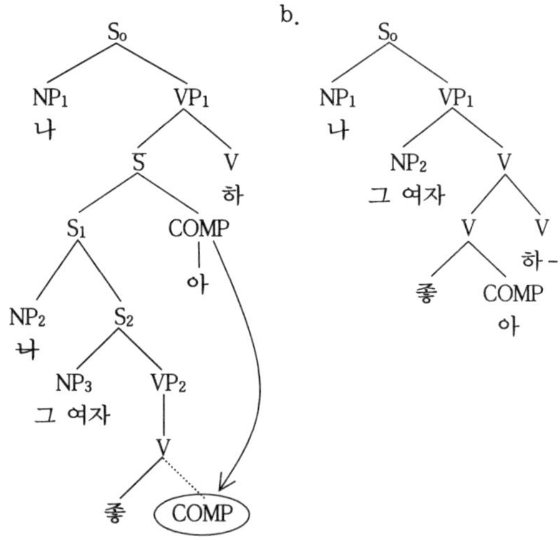

곧 (69) a.에서의 NP_2는 동일명사구삭제로 삭제되고, COMP는 하강 배치됨으로써 S_1이나 $\bar{S}$의 절점이 제구실 못하여 NP_2관할에 있던 V가 상승하게 되는 식이다.

심리동사를 통사부에서 심리형용사로부터 도출하는 연산은 앞에서 보듯이 여러 조작을 거쳐야 하는 값비싼 작업이 될 것 같다. 필자로서는 심리형용사나 심리동사는 각각 어휘부에 별도로 등재되고 통사부의 AV핵과 V핵 자리에 따로 도출(복사)되는 것으로 하고 있다.

(70) a.

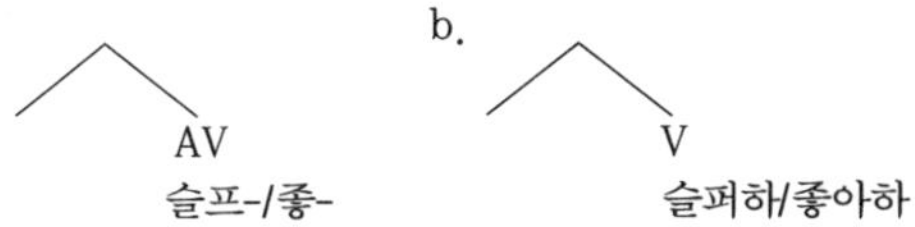

이들 AV와 V의 연관성은 어휘부에 슬프/좋– + 아/어–하다 와 같은 AV →V 의 형성규칙에서 보장된다. 이들 AV와 V의 논항구조는 다음에서처럼 다르게 나타난다.

(71) a. AV (좋다/슬프다) 1) ([대상]) [대상] (–이 격) –이 격
2) [경험주] [대상] –이 격 – –이 격
b. V (좋아하다/슬퍼하다) [경험주] [대상] –이 격 – –를 격

곧 AV와 V예의 도출의 다름은 핵문을 이르기까지의 포화 논항의 다름과 그 논항의 격틀의 다름도 보여준다. (67)에서와 같은 복합구조에서 경험주의 주격/대격의 교체가 있게 되는 것과 (68)–(69)에서 대상의 –이 격 /–를 격의 교체가 있게 되는 것을 막을 수 있다. 만일 형용사의 타동사화/사동사화가 통사부에서 이루어진다면 접사핵의 레벨이다.

(72) a.

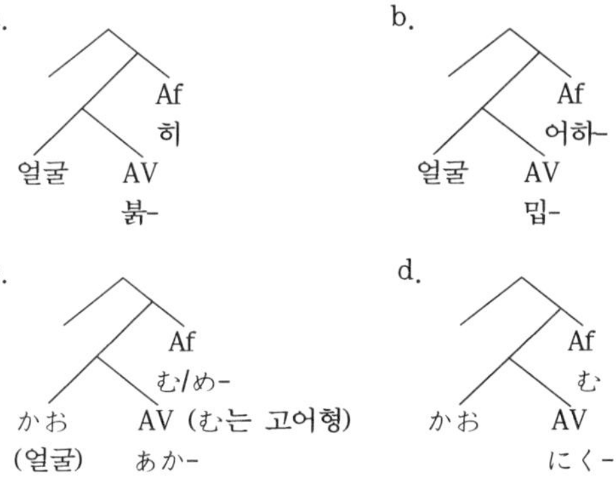

형용사의 Af는 동사의 피동사/사동사의 Af의 기능과 병행하는 듯 보인다.

(73) a. b.

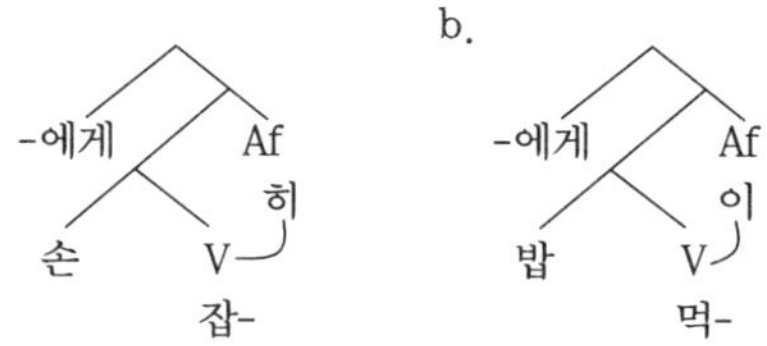

(73) a.는 피동사화의 경우이고, b.는 사동사화의 경우이다. 이 때의 Af는 외항으로 소동주 또는 수동주의 필수논항을 도입한다. 이에 대해 (72)의 경우는 주어 논항을 $\mathcal{V}_1$ 레벨에서 문술어가 도입 또는 유도한다고 보면 Af의 구실은 통사적인 일보다 어휘적인 일에 소용되고 있다.

대부분의 국어사전이 그렇듯 형용사 → 동사의 어형성이 표시되기보다는 형용사와 동사가 별개로 기재되고 있다. 물론 사전의 등재 자체가 어휘생성과정을 말하는 것도 아니고, 형용사 + 동사화접사 과정이 명시되어 있다 하더라도 그것이 통사부의 것인지 어휘부의 것인지 구별지은 것도 아니다. 사전이니 어휘부의 소관으로 보아도 좋을 것이다. 일반적으로 동사는 동사대로, 형용사는 형용사대로 직관적으로 판별하여 통사부에 도출된다고 보아진다.

제주방언의 '놀레다'는 자동사이고, '놀레우다'는 (73)처럼 V와 접사핵의 병합으로 이루어진다 보겠다.

(74) a. cf.

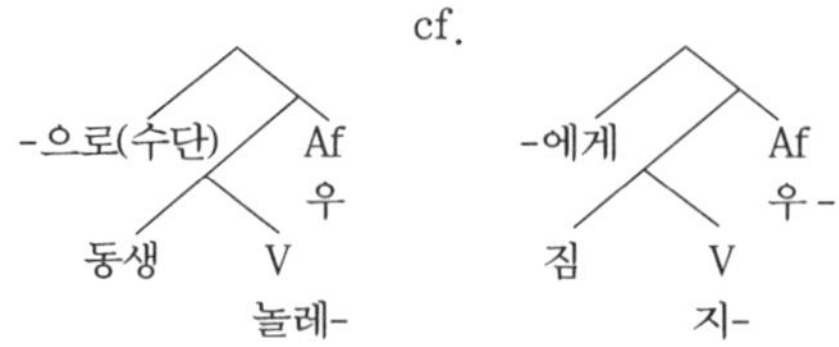

다만 (65) b.를 보면 ~으로(수단) 논항이 필수논항이 안 되는 경우가 있어 문제가 되지만, 사역주 주어인 경우는 필수논항으로 도입된다고 본다.

이제, (66)과 (67)의 예문에 상응하는 다음 (75)의 예문에 대한 필자 나름의 생성기제를 (76)으로 보여 두기로 한다.

(75) a. 철수는 그 소식을 슬퍼했다.
b. 철수는 그 소식으로(/때문에) 슬퍼했다.
c. 그 소식이 철수를 슬프게 했다.
d. 그 소식이 철수를 슬퍼하게(/철수가 슬퍼하도록) 했다.

(76) a. ((75) a.)

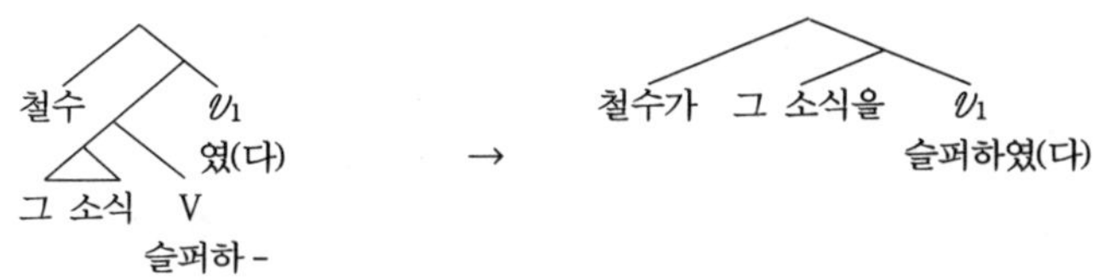

b. ((75) b.)

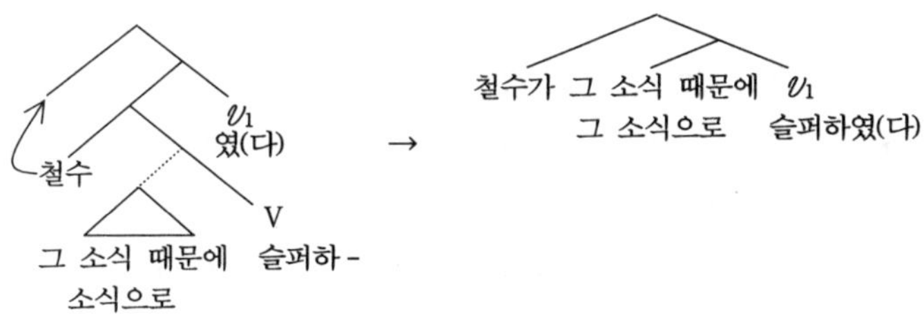

c. ((75) c.)

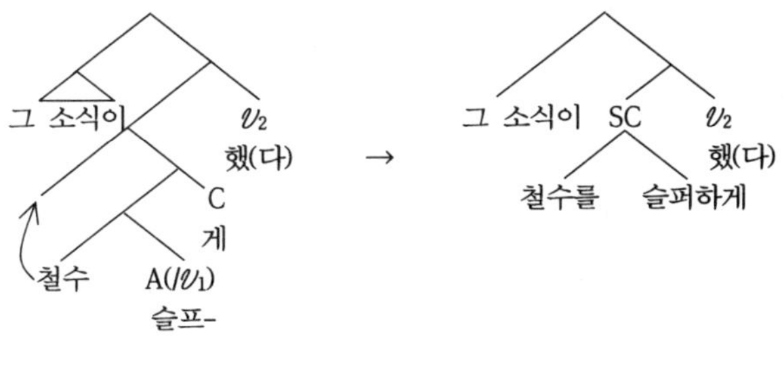

d. ((75) d.)

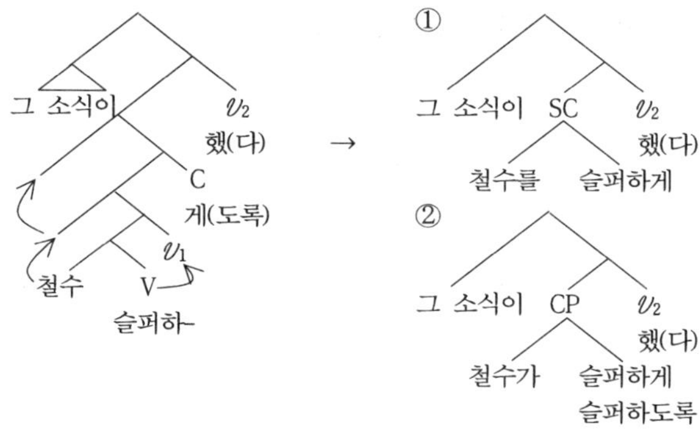

EO의 비파생분석은 앞에 (67) c., d.에서 보인 外崎의 분석과 외관상 비슷한 것 같지만, 여러 면에서 다르다. 동사와 형용사를 별도 시발핵에 도출하는 점, 술어핵은 1논항만 도입하는 점이 근본적으로 다르다. 그것은 外崎가 (67) c., d.에서 √가 √P에서 2항을 도입하고 있는 점, 그리고 형용사는 v_1레벨, 동사는 v_2레벨에서 형성되고 있는 점에서 확연하다. 선핵의 투사체를 내항으로 받아들이는 점은 비슷하나 v_1자체가 도입하는 논항은 안 보인다. 필자는 v_1레벨에서는 핵문을 이루기 때문에 v_1의 외항에 주어가 요구된다. 그리고 外崎는 v_2P의 상층에 TP의 투사체가 있지만 필자는 핵문 v_1과 복합문 술어 v_2에 시제자질이 포함된 것으로 보고 있다. 그렇지 않으면 만일 ~슬퍼하였다고 ~말하였다…………와 같이 시제 술어가 반복할 때마다 TP를 반복시켜야 하는 번잡성을 자아낸다. (76) b.의 점선은 의미격의 부가논항을 나타낸다. 부가논항은 의미격이 명시적이면 술어핵 이외의 자리에 다른 특별한 이유가 없는 한 비교적 자유롭게 나타날 수 있다. (76) d.에서의 ①의 SC는 경험주 '철수'의 초점화로 된 소절을 나타낸다. 이에 대해 ②는 CP의 유지형이다.

심리형용사문이나 심리동사문이 어떠한 성분배열로 되든 그 술어의 심리적 주체는 사람이고 나머지는 사람에 심리적 영향을 끼치는 원인의 대상이 된다는 것이 된다.

2.3.3. 하다형용사

형용사의 또 하나의 영역에 하다형용사(NV(AV형)형)가 있다. 하다동사(경동사)(NV(V형)형)에 포괄되기도 하지만 V와 AV를 구별하는 처지에서는 분리하게 된다.

한국어에서의 '運動하다'의 NV(V)와 '健康하다'의 NV(AV)의 구별은 명사의 성격의 차이에 있다. 전자는 동작성명사에 '하다'(동사형성접미사)가, 후자는 형(/성)상성명사에 '하다'(형용사화접미사)가 부가한 것이다. NV(V)와 마찬가지로 NV(AV)도 어휘부에서 형용사로 형성되며 통사부에는 술어핵의 AV 핵 자리에 도출(복사)된다. 일본어의 소위 ~~형용동사~~(na형 형용사)도 어휘부에서 '健康-だ'의 NV(AV)가 형성되어 통사부의 AV핵 자리에 도출된다고 본다. 도입되는 상대논항은 다른 형용사와 마찬가지로 경험주는 또는 대상을 취한다. 그리고 v_1레벨에서 핵문이 형성된다.

(78)

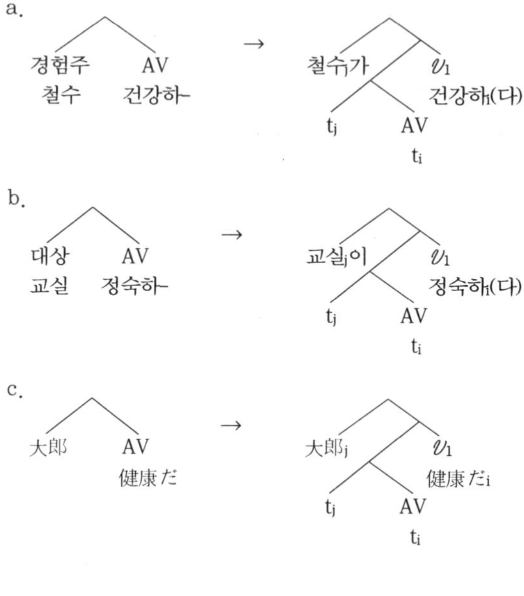

다른 형용사의 경우처럼 논항 2개를 취하기도 한다. 하나의 논항은 v_1레

벨의 주어 자리에 있다. [〈경험주〉 〈대상〉]의 경우와 [〈대상〉 〈대상〉]의 경우가 있다.

(79) a.

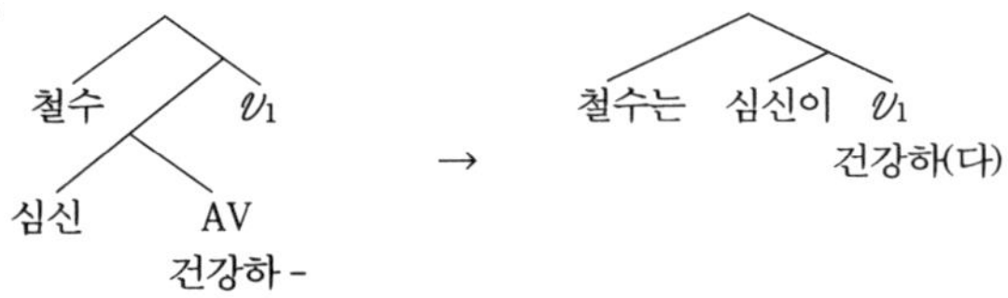

b.

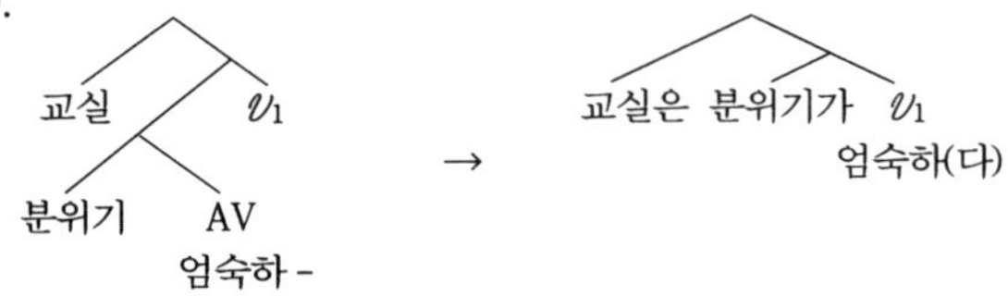

(79)의 투사체는 (44) a.처럼 다중지정어(외항)로 부가하는 방식의 경우도 상정할 수 있다. 두 DP가 밀접불가분의 관계에 있고 선행 DP의 속격화가 가능하기 때문이다. NV(V)와 NV(AV)의 '하다'에 대하여 넓게 경동사 한 가지로 호칭하거나 혹은 경동사와 경형용사로 나누어 호칭할 수 도 있다. 그것은 NV(V)의 접합성과 분리성 그리고 명사 어근의 의미역 방출 능력 등에 기인한다. 자세한 것은 앞의 2절 2항의 2.의 경동사 술어에서 고찰하였다.

NV(AV)는 NV(V)처럼 의미역 방출 능력은 있으나 자체의 접합성과 분리성의 기동성은 약한 편이다.

(80)	NV(V)	NV(AV)
a.	철수가 운동한다.	철수가 건강하다.
b.	철수가 운동을 한다.	*철수가 건강을 하다.
c.	철수가 운동은 한다.	?철수가 건강은 하다.

(80) b.에서의 NV(AV)의 비문은 형용사의 성격상 당연하다. (80) c.는 '–은' 격은 주제화 혹은 초점화로 보는데는 접합/분리형의 문제와 상관되게 된다. 형용사문의 경우, 하다형용사가 있고 그것이 '건강'을 도입했다고 보기는 어려울 것이다. (80) c.의 형용사문이 공통어로서 정문인지 필자로서는 확실하지 않지만, 다음의 제주방언에서는 정문으로 본다.

(81) a. 철수가 똑똑–은(/ᄒᆞ기는/ᄒᆞᆷ은) 헤여.
b. 이 집은 조용–은(/ᄒᆞ기는/ᄒᆞᆷ은) 헤여.
c. 철수가 건강–ᄒᆞ기는(/ᄒᆞᆷ은) 헤여.
d. 철수가 운동–ᄒᆞ기는(/ᄒᆞᆷ은/은) 헤여. (헤여/ᄒᆞ여=해, 하네)

(81)의 각 예들은 AV 그리고 NV(AV)와 NV(V)의 술어의 핵문을 CP화하는 것을 보면 CP는 명사절이고 '헤여'의 주문술어는 CP술어와 성격을 같이 하는 점에서 분리적으로 쓰인 것으로 확대해석할 수 있다. 명사성의 'ᄒᆞ기/ᄒᆞᆷ'(그리고 '는')을 삭제하면 바로 '헤여'에 접합될 수 있다. 이는 하나의 시안이고 이들 구문에 대해서는 자세한 천착이 필요하다. 어떻든, NV(AV)도 명사어근 그리고 '하다'의 특성상 분리적, 접합적인 특성을 약하게나마 지니고 있다고 할 수 있지 않을까 한다.

2.4. 명사술어 어근–(이)다 술어

명사를 어근으로 해서 어휘 파생하는 하다동사, 하다형용사 외에도, –이다 술어도 명사를 어근으로 생성하는 류에 속한다. 어휘부에서의 어휘형성으로 볼 때는 명사 자체가 어근이지만 통사부에 도출되어 술어핵으로 기능하는 것은 명사 어근 자체가 아닌 명사 + 술어화접사의 어간인데, 술어로 기능할 수 있는 시발핵이란 뜻으로 명사술어어근이라는 말을 쓴다. 다시 말하면 하다/이다 접미사의 도움으로 술어가 되는 명사는 접사의 기체까지 포함해서 술어핵의 어근으로 본다는 것이다. 나머지 동사, 형용사의 경우는 어근 자체가 술어의 어근핵이다.

하다동사(경동사)를 NV(V형), 하다형용사를 NV(AV형)로 나타낸다면, 이다술어는 NV(N형)으로 나타낼 수 있다. 곧 이다술어를 이들 NV(V)와 NV(A)와 대조적으로 생각해 볼 수 있다. 다같이 명사의 어근이 근간인데 NV(V)는 동작성명사, NV(A)는 형(성)상성명사라는 제약이 있지만 NV(N)은 그러한 제약이 없이 모든 명사가 어근이 될 수 있다. 그리고 NV(V)나 NV(A)는 명사 어근과 하다접미사와의 접합 또는 분리가 가능한데(NV(A)는 NV(V)에 비해 약한편), NV(N)은 항상 접합형으로 쓰이고 분리형으로 쓰이는 일은 없다. 다만 모음명사인 경우 –이가 생략되어 쓰이는 경우도 있고 붙여 쓰이는 경우도 있으므로 명사어근의 접합성과 분리성의 반영으로 볼 수도 있다. 어휘부에서 NV(V)나 NV(A)의 '하다'처럼 NV(N)의 '이다'도 어휘적접사로 등재되어 있고, 어휘부 기능으로 명사와 합성하여 명사술어를 형성하여 통사부에는 술어핵의 NV(N)(간단히 NV로 표기) 자리에 도출(복사)된다.

(82) 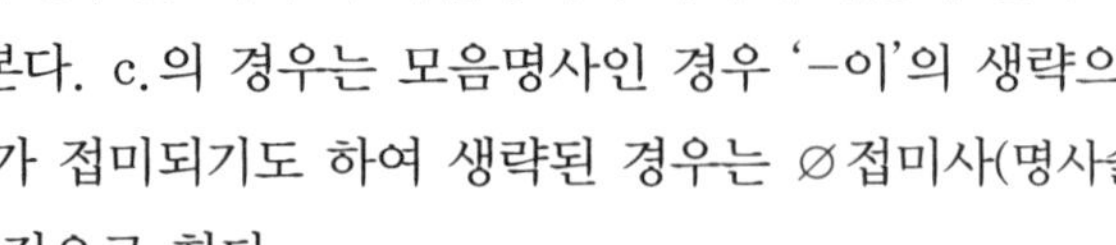

(82) b.의 경우는 '이다'가 자립형식이 아니기 때문에 술어핵에의 도출은 어렵다고 본다. c.의 경우는 모음명사인 경우 '–이'의 생략으로 쓰이기는 하나 '–이'가 접미되기도 하여 생략된 경우는 ∅접미사(명사술어화접미사)가 접미된 것으로 한다.

VN(V)이 〈동작주〉/〈경험주〉–〈대상〉의 논항 또는 그 중의 하나의 논항을 방출하고 VN(A)는 〈경험주〉–〈대상〉의 논항 또는 그 중의 하나의 논항을 방출하는데 대해, NV(N)의 경우는 오로지 주술(主賓관계)의 주어에 대한 규정어 구실만 하기 때문에 〈주제〉를 방출하는 것이 된다. 물론 주제는 DP로 도입되며 이 때의 DP는 다른 DP의 경우와 마찬가지로 밀접불가분의 관계, 상하위관계의 DP를 병열구로 다중지정어(외항)관계로, 유속피유속관계로, 취할 수 있으며 CP를 직접 보부로(또는 그 관할 하에) 취할 수 있다. 한편으로 NV(V)나 NV(A)의 핵이 부사어를 부가어로 취할 수 있는데 대해 NV(N)핵은 속격의 DP나 수식절의 CP를 취할 수 있는 것이 특색이다.

(83) a.

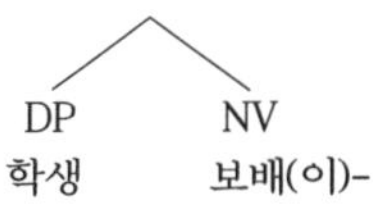

b.

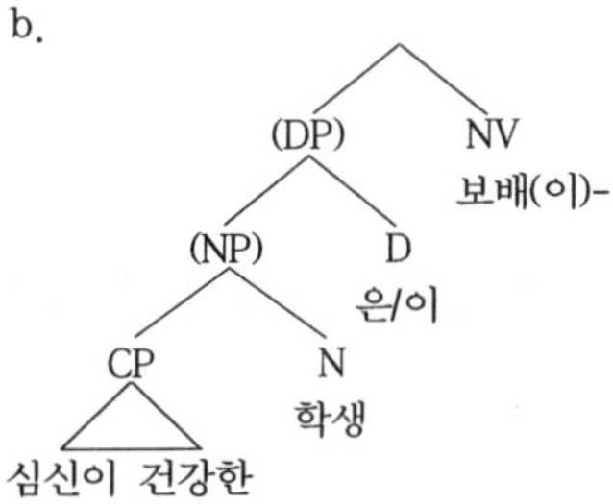

c.

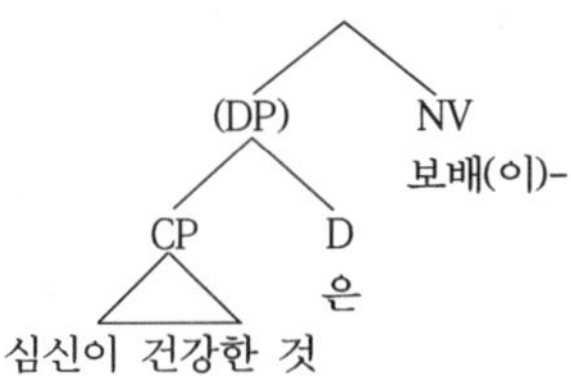

d.

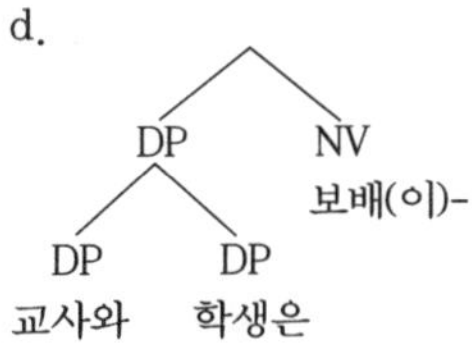

e.

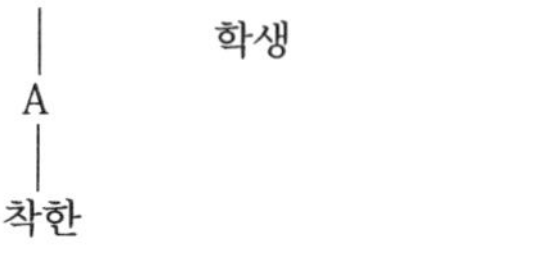

이들 예시는 주어의 DP의 수식어의 예이고, NV핵이 수식어를 취하는 예는,

f.

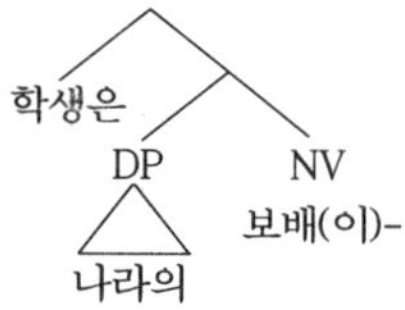

g.

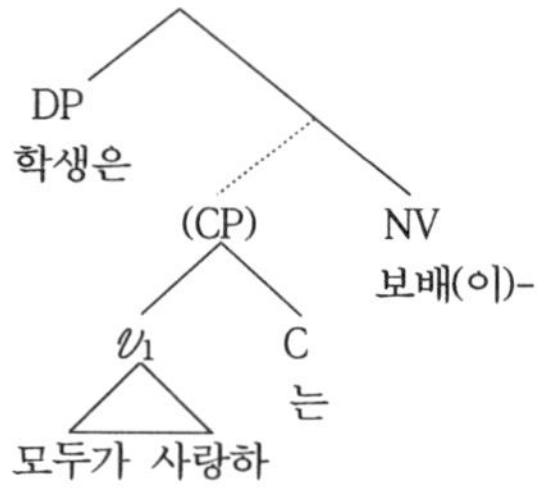

여기서 최대범주 DP 또는 NP, CP에 ( )친 것은 최소범주 D 또는 N, C의 그 이상의 투사가 없기 때문에 자동적으로 DP 또는 NP, CP임을 알 수 있으나 이해를 위해 부기한 것이다. (83)의 a.~e.는 주제가 여러 가지로 확장될 수 있음을 보여 준다. 술어핵의 병합을 통한 술어형성과정도 중요하지만, 문의 선두의 주어/주제의 D핵의 확장과정도 중요하다고 본다. 그러한 확장은 밑에서 쌓아올리기 식이라면 별도의 연산(별판)에 의해 이루어지고 DP에 내포되는 것이 된다.

한편, (83) f., g.의 NV(N)핵이 속격의 DP나 수식성의 CP를 취할 수 있는 특색적인 생성기제에는 여러 견해가 있을 수 있다. 그 한 예로 (84) a.처럼 분리되어 N핵이 확장되는 것으로 볼 수도 있다. 또는 이와 반대로 b.처럼 N핵이 −이 와는 따로 있다가 이−에 접합되었다고 보는 것이다. N이 따로 있을 때 지닌 수식요소를 그대로 가져온다는 것이다.

(84) a.

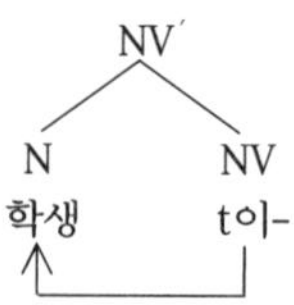

b.

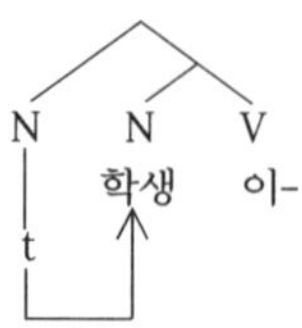

이러한 기제의 전제에는, −이(다)가 V로서의 자립형식성을 지녀야 하는데 그렇지 않다는데 문제가 있다. 통사부의 V자리에 애당초 도출되기 어렵

다는 것이다. 필자는 NV에 선행하는 수식부분은 부가어로서 도입된 것으로 보고 있다. NV의 성격상 그 부가어는 수식어(절)이다. V와 AV는 그 성격상 부사어(절)를 부가어로 도입하는 것과 병행한다고 본다.

(85) a. 정말 눈에 띄게/농후하게 화장한다.
 b. 정말 눈에 띄게/균형있게 건강하다.
 c. 정말 눈에 띄는/귀중한 보물이다.

다만, (85) a., b.에서 핵문에서의 V와 AV술어는 하나이므로 그 한정적 부가어는 사이가 떨어져도 그 상관관계는 유지될 수 있어서 주어 앞에도 나올 수 있을 정도로 인접성에 융통성이 있으나, c.의 경우는 NV의 N과 관련된 수식어(절)이나 속격의 DP를 개재시킬 수 있는 융통성은 있어도, 주어의 DP 혹은 주어 DP를 수식하는 DP 앞에 나오는 것과 같은 융통성은 없다.

(86) a. 정말 눈에 띄게 저 부인은 화장한다.
 b. 정말 눈에 띄게 저 부인은 건강하다.
 c. *<u>정말 눈에 띄는</u> 고려청자는 <u>보물이다</u>.

(86) c.는 수식어를 보물에 연결시키는 것은 비문이다.

-이다의 성격에 대하여는 지정사, 서술격조사, 통사적접사, 형식동사 등 여러 가지 의견이 있다. 모든 언어형식이 그렇듯이 다면성을 지니고 있기에 보는 각도에 따라 그러한 의견들이 옳게도 그르게도 보이게 된다. N-이다의 분리성에 치중하는 지정사설은 '이다'가 자립형식이 아닌 점에서 통사부의 술어핵 자리를 차지할 수 있는가가 의문시되는 문제가 있다. 서술어의 자격이라는 의미로 서술격이라는 말을 쓴다 하더라도 보통 격은 서술어가 방출하는 DP논항의 자격이라는 점과 그것을 서술어로 통괄하면서 완결짓는다는 점에서 동격의 격관계로 보기 어려운 점에서 문제 있다. 또 그러한

서술격에는 다른 격형태와 달리 접속, 완결을 위한 자체 굴절이 있는 상대적 특성이 있어 다른 구조격 또는 의미격과의 동일 범주화에도 문제가 된다. 연산 중에 구조격(주격)과의 혼동이 야기될 염려도 있다.

−이(다)를 통사적접사로 보기도 하지만, 필자는 이와는 다르게 어휘적접사로 보고 있다. 어휘적접사와 통사적접사는 모두 어휘부에 동재되어 있다는 점은 마찬가지라고 본다. 통사적접사를 어휘부에 등재되어 있지 않은 것으로 보기도 하지만, 어휘부에 등재되어 있지 않는 요소가 통사부 연산 도중에 출현한다고 보는 것은 문제가 있다.

어휘적접사는 어휘부에서 단어를 형성하는 일을 하고, 통사적접사는 통사부에서 술어핵의 역할을 하여 선핵술어핵과의 병합으로 그에 상응하는 새로운 논항을 외항에 도입하는 역할을 한다. 동사 어근에 접미하여 피동사, 사동사 등을 형성하는 −이, −히, −리, −기와 같은 접미사가 통사적접사의 예이다. 다음과 같은 구조체 형성에서,

(87)

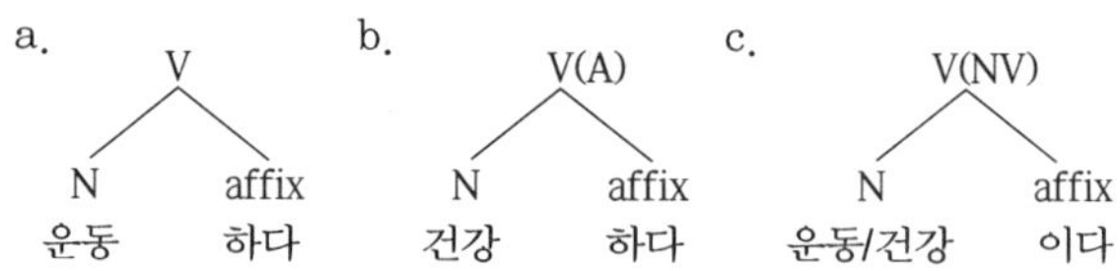

이러한 구조체 형성이 어휘부에서 행해지는가 통사부에서 행해지는가에 의해 어휘적접사와 통사적접사의 갈림이 있기도 한다. 접사의 구실을 볼 때는 분명히 N의 범주적 변화를 가져오고 있지만 구조체 형성의 기제는 분명히 통사적이지 않다. 후핵의 Affix의 투사체가 못되고 있기 때문이다. 통사적접사의 Affix는 다음과 같이 선핵의 투사체를 내항으로 수용하고 새로운 논항을 외항으로 도출하는 투사체를 이루고 있다.

(88)

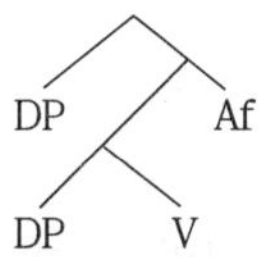

이러한 통사적 구실을 하는 접사만이 필자는 통사적접사로 보고 있다.

한편, (87)의 구조와 같은 어휘형성의 구실을 통사부에서 떠맡고 그 접사를 통사적접사로 하기도 하는데, 앞에서 말한 대로 Affix가 최소범주로 멈추는 기형적 구조가 되고, 또 통사부의 운용이 복잡화하게 되는 등의 난점도 제기될 수 있다.

–이다를 동사화접사로서, 통사적 접사의 일원(고창수 외 1998: 26~)으로 통사부에서 활동하는 파생접사(p. 31)로 보기도 한다. 명사부류와의 (89) a.의 형태론적 연산을 통하여 V범주를 형성하여 '–이'에는 (89) b.와 같은 자질을 지닌다고 한다.

(89) a. N + v(이) → V
b. '이' : [(n, v), syn. lex]
((n, v)는 동사화접사를 위한 표기)

이는 다른 파생접사와 달리 의미자질이 없다(p. 38)고 하는데, 필자는 의미자질이 없는 언어형식은 있을 수 없다고 보며 형식의 결합에서 드러나는 정도 차이만 있는 것으로 보고 있다. N을 규정, 판정, 지정, 연결하는 기능의 수행에는 자신도 그러한 자질성을 지니는 것으로 본다. (14)에서는 편의적으로 [+COP(계사성)]으로 나타냈지만 NV로서 기능하는 범주로서의 최소한의 의미자질을 지니는 것으로 본다.

마찬가지로 양정석(1996: 110)에서도 (90)처럼 속성적 명사 [N]과 용언이면서 접사적 성질을 가지는 –이다(p. 109)가 통사부에서 NV로 재구조화하는 것으로 보고 있다.

(90) [N] [이다$_V$] → [N이다$_V$]

(단 N은 속성적 명사)

여기서 용언이면서 접사적이라는 뜻이 좀 애매하지만, (87) c.를, (91)처럼 Affix를 V로 하고 V의 재구조화가 되게 하는 것으로 보아진다.

(91)

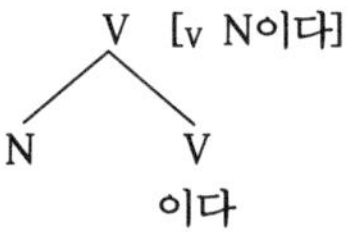

문제는 '이다'의 어휘항목이 통사부의 술어핵 자리에 도출되어 N과 필수적으로 병합하여 다시 V로 재구조화하여 비로소 술어 구실을 하게 되는 것과 어휘부에서 NV화하여 통사부의 술어핵 자리에 바로 도출(복사)하게 하는 것과는 어느 쪽이 연산방식이나 비용면에서 경제적이냐는 것이다. '이다'가 통사부의 시발핵의 V자리에 도출되는 거동을 한다면 이미 그것은 접사가 아니며 서술격조사도 물론 아니다. 지정(동)사 아니면 형식/기능동사일 수밖에 없다. 실질적인 용언(동사)이라면 의미역배당능력을 지니는데 –'이다'만으로는 그렇지 못하니 형식용언(동사)일 수밖에 없다.

김희수(2002)는 –이다문의 가장 기본적인 구조 NP$_1$– NP$_2$– 이다 에서 '이다'가 의미역을 배당한다거나 NP$_2$에 격을 부여한다는 논거가 없는 점에서 실질동사가 아닌, 서술양식의 구현을 위해 소용되는 형식동사로 보고 경동사 ~하다와도 상통하는 것으로 보았다. 그리고 NP$_1$과 NP$_2$의 관계는 다음 수형도에서 보듯이 V(–이)의 보부인 SC로 보고 있다(p. 888). 이 SC로 –이다 구문의 주술관계를 포착한다. SC(소절)는 의미상 절의 성격을 지니면서 통사적으로 완전한 절이 못되는 표현이다.

(92)

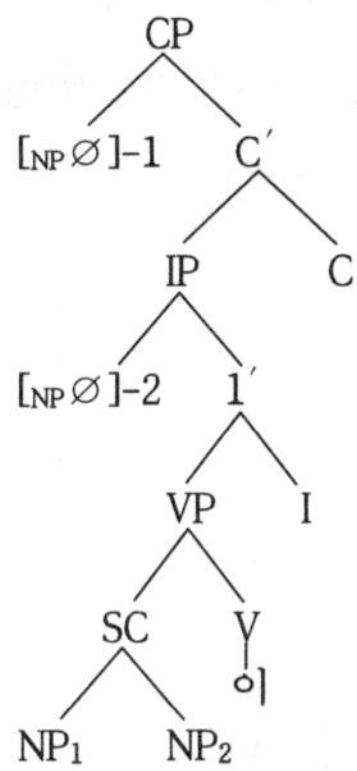

[NP∅]−1은 주제어 자리, 비의미역 자리, 비논항 위치며, [NP∅]−2는 기저에서 비의미역 위치이다. I와 C는 시제, 상, 서법등 서술양식의 자리이다(p. 888). NP인 SC는 격을 받을 수 있는 위치로 이동한다치면 그 적절한 후보지는 [NP∅]−2 자리다. [SPEC, IP]에서 주격을 받을 수 있다.

그 다음은 SC가 IP의 지정어 위치로 이동 후 그 중의 한 NP_2를 V에 핵이동으로(LF에서) 전입한다는 운용방식이다. 그것은 V의 '−이'가 자신을 지지해 줄 가장 가까이 있는 N_2를 유인하는 데서 온다는 것이다.

(93)

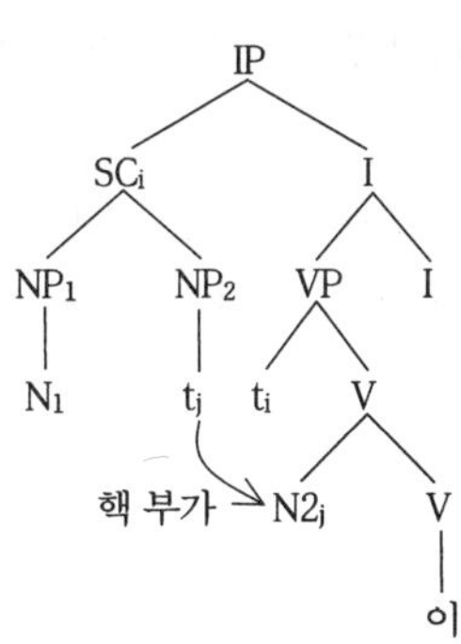

(93)의 수형도로 볼 때는 $N2_j$가 흔적 t_j를 성분통어할 수 있는 처지가 아닌

듯 하고 NP_2에서 N만이 움직일 수 있는가 등 문제가 있다. 여기서 NP_2의 V에의 전입으로 격문제를 해결하고 NP_1만 [$_{NP}$∅]−2 자리((92))로 이동한다고 보는 운영방식이 있게 된다.

(94)

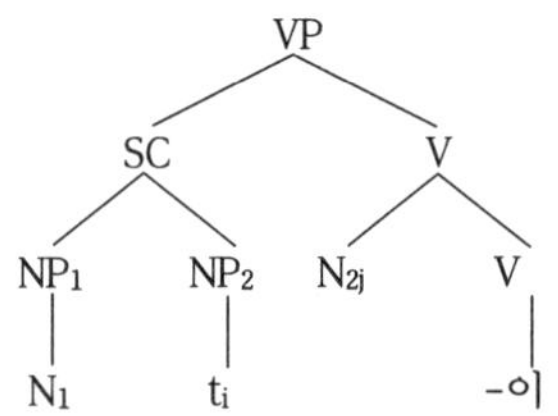

SC 전체가 [SPEC, IP]로 인상하지 않고 그 하위에 있는 NP_2의 핵 N_2가 −이로 핵이동해 간다는 것이다(p. 893). 이러한 명사포합(/편입)(Noun Incor −poration)을 겪은 명사는 격여과에서 면제된다.

이러한 기제는 −하다 경동사구문에서의 명사전입의 기제와 비슷하지만, 근본적으로 다른 점이 있다. −하다는 자립형식으로 V 절점에 도출될 수 있으나 '−이다'는 자립형식이 아니기 때문에 V 절점에 도출될 수 없다. '이다'가 자립형식이 못되면 의존형식인데 의존형식은 그 기능성에 따라 어휘부에서 어형성의 접사가 아니면 통사부의 통사적 접사로(사동화, 피동화 등)로 기능하기 마련인데, '이다'가 태(態)의 변동을 가져오는 후자의 접사로 보기는 어렵다.

필자가 앞에서 언급했듯이 어휘부에서 '명사 + 이다' 의 NV가 형성되어 통사부의 술어핵 자리에 도출되는 것으로 하면 −이다구문 형성의 운영방식이 한결 간편해질 수 있다.

(95)

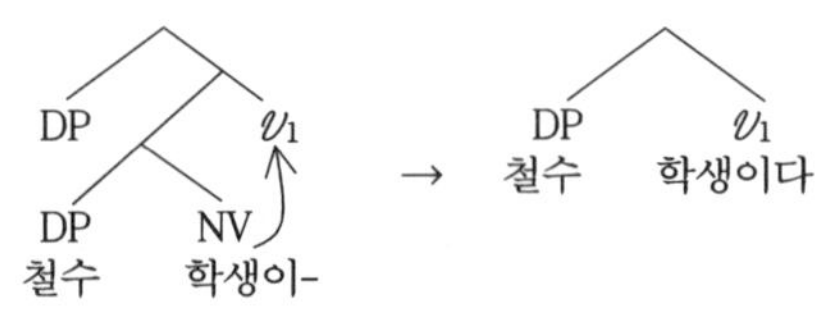

NV는 주제의 DP를 도입하고 핵문 형성의 v_1레벨에서 그 주제는 주어(주제)가 되며 그에 상응한 구조격(형태격/추상격)을 갖게 된다.

한국어의 NV술어에 상응하는 일본어의 NV술어는 예를 들면 '健康だ'(건강이다)인데, 이는 형용(동)사 '健康だ'(건강하다)와 동형이다. 이들의 말미의 '−だ'가 한국어의 '−다'와 동일기능의 동일음형이라 본다면 NV(N형)는 한국어의 명사술어화접사 −이 가, NV(AV형)는 형용사화접사 '−하'가 없는 셈이 된다. 다음처럼 그 활용형에도 나타나지 않는다.

(96) a. 健康で (건강이고 / 건강하고)
b. 健康なら (건강이면 / 건강하면)

여기서의 −で가 −고, −なら가 ~면의 연결어미라면 −이/−하 에 상응한 형태가 없는 것이 된다. 한국어의 NV의 −이가 종결어미와 합쳐도 단독으로 쓰이지 못하며, 일본어도 그것에 상응한 −だ 역시 단독으로 쓰이는 법은 없다. 이에 대해 한국어나 일본어의 나머지 술어 어근은 종결어미를 수반한 형태가 되면 단독으로 쓰이고 실지로 1어문의 구실까지 할 수 있다. 따라서, '이다'의 '−이'를 어근으로 해서 실질적이든 형식적이든 술어어근으로 보는 것은 무리가 아닌가 한다.

한국어나 일본어는 명사술어의 N형이든 AV형이든 그것은 어휘부에서 술어화(용언화)접사가 명사에 접미되어 형성된 것으로 균제적으로 포착하고, 술어화 접사의 [+활용]자질에 의해 한국어는 이다/하다, 이고/하고, 이니/하니, 일본어는 だ, で, なら 등으로 활용하는 술어 특성에 상응한 통사상의 위치에 도출(복사)하도록 함이 낫다고 본다.

한편, 한국어에도 '바보다', '철수다'와 같이 일본어의 da형태만 나타나는 것과 같은 경우가 있어서 −이/−하 가 없는 것이 제격이 아니냐는 의문도 나올 수 있겠다. 이에 대해서는 특히 NV(N)의 경우, −이− 의 생략으로 보기도 하고 생략이라기보다 잠재적인 것으로 볼 수도 있다.

(97) a. 나 집에 가.(가 = 간다)
b. 가이 키 커.(커 = 크다)
c. 저게 호랑이여.(호랑이여 = 호랑이-다/네)
d. 난 바보여.(바보여 = 바보-다/네)

술어의 말미가 a.~b .에서 아/어 형으로 종결되어 있는데 그것이 c.에서 순행동화에 의한 활음화가 되어 있고, d.에서는 -이의 선행이 없어도 활음화가 되어 있다. '-이'가 생략되었다기보다 잠재되어 있다가 재생되거나 잠재 상태로 활음화시킨 것으로 볼 수 있다. 신라 향가에 보이는 '也'형태도 선행 i모음에 의한 활음화의 반영으로 볼 수 있다. 다만 선행 -i 모음이 명사말모음의 것인지 -이 지정형태의 것인지는 확실하지 않다.

(98) a. 君隱父也 君은 아비여 (安民歌)
b. 臣隱母史也 臣은 어시여 (安民歌)

다음을 보면 -i 지정 형태가 선행 명사 발음에 축약된 것 같다.

(99) a. 民焉…阿孩古 민은 아히고 (安民歌)
b. …寶良 …보빅라/寶라

(99) b.는 한자음으로 읽었다면 -i 지정형태는 생략된 것이 된다. 다음의 경우도 축약 또는 잠재적임을 암시한다 보겠다.

(100) a. 脚烏伊 四是良羅 가롤이 너히/네히(이)라라
b. 本矣吾下是如 본딕 내 해/아리(이)다

是 용자에 지정형태와 명사말모음의 구실이 겹친 것으로 볼 수 있다. 다음은 '-이(다)'가 잠재한 경우다.

(101) a. 철수 학생.　　大郎 学生。
　　a′. 철수 학생?　　大郎 学生？
　　b. 이것 나의 펜. これ 私のペン。
　　b′. 이것 나의 펜? これ 私のペン？
　　c. 이것 무엇?　　これ何？

아이누어에서는 소위 지정동사(ne)가 쓰이고, 의문형에는 의문의 ya, ruwe가 따른다.

(102) a. Taroo sisam ne.　　Taroo는 일본인이다.
　　b. tan cise e-unihi ne ruwe.　　이 집 너의 집인가?

몽고어는 한국어, 일본어의 (101)의 경우처럼 명사 단독으로 쓰이나 의문의 경우 의문조사 없이 억양으로 나타내기도 하지만 의문조사 없이는 어색하다고 한다.

(103) a. БИ ОЮУТАН. 나(는) 학생(이다).
　　b. ЭНЭ МИНИЙ УЗЭГ. 이것은 나의 펜(이다).
　　c. ТЭР НОМ (УУ). 그것은 책(이냐)?
　　d. ЭНЭ ХЭНИЙ НОМ (БЭ). 이것은 누구의 책(이냐)?

(103) a., b.는 명사단독으로 NV로 쓰인 경우이고, c.는 의문문으로 의문조사 УУ가 쓰인 경우이다. d.는 문중에 의문사가 있을 때는 −УУ를 취하지 않고 БЭ를 취하기도 한다는 것이다.

만주어(黑龍江省泰來縣大興鎮依布氣村)도 명사 단독으로 NV로 쓰인다.

(104) ərə ts'axantsie mantsəu niaxma.　　(필자의 음운표기로 고침)
　　这　姑娘　满州人 (这個姑娘是滿族人) (趙杰 1989: 180)

현대튀르크어도 (105) a.처럼 명사 그대로 NV로 쓰인다.

(105) a. Bu kitap. 이것은 책(이다)
b. (Ben) Öğretmenim. (나는) 교사(이다)

(105) b.에서 인칭어미(-m)가 후접한다. 그 앞의 -i- 가 튀르크어의 -이다 동사(-imek)의 어간이다. 튀르크어에서는 명사+i-(mek)를 동사로 본다. b.처럼 1, 2인칭의 소속관계가 표시되면 주어를 생략할 수 있다.

Evenki의 경우를 보면(Nedjalkov 1997: 59-60),

(106) a. Bi alagumni bi-che-v.
나(가) 교사 이-었다-(1인칭단수)
b. Tar aron n'ami (bi-si-n).
저 순록(馴鹿)(이) 암컷 (이-다(현재)-(3인칭단수))
c. Boloni bi-che-n.
가을 이 었다(3인칭단수).

명사술어 어간은 bi(-이)이다. (106) b.처럼 3인칭 단수 현재이면 어간 및 수반요소가 생략될 수 있다. c.는 명사술어 상대부분이 생략된 경우이다.

지금까지 보아 온 대로 명사는 단독으로 NV로 쓰임을 볼 때에 다른 종결 또는 연결요소는 보조적으로 NV로 쓰임을 보족하는 것으로 볼 수 있다. 곧 -이 접사는 생략되어도 잠재하여도 무방한, 핵문술어 (-다) 내지 결말요소와의 연결형식(주격형태)의 가벼운 접사이다. 몽고어의 계사동사 баих도 '있다'의 뜻이고, 아이누어의 지정동사 ne도 '있다'로 풀이 될 수도 있고, 한국어의 '이다'도 이시다>'있다'에 근접하고 일본어의 -de aru 의 aru도 있다의 뜻이 있고 이러한 말들이 보조적으로도 쓰이는 점에서 -이 접사와 자유/의존 형식으로 연관된다.

한국어, 일본어, 아이누어, 몽고어, 만주어, 튀르크어, Evenki 모두가 주격이 ∅격인 점을 감안하면 NV(N)에서의 명사 단독형은 주격형과 상통하고 한국어 그리고 튀르크어의 명사 후접의 '-이'도 주격형과 연관되는 점에서 '-이'형은 어원상 여러 가지 형태와 상관되는 특유한 형태라고 볼 수 있다. 기능상으로는 명사에 접합하여 명사술어의 어간을 형성하여 통사상 명사술어 자리에 도출하게 하는 어휘적 접사이다.

다음의 한국어와 일본어의 대비에서,

(107)

	한국어	일본어
동작성명사술어	運動 -ᄒᆞ	運動 -su
형용사성명사술어	健康 -ᄒᆞ	健康 -∅
명사성술어	教師 -이/∅	教師 -∅

한국어에서 동형의 NV(V)와 NV(A)의 구별은 명사의 성격에 따라 그리고 주어가 동작주/경험주 인가에 따라 이루어진다. 일본어의 동형의 NV(A)와 NV(N)의 구별은 수식어/한정어의 선행 가능 여부에 의한다.

주목되는 것은 명사술어가 종결(완결)요소를 제외하고는 ∅ 형태 아니면 h(>s)의 가벼운 형태로 쓰이고 있다는 점이다. 곧 명사가 구조적으로 지정된 술어 위치에 도출(복사)되기만하면 단독으로 술어 역할을 수행할 수 있다.

발제 - 결말의 상층 구조가 주어지면 발제에 가까운 NP(DP)$_1$는 주제의 구실을, 결말에 가까운 NP$_2$는 술어의 구실을 하는 것이 된다. 술어-핵문-문의 도출의 쌓아 올리기식도 술어핵 자리에 NV가 도출되면 주제의 논항 DP를 도입하기 때문에 결과적으로 같아진다. 이 때 발제의 주제(주어)와 핵문의 주제(주어)가 동일하면 핵문의 것은 없어지는데 그것은 삭제되었거나 무형복사된 것으로 볼 수 있다. 발제가 제로이면 핵문의 주제가 인상되기 마련이다. 발제의 주제 혹은 주어 그리고 ∅의 갈림은 문맥제약성(신정보/구정보)과 중립문 여하에 달려 있다.

(108)

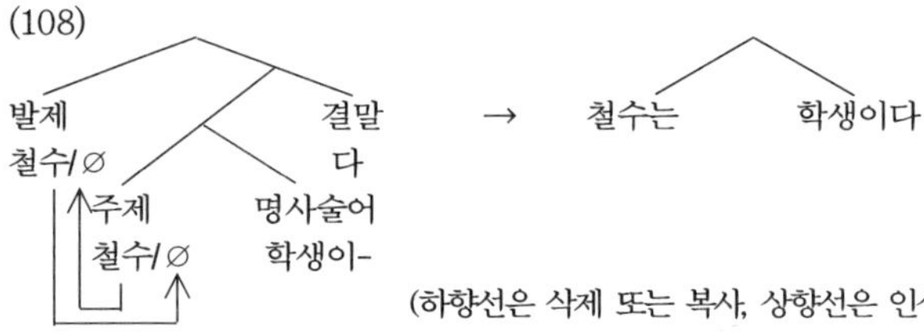

(하향선은 삭제 또는 복사, 상향선은 인상 또는 복사)

(93), (94)와 다른 점은 명사의 술어화가 이미 어휘부에서 행해졌다는 전제에 있어서 간결하게 보이는 것이다. 어휘부가 아닌 통사부에서 명사의 술어화가 행해진다면 양상은 달라진다. 사람의 뇌/마음의 언어생성의 경로는 필자는 다양하다고 보기에 NP_1, NP_2의 나열을 먼저 거치고 후부의 NP_2를 술어화시키는 작용도 있을 수 있다고 생각한다. 그래서 그러한 생성의 메카니즘이 이론적으로 타당하게 설명될 수 있고 또 그러한 운용이 효율성에 문제가 없다면 선택적인 접근방식도 받아들일 수 있다고 본다. 그러한 일은 그만큼 언어생성의 면모 바꿔 말해서 심적활동의 면모를 여러 가지로 살펴 볼 수 있는 계기가 된다.

끝으로 어근핵의 형태면에서 제주방언의 특이한 것에 대해 언급해 두고자 한다.

V와 AV에서의 −rr− 중자음을 지닌 형태들이 있다.

(109) a. 날르다 (나르다), 몰르다 (모르다), 살르다 (사르다), 갈르다 (가르다)
b. 날다 (날다), 몰다 (몰다), 살다 (살다), 갈다 (갈다)
c. 지스다 (짓다), 가프다(갚다), 꺼끄다 (꺾다)

(109)는 V핵(말미의 '다'를 빼면)의 예인데, a.의 경우는 b.의 r단독의 실현, c.의 어중자음 하나의 실현과 달리 동일자음의 중복으로 실현되고 있다. 단순히 괄호 안의 공통어와 대비하여 공통어 → 방언 일 때는 a.는 r첨가형, c.는 ɯ첨가형이 된다. 만일 통시적으로 그 역으로 방언 → 공통어이

면 해당음운의 탈락형이 된다.

그런데, a.의 공통어의 경우 활용하게 되면 르변칙의 특성이 있다. c.의 방언은 으변칙(그리고 어중자음탈락)의 특성이 있다. 르변칙의 특성을 고려할 때 (109) a.의 어중 r음은 l음이 아니었나 생각해 본다.

(110) ((109)의 a. nalɯta, molɯta, salɯta, kalɯta

그렇게 되면 이것의 활용형은 (109) c.처럼 어간말모음이 탈락(으탈락)하는 으변칙이 된다.

여기서 말하고자 하는 것은 어휘부에 메모리로 기억장치되어 있는 예컨대 날르- / 나르-에서 그 통시적 관계가 어떻든 동일한 2음절 V핵이 어느 한 쪽은 음성상으로는 동일음운성이 아닌 -lr-의 복자음으로 기억되고 있다는 것은 비효율적이지 않나 싶다. 여기서 원래의 nalu-에서 공통어는 l→r화 하고, 방언은 l의 흔적을 유지하는 (-rr-의 음운적 재구조화로) 식으로 기억장치에 큰 무리없이 지탱해 온 것이 아닌가 한다.

이러한 점((109) a. 기타 c.)을 제외하고는 제주방언이나 공통어에는 V핵에 도출되는 항목의 음운적, 의미적, 형식적 자질의 차이는 그렇게 없는 것으로 파악된다.

AV에서도 (109)와 같은 현상이 보인다.

(111) a. 널르다 (너르다), 쫄르다 (져르다(古), 짧다), 발르다 (바르다), 얼르다 (얼다)
b. 질다 (질다), 멀다 (멀다), 달다 (달다)
c. 지프다 (깊다), 노프다 (높다), ᄀ트다 (같다)

(111) a.도 다음과 같이 추정해 본다.

(112) ((111) a.) nəlɯta, c'ɐlɯta, palɯta

3. 통사적 접사핵 Af

이는 술어 어근과 병합하여 술어어간을 형성하는 통사적접사이다. 어근이 어간으로 기능할 때는 이 핵은 제2차적 어간을 형성하는 핵이 된다. 그 대표적인 예가 사동사화와 피동사화를 야기시키는 이, 히, 리, 기 접사이다.

이 핵은 선핵 어근핵과의 병합을 통하여 선핵 요소를 내항으로 흡수하고 이와 더불어 필수적으로 외항에 논항을 도입한다. 그 의미역은 하나의 문에서 두 가지의 의미역을 겹치지 않기 때문에 선핵이 도입한 의미역과는 다르며, 예컨대 사동의 경우는 수동주, 피동의 경우는 소동주와 같은 논항이 대상이 된다. 곧 이, 히, 리, 기 접사와의 병합으로 통사적구조의 변동을 가져오므로 이들 접사를 통사적접사로 명명한다.

다음 (113)에서 a.는 V핵과 Af핵의 투사체이다. 핵의 최소범주만 표시되면 나머지의 중간범주, 최대범주는 표시하지 않아도 된다. 여기서는 참고로 ( )안에 표시하였다. b.는 사동의 예이고 c.는 피동의 예이다.

(113) a.

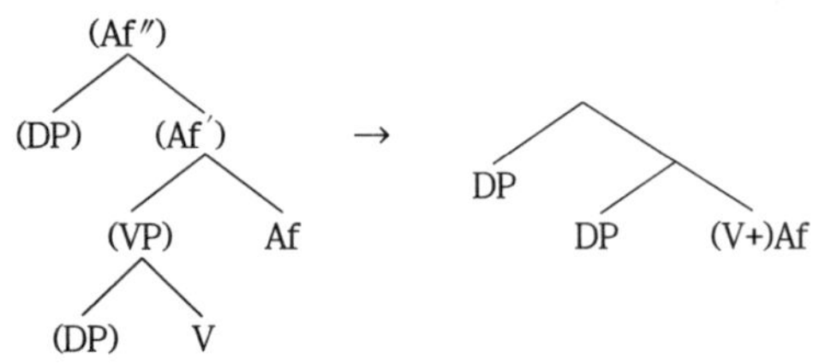

b.

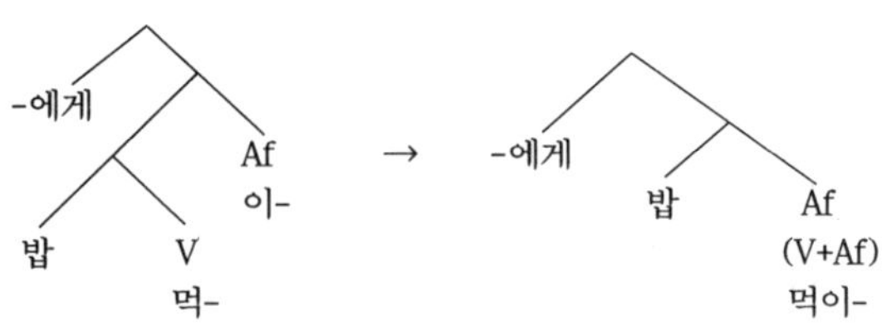

c.

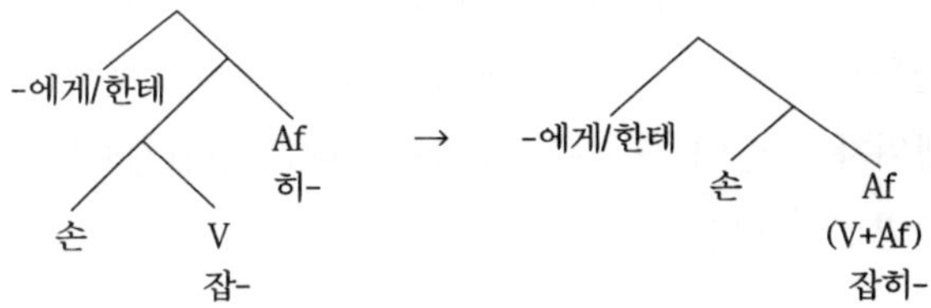

사동과 피동의 생성기제에 대하여는 별도로 장을 마련하여 언급하였다 (제4장의 4절, 5절 참조).

Af핵은 수의적인 핵이다. 통사적접사 파생이 필요한 경우에만 도출되는 술어핵이다. 다음과 같이 Af를 필수적인 핵으로서 해서 (113)과 같이 ∅타동사화접사, ∅자동사화접사를 설정하여 Af에서 자동사와 타동사가 갈리게 할 수 있으나 구태여 그런 복잡한 기제를 택할 필요가 없다. 이휘부에서 자동사/타동사가 정해졌다 보면 되기 때문이다.

(114) a.

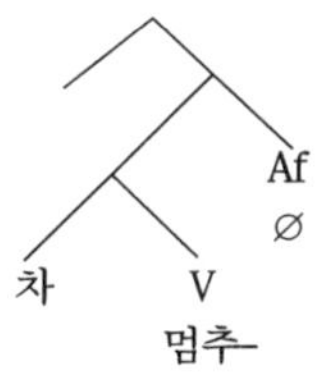

b. 1) 차 멈추-∅(자동사화접사) 차가 멈추(다)
2) 차 멈추-∅(타동사화접사) 차를 멈추(다)

예컨대, '오다' 동사는 자동사(비능격성)로만 쓰이고 타동사로 쓰이지 않는다. 그리고 '먹다' 동사는 타동사로 쓰이고 자동사로는 잘 쓰이지 않는다. 그런데, 앞서의 '멈추다' 동사는 영어의 break처럼 자동사(능격성)와 타동사(대격성)에 무표교체로 쓰인다. 그것을 Af에서 ∅접사에 의한 교체가 있는 것으로 본다면, (114)의 경우가 되는 것이다. 한국어에서, 영어와는 달리 자동사와 타동사의 구별이 이미 어휘부에서 마련되어 있다면 Af를 반드시 거쳐서 갈리는 것으로 할 필요는 없다고 본다. 다만, 필자는 중간동사만은 ∅중간동사화접사가 Af자리에 도출되는 것으로 한다. 그것은 Af 외항에 잠재행위자 논항이 도입된다고 보기 때문이다(제6장 중간동사 참조).

제주방언의 다음 예에서,

(115) a. 차 멈춰서. (멈춰서=멈추었-어(/네))
 b. 차 멈추언. (멈추언=멈추었-다(/어))
 c. 차 멈춰라.

'차'가 주격인지 대격인지는 화맥과 그리고 '차' 다음의 pause의 유무로 구별될 수밖에 없다. '차'와 '멈추다' 의 인접성 정도가 '차'의 주격/대격의 구별을 가늠해 준다(c.는 대격임이 인지된다).

'차'가 주어인 경우 (116) a.와 같이 Af의 핵의 거침이 없이 바로 핵문의 핵의 외항 자리에 옮기고, '차'가 대격인 경우도 (115) b.와 같이 Af의 핵의 거침이 없이 본래의 자리에 그대로 있게 된다.

(116) a. (능격성) b. (대격성)

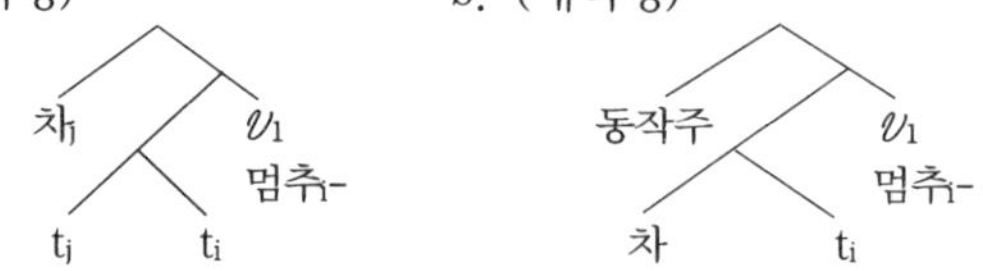

영어에서는 Af가 있을까? 자타의 구별은 한국어와 같이 어휘적으로 분화된 것도 있으나 대부분 자동사와 타동사가 동형이다. 이 경우 Af에서의 교체가 있는 것으로 볼 수도 있다.

(117) a. break ∅자동사화접사
 b. break ∅타동사화접사

양쪽 모두 교체를 거친 것으로 보기보다 타동사를 본래의 용법으로 하고,

자동사의 경우만 교체되는 것으로 할 수 있다. 그 반대일 수도 있다. 자동사가 타동사가 되는 것이 유표적일 수 있다. 자동사–전치사(look at) 형식으로 타동사가 되는 경우도 있다. 자타의 구별화를 통사부의 기제로 보게 되면 그만큼 통사부의 운영이 복잡해지므로 자타의 구별은 이미 어휘부에서 정해졌다고 본다.

영어의 피동태에서 be–en의 도입은 조동사–분사접사로 보고 Af레벨에서 분사접사가 동사에 후접하는(또는 반대로 동사가 접사 앞에 상승하는) 것으로 볼 수 있다. 이 때의 –en의 분사접사는 시제접사라기보다(시제는 be가) 태 형성의 Af로 볼 수 있다. 사동태의 형성에서 have, make와 공기하는 en접사도 같은 류로 여겨진다. 혹은 접사적 기능에서 어휘적 기능으로 바뀐 것이 have, make, let 류로 생각할 수 있다. 어떻든 태기능을 수행하는 요소는 존재한다고 봄이 마땅할 것이다.

4. 핵문술어핵 v_1

이는 가장 기본적인 단문의 골격 곧 핵문을 형성하고 주어의 외항을 도입하는 술어핵이다.

어근핵에서 하나의 DP를 도입하여 문 골격이 이루어지는 것을 여기서 정리하면,

(118) a. V핵에서 1) 능격동사 차가 멈추다.
2) 비능격동사 차가 온다.
b. NV핵에서 1) V(경동사) 철수가 운동하다.
2) A(형상성) 건물이 웅장하다.
(성상성) 철수가 성실하다.
3) N(지정사문) 철수가 학생이다.

c. AV핵에서 1) 형상성 산이 높다.
2) 성상성 철수는 어질다.

각 술어핵이 도입한 DP는 V-v_1의 병합으로 그 외항의 주어 자리에 자동 이전되어 핵문이 형성된다.

어근핵(내지 Af)에서 문의 골격이 이루지 못한 것은 v_1의 외항에 새로이 DP가 도입된다. 다음(119)에서 A는 골격이 이루지 못한 술어의 예이고, B에서 밑줄친 부분이 v_1이 도입한 외항이다.

(119)	A	B
a.	V 핵에서의 대격동사	철수가 물을 마시다.
b.	V + Af 에서의 피동사	철수가 영희에게 손이 잡히다.
c.	〃 사동사	철수가 영희에게 국수를 먹이다.
d.	NV(V)핵에서의 대격성 경동사	철수가 공원을 산보하다.
e.	A핵에서의 이중주격구문	철수가 마음이 아프다.

이는 각 시발핵(어근)의 속성이 DP 하나의 도입만 가지고 포화될 수 없기에 후핵 v_1의 병합이(Af 핵은 임의적) 있게 된다.

(14)에서 어근핵의 특성을 정리한 것처럼 Af와 v_1의 것도 정리해 보면,

(120) Af

범주	속성	도입항 의미역 (의미선택)	보기
통사적 접사 Af	± deriv { pass caus middle }	소동주 수동주(피사역주) 잠재적논항	영희에게 손이 잡히다. 영희에게 국수를 먹이다. [∅] 차가 (잘) 움직인다.

(121) v_1

범주	속성	도입항 의미역 (의미선택)	보기
핵문술어 v_1	+predic {hon. tense neg.}	문주어 도입 {동작주 대상 경험주}	118b.의 주어의 예들
		선핵요소 유인	115의 DP의 예들

v_1의 투사체(v_1P)는 VP의 위에 또 하나의 VP를 덮어씌운 모양이 되어, 이 전체가 종전의 VP에 맞먹는 것으로 보게 된다.

(122)

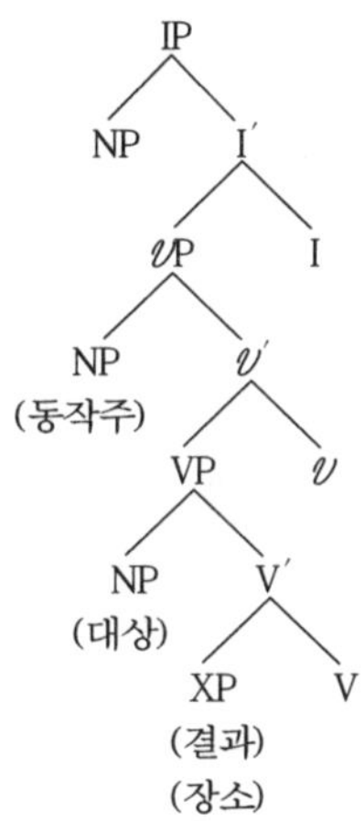

(長谷川 1999: 167-168)

곧 종전의 VP에서는 2항의 논항만 도입할 수 있었는데 VP-vP전체가 3항의 논항을 도입할 수 있게 된다. 그래서 v는 외항에 동작주를 도입하는 요소가 되었다. 이미 Chomsky(1995: 315)는 v는 경동사이며 그 내부논항은 V의 지정어와 보어 자리를 차지하고, 외부논항인 [SPEC, v] 자리는 사동주나 동작주가 차지하는 것으로 보았다. Chomsky(1998=2000: 102)에서는 경동사 v를 타동성구문의 핵이며 외항으로 NP/DP를 선택한다고 하였다.

v (little v)는 다음과 같은 어휘범주와 기능범주의 두 가지 자질의 조합으로 된다는 가정도 있다(Hasegawa 2001: 9 필자 未見, 外崎 2005: 77에서 인용).

(123) little v 의 기능범주, 어휘범주 자질
　a. 기능범주자질 [±목적격]
　b. 어휘범주 [±외항]

1) [+목적격, +외항]의 타동사는 목적격도 부여하고 외항도 도입하고, 2)[−목적격, −외항]의 비대격자동사는 목적어도 부여하지 않고 외항도 도입하지 않는다((대상을 내항으로 도입)).

Arad(1999: 11)에서는 1)의 속성을 타동성 속성이라 하고 그 외에도 의미의 자질이 있음을 제안하고 있다. 그것에는 동작주성에 관한 자질, 사역의 일이나 Aspect에 관한 자질등을 그 후보로 제시하고 있다.

[+목적격], [+외항]의 전형적인 예가 (119) a.의 대격동사의 예이고, [−목적격], [−외항]의 예는 (118)의 경우다. 여기서는 외항은 이미 어근 V/A 레벨에서 도입되었고, 모두 [−목적격]의 것이다. 필자는 v_1의 외항은 핵문핵 v_1에 상응하는 핵문의 주어로 보기 때문에 V/A핵도 외항으로 주어 의미역을 감당할 수 있는 DP를 도입했을 때는 그것을 v_1의 외항에 유인하여 그 자리를 채우면, 되고 그렇지 않는 경우는 외항에 주어의 의미역 논항을 새로이 도입하면 된다고 본다. 그 주어의 의미역 논항은 앞에서 논의한 동작주, 사역주 등에 한정되는 일도 아니며 v_1도 타동성구문의 술어에 한정되는 것도 아니다. v는 모든 어근핵 V/A가 술어기능을 수행하기 위해 필수적으로 병합되어야 하는 핵문 술어핵이 된다.

그리고 (122)에 보인 IP(TP)의 투사체는 필자는 제거한다. 시제는 (121)처럼 v_1의 속성의 하나로 본다.

또한, (122)에 보이는 XP(결과, 장소)는 임의논항으로 부가된 것이면 받아들일 수 있지만, 필수논항인 경우는 1핵 1논항(DP) 도출의 원칙에서는 다른 술어핵 예컨대 Af에서 그 필수논항을 도입하는 방도를 구할 일이다.

예컨대, 이중목적어를 취하는 동사의 경우 목표의 의미역이 필수적인지 임의적인지 모호한 경우가 있는데, 다음의 제주방언에서,

(124) a. (느) 편지 보내서? 예, (나) 보내수다.(~(아/어)서?=(았/었)-니/는가)
b. (느) 짐 갖다 주어서? 예, (나) 갖다 주어수다.(~수다=~습니다/(았/었)습니다)
c. *(느) 편지 보냄시니?
d. *(느) 짐 갖다주엄시니?

(124) a., b.만을 볼 때는 목표의미역은 임의논항인 것 같지만(이미 목표는 기지의 정보로서 생략된 것도 된다), c., d.를 보아서는 목표는 생략될 수 없는, 곧 필수적인 논항으로 볼 수밖에 없다. 지금 목격한 현재진행 동작에서 목표는 구정보가 아닌 신정보로 요구되는 데서 온다고 볼 수 있다. 중립적인 문에서도 '보내다', '갖다주다'의 목표는 이해를 확실하게 하는 필수논항으로 보았을 때 '보내다', '갖다주다' 동사는 전달동사화, 수여동사화의 ∅Af의 보강을 받고 이중목적어를 실현하는 것으로 풀이될 수 있다. 목표-대상의 어순의 경우가 그렇다 볼 수 있다. 그 반대의 경우도 생각할 수 있다. 목표를 참고 정도로 의도했다면 어근 레벨의 부가어 위치에 생성할 수 있다. 대상-목표의 어순의 경우가 그렇다. 목표가 생략되는 경우도 이 경우일 것이고 이미 목표가 구정보가 되어 중요하지 않는 경우 그래서 생략되는 경우도 그렇다 볼 수 있다. (122)의 XP는 결과와 장소뿐만 아니라 이러한 목표, 그 외에도 도구, 자격 등의 부가 부분이 올 수 있는 자리다. 예컨대 학생을 ((pro) 장학생으로 / 미국으로 / 훌륭하게) 선발 / 유학 / 교육 기타 서술하는 의미와 일치하는 부가어(또는 소절로)가 올 수 있다.

여기서 V/A-Af-$\mathscr{V}_1$에 이르는 각 레벨의 투사체를 그려보면,

(125)

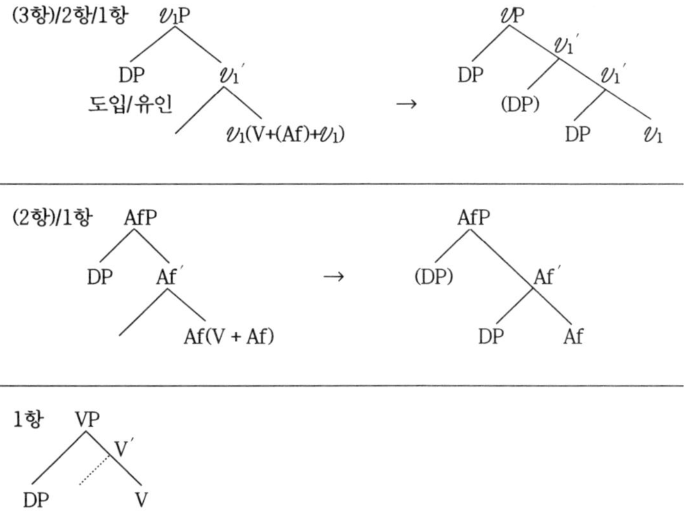

Af는 선택적인 핵이므로 도출되지 않으면, (　)에 표시한 DP논항은 실현되지 않는다. 그리고 v_1P 지정어의 DP는 예컨대 대격동사의 경우는 도입되고, 비대격동사의 경우는 VP의 외항의 것이 유인되는데 Af가 선택되지 않으므로 최소연결조건에 위배되지 않는다.

…부분은 부가어 위치인데 예컨대 앞서의 전달동사, 수여동사의 목표를 그 자리에 생기할 수 있고 혹은 Af의 도움으로 그 외항 자리에 도입할 수 있다. v_1P의 지정어 자리에 VP의 DP를 유인할 때 AfP의 DP를 건너가는 것 같지만 Af의 도입 DP가 수동주/소동주일 때는 VP의 DP를 유인하는 일이 없이 v_1P의 지정어 자리에 새로이 동작주를 도입하는 것이 되므로, 또 중간동사의 경우는 잠재논항이므로 건너가는 식은 되지 않는다.

이중주격구문(이중대격구문도)의 경우도 선행 주격 DP는 도입 논항이므로 역시 문제가 되지 않는다. 기타의 능격동사문, 비능격동사문, 1항 형용사문 등등도 모두 Af를 거치지 않으므로 DP가 다른 DP를 건너가는 일은 결코 없다.

(125)에서 각 술어핵의 병합은 종전의, 핵 X는 최소성분통어하는 핵 위치

로만 이동한다는 핵이동제약을 지키고 있다. 그러나 각 술어핵이 최소범주이기는 하나 병합핵은 그 합체가 된다. 각 술어핵이 외항으로 도입한 DP는 술어핵의 병합시에 그 내항에 보존되고 범주 자격도 유지된다. 상위 외항에의 이동(내부병합)은 술어핵의 병합에 의해 부득이 일어나는 구조조정의 자연적인 귀결이다.

핵은 핵 자리에만 이동할 수 있고, 최대범주는 지정어 위치로만 이동할 수 있다는 종존의 구조보존제약의 취지는 살리면서 최대범주(DP)는 어느 경우든 그 자격을 유지하고 이동은 외항(지정어)→외항(지정어)과 같이한다는 뜻이 가미되면 될 것이다.

그리고 (125)에서 각 술어핵의 투사체가 최소-중간-최대의 3단을 순환적으로 전개되고 있는 것이라든지, 모든 병합(술어핵 병합, DP 도출, 내항화)이 국부적으로 이루어지고 있는것(그것은 종전의 성분통어와 자매관계의 구조적 관계가 된다) 등도 구조보존의 지향이 된다.

그런데, 영어의 예컨대 Larson(1988: 342-3)에서 보이는 동사의 이중구조에서는 상황이 달라진다.

(126) John sent a letter to Mary.

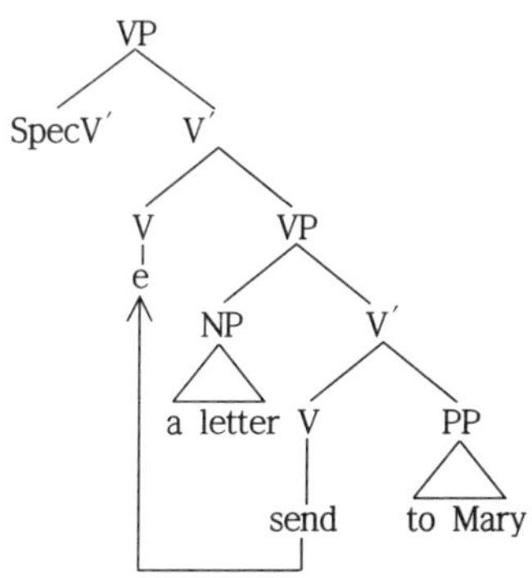

(126)의 e의 V를 (123)의 자질을 지닌 $\mathcal{V}$로 고쳐보더라도 양상은 마찬가지다.

(127)

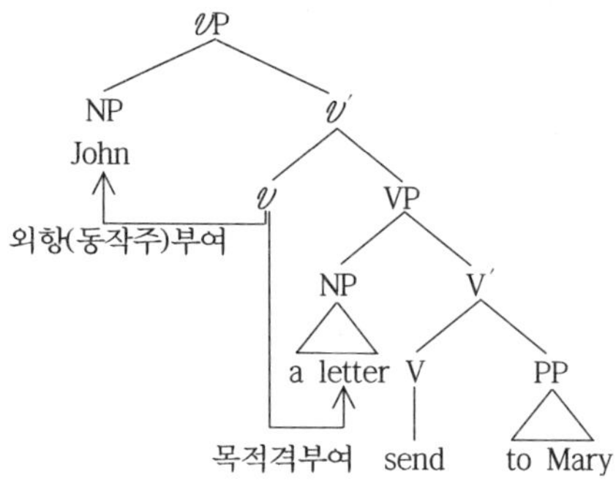

곧 하위의 술어핵 V가 그 지정어의 NP를 건너뛰어 상승할 수밖에 없다. 𝑣를 술어핵으로 본다면 한국어처럼 핵이동제약이나 최소연결조건을 준수하지는 못하는 형상이다. 이를 위해서는 영어도 한국어의 경우처럼 술어핵간에 국부적인 성분통어관계를 이루도록 함이 좋겠다.

(128)

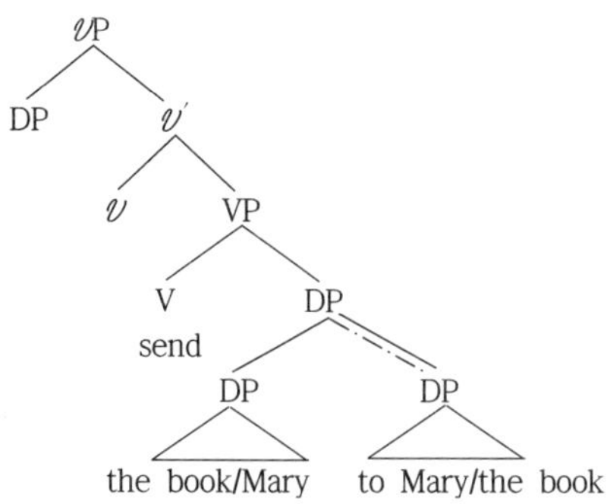

최하위의 DP의 어느 하나는 의미격의 임의/필수 논항으로 한다. 그 선택은 화자의 의도 (V와의 인접성)에 의한 것으로 본다. 그렇게 되면 한국어와는 다음과 같이 대비된다.

곧 한국어는 DP를 외항(지정어가 아닌 내항의 용어로 쓸 수 있다)으로 왼편에 도입하고 영어는 DP를 내항(지정어가 아닌 외항의 용어로 쓸 수 있다)으로 오른 편에 도입한다. 시발핵의 경우 제로 성분까지 고려하면 한국어는 왼쪽의 위쪽으로, 영어는 오른쪽의 아래쪽에 3단의 투사체가 이루어진다. 제로 성분 자리에 부가어가 생성하는 것은 구조보존 지향의 일면이다. 핵문의 주어가 되는 DP는 핵문 술어 v의 왼편에 외항(지정어)으로 도입하는 것은 한국어나 영어는 매한가지다. 한국어의 v에는 시제가 포함되는 것으로 보고 TP의 투사체는 생략하고 있다. 영어도 그렇다 보지만 일반적으로 TP는 문 성립의 핵심적 요소로 보고 있다. 그러나 무시제문(보문)도 많이 쓰이는 데서 문제는 남는다.

v는 외항에 주어를 갖춤으로써 핵문술어의 역할을 하는데 이외에도 핵문의 논항구조에 변동을 주지 않는 한도에서 긍정적/부정적으로 서술하는 일 (±Neg. 자질), 주어를 존대/−비존대하는 일 (±Hon.), 서술의 시제를 나타내는 일 (±Tense)이 있다. 이외에 공손을 나타내는 일 (±Polite)도 있지만 이는 주어와는 직접연관되기보다 화자의 의향에 있다고 보고 이는 발제−결말의 상층구조에서의 결말부분의 요소로 보아 여기서는 제외한다. 영어의 부정은 (128) A처럼 a)후인접과 b)전후인접이지만 부정할 명사나 동사의 앞에 있다. 이에 대해 한국어는 B처럼 뒤에 있다.

(129)	A	B
a) 후인접	계사 – 부정사 – 명사	명사 – 부정사
	α is not β	α β (is) not
b) 전후인접	조동사 – 부정사 – 동사	동사 – 부정사
	α do not speak β	α β speak (do) not

그 대조적인 처지를 대략적인 수형도로 나타내면,

(130) a. 한국어

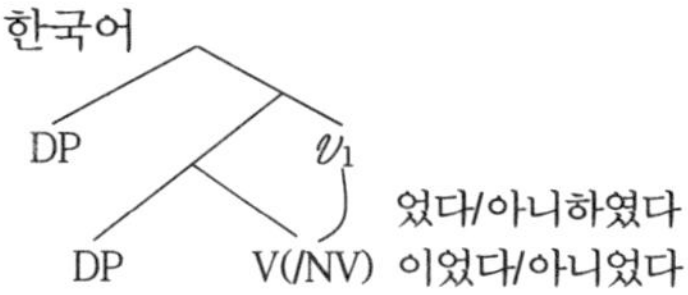

b. 영어

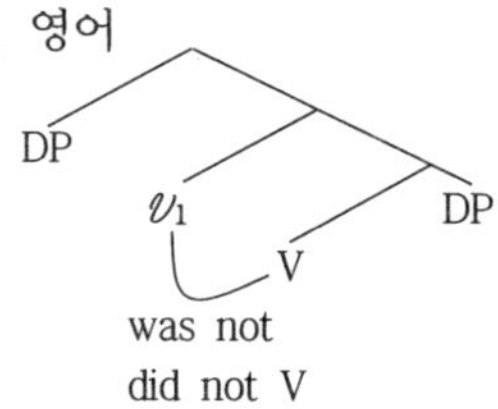

동사-부정사의 어순은 한국어, 아이누어, 일본어 그리고 기타의 알타이제어에서 보인다. 한편 부정사-동사의 어순도 한국어, 아이누어에서 동사 앞뒤에 동일한 형태(한국어 '아니', 아이누어 somo)의 부정사가 쓰이는 식으로 보인다. 고대 일본어도 동사 앞에 ani의 형태로서 부사(부정호응)로 쓰인 것이 보인다. 금지의 na는 동사의 전후에 온다. 만주어도 부정금지 부사가 있다. 몽고어는 문어적 표현에서 부정사-동사의 어순이 남아 있고, Evenki는 오히려 그것이 많이 쓰이는 것 같다.

경동사의 경우 분리형에 '아니'가 선행하고 접합형에 '아니'가 후행하는 것이나 '아니'와 후행술어 사이에 다른 요소가 개재하지 않는데, 선행술어 사이에는 개재할 수 있는 점 등을 고려하면 선행 부정어(단형부정)는 접사적인 부사 그래서 그 앞의 DP를 부정하고, 후행 부정어(장형부정)는 보조용언적이며 그래서 그 앞의 술어를 부정하는 의미의 차가 보인다. 소위 부정극어(Negative Polarity Item, NPI) '아무도, 누구도, 아무것도'는 명사(구) (주어 / 목적어)이며 V의 [+neg]와 일치관계이다.

부정표현의 경우의 시제도 한국어나 영어 모두 V와 병합된 v_1에 있고 v_2…가 이어지면 시제의 일치 문제가 있다. 제주방언의 다음 예에서,

(131) a. 나 지금 밥 먹어.
b. 나 아까 밥 먹어서/먹언.
c. 나 잇따 밥 먹키여. (먹키여=먹겠-다/어/네)

(132) a. 차가 지금/잇따/내일 와.

b. 차가 지금 왐서.
c. 차가 지금/아까 와서.
d. 차가 지금/아까 완.

미연(未然)/기연(旣然), 진행/경과, 완료의 양상이 모두 현재(지금)와 관련되고 있다. (131) a.는 현재에서 미래로, b.는 현재시점에서의 진행, c.는 현재시점에 연결되는 체험적 과거, d.는 현재시점에 연결되는 종료/완료를 나타낸다. 시제가 인칭주어와 관계되는 것은 다음 예에서 알 수 있다.

(133) a. 나 밥 먹엄서. (먹엄서=먹고 있-다/어요)
b. *느 밥 먹엄서.
c. 가이 밥 먹엄서.

결국 $\mathscr{V}_1$가 도입하는 주어와 그 핵문 술어의 시제의 일치/불일치의 문제이다.

존대에서도 주어와의 일치/불일치의 문제가 있다. 제주방언에서는 공통어만큼 엄격하지 않다.

(134) a. 큰 할망 계시우깡? 응, 계셔. (계시우-깡(/까/꽝/꽈)=계십니까)
b. 큰 할망 이수광? 응, 이서.(이수-광(/과/가/강)=있습니까)
c. 큰 아방 계셔마씀? 응, 계셔.(계셔-마씀(/마씸)?=계십니까(예/요)?)
d. 큰 아방 이서마씀? 응, 이서.(이서-마씀(/마씸)?=있습니까(예/요)?)
e. *큰 아이 계시우깡/계셔마씀?
f. 큰 아이 이스광/이서마씀? 응 이서.

곧 존대주어에 대한 평어술어는 용인되지만 비존대주어에 대한 존대술어는 용인되지 않는다. 술어 어근핵에 후행핵 Af 그리고 $\mathscr{V}_1$로 핵문 술어가 이루어지는데 그 형태적 변별은 대개 다음과 같이 행해진다.

(135)

	어근	피동	존대	과거	(공손)	
a. 공통어	잡	히	시	었	(습니)	(다)
b. 제주방언	잡→젭	히	시	었	(수)	(다)

존대-시제-(겸양)(선어말어미)가 형태적으로 분리된다. 이들은 통사적으로는 전체적으로 또는 개별적으로 행동을 해도 논항구조의 변동을 가져오지 않는다. 이들은 핵문 술어 $\mathcal{V}_1$의 내부요소일 뿐이다. 이들 요소는 전체적/개별적으로 주어와의 일치관계를 요구한다. 곧 존대(±)는 주어의 ±존대성을, 시제(±)는 시제절주어/비시제절주어(PRO)를 요구한다. [공손]은 청자에 대한 배려로 본다면 주어지향적인 이들 요소와는 다른 차원인 발제-결말의 결말 부분의 요소로 생각할 수 있다. (134) c.-f.에 쓰인 '마씀'(지역에 따라 '마시'도 쓰인다)이 그 예다. 청자인 2인칭 주어에는 잘 쓰이지 않는다. 일본어에서 문말에 쓰이는 공손조동사 masu(/masi)와 형태적으로 유사하나 일본어의 경우는 인칭의 제약이 없다. 발제 자리에 ∅공손주체가 자리한다면 '마씀'은 '말홈' 또는 '말씀'에서 유래한 가능성이 크다. 그렇다면 일본어는 그 변화형일 수 있다.(cf. mawosu>moosu '말하다, 여쭈다')

그리고 존대-시제-공손의 요소를 통사핵으로 해서 개별적으로 투사체를 지니는 것으로 하는 분석들도 있지만, 이는 특별한 통사적 이유가 없는 한, 통사적 운용을 복잡다단하게 하는 단점이 있다.

(113) b.에서처럼 어근-Af의 병합 단계에서 제주방언을 비롯한 많은 방언들이 역행동화에 의한 움라우트현상을 보여준다. 필자와 같이 어형성의 일을 어휘부에 맡기게 되면 어휘(형태소/형태소 합체)는 음운자질에 합당한 음형이 주어져 있는 것으로 보게 된다. 그래서 어휘부 안에도 형태론의 module이 작동하는 것으로 보는 것이다. 그런데, 최근의 어떤 형태론에서는 통사부의 연산에 부담을 덜어주기 위해 어휘가 간직하는 음운자질을 그냥 둔 채 의미자질과 형식자질만으로 운용하게 하고 통사구조에 합치하는 형태소의 음운 정보는 문자화(Spell-Out) 단계에서 주어지는 것으로 보고

있다. 곧 형태론을 통사부 이후에까지 확대시키고 있다.

그렇다면 (113) b.에서의 어근—Af 에서 일어나는 형태소의 변동은 수시로가 아니고 나중에 된다는 것이 된다. 곧 잡(V)–히(Af) 의 술어핵이 병합하여 역행동화 (젭히–)로 재조정(움라우트)되더라도 그 음형화는 뒤로 밀린다는 것이 되는데, 짧은 문의 경우는 몰라도 CP 등의 순환 범주가 반복되는 긴 문에서 나중의 처리는 밀릴수록 큰 부담을 줄 것이다. 이는 국면의 문제와도 연관된다.

필자는 시발핵의 투사구조를 비롯해서, 어근의 투사체 그리고 선핵의 투사체를 내포한 후핵 곧 Af와 $\mathcal{v}_1$의 투사체 모두를 국면(Phase)로 보고 있다. 영어에서는 $\mathcal{v}$P와 CP가 거론되며 이는 의미해석과 음운정보의 단위로 본다. 핵–지정어(외항)의 일치를 통해 점검/일치하여 비해석자질이 삭제되는 곧 완전합치하는 구조이다. 이러한 영어의 국면은 종전의 순환범주와도 같다. 문자화가 국면 단위로 순환적으로 적용된다는 것이 순환다중문자화(Cyclic Multiple Spell–Out)인데 영어의 $\mathcal{v}$, C가 해당한다. 이외에 필자는 한국어에서 VP, AfP도 말뭉치의 국면으로 보고 있다.

발화 의도에 따른 배번집합(선택어휘집합)도 한꺼번에 도출되기보다 표현의 국면에 따라 나누어 도출되는 것으로 보고 그렇게 도출되는 배번집합의 부분을 어휘배열로 해서 구별할 수 있다. 배번집합과는 국면별의 차이와 연쇄의 지표의 기록(횟수)이 없는 차이가 있다.

필자가 상정하는 다음 국면에서의 어휘배열에서,

(136) a. V 손 잡–
b. Af 영희한티 손 젭히–
c. $\mathcal{v}_1$ 철수 영희한티 손 젭혀서.
d. C_1 철수 영희한티 손 젭혔젱.
e. $\mathcal{v}_2$ 형이 철수가 영희한티 손 젭혔젱 ᄀ랑게.
f. C_2 느네 형이 철수가 영희한티 손 젭혔젱 ᄀ릉 걸.(ᄀ릉↔ᄀ른=말한)
g. $\mathcal{v}_3$ 난 느네 형이 철수가 영희한티 손 젭혔젱 ᄀ릉 걸 들어서.
(밑줄 친 부분에 대해서는 후술)

모든 국면의 핵은, 도출이 다음 국면으로 넘어가기 전에 자신의 비해석성 자질이 일치를 통해 삭제되는 것으로 보고 있다. 그렇다면 이전 국면의 어떤 비해석성자질이 그대로 남아 있다면 후핵의 그것과 갈등을 겪게 되어 그 도출은 파탄하게 될 것이다. 필자의 파생방식에서도 각 국면에서 도입하는 DP논항은 외항(지정어)에 위치하기 때문에 외항(지정어)-핵 일치를 통해 점검/일치를 이룰 수 있어서 점검/일치 기능을 수행할 수 있다. 어떻든 각 국면은 언어 사용의 장면이 되는 것은 확실하다. 주어가 빠질 수 없는 영어는 $\mathscr{V}_1$, C가 국면일 수 있지만, 한국어는 VP 그리고 AfP 국면만으로도 얼마든지 언어표현으로 쓰일 수 있다(단 일부 격 문제로 $\mathscr{V}$/CP로 밀릴 수 있다). 심지어 VP국면의 V핵으로도 가능하다. 다만 어근이나 어근 +Af 만으로는 불완전하여 결국 $\mathscr{V}_1$의 도움을 받아 통사적으로 매듭짓는 것 같지만 이미 어휘부에는 기본형(사전형)으로 등재되어 있다면 통사부에서도 잠재적으로 종결어미가 뒤따르고 있다고 볼 수 있다. 완결의 예비조치는 이미 최상위의 시발구조인 발제-결말에서 갖추어져 있으므로 국면에서 이룬 표현의 문말처리는 문제 되지 않는다. 영어의 국면인 $\mathscr{V}$P나 CP도 문말처리는 휴지, 억양 등의 문말 요소의 도움을 받는다고 본다.

국면의 정의의 차이는 있지만 파생레벨이 V→Af→$\mathscr{V}_1$과 같이 상위의 국면에 옮기면 앞선 하위의 국면과 상위 국면 간에 규칙 적용의 간여가 허용되지 않는다고 하고 있다. 이는 선행 술어핵이 상대항과의 일치를 거쳤다면 선후 술어핵의 병합으로 선핵의 투사체가 조정되므로 당연하다. 국면의 전개에서 상위의 국면에 옮겼을 때 하위의 국면에는 상위 국면의 규칙이 적용될 수 없고(엄밀순환조건) 그와 같은 순환성에 어떤 예외도 인정하지 않는다는 것을 초강력순환성의 가설(cf. 양동휘 2003: 46)로 알려지고 있다. 참고로 Chomsky (1999: 9-10)의 논의를 보면 다음과 같은 국면의 형상에서,

(137) [$_{ZP}$ Z… [$_{HP}$ α [H YP]]]

국면의 핵(H)은 직전의 국면의 핵의 영역에는 작용하지 못하나 강한 국면(C)(=ZP)의 경우는 약한 국면(𝓋)(=HP)의 핵과 주변요소(Edge, 지정어 또는 HP에 부가한 요소)에 예외적으로 작용한다고 보고 있다. 그리고 다음의 국면 침투불가조건(Phase Impenetrability Condition, PIC)으로 일반화하고 있다.

(138) The domain of H is not accessible to operation at ZP, but only H and its edge.

이는 핵 H의 국면에서 H의 영역은 국면 밖의 조작과는 접근할 수 없으나 H와 그 주변부는 그 조작에 접근할 수 있다(Chomsky (1988: 108))는 것으로 국면의 핵은 다른 국면의 보충어를 제외한 핵과 그 지정어(그리고 부가어)에는 연계될 수 있다는 것인데 지정어와 핵의 흔적과의 연계가 그 예이다. Chomsky (1999: 10)에서는 (137)과 병행하여,

(139) Interpretation/evaluation for PH_1 is at PH_2

곧 강한 국면 PH_1의 해석은 그 다음의 가장 높은, 강한 국면 PH_2에서 행해진다고 하였다. 곧 내포문의 CP가 이루어져서 비로소 하위국면(𝓋P) 그것도 그 보(어)부(내항, VP가 이에 상당)가 해석되어진다는 것이다. 이상의 기제는 필자처럼 술어핵은 후행핵에 병합하게 되고, 그 지정어(외항)는 반드시 도입 또는 유인으로 채우게 하는 운영방식에서는 국면 조정에서 자연적으로 귀결되는 것으로 볼 수 있다. 각 국면마다(직전 국면의 포용을 통해) 통사체로서 기능한다고 보면 종전의 Spell-Out이 통사체의 완결과 동시에 이루어진다고 보기보다 각 국면마다 이루어진다고 볼 수 있다. 국면 조정 이전 단계의 것도 그대로 후 국면이 안고 간다는 것은 뒤에 갈수록 부담을 가중할 뿐이다. 그렇다면 (136)의 각 국면마다 음성표시(PF)와 의미표시(LF)가 되는 것이 되고, 다음 국면은 다른 핵이 그것을 내항에 안고 외항을 도입하여 누가시키는 식이 될 것이다.

(136)의 여러 국면의 어휘배열에서 Chomsky(1999: 10)가 상정하는 대로라면 그 a., b. 는 국면이 아니며 CP국면이 이루어지고 나서 앞 국면의 보(어)부 곧 밑줄 친 부분이 PF와 LF에 입력되어 그것들의 해석이 이루어진다는 것이 된다. 영어에서는 주어가 명시적이어야 하기 때문에 (136) a., b.와 같은 국면이 상정되기 어려울지 모르나, 한국어 같은 pro탈락언어에서는 가능하다고 본다. 물론 VP와 AfP는 v_1과 결말핵의 뒷받침이 있어야 하고 v_1P도 결말핵, CP도 v_2와 결말핵의 뒷받침이 있어야 하지만 발제-결말의 시발구조가 뒷받침하고 있다. 발제 - 결말의 상층구조는 밑에서 구축되어 오는 V-Af 레벨의 통사체도 발제의 주제/주어의 복사와 결말의 뒷받침으로 완전기능체의 구실을 하게 한다고 보고 있다. (135)의 a., b.에서 V-Af 핵의 병합(융합)이 이루어지면 '잡-히' 가 제주방언에서는 PF에서 '젭히-' 로 바뀌는 것으로 보고 있다. 이후의 연산도 '젭히-'의 음형으로 행해지는 것으로 보는데 그렇지 않으면 '잡-히' 그대로 v_1P 또는 CP에 와서 비로소 역행동화와 움라우트가 된다면 v_1 또는 C에 부담을 주고 혹이면 간여하지 않을지도 모른다.

5. 보문기능핵 C

이 핵은 일반적으로 보문(화)소/내포화소/절화소로 불리는 복문 형성의 술어(술부)핵이다. v_1에서 일반적인 문(단문)의 골격이 형성되지만 언어표현에는 여러 가지 사상(事象)에 대한 다양한 표현이 있기 마련이어서 단문으로 그러한 일을 충족시킬 수 없다. 그 경우 보문핵을 개재시켜 또 다른 주술관계를 이루는 복문을 형성하여 충족시키게 된다. 혹은 단문의 내항에 보문을 내포화하여 복문을 이루어 충족시킬 수 있다. 본판의 단문이 부판(별판)의 다른 단문을 하위문으로 내포하여 복문이 되든 단문이 상위문에 내포화되어 복문이 되든, 그러한 내포화의 일이 없다면 보문핵은 도출될 필요는 없다. Af의 경우도 마찬가지다. 그런 의미에서 C도 Af와 마찬가지로 선택적인 술어핵이라 할 수 있다.

V–(Af)–$\mathcal{V}_1$의 술어핵은 교착적으로 합체하여 하나의 자유형식을 이루나(융합), C는 이들과 잘 교착(융합)되지 않는 것이 다르다. 단순한 표기상의 문제가 아니고 C의 전후에 휴지가 있고 조사를 후접하여 DP처럼 행동하기도 하는 특징이 있다. 방언에 융합형이 보이는 점에서 술어핵으로 하였다. C 이후의 술어핵은 C를 통어하고 이와 함께 술부로서의 기능하는 술부핵의 성격을 지닌다. 이 책에서는 구별없이 포괄적으로 술어핵으로 쓰고 있다.

C핵은 $\mathcal{V}P_1$과 $\mathcal{V}P_2$를 연결하는 요소로 (139)처럼 인지 범위 내에서 반복적으로 이어져 긴 복문을 이룰 수 있다. 그래서 순환범주라고 한다.

(140) a. $\mathcal{V}P_1 - CP_1 - \mathcal{V}P_2 - CP_2 - \mathcal{V}P_3$

b.

C는 다른 술어핵 V–Af–$\mathcal{V}$와는 달리 순수한 기능범주로 보기도 하지만, 한국어의 경우는 –(다)고 (인용), (는/을) 것(사실) 그리고 제주방언에서 –뎅(다고), 게(것이), 걸(것을), 건(것은) 등 조사와의 융합형으로 나타나는 점을 미루면 어휘적 의미를 다소 지니는 것을 알 수 있다. 영어의 경우도 매한가지로 생각된다. 모든 항목은 어휘/기능의 상대적 비중의 차이일 뿐 외현적 혹은 잠재적으로 양면을 모두 지닌다고 본다. 다음의 영어의 예에서,

(141) a. I know the man [e [Mary loves]].

b. I know that Mary loves the man.

c. It is necessary for us to know the fact.

d. I don't know whether the man loves her.

(141) a.는 의문사절이 아니면, C가 어휘적으로 실현되지 않는 경우가 있음을 보여준다. b.는 that로 시제절을 유도한 경우이고 한국어의 '것을'에 상당한다. c.는 for로서 부정사절을 유도한 경우이고 한국어의 '것이'에 상당한다. 이와 같이 that, for는 평서절을 유도하며 d.의 whether 그리고 if는 의문절을 유도하는 기능 외에도 그 자체가 절의 대상, 주어, 선택의문의 뜻을 함유한다고 본다. 보문소 C는 선핵 $\mathcal{V}_1$의 투사체($\mathcal{V}_1$P)를 내항으로 수용한다. $\mathcal{V}_1$는 앞에서 본 대로 완결되지는 않으나 문의 골격을 이루는 핵문 술어이다. 그 투사체는 종래에 S, IP, TP등으로 표시되기도 하였다.

(142) a. 영어 b. 한국어 (c. 필자)

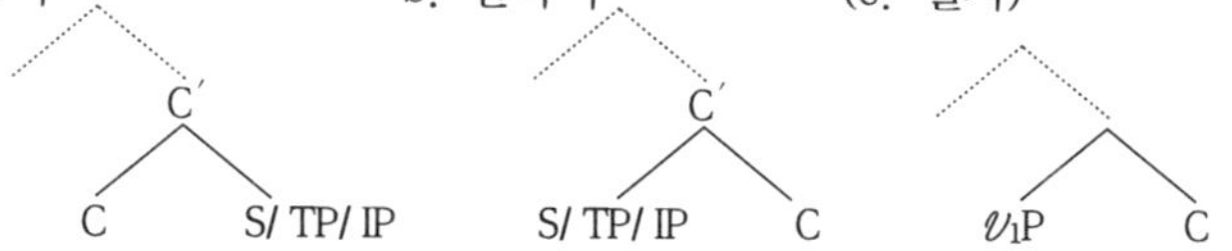

평서절을 유도하는 ∅((141) a.), that((141) b. 시제절), for((141) c. 부정사절) 등은 [−WH]자질을 갖고, 의문사절을 유도하는 whether((141) d.)등은 [+WH]자질을 갖는 것으로 하고 있다. C가 [+WH]자질을 지닐 때에 그 지정어(외항) 자리에 WH구를 유인한다. 곧 C의 지정어(외항) 자리는 이동해온 WH구가 정착하는 자리가 된다. 그러나, 한국어에서는 외현적인 WH구 이동이 없기 때문에 그런 의미에서는 비어있는 자리가 되지만, 내현적인 WH구 이동을 상정하게 되면 그 이동의 정착지로 가정된다. 그렇다면 한국어의 C에도 [+WH]자질을 내포한다고 할 수 있다.

(143)

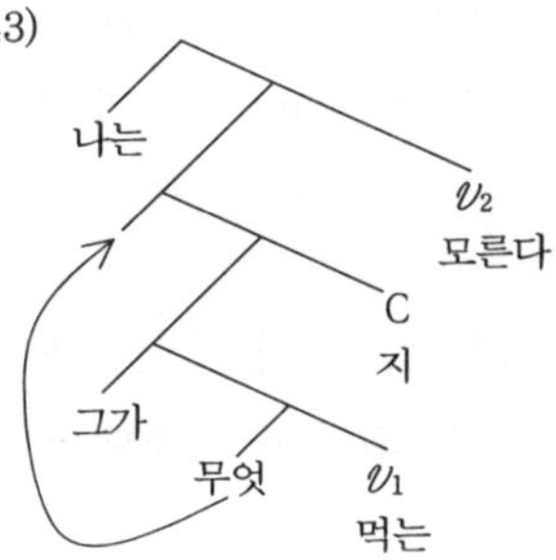

이에 대해 [-WH]의 C의 외항 자리는 문중 주제 또는 초점의 이동 자리가 되기도 한다. 문두주제, 초점은 발제 자리다. 그리고 한국어에서의 C가 [-WH]이면, 부사적, 명사적, 서술적(인용적) 기능을 수행하며 조사를 필수적으로 혹은 수의적으로 수반한다.

(144)

v_1	C	v_2	
(영희는) 철수가 춤을 배우(는)	(는) 것을/이	싫어한다/싫다	명사절
	게/도록	내버려 두었다	부사절
(ㄴ다)	(ㄴ다)고(는)	오해한다	서술절/인용절

제주방언에서 이들에 상응하는 것에, (는)걸((는)것을), 게/도록, (ㄴ)뎅((ㄴ)다고), (었)젱((었)다고) 등이 있다.

6. 보문통어술어핵 v_2

보문(핵)이 순환적으로 반복될 때 그 때마다 v_2…핵이 따라 도출되기 마련이다. v_2의 내항에는 CP가 오는 것이 일반적이지만 때로는 SC가 오는 경우도 있다. v_2의 내항의 CP는 v_1의 투사체를 내포하여 주어-술어의 절 형식을 갖추나 SC는 그것이 불완전하게 나타난다.

(145) a. 이 판단구문 DP-CP-v_2 철수가 영희가 천재라고 생각한다.
b. 를 판단구문 DP-(DP)-SC-v_2(NV/AV+v_2) 철수가 영희를 천재라고 생각한다.

이에 대한 논의는 제8장을 참조하고, 여기서는 v_2가 CP를 선택하여 파생되는 과정을 수형도(이하에서 C의 외항이 생략되기도)로 보이면,

(146)

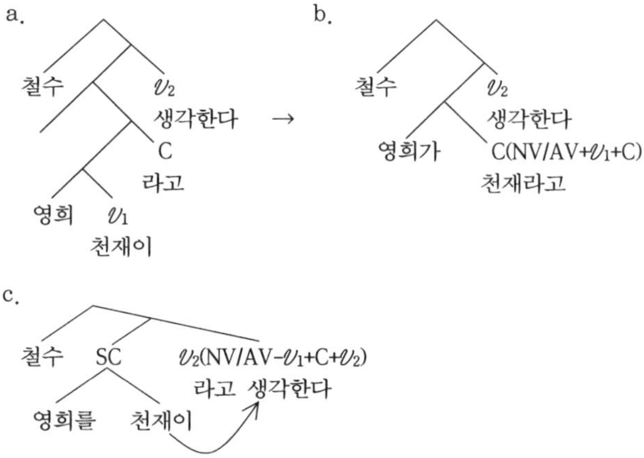

(146) b.는 a.에서 –이판단구문이 형성되는 경우이다. 이 때 '영희'를 주제화 또는 강조하려고 C의 지정어(외항) 위치에 인상하게 되면 –를판단구문이 형성된다고 보기도 한다. c.는 a.에서 –를판단구문이 형성되는 경우이다. 곧 b.와 c.의 차이는 v_2의 내항이 CP냐, SC냐의 차이이다.

다음과 같은 –게/–도록하다와 같은 대상–결과구의 결과구문도 (146)과 같은 a.→b., a.→b.→c.의 구도이다.

(147) a. 철수는 교실이 아름답–게/도록 꾸몄다.
b. 철수는 교실을 아름답–게/도록 꾸몄다.

(148) a. b. c.

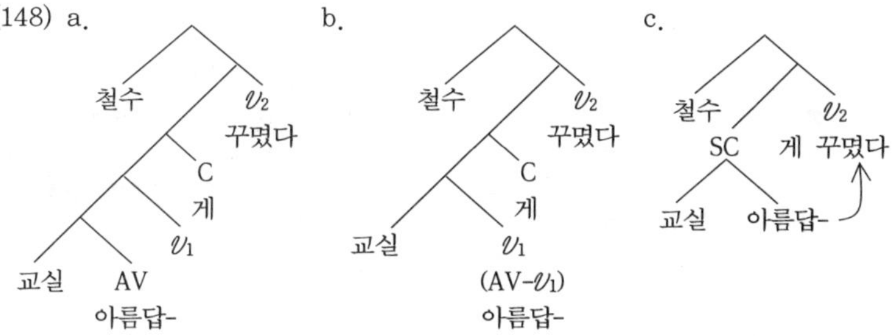

격의 교체만 없다면(대격만의 실현이라면) (122)의 구도대로 대상의 결과로서 부가어 XP(혹은 소절) 자리에 도출될 수 있다.

다음의 의도구문도 (146)에 준해서 생각해 볼 수 있다.

(149) a. 철수는 미국에서 영어를 공부하려(고) 한다.
b. 철수는 미국에 영희를 보내려(고) 한다.
c. 철수는 미국에 가려(고) 한다.
d. 철수가 미국에(서) 영어를 공부하러(*고) 간다.

(149) 모두를 의도구문으로 볼 수 있으나, d.만은 따로 목적구문으로 분리할 수 있다. (149)에서 a., b.는 핵문에서 대격구문이고, c.는 핵문에서 비대격구문이다. d.는 핵문에서 대격구문이지만 v_2는 자동사이다.

(150) a. ((149) a.)

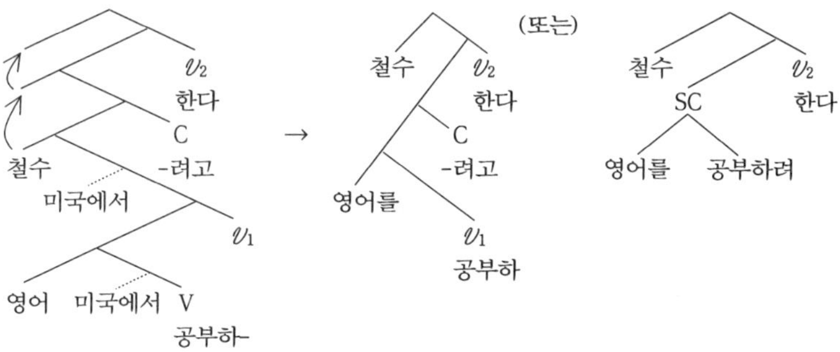

b. ((149) b.)

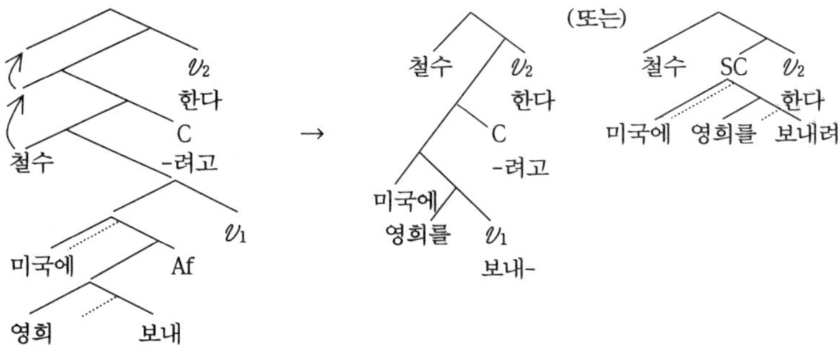

'미국에'는 Af가 도입한 목표논항으로 볼 수도 있고, 이를 부가논항으로 본다면 Af투사체는 제거된다. …점선 자리에 부가될 수 있다. '미국에서'는 부가논항으로 하였으나 '체재하다, 거주하다' 등의 술어인 경우는 필수논항이 될 수 있다.

c. ((149) c.)

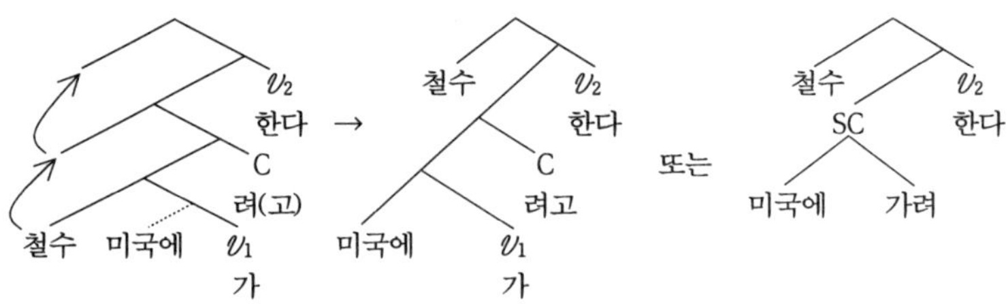

d. ((149) d.)

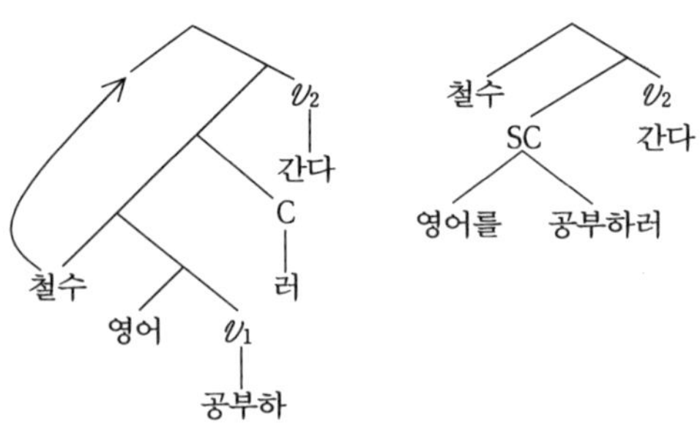

(149) d.에서도 목표 '미국에(서)'를 부가논항으로 하면 그 위치는 자유스럽다. 목표(미국에)이든 장소(미국에서)이든 관계하지 않는다. 다만 이 예문에서는 장소는 SC 안에 있어야 한다. (149) a.-c.에서의 (고) 생략형과 d.의 (*고)는 구조 재구축에서 동일한 행동을 보여주는데 '~려(고)'는 의도를, '~러'는 목적을 나타내는 의미적 차이 외에도, '~러'에 후행하는 v_2는 이동동사(자동사)에 한정되는데 대해, '~려(고)'에는 그러한 제약이 없는 차이가 있다. 물론 의도구문이나 목적구문에서의 주어는 의도/목적할 수 있는 유생물이다. 제주방언에서의 의도구문에서의 C는 -젠(~젱), 목적구문에서의 C는 ~레 로 나타나 두 구문의 C의 형태가 확연히 다르다.

(150) a., b., c., d.에서의 재구조화의 하나의 대안으로 제시한 SC화는 (146) c.의 ~를판단구문의 SC 그리고 (148) c.의 결과구문의 SC하고는 다른 면모를 보인다. (146), (148)의 SC는 주술관계로 환원이 가능하다. 곧 대격이 주격으로 환원이 가능한데 (149)에서는 불가능하다. 그러나 대격 DP가 주문의 목적어가 될 수 있고 SC의 뒷요소가 근접의 v_2와 더불어 술어가 될 수 있는 공통점도 없지 없다. 이는 SC의 성격과 관련되는 문제로서 여기서는 하나의 선택의 대안으로 제시한 것이다.

긴 사동문과 긴 피동문도 v_1-C-v_2의 술어부가 형성된다.(자세한 것은 제4장을 참조)

(151) a. 긴 사동문 철수는 영희에게 손을 잡게 하였다.
b. 긴 피동문 철수는 영희에게 손이 잡히게 되었다.

(152) a. ((151) a.) b. ((151) b.)

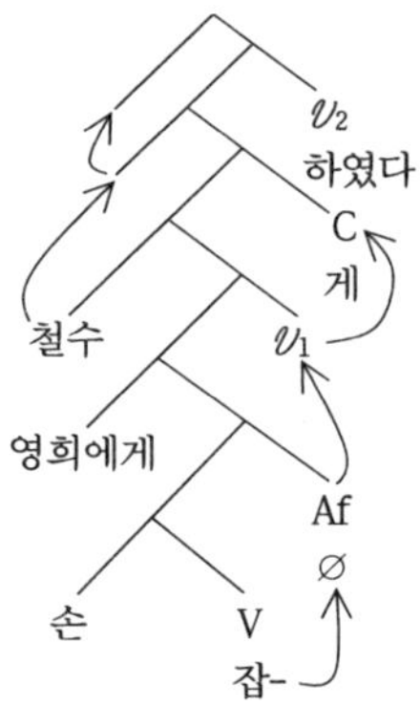

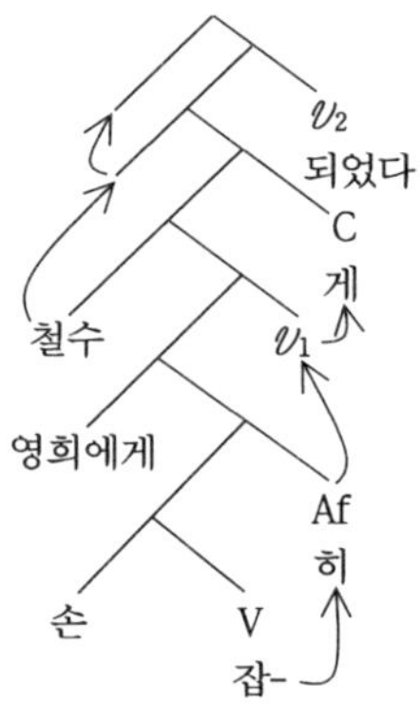

(152) a.에서의 ∅Af는 소동주를 도입하기 위함이다. 소동주가 아닌 동작주로는 v_1에서 도입할 수 있다.

(153) a. 철수는 영희가 손을 잡게 하였다.

b.

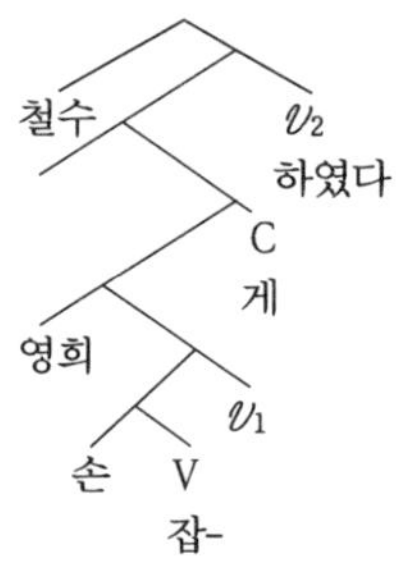

(152)에서는 v_2의 외항의 DP가 유인되어 있고, (153)에서는 도입되어 있다. 어느 수단으로든 그 자리는 필수적으로 채워져야 한다.

v_2가 어떤 술어냐에 따라 CP의 성격이 갈린다.

(154) a.

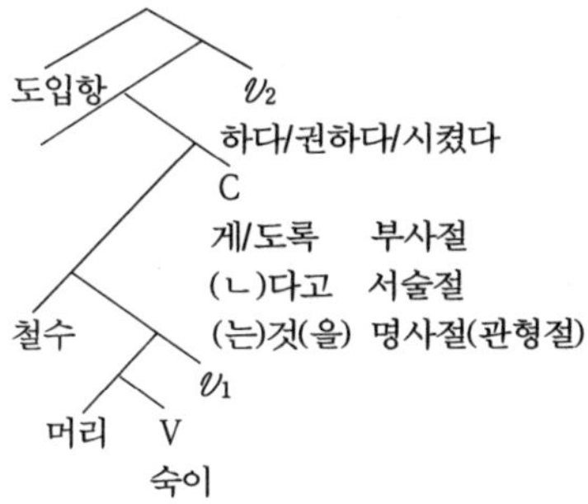

b.

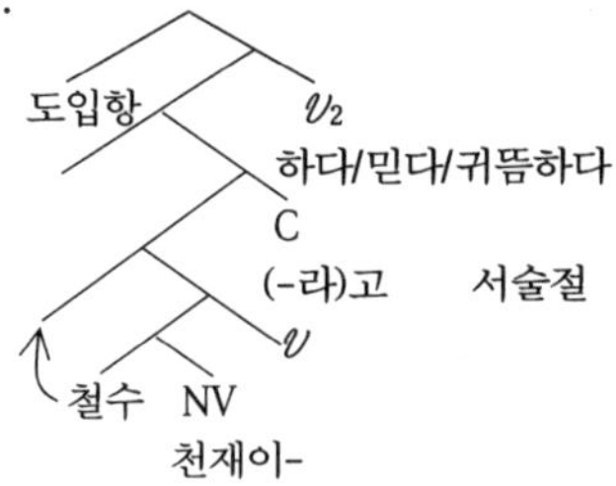

c.

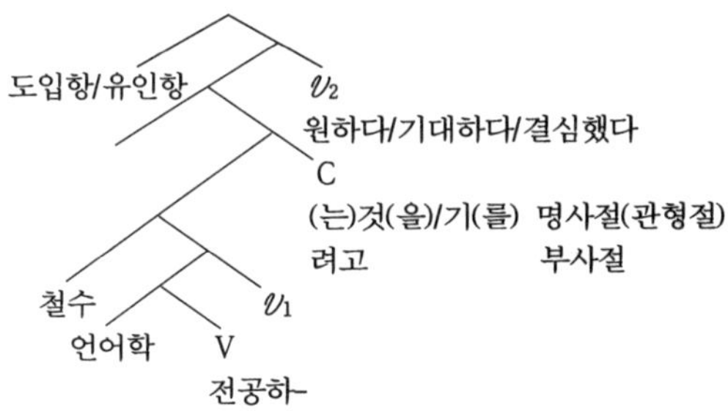

(14)에서의 어근핵, (120), (121)에서의 Af, v_1핵의 특성에 이어 여기서 C와 v_2핵의 특성을 정리하면,

(155)

범주	속성(핵자질)	내항	외항(도입/유인)	보 기
보문소 C	[± WH] [± TOP] [± FOC] [+ nominal] [+ adverbial] [+ predic]	v_1P	WH구 주제/초점 v_1의 주어 } 유인	v_1-것을/이 명사절 v_1-게/도록/려고 부사절 v_1-다고/라고 서술절 (인용절)
보문통어 술어 v_2	[+predic] { $\pm hon_2$, $\pm tense_2$, $\pm neg_2$ }	{ CP, SC }	장형사동/피동 주어 판단(인식)/심리/결과 술어문 주어 } 도입 의도/목적구문 주어 유인	주어-CP/SC -생각하다/믿다/느끼다 주어-CP-되었다/시켰다/하였다/원하다

7. 문결말핵

이는 문을 완결시키는 요소로 평서/의문/감탄/약속/청유/명령 등의 서법을 결정짓는다. 이는 전통문법에서의 종결어미의 부분에 상당한다. 이를 선핵의 보문통어술어 v_2의 끝부분으로 처리할 수도 있으나 화용적인 선행화맥(문맥)과 통사적인 주술관계의 접점을 위해 발제-결말의 시발구조를 상정했을 때 그 결말부분이 맡는 것으로 보았다.

(156)

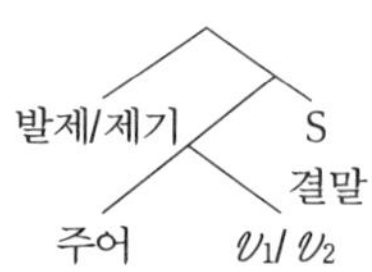

S의 내항은 시발구조에 대해 그 보충구조/명제구조가 된다. 시발구조는 앞에서 뒤로의 선조적 전개라면 보충구조는 그것을 되돌리는 곧 아래서 위로의 쌓아올리기 전개다. 선행맥락에서 언급한 것을 내세우든 이와 무관하게 발제로 내세우든 문의 1차적인 제시부분이 발제이고, 이를 어떤 양태의

서법으로든 끝내어주는 부분이 결말이다.

문이 주부와 술부로 되어 있다는 생각은 고대희랍의 전통문법에서부터 있었던 것으로, 우리는 직관적으로 그러한 시발구조는 받아들여진다. 언어에 대한 직감, 직각, 통찰이 있게 되는 부분이기도 하다. 1어문의 '나'(我)의 경우도 단순한 na의 음형만 가지고는 문이 될 수 없으나 나?, 나! 와 같이 결말부분이 있다면 '나인가', 혹은 다름아닌 '나' 라고 하는 문의 구실을 수행한다고 볼 수 있다. 동사 '가(다)'의 경우도 가자, 가라, 가마…와 같이 종결요소가 있으면 주어가 (우리), (너), (나) 라는 발제 부분이 있음도 확인된다. 발제는 주어진 상황이나 문맥으로 추리되는 특정사항일 수 있고, 문제 제기(주제, 장면, 사건 등)로 제시되는 사항이기도 하다. 중립문에서의 주어일 수도 있다. 발제에서의 주제는 문두주제, 어중 또는 CP 외항에서의 주제는 문중주제, 초점으로 구별할 수 있다.

임홍빈(1987: 22)에서 국어 문장구조의 제1차적 구조는 주제-설명의 구조이며 그것은 Li and Thompson (1976: 460)의 주제-주어 동시현저형 언어의 유형이라고 하였다. 곧 주어의 자격은 주제와는 다른 제2차적이라고 하였다. 주제와 주어의 층위를 구별하여야 한다면서 그것을 구체적으로 제시하지 않았지만, 다음 같이(p. 23) 상정한 것을 보면(말미의 종결부분이 표시되지 않았지만),

(157) $[_{TOP}$ 철수$_i$는 $[_{NP}\ e_i]$ $[_{VP}$ 그 일을 하-]

(156)의 수형도와 비슷한 것임을 알 수 있다. 주제가 없는 상황 제시나 장면 묘사의 성격을 지닌 문에도 공주제를 상정하여(p. 30) 주제-설명의 제1차적 구조를 유지하고 있다.

(158) $[_S$ $[_{TOP}\ e]$ $[_S$ 철수가 오-]]

$[_{TOP}\ e]$와 합치되는 요소가 보이지 않는다. 필자는 그 합치요소가 S (문결

말핵) 곧 종결어미의 부분으로 본다.

(159) $[_{TOP}$ e [철수 오-] 결말소]

참고로 Li and Thompson (1976: 460)의 주어/주제 현저성 언어의 분류를 보면,

(160) a. 주어현저성언어　　인도유럽어, 인도네시아어
　　b. 주제현저성언어　　중국어 등
　　c. 주어현저성과 주제현저성언어　　한국어, 일본어
　　d. 비주어현저성과 비주제현저성언어　　Tagalog 등

으로 나뉘어 있다.

필자의 발제-결말의 시발구조로 볼 때 발제 자리에는 주제도 올 수 있고 주어도 올 수 있고 다른 요소도 올 수 있다. 어느 쪽이 더 현저하다 할 수 없다. 주제와 주어가 생기하는 순서도 주제-주어 (강우량은 제주도가 많다), 주어-주제 (제주도가 강우량은 많다)와 같이 가변적이다. 다음과 같은 주제의 정의를 보면,

(161) 민주제도는 주권이 국민에게 있는 정치제도이다.

주제가 상위에 있고, 주제와 주어와는 뒤바뀔 수 없다. 따라서 현저형이 의미하는 바가 사용장면/생성면/화용면 에 따라 여러 가지가 있을 수 있다. 화용면에서는 주제나 주어는 현저성이 격하된다.

앞에서 한국어에서 V-$\mathcal{V}_2$에 이르는 술어핵의 병합에 의한 술어형성기제를 보았는데, 이젠 이에 맞추어 영어의 경우도 이와 같은 기제로 운영된다고 볼 수 있는지 조감해보기로 한다.

(162) (능격동사, 중간동사)

a. VP국면

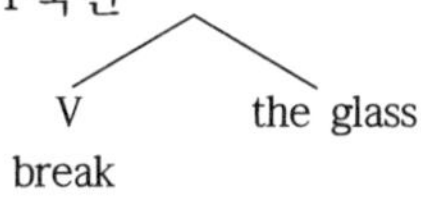

b. AfP국면

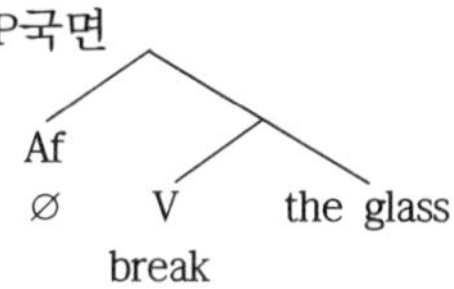

c. v_1P국면

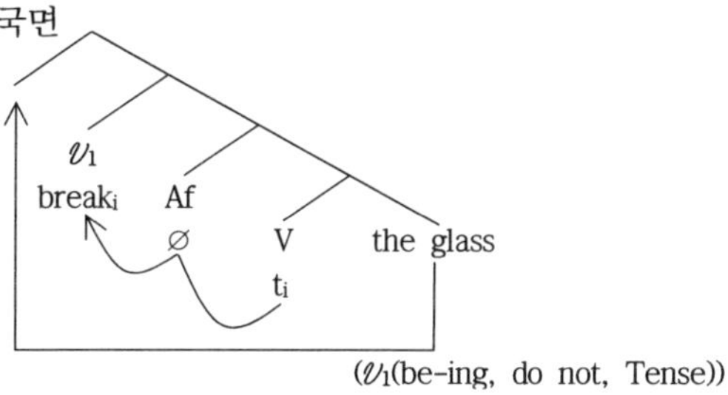

술어핵의 병합으로 술어가 형성됨을 보여주며, v_1의 주어 자리에 대상의 DP가 유인되어 핵문이 형성되고 있다(모두 내부병합의 경우가 된다).

(163) (대격동사)

a. VP국면

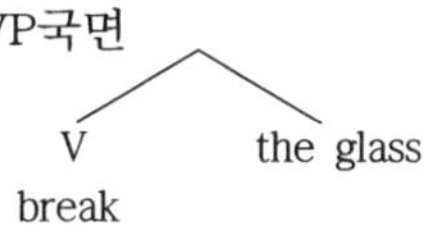

b. AfP국면

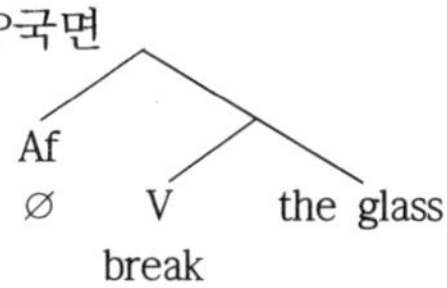

c. v_1P국면

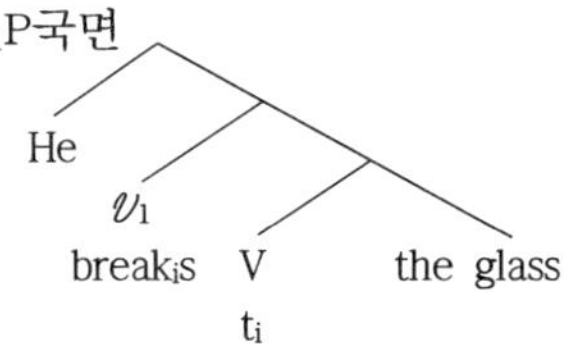

술어핵의 병합으로 술어가 형성됨을 보여주며 v_1의 주어가 도입(외부병합)되어 핵문이 형성되고 있다.

(164) (비능격동사)

a. VP국면

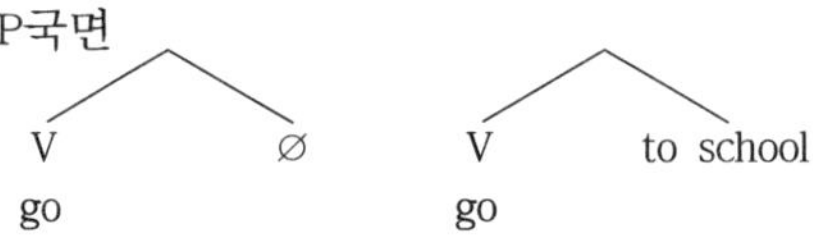

b. v_1P국면

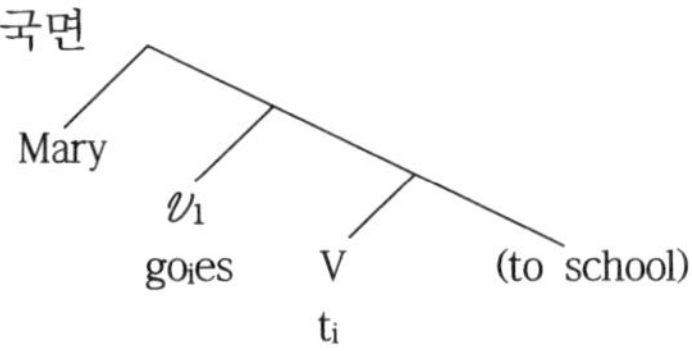

술어핵의 병합으로 술어가 형성되고 v_1의 주어(동작주)가 도입되어 핵문이 형성되고 있다.

(165) (명사술어문)

a. VP국면

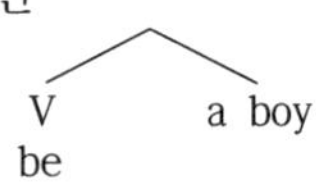

b. v_1P국면

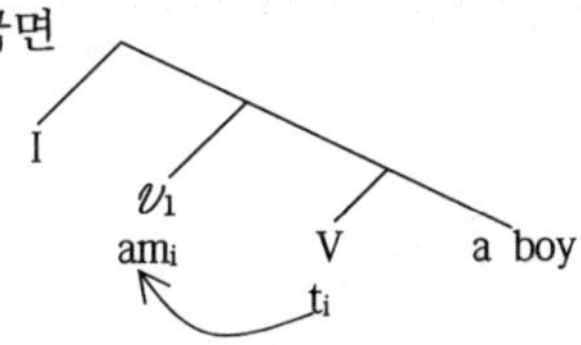

(166) (이중목적어구문, 수여동사)

a. VP국면

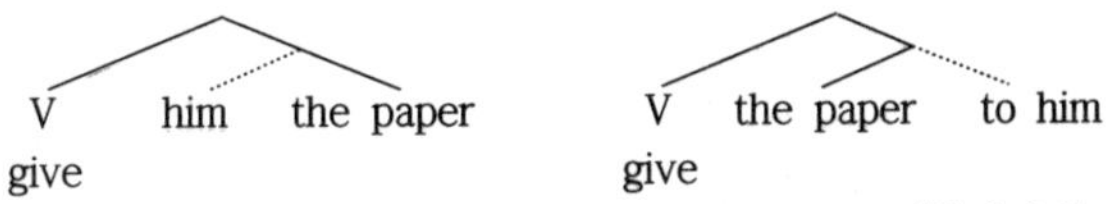

(부가사의 위치 변환)

b. AfP국면

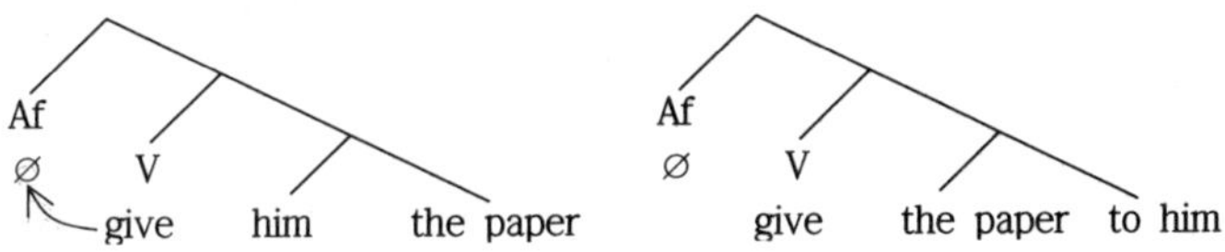

V의 수여동사화로 목표를 (부가사→)논항 또는 부가사로 취한 것으로 볼 수도 있다.

c. v_1P국면

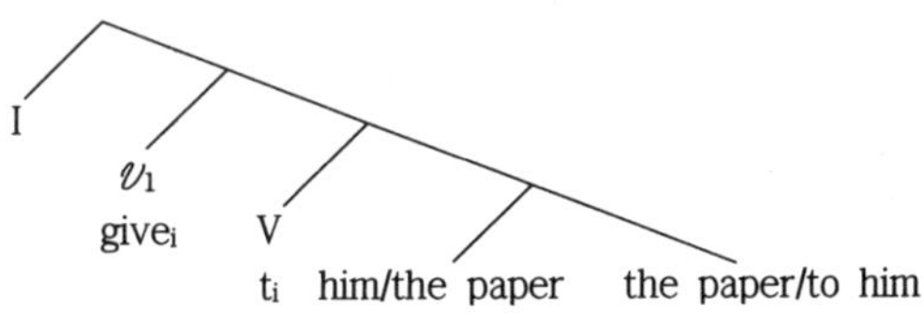

(167) (SC구문)

a. VP국면

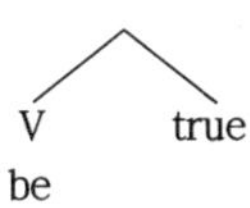

b. v_1P국면

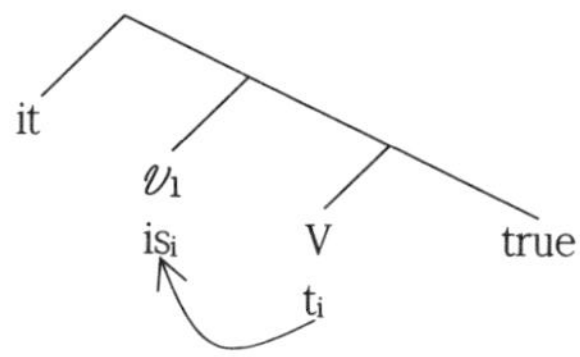

c. C, V2국면

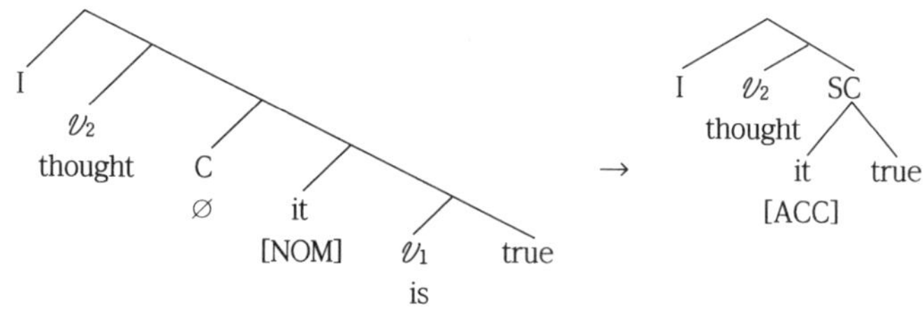

영어의 C에서는 술어핵의 융합은 차단된다. C가 ∅인 경우 그만큼 v_2와 v_1의 외항과는 근접하게 되어 v_2로부터 v_1의 외항이 대격을 받아 v_1의 투사체는 SC화 한다.

영어의 술어형성의 기제를 기본적인 문형의 것으로 앞에서 제시해 보았다. (164)는 제1형식(S-V형), (165)는 제2형식(S-V-C형) (163)은 제3형식(S-V-O형), (166)은 제4형식(S-V-IO-DO형), (167)은 제5형식 (S-V-O-C형)에 상당한다.

한국어는 문말에 문결말소 S가 있는 것으로 필자는 가정하는데, 영어도 문중에서 주어 다음의 술어가 완결기능을 수행한다기보다 문말의 억양 곧 그것의 가시화로 볼 수 있는, '·, ?, !' 등이 결말소의 구실을 수행한다고 볼 수 있다. 요컨대, 영어도 한국어에서처럼 방향은 다르지만 술어핵의 병합(/융합)에 의해 술어가 형성되며, 그러한 병합이 핵이동제약이나 국소성조건, 구조보존제약에 상치되지 않는다는 것이다.

지금까지의 각 술어핵의 통사체를 전체의 계층으로 보이면,

(168)

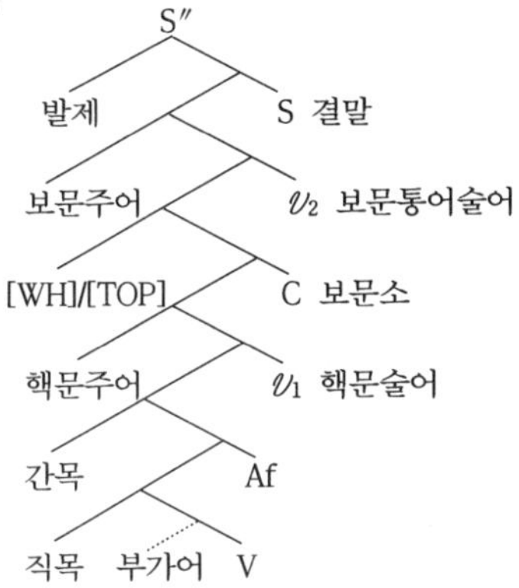

이를 보면 V] Af] v_1] C] v_2]의 술어핵의 병합은 X^0-X^0의 레벨이며 각 핵의 투사체는 $X^0-X'-X''$를 이루고 있다.

이러한 구도에서는 파생에서의 불필요한 단계를 없도록 하는 파생의 경제성을 기할 수 있다. 각 술어핵의 지정어(외항)를 비워두고 α-이동 조작을 반복하는 일을 피할 수 있어서 이는 최소노력의 원리의 일단이다. 다만 비능격동사, 중간동사의 경우처럼 V의 외항에서 v_1의 외항으로 옮기는 것은 v_1와의 합치를 통하여 주어로서 기능하고 또 주격을 받기 위한 부득이한 일로 이 역시 최소노력의 원리의 일단인 최후수단조건이다. 논항이동도 논항위치를 건너뛰지 않고 핵 이동도 핵 위치를 건너뛸 수 없도록 하는 최소연결조건/최소고리조건도 지킬 수 있다. 두 개의 요소의 병합으로 시작하여 또 그것을 내항으로 포용하여 새로운 외항을 도입하는 제도 안에 요소 간의 자매관계, 성분통어 그리고 인접성조건 등의 문법적 관계가 저절로 이루어지고 있다. 이는 기초적관계조건(Condition of Elementary Relations Only, 양동휘 2003: 26 참조)에 입각한 문법의 일반적 운용의 결과로 보아진다. 위에서 아래로 보면 정연한 2분지 구조이다. 그리고 각 국면은 (170)에서 보듯이 최소영역이며 일치영역이 된다. 그리고 다음 (169)의 확정(확대)조건 (Extension Condition)도 충족시키고 있다.

(169) 확장조건 K는 K*로 확장될 때 K는 K*에 완전 내포되어야 한다.

(170) [발제 [DP [WH/TOP [DP [DP [DP V] Af] v_1] C] v_2] 결말]

[주제/주어 [어머니 [[±WH] [철수 [영희에게 [간식 먹] 이] 는] 것을] 보았] 다]

복사

한국어는 후핵언어로서 국면의 내포와 확장이 대칭적으로 잘 이루어지고 있다. 기초적관계조건을 가장 잘 충족시키고 있다고 볼 수 있다.

영어는 선핵언어이므로 한국어와 대비시키면 (169)의 구조가 됨직한데 실지는 그렇지 않다.

(171) [발제 [v_2[C [v_1[Af [V DP] DP] DP] DP] DP] 결말]

줄 친 바와 같이 핵문주어, WH구, 주제구, 보문주어는 술어핵의 좌방에 위치하는 격식이다. 선핵구조는 V(그리고 Af) 국면에 제한되는 것으로 볼 수 있다. 그런 면에서 SVO 언어는 SOV 언어에 비해 구조적 정합성이 떨어진다고 볼 수 있다. 영어에서 NP-이동, WH-구 이동은 한국어와 같은 구조적 정합성(대칭적 관계)을 유지하기 위한 방편임을 짐작하게 한다.

이번에는 DP에 부가하는 CP의 순환적 적용의 경우를 보기로 한다. 다음은 久野(1973=1977: 5~6)의 예를 필자 나름의 수형도로 빌린 것이다.(일문은 국문으로 고침) 시발기호는 일단 S로 해 두었다.

(172)

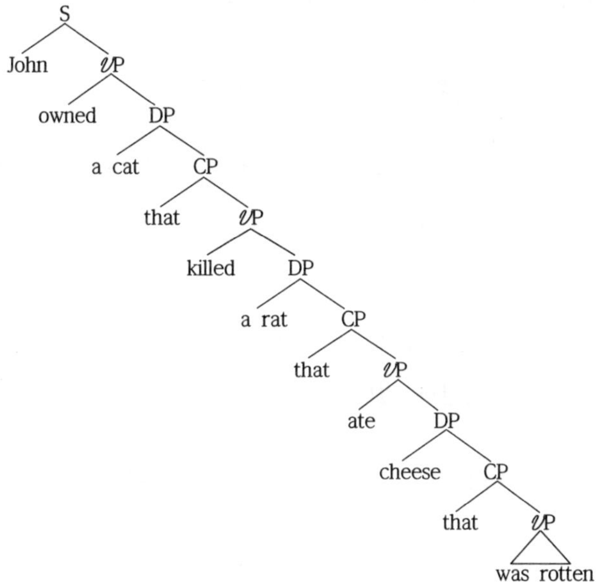

이에 상응하는 한국어의 것은(필자 작성),

(173)

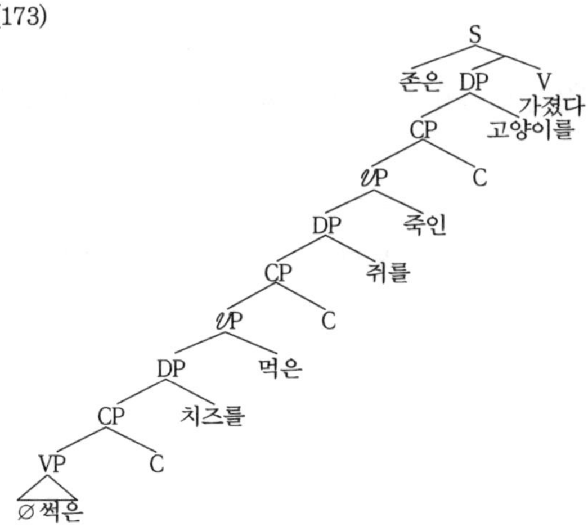

여기서의 DP는 간략화한 것으로 실지는 다음의 구조가 제격일 것이다.

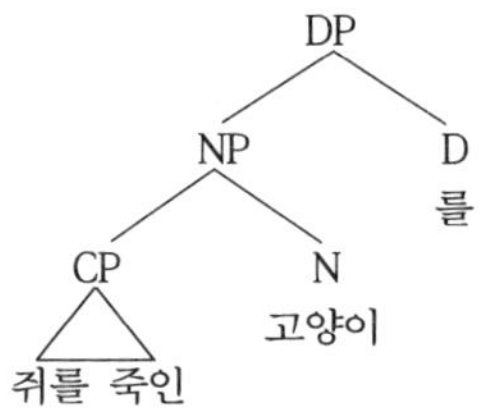

이상을 보면 문중의 DP에 CP가 후행/선행하는 격이다. 문두의 DP만은 모두 시발구조의 좌단에 있다.

(174) a. 영어 b. 한국어

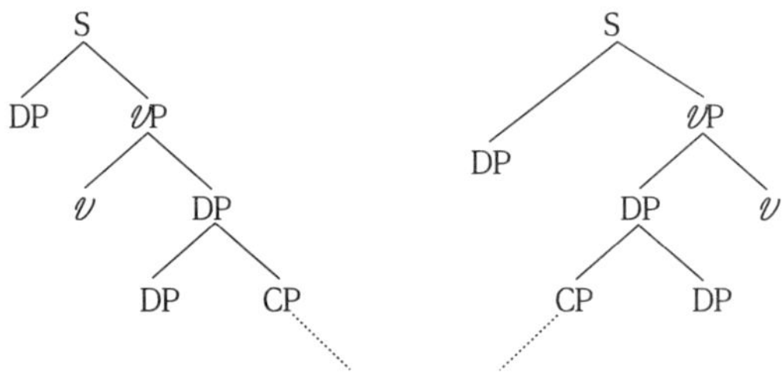

물론 CP의 연속적용은 인지가능 범위내라야 한다. 그렇지 않으면 이해하기 곤란하게 된다.

이상의 수형도를 보면 영어나 한국어는 주어를 좌방에 도입하고, 목적어는 영어는 우방에 한국어는 좌방에 도입하고 있다. 그래서 목적어 수식절은 영어는 우방에 전개할 수밖에 없고 한국어는 좌방에 전개할 수밖에 없는 것이다. 어떻든, DP의 수식절은 한국어나 영어는 동일하게 DP-CP-vP-DP-CP-vP-DP로 순환적으로 전개할 수 있다.

결국 문이란 발제-결말의 주술구조의 틀에서 한국어는 DP(논항)가 내연으로, 영어는 이와 반대로 외연으로 도입되고 따라서 한국어의 DP의 수식구조는 좌방으로, 영어는 우방으로 전개되는 양식의 것임을 알 수 있다.

곧 각 술어핵이 방출한 DP의 계층구조 그리고 이를 선도한 술어핵의 계층구조로 되어 있다고 볼 수 있다. 이들 구조를 상하 양쪽으로 볼 수 있다. 上→下로 보면 표면구조가 되고, 下→上으로 보면 의미구조가 된다.

또 문은 다음과 같이 각 국면이 3차적으로 구성, 배열된 것으로 볼 수 있다.

(175)

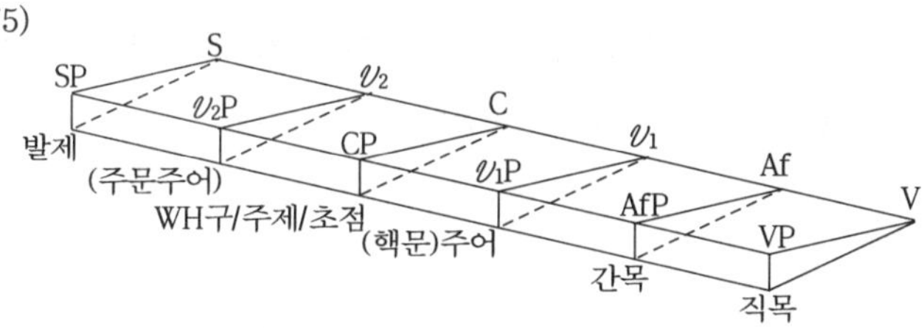

각 술어핵이 도입하는 DP는 좌방향이나 영어의 경우는 Af이하는 우방향이다. 하향식(상→하, 전→후)에서는 상위 국면에 하위 국면이 차례대로 포개어 놓여지는 꼴이고, 상향식(하→상, 후→전)에서는 하위 국면에서 상위 국면으로 차례로 확대되는 꼴이다. 이 경우는 술어핵의 병합에 따라 그 투사체(최대범주 표시)는 소멸하는 식이 된다.

여기서 각 술어핵이 도입한 외항만 나타내면 다음과 같은 평면형의 어순을 얻게 된다. 곧 술어핵의 병합(국면의 연속)이 끝나는 시점에서는 단선형이 된다.

(176)

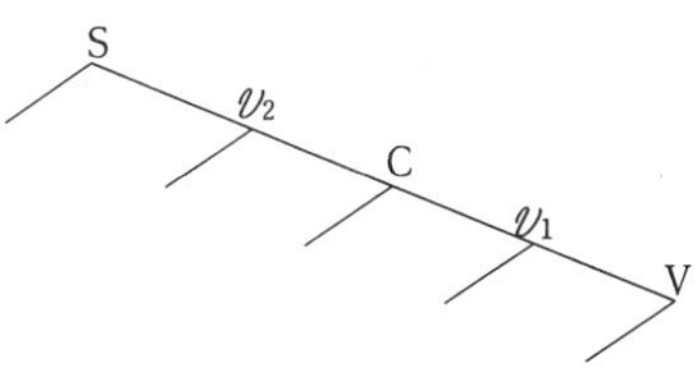

발제-결말의 시발구조를 염두에 둔다면 다음의 형상을 상정할 수 있다.

(177)

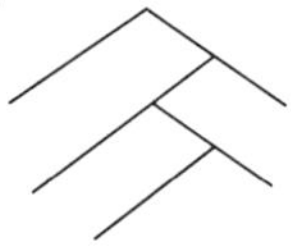

사람의 뇌 속에 언어의 생성기능을 전담하는 특정 부위가 있다면 이에 관여하는 신경세포는 초기상태에서부터 환경과 학습에 의한 안정상태에 이르는 사이 가장 경제적이고 최적합한 전달회로를 조성할 것으로 예상하는데 이에는 다음과 같은 경로도 가정해볼 수 있다.

(178) a.

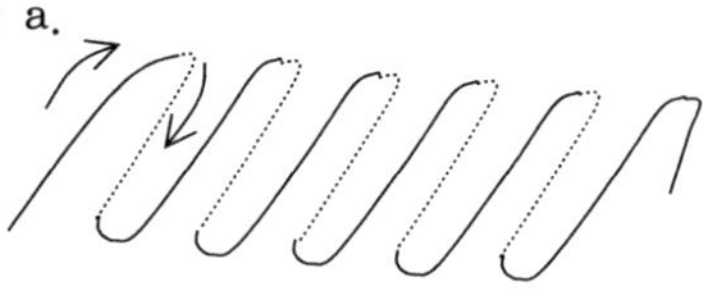

b.

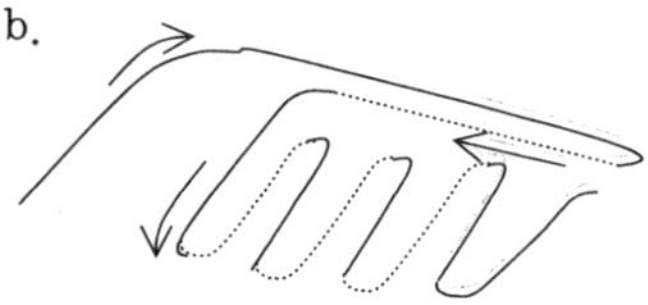

c.

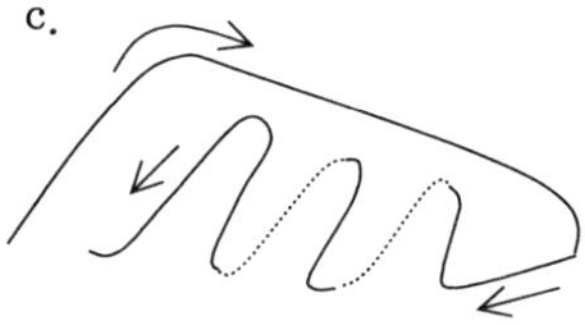

(178) a.는 애초부터 하향식으로 움직이는 것이고, b.는 시발구조에서 내포구조를 통해서 하향식으로 움직여 결말에 이어지는 것이고, c.는 시발구조의 결말 부분에서 상향식으로 움직여 발제에 이어지는 것이다. 이는 (175), (176), (177)의 도면에서 상향, 하향의 양면의 생성경로를 가지고 유추한데 불과하다. 어떻든, 문은 DP-술어핵(또는 술어핵-DP)의 순차적 병합으로 핵문을 이루고 그것을 CP를 매개로 상위문으로 연결시켜 형성되는 것인데 언어기능 부위도 이에 맞게 안정화되어 있는 것이 아닌가 싶다.

8. 마무리

술어는 문의 서술부를 이루는 핵심적인 요소이다. 술어의 속성과 술어가 도입하는 상대논항의 의미역에 따라 여러 가지 문이 형성된다. 술어는 술어핵의 병합으로 이루어지며, 문은 그러한 술어핵의 병합구조와 각 술어핵이 도입한 논항 DP의 계층구조로 이루어진다.

술어는 어휘부에서 도출되는 어근의 범주(품사)에 따라 그리고 개별적 술어 어근의 속성과 도입논항에 따라 술어 구분의 유별이 가능하다. 술어는 어근핵을 시발핵으로 해서 접사핵(Af), 핵문술어핵($\mathcal{V}_1$)의 병합으로 핵문술어가 이루어지고 보문기능핵(C)을 매체로 해서 상위문 술어($\mathcal{V}_2$)가 형성되며, 마지막으로 문을 긍정/의문/청유/명령/약속/감탄 등으로 완결짓는 결말핵에서 마무리지어진다.

술어핵 V의 갈래나 특성은 (14)에서 보였고, 이 V국면에서 갈리는 구문은 다음과 같다.

V핵　능격동사/비능격동사
AV핵　형상성형용사/성상성형용사
NV핵　NV(V)　하다동사(경동사)
　　　NV(AV)　하다형용사
　　　NV(N)　명사술어문(지정사문)

Af핵의 특성은 (120)에 보였고 이 국면에서 피동사문, 사동사문, 중간동사문의 갈래의 기반이 잡힌다.

Af의 형태(이/히…)의 특성상 V와의 병합시 역행동화가 일어나는데 그러한 변이는 국면마다 PF에 송출된다고 보는 처지에서 역행동화형이 후핵에 안고 가는 것으로 보았다. 곧 각 술어핵의 투사체는 국면으로 보고 있다.

$\mathcal{V}_1$핵의 특성은 (121)에 보였고 이 국면에서 일차적 주술관계의 핵문이 이루어진다. 따라서 앞서 예시한 V, Af국면에서의 문의 갈래가 핵문으로 성

립한다. (119) 이외에 대격동사, 대격성경동사, 이중주격구문도 이루어진다. $\mathcal{V}_1$에는 시제, 부정, 존대 등의 요소가 내포된 것으로 보았다. 이들 요소는 통사적인 술어핵으로 보지 않고 $\mathcal{V}_1$에 내포된 형태적인 것으로 보았다. 각 국면은 순환성이 특징을 지니며 그 매체가 되는 것이 C핵이다(순환범주). 파생 레벨이 V–Af–$\mathcal{V}_1$–C_1–(V–Af)$\mathcal{V}_2$–C_2–…와 같이 상위 국면에 옮기면 상하위 국면과의 규칙 적용의 간여가 허용되지 않는다(국면침투불가조건). 이는 선후 술어핵의 병합으로 선행 투사체가 후행투사체에 자동 조정되므로 당연히 그렇게 되기 마련이다. 순환범주 C핵의 국면이 강성이면 그 국면은 유지된다.

$\mathcal{V}_2$의 내항에 오는 CP가 불완전한 경우 SC의 지위가 된다.

DP–CP–$\mathcal{V}_2$ –이판단구문
DP–(DP)–SC–$\mathcal{V}_2$(NV/AV–$\mathcal{V}_2$) –를판단구문

(147)의 예문과 같은 결과구문도 내포문이 CP와 SC의 두 가지로 나타난다. 의도구문, 목적구문도 DP–CP–$\mathcal{V}_2$의 구조이지만 이 경우 CP의 주어가 상위주어 자리에 상승하면 나머지 부분을 SC로 볼 여지가 있다. 다만 –를판단구문의 SC는 주술관계로 환원(대격→주격)이 가능한데, 의도· 목적구문에서는 그것이 불가능하다. 그러나 대격 DP가 주문의 목적어가 될 수 있고 SC의 뒷 요소가 $\mathcal{V}_2$와 더불어 술어가 될 수 있는 공통점이 있다. 의도구문은 ~려고, 목적구문은 ~러(러에 후행하는 $\mathcal{V}_2$는 이동동사에 한정)와 같은 부사절(/구)을 가진 구문이다. 이들 두 구문의 주어는 의도/목적할 수 있는 유생물이다. 긴 사동문과 긴 피동문도 C – $\mathcal{V}_2$의 술어부에서 형성된다.

문결말소 S는 평서, 의문, 감탄, 약속, 청유, 명령 등의 서법을 결정짓는다. 전통문법에서의 종결어미의 부분에 상당한다. 이는 문의 시발구조로서의 발제 – 결말에서 결말의 자리에서 구실한다.

영어의 능격동사, 중간동사 형성의 국면은 (162)에, 대격동사는 (163)에,

비능격동사는 (164)에 명사술어문은 (165)에, 이중목적어구문, 수여동사구문은 (166)에, SC내포구문은 (167)에 보였다. 영어의 제1형식(S-V)은 (164), 제2형식(S-V-C)은 (165)에, 제3형식 (S-V-O)은 (163)에, 제4형식(S-V-IO-DO)은 (165), 제5형식(S-V-O-C)은 (167) c.에 상응시킬 수 있다. 영어도 한국어에서처럼 방향은 다르지만 술어핵의 병합(/융합)에 의해 술어(부)가 형성되는 것으로 보며 그것은 핵의 이동제약이나 국소성조건, 구조보존제약에 상위되지 않는다.

한국어의 술어핵 투사체의 전체는 (168)에 제시되어 있다. 그 체제에서 논항이동도 최소연결조건/최소고리조건을 지킬 수 있고 앞서의 술어핵 병합에서의 제약, 조건도 지킬 수 있다. 비능격동사와 중간동사의 경우와 같은 외항-외항 이동은 최소노력의 원리나 최후수단조건의 일면을 보여준다. 모두 파생의 경제성을 도모한다.

결국 문은 발제 - 결말의 시발구조의 틀에서 술어핵과 술어핵이 상대논항으로 도입한 DP의 대칭적 확장으로 이루어지며 그것은 확장조건을 충족시킨다. 그러한 대칭적 관계에서 동사적, 의미적 일치관계가 이루어진다.

DP에 부가하는 CP의 순환적 적용의 예를, 영어는 (172)에서, 한국어는 (173)에서 보였다. 영어는 목적어를 우방에 도입하기 때문에 그것을 수식하는 CP는 우방에 전개할 수밖에 없고, 한국어는 목적어를 좌방에 도입하기 때문에 CP는 좌방에 전개될 수밖에 없다.

구조의 생성은 상→하로 보면 표면구조가 되고, 하→상으로 보면 의미구조가 된다. 술어핵과 상대 DP와의 관계 설정여하에 따라 (175)에서의 국면의 3차적 배열, (176)에서의 단선형의 평면적 배열도 될 수 있다. 술어와 상대 DP의 특성에 따라 유별되는 구문 중에 중간동사, 이중목적어구문, 주격목적어구문, 예외적격표시구문은 각각 장을 달리하고, 피동문/사동문/주제문은 함께 제4장에서 다루었다.

이 장에서 다룬 경동사문(VN-하다), 형용사문(심리형용사문, 하다형용사문 포함), 심리동사문, 명사술어문(이다술어)에 대해서 이하에 간단히 간추리기로 한다.

'VN-하다'에서 '-하다'는 VN을 동사화시키는 어휘적접사이다. 따라서 VN-하다는 어휘부에서 생성되고 통사부의 V어근핵 자리에 VN하-로 도출된다. VN하-는 동작주 논항하나를 취하는 경우(자동사)와 동작주-대상의 논항 두 개를 취하는 경우(타동사)가 있다. 이와 별도로 어휘부에 등재된 '하다'는 동작주-대상을 취하는 타동사로 V어근핵 자리에 도출한다.

VN-하다가 분리되면 '하다'가 타동사와 같이 되고, VN과 '하다'가 접합하였을 때는 자동사/타동사의 두 경우가 있게 된다. VN이 무거울 때는 분리될 수 있고 VN이 가벼울 때는 접합할 수 있다. 이를테면, VN 앞에 수식어가 얹힌다든지 별개의 연산으로 이루어진 수식절이 얹히는 경우 VN이 분리될 수 있고, 분리된 상태로 통사부에 도출되었다 하더라도 그러한 수식어구(절)가 없을 때는 접합할 수 있다는 것이다.

형용사문은 (42)의 도입논항에서 보듯이, 여러 가지로 나뉜다.

형상형용사문
성상형용사문 } {(〈대상〉) 〈대상〉} 또는 {〈대상〉 (〈대상〉)}
심리형용사문(1)

동일한 〈대상〉의 의미역의 DP가 연속하나 서로가 밀접불가분의 관계, 상하위관계에 있으면 어느 하나의 생략이나 선행 DP의 유속화가 가능하다.

심리형용사(2) {〈경험주〉 〈대상〉}

의 경우는 선행 DP의 유속화가 불가능하다. 다음과 같이 경험주가 목적어가 되는 것이 있다.

심리형용사(3) {〈대상〉 〈경험주〉}

(2)류는 ES심리형용사, (3)류는 EO심리형용사라 하기도 한다. (2)류와 (3)류를 파생관계로 보는 의견도 있다. {〈대상〉〈경험주〉}의 어느 하나가 의미격의 부가논항으로 보면 별개의 구조가 된다. 〈대상〉 자리에 원인 (그 사고로 철수가 슬프다)이, 경험주 자리에 여동주(그사고가 철수에게 슬파다)가 오는 경우다.

비교형용사 {〈대상〉〈주제〉〈여동주〉}

이에는 여동주가 필수적으로 나타나는 것 (비슷하다)과 비교대상으로 임의적으로 나타나는 것(크다)이 있다.

형상/성상형용사는 핵문 레벨에서는 그 차이가 부각되지 않으나 $\mathcal{V}_2$레벨에서의 타동화와 긴 사동화에서 나타난다. 형상적/성상적 술어의 차이에 따라 이를 취하는 $\mathcal{V}_2$가 달라진다. 형상적인 술어에는 작위적인 것을 강요하는 표현이 따를 수 있으나, 성상적인 술어에는 스스로 생각하고 느끼는 표현이 따르게 된다.

하다형용사도 어휘부에서 형(/성)상성 명사에 형용사화접미사 '하다'가 접미하여 이루어지며, 통사부 AV핵 자리에 도출된다. 다른 형용사와 마친가지로 〈경험주〉 또는 〈대상〉의 상대논항 하나를 취하는 것과 〈경험주〉〈대상〉 또는 〈대상〉〈대상〉의 논항의 두 가지를 취하는 경우(이 때도 어느 하나의 생략, 선행 DP의 유속화 가능)가 있다. 한국어의 하다형용사에 상응하는 일본어의 da형용사(연체형을 가지고 na형용사로도 호칭)는 말미의 da 형태가 한국어의 -다 어미와 같은 데서 형용사화 접사는 한국어 -하- 에 대해 ∅에 상당하다. 따라서 분리/접합의 문제는 없다.

심리동사문은 심리형용사문을 보문에 내포하는 복합문으로 보기도 한다. 통사부에서 먼저 심리형용사를 도출하고 그 후 여러 조작을 거쳐 심리동사문을 이루는 것은 복잡한(비용이 많이 드는) 연산일 수 있다. 그 보다 심리형용사와 심리동사를 어휘부에서 각기 별개로 등재하고 통사부에 AV

핵과 V핵 자리에 따로 도출(복사)하는 것이 보다 간명한 연산일 수 있다.

심리동사의 유형은 (76) a.~d.에서 보이듯 몇 가지 유형이 있다. 대격동사와 같은 유형(a.), 어근핵이 〈대상〉을 도입하고 $\mathcal{V}_1$핵에서 〈경험주〉를 도입하는, 비능격동사와 같은 유형(b.), 이 때 어근핵이 〈경험주〉를 도입하고 〈원인〉논항을 부가논항으로 도입하는 것도 있다. 심리형용사 또는 심리동사를 $\mathcal{V}_2$레벨에서 '~게 하다'와 같이 사역화하는 경우로, 심리형용사를 보문화, SC화하는 것(c.), 심리동사를 보문화, SC화하는 것(d.)을 들었다.

명사술어문(-이다술어)은 어휘부에서 명사어근에 술어화접사 '-이(다)'가 접미하여 통사부의 NV(N)핵에 명사술어어근으로 도출된다. NV(V)는 동작성명사, NV(AV)는 형(/성)상성명사이라야 하지만, NV(N)의 경우는 그러한 제약이 없다. NV(V)와 NV(AV)의 명사어근은 ~하다접미사와의 통사부에서의 접합, 분리가 가능(단 NV(AV)는 약함)한데 NV(N)는 항상 접합형이고 분리형은 불가능하다. 그리고 NV(N)는 주술관계의 주어에 대한 규정어 구실을 하기 때문에 도입하는 상대논항은 〈주제〉로 하였다.

한국어의 NV(N)술어에 상응하는 일본의 그것은 명사어근 da의 형식이다. da는 한국어의 '-다' 어미와 같은 성격을 지닌다고 보면 명사술어화접사는 ∅(da)로 추정할 수 있고 따라서 접합, 분리의 문제는 없다. 한국어나 일본어는 명사 어근이 명사술어화접사 없이 혹은 가벼운 접사의 부착으로 술어로 쓰일 수 있다.

이상 여러가지 구문 생성의 가능한 연산/생성 경로를 나름대로 제시한 것인데, 오로지 외길의 절대적인 생성과정만을 추구한다기보다 다른 경로도 비용이 비싸게 들지 않는 한에서 합리적이면 받아들이는 융통성을 지녀야하고 사용의 추세도 보고 해야만이 논의되는 언어연산의 진부나 본 모습을 알아낼 수 있을 것으로 보았다.*

* 한국어나 일본어와도 같이 후핵 언어에 속하는 알타이제어도 술어핵의 병합이나 그 투사 구도도 비슷하게 이루어진다고 할 수 있다. 튀르크어의 예(Kural 1997:500)를 보이면,

(1)

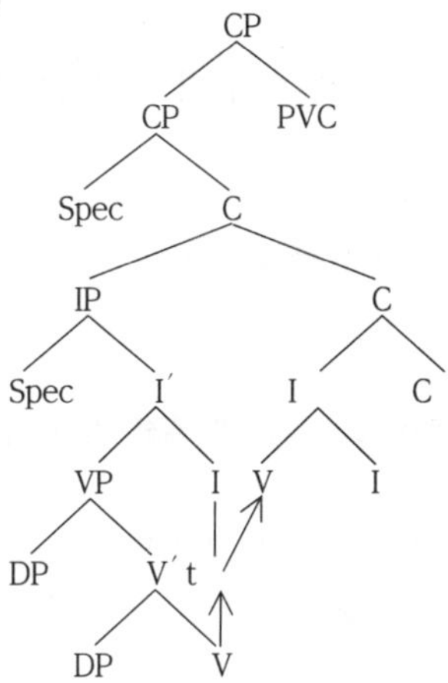

여기서의 화살은 술어핵 병합을 나타내며 결국 C가 V-I-C의 병합체임을 나타내고 있다. I를 V1로, PVC(Postverbal Constituent)를 V2로 본다면 필자의 술어형성구도와 비슷하다. 물론 최상위의 CP는 다른 최대투사범주가 되어야 한다.

다음은 명사절(목적절) CP의 예다(p. 501).

Ayşe [Ahmet'in öğrencilerle konuştuğu]nu biliyor.
속격 복수 공동 과거 대격 현재
Ayşe(는) [Ahmet(가) 학생들과 이야기한 것을 알고 있다.

보문주어가 속격으로 되어 있다. 한국어와 일본어에서 명사절 혹은 관형절에서 주어가 주격/속격으로 교체하는 예는 보인다.

앞서의 투사구도에는 안 나와 있지만 튀르크어도 Af핵이 있고 그에 합당한 논항을 도입하여 투사체를 이룬다고 본다. 그 예로 피동과 사역의 경우를 들 수 있으며 그 접사들은 동사의 어간 직후에 와서 피동사화와 사역동사화를 이루게 하고 그에 따른 논항 하나가 도입된다. 여기서 사역의 예를 보이면(Türeli 1968: 104).

(2) a. Mehmet kitap aldi.
Mehmet(가) 책(을) 샀다.

b. Mehmed'e kitap al-dir-d_1-m.
사동 과거 인칭접사
Mehmet에게 책(을) 사게 했다(나는).

사역에 이중사역동사가 있다. 사역의 접사 tir 와 t 가 겹친 형태이다.

(3) a. Mektu<u>bu</u> kâtibe<u>ye</u> yaz - dir — dı — m.
(이)편지<u>를</u> 비서<u>에게</u> 쓰 게하 였다 (나는).

b. Mektu<u>bu</u> kâtibe<u>ye</u> yaz — dir — t — ti — m.
(이)편지<u>를</u> 비서<u>에게</u>(누군가에 의해) 쓰 게하도록하 였다(나는).

(3) a.는 비서가 수명자(피사동주)로서 직접 편지를 쓴 것이 되고, b.는 비서가 수명자이기는 하나 누군가를 시켜서 간접적으로 수명의 일을 한 것이 된다. 다음에서,

(4) a. b.

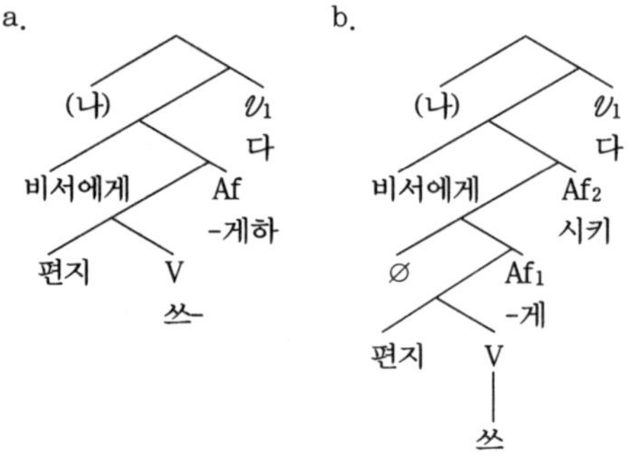

(2) a.는 사역접사가 하나가, b.는 사역접사가 두 개 있는 경우의 투사체를 상정하였다. 한국어의 경우에는 (3) a., b.의 튀르크어의 사역동사에 상응하는 어형이 없기 때문에 술어핵의 예는 어색하지만 튀르크어가 그와 같은 구실을 한다는 것을 예시해 본 것 뿐이다. b.에의 ∅는 비서에게 다시 하명받을 누군가를 나타내기 위함이다.

몽고어의 경우도 어간 직후에 피동과 사동의 접사가 후접하여 피동사와 사역동사가 되면서 논항을 도입한다고 볼 수 있는 점에서 Af 투사체를 인정할 수 있다. 사역

의 예를 보이면,

(5) a. Би сонин уншсан.
나(가) 신문(을) 읽었다.

b. θвөө надаар сонин уншуулсан.
할아버지(가) 나에게 신문(을) 읽혔다.

몽고어는 자동사로부터 피동사와 사역동사를 만들 수 있다(튀르크어도 마찬가지). 이 점은 일본어도 마찬가지다. 한국어의 경우는 자동사로부터의 어휘적 피동사나 사역동사는 어려워도 '-게 되다', '-게 하다'와 같은 V_2의 도움으로 피동이나 사역의 표현은 가능하다.

Evenki도 피동과 사역 접사는 어간 직후에 온다. 피동에서의 동작주는 여격으로 실현되고, 사역에서의 피사동주는 여격으로 실현되기도 하고 대격으로 실현되기도 한다. 다음은 대격이 쓰인 경우다.

(6) Alagumııi bejetken-me unta-l-va-n olgi- vkon- e- n.
선생(은) 소년-을 모피부츠-들-을-(그의) 말리-게 하였다(그는)
(Nedjalkov 1997:231).

만주문어에서는 동사 어간 직후에 -bu/-mbu 가 접미하여 사역 · 피동사를 만든다. 이러한 파생동사가 도입논항에 대격(be)을 취하면 사역동사가 되고 여격(de)을 취하면 피동사가 된다. 곧 사역의 피사동주는 대격으로, 피동의 동작주는 여격이 되는 것이다. 다음은 피동의 예다(河内 1996: 132).

(7) juwe wuse gemu muse de jafa-bu-habi.
두 어린이들(은) 모두 우리에게 잡-히-었다.

Evenki의 경우는(Nedjalkov 1997: 39, 152),

(8) a. Beje homo:ty-va va:-cha-n.
사람(이) 곰-을 죽-였다-(3인칭단수).

b. Homo:ty (beje-du) va:-v-cha-n.
곰(이) (사람-에게) 죽-피동-과거-(3인칭단수).

c. Beje-du va:-v-cha homo:ty.
사람-에게 죽-피동 분사 곰(이).

d. Homo:ty bejumimni-du va:-v-cha (bi-si-n).
곰(이) 사냥꾼-에게 죽-피동-분사(be-현재-3인칭단수).

(8) a.는 능동문이고 나머지는 그것에 상응하는 피동문이다. b.에서처럼 동작주가 생략되기도 하고 c.에서처럼 논리적 목적어가 후치하기도 한다. 한국어 역에서 '죽다' 동사는 접사 피동이 안되므로 '죽-피동-으로 하였다', '죽임을 당했다(피살되었다)'는 것이 된다. 대상 즉 논리적 목적어를 여격으로 도입하는 것은 다른 언어와도 같다.

이외에 심리술어의 대상이 어떤 격으로 실현되는가의 예를 몇 가지 예시해두고자 한다.

(9) 만주어 torwon mixə tə kələmi. (趙杰 1989: 156)
오소리(가) 뱀에(여격) 무서워한다.

(10) 몽고어 a. Ээж нохойноос айдаг.
어머니(가) 개 에서(탈격) 무서워한다.
b. Би муурaнд дургүй.
나(가) 고양이 에(여격) 싫어한다.

(11) 튀르크어 Çocuklar köpekten korkar.
고양이들(은) 개 에서(탈격) 무서워하다.

(12) Evenki a. Nungen homo:ty-t ngele-d'ere-n.
그녀(가) 곰-으로(도구격) 무서워하-현재-(3인칭단수).
b. Bi homo:ty so:t ngele-l-che-v.
나(가) 곰-으로부터(탈격) 매우 무서워하 였-(1인칭단수).
(Nedjalkov 1997: 150)

한국어나 일본어는 심리형용사의 대상은 주격을, 심리동사의 대상은 대격을 취하는 것과는 대조적이다.

술어 중에 형용사가 계사(이다)를 수반하기도 하는 특징이 Evenki에 보인다((13) a., b.). (Nedjalkov 1997: 60, 61, 132)

(13) a. Tar oron burgu-meme (bi-si-n).
저 순록(이) 살찌다-강의어(매우)(be-현재-3인칭단수).

b. Ami-m engesi (bi-si-n)
아버지-일인칭단수소유(나의) 강하다 (be-현재-3인칭단수)

c. Tar bira hegdy-meme!
저 강(이) 크다-(강의어).

제6장 중간동사구문

1. 머리말

한국어와 일본어에 중간동사구문(중간구문〈Middle Construction〉이라고 한다)이 존재하는가의 문제 그리고 존재한다면 어떤 특성을 지니며, 어떻게 형성되는가의 문제에 대하여 살펴 보기로 한다.

먼저, 영어에서의 중간동사(Middle Verb)의 여러 특성과 그 생성기제를 고찰한 다음, 한국어와 일본어에도 중간동사가 존재한다고 보는 종전의 견해를 음미하고 필자나름의 소견을 피력하고 또 이와 관련되는 제주방언 나름의 유별한 점도 언급한다.

이를 위해 중간동사와 관련 동사와의 상대적인 특성을 파악할 필요가 있다. 크게는 자동사, 타동사로 분류되는 여러 동사의 논항(의미역)상의 유별과 대비를 보이고, 이들의 생성기제와 중간동사의 그것과 맞춰 본 다음에 한국어와 일본어의 경우 그리고 제주방언의 경우를 고찰하여 그들 나름대로의 특성을 파악한다.

2. 관련 동사의 유별

동사는 논항을 하나를 취하는가, 두 개를 취하는가에 따라 자동사와 타동사로 대별된다.

(1)

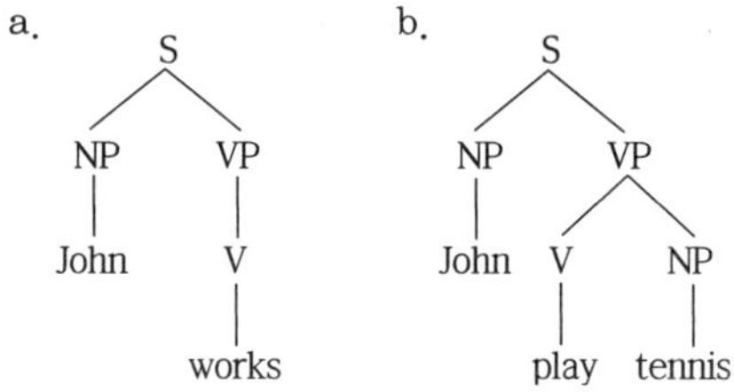

이 수형도는 간략하게 나타낸 것으로 여기의 S는 IP또는 *v*P의 대신으로 쓴 것이다. (1) a.에서는 동사가 동작주 논항 하나를 취하고, (1) b.에서는 동사가 동작주 논항과 대상 논항의 두 가지를 취하고 있다.

Keyser과 Roeper(1984: 381-)은 동사를 다음과 같이 분류한다.

(2)

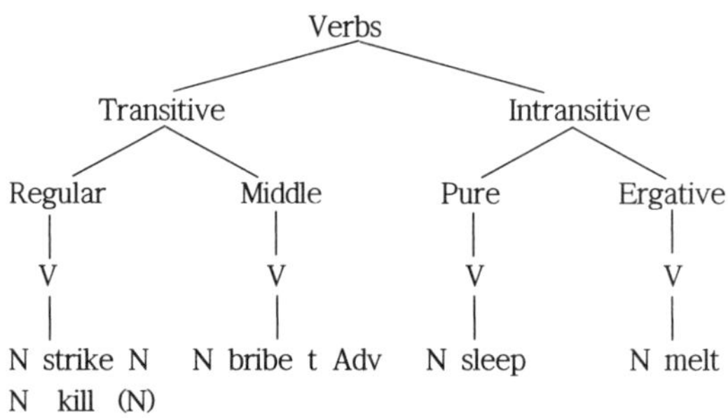

여기서는 중간동사가 타동사로 분류되었지만 결국 논항 하나만을 취하게 된다는 점에서 자동사에 걸치는 양면성을 지닌다. 본래는 동작주와 대상의 두 논항을 취하는 타동사였지만 동작주가 잠재해버리고 대상의 주어 논항만이 쓰이게 되어 자동사와 같은 처지가 되어버린다는 것이다. 곧 타동사와 자동사의 양면에 걸쳐 쓰인다는 점에서 양용동사라고도 한다.

(3)

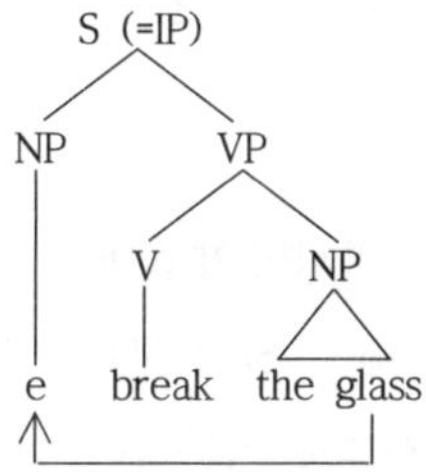

(3)에서 S의 지정어의 NP 자리에 동작주가 있다면 동사는 타동사가 되어 '유리를 깬다'라는 능동태가 되는데, 동작주 자리가 비어있고 그 자리에 대상의 '유리(잔)'가 옮겨와서 파생주어가 된다면, 동사도 '유리(잔)'가 깨진다는 식이 되어 의미적으로 피동태와 같게 된다. 곧 형태적으로는 능동태, 의미적으로는 피동태(피동형태소가 없으니 제격의 피동태는 아니다)가 된다.

(2)에서의 타동사의 Regular는 동작주와 대상의 두 논항을 취하는 전형적인 타동사로 대격동사라고도 한다. 자동사의 pure는 전통문법에서의 순수한, 본래부터의 자동사로 동작주 논항 하나를 취하고 피동태의 바뀜이 불가능하다. 이에 대해 Ergative는 Middle처럼 (3)의 기제와 같이 대상 논항이 파생주어가 되는 동사이다. 능격동사로 번역되는데, 대상 논항이 대격을 취하지 않는 점에서 비대격동사라고도 한다(엄밀하게는 양자를 구별하기도 한다).

Middle은 본래 (동작주) – 대상 – 동사 구조로 보았기에 타동사에 분류되고, Ergative는 본래 대상 – 동사 구조로 보았기에 자동사로 분류된 것이지만, 이들에겐 모두 대상을 대격으로 실현시키는 타동사의 짝이 있다.

(3)의 괄호식 표기 $[_{IP}$ e $[_{VP}$ break the glass]에서 e 자리는 외재항의 주어 자리다. 기저구조에서 논항이 하나인 자동사의 주어 자리는 그 하나의 논항이 본래부터 자리하는 것으로 생각되겠지만, 목적어의 위치에 오기도 한다. 이와 같이 논항 하나가 목적어 위치에 있는 동사가 존재한다는 것이 비대격 가설이다(Perlmatter 1978: 160). 그렇다면 목적어 위치에 있는 논항은 대격이 부여되는 것이 마땅한데 다음의 Bruzio의 일반화(Bruzio 1986: 178, Chomsky 1986: 139)에 의해 대격이 부여될 수 없는 경우가 있다.

(4) Bruzio의 일반화 : 동사가 주어의 의미역을 배당하기만 하면 그 목적어에도 대격을 배당한다.

이는 바꿔 말해서 외항이 e로 비어있을 때는 내재항의 NP(/DP)에 대격이 부여되지 않는다는 것이다. NP가 격이 없으면 제 구실을 못하므로(격필터에 저촉) 격을 부여받기 위해 격을 받을 수 있는 e 자리로 이동하여 능격동사문이 형성된다. 애초에 대격이 부여받을 수 있는 위치에 있으면서 대격을 받을 수 없는 대상을 취하는 동사에 비대격동사라는 이름이 주어진다.

이와 같이 능격동사(비대격동사)는 중간동사처럼 대상 논항이 내재항 자리에 기저생성하고 외재항으로 이동한다고 보지만, 다음처럼 기저적으로 대상논항이 외재항으로 생성된다고 볼 수 있는 여지는 있다.

(5)

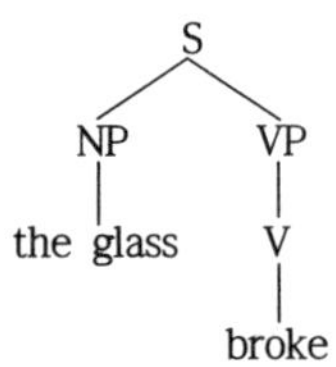

이러한 능격동사에 대해 pure의 자동사를 비능격동사라고 부르는데 그 외항은 e가 아닌 동작주(그리고 경험주)가 자리한다. 그것과 병행해서 외재항에 이동해 온 대상으로서가 아니고 기저적으로 외재항에 대상 논항이 생성되는 자동사를 상정할 수 있다. 그 경우 대상 논항은 의사동작주와 같은 구실을 한다고 볼 수 있다.

지금까지의 논의를 바탕으로 동사를 그 의미역으로 대비하면,

(6) a. 자동사	능격동사	[대상]	상응하는 타동사가 있다.
(논항 1)	(비대격동사)		피동태 가능
	비능격동사	[동작주]	상응하는 타동사가 없다.
			피동태 불가능

b. 중간동사	[{동작주} 대상]	본래 타동사(→자동사) 형태적으로 능동태 의미적으로 피동태

c. 타동사 (대격동사) [동작주 대상]
(논항 2)

(2)에서 중간동사는 타동사 쪽에 분류되었지만 자동사 쪽에 분류되기도 한다. 문제는 자동사인 능격동사와 여러 면에서 공통적인 성격을 지니는 점에서 영어의 일부 화자에게는 그 구별이 애매하다고 한다.

먼저 자동사에 속하는 능격동사(비대격동사)와 비능격동사를 대조하고 다음에 능격동사와 중간동사를 대비하기로 한다.

(7)

	하나의 논항의 의미역	논항의 생성 위치	술어의 서술 내용
능격동사 (비대격동사)	대상	내재논항(→외재논항)	상태
비능격동사	동작주(/경험주)	외재논항	동작, 행위

능격동사의 수형도는 ((3)→(5))에 상응하고 비능격동사는 (1) a.에 상응한다.

(8)

	중간동사	능격동사
예 문	The glass breaks easily. 그릇이 잘 깨진다	The glass broke. 그릇이 깨졌다
논항구조	$\underline{\varnothing}$ Theme → Theme ($\varnothing$) 어휘부 또는 동사부에서 타동사처럼 두 논항이 투사되지만 외재항이 $\varnothing$, 내재항이 대상으로 도출 후 대상이 외재화하고 $\varnothing$ 동작주는 잠재항이 된다.	$\underline{\varnothing}$ Theme → $\underline{\text{Theme}}$ 어휘부 또는 통사부에서 외재항이 $\varnothing$, 내재항이 대상으로 도출 후 대상이 외재화한다. 또는 $\underline{\varnothing}$ 자리에 Theme이 기저생성한다.

동작주의 외재항	∅ Agent → Arb. 통칭자질 Arb.의 부여로 특정 동작주에 의하지 않는, 그러면서 표면화되지 않는 잠재적 의미기능을 수행한다. 누군가(누구라도)에 의해서 유리(잔)이 깨진 것이지 그냥 깨진 것은 아니다 (누군가가 유리(잔)을 깼다고 하는 타동적인 의미가 잠재한다)	∅ Agent →None 동작주 논항은 삭제되고 대상이 외재항으로서 대상 자체가 어떻게 되었다는 것이 된다. 유리(잔)이 (그냥) 깨졌다는 자동적인 의미를 지닌다.
대상 내재항	어휘부 또는 통사부에서 논리적 목적어이지만 외재항으로 이동하여 파생주어(표면주어)가 된다.	중간동사와 같은 외재화를 거친다. 또는 애초부터 대상 외재항으로 기저생성한다고 보기도 한다.
술 어	본래 타동사→자동사 무표교체 상응하는 타동사가 있다. 타동사 중에서 그 대상에 상태의 영향을 주는 동사가 중간동사 될 수 있다. 성취동사는 될 수 없다. Mary <u>broke</u> the glass. 어휘부에서 타동사이다. The glass breaks easily.	본래 타동사→자동사 무표교체 상응하는 타동사가 있다. 어휘부에서 동형의 타동사와 자동사로 나뉜다. Mary broke the glass. The glass broke. 여기서 타동사 부류가 중간동사를 형성한다 (Keyser and Roeper 1984: 382)
서술내용	(표면/파생)주어(←대상내재항)의 속성인 상태를 서술한다. 유리(잔)이 잘 깨지는 성질, 일시적이고 일회적이 아닌 언제나 그렇다는 것을 나타낸다. 과정이나 결과는 나타내지 않는다. 유리(잔)이 잘 깨진다. 그렇다고 피동표현은 아니다. 영어에서 피동형태소가 있는 것도 아니고 by구도 나타나지 않는다.	(파생/기저생성)주어에 관한 사건을 서술한다. 일시적이고 1회적인 사건이 발생하여 결과가 나타난다. 유리(잔)이 (떨어져) 깨졌다(깨져버렸다).
술어의 시·상·법	단순현재시제 특정 시점이나 특정기간을 나타내지 않는다. 진행형, 명령형은 안 쓰인다. 간혹 과거시제나 진행형이 쓰이는 경우가 있는데, 특정의 과거가 아닌 때 그리고 순차적이나 반복적인 진척의 경우이다. *Bureaucrats are bribing. *Wax floor. *Kill chicken. 가능피동표현으로 바꿔 쓸 수 있다. The glass breaks easily. The glass can be broken easily.	단순현재시제 외에 다른시제도 쓰인다. The door is closing. The boat is sinking. Sink boat. Close door.

공기요소	easily, well 등 방법이나 양태의 부사(구)를 수반하는 제약이 있다. *The glass breaks. *Bureaucrats bribe. *The floor waxes. *The chicken killed.	방법이나 양태의 부사(구)를 수반하는 제약이 없다. The glass broke. The boat sank. The door opened. The ball baunced.

이러한 대비에서 중간동사(문)는 서술 내용에서 피동태와 비슷한 데가 있다. 또 술어의 서법에서 가능피동표현으로 바꿔쓸 수 있다고 했는데, 중간태는 피동태처럼(영어에서) 피동형태소가 따르는 일은 없고 동작주가 by구로 출현하는 일은 없는 점에서 피동태와는 구별된다.

또한 중간태는 서술 내용에서 자발태(일본어)와 비슷한 데가 있다. '얼음이 얼리다. 얼음이 깨지다.' 는 피동형태소가 개재한 피동태 같기도 하나, 동작주에 의해 의도적으로 변화의 작용을 받았다기보다 기온의 변화로 저절로 그리 되었다는 뜻이 담길 때 자발적인 표현으로 보게 된다. 일본어에서는 피동형태소와 동형의 자발태(그리고 일부의 가능태)가 있다. 단 이 때의 동사는 주로 정의(情意)를 나타내는 것(느껴지다, 웃어지다, 그리워지다, 회상되다…)들이다. 대상 의미역의 주어가 의사동작주로 볼 수 있는 경우는 가능표현과도 본질적인 차이가 없을 성 싶다. 자발태는 주어 자체가 자발태 경험주로서 나타나는 데서 가능태 그리고 중간태와는 다르다.

3. 중간동사 형성기제

앞에서 중간동사를 능격동사와 대비하면서 그 특성을 살펴보았다. 결국 중간동사의 특성은 동사 자체의 어휘적, 형태적 특성과도 관련되고, 다른 요소(부사어)와의 공기여부, 잠재논항의 유무 등의 통사적 특성과도 관련된다는 것을 보았다. 그러한 특성을 지니는 중간동사(문)가 어떤 부문에서 어떤 운용을 통해서 형성되는가를 고찰하고자 한다.

3.1. 통사부에서의 변형

중간동사는 통사부에서 대상 논항의 이동을 거쳐서 형성되는 것으로 보는 처지가 있다. 능격동사도 중간동사와 마찬가지로 대상 논항이 이동한다고 보는데, 능격동사는 통사부가 아닌 어휘부에서 이미 대상의 주어를 지니는 동사가 되어 있다는 차이가 있다(통사부에서 기저적으로 주어로 생기한다고 볼 수도 있다).

곧 능격동사는 다른 하나의 자동사인 비능격동사가 동작주의 논항 하나를 주어로 취하듯 어휘부에서 대상 논항 하나를 주어로 취하는 동사로 되어 있다는 것이다.

이 두 동사를 어휘부에서 대비하면,

(9) 중간동사 (동작주) 동사 대상 (동사 후치 언어는 / (동작주) 대상 동사)

능격동사 대상 동사 t

따라서, 통사부에서는 능격동사는 대상 논항의 이동이 필요 없고, 이에 대해 중간동사는 주어 자리가 동작주의 잠재논항으로 ∅의 상태이므로 그 자리에 대상 논항이 이동하여 메우게 된다는 것이 된다. 능격동사가 어휘부에서 아닌 통사부에서의 이동으로 형성되는 것으로 볼 수도 있으며 그렇게 되면 중간동사든 능격동사든 대상 의미역 논항(-격)이 비의미역의 주어(+격) 위치로 옮기는 것이 되어 A-이동의 한 가지가 된다.

(10) 중간동사 (e) 동사 대상 (동사 후지 언어는 / e 대상 동사)

능격동사(자동사류)가 어휘부에서, 중간동사는 통사부에서 도출된다는 것은 능격동사는 (11) a.처럼 어휘부규칙인 복합어 형성규칙이 적용되는데 대해 중간동사(타동사류)는 (11) b.처럼 그렇지 않기 때문이며, 따라서 중간동사는 통사부에서 형성된다고 보는 것이다(Keyser and Roeper 1984: 391-).

(11) a. The boat sinks fast. ⇒ the fast-sinking boat
The pill acts fast. ⇒ the fast-acting pill

b. Bureaucrats bribe easily. ⇒ *easily-bribing bureaucrats
The floor waxes easily. ⇒ *easily-waxing floor

그리고 능격동사는 out-접두사화가 (12) a.처럼 가능한데, 중간동사는 (12) b.처럼 불가능하다. 대개 접두사화는 어휘부의 기능으로 보고 있다.

(12) a. out-bounee
b. *out-bribe

한편, Fagan은 중간동사의 (11) b., (12) b.에서의 불가능은 통사부에서의 형성 때문이 아니고, 중간동사가 의미적으로 상태적인 특성을 갖기 때문으로 풀이한다. 그리고 능격동사나 중간동사는 모두 자동사로서 어휘부에서 생성하며 양자의 차이는 통사적인 것이라기 보다 의미상의 차이에서 온다고 보기도 한다(Fagan 1988: 184-).

다음처럼 논항구조에서의 논항 조작으로 중간동사가 이루어진다는 것은 어휘부에서 통사부에 걸치는 것으로 볼 수 있다. Roberts(1987, 필자 未見, 정태구 2001: 175- 참조)는 Williams(1981: 92)의 다음의 외재화의 조작을 채택하여 논항구조에서의 의미역 관계의 조정에서 오는 어휘부 이동으로 중간동사가 형성된다고 보았다.

(13) 외재화조작 E(X) : erase the underline on the external argument, if there is one, and underline X, if X=0, then underline nothing.

이는 간단히 말해서 외재논항의 밑줄은 지우고 다른 논항 X에 밑줄을 그으라는 것이다. Roberts는 중간동사에 이 규칙의 X에 theme을 적용한다고 하였다. 다음 (14)에서,

(14) kill : [θagent, θtheme] ⇒ [{θagent}. θtheme]

동작주(밑줄을 지움)가 강등한 동사는 목적격을 배당할 능력을 상실하므로((4)의 Bruzio의 일반화 참조) 목적어(대상) NP는 격을 받기 위해 주어 자리도 이동한다고 할 수 있고, 주어 자리의 논항 연결조작을 거친다고 할 수 있다. 결국은 주어 – 술어의 구문의 실현을 위해서는 통사부의 운용에 넘겨질 수밖에 없다고 본다. 동사 후치 언어에서는 위치 조정이 비교적 쉽다고 하더라도 술어부 형성과정과 맞물려 있으며, 동사 전치 언어에서는 동사를 사이에 두고 위치 조정(이동)을 해야 하기 때문에 어휘부 운용으로 보기 어렵다. 그것도 내현적인 LF 레벨이 아닌 외현적 통사부의 운용이 된다고 본다.

Fujita(1994: 169–)에서는 통사부에서의 이동으로 형성되는 기제를 최소주의적 분석으로 제시하고 있다. 그 분석은 Chomsky(1993, 1994) 그리고 Chomsky와 Lasnik(1993)이 잡은 틀에 입각한다고 하였다. 곧 Chomsky(1993)의 확대 IP구조 그리고 Chomsky(1994)의 최소연쇄조건 기타의 문법처리가 기반이 된다. Fujita는 중간동사구문과 능격동사구문(피동구문도 함께) 모두를 어휘적 운용이 아닌 통사적인 운용으로 처리하고 있지만 그 통사적 운용에는 종전의 어휘부의 일도 맡아하는 면도 없지 않고 시제소 그리고 두 일치소의 구별의 운용구도도 단순하지만은 않다.

다음에서처럼 이들 구문의 표면적 주어는 모두 상응하는 타동사 구문의 기저목적어이다.

(15) a. John broke this cup. 타동사문

b. This cup breaks t easily. 중간동사문

c. This cup broke t. 능격동사문

d. This cup was broken t. 피동문

Fujita(1994: 190)에서 제시된 중간동사문과 능격동사문의 형성과정을 보면, 중간동사문은,

(16) a. This cup breaks t easily.

b.

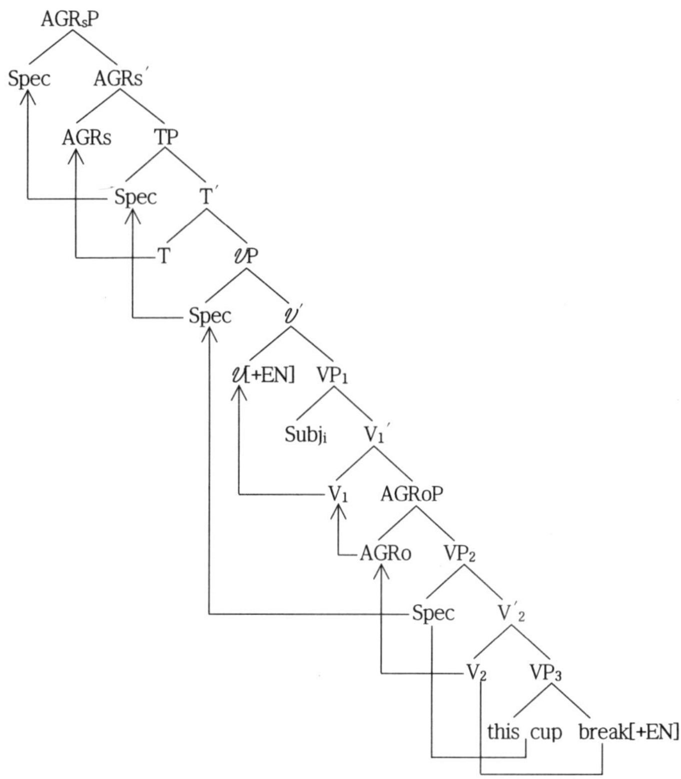

이에 대해 능격동사는,

(17)

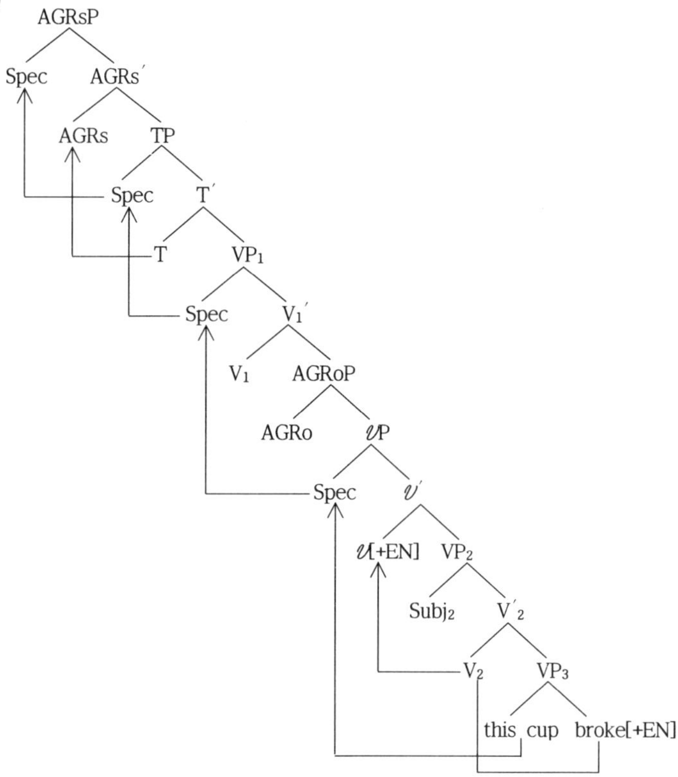

각 수형도에서 동사의 [+EN] 태(態)(Voice)자질은 피동사는 명시적 형태소로, 중간동사와 능격동사는 영형태소로 지니는 것으로 본다. 동사의 [+EN]의 형태적 자질은 점검을 위한 v[+EN]에의 이동의 계기가 된다. 곧 V[+EN]은 v[+EN]으로 상승하여 EN 자질을 점검받는다. v는 보(어)부로, 중간동사는 VP_1를, 능격동사(피동사도)는 VP_2를 선택하고 있다. 곧 V의 v에의 이동의 경로가 중간동사 쪽이 장거리다.

VP_1과 VP_2의 Spec는 각각 V_1과 V_2에 의해 θ-위치로 주어 위치의 기능

을 한다. 이는 중간구문의 잠재행위자를 설명하기 위해 수정확대 IP구조가설을 수용한 것이다. VP_1의 Spec자리는 (V_1과 나란히 협력하여) $Subj_1$(동작주)의 θ-표시한다(바깥 주어). VP_2의 Spec자리는 (자신의 사동주 기능으로) $Subj_2$(사동주)의 θ-표시(안 주어)한다.

중간동사문에서의 동사의 상승은 V-v_2-AGRo-v_1-V로 Spec(vP)와 Spec(VP_1)는 같은 거리가 되어 V_1과 v 사이의 $Subj_1$은 건너뛴다. 이에 대해 능격동사는 V-V_2-v로 V_2와 v 사이의 $Subj_2$를 건너뛰고 있다. $Subj_1$과 $Subj_2$가 함께 채워지는 일은 없다.

Spec 자리는 대상 이동의 통로(경유지)이나, 중간동사의 경우 대상논항은 VP_2의 Spec 자리($Subj_2$, 사동주 자리)를 억제하고 있고, 능격동사의 경우는 vP의 Spec 자리 ($Subj_1$, 동작주 자리)를 억제하고 있다. 중간동사 구문에서 동작주 논항이 잠재논항이 되고 능격동사 구문에서 사동주 논항이 잠재논항이 되는, 곧 전자는 상태(대상이 〈모두〉 쉽게 어떤 상태가 된다)를 나타내는 구문의, 후자는 결과 (특정 대상이 어떻게 되었다)를 나타내는 구문의 형성의 차이가 있게 된다. 곧 태(態)추상동사 v가 상위에서 VP_1를 보(어)부로 취하느냐(총칭적), v가 하위에서 VP_2를 보(어)부로 취하느냐(존재적)의 작용역 구도의 표시와 동사 상승과 대상 논항의 이동의 차이를 가지고 두 구문을 대조적으로 보여주려고 했다고 보겠다.

3.2. 어휘부에서의 형성

중간동사가 통사부의 운용으로 이루어진다기보다 어휘부의 운용으로 이루어진다는 의견들도 있다. 앞에서 언급한 바 있는 Fagan(1988)은 중간동사의 여러 현상을 통사적 이유보다 의미적 이유에서 비롯된다고 보고 있다. 어휘부의 과정으로 중간동사가 이루어지고, 통사부에서의 통사적 이동으로 이루어진다고는 보지 않는다. 다음에서,

(18) a. John was laughed at.

b. *John laughs at easily.

(18) a.에서는 전치사 좌초가 가능한데, (18) b.에서는 그것이 불가능한 것은 대상 논항의 이동이 아님을 나타낸다는 것이다.

Fagan (1988: 198)은 중간동사 형성에 어휘부에서의 다음의 두 가지 어휘규칙이 작용한다고 하였다.

(19) a. 외재의미역에 통칭자질을 부여한다.
b. 직접의미역(직접내재논항)을 외재화한다.
(능격동사의 경우는 외재의미역을 지운다. p. 199)

(19)에서의 통칭자질은 일반적인 사람을 뜻한다. 직접의미역(직접내재논항)은 직접목적어 및 그 의미역이다. 어휘부에서 (19) a.와 같은 통칭자질(Arb)이 부여된 논항은 이제 할 일을 한 포화논항이 되어 통사부에 투사되지 않는다. 곧 잠재논항이 되어 통사부의 소관사항이 아니라는 것이다. 예시하면,

(20) 어휘부 동작주 대상 (동사) 동사후치언어
동작주(동사) (동사) 대상 동사전치언어
통칭자질[Arb] 부여
포화논황
외재화

외재화 조작이 어휘부의 소관사항이면 어순(어휘통사부), 격(어휘형태부)과도 어떤 식으로든 연관이 되어 어휘부가 확대될 수밖에 없다.

Ackema와 Schoorlemmer (1994)에서도 중간동사는 전 통사적 단계에서 도출된다고 하고 중간동사의 특성은 논리적 주어의 억제라고 하였다. 논항의 DS에의 투사는 다음과 같이 Grimshaw, J (1990)와 Jackendoff, R (1990)에 입각한 어휘개념구조의 표시 레벨에서 온다고 하였다(p. 65).

(21)

어휘개념구조(LCS)
↓ 투사
D-구조(DS)
↓ α-이동
S-구조

여기서의 LCS는 어휘부에서 논항구조와 연결된다. 논항구조가 DS에 투사될 때 투사되지 않는(억제되는) 경우가 있다는 것인데 그것이 중간동사의 경우라는 것이다. 곧, 그 논리적 주어의 동작주는 LCS상 존재하지만 통사부에 투사되지 않는다(억제). 곧 중간동사에는 잠재논항이 된다. 논리적 주어의 억압은 단순히 다음의 중간태 형성(MF)으로 처리된다(p. 69).

(22) MF : Actor=ARB

중간태 형성은 동작주 논항에 ARB의 의미자질이 부여됨으로써 이루어진다는 것이다. 여기서의 ARB논항은 LCS에서 DS로 투사되지 않는다. 중간동사의 Actor(동작주)는 LCS의 의미적 레벨에 있고 통사적 레벨에 있지 않다. 투사되지 않는 논항에는 다음의 조건이 있다.

(23) 회복성조건 (Recoverability Condition)
A-표시된 투사되지 않는 의미논항 α는 반드시,
a) 논항 α와 동일한 의미논항과 담화적으로 연결되거나,
b) ARB이다 (p. 68).

이상의 기제를 나름대로 예시하면,

(23) 어휘부 LCS 동작주… 대상…
(Lexicon) ↓ 연결규칙 ↓
논항구조 ARB 대상…
통사부 DS 대상…

참고로, Keyser과 Roeper(1984: 405)에서는 능격태의 규칙으로 다음이 제시되고 있다.

(24) Ergative Rule : Agent ⇒ ∅

다음 예문들에서,

(25) a. The boat sank all by itself.
b. *Bureaucrafts bribe easily all by themselves.
c. *The boat sinks by the navy.

(25) a.에서 능격동사는 all by itself를 허용하는데, b.의 중간동사는 그것과 평행하는 구를 허용하지 않고 있다. 그것은 a.에서의 해당구는 동작주(논항)성이 없기 때문에 양립할 수 있고, b.에서 그것이 잠재적 동작주성이 있기 때문에 양립할 수 없어서이다. c.의 비문은 능격태의 규칙으로 예측되는 일이다.

Hale와 Keyser(1987)에서는 영어의 중간태 형성조건으로 다음이 제시되었다(p. 7).

(26) 2가의 타동사 V는 그 목적어가 동사의 어휘개념구조(LCS)의 중심참여자 의미역이 맡겨질 때 중간태를 형성할 수 있다.

능격동사를 LCS에서 다음 요소를 지니는 것으로 가정한다(p. 7).

(27) [X cause [y 'undergo change'], (by⋯)

여기서 논항은 변항으로 표시되고, 술어는 분해 방법으로 표시되어 있다. cause는 원소술어, X는 사역주, y는 상태의 변화를 겪는(중심사건) 중심참여자이다. X에 대해 y(중심참여자)와 상태의 변화(중심사건)가 피사역체 관계이다. y가 V (타동사)의 목적어의 의미역을 갖게 되면 X가 y로 하여금 상태변화하도록 한다는 것이 된다.

그와 같이 y가 동사(타동사)의 목적어의 의미역을 부여받게 되면(목적어로 연결되면) 그 동사는 중간태를 형성한다는 것이다. 그리고 통사부에 동작주(사역주)는 나타나지 않는다. 결국, 중간동사는 동사가 단순히 동작주의 의미역을 결하고, 그로 인해 LCS는 사역적 요소가 결하게 된다는 것이다. 대충 다음의 어휘규칙으로 나타내고 있다(p. 20).

(28) 능격동사 – 중간동사 교체

[X cause [y 'undergo change'], (by⋯)]

〈·········〉

[[y 'undergo change'], (by⋯)]

다음에서,

(29) a. They broke the bottle.

a'. The bottle breaks easily.

b. They saw planets.

b'. *Planets see easily.

(29) a., b. 모두 2치(2항) 술어동사인데 a.의 동사는 그 목적어가 상태의 변화를 수반하는 동사이고, b.의 동사는 그 목적어가 상태의 변화를 수반하지 않는 지각동사이다. 전자의 a.의 동사만이 중간동사가 될 수 있는데,

a'.처럼 동작주(사역주)가 나타나지 않아야 한다.

Hale 와 Keyser(1993: 53)에서는 어휘적 핵 그리고 그 범주 투사며 그 논항들을 어휘적 논항구조 혹은 어휘적 관계구조(Lexical Relational Structure LRS)라는 용어를 쓰고 있다. 다만 술어논항 구조 자체는 통사부로 보고 있다.

정태구(2001: 196-)도 어휘적 접근의 처지에서 사역관계의 의미관계로 중간동사의 형성을 설명하고 있다. 곧 중간동사구문을 사역구문으로 보고 있다. 예를 들어, The bread cuts easily. 의 구문에서, 여기에는 사람들이 그 빵을 쉽게 자르는 사건이 있고, 빵의 속성은 그 사건에 책임이 있다고 보는데, 그래서 빵의 속성이 사역주로서의 주어이고 피사역체는 중간동사가 지시하는 사건(사람들이 빵을 쉽게 자르는 사건)이라고 한다. 일반적으로 동작주가 사역주가 되는데 비동작주도 사역주가 된다고 하는 것이 특이하다. 사역주가 비의지적이고 또 사역주가 피사역체인 사건에 참여하고 있다.

중간태 동사는 타동사에서 파생된다 하고 타동사에서 파생되는 중간태 동사의 형성에 다음과 같은 논항구조 규칙을 제안하였다(p. 115-116).

(30) 중간태형성규칙 a. 사건 논항의 억제
b. 외재논항의 방출 (Discharge)
c. 내재논항의 외재화

(30) a.는 사건을 기술하지 않으나 그렇다고 그것을 완전히 배제하지 않고 잠재적인 의미로 간직하고 있다는 것이다. b.의 방출은 삭제나 억제와는 다른 뜻으로 쓰고 있다. 삭제는 흔적 자체가 사라지지만, 방출은 잠재적으로 남아있으며, 억제는 재생의 경우도 있는데 방출에서는 그런 경우가 없다.

3.3. 잠재논항 문제

중간동사는 대상에 영향을 줄 수 있는 타동사만이 될 수 있다. 동작주는 대상에 영향을 주고, 영향을 입는 대상은 피동적 처지에서 상태의 변화를 겪게 되는 점에서 문의 바탕은 사역적인 면을 지닌다. 문제는 동작주가 통사부에 나타나지 않는 점에서 중간태의 형성이 통사부 이전의 과정으로 보게 되기도 하고, 이동현상이나 LCS에 연결되는 논항구조 자체를 통사부로 보면 어휘부 이후의 과정으로 보게 되기도 한다. 곧 동작주 논항이 통사부에 실현되지 않음으로 해서 중간동사문의 기저구조나 LCS의 의미구조의 설정에 재고할 여지를 남겨두고 있다. 여기서, 통사구조상 나타나지 않아도 잠재적인 의미기능을 수행하는 잠재논항의 성격에 대해 생각해 볼 필요가 있고 그래서 이에 관한 이전의 의견들을 간추려 보기로 한다.

1) 삭제 또는 격하설

앞에서 논항구조의 의미역 관계의 변형조작에서 Williams(1981: 72)의 외재화규칙에 의한 외재항의 삭제나 동작주의 격하로 보면 잠재논항은 삭제 또는 격하된 것으로 보게 된다.

삭제는 동작주의 의미적 · 통사적 기능을 완전히 빼앗는 것이고 격하는 Bruzio의 일반화 (Bruzio 1986: 178)에 의해 동작주의 의미역이 상실되면 동사는 대상에 목적격을 배당하는 능력을 상실하게 되는데, 그것으로 동작주의 기능이 격하된 것으로 보게 된다. (32)의 예문에서는 부가어로 나타나고 있다. 만일 삭제되거나 자격이 상실된 것이면 잠재논항으로서의 기능을 하기는 무리이다. 이러한 삭제나 격하는 어휘부만의 일은 아닐 것이다. 어휘부에서의 LCS에서 어느 정도 지탱되어 있지 않으면 잠재논항의 여지는 없으며, 술어형성과정에서의 논항도입 과정과 관련되는 일로 본다.

2) 억제설

동작주는 어휘부에는 있으나 통사부에의 출현은 억제되어 있다는 것인데, 피동태에서는 억제된 논항은 by구로 나타날 수 있는데 대해, 중간태에서는 by구로 나타나는 일은 없는 데서 일관성의 문제가 있다.

3) 포화(Saturate) 또는 방출(Discharge)설

Fagan(1988: 198)에서처럼 타동사의 외재논항이 어휘부에서 통칭자질 Arb를 부여받음으로써 의미역에 해당하는 의미정보가 주어졌기 때문에 더 이상 통사부에 투사되어 다시 의미역을 배당받는 일은 없다는 것이다. 포화든 방출이든 어휘부에서 이미 제구실을 수행하였기에 맡은 일이 해지되었다는 것인데, 심층적인 의미만은 상실되지 않는 채 남아 있다고 보는 것이다.

4) 공범주설

잠재논항을 PRO로 보는 설이다. Stroik(1992: 127)는 중간동사의 외재논항(동작주 의미역)은 통사적으로 억제되어 있는 것이 아니고, VP 부가 위치에 PRO논항으로 배당되어 있고 그것이 내재 대상논항의 외재화의 이동을 가져오게 된다고 하였다.

다음의 예문과 구조표시에서,

(30) a. <u>Books about oneself</u> never read poorly.

b. [$_{IP}$ e [$_{I'}$ [$_{VP}$ [$_{VP}$ never read <u>books about oneself</u> poorly] PRO]]]

(p. 135)

(30) a.에서 books의 소유자나 저자 혹은 동작주가 나타나 있다면 (any (one's) books about oneself) 대용어 oneself의 선행 구실을 할 수 있는데 그렇지 못한 처지다. 여기서 PRO를 잠재논항인 동작주로 해석할 수 있다.

(30) b.는 D-구조(밑줄 필자)로 PRO는 VP의 부가 위치에서 books about oneself를 c-통어하는 구도다. IP의 주어 자리는 외재 의미역어 투사되지 않아 강등된 상태이고, 대상 논항은 VP 내부에 있고 그(VP의) 주어 위치에도 아무 논항도 투사 안 되고 있다. 외재 논항이 없는 V는 내재 논항에 대격을 부여할 수 없다(Stroik는 Roberts(1986)와 Larson (1988)에 따라 INFL - V 동일지표화가 안 된다는 이유를 들고 있다). 따라서 내재 논항은 격을

받기 위해 이동할 수 밖에 없는 처지다.

중간동사의 외재 논항이 (31) a.처럼 외현화될 수 있는 점에서 그리고 그 경우 대용어가 그 외현적 외재 논항과 자질이 일치하는 점에서 대용어는 내재적 혹은 외현적 외재 논항에 의해 인허된다고 볼 수 있다.

(31) a. Books about herself read quickly for Mary.
 b. *Books about oneself read quickly for Mary.
 c. *Books about himself read quickly for Mary.
 d. *Books about themselves read quickly for Mary.

Stroik(1992: 137) 자신은, 중간동사의 형성에는 Fagan(1988)이나 Roberts(1988)에서 말하는 동사의 논항구조 조정이라는 어휘적 운용과는 관련되지 않으며, 외재 의미역 논항의 격하와 대상논항의 격상의 두가지의, 내적으로 연관된 통사적 과정과 관련된다고 보았다. 그리고 외재적 의미역은 어휘적으로 명시적일 수도 비명시적일 수도 있으며 비명시적인 경우 그것은 PRO로 표시된다고 하였다.

Stroik(1999)에서도 중간동사는 통사부 과정이며 통사적으로 모든 논항이 투사된다고 하였다. 격하된 외재 논항(동작주 논항)도 부가어(for 구로)로 나타난다고 하였다.

(32) a. Bureaucrats bribe easily (for Sam).
 b. [$_{IP}$ buraucrats$_i$ [$_{I'}$ [$_{VP}$ [$_{V'}$ bribe t$_i$ easily]] RRO]]]
 (p. 121)

(30)과 맞춰 보면 (32) a.에서는 외재 논항이 부가어로 나타나고 있으며, (32) b.에서는 이동 이후의 구도를 나타내고 있다.

외재 논항의 기능을 VP 부가 위치가 아닌 VP 내부주어 위치에 있는 pro가 맡고 있다는 주장도 있다.

(33) [$_{IP}$ bureaucrats$_i$ [$_{I'}$ I [$_{VP}$ pro [$_{V'}$ bribe t_i easily]]]]

(Hoekstra and Prberts 1993 필자 未見, Stroike(1999: 121)에서 인용)

4. 한국어와 일본어의 경우

지금까지 중간동사와 다른 동사와의 다른 점 그리고 영어의 중간동사 형성기제를 살펴보았다. 특징적인 것은 앞에서 요약한 바와 같이 중간동사로서의 태(態)의 전환은 일반적으로는 목적어 위치에 있어야 할 대상 내재논항이 외재 논항의 주어 위치에 있을 때, 그리고 술어는 표면(파생)주어의 속성의 상태를 서술하고 그것이 단순현재시제로 쓰이고 게다가 양태의 부사구와 공기할 때 이루어진다는 것이 된다.

먼저, 연재훈(1989)에서 예시한 중간동사(중립동사)를 보면(p. 168),

(34) a. 돌이 움직였다. ↔ 철수가 돌을 움직였다.
b. 차가 멈추었다. ↔ 경찰이 차를 멈추었다.
c. 종이 울렸다. ↔ 선생님은 종을 울렸다.

앞 예가 중간동사의 경우인데, 과거시제가 쓰이고 있어서 표면(파생)주어의 속성의 상태의 서술이기보다 동작의 결과와 같은 서술이 되고 있다.

중립동사의 구별 기준으로 주어의 사역적 역할을 들고 중립동사는 원래 타동사문일 때 그 주어는 사역주 역할을 하였고 그래서 그 타동사문은 '-게 하다' 사역구문과 동의관계를 지닌다고 하였다.

(35) a. 철수가 영희를 움직였다. ↔ 철수가 영희가 움직이게 했다.
b. 경찰이 차를 멈추었다 ↔ 경찰이 차가 멈추게 했다.
c. 선생님이 종을 울렸다. ↔ 선생님이 종이 울리게 했다.

이러한 동의관계를 이룰 수 있는 동사가 중간동사가 될 수 있다는 것이

된다. 다음의 중립동사의 예는(p. 178),

(36) 구기다, 그치다, 날리다, 내려가다, 내리다, 멈추다, 미치다, 반짝이다, 시작하다, 울리다, 움직인다, 펄럭이다, 풍기다, 휘날리다, 휘다

모두 자타 공용의 동사들이다. 자타 공용의 동사에는 중간동사 외에도 능격동사(비대격동사)가 있다. 대상논항(표면/파생주어)의 속성을 상태적으로 서술하느냐 결과적으로 서술하느냐의 차가 있다. 이상의 예문들을 보아서는 모두 과거시제가 쓰이고 있어서 1회적인 사건의 결과를 나타내는 의미 쪽이 더 있는 듯 보인다. 양태의 부사구가 안 쓰여서 더욱 그렇다. 따라서 (34)의 예문은 파생(표면)주어가 의사동작주 노릇을 하는 능격동사(비대격동사) 구문이라 할 수 있다. 만일 의사동작주가 기저적으로 생기하는 것이면 파생과정이 없는 비능격동사(자동사)로 볼 수 없는 것도 아니다.

中右(1991)는 중간동사를 어휘통사론 측면과 어휘의미론적 측면을 구별하여 포착하고 있다(p. 59). 전자에서는 자타 대응의 문법관계를, 후자에서는 가능태와 임의동작주의 함의를 포착한다는 것이다.

(37) a. 목적어의 주어화(어휘통사론적 측면)

e cut the meat easily → the meat cut t easily

b. 행위의 상태화 (어휘의미론적 측면)

PRO cut the meat easily → the meat can be cut easily by PRO

(여기서 PRO는 임의(잠재)의 동작주) (p. 59)

태(態)(Voice)의 구별에서 영어는 능동태 : 피동태(그리고 중간태)가 논의되지만, 일본어에서는 이외에 가능태, 자발태가 논의된다. 5단동사의 가능태는 eru형이 쓰이나 그 자발태와 나머지 동사의 가능태 · 자발태는 피동태를 나타내는 reru/rareru 형이 쓰인다.[1)]

(38) a. 大郎はもう御飯を/が 食べられる (가능태)
b. この茸は 食べられる(種類のものだ) (중간태)
c. この茸は昔から日本で食べられている (피동태)
(p. 62)

그렇다면 영어에서는 타동사의 형태 그대로 중간태로 쓰이는데, 일본어에서는 가능조동사(피동조동사와 동형)의 도움으로 중간동사가 된다는 것이 된다(단 5단동사의 가능태는 eru형).

中右는 중간태는 가능태의 일종으로, 가능태의 특별한 경우가 된다고 하면서도(p. 62) 중간태는 가능태와는 구별할 필요가 있다고 하였다(p. 63). 다음 예문 (p. 63)에서,

(39) a. 日本人は平気で水道管にごみを流す (능동태)
b. ごみが水道管に流されるのはよくない (피동태)
c. このごみは自然に流れる (자발태)
d. われわれはこの水道管にごみが流せる (가능태)
e. このごみは水道管には流せない (중간태)
(밑줄 필자)

1) 本居春庭의 詞通路(1928)의 自他의 리스트 (島田 1979: 105- 에서 인용)를 보면,
① 自他동형 のぶる (中2自), のぶる (下2他) (( )안 숫자는 활용단)
② ru첨가형(약30례) とくる(下2, 自) とく(4, 他)
ならぶ(4, 自) ならぶる(下2, 他)
③ 활용후 ru첨가형 とまる(4, 自) とむる(下2, 他)
ふたがる(4, 自) ふたぐ(4, 他)
④ 활용후 su첨가형(약25례) かわく(4, 自) かわかす(4, 他)
うごく(4, 自) うごかす(4, 他)
⑤ 어말 ru/su 교체형(약25례) あくる(下2, 自) あかす(4, 他)
ほろぶる(中2, 自) ほろぼす(4, 他)
⑥ 자타혼용형(약37례) しのぶ しのぶる
まなぶ まなぶる
와 같이 대충 구별하는데 ①과 ⑥을 보면 동일한 형태가 자타에 쓰이고, 나중에 ②, ③처럼 ru를 첨가하여 구별하려 하다가 결국 ⑤의 ru/su의 교체의 ④ su 한 가지 방향으로 변화된 것을 알 수 있다.

d.와 e.의 '流せる'는 가능태 · 중간태 동형이지만, d.에서는 본래의 타동사(流す→流せる)가 함의하는 동작주가 실현되고 있는데 대해, e.에서는 실현되고 있지 않다.

이러한 일본어의 예는 피동태는 외부 동작주가 by구 (に, に依って)로 나타나거나 재생될 수 있고, 자발태는 외부 동작주가 없으나 주어 논항이 자발적 동작주(혹은 의사동작주)가 될 수 있다는 것 그리고 가능태는 외부 동작주가 주어 논항으로 나타나고, 중간태는 외부 동작주가 나타나지 않으며 대신 주어 논항이 (의사)동작주가 되는 일도 없다는 것을 보여준다.

Cho(1993)는 중간태동사는 그 짝인 타동사에서 파생한 자동사의 형태로 가정하고 있고, 한국어에서는 중간태의 형태적 특징에 의해 가능한, 두 유형의 중간동사구문이 있다고 하였다(p. 444).

첫번째가 KⅠ-type으로 명명한 것으로, 영어의 중간태와 유사하게 중간태의 기능을 지시하는 특정형태소가 없는 것 곧 타동사와 중간태(자동사)가 동형인 것이다. 이러한 유형의 동사의 예로

(차가) 움직인다 (차를) 움직인다
(종이) 울린다 (종을) 울린다

등을 들 수 있다.

두번째가 KⅡ-type으로 명명한 것으로, 독일어나 불어 그리고 일본어의 중간태와 유사하게 중간태의 기능을 지시하는 특별한 형태소가 있는 것이다. 곧 중간태는 그 짝인 타동사와는 다른 형태소가 부가된 것이다. 이러한 유형의 동사의 예로,

(책이) 팔린다 (책을) 팔다
(책이) 읽히다 (책을) 읽다

등을 들 수 있다.

그 중에서 KⅠ의 '움직인다'와 KⅡ의 '읽힌다'의 테스트의 예를 보이면 (p. 454-)

(40)	KⅠ	KⅡ
	1. 차가 잘 움직인다.	책이 잘 읽힌다.
	2. 차가 스스로 움직인다.	*책이 스스로 읽힌다.
	3. 차가 존에 의해서 움직인다.	책이 존에 의해서 읽힌다.
	4. 차가 오늘 오후 3시에 잘 움직인다.	책이 어제 3시에 잘 읽혔다.
	5. 빨리 움직여라, 차야.	잘 읽혀라, 책아.
	6. 차가 잘 움직이고 있다.	책이 잘 읽히고 있다.
	7. 차가 움직인다.	책이 읽힌다.

2.는 자발태, 3.은 피동태, 4.는 특정시, 5.는 명령형, 6.은 진행형, 7.은 부사적 수식어가 없는 것이 되어 모두 중간태의 특징과 거리가 있다. 그래서 한국어에는 진정한 중간태는 없으며 다른 구문에 포함되는 것으로 Cho는 보고 있다.

이들 예에서 1.만이 중간태에 해당한다. '움직이다' 동사는 원형 그대로 타동사로도 자동사로도 중간동사로도 쓰이는 동사가 되고, '읽히다' 동사는 접사의 도움으로 중간동사(←타동사), 피동사(←타동사)로 쓰이는 동사가 된다.

다음, 천호재 (1999: 283-)의 논의를 보면, 일본어에는 중간가능구문과 중간자동사구문이 있고, 한국어에는 중간피동구문과 중간자동사구문이 있다고 하였다.

영어의 중간동사는 형태적으로 타동사형을 취하는데 일본어의 중간동사는 형태적으로 가능형 및 자동사형을 취한다는 것인데, 그 말은 가능형과 동일형태의 중간동사가 있다는 것이 된다.

그 한국어의 중간피동구문은 Cho(1993)의 KⅡ류이고 중간자동사구문은 KⅠ류이다. KⅠ류는 자타가 동형이고 KⅡ류는 자타가 이형으로 되어 있다. 곧 KⅡ류는 타동사에 어떤 형태소가 가미된 것이다. 따라서 KⅠ류의 동사는 같은 형태가 타동사 · 자동사 그리고 중간동사의 구실을 하고 있는 것이 되고, KII류의 동사는 동일한 형태소가 접미하여 피동사 · 중간동사의 구실을 하고 있다는 것이 된다. 천호재가 사용한 중간피동구문과 중간자동사구문의 용어가 (정도가) 중간적인 피동사(구문) 혹은 (정도가) 중간적인 자동사(구문)로 오해되기 쉬워서 필자 나름대로 정리하면, 타동사의 태변화가 무형교체로 자동사/중간동사로 갈릴 수 있고, 유형교체로 피동사/중간동사로 갈릴 수 있다는 것이 된다. 무형교체의 경우는 동일 형태가 타동사로도 자동사로도 중간동사로도 쓰이는 경우가 있게 되고, 유형교체의 경우는 동일 형태가 피동사로도 중간동사로도 쓰이는 경우가 있게 된다는 이야기다.

일본어의 경우는 무형교체로 중간동사가 이루어지는 경우는 현대는 거의 없고(주 1 참고) 유형교체로 (38)처럼 가능동사/피동사/중간동사가 이루어진다.

무형/유형교체의 태변화가 어느 부위에서 이루어지는지 곧 어휘적인 과정인지 통사적인 과정인지, 그리고 중간동사의 형성기제와 관련해서도 지금까지도 많은 이의 논의를 보아온 대로 내재 논항의 외재화 여부, 잠재논항의 성격, 어휘적개념구조와 논항과의 연결 방식, 후술하는 바와 같은 통사부의 병합연산과정의 실상 등 짚고 넘어가야 하는 일들이 많다.

천호재(2007: 337)에서는 일본어의 중간동사 형성기제를 1) 어휘부문에서의 타동사가, 2) 통사부문에서 자동사화 하고…, 4) 형태부문에서 형태적 재조정을 거치고, 3) 의미통사부문에서 비능격자동사와 다른 의미통사구조가 부여되고, 5) 음운부문에서 음형을 갖추는 단계로 나누어서 보고 있다. 따라서 중간동사의 경우는 통사부에 와서 그것도 비능격동사보다는 한 단계 뒤에서 이루어지고, 또 다음 단계에서 음형의 조정을 받아 형성되는 것으로 하고 있다.

형태부문을 통사부의 뒤에 자리하는 것은 분산(확산)형태론 (Distributed Morphology)의 주지(主旨)이다. 어휘부문의 음운자질(및 의미자질)은 나중에 삽입된다는 후기삽입(Late Insertion)의 가설에, 그리고 형태부문은 통사부문의 출력의 재조정기관이라고 하는 관점에 입각한다(森田 2005: 40).

술어의 기체와 파생의 단계를 후기에 실현된다는 데에 이견이 있을 수 있다. 초기에 무형/유형교체를 이룰 수 있고 중간태 형태소를 인정하게 되면 다른 태형태소와 단계를 맞출 수 있다. 설혹 다른 태형태소가 후기에 중간태 형태소로 전용된다 하더라도 그것에 수반하는 논항 도입과 관련되기 때문에 통사부에서 처리되는 것으로 생각될 수 있다. 그리고 천호재(2007: 319)에서는 자동사를 동작주 논항이 외재항이 되는 비능격동사와 대상 의미역이 외재항이 되는 비대격자동사로 구별하고 일본어의 중간자동사문 1.은 비능격동사와 동일의 음성형으로, 중간자동사문 2.는 비대격자동사와 동일의 음성형으로 되는 것이라고 하고 있다. 타동사→자동사→형태조정→음성형의 생성기제에서 동사의 구별에 따른 각 단계의 도출 과정이나 방식을 명시적으로 보일 필요가 있지 않을까 한다.

끝으로, 필자의 술어핵 병합의 술어형성과정으로 생각해보기로 한다.

파생어·복합어 등의 단어를 형성하는 일과 또 이 일에 참여하는 어휘적 접사의 일들은 어휘부의 운용이지만, 술어의 태의 변화를 주는 통사적 접사의 일은 통사적·의미적 구조체의 형성과 관련되므로 통사부의 운용이다.

논항구조가 서로 다른 타동사와 능격동사가 교체 없이 쓰이는, 그리고 능격동사와 중간동사가 교체 없이 쓰이는 무형교체의 경우도 일단은 제로 통사적접사가 기능하는 것으로 보고 있다.

(41) a. 차를 움직였다 (움직이-(∅ 교체)→타동사)
b. 차가 잘 움직인다 (움직이-∅ 교체→중간동사)
c. 차가 움직였다 (움직이-∅ 교체→능격동사)
(단 차를 의사동작주로 보았을 때)

무형의 통사적 접사가 작용하여 술어와 논항구조의 차이가 있게 된다.

(42) a. 그릇을 깼다. (깨-(∅ 교체)→타동사)

b. 그릇이 잘 깨진다. (깨-지 → 중간동사)

c. 그릇이 깨졌다. (깨-지 → 피동사)

(앞에서의 (∅ 교체)는 없을 수도 있다.)

(41) b.의 중간동사는 무형교체의 예로 영어가 이 유형에 속한다. (42) b.는 유형교체의 예인데 독일어처럼 어떤 다른 형태(sich)의 도움으로 되는 경우도 이 유형에 속한다고(Cho 1993: 445) 볼 수 있다. 그렇다면 한국어에는 무형교체와 유형교체의 두 가지가 있는 유형이 되는 것인데, 영어는 무형교체, 일본어는 유형교체(예전에는 무형교체가 있었던 것 같다) 한 가지의 유형과는 대조적이다.

무형이든 유형이든 형태교체의 단계는 V핵 확장의 Af핵의 단계로 본다. 무형교체의 '움직이다'와 유형교체의 '깨지다'의 예로 V-Af-$\mathscr{V}$의 술어핵 병합과정의 투사체를 보이면,

(43) a. b.

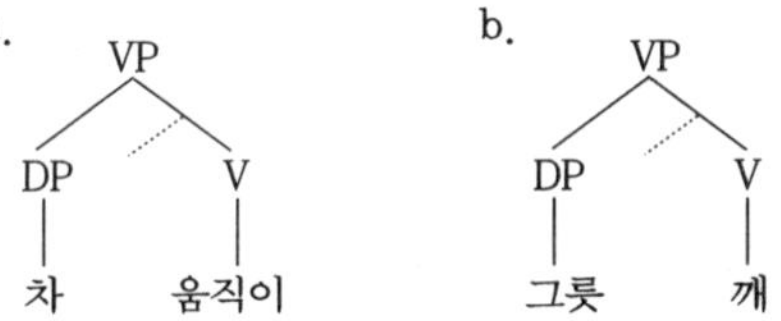

무형 형태이든 유형 형태이든 통사적으로 기능하는 접사핵 Af는 VP 투사체를 보(어)부로 수용하고 상대 논항을 지정어(외항)로 도입한다.

(44) a. b.

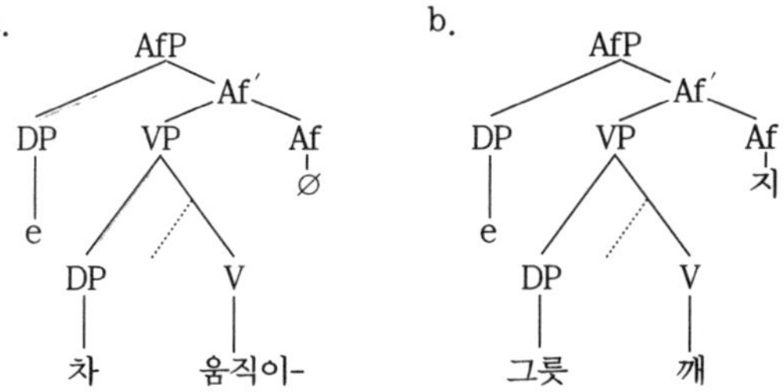

AfP의 지정어의 논항은 피동태의 경우는 사동주가, 사동태의 경우는 피동주가 도출되고, 중간태의 경우는 무형의 사동주가 도출된다. 잠재논항의 구실을 한다.

Fujita(1994: 190–)에서는 그 지정어의 ∅논항은 중간구문 파생의 VP_2의 Spec 자리, 능격동사 파생의 VP_2의 $Subj_2$ 자리가 그것에 상응한다. 그 자리는 주어 자리에 상당한 곳인데, Fujita에서는 중간동사의 경우 주어의 출현을 막고 내재 논항의 주어화의 자리로(동작주 논항을 보다 상위에 두고 잠재논항으로), 능격동사는 사동주의 자리로 도출하면서 잠재논항으로 하고 있다. Fujita의 VP_3- VP_2에 필자의 VP–AfP가 상응하는 형식이 되고 있다. 그리고 중간동사구문은 동작주 논항을 보다 상위(VP_1의 Spec)에, 능격동사구문의 사동주 논항은 하위 (VP_2의 Spec)에 두고 있는데 필자는 같은 위치에 두고 있다.

(45) a.

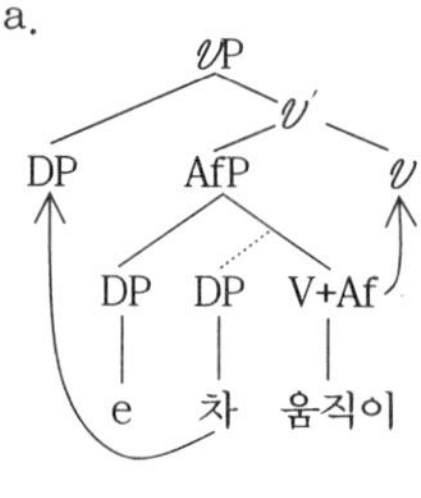

b.

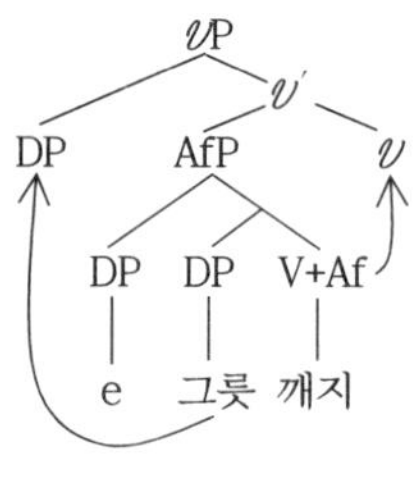

v핵이 도출한 Spec 논항 자리는 보통 동작주 자리로, Fujita는 이 자리에 중간동사의 잠재동작주 자리로 상위에 상정한 것으로 보인다.

필자는 v의 투사 단계에서 기본적 문의 골격이 이루어지는 것으로 보기 때문에 그 자리는 비워둘 수 없고 내재 대상논항이 이 자리를 차지하는 것으로 하고 있다. 그 기제는 술어핵의 병합과정에서 자연적인 구조조정 (가지치기)의 결과의 이동이다. [DP e]는 그 과정에서 떠 있는 처지가 되나 부가어로서 재생하는 여지를 남겨두고 있다.

(46) a.

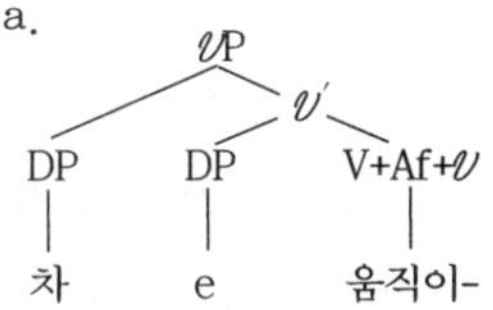

b.

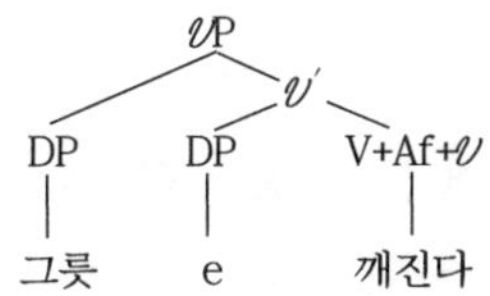

vP에서 술어핵병합체의 보(어)부의 DP가 사동주냐 피동주냐 또는 제로 논항이냐에 따라 피동태 아니면 사동태 또는 중간태의 구별이 있게 된다고 본 것이다. 그 중에 중간태의 경우는 v의 시제(필자는 시제핵 T의 투사(TP)는 따로 인정하지 않고 v 안에 내재된 것으로 보고 있다)는 단순현재시제를 취하고 '잘, 쉽게' 등의 양태부사가 부가어로 공기하는 통사적 구조를 이룰 때 형성되는 것으로 보고 있다.

여기서의 ∅DP를, Stroik는 앞에서 본대로 동작주 의미역으로서 VP 부가 위치에 있는 PRO로 보았고, Hoerstra와 Roberts는 VP내부주어 위치에 있는 pro로 보았다. 일반적으로 PRO는 부정절의 주어 위치에서 주절의 주어 또는 목적어의 통제를 받는데 무통제의 경우도 있다. 이 때는 잠재논항의 성격에 가깝다. 한편, pro는 지배되는 위치이면서 논항의 자리이다. 필자의 연산체제로는 (44)의 AfP의 지정어 위치에의 도입시는 pro와 같은 성격을 지니나, (45)에서 (46)에 이루는, 지배되지 않는 처지 (그냥 떠 있는 부가어와 같은 처지)가 되는 점에서 PRO와 같은 성격을 지닌다고 볼 수 있다. 필자로서는 V+Af가 도입한 논항이지만, 특정적이 아닌 부정적인 것 그리고 부가어적으로로 잠재했어도 무방한 것으로 해서 잠정적으로 e로 표기해 둔다. 처음에는 e는 누군가(아무나)의 뜻을 지니다가 나중에는 구조조정으로 누군가(아무나)에 의해서의 잠재적 뜻을 지니게 되는 것으로 본다.

어떻게 보면 피동주로서 대상논항의 어떤 상태변화를 겪게 된다든가 아니면 사동주로서 대상논항의 어떤 상태변화를 유도하는 듯한 중간적인 처지에 있다고 하겠다. 그래서 유형파생의 중간동사의 통사적접사는 피동사/사동사 (그리고 일본어에서는 피동사, 가능동사, 자발동사)의 그것과 동형의 것을 쓰는 경우가 있는 것으로 본다.

이러한 술어핵의 병합과정에서 이루어지는, 밑에서(앞으로) 쌓아올리기식 외에 선행 문맥 또는 화맥의 화제 또는 그와 관계없이 제시 · 제기되는 화제 또는 주제로부터 출발하는, 위에서 아래로(뒤로)의 전개식이 있다.

예컨대, 선행 문맥(화맥)에서 '그릇'이 그것도 그 속성이 화제(주제)가 되었을 때는,

(47)

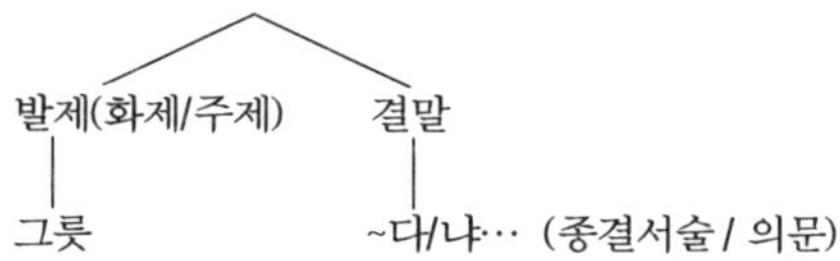

선행 화맥의 화제와는 무관하게 제시어로서 주제어로서 제시되면,

(48)

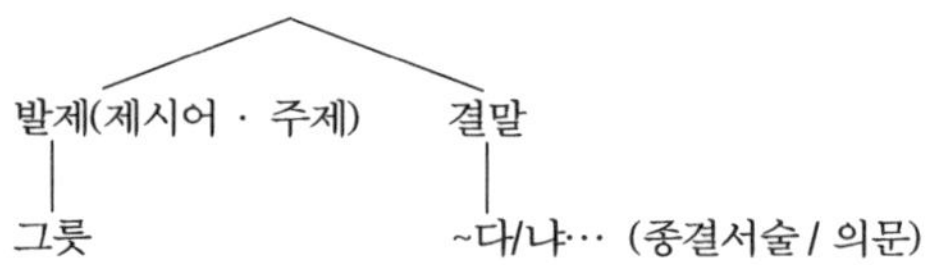

와 같이 화자(서술자)의 표현 의도(는/가 조사의 선택도 그 한 몫이다.)가 출발점이며 특히 긍정/의문/청유/명령/감탄… 등의 결말에서 표현 의도가 극명하게 나타난다. 또한 결말 부분이 소재부의 서술의 형태를 선택 · 결정하기도 한다. 어떤 술어는 기본형 그대로는 구별을 못하는 경우가 있고 그 경우는 보조술어의 도움을 받아야 한다. 청유 · 명령 · 감탄의 경우가 그렇다. 또한 소재부(핵문)대로의 주술 일치가 요구되므로 주부와 술부의 중심부도 필수적이다. 표현 내용을 구체화하는 소재는 술어핵이 투사하는 곧, 밑에서 쌓아올라온 $\mathscr{V}P(\rightarrow CP\rightarrow \mathscr{V}_2P)$구조가 되며 그것을 결말핵의 보(어)부로 수용된다.

(49)

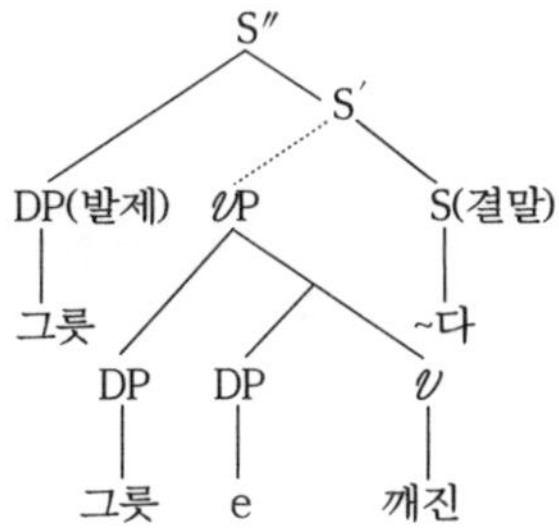

보(어)부로 수용된 𝓋P투사체는 (43)→(44)→(45)→(46)와 같이 구조 조정되면서 쌓아올라온 것이다. 발제의 DP와 𝓋P 지정어의 DP가 중복되는데 그 어느 하나가 없어져야 한다.

여기에는 여러 가지 기제를 생각할 수 있다. 발제가 뚜렷한 것이면, 𝓋P 지정어 DP는 발제의 DP의 성분통어하에 무형복사될 수 있고 또는 동일명사구를 삭제한 것으로 볼 수 있다. 현상문등 중립문의 경우처럼 발제가 뚜렷한 것이 아니면 오히려 VP의 지정어 DP가 발제(이 경우 문 주어)의 자리로 구조 조정이 된다고 볼 수 있다. 이는 인간의 언어생성의 과정은 외부세계(현상계)와의 접합, 내면세계(사고)의 움직임에 따라 여러 가지일 수 있다고 보면 여러 경로를 상정할 수 있다고 본다. 이는 술어핵의 θ-역할의 쌓아올리기로 이루어진 소재와 표현 내용의, 발제와 결말의 의도 구도가 합치됨으로써 문이 이루어지는 것으로 보는 것이다.

(50)

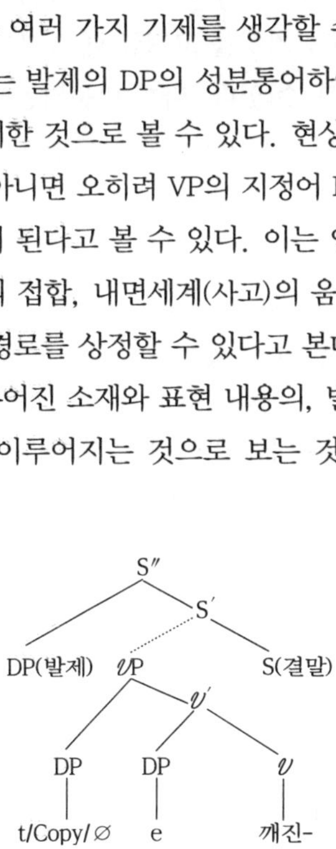

𝒱-S의 병합이 이루어지면,

(51)

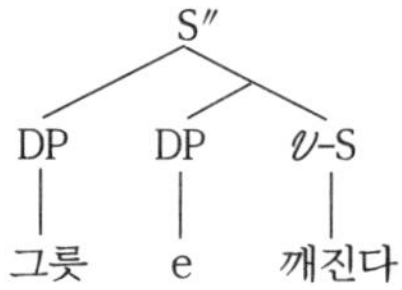

양태부사 예컨대 '잘, 쉽게' 등의 부가어가 어느 단계에서 어떤 위치에 도출되는가에 대하여는 𝒱P 투사체에서 V+Af+𝒱의 술어 병합체 앞 자리라고 본다. VP 투사체내의 부가어 위치도 생각할 수 있으나 그 자리는 장소, 시간… 등의 의미격의 DP가 올 수 있는 자리다. AfP 투사체내의 부가어 위치로도 볼 수 있으나 현재시제와의 공기성을 고려할 때 시제가 표시되는 𝒱의 투사체 𝒱P 내의 부가어 자리로 볼 수 있다. 다른 비능격동사도 비대격동사도 𝒱의 지정어 자리를 채움으로써 이루어진다고 본다면 모두가 𝒱P 투사체내에 골격(소재적 구성)이 형성된다 할 수 있다.

5. 제주방언의 경우

중간동사가 음형이 동일하면서 다른 태에 양용되는 것으로 보는 점에서는 제주방언도 공통어와는 크게 다른 점이 없다. 다르다면 단순현재시제의 형태가 공통어와 다른 면이 있다는 것과 가능태와도 동형이 된다는 것이다.

공통어의 단순현재시제는 여러 가지로 표현하기도 하지만 그 중심은 자음어간으로 끝나는 동사에 '는다'형이, 모음어간으로 끝나는 동사에 'ㄴ다'형이 쓰이는 것으로 본다.

그러한 방식에도 KⅠ동사는 거의 모음어간으로 끝나는 동사이고, KⅡ동사는 접미된 형태가 모음 또는 자음+모음 형태로 되어 있기 때문에 'ㄴ다'형을 취하는 것이 일반적이라 할 수 있다. 이에 대해 제주방언에서는 단순현재시제로 어간에 모음어미 아/어가 접미한 형식이 쓰인다(가(아), 잡아, 써(어) 접어…). 'ㄴ다, 는다' 형은 특별한 환경에서 쓰인다. 보문소와의 축약형태로, '간뎅(간다-고(/더라))), 먹는뎅(먹는다-고(/더라))…'식으로 쓰이고 종지법에서 상대방에 환기시킨다든지 강조할 때 강세의 '이'를 부가하여(나 간다이…)쓰이기는 한다.

어간의 동일모음 아/어의 부가는 해석 여하(원래 모음어간이 주류였다면)에 따라 어간 그대로가 동사였다고 볼 수 있다. 알타이제어에서 어간 그리고 접미사 없는 명령형만이 순수한 동사의 형식(Poppe 1965: 195)이라는 점과 공통성을 지닌다. 아이누어도 불변부의 어근 자체로 쓰인다(김공칠 2000: 198). 한국어, 일본어는 가변부의 a/ə 어미가 쓰이나 어간모음과 동일한 점을 주목할 필요가 있다. 제주방언의 경우도 모음동사도 어간 자체만 쓰였다기보다 불변부의 어간모음과 동일의 '아/어'가 부가되었다고 볼 수 있다(가 (아)). 그것은 자음동사의 경우 어간모음과 동일한 '아/어'가 부가되는 것과 병행적으로 생각할 수 있다. 아이누어는 자음동사도 어간 그대로 쓰인다.

몽고문어에서는 어근 그대로 쓰이지 않는다. 서술형 현재의 경우는 어미 −mui/−müi (모음동사 kelemüi 'say'), −umui/−umüi (자음동사, yabumui 'go')가 부가한다(Poppe 1954: 91).

제주방언에서의 '가미엥'(간다(고)), '먹으미엥'(먹는다(고))와도 관련될 성싶다. 또 선고전 몽고문어에서는 −m 또는 −mu/−mü 가 부가한다(yabum). 제주방언에서의 '감쩌'(가−고 있−어(요)(/네(요)), 간다(이)), '감서'(가−고 있−어(요)(/네(요)))에서 보이는 −m 형태와 관련되는 듯 싶다. 이 −m 형태는 다른 형태와 합성되어 지속상을 나타내기도 하므로, 이 두 예에서의 경우도 막 떠나면서 현재(부터 지속되는)와 미래에 걸치는 상의 측면을 나타내는 면도 없지 않다. 한국어, 일본어, 현대몽고어의 동사의 현재형은 미래에 걸치고, 튀르크어도 거의 마찬가지다. 아이누어는 아예 시제에 따른 어형변화가 없다.

이제 참고로 제주방언에서의 KⅠ과 KⅡ형의 현재형의 한 예를 보이면

(52)	움직이-	깨-지-
	나 움직여 (평서형)	나 깨져 (평서형) (가능의 뜻으로)
	움직여 (의문형)	깨져 (의문형)
	*움직여 (명령형)	*헤져 (명령형)
	느 ?움직여(서) (평서형)	느 깨져 (평서형)
	움직여 (의문형)	깨져 (의문형)
	움직여 (명령형)	*깨져 (명령형)
	가이 움직여 (평서형)	가이 깨져 (평서형)
	움직여 (의문형)	깨져 (의문형)
	*움직여 (명령형)	*깨져 (명령형) (-아/어 = ~는(/ㄴ)다/~아(/어)요)

KⅠ의 2인칭에서의 평서형은 종지법에서보다 연결법에 쓰이는 경우라 할 수 있다(너 가(다니)/가(고)/가(서)).

KⅡ의 2인칭에서의 명령형이 안 되는 예어의 '깨지-'는 피동/중간/가능의 형태가 되기 때문으로 보인다. KⅠ은 이에 대해 타동/자동/중간의 형태로 쓰인다. 물론 중간태의 경우는 명령형은 되지 않는다.

여기서 두 예어의 여러 태로 쓰이는 예를 보이면,

(53) a. 차가 움직여. (자동)
b. 차를 움직여. (타동)
c. 차는 잘 움직여. (중간)

(54) a. 그릇이 깨져. (피동)
b. 그릇을 깨져/깨진다. (가능)
c. 그릇은 잘 깨져. (중간)

(54) b.의 가능형은 일본어에서 말하는 능동적 가능표현에 상응한다. 단 일본어는 제주방언과 같은 대격은 취하지 않는다. (54) c.의 중간형은 일본어에서 말하는 피동적 가능표현 (中右 1991: 52 참조)에 상응한다.

영어에서는 중간태는 별명 의사피동문(pseudo-passive) 또는 능동 · 피동태(active-passive voice)로 불리우는데 그만큼 피동표현에 가까운 것이다. 그리고 능력이나 가능의 양상이 포함된다. (55) a., c.의 중간태가 b., d.와 같이 표현되어진다.

(55) a. The fabric launders well.
b. The fabric can be laundered well.
c. The wall paints quickly.
d. The wall can be painted quickly.

또 잠재논항을 표출시켜 표현할 수도 있다.

(56) a. The book reads well.
b. One can read the book easily.

이런 점에서 제주방언의 '-지-' 형태가 가능 · 피동 · 중간의 구실을 하는 것은 본유적인 것으로 보아진다. 한국어는 나중에 '~을 할 수 있다', 일본어는 '~をする事ができる' 식으로 변해간 것으로 보아진다.

여기서 참고로 부기할 것은 (53), (54)의 KⅠ, KⅡ형의 술어가 현재형으로 '-메'가 접미한 예를 보이기로 한다.

(57) a. 차가 움직이메. (자동)
b. 차를 움직이메. (타동)
c. 차는 잘 움직이메. (중간)

(58) a. 그릇이 깨지메. (피동)
b. 그릇을 깨지메. (가능)
c. 그릇은 잘 깨지메. (중간)

(57), (58)의 '-메'의 형태가 확인의 뜻이 부가되기도 하고 미래의 추량(推量)의 뜻이 부가되는 듯이 받아들여진다. '가이 가메' 의 경우는 '그가 갈거야'에 상응하듯 확인 · 미래 추량의 뜻이 분명히 담겨 있다. 고대일본어에서는 mu~mə의 형태가 어말에서(조동사로서) 미래적 추량, 일반적 추량을 나타내는 것과도 무관하지 않을 것이다. 몽고문어에서 보이는 mui, mu, 제주방언의 mi, me, 고대일본어의 mu, me가 현재에서 미래에 걸치는 종결서술의 말미에 쓰이는 것은 먼 옛적의 용법의 일부가 화석적으로 남아있는 것인지도 모른다.

6. 마무리

영어에서 확인되는 중간동사는 한국어, 일본어에도 존재함을 확인하고 제주방언의 경우도 나름대로의 특성이 있음을 고찰하였다.

먼저, 중간동사와 상대적인 다른 동사들과의 대비를 통하여, 중간동사는 원래 두 논항을 취하는 타동사지만 동작주논항이 잠재하고 대상논항이 (파생)주어가 되는 동사로 쓰이는 것으로 보았다.

동사의 분류에서 두 논항을 취하는 타동사와, 하나의 논항을 취하는 자동사로 나눌 때에 중간동사는 전자에 속하고 능격동사는 후자에 속하는 것으로 하지만, 양자는 모두 타동사의 짝이 있고, 중간동사가 논항 하나가 잠재하는 바람에 자동사화하여 결국 양자가 논항 하나만을 가지는 공통점을 지니게 된다.

그러나, 중간동사는 (파생)주어의 속성인 상태를 기술하고, 능격동사는 (파생)주어에 관한 사건을 기술한다. 또 중간동사는 단순현재시제로 쓰이면서 양태의 부사와 공기하는데, 능격동사는 그러한 제약이 없다. 그리고 중간동사는 논리적 주어가 잠재해 버린데 대해 능격동사는 원래 논리적 주어가 존재하지 않는 등등의 차이가 있다.

중간동사의 형성기제에 대하여는 크게 통사부에서의 변형에 의해서 혹은 어휘부에서의 변형에 의해서 형성된다는 의견으로 대별된다. 그 요점은, 전자에서는 능격동사는 어휘부에서 중간동사는 통사부에서 형성된다는 것이고 후자에서는 능격동사와 중간동사 모두 어휘부에서 형성된다는 것이다. 이러한 의견의 차이는 결국 어휘부와 통사부의 역할상의 영역상의 차이로서 어휘부를 확대하면 어휘부의 운용으로, 통사부를 확대하면 통사부의 운용으로 볼 수 있는 면이 없지 않다. 통사부 확대의 면으로 볼 수 있는 예가 Fujita의 분석이다. 최소주의분석에 의거하여 중간동사, 능격동사, 피동사 모두 통사적 운용으로 처리하고 있다. 동사상승에서 오는 술어부의 투사체의 차이, 동사의 태자질[+EN]이 명시적인가 제로인가의 차이, 대상논항의 이동경로 그리고 [EN]자질의 점검경로의 차이등으로 설명하고 있다. 어휘부 확대의 면으로 볼 수 있는 예로 Fagan에서의 어휘부규칙, Ackema와 Schoorlemmer에서의 어휘개념구조와 논항구조의 연결규칙, Hale와 Keyser에서, 그리고 정태구에서의 중간태 형성조건 또는 규칙 등을 보게 되면 동작주 논항의 잠재화, 대상 논항의 외재화 또는 중심참여자화 등의 조작은 통사부의 운영으로 확대된 느낌을 준다. Hale와 Keyser도 나중에 술어논항구조 자체는 통사부로 보고 있다.

문제는 잠재논항을 통사적으로 어떻게 나타내고 또 그것을 어떻게 표시하는가인데, 이에 대해 VP부가 위치에 PRO로 혹은 VP 내부주어 위치에 pro로 생기한다는 주장도 있게 된다.

한국어에서 영어의 경우와 같이 자타 공용의 동사가 있어 이들 중에 무형교체로 중간동사가 되는 것도 있고, 자타 공용이 아닌 경우 유형적인 교체로 중간동사가 되는 것도 있다. 현대일본어의 경우는 대체로 유형교체로 중간동사가 이루어진다. 한국어의 중간동사는 무형교체와 유형교체의 두 가지로 이루어지는데, 영어는 무형교체 한 가지, 일본어는 유형교체 한 가지로 이루어지는 다름이 있다.

한국어의 유형교체는 -이-, -히-, -리-, -기-의 접사로 피동태 · 중간태를 이룰 수 있고, 일본어의 유형교체는 reru/rareru형(보통 이를 조동사라 함)으로 피동태 · 가능태 · 중간태(자발태도)가 이루어진다. 단 5단동사의 가능태는 eru형이다. 그리고 일본어의 중간태는 가능태의 일종으로 그 특별한 경우로 보기도 하지만 구별은 짓고 있다.

중간태의 형성에는 술어핵의 병합과 이에 따르는 논항 도입의 연산과정을 명시적으로 나타낼 수 있어야 한다. 그 시도가 필자의 술어핵 병합의 술어형성과정으로서의 설명이다. 무형교체든 유형교체든 V(술어 어근)-Af(접사핵)-$\mathcal{V}$(핵문술어핵)의 단계(필자의 국면)를 거쳐서 그 골격이 이루어지는 것으로 보았다.

술어 어근 V와 접사핵 Af의 병합단계에서 접사핵의 성격에 따라 피동사/사동사/중간동사 등으로 갈리며, V-Af 병합체는 접사핵 여하에 따라 지정어 논항 자리에 동작주, 사동주, 피동주, 제로동작주를 도입한다. 피동문과 중간동사구문의 차이는 동작주(사동주)가 명시적으로 나타나는가의 여하, 명시적으로 나타나지 않아도 재생이 가능한 가의 여하에서 온다.

V+Af의 병합체와 $\mathcal{V}$가 병합하는 단계에서는 주어 논항이 도입되는데, 피동문은 피동주 또는 대상(의 이동으로)이 주어가 되고, 사동문은 동작주(사동주)가 도입되며, 중간동사문은 피동문과 비슷하게 대상 논항이 주어가 된다. 이 점에서 피동사와 중간동사는 가까운 사이다. 다만 중간동사는 $\mathcal{V}$ 안의 시제가 현재시제를 지녀야 하며 '잘, 쉽게' 등의 양태부사가 부가어로 공기해야 하는 통사적 · 의미적 제약이 있다.

이러한 술어핵의 병합과정으로 이루어지는, 밑에서(위로/앞으로) 쌓아올리는 식 외에 선행문맥이나 화맥의 화제 또는 그것과 관계없이 제시, 제기되는 화제나 주제로부터 출발되는 위에서(앞에서) 아래로(뒤로)의 전개방식이 있다. 후자에서는 화자(서술자)의 표현 의도가 출발점이 되어 발제 - 결말의 주부 – 술부핵의 기본틀이 짜여지고, 그 틀 안에 표현 내용인 소재가 합치적으로 수용되어 이루어진다. 선두 주어 논항과 발제와의 합치는 발제의 성격 곧 유제(명시적), 무제(제로 발제)에 따라 다름이 있다. 무제면 주어 논항이 그 자리를 채울 수 있고, 유제면 주어 논항이 무형복사되거나 동일 명사구삭제 등의 기제로 합치를 이룰 수 있다.

인간의 언어생성의 과정은 외부세계(현상계)와의 접합, 내면세계(사고)의 움직임에 따라 여러 가지이므로 여러 경로를 상정할 수 있다. 중간동사와 비능격동사(그리고 다른 동사들)도 소재적 구성은 $\mathscr{V}$P 투사체내에서 이루어진다고 하더라도, 선행문맥(화맥)의 유무, 혹은 현상계 또는 내면적 사고 여하에 따라 발제가 유제 또는 무제로 나타날 수 있다. 단 중간동사는 다른 동사와는 달리 현상적인 표현의 경우는 드물기에 유제적이다. 그래서 중간 동사구문의 주어가 주격인 경우보다 주제격인 경우가 제격인 것 같다.

제주방언의 중간동사도 무형교체와 유형교체의 두 가지 경우가 있다.

무형교체의 예로는,

(59) a. 차가 움직여. (자동)
　　 b. 차를 움직여. (타동)
　　 c. 차는 잘 움직여. (중간)

유형교체의 예로는,

(60) a. 그릇이 깨져. (피동)
　　 b. 그릇을 깨져. (가능)
　　 c. 그릇은 잘 깨져. (중간)

(60) b.와 같은 가능표현은 한국어의 공통어에서는 보이지 않는 것 같다. 일본어는 유형교체에 의한 가능표현은 있지만 제주방언처럼 대상이 대격을 취하지 않고 주격(대상격)을 취하는 점이 다르다.

제주방언의 '-지-' 형태가 피동 · 가능 · 중간의 구실을 한다는 것은 피동 · 가능 · 중간은 의미적으로도 매우 가까운 관계에 있음을 나타낸다고 본다. 영어의 중간태도 피동표현과 가능표현에 가까우며, 일본어의 경우도 마찬가지다.

제7장 격 실현 기제*

1. 격의 기능

격은 NP로 하여금 통사적 기능을 수행하게 하는 자질이며 범주 D(Determiner 결정사)로 표시된다. 이 D에 대해서는 NP를 보충어로 취하여 D'를 투사하고, 한정적 요소를 지정어로 취하여 DP를 투사한다고 하는 것이 종전의 견해였다((1) a.). 이에 대해 필자는 D는 NP를 외항으로 도입한다는 처지다((1) b.). 만일 다른 핵의 투사체를 내항으로 병합하는 경우가 있다면 그 병합체에 상응한 외항을 도입하는 것이 되어 결과적으로는 D-D'-DP의 3층이 되겠지만, 어디까지나 한 핵이 두 상대항을 도입하는 것은 아니고 하나의 상대항만을 외항으로 도입하는데 그친다는 처지다. 그렇게 되면 그 외항 곧 NP와 D 사이에 부가어를 내항으로 수용(부가)하는 경우는 없고 NP는 NP 나름대로의 투사체를 지니고 있으므로 필자는 D의 투사만은 D - DP의 2층으로 되는 것으로 보고 있다.

격은 NP의 통사적 구실을 결정하는 일을 하는데 그 격 표시는 기능범주의 D가 아닌 NP의 접사로 보는 이도 있다((1) c., d.).

* 이 글의 요지는 2005년 12월 17일 한국일어일문학회 동계학술대회에서 발표한 바 있다(김공칠 2005).

(1)

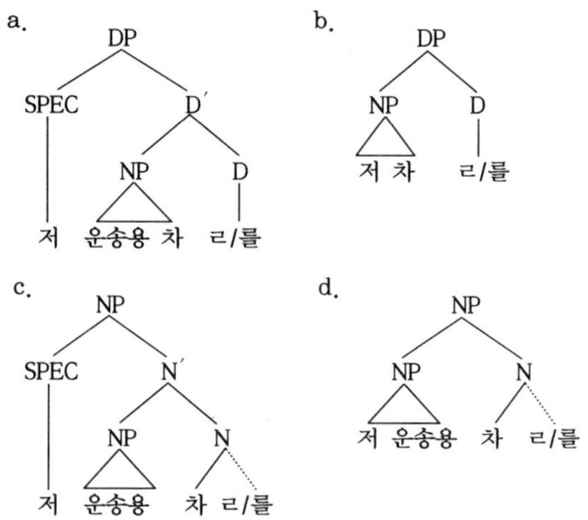

곧 (1) a.와 c.는 종전의 지정어-보충어-핵의 투사체계이며, b.와 d.는 외항과 핵의 투사체계이다. 접사의 경우는 점선으로 나타냈다. (1) a.를 (1) b.식으로 전개한다면 다음과 같을 것이다.

(2)

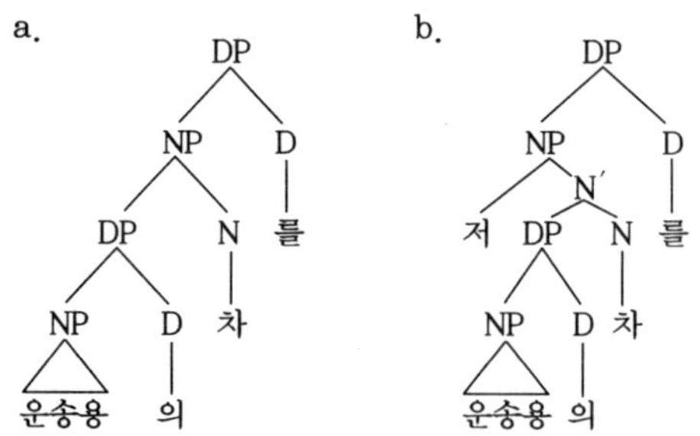

(1) c.와 같은 N-N'-NP 투사체계((3) b.)는 V-V'-VP 투사체계((3) a.)와 상응하는데서 이점이 있었다.

(3) a.

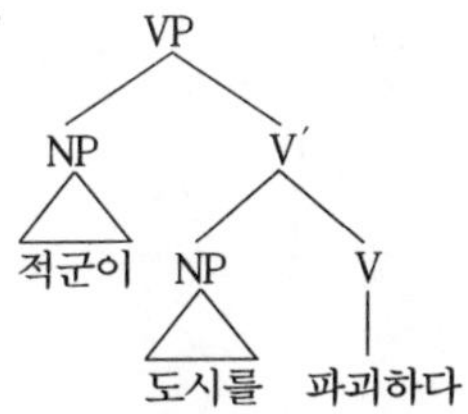

b.

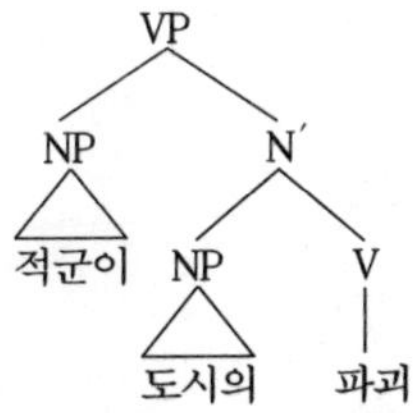

(3) b.를 (2)와 같이 전개한다면 (4) a.와 같고, 이는 (4) b.의 CP구조와도 어느 정도 상응하는 면도 없지 않다. D와 C는 자립적인 어휘범주 면보다 어휘범주를 기능하게 하는 기능범주 면이 더하다. D가 논항의 NP를 기능하게 하고 마찬가지로 C가 핵문의 *v*P를 기능하게 한다고 볼 수 있다.

(4) a.

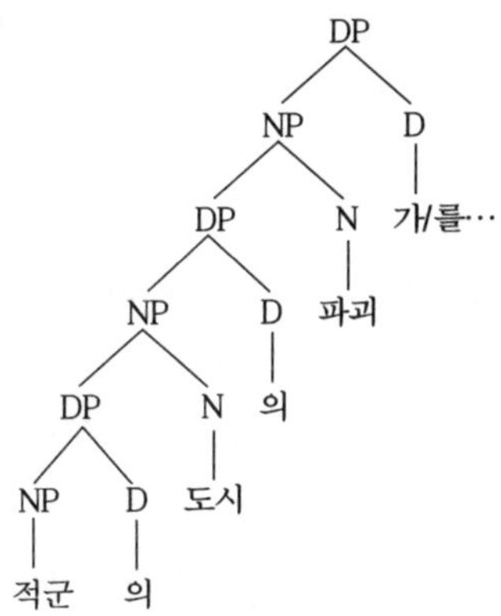

b.

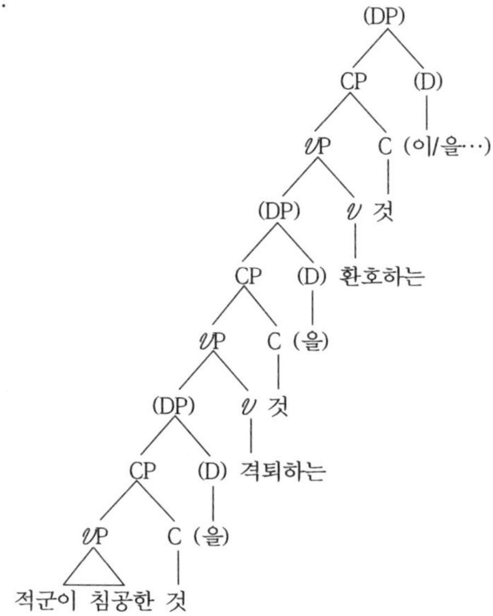

분지 범주 표시는, 두 개 또는 그 이상의 어휘항목이 함께 마디를 이루고 통사적 기능을 함께 한다고 보아 그것을 기술적으로 표시한 것으로, 뇌/마음에서 그러한 용어로 작동한다고는 보지 않으나 화자는 직관적으로 그 마디는 구별하고 있다고 본다. 다만 앞에서의 수형도상의 구별의 적부는 두고 볼 일이다. NP를 기능화하는 요소가 있느냐 없느냐, 있다면 그것은 어휘항목으로 존재하는가, 그것으로 존재한다면 실사적인가 접사적인가 하는 문제도 제기될 수 있다. 이것도 생각에 따라서는 분류 기술적인 일로 보아진다. 실체에 가깝게 다가서는 수순이며, 관점에 따라 다른 기술적인 용어로 바뀔 수 있는 일이다. 어휘 항목에 분지 범주 표지는 없는 것으로 보며 언어 연산에서 마디를 짓는 그 무엇을 기술적으로 나타내는 데 사용하는 것으로 보고 싶다.

(1) a.~d.에서의 범주 표시를 제거하면 소체 구조가 되는데 NP라는 용어는 몰라도 이 소체는 존재하고 있으리라 생각된다.

NP의 후위에서 NP의 기능을 결정짓는 격의 표지가 (1) a.~d.처럼 명시적으로 나타나는 경우도 있고 비명시적으로 나타나는 경우도 있다. 전자는 조사 또는 굴절어미 같은 형태로 나타나기 때문에 형태격이라 하고, 후자는 그러한 형태성이 없으나 형태격의 위치와 동일한 구조상의 위치에서 형태격과 동일한 기능을 수행하되 추상적으로 있기 때문에 추상격이라고 한다. 형태격과 추상격을 외현격과 내현격으로 달리 부를 수도 있다. 형태격과 추상격의 구별을 위해 Kuroda(1988: 317)는 전자를 case, 후자를 Case로 표기하였다.

(5) a. b.

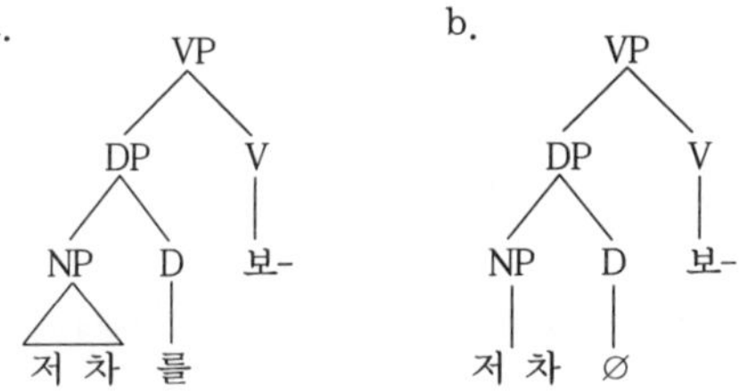

(5) a.는 목적격이 형태적으로 실현되고 있고 (5) b.는 추상적으로 실현되어 있다. 문제는 추상적으로 어떻게 목적격을 실현할 수 있느냐인데 그것은 (5) a., b.가 보이듯 V에서 직접 지배되는 구조적 위치에 있기에 가능한 것이다.

격표지가 형태적이든 추상적이든 주어, 목적어와 같은 문법적 관계를 나타내는 것을 구조격이라고 한다. 구조격은 어순이나 인접성조건 등으로 구조적으로 인식될 수 있기에 추상격으로 실현되는 경우가 많다.

또 많은 격형태가 구조격 이외에 의미역(할)과 관계되는 의미격의 경우도 많다. 의미격은 내재격이라고도 하며 내재적으로 의미 특징을 지니는 것이다. 종래에는 구조격은 NP의 일부로서((6) a.), 의미격은 후치사로서 후치사구를 투영하는 것으로 달리 보았다((6) b.).

(6) a. b.

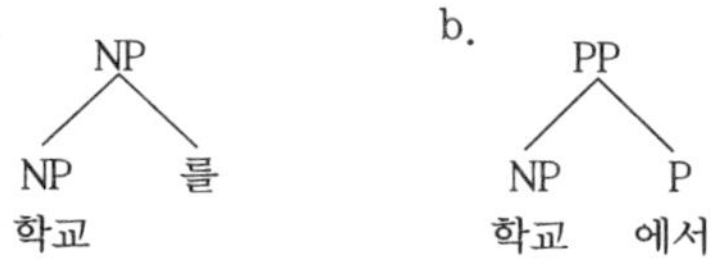

(6) a. 에서는 추상격으로 나타날 수도 있지만 b. 에서는 후접 부분이 생략되지 않는 것이 원칙이다. 제주방언에서는 그 예외가 보인다.

'집'이라는 명사의 방위를 결정짓는 데는 '에'라는 의미격의 조사가 반드시 부착해야 하는데, 다음과 같이 추상적으로 나타나기도 한다.

(7) a. 나 집 안 가.
b. 나 극장 갔다 완. (완=왔-다/어)

한국어의 전통문법에서의 주격조사, 목적격조사, 관형격조사들의 격조사는 형태적으로도 추상적으로도 실현되고, 그 이외는 반드시 형태적으로 실현된다. 격조사 중의 부사격조사 그리고 격조사가 아닌 특수조사의 경우가 그것인데, 그 대부분이 조사의 의미표시에 의존하는 의미격을 지닌다. 곧 조사가 NP의 의미격을 표시하는 것이다.

구조격조사의 경우는 통사적 관계를 나타내는 것이 주이기 때문에 통사적 조사(접사)라 할 수 있고, 의미격조사의 경우는 의미역을 표시하기 때문에 어휘적 조사(접사)라고 명명할 수 있다.

영어에서는 구조격은 원칙적으로 추상격(속격은 형태격의 경우가 있다)이 쓰이고, 한국어, 일본어는 추상격과 형태격이 쓰인다. 의미격은 영어, 한국어, 일본어 모두가 원칙적으로 형태격인데 영어는 전치사로, 한국어, 일본어는 조사(후치사)로 실현된다. 곧 NP의 자격 바꿔 말해서 문중에서의 구실은 NP에 부착한 조사(D)에 의해 확인할 수 있다. 영어도 그 전치사와 마찬가지로 조사(D)는 어휘목록에 등재되어 있고 D의 통사적, 형태적 특성이 수록되어 있는 것으로 필자는 가정한다. 그러한 특성을 지닌 D가 NP에 부착함으로써 NP의 격의 양상을 결정짓는다. 그러나 현실적으로는 영어가 추상격이기에 D구실은 관사 · 지시사류가 수행하는 쪽에 있다.

2. 격부여 기제

구조격에 대하여는 이전에 구조격조사 부가규칙이 제시된 바 있다. 일본어의 경우는,

(8) a. 문의 첫 번째 무표지의 명사구에 ga를 부가한다.

∅→ga in env. ## NP____

b. 다음에 무표지의 명사구가 있는 경우에는 그것에 o를 부가한다.

∅→o in env. ## NP____

(Kuroda 1979: 196)

(9) a. 무표지의 명사구가 세 개 있을 때, 왼쪽부터 두 번째 있는 것에 ni를 부가한다.

b. 주어에 ga를 부가한다.

c. 동사가 비상태동사면 동사의 바로 왼쪽에 있는 주어가 아닌 무표지의 명사구에 o를 부가하고, 동사가 비상태동사면 임의로 ga를 부가한다. (Kuno 1973: 330)

이상의 규칙은 문의 평면구조에서는 순서적으로 실현된다.

(10)

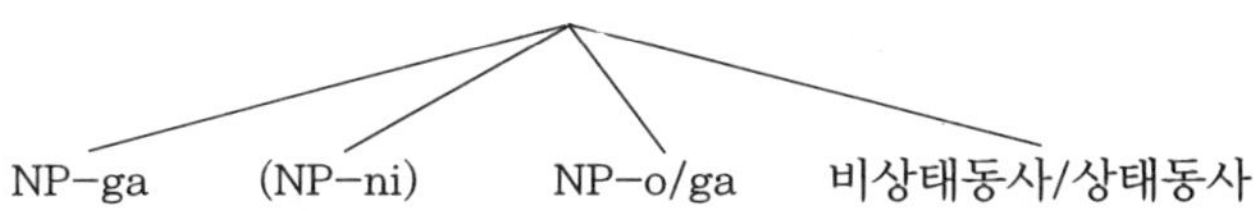

평면구조를 2분지 구조로 변환하더라도 첫 좌분지(지정어) 자리에 주격

이, 둘째 좌분지 자리에 여격/수혜주/사동자…격이, 동사에 인접한 좌분지 자리에는 목적격이 실현된다고 할 수 있다.

(11)

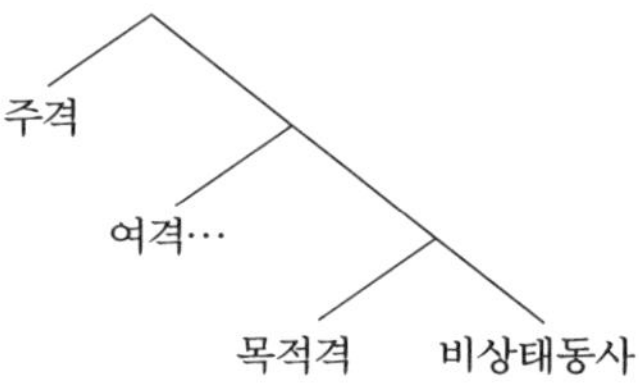

격의 실현을 원형적으로 파악하고 격부여의 간편한 기제로 활용될 수 있다.

형태격이 아닌 추상격인 경우는 다음과 같은 추상격의 부여규칙으로 바꿔 쓸 수 있다.

(12) NP-ka에 대해 NP-KA (또는∅)
주어-ka에 대해 주어-KA (또는 ∅)

일본어는 NP-GA /NP-∅, 주어-GA /주어-∅식이 된다. 발제 - 결말의 시발구조 안의 명제문에서의 수여동사문에서는,

(13) 삼춘(이) 나한티 용돈(을) 주언.

과 같이 구조격 부여규칙대로 생성된다. 발제가 만일 선행문맥에 나온 주제, 대조, 언급대상성(Aboutness)이라면,

(14) 삼춘(은) 나한티 용돈(을) 주언.

과 같이 주어는 주제격으로 실현된다. (13)과 (14)에서 직접목적어가 추상격으로 실현되고 있는데 주어(주제)의 경우도 가능하다. 비명시적인 추상격은 구성소의 생략 혹은 부가의 경우를 상정하면, 어순에만 의존하여 인지하는

것은 무리이다. 추상격이 부여되는 환경을 구체화하고 격부여자를 상정하고 그것과의 인접성조건 등을 규정할 필요가 있다.

영어의 경우에는 종전에는 다음의 격부여자를 상정하고 NP가 이들에 지배될 때 격이 부여된다고 하였다.

(15) a. I(NFL)　　주격 부여
　　b. V(타동사) 목적격 부여
　　c. P　　　　사격 부여
　　d. [$_{NP}$__X]　속격 부여
　　e. [__N]　　지배자의 속성 여하

(15) a.~d. 까지는 구조격이다.

a.의 굴절사 I는 동사구를 기능화하여 주술관계, 정동사문을 이루게 한다. Pollock(1989: 383, 397)에서 I를 TP(시제사구), (NegP), AgrP (일치소구)로 분리하였으나, Chomsky(1995: 352, 369, 377)에서 AgrP를 폐기하고 TP만 채택하였다. Agr의 기능은 T와 v가 대신하고 있다. 필자는 술어항의 병합과정에서 주어 외항을 도입하는 요소로 v_1와 v_2를 가정하고, T는 이것에 내포된 것으로 하고 있다.

d.는 다른 특정 격부여자가 있는 것과는 다르나 구조의 형상성에서 주어지는 점은 같다.

e.는 수여동사의 경우로서 두 개의 목적어 중 하나의 목적어에 주어지는 경우이다. 지배자(동사)의 속성에 의한다는 점에서 내재격(본유격)이라는 이름이 있다.

c.는 한국어에서는 상대적으로 후치사가 되는 것인데, 필자는 의미격조사(종래의 특수조사도 포함)로서 다룬다.

한국어의 여격에는 수혜주, 소동주 등이 있는데, 이는 수여동사문, 피동문 등의 술어 형성과 관련되는 점에서 -에(게)격(일본어 ni격)은 구조격으로 다루고, '바람에 쓰러지다', '집에 가다'의 '에'는 의미격(앞서의 (15) c.도 마찬가지)으로 구별한다.

영어와 한국어와는 다른 면이 있지만 이상과 같은 격부여 기제에 의해 NP에게 추상격이 주어지면(그리고 형태격이 부가되면) NP는 문장의 요소로서 기능화(활성화)하게 되는 점은 마찬가지다.

이를 단적으로 나타낸 것이 격어과(Case Filter)이다.

(16) *NP, if NP has phonetic content and no case. (Chomsky 1981: 49)

한국어나 일본어의 경우 격여과는 Case (추상격)/case (형태격)의 어느 하나도 주어지지 않는 경우 (16)이 발동된다고 보면 된다.

(16)은 음형을 지닌 NP는 격을 반드시 가져야 한다는 것으로, 격이 없는 NP의 출현을 방지하는 소극적인 의미보다는 NP는 음성적 형식과 격을 지녀야 기능할 수 있다는 적극적인 의미로 풀이될 수 있다. 그런 뜻으로 보면 격여과이기보다 NP 기능화(활성화)원리와 같은 것이 된다. 이와 관련된 Kuroda(1988=1992: 352)의 주장을 보면, 영어와 일본어의 근본적인 차이는 전자는 일치가 강요되고 후자는 강요되지 않은 차이에 있다 하고, 후자와 같은 언어에서는 Case Filter는 Case/case Filter로 대치되어야 한다고 한다. 논항 NP는 반드시 Case 또는 case에 의해 허가되어야 한다는 형태적 허가의 원칙을 제시하고 있다. Case는 영어에서와 같이 주어, 목적어의 격이 격표지 없이 격부여자에 의해 주어지는 것이고 case는 한국어와 일본어의 격조사와 같이 명시적인 격표지를 수반하는 것이다. 곧 Case는 필자의 구조격의 추상격이고, case는 필자의 구조격의 형태격이다.

일치 강요 여부에 대하여는 Kuroda(1988: 352)는 동사는 그 Max(V) 내에 그 논항을 투사해서(형상성 투영원리), (어떤) 기본범주인 X와 그것이 지배하는 Max(N) 사이의 자질 공유가 이루어지면 X-일치(X-일치의 원리)라 하고, 이 X-일치가 강요되는 언어인가 강요되지 않는 언어인가가 Parameter화된다고 하였다(일치강요의 매개변항원리).

3. 격인접성조건

한국어와 일본어에서는 형태격은 조사로 표시한다. 영어도 속격인 경우 비슷하다. 바꿔 말해서 조사가 NP에 격을 부여한다.

(17) a. 구조격. 1) 형태격 NP-격조사

2) 추상격. 한국어나 영어는 격부여자(조사)가 부여하는 것이 원칙이나 격부여자가 비명시적이기 때문에 그것에 인접한 술어핵이 확인(보증)한다.

NP (추상격) 격 확인자(술어핵)

b. 의미격. 영여) 전치사-NP 한국어) NP-의미격조사

(영어의 전치사는 [-N, -V] 범주이기에 가능한 것으로)

이처럼 필자는 격부여자와 격확인자를 구별하고 있으나, 추상격이 대세인 영어는 술어핵(필자의 격확인자)을 격부여자로 하고 있다.

영어의 격부여자와 피부여자 NP와의 관계를 나타내면(한국어는 영어와는 I′이하가 경상(鏡像)관계이다.), 영어는 한국어와 달리 범주에 따라 격부여 방향이 다른 데서 일관성이 결해 보인다. I의 좌방향은 발제-결말의 시발구조를 반영하는 듯하다.

(18)

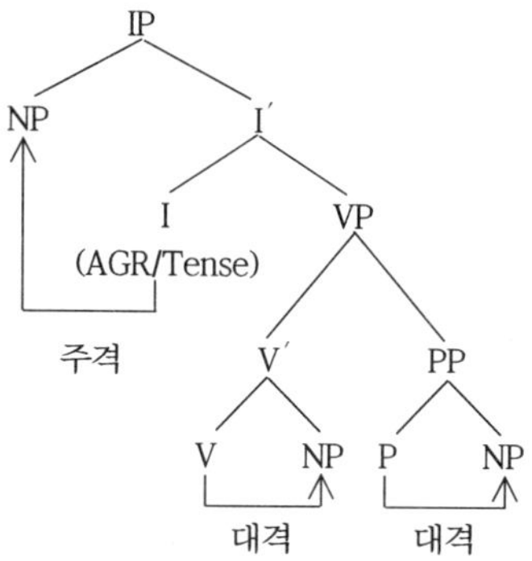

영어의 격부여자와 피부여자 NP와는 인접관계에 있다. 그래서 격(추상격)부여는 인접하는 NP에만이 가능하다는 격인접성조건(Case Adjacency Condition)이 제시된다. 한국어의 대격은 이 조건에 맞지만 주격인 경우는 후핵언어이므로 맞지 않는다고 한다. 필자의 주장대로 발제 - 결말의 시발구조대로라면 주어(주제)와 술어말미와는 자매관계가 되므로 여기의 조건에 위배되지 않는다고 볼 수 있다. 1술어핵 1항 도입의 견지에서도 마찬가지다.

여기서의 격부여(확인)자의 특성은 모두 [−N]의 자질을 갖고 있으며, 투사체의 핵의 자리에 있고 또 격을 받는 논항(NP)의 지배자가 되고 있다는 것이다. 지배의 개념은 M-통어 혹은 최소최대성분통어의 개념과 같다. (18)에서의 V → NP, P → NP는 성분통어, I → NP는 지배로 구별하기도 하나 모두 지배에 포함된다. (15) d.의 경우는,

(19)

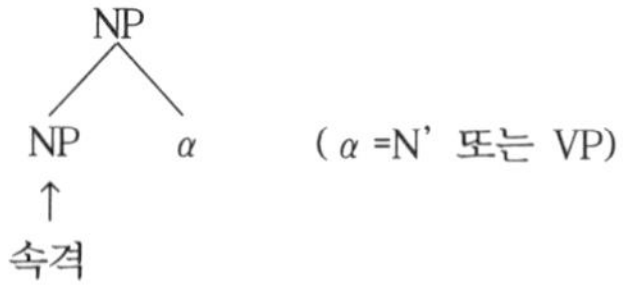

a) α가 N'의 경우. [NP[NP John's] [N' story of the king.]]

b) α가 VP의 경우. [NP[NP John's] [VP reading the book.]]

여기서는 α가 N' 또는 VP의 경우지만, 그 외의 구조에서도 올 수 있으므로 [NP__X]로 나타낸 것이다.

영어에서는 형용사는 격을 부여할 수 없다. 형용사는 [+N]의 자질을 지닌다.

(20) a. *I am proud <u>my teacher</u>.

b. I am proud of <u>my teacher</u>.

형용사는 격을 부여할 수 없고 전치사가 격을 부여하고 있다.

한국어는 이와 다르다. 그것은 한국어의 형용사는 단독으로 서술어 구실을 할 수 있기 때문이다. 형용사를 어휘범주로 인정하면 그 투사체는 동사의 경우와 같이 된다(형용사(A)를 상태동사로서 V에 포함시키기도 함).

VP 내부가설에 따르면 V핵의 투사체의 지정어 위치에 주어가 자리하게 되는데 A도 이와 준해서 그 투사체의 지정어 위치에 주어, 보어 위치에 대상어가 자리할 수 있다((21) a. b.).

(21)

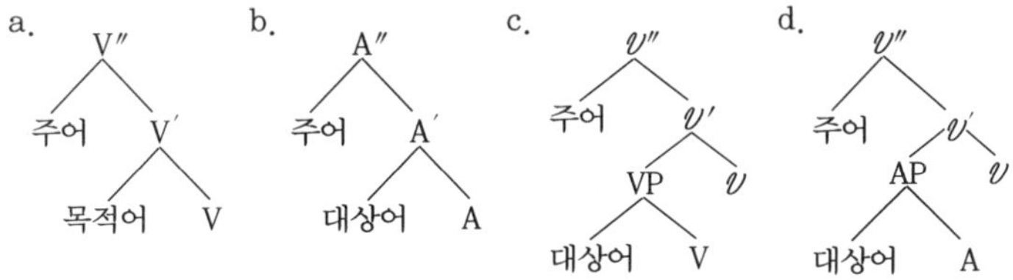

그 제도로는 V와 A의 직전의 대상에 격을 부여할 수 있으나 주어에는 격을 부여할 수 없다. 주어는 상위의 투사체의 외항에서 외항 – 핵 관계를 이루어야 한다. 필자는 술어핵은 하나의 대상항(외항)을 도입하는 처이지므로 (21) a., b.는 c., d.의 구도를 취한다고 본다.

4. 제주방언의 예

이상, 영어에 준한 격부여기제와 조건을 보았지만 제주방언의 경우는 그 적용에 문제점이 있는 것으로 보인다.

먼저 어순에 의한 부여는 원형적이다.

(22) a. 나(#)밥 먹엄쩌. (여기서(#)는 휴지가 있을 수도 없을 수도 있다는 것인데, 없는 경우 속격으로 잘못 인식될 수 있다) (먹엄쩌=먹고 있-다/어요)

b. 나 가이한티 손목 젭현. (젭(~잽)현=잡혔-다/어)

의 경우는 격조사 (형태격/추상격)부가 규칙대로 간명하게 처리된다.

그러나, 다음과 같은 주변형이 있게 되면 무리가 생긴다.

(23) a. 밥 나 먹엄쩌. 가이한티 나(#)손목 젭현.

b. 밥 먹엄쩌. 나(#)손목 젭현.

물론 격은 의미역과 관련되어 있어서 (24) a.처럼 인지되지 아니하고 (24) b.처럼 뒤섞기의 연산을 직감할 수 있다.((24) c.는 제로 성분을 연산)

(24) a. *밥(주어) 나(대상) 먹엄쩌. *가이한티(주어) 나(의)손목(대상) 젭현.

b. 밥 나 t 먹엄쩌. 가이한티 나 t 손목 잡현.

c. 나 ∅ 먹엄쩌. ∅ 밥 먹엄쩌. 나 ∅ 손목 젭현.

PF에서의 어순조정기능이나 LF에서의 내면적인 의미해석기능에 의해 올바르게 문의 기능을 파악한다고 볼 수 있겠지만, 앞서의 부가규칙은 표면의 어순에만 의존하기 때문에 한계성이 있다. 시발구조인 발제 - 결말의 테두리 내에서 격의 부가가 LF해석에 합치되도록 의미역할도 고려한 규칙으로 수정되어야 한다. 그렇다면 격(조사)은 비해석적인 자질의 것이 아니고 문의 의미 해석에 요긴한 해석적 자질로 보아야 한다.

구조격이 추상격으로 나타나는 것은 영어와 별 다름이 없다. (15) e. 경우의 영어의 이중목적어 구문에서의 내재격(본유격)은 다루지 않는다. (10)의 예와 같은 패턴인 다음의 (25)에서,

(25) a. 나 가이(한티) 연필 주언.
b. 나 연필 가이(한티)주언.

간접목적어는 일반적으로 형태격이 부가되는 의미격으로 볼 수 있으나, (25)에서처럼 추상격으로 나타날 수 있고 또 필수논항인 점에서 구조격으로 볼 수 있다. (25) b.는 pause나 탁립(卓立)에 따라 의미가 달라질 수 있다. 영어도 간접목적어는 구조격과 의미격(전치사 수반시)의 양면으로 볼 수 있다. 대명사인 경우 격 표지가 있고 어순이 직접목적어보다 뒤에 올 때는 전치사가 부가되는 것을 보아도 그렇다. 간접목적어는 수여동사문 구조의 골격의 일부분이므로 그 격은 구조격 쪽에 더 가깝다. 형태격인 구조격이나 의미격의 경우도 조사가 NP에 격을 부여한다. (25)에서 '-한티(안티)'라는 조사가 선행 NP가 여격임을 나타내주는 것이다.

(26) a. b.

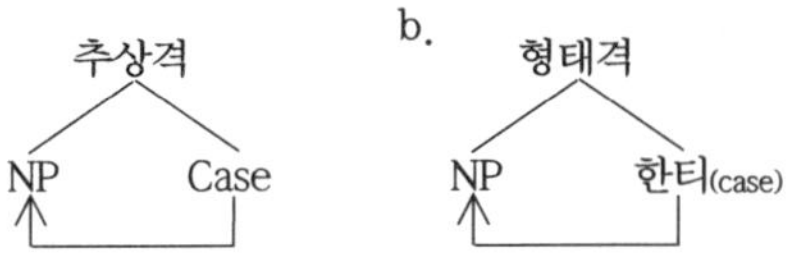

전술한 바와 같이 추상격은 형태적으로 보장받을 수 없기 때문에 형상적인 문법구조상(출어핵과의 인접)으로 보장받을 수밖에 없다.

(27)

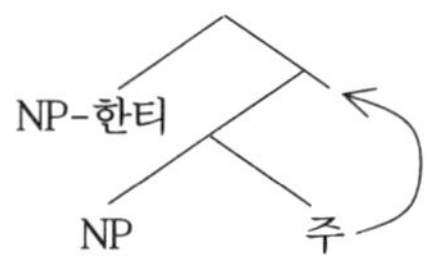

수여동사는 술어형성과정에서 제주방언의 경우처럼 예외는 있으나 형태격의 구조격을 필수적으로 도출한다고 본다. 다음의 단순한 의미격과는 구별된다.

(28) 나 가이한티 감쩌.

'감쩌' 라는 술어는 '가이한티' 의 향격을 필수적으로 도출한다고 보기 어렵다.

5. 격부여자 D

지금까지 보아온 대로 한국어와 일본어같은 언어에서의 격 실현 기제는 두 가지 양상을 지닌다고 볼 수 있다. 구조격의 형태격이나, 의미격의 경우는, 격부여자는 형태적으로 명시된 조사이며, 구조격이 추상격의 경우는 형태적인 명시물이 없기 때문에 ∅조사를 구조적으로 뒷받침해주는 다른 요소가 있어야 한다. 곧 그 요소의 구실은 추상격의 NP에 가장 인접한 술어핵이 맡는다고 본다.

어떻든, NP는 자신을 기능하게 하는 요소 곧 조사가 있어야 하는데 그것은 형태적이든 추상적이든 그 요소를 D(Determiner)로 일단 표시한다. C(Case/case)로 표시할 수도 있으나, 영어에서 통용되는 COMP의 약자와 혼동이 될 수 있어서 D로 쓴다(D도 C도 아닌 K를 쓰기도 한다). 선핵언어인 영어의 D와 후핵언어인 한국어의 D와는 경상관계에 있다((42) a. 참조).

그러나, 생각에 따라서는 본래 D는 후핵일 가능성이 있다((42) b. (45) 참조). 구조격의 경우,

(29) a. 추상격 b. 형태격

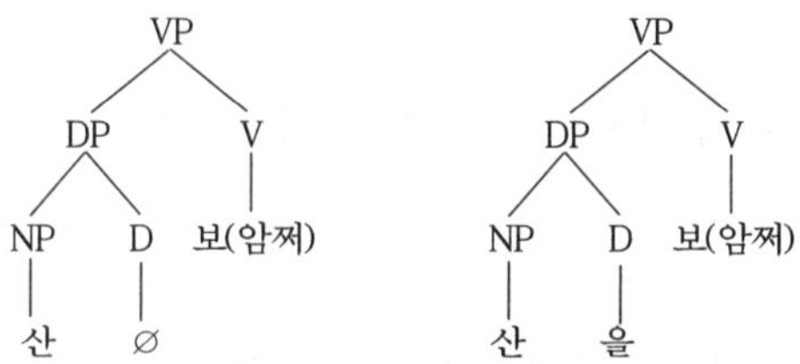

(29) a.에서의 D가 ∅이며, 최근접핵은 V이다.

의미격의 경우는,

(30)

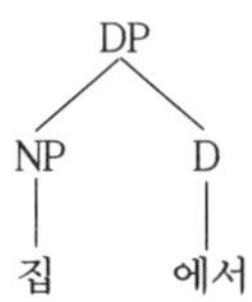

의미격은 그 이름대로 형태격의 의미에 크게 의존하며, 도출과정에서의 격표지의 실현도 구조격보다 앞서는 면도 있어 종래에 심층격이라 불리기도 하였다. 또 격과 의미의 양면을 지닌다는 의미에서 특수조사, 그리고 동사에 선행하여 동사를 한정수식관계를 이루는 점에서 부사격조사라는 이름 등도 있었다.

이렇게 의미격조사는 격조사와는 특성상의 차이를 보여 주므로 의미격조사를 후치사 P로 따로 세우기도 한다.

(31)

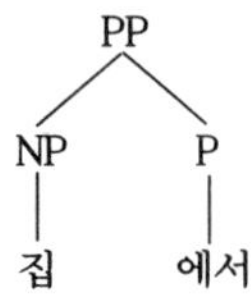

의미격의 추상격은 특수한 경우 외에는 나타나지 않으므로 의미격에는 추상격 부여자 I, 혹은 V, $[_{NP}\_\_\_X]$ 등을 설정할 필요는 없다.

구조격과 의미격은 여러 면에서 특성상의 차이는 있지만 결국 NP를 활성화시키는 기능범주인 점에서 동일하다. 이 두 가지를 구별해서 다룰 것인지 함께 다룰 것인지 의견이 갈리겠지만, 필자는 모두 함께 D로 통합하고 그 형태상, 의미상의 차이는 형태론의 문제로 다룰 것을 생각하고 있다.

D가 나름대로의 격자질, 형태자질, 의미자질을 지니고 그에 상응한 NP에 접합(선택)하면 NP는 D의 그러한 자질에 의해 기능한다는 것이다. 구조상의 문법기능에 상응하는 것은 구조격이, 술어의 다양한 의미역(할)이나 한정 - 피한정관계에 상응하는 것은 의미격이 구실을 하게 된다. 그렇다면 종전에 격부여자로 생각했던 것들은 D가 NP에 부여한 격을 구조적으로, 의미적으로 보장되는가를 확인하는 점검자 구실을 하는 것으로 보게 된다.

종전에는 NP 밖에서 격부여자가 NP에 격을 부여한다는 기제(게다가 또 다른 요소가 그것을 점검한다는 것)를 취했던 것과는 달리 어휘부에 형태적으로 저장되어 있는 기능범주(조사)가 NP를 선택함으로써 기능화하는(격을 지니는) DP를 형성하고 그 적부를 가리는 격점검은 그 DP를 도출하는 최근접의 술어형성핵이 하는 것으로 필자는 보고 있다.

앞에서 범주 D의 형태는 구체적으로는 형태론에서 다루어야 할 문제라고 언급하였다. 구조격은 형태격이든 추상격이든 NOM, ACC_1(DO), ACC_2(IO), GEN이 예거되고, 의미격은 원칙적으로 형태격으로 부사격조사와 부조사로 예거되는데, 그들의 형태상의 의미와 용법은 다양하다. 그 예시가 형태론의 분야이다.

예컨대, 영어의 of는 마땅히 뒤에 오는 NP(DP)에 의미역을 부여하는 요소이어야 하지만, 실지는 기능적 요소로서 의미 부여에 관한 한, 아무런 힘이 없는 것 같다고 (Roberts 1997: 88) 하지만, 전치사로서 어휘범주로 분류되는 이상 속격의 어휘적 의미도 지닌다고 본다. 영어사전에서의 of의 다양한 용례 기술에서도 알 수 있다. 어휘범주든 기능범주든 언어형식인 이상 음형과 의미를 지니며, 다만 그 의미가 어휘적인 것에 치중되는가 기능적인 것에 치중되는가의 다름이 있을 뿐이다. of는 전치사로서 NP(DP)와 NP(DP)(형용사, 동사, 부사와의 연결도)의 연결어의 기능을 하면서 다양한 의미를 자아내는 요소이다.

한국어의 속격 '의'인 경우 다른 구조격처럼 형태격과 추상격으로 나타난다. '돌의 모양', '돌 모양' 등이 그 예이고, 일본어는 속격의 'の'는 부가되는 일이 보통이므로(石の模様), 의미격 혹은 내재격의 성격이 있어서 구조격이냐, 의미격이냐의 의견의 갈림이 있을 수 있으나(三原 외 2006: 24), 문 구조의 중요한 부분을 차지하기 때문에 필자로서는 구조격으로 다루고 싶다. 어느 경우든 동일한 형태 혹은 형상성에서도 전후의 NP의 의미 여하가 자아내는 소유, 관계, 재료, 행위자, 시간, 소속, 대상 등의 관계의 기술이 고려되어야 한다.

제주방언에서는 속격의 음형자질도 각양이다. 앞서의 '돌의 모양', '돌 모양'의 표현도 쓰나 다만 음형 '의' 를 피하고 '이' (사람이 도리), '에' (사람에 도리)등으로 나타나기도 한다. 본래 속격은 (15) d. 대로 $[_{NP}__NP]$의 구조적 형상성에서 주어지는 추상격으로 보아지나, 선행 NP에 형태적으로 명시할 필요가 있는 경우 나타나는 것이 아닌가도 싶다.

6. 격의 일치술어핵

먼저 주어 특히 절주어의 경우를 보기로 한다. 격에 추상격이 있듯이 NP

에도 추상형이 있다. 소위 NP의 공범주가 그것인데 비정형절의 주어 PRO가 그 한 예다. 곧 영어에서는 정형절의 주어와 비정형절의 주어의 격이 다른 양상으로 나타난다고 하나, 한국어의 경우는 그러한 구별상의 격 차이는 없는 것으로 보인다. 다음의 영어의 경우에,

(32) a. 정형절

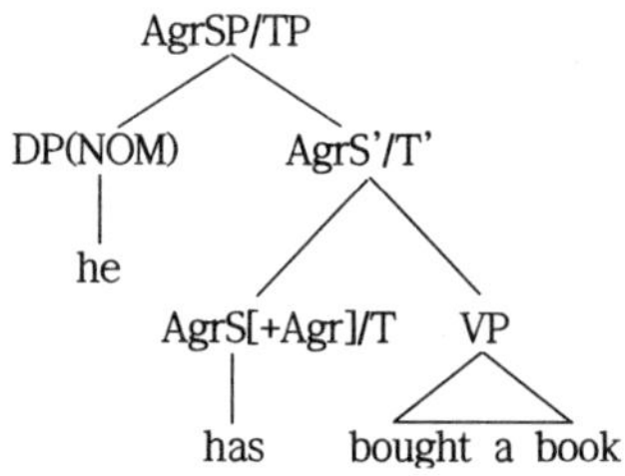

b. 비정형절

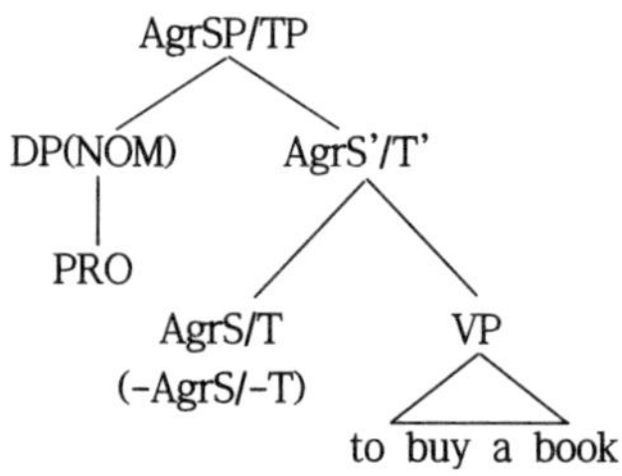

V의 최대투사 V″(VP)에서의 외항(지정어)에 주어가 기저적으로 자리를 차지한다(VP 내부주어가설). 그러나 이 이론은 여타 논항의 도출의 여지를 위해 V″ 상위에 또 하나의 투사체 *v*″(*v*P)를 두어 그 지정어 자리에 주어가 자리하도록 이론이 바뀌기도 한다. 그 어디든 기저생성된 주어, 목적어 등의 논항이 그 해당격을 받기위하여는, 또 그보다도 격의 일치를 확인받기 위하여는 그러한 구실을 수행하는 일치소구와 어울리는 자리로 이동한다는 기제를 가정하기도 한다. (32) a.에서는 VP(또는 *v*P)에 있던 주어가 주어 일치소구(AgrS/T)와의 합치를 위해 그 최근접의 위치 곧 AgrS의 지정어 위치로 이동하여 있다. 주격뿐만 아니라 목적격도 마찬가지다. 목적어 일치

소구(AgrO)를 따로 세우면 그와 어울리는 자리로 이동한다. 이러한 기제의 가정은 술어형성과 논항 도출을 복잡하게 하는 단점도 있고 해서 일치소구 특히 목적어 일치소구를 따로 내우지 않는 경향이다.

AgrS는 주어의 일치소구를 따로 세웠을 경우의 예다. AgrS가 [+Agr]의 경우와 T가 [+Tense] 인 경우에 그 지정어 위치에 있는 DP에 주격이 부여(또는 확인)된다는 것이다. AgrS가 [−Agr]또는 T가 [−Tense]의 경우에는 그 지정어 자리에 있는 DP는 PRO가 된다는 것을 (32) b.에서 보여준다.

AgrS나 T는 주어 일치소구 또는 시제구의 핵이며 그것은 동사와 주어를 일치시키는 φ자질(φ−feature)을 지닌다. 정형절에서는 현재3인칭단수의 φ자질이 주어 'he'와 일치하고 있으나, 비정형절에는 그러한 자질이 결여되기 때문에 명시적인 주어가 나타날 수 없다. 공범주인 PRO만이 나타날 수 있다. 공범주는 격여과에 저촉되지 않기 때문이다(PRO자체가 추상격을 함유한다고나 할까).

한국어의 경우는 어떻게 되는가? 영어의 경우는 φ자질이 AgrS나 T에 있다고 보지만, 한국어의 경우 굴절소 곧 술어의 활용형에 있다고 보기 때문에 영어의 정형절/비정형절의 구별이 한국어(제주방언도)에는 엄격하지 않다. 일치소구가 따로 없거나 시제구가 따로 없어도 술어의 활용형이 일치소 구실을 하기 때문이다. 따라서 술어핵 $\mathcal{V}(\mathcal{V}_1, \mathcal{V}_2)$가 주어의 격과의 일치핵이 된다.

(33) a. 철수(는/ㄴ/가) 영희한티 [PRO 떡(을) 사게] 헤연.
b. 철수(는/ㄴ/가) 유학(을) 가기로/갈 걸로 pro 절심헤연.
c. 철수(는/ㄴ/가) [영희(가) 떡(을) 사게] 헤연.
d. 철수(는/ㄴ/가) [PRO 유학(을) 가기로/갈 걸로] 절심헤연. (절심=결심)
e. 철수(는/ㄴ/가) [PRO 유학(을) 가켕] ᄀᆞ란. (ᄀᆞ란=말하였−다/어), ~켕=~겠다고)

(34) a. 철수(는/ㄴ/가) [영희(가) 유학(을) 가기(를/ㄹ)/갈 걸] 원해여.
b. 철수(는/ㄴ/가) 영희한티 [PRO 유학(을) 가도록/가렝] 권해여.
(~렝=~라고)
c. *철수(는/ㄴ/가) [영희가 유학(을) 가기로/갈 걸로] 원헤여.
d. *철수(는/ㄴ/가) [영희(가) 유학(을) 가기로/갈 걸로] 권헤여.

(35) a. 철수(는/ㄴ/가) 영희한티 [PRO 유학(을) 가게] 헤연.
b. *철수(는/ㄴ/가) 영희한티 [PRO 유학(을) 가게] 원헤연.
c. 철수(는/ㄴ/가) 영희한티 [PRO 유학(을) 가도록/가렝] 권헤연.
d. *철수(는/ㄴ/가) 영희한티 [PRO 유학(을) 가도록/갈 걸로] 졀심헤연.

(33) b., d.의 '가기(로)'는 일반적으로, 비정형으로 보지만, PRO를 취하기도 하고 명시적 주어를 취하기도 한다.

(34) c., d.의 가기(로)(/갈 걸로)는 모두 비문이 되고 있는데 그것은 술어형성과정에서 보문술어와 주문술어의 의미 합치가 이루어지지 않기 때문이다. '가기로' 다음에 '했다' 또는 '결심했다.' 와 같은 말이 이어져야 된다고 본다. 그 말은 구조 도출에서 술어형성과정과 논항, 명제의 의미상의 합치가 중요하다는 것을 말한다. (35)의 경우도 구조상은 동일한 양상이나 보문술어와 주문 술어의 합치관계까 중요하다는 것을 보여준다. (34), (35)에서의 비문은 곧 의미구조적인 문제다. '무엇을~원하다', '~하도록 권유한다', '~하기로 결심한다'와 같이 술어형성과정이 어울려야 한다. 그렇지 않으면 비문이 될 수밖에 없다.

(33) d.는 보통 비정형절, e.는 정형절이라 하는데 한국어의 AGR은 활용형으로 본다면, 또 활용형에는 시제가 ∅형태든 명시형태든 내포된 것이면 d., e.의 병존이 유별한 것은 아니다. 한국어의 PRO는 정형절(pro로 보기도 함)과 비정형절의 관계 없이 절의 주어 자리가 비어 있고 선행 논항에 통제되는 관계에서는 성립하는 것이라고 볼 수 있다.

이러한 PRO의 성격에 대하여 논의의 여지가 많으나(제2장 4절 참조), 대체로 다음과 같이 정리된다.

(36) a. PRO는 어휘목록에 등재되어 주문 논항의 보문 논항에의 복사용으로 사용된다. 술어와의 일치로 격(제로격)을 지닌다.
b. 영어는 비시제절의 주어의 환경에서만 실사의 주어를 실현시키지 못하고(실현하였더라도 금방) 주절 논항이 도출되어 그 통제관계에 있게 되면 PRO(복사물)로 실현되다가 삭제된다.
c. 한국어의 경우 시제절, 비시제절의 관계없이 실사의 주어가 실현되고 b.의 복사 또는 삭제도 적용될 수 있다.
d. 발제의 NP와 명제부분의 주어 부분이 동일하게 중복할 때 명제 주어가 PRO로 복사 실현된다((37) d.).

일례를 보이면,

(37) a. 철수(는/ㄴ/가) [(∅/PRO) 국수 먹켕] ᄀ랑게. (ᄀ랑게(↔ᄀ란게)= 말하-였어/더라)
b. John tried (∅/PRO) to leave.
c. 철수(는/ㄴ/가) [(∅/PRO) ∅/pro 먹켕] 고집부려.
d. [철수는] [∅/PRO 영희보담 훨씬 성적이 좋아서].

공범주도 문법적 기능을 수행한다고 보면 그러한 문법적 기능의 수행에는 반드시 구조격으로서의 추상격을 지니고 있어야 한다고 본다. 그래서 PRO는 제로격(Zero Case)을 지닌다고 말할 수 있다. 그렇다면 PRO는 제로 NP의 제로격의 복합체라는 특수한 공범주가 될 것이다. 그것은 영어인 경우 비정형절의 주어 위치에만 나타나기 때문에 제로주격의 특정성을 지닌다. 이 제로주격은 [−Agr/T]가 부여하였다고 하기는 곤란하다. 아무리 구조상의 제약을 엄격히 가한다 해도 제로요소가 제로격을 부여하기는 곤란할 것이다. 여기서 술어와 지정어의 상응관계 곧 일치관계로 설명을 시도할 수 있다. 주어 자체는 확대투사원리에 의해 비워둘 수 없으니 한국어에서는 핵문은 $\mathcal{V}_1$, 보문이 내포된 경우는 $\mathcal{V}_2$가 내현적/외현적 주어를 도입/유인하여 일치를 이룬다는 것이다.

다음은, 영어의 속격 's의 통사적 지위에 대해 생각해 보기로 한다. 여기서, 예를 Roberts (1997: 67)에서 빌리면,

(38) a. the cat's miaow.

b.

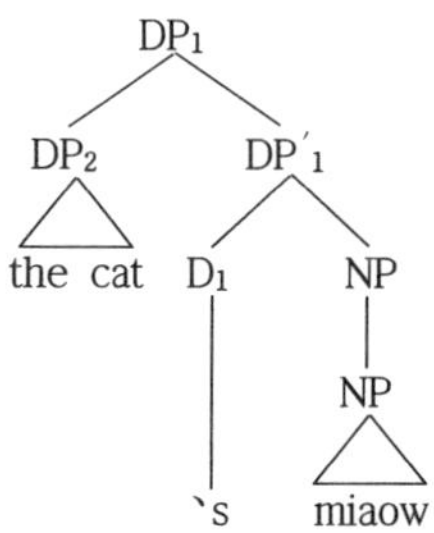

(39) [$_{NP}$ the man I met yesterday]'s dog.

(38) b.는, IP의 구조와 병행되는 점에서 또 D의 핵의 지정어와의 일치에 의해서 지정어의 속격이 부여된다는 점에서 일반적으로 받아들여지고 있는 것 같다.

그러나 두 기제는 성격이 다르게 받아들여진다. IP의 경우는, I는 보(충)어와 병합하는데 DP의 경우는 D는 지정어와 병합하는 처지다. I는 비해석적인 격자질을 내포한다 하더라도 그것도 점검에 이용되는 것으로 그 자체가 격을 나타내는 것은 아니다. 일치·점검에 의해 지정어 위치에 있는 DP가 격을 지니고 있음을 확인한 후 삭제된다. 이에 대해 D의 격자질은 해석적자질이며 형태격으로 명시된다고 본다. 곧 D가 NP의 격을 표시한다는 필자의 처지에서는 DP의 핵의 D 자체가 속격을 나타내고 형태적으로 's임을 나타난 것이 되어 다음의 구도가 될 것이다.

(40)

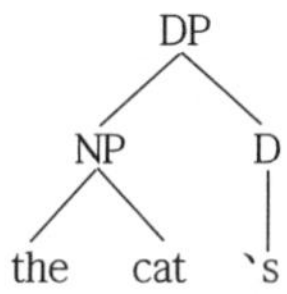

고대 영어, 독일어 등에서 보이는 격 형태 후치의 현상도 후핵의 D가 격 표시를 하는 흔적이라 볼 수 있고 현대어에는 미세하게 남아있는 것으로 볼 수 있다. 핵 선행의 어순을 고집해야 한다면,

(41)

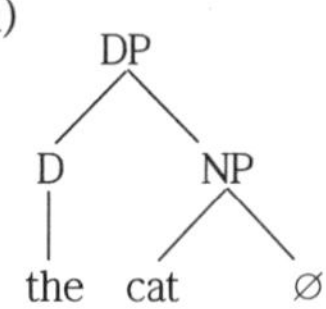

NP는 D 기능범주의 부착으로 활성화되어 문중의 요소로 구실할 수 있다는 것을 뜻한다.

(40)과 (41)을 대조해보면, 후핵의 D의 소실과 선핵화에 의해서 재구조화가 이루어진 것으로 볼 수 있다.

(42) a. b.

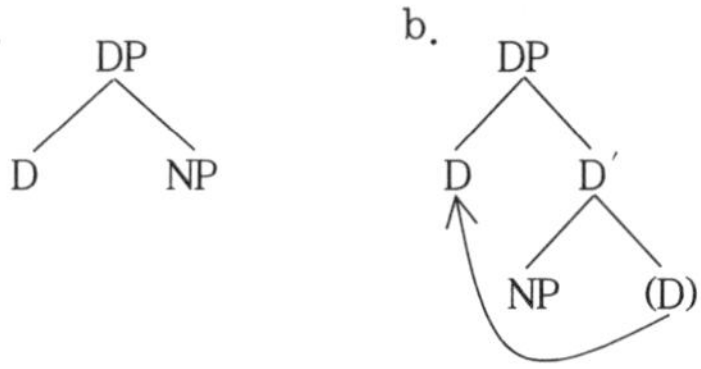

옛 체계는 후핵으로 남는 잔존형에 남기고 있다.

선핵의 어순에 의하면 NP의 보어는 불어에서 보이듯 N의 뒤로 후행을 해야 하지만, 지금의 영어는 보어의 AP를 선행시킨다.

(43)

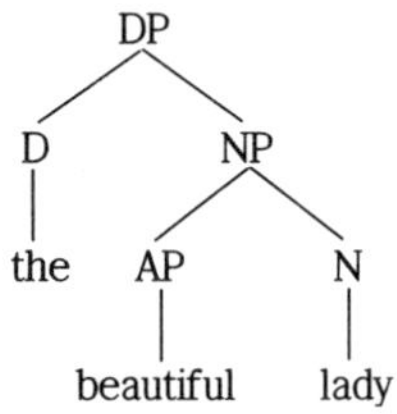

이러한 기제로는 D는 지정어를 지니지 못하는데 이는 D와 NP의 자리바꿈의 역사적 변화의 이유 때문으로 보아진다. 앞서 (38) b.의 경우는,

(44)

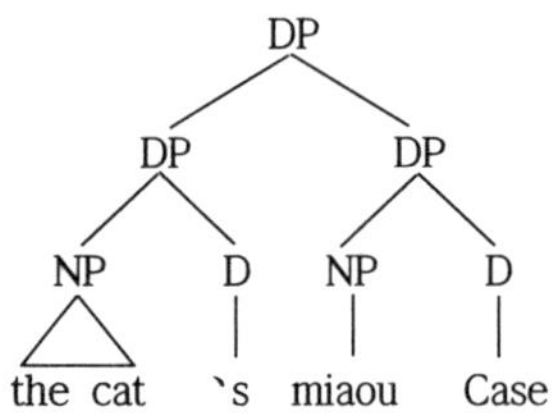

DP의 핵의 D가 비어있는 것은 추상격을 구조적으로 금방 인지할 수 있기 때문이다. 전체의 격이 있기 마련인데도 그것은 형태격이 아닌 추상격으로 나타나지만, DP 내부에서의 속격은 인지가 용이하지 않아 형태적으로 나타난다고 볼 수 있다. (39)도 다음을 예상할 수 있다.

(45) a.

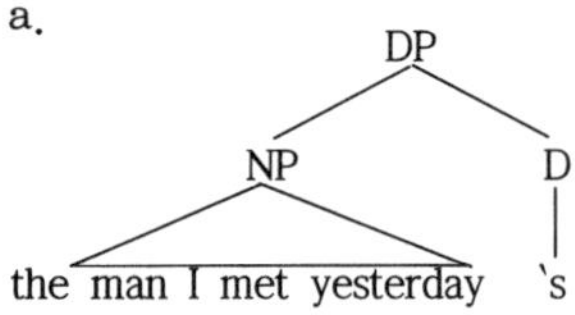

b.

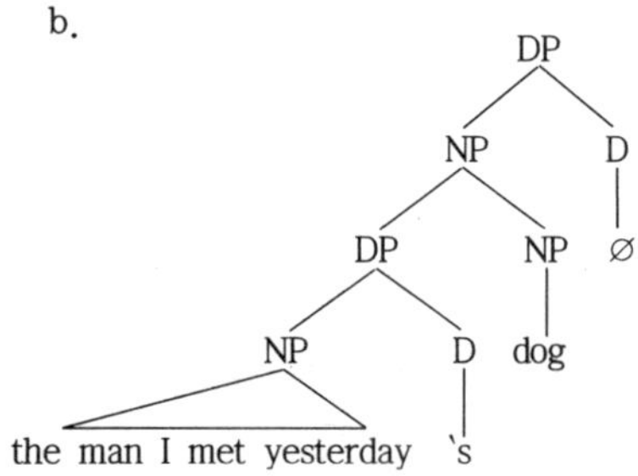

이렇게 본다면 격표지는 구조격, 의미격 할 것 없이 후치의 명시격이었으나, 영어의 경우 의미격은 전치사로 대체되고 구조격은 속격 이외에 비명시적으로 바뀌었는데(단 대명사는 어형의 굴절로), 그것은 어순이 어느 정도 고정되고 구조적으로 NP의 기능이 보장되었기 때문으로 보아진다. 현대독일어에서는 명사의 격어미로 단수남성/중성의 속격((e)s) 외에 복수 남성/여성/중성의 여격(n)에 흔적을 남기고 있다.

여기서 이론상 형태격과 추상격의 관계가 역사적으로, 유형적으로 몇가지가 있음을 예상할 수 있다.

(46) a. 구조격, 의미격 할 것 없이 추상격으로 쓰이는 것.
b. 구조격은 추상격, 의미격은 형태격으로 쓰이는 것.
c. 구조격, 의미격 모두 형태격으로 쓰이는 것.

한국어는 a.→b.→c.의 방향으로 쓰이고 있다.

제주방언의 경우를 보면, 구조격과 의미격이 모두 추상격으로 쓰이는 경우가 있다.

(47) a. 나 집 가.
b. 나 가.
c. 나 가이 (그것) 주언.
d. 그것 나 가이 주언.
e. 나 느 미워.

이들을 발음할 때 구성요소 사이를 휴지 없이 연달아 발음해도 짧은 문이기 때문에 이해에 큰 지장이 있는 것은 아니나, 주어 다음은 휴지가 있는 것이 보통이다. 그렇지 않으면 속격으로 오인될 수 있다. 일찍이 일본인 학자가 아이누어의 동사의 주격 · 목적격 인칭접사의 포합(抱合)적인 예를 들면서 아이누어를 포합어의 한 가지로 본 일이 있는데 (김공칠 2000: 367

참조), 제주방언의 (47) c., d., e.의 예문 등이나 다음과 같은 표현 형성 등을 보고 제주방언도 그러한 오해를 받을 소지가 있었는데 안 받은 것도 다행이다.

(48) a. 차(라) → 나 차 → 느 나 차
　　b. 주(라) → 나(한티)주라 → 느(가) 나 주라 → 책(을) 느 나 주라

거기에는 NP에 잠재적으로 작용하는 추상격이 구실한 것으로 여긴다. 뚜렷한 휴지로서가 아니라 절음현상과 같은 끊김이 감지된다. 중세한국어의 h 말음, 아이누어의 h접사 개재현상도 이와 무관하지 않을 것이다. 중세어의 h말음도 구성소 강조의 기능이 있었던 것으로 보며 자연히 연음(延音) 안의 절음 곧 (47) a.는 다음 (49)처럼, 끊김이 개재한다고 본다.

(49) 나(–/'아) 집 가

단순한 연음이기보다 절음의 현상이며 바로 그 자리가 추상격이 자리하는 부분일 수 있다.

(50)

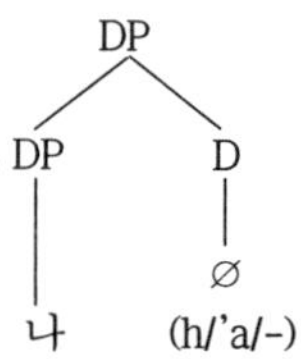

그 D는 발성 분위기, 전후 환경에 따라 다양하게 나타날 수 있었다. 그것은 구성소 자체를 뚜렷하게 하여 다음 구성소와 구별 짓는 구실을 했을 것이며, 구조적 관계에 의해 격의 구실(격의 부여)을 할 수 가 있었을 것으로 본다.

복합어에서의 사이ㅅ 개입도 그러한 기제에서 이해될 수 있다. 선행요소

에 종성이 있을 때에는 그 종성이 D의 구실을 할 수 있어 D가 추상격이 되었다 볼 수 있다.

(51) a.

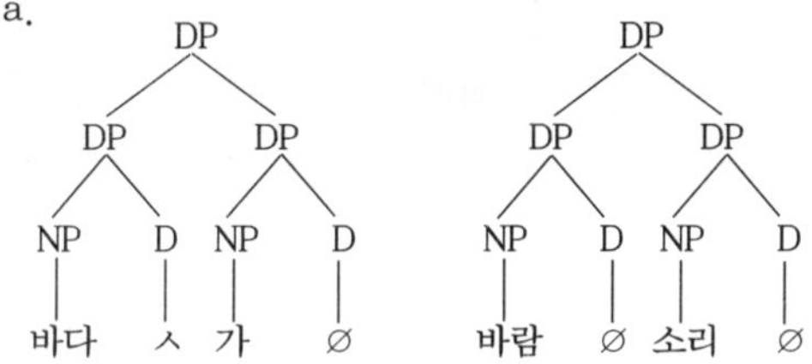

술어에 인접한 목적격이나 다른 격의 경우를 보면,

(52) a. b.

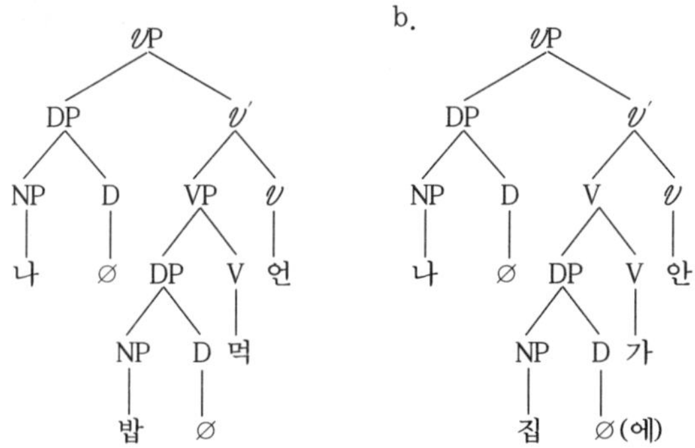

(52) a.의 경우는 V(먹-)가 타동사이므로 선행 NP는 목적격조사가 부여되어야 확실하게 기능화하는데, 구조적 환경 조건에서 추상격으로 있더라도 술어와의 일치(점검)에 지장이 없다.

(52) b.의 경우는 V(가-)가 자동사이므로 선행 NP는 목적격(구조격)이 아니며 따라서 의미적으로 확실하기 위해서 형태격의 의미격이 부가 되어야 하지만(그것이 일반적이다), 제주방언의 특성상 추상격으로 표현되어도 이해에 지장이 없다. '가-'라는 이동성 동사는 방향어, 도달지의 NP를 선행하기 십상이므로, 선행 NP가 추상격으로 나타나도 향격으로 인식하는 것으

로 보아진다.

추상격의 경우, 주격은 기능범주 I($\mathcal{V}$)의 핵이 부여한다기보다는 핵 자신의 격자질로 확인된다 보면 될 것이고, 목적격도 어휘범주의 핵(V)이 부여한다기보다 핵 자신의 타동성자질로 확인된다고 보면 될 것이다. 곧 격은 술어핵의 격자질과 D의 격자질이 (의미관계는 술어핵의 의미역과 NP의 의미가) 합치하면 되는 것이다. 이는 술어형성과정의 자연의 귀추다.

(53) [···[나 [밥 먹] 언]···].

타동사문의 경우 동사가 대상을 도출한 후 후행 $\mathcal{V}$와 병합하면 주어를 외항에 도입하여 일치를 이루게 된다. 또 다른 Af핵은 나름대로 상대항을 도입하여 일치를 이루고 C, $\mathcal{V}_2$····등 술어핵으로 확대하게 되면 새로운 외항을 도입하여 보문, 피동문, 사역문등의 보다 큰 구조를 형성하게 된다.

형태격인 경우는 격표지가 명시적으로 나타나기 때문에 추상격인 경우보다 어순이 자유스럽게 나타날 수 있다. 간단한 문 구조에서는 추상격의 경우도 어순이 엄격하지 않다.

(54) a. [···[밥 [나 t 안 먹] 언]···].
(t → 밥)

b. [밥 [나 ~~밥~~ 안 먹] 언].

c. [나 [~~나~~ 밥 안 먹] 언···].

d. [~~나~~ [~~나~~ 밥 안 먹] 언].

(54)에 예시한 대로 이것들에는 마음/뇌의 인식의 여하에 따라서 여러가지 기제로 나타날 수 있다. (54) a.는 밥을 앞자리에 부각시킨 것이고, b., c.,는 선행 문맥에 제시된 것을 발제로 반복하고 그 중 b., c.는 발제를 살리고 명제부분을 생략하고, d.는 발제의 '나'와 명제의 '나'를 삭제하는 식으로 연산된 것으로 볼 수 있다. 어느 경우든 NP의 구조적 관계와 격

확인자와의 인접성조건을 충족하면서 서로간의 일치관계를 이루는 데서 가능하다.

이같이 D는 그러한 보장 가운데 형태적이든 추상적이든 NP에게 격을 부여하고 NP를 활성화하는 것인데, 그래서 NP는 D의 투사체 안에 병합된다. 반대로 D를 NP의 첨사(표기는 기술적 문제)로 해서

(55) 모든 NP는 D를 형태적이든 추상적이든 첨사로 지닌다.

를 가정할 수 있다. 그렇게 되면 D가 NP를 선택하는 것이 아니고 NP가 D를 선택하는 것으로 가정하게 된다. 제로의 D가 NP를 선택한다기 보다 NP가 제로의 D를 선택하는 것이 도리일 것 같기도 하다. 그러나 술어형성 과정에서의 외항을 도입하는 술어핵의 격자질을 고려할 때는 D가 보다 중요한 구실을 하는 것으로 보인다.

여기서 주격에 관한 추상격의 부여 혹은 일치와 관련해서 논의를 정리하면, 주격에 대해 기능범주 I가 구실한다는 데 대해서, 기능범주 I의 존재부정, I의 불완전성, 결여성등으로 이견(異見)들이 있었다. 한국어, 일본어의 경우는 더 그랬다. 주어 – 동사의 일치현상도 미약하고, 주격도 정형절, 비정형절 구별없이 실현되고, PRO도 정형절, 비정형절의 구애를 받지 않는다. 그래서 문도 I의 투사가 아니고 V의 투사라고도 한다. 따라서 주격의 부여는 I가 아니며 V의 본유적인 속성에 의해 주어 자리에 본유적으로 생기한다고도 하였다. 그러나 격에는 주격과 목적격 이외의 논항의 격(구조격)이 실현되기에 V가 이 모두를 구조적으로 보장하는 일을 감당하기는 무리이고, 그렇다고 늘어놓으면 형상적으로도 평면구조가 되어 VP가 다른 요소와 동열이 된다.

주격 이외의 격과도 맞추어 술어핵의 병합과정에서 술어핵의 D 자질에 상응하도록 그 외항의 NP에 D가 격을 제대로 부여하였는지 서로의 최소영역 안에서의 지정어(외항) – 핵 일치의 환경에서 확인하는 것으로 한결같이

생각할 수 있다. 그렇게 되면 주격의 일치소구 구실은 v_1, v_2 (I(T를 내포)), 목적격의 일치소구 구실은 V, 여격(수혜주, 사동주…)의 일치소구 구실은 Af 가 수행한다고 볼 수 있어, 영어와 기타 언어에서 논의되는 AgrS 또는 AgrO 와 같은 것을 따로 내세울 필요는 없다고 본다. 곧 술어핵 V, Af, v_1…가 그 상대항 DP의 격과의 일치핵 구실을 수행하는 것이 된다.

제주방언의 경우를 염두에 두고 말하면,

(56) a. NP는 격에 의해 기능화한다. 격은 D에 내포되는 자질이며 그 D가 핵이 되어 NP를 외항으로 취하는 투사체를 이룬다.
b. 주격, 목적격, 속격, 여격 등의 구조격은 추상격(여격은 추상격 피함)과 형태격으로 실현된다. 수여동사 등의 간접목적격은 의미격으로 다룰 수도 있으나 구조적으로 필수적이어서 구조격으로 한다. 속격을 제외한 이들 격은 상대 술어핵의 격자질과 일치해야한다.
c. 구조격 이외의 격은 의미격이며 의미격은 특수한 경우 외에는 형태격이다. 의미격은 그 이름대로 형태격의 의미속성에 크게 의존한다.

앞에서 (56) b.에서의 수여동사의 간접목적어가 추상격으로 나타나는 예를 보이면,

(57) a. 나 이 책 느 주쿠라. (주쿠라=주겠-다/어)
b. 느 이 책 나 주라.
c. 이 책 나 느 주쿠라.
d. 이 책 느 나 주라.
e. *이 책 느 나 주쿠라.
f. *이 책 나 느 주라.

(57) c., d.의 DO의 위치는 (54)에 준해서 생각할 수 있고 e., f.의 비문은 e.의 '느'는 술어와의 점검에서 주격일 수 없으므로 이 때는 여격이 형태격으로 나타나야 하는데 그렇지 않다는 데 있고, f.의 '나'도 같은 이치로 여격

이 형태적으로 나타나 있지 않기 때문이다. '주다' 동사의 의미역(할)을 미루어 문의 적부를 어느 정도 가려낼 수 있지만 여기에 NP가 형태격으로 실현되어 있으면 한결 가시적이다. 어떻든 (57)의 정문의 형성에는 술어핵, V, Af, 𝒱와 그 상대항의 격자질(그리고 의마자질)의 일치관계가 은연중 이루어지고 있는 것이다.

7. 격의 점검에 대한 논의

격점검(확인)에 관해서는 종전에 지배에 기초한 NP에 격을 부여하는 방식을 단순화하고 NP를 도출한 술어핵과의 상호관계에서 격의 적부를 확인하기에 이르는 논의가 전개되고 있다.

예컨대, 구조적인 주격과 대격의 부여방식이, 하나는 지정어(외항) – 핵 일치관계로 하나는 보충어 – 핵 일치관계로 이루어진다고 보았던 것을 이를 모두(속격까지 포함해서) 지정어(외항)–핵 일치관계로 단순화시키기도 하였다. NP의 격여과조건의 준수와 관련해서는 NP 자체도 기능핵 D의 투사범주내에 내포되고 지정어(외항) – 기능핵 일치관계로 지정어(외항)에 DP로 허가되는 기제로 바꾸기도 하였다. 이는 NP를 기능화(활성화)하는 것은 D(DP), VP를 기능화하는 것은 I (T, 𝒱…)와 같이 단순화된다. 그렇게 되면 격에 관한 한, 격의 부여는 D가 하고 앞서의 지정어(외항)–핵 일치와 같은 관계는 격의 적부를 확인(점검)하는 기제로 바뀔 수 있다.

격 점검자는 주어의 격은 T가, 목적어의 격은 𝒱가(Chomsky 2000: 6) 해당되는 것으로 보기도 하는데, 필자는 주격은 𝒱(T가 내포), 목적어는 V로 보고 있다.

점검의 방법은 Chomsky(1993=1995: 197)에 의하면 주어의 경우, 점검자 T(그리고 Agr)의 형태적 자질이 갖는 두 가지 기능 중에서 하나는 자신을 표적으로 인상, 이동하는(필자식의 V와 𝒱(T)의 병합과도 같다.) 동사의 속성을 점검하고, 다른 하나는 그들의 지정어로 인상 이동하는(V와 외항에의 대입/부가와도 같다.) NP(DP)의 속성을 점검하여 DP와 v가 적절히 짝을 이루게 한다는 것이다. 동사도 명사도 어휘부로부터 격과 ϕ자질들을 포함한 형태적 자질들을 모두 가지고 선택되어 적정한 위치에서 점검된다는 것이 된다(필자는 NP는 본래의 어휘적 의미를 지니고 격자질은 D가 감당하는 것으로 본다). 다음의 영어에서(NP의 경우),

(58) a. John comes.

b. $[_{TP}$ John[NOM] $[_{T'}$ T[NOM] $[_{vP}$ t_i comes]]].

점검

vP 내에 생성한 주어가 NOM 자질의 점검 때문에 TP 지정부(외항)로 이동하여 거기서 T[NOM]와의 사이에서 격자질 점검이 일어나고 있다.

자질점검하는 점검자(Checker)가 탐색자(Probe), 자질 점검 당하는 피점검자(Checkee)가 표적(Target/목표 Goal)이다. 양자는 동일 자질을 가지고 있어야 하며 표적은 탐색자의 가장 가까운 데 있어야 한다. 거리의 원근(遠近)은 최소 c-통어에 의해 헤아리게 되는데 탐색자가 그 c-통어 영역을 가늠하고 가장 가까이에 있는 표적의 자질을 점검하게 된다.

Chomsky(2000)에서는 다음에서 언급하듯이 Agree(일치)에 의해 점검되고 T가 지니는 EPP자질의 요청으로 주어가 이동하는 것으로 되고 있다.

(59) $[_{TP}$ __ $[_{T'}$ [NOM, EPP] $[_{VP}$ John[NOM, D] come [ϕ]]]]

EPP 요청에 의한 이동

곧 T에는 두 가지 유형의 비해석성자질을 갖고 있는 것으로 되는데 T의 ϕ자질과 EPP선택자질이 그것이다. ϕ자질은 표적의 대응자질을 찾는 탐색자가 된다. 곧 탐색자로서의 ϕ자질은 표적을 찾는데 그것은 곧 일치를 이루는 대응자질이다. 대응을 통하여 탐색자와 표적의 비해석성 자질이 제거되면 일치를 이룬다. EPP자질은 일치를 이룬 요소를 이동(병합)을 통해 [Spec, T]되기를 요구한다(Chomsky 2000: 122). 그리고 대응(matching)은 자질확인(feature identity)으로 간주된다. 자질확인은 자질의 가치의 확인이 아닌 자질선택의 확인이다. 그것은 탐색자와 표적 사이의 자질대응에서 선택된 자질의 동질성확인(Chomsky 2000: 124)이다.

종전의 점검영역에 대해서는 일치라는 견지에서 제거될 수 있다고 한다. 점검영역이란 개념은 복잡하고 단순성의 견지에서도 부자연스러운 면이 없지 않다. 자질 점검은 자질만 관련되면 되는 것으로 다른 어떤 것의 관련과는 관계가 없는 것이다(Chomsky 2000: 125).

그래서 모든 통사현상을 기본적으로 c-통어에 일어난다고 본다면 핵→지정어(외항)관계가 c-통어가 아니지 않으냐고 하기도 한다. 이에 대해서 필자의 술어형성과정에서는 외항으로 도입하기 때문에 c-통어관계(자매관계)는 성립한다고 본다. 이는 일치라는 운용의 관점에서도 자질점검이 원거리의 외항과도 가능한 것과 궤를 같이 한다. EPP자질이 점검을 요하는 자질이 아니고 기능범주가 지정어를 필요로 하는 존재인 데 대해서는 三原(2004: 168)에서는 EPP자질을 아예 폐기하고 있다. 그리고 다음과 같은 상대화자질 점검을 제안한다.

(60) a. 핵이 구범주(XP레벨)의 통사자질을 점검한다.
b. 구범주가 핵의 의미자질을 점검한다.

그리고 통사자질을 점검하는 핵이 꼭 기능범주에만 국한시키지 않고 있다. 의미자질의 점검으로해서 구범주가 핵의 자질을 점검(三原 2004: 174)하는데(필자는 논항 DP의 NP의 의미자질은 술어핵이 점검) 의미역 계층과도 유관하게 되는 일이 있게 된다.

여기서 잠깐 의미역 자질의 점검에 대해 생각해 보면,

(61)
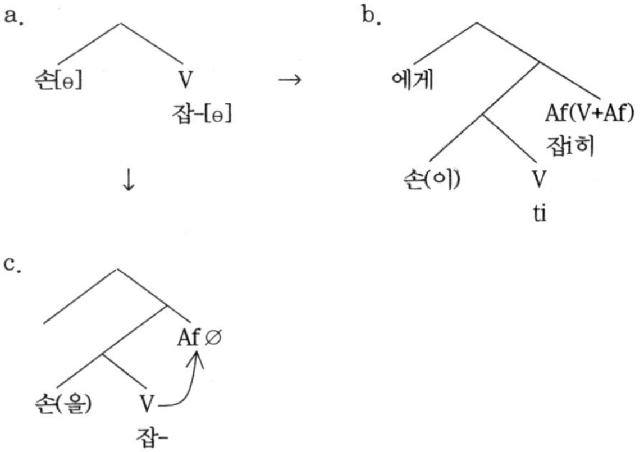

격자질 점검기제보다 의미자질 점검기제가 앞선다고 볼 수 있다. 의미자질 점검은 (61) a.의 단계에서 점검이 이루어진다고 볼 수 있기 때문이다. Af단계에서의 Af가 ∅로 실현되느냐 피동의 '-히'가 실현되느냐에 따라 '을/이'의 격 실현으로 갈린다.

이와 다르게 '손'의 격 실현에 따라 동사 '잡-'의 ∅/히 파생이 갈린다고 볼 수 있으나, 후핵의 원칙을 보지하는 처지에서는 '잡-'의 동사[θ]가 그에 상응한 손[θ]을 선택했다고 보아야 하기 때문이다. 그 다음에 '손'의 격 실현을 점검하면서 그것에 상응한 술어형성을 이루는 것으로 볼 수 있다. 제주방언에서,

(62) a. 철수 (영희(이)) 손 잡안. (-이=의)
 b. 철수 (영희한티) 손 젭현.

(62) a.에서의 목적격(손(을)), b.에서 주격(손(이))이 추상격으로 나타난 것 보아도 격의 실현은 의미의 합치보다 뒤지는 것으로 볼 수 있고 격 점검을 통해 문 구조를 확실하게 보장하는 것으로 볼 수 있다. 여기서 부가되는 D에서 형태격인 경우 구조격을 명시적으로 나타낼 수 있고 다음과 같은 의미격으로도 구체적인 의미를 보일 수 있다.

(63) a. 철수 (영희(이)) 손 까지/마저/만/도… 잡안.
b. 철수 (영희한티) 손 까지/마저/만/도… 젭현.

그렇게 본다면 D의 실현은 의미자질 점검을 가시화시킨다고 할 수 있다.

주어의 의미 점검자는 VP내부주어가설이나 vP내부주어가설 등에 의해 갈릴 수 있다. V의 의미역할 내에 있는 것이면 VP 혹은 vP의 어느 위치에 관계없이 그 투사의 핵에서 수행하는 것으로 보아진다.

(64)

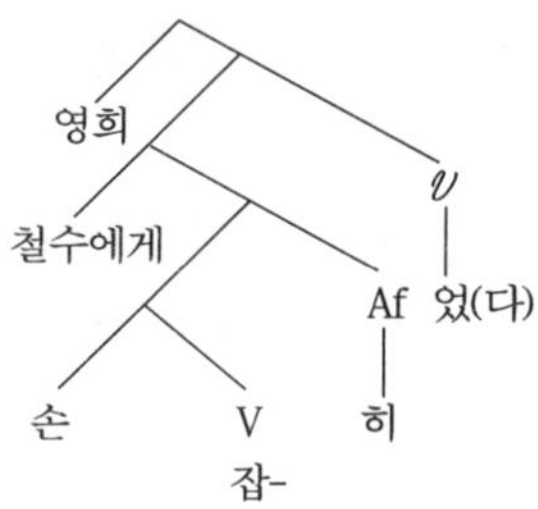

외항(상대항)은 핵과의 의미합치로 도출되는 것이다. 그 핵이 후핵과의 병합으로 투사의 중심이 넘어가면 핵 병합체의 보부에 편입된다. 술어핵의 병합과 보부의 수용으로 그 의미체에 상응한 새로운 논항(외항)을 도입한다. 그렇게 보면 술어핵의 병합체가 EPP자질을 지니는 것으로 할 수도 있고 구태여 그러한 자질을 특별히 지정하지 않아도 자연적으로 보부와 술어 형성체를 아우르는 외항이 도입된다고 할 수 있다.

이상은, 핵문 곧 명제 부분의 형성에 관한 것이고, 이미 발제 – 결말의 시발구조가 주어져 있다면, 발제와 동일한 명제의 주어가 삭제되기도 하고 발제의 무형복사로 생략되기도 한다.

앞의 (54)의 예시에서 뒤섞기의 현상이 여러 가지 요인에서 올 수 있다고 했는데 이들이 LF에서 되돌림되는 것은 의미역자질 점검의 처지에서 풀이 되기도 한다.

(65) a. [철수 [밥 먹어]]. (먹어=먹어-라/요)
b. [밥$_i$ [철수 [t_i 먹어]]].
c. [밥 [철수 [밥 먹어]]].

여기서 보통 (65) a.를 기저생성되는 것으로 보고, b.는 뒤섞기한 것으로 보고 있다. c.는 LF에서 뒤섞기구 '밥'을 목적어 위치로 되돌리고 있음을 보여준다. 아래 방향의 이동은 흔적이 지워진 일종의 복사로 볼 수 있다. 결국은 뒤섞기구의 대상의 의미자질을 점검하기 위해 의미역(할) 부여자인 동사와 인접하는 위치로 되돌린다는 것이다. (65) b.를 발제의 기저생성으로 보았을 때도 마찬가지다. 발제 - 결말의 테두리에서 선행 화맥을 받아 어두에 생기하였어도 동사에 인접하는 위치로 되돌릴 수 있다. 요는 의미자질 내지는 의미역(할) 자체도 점검을 요하는 형식자질이고 구 구조 생성과 논항 도출, 병합 이동 등에 술어핵이 중요하게 관련되어 있다는 것이다. 종전에 자질점검이 필요한 것은 격, ϕ, WH자질, Q(의문자질)등의 형식자질이었는데, 의미자질 또는 의미역(할)도 통사파생에 관여하는 형식자질로 인식하게 되고 그것도 적절히 점검되어야 한다고 여기게 된다.

의미자질 점검이 논의되기 이전의 격자질 점검의 표준적 분석은 핵이 구범주의 자질을 점검하고 그것도 LF에서 의미해석되지 않는 비해석성자질을 제거하는 일이었다. 비해석성자질로는 일치자질, 격자질을 들고 있는데, 명사의 경우 일치자질은 해석성으로, 격자질은 비해석성으로 보는 혼선이 있다. 술어핵의 경우 일치자질, 격자질 모두 비해석성이다. 격은 D가 부여한다는 필자와 같은 처지로서는 격은 해석성 자질로 볼 수밖에 없으며 다만 명사에 격이 부여된 DP와 술어핵과의 대응이 성립한 연후에 술어핵이 지니는 격자질, 일치자질은 LF해석에 무용이므로 제거된다고 할 수 있다.

어휘부에 비해석성자질이 저장되어 있다고 보기는 어렵다. 두 요소가 공유하는 해석성자질이 일단 대응이 성립되어 확인되면 의미해석에 지장이 없는 한, 어느 한 쪽의 대응자질을 제거하는 것이 경제적이다. 점검이든 일치이든 결국은 필자의 생각으로는 술어핵의 확장을 통하여 도입한 논항과의 대응을 이루기 위함이다. 일치를 확인한 후에 술어핵의 해당자질은 비해석성화되어 그것을 제거하는, 그래야만 다른 자질을 지닌 후행 술어핵과의 병합이 수월한, 술어핵의 정화작업의 하나로 보는 것이다.

그와 같은 점검문제와 관련하여, 점검하는 술어핵(기능핵)으로는 T, 𝓋 외에 AgrS, AgrO 등이 예거되는데, 한국어에서는 그러한 구별(특히 AgrO)이 유효한지 의문이다. 그래서 이하에서는 그러한 일치소 그리고 EPP의 원용 등과 관련된 논의를 간단히 간추려 보기로 한다. 먼저, 필자의 소박한 견해를 보이면, (66)과 같은 𝓋P 핵문 구조의 전제하에서,

(66)

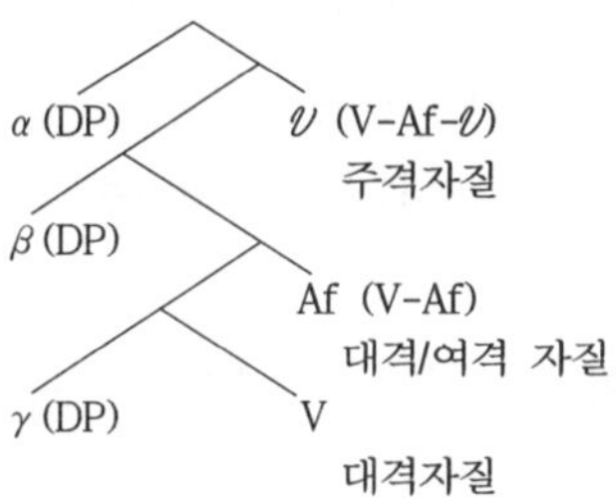

점검자는 DP논항(외항)을 도입한 술어핵이며, 피점검자는 점검자가 도입한 외항(지정어)의 DP이다. (66)에서 γ에서는 의미자질의 대응과 간단한 문에서의 상대항(대격목적어, 주격목적어) 격 대응이, β에서는 IO, 수동주, 소동주(대격 또는 여격)의 대응이, α에서는 주어(주격)의 대응이 이루어지기 위해 마련된 자리다. 이때에 각 술어핵마다 EPP자질을 갖는다고 해도 무방하나, 그 보다는 술어핵의 형성에서 오는 통사적 파생의 자연적인 귀추 곧 상대논항을 도출할 수밖에 없으므로 꼭 EPP자질을 갖는다고 하지 않아도 될 것 같다.

필자로서는 점검이란 도입 논항 DP(NP의 의미자질과 DP의 격자질)와 술어핵과의 자질의 대응과 일치 자체 내지는 확인의 뜻으로 쓰고자 한다. 확

인한 후에는 주도 술어핵의 격자질은 제거된다. 일단 선핵에서의 자질 점검이 끝난 후에도 격자질을 후핵이 인수받게 되면 후핵이 도입하는 논항과의 자질점검에 혼선의 장애를 받게 된다. 피검자의 DP의 경우는 NP의 의미자질은 물론 D의 격자질은 LF에서 해석될 때까지 유지되어야 할 것이다.

필자와 같은 술어핵의 파생단계(확장단계) 곧 국면마다 도입논항과의 점검이 수행된다는 처지에서는 이동은 특별한 경우 외는 없게 된다. 목적어 DP가 VP에서 AgrO의 지정어 위치로 장거리 이동하는 것도 없다. 도입한 DP와 술어핵과의 대응과 일치를 이루지 못할 경우 그대로 파탄되는 것을 피하기 위해 격점검을 통한 대응을 이룰 수 있는 위치로 최후수단적으로 이동하는 특별한 경우는 있을 수 있다. 예컨대 NP '차'와 V '멈추-'가 의미적으로 어울러 병합한 때 D가 목적격 '를'이라면 V(그리고 V+Af)에서 일치를 이룰 수 있으나, 주격 '가'가 될 처지면 V에는 주격자질이 없기 때문에 '차는' 주격자질을 지닌 $\mathscr{V}$(V–Af–$\mathscr{V}$)의 외항 자리로 이동해야 할 것이다. 이동도 편의적으로 쓴 말이고 술어핵의 병합으로 재구조화되는 과정에서 내부병합되는 것인데, 무격의 상대항이 복사를 통해 일치핵과 대응하는 것이 된다.

그리고 일치술어핵의 기술에도 여러 가지가 있을 수 있다. 자동사(주격논항 취함), 타동사(대격논항 취함)로서 별개의 어휘목록으로 나누든지(종전의 사전대로 하나의 음형에 두 가지 voice가 있다고 하든지), 자동사가 ∅Af 병합으로 타동사되었다고 보는 것이다. 타동사화 접미사의 일반화를 위해서 그리고 대격부여 기제의 일반화를 위해서 필자는 자동→타동의 기제를 선호한다.

또 종전의 이론에서는 기능핵만이 점검자인데, 필자가 추가하는 V, Af, $\mathscr{V}$가 과연 기능핵이라 할 수 있는가 하는 문제도 있다. 어휘범주와 기능범주의 구별은 상대적인 것으로 어느 범주든 어휘적 의미와 기능적 의미를 갖는데, 어느 쪽이 더 중점적으로 쓰이는가의 차이에 불과하다. 명사도 어휘적인 의미 외에 D와 병합하여 여러 가지 성분으로 쓰이는 기능체로 본다. 술어핵도 나름대로의 어휘적 의미를 지니며 도입하는 논항과의 의미적 일치를 도모한다. 예컨대 '먹다'와 '먹이다'의 대조에서 술어핵 –이– (Af)는 선핵의 어휘적 의미와 연계되면서 나름대로, 피동적, 사동적 의미를 보탠다고 할 수 있다.

이상의 논의는 근본적으로 문 구조를 어떻게 보느냐에 따라 가변적일 수 있다. 문을 VP의 최대투사로 보느냐, 𝓋P 혹은 IP(TP)의 최대투사로 보느냐에 의해 그리고 일치소구의 설정 여하에 의해 달라진다. 여기서 투사도로서의 몇가지 예들을 보이면,

(67) a. b.

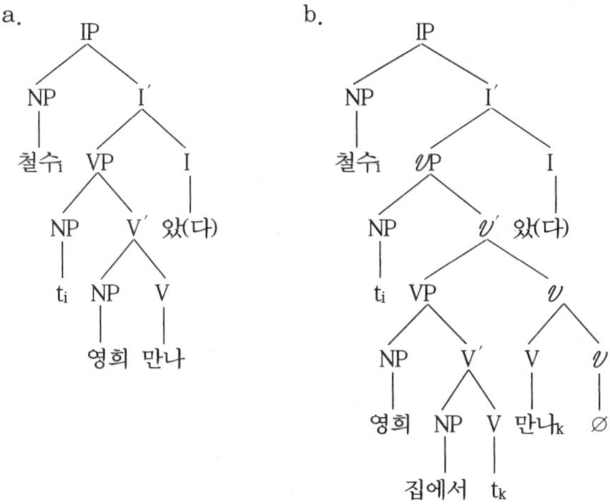

(67) a.의 VP 내부의 주어와 목적어가 b.의 𝓋P내에서 한 단계씩(각각 V와 𝓋의 지정어로 올리고 남은 자리에 논항 하나(결과나 장소 기타)를 배정하도록 하고 있다.

Pollock(1989: 383, 397)의, INFL(굴절사)을 TP와 AgrP로 분할하는 분할이론에 뒤이어 AgrP를 AgrSP와 AgrOP를 분할하여 한국어와 유사한 일본어에 맞춘 Miyagawa(1993: 65)를 보이면(右圖 (b.)는 Chomsky 1995: 173을 참조한 것),

(68) a. b.

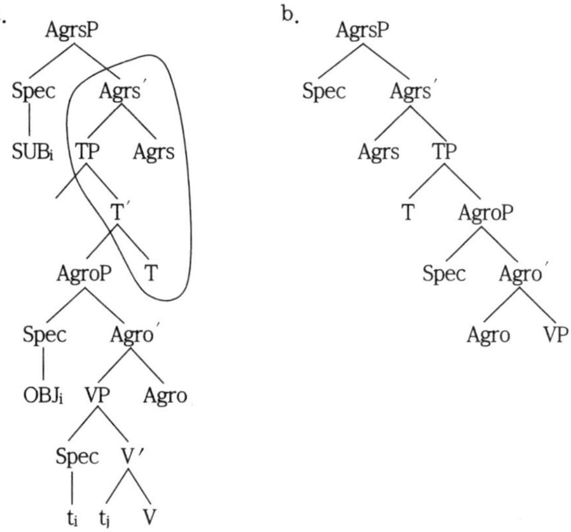

(68) b.에서는 상위 투영 CP를 생략시켰다. 그리고 a.에 비해 VP의 투사와 TP의 지정어가 빠져있다. (68) a.에서 필자가 선을 친 수형도 부분은 원도에 점선만 있고 생략되어 있다.

VP내부의 주어(t_i)가 IP(AgrsP/TP)의 지정어(외항) (SUB_i)로 외현적 이동을 하고, 목적어가 VP 내부의 목적어(t_j)에서 AgroP의 지정어(외항) (OBJ_j)로 이동하는 기제를 취하고 있다. 얼핏 보기에도 최단거리 이동에 맞지 않으며 이동 순에 따라서는 교차 이동을 일으킬 여지가 있다. 추상격 일색인 영어에서는 격실현의 구조적 형상성을 보장하기 위한 고육지책으로 이해된다. 한국어와 같은 형태격이 현저한 언어에서는 그러한 복잡한 구조나 장거리 이동을 설정할 필요는 없다고 본다.

VP 외항의 주어와 내항의 목적어의 이동의 기제보다는 주어는 vP의 지정어(외항) 위치에, 목적어는 VP의 지정어(외항) 위치에 기저생성하도록 하여 지정어(외항) – 핵 일치관계로부터 격을 부여 또는 점검하는 기제를 채택한다. 다만 문의 핵을 T로 본다면 주어는 TP의 지정어(외항) 위치로 이동한다.

(69)
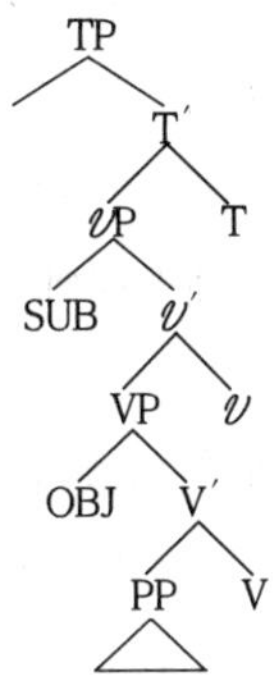

앞서((68))의 단점을 줄이기는 하나 V가 먼저 PP와의 병합을 일으키는 기제가 설명되어야 한다. 이 경우 V의 상대항(외항)은 OBJ이며 PP(/DP)는 부가항(내항)이다. 만일 PP가 필수논항이면 다른(후행) 술어핵의 도입항이 된다.

앞서의 (68)의 투사도를 참조하여 (70) a.로 하고, TP의 투사를 인정하지 않는 필자의 것을 b.로 해서 맞춰보면,

(70) a.
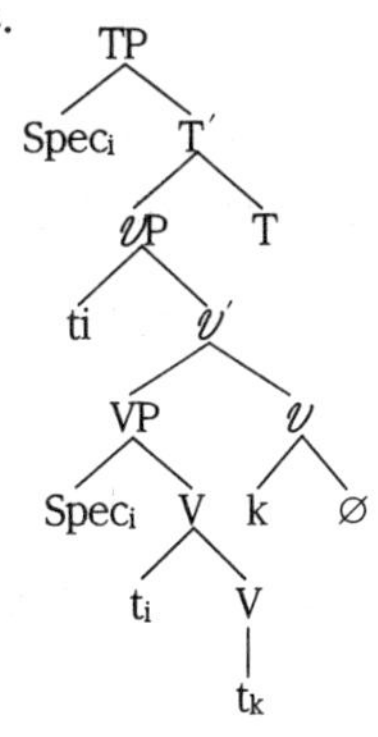

b.
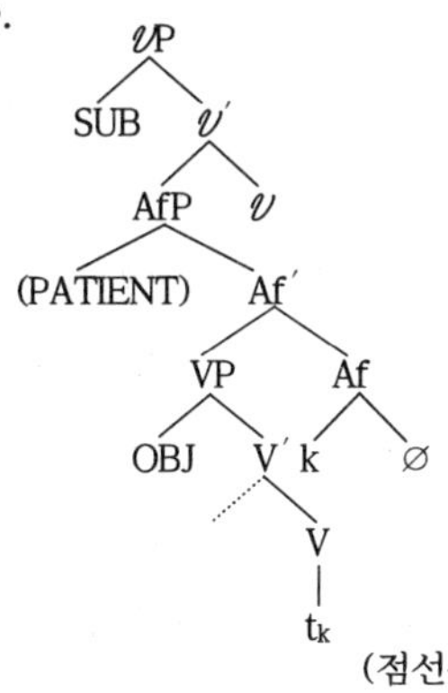

(점선은 부가어 표시)

(70) a.와 b.에서는 주어가 𝓋P의 지정어 위치에 기저생성되는 것은 마찬가지나, a.에서는 TP의 지정어로 옮기고 있다. 목적어는 (70) a.에서 보어

자리에 기저 생성되었다가 지정어 자리로 이동하고, b.는 외항(지정어) 자리에 기저 생성된다. 내항의 점선 표시 부분은 부가어(장소, 결과 등 (67) b.참조)의 자리로 생각하고 있다. 결국 (70) a.는 각각 지정어 위치로 이동하여 격점검하는 기제를 취하고, b.는 이동 없이 제자리에서 격점검하는 기제를 취하고 있는 셈이다.

대격목적어에 대하여는 AgroP의 지정어 자리에서 지정어(외항) - 핵 일치에 의해 격이 부여된다는 것은 Koizumi(1999: 59)에도 보인다.

(71)

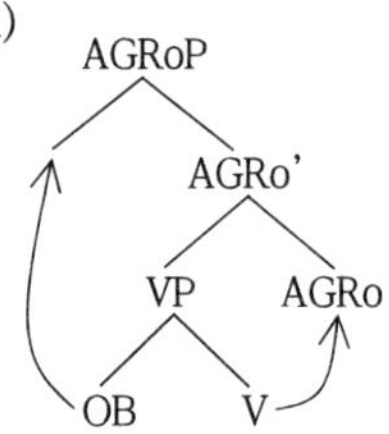

이전에 Chomsky(1991: 434)에서는 주격과 연관되는 주어 - 동사의 일치는 AGR-S"(=IP)의 AGR-S핵과 지정어 NP와의 관계에서 결정되며, 대격과 연관되는 동사 - 목적어 일치는 그 지정어(또는 부가된) NP와의 관계에서 결정된다고 한 바 있다(Chomsky 1991: 436). Chomsky(2001: 9)는 타동사문에서는 목적어는 V와 일치하면 대격이 부여되고 만일 V가 EPP자질을 가진다면 V의 Spec자리로 이동한다 하였다. 후자의 경우는 비대격동사와 같은 경우를 두고 하는 말로 생각된다.

三原(2004: 175)에서의 격자질의 점검도 엄밀한 의미에서 점검이 아니고 격부여에 가까운 기제를 보인다. 다른 이의 대격자질 [ACC]에 대한 점검에서의 Agree분석은 대략 다음과 같은 것이었다.

(72)

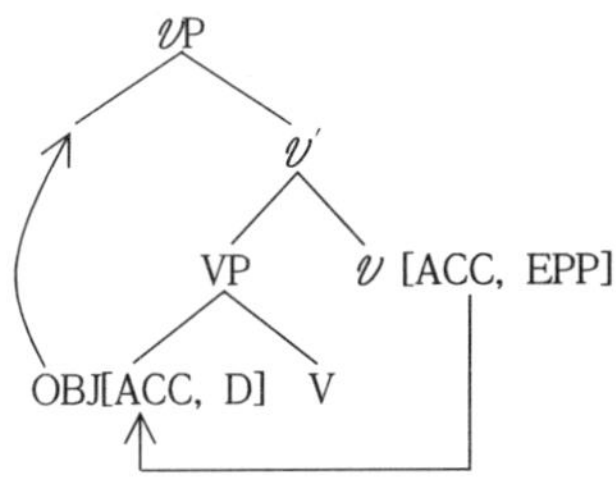

이동없이 [ACC]의 점검이 행해진 후 *v*[EPP]의 요청으로 OBJ가 이동, *v*P의 지정부에서 *v*[EPP]와 OBJ(D)가 점검된다.

이에 대해 三原은 EPP를 원용하지 않는다. 따라서 *v*[EPP] 요청으로 OBJ가 이동하는 일은 없다. OBJ가 원 위치에서 점검이 행해진다.

(73)

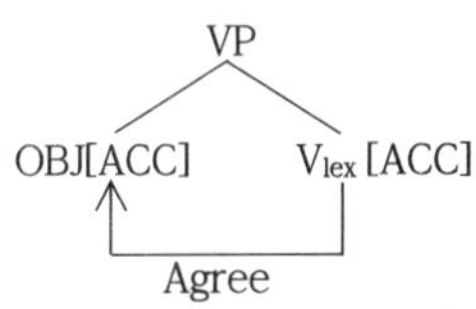

주어의 경우도 Agree가 진행된 후 주어가 TP 지정부에 이동하는 동기가 보일 수 없다 하여 EPP는 없는 것으로 주장한다(p. 176).

(74)

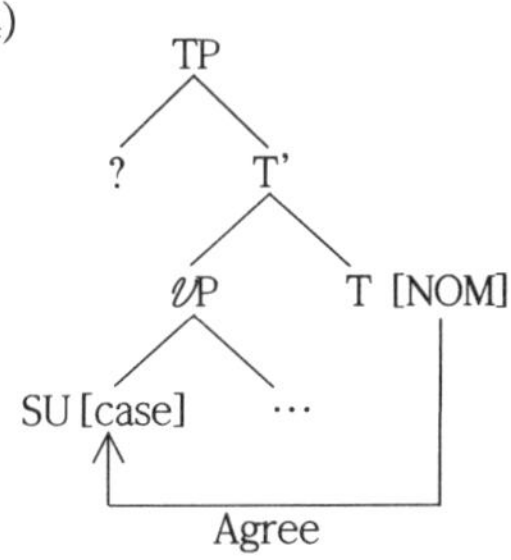

주어가 *v*P내에 있고 격자질의 Agree가 일어난 후 TP 지정부로 이동하는

경우의 전 단계의 구조를 다음과 같이 보고(三原 2004: 213),

(75) $[_{TP}$____ $[_{T'}$ T [NOM, Ev] $[_{vP}$ SU [case, Ev]…]]]

Agree

여기서 [Ev]가 의미자질이면, 구범주인 SU [Ev]가 기능범주 주요부의 T [Ev]와 합치되지 않으면 안 되고 그래서 SU가 TP 지정부에 이동하여 그 위치에서부터 Agree가 일어난다 보는 것이다. Ev는 사상(事象) 역할(Event-Role)이며 주어가 사상의 개시자(Event-Initiator)가 되면 (정형/비정형문이든) NOM이 부여된다는 것이다.

여기서 점검대상인 NP(그리고 격부여자 D)에 대해 생각해 보면 그것은 실지 구체적인 [NOM/ACC]와 같은 개별적인 격자질을 지닌 형태로서 배번집합에 도입되는 것이 아니고, 추상적인 [case] 자질을 가지고 도입되어 탐색자가 T이면 [NOM]이, V_{lex}면 [Acc]로서 구체적으로 나타난다고 한다. 곧 T/V_{lex}와의 일치관계에 들어감으로써 [case]가 개별의 격형태로서 활성화(activate)한다는 것이다. 그 추상적인 [case]는 필자가 생각하는 추상격과 같다고 생각한다. 영어는 그러한 추상격이 대세인데 반해 한국어는 NP에 형태적/추상적인 양면의 D가 있고 그것들이 NP를 활성화시킨다고 보면 NP에의 격부여는 D의 몫이며 D가 어휘목록에 개별적인 격형태로 등재되어 있다고 볼 수 있다.

양동휘(1995, 논문 필자 未見)는 한국어의 격은 D가 부여하고, 점검은 AGR이 맡는 것으로 보고 있다고 한다.

문제는 NP와 D의 위상이다. 어휘부에서 D가 추상적으로 존재하는가 형태적으로 구체화되고 있는가, 그리고 통사부에서 NP와 D는 합체가 되어 배번집합에 참여하는가, 아니면 NP와 D는 따로 배번집합에 참여하여 연산과정을 통해 합체되는가 혹은 그 외의 어떤 경로가 있는가 하는 논의가 있을 수 있다.

영어와 같은 추상격의 언어에서는 NP와 ∅의 D가 분리 또는 합체의 여부는 미지수다. 어떻든 ∅격은 격 확인, 점검에 의해 값이 주어진다. 한국어처럼 격이 형태격으로도 나타나는 경우에는 DP의 의미역(할), 격자질, 문법적 기능 등의 종합적인 인지와 연산을 통해 합체된다고 하겠다.

'차 멈추다'에서 '차'는 멈출 수 있는 것이니, 의미상의 모순은 없으나 차가 멈춘 것인지 차를 멈춘 것인지는 어떤 D가 부여되느냐에 달려 있다. '차∅멈추다, 차멈추다' 와 같이 휴지의 개재 여부로 전자는 주어(주격), 후자는 목적어(대격)임을 어느 정도 구별 지울 수 있으나 절대적이 못된다. 술어 확장으로 '차멈춰신게'에서 주어(주격)는 확인되나 '차 멈춰(라)'에서는 주어(주격)인지 목적어(대격)인지 구별짓기 어렵다. 명시적이기 위해서는 격조사를 실현시키는 일이다. 동사의 경우도 후행 술어핵과의 병합으로 의미가 뚜렷하게 된다. 곧 NP '차'를 활성화시키는 것은 D요, V를 활성화시키는 것은 (𝒱=I)(술어핵의 병합체)의 요소들이다.

'멈추다'와 상응하는 NP '차'가 주어 구실(주격 부여)을 할 때는 주격의 격자질을 지닌 𝒱의 지정어(외항)에 이동한다고 본다. 동사 '멈추-'가 V-Af-𝒱로 단독으로(상대없이) 병합하여 술어핵의 복합체가 그 지정어 위치에 이동없이 도입했다고도 할 수 있으나(제로 요소와의 병합), 일단 의미상 상응하는 NP와 만나는 연산을 거친 것으로 볼 수 있다. 그러한 연산은 격의 부여와 점검이 따르기 마련이다. 이동은 연산체계에서도 가능하고 LF에서도 가능한데 LF에서도 행해진다고 가정하게 되면 연산과정에 수시로 LF가 관여하고 있다고 해석되어질 수 있다. DP의 격의 적부의 점검도 계산체계 또는 LF에서도 모두 관여한다고 볼 수 있다. 만일에 '차', '온다'의 상응에서부터 '차를 온다'와 같은 연산은 LF에서도 당연히 파탄이 나겠지만 연산 자체에서 잘못을 인지(그리고 파탄)할 것이다. '온다'는 대격을 취하지 못하기 때문이다. 이 경우에 적격의 '차가 온다'가 연산되기 위해 주격 자리로 이동하는 것이 되는데, 외관상 그렇더라도 술어핵의 병합 형성과정의 재구조화의 결과에 불과하다. 어떻든, 형태격의 부여는 그만큼 NP의 기능을 명시화하는 일이고 이 일로 술어핵과의 일치를 위한 위치 조정이 있게 되기도 한다고 본다.

끝으로 다시 확인해 두고 싶은 것은 흔히 점검의 효과로서 비해석자질인 격자질을 삭제시켜(필수출력조건) LF에 가게 하고 LF에 남아 있어서 FI(완전해석원리)를 어기는 것을 막는다고 하는데 대해서이다. 특히 한국어와 같은 형태격이 명시적인 경우는 DP의 격자질은 해석성자질이며 그러한 격표지를 무시하고는 연산체계에서든 PF, LF에서든 뒤섞기는 혼란을 자초할 것이다. 그리고 모든 NP의 격 획득(논항화, 활성화)의 확인이 문자화 이후의 LF에서 행해진다면 LF에 막대한 부담을 안겨 줄 것이다. 어느 국면에서든 격점검이 이루어지면 LF에서도 DP는 허가된 것으로 보아야 한다는 것이다. 다만, 술어핵의 격자질은 앞에서 언급하였듯이 점검(대응, 일치)이 끝나고 후핵과의 병합 이전에 삭제되는 것이 순리이다. 어떻든 격형태와 격순은 LF에 비추어지고 표현의도의 발로(접합)로 받아들여진다.

8. 마무리

문제의, 격의 점검이란 술어핵이 점검자로서 혹은 유인자로서 그에 상응하는 자질을 지닌 피점검자를 자기의 국소영역(외항(지정어)) 위치에 도입 또는 유인하여, 일치가 확인되면 점검자로서의 자신의 격자질을 삭제시키는 일로 보았다. 곧 각 술어핵은 격의 일치핵이 되는 것이다.

모든 NP는 D의 상대항(외항)으로 D를 핵으로 하는 DP의 투사 내에 있다. DP의 격자질 D는 동일 격자질 술어핵과의 구조적인 관계가 보장된다면 구조격이 추상적으로 나타날 수 있고, 보다 확실하기는 형태적으로 나타나는 일이다.

술어핵과의 구조적인 보장을 받지 못한 DP는 형태적으로 구체화된 의미격이다. 수혜주(철수한티 (주언)), 소동주(철수한티 (맞안)), 사동주(철수한티…(시켠))의 '에게' 격은 구조격이냐 의미격이냐의 논란이 있겠지만 필자는 구조격으로 보았다. 술어형성과정에서 도출되는 논항이기 때문이다. 이에 대해 목표(철수에게 (간))는 필수적이지 않은 한, 의미격으로 보았다 '가-' 술어의 확장과정에서는 필수적으로 도입될 논항으로 보지 않는다. 다만 다음과 같은 경우는 논의의 여지가 있다.

(76) a. 어제 극장(에) 간? (간?=갔-어/나?)
b. ?어제 간?
c. 어제 간?

(76) b.는 선행문맥이 주어지지 않으면 선뜻 이해되지 못할 것이다. 더욱이 어제 간 데가 여러 곳이면 더욱 그럴 것이다. c.처럼 정문이 될 경우도 있을 수 있다. 오랫동안 머물러 있던 사람에게 썼다면 이해에 지장이 없다. 경우에 따라 논항/비논항을 취하는 동사로 한다면 거의 모든 동사가 이 범주에 안 들어 갈 수 없다. '가-' 동사의 경우는 필수적인 논항 DP보다는 보충해 주는 의미격의 DP가 선행하는 동사로 본다. 집에/집에서/집으로부터/집으로/집까지…등 수의적으로 많은 의미격을 지닌 DP를 취할 수 있다.

이제 마지막으로 문구조에서의 DP와 술어형성과정과 상응하는 형상성을 소박하게나마 그려보면,

(77)

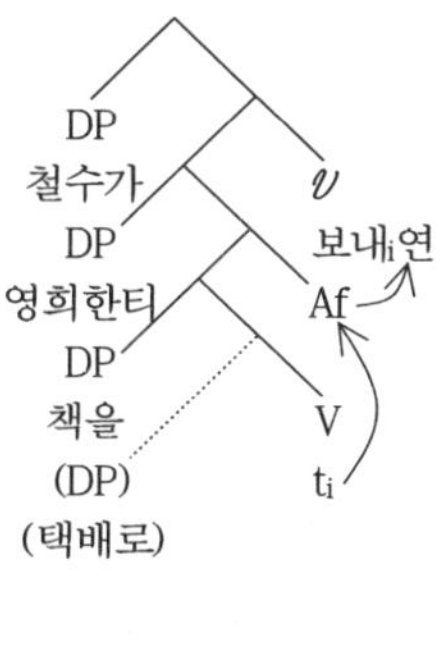

수형도에서 술어핵의 X의 범주만 알면 상대항은 바깥쪽의 DP(외항)이고

그 자매 절점이 최대투사 XP가 된다는 것을 자동적으로 알게 된다.

술어핵의 병합에 수반하는 선핵의 투사가 후핵의 보(어)부에 수용되면 DP의 자리는 대략 다음과 같이 조정된다.

(78)

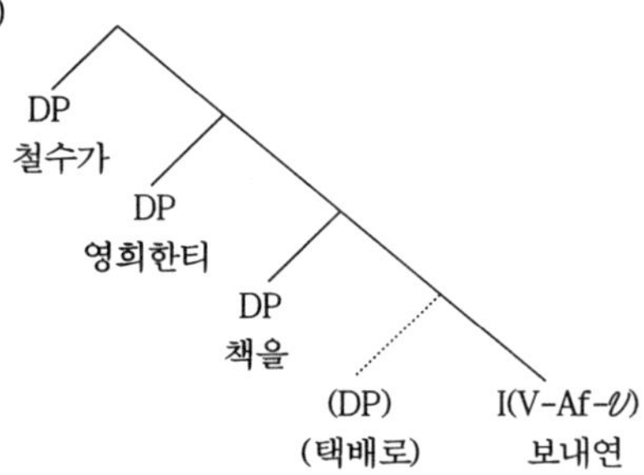

I는 각 술어핵의 병합체를 편의적으로 나타낸 것이며, 궁극적으로 문의 구조는 DP-I(V-Af-ℓ)의 주술관계로 이루어짐을 나타낸다. (DP)의 위치 기타 술어핵의 표시 등 기술적인 문제는 더 검토할 필요가 있다.

(77)의 구조를 선조식으로 나열하면 평면구조와 비슷하게 된다.

(79)

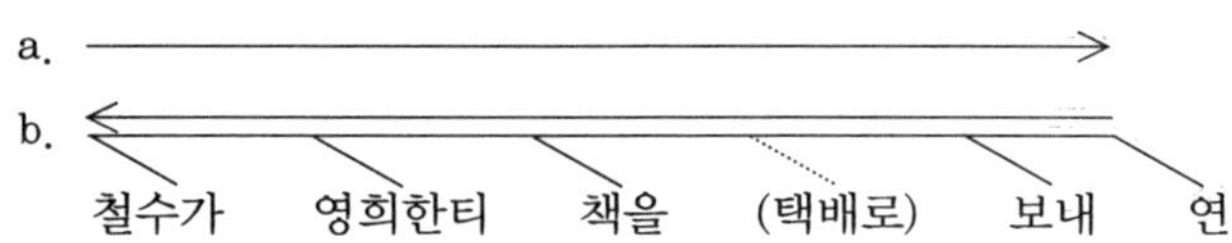

(78)이 어휘구조라면 (77)은 의미구조라 할 수 있다. (78)에서 범주 표시만 없다면 어휘부에서 추출한 하나의 배번집합이다. (79)도 그와 같다고 할 수 있다.

(79) a.의 선조성 방향은 PF의 몫이고, (79) b.에서의 방향은 의미역(할)을 지닌 술어핵이 병합과 논항도입을 연산하는 방향으로 가정되는 것이다. 이 경우는 아래서 위로 적립한다고 가정한 것이고 이와 반대로 선조성 방향은 위에서 아래로 연산된다고 볼 수 있다. 발제 - 결말의 시발구조 안에서

핵문술어가 결정이 나고 결말의 합일이 이루어지면 핵문 술어의 의미역대로 방출한 논항 DP의 배열이 이루어지고 PF는 그 선조성대로 음성화하는 것으로 보게 된다.

그리고 여기서 보인 분지도들은 필수적인 의미역 논항의 격의 틀로 된 본판이고 그 외의 수의적인 논항, 그리고 부가어(절)는 부판으로 적절한 위치에 부가된다.

(80)

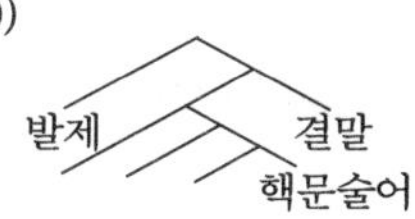

이러한 문제들은 뇌/인지력/심리 기타에서 종합적으로 고찰될 일들이다.

여기서 다만 언급하고 싶은 것은 결국 NP의 기능화(DP화)가 문구조 연구에서 핵심적이라는 것이다. (79)를 보게 되면 이미 언급한 바 있는 (8), (9)와 같은 간결한(술어병합체와의 대응을 고려한) 격부여규칙도 그 처리에 따라서는 유용할 수도 있다. 발제 – 결말의 이분지의 테두리 안에서 주 – 술 관계가 DP의 적절한 배치로 이루어지는 것이 중요하고, 따라서 통사론에 유용한, D의 형태적, 의미적 특성의 기술도 중요하다고 생각된다.*

---

* 아이누어에서의 구조격(주격, 속격, 대격, 여격(IO))은 추상격으로, 의미격(향격, 처격, 비교격, 탈격, 기구격, 원인격, 공통격)은 형태격으로 실현된다(김공칠 2000: 243-245).

인칭대명사는 격에 따라 어근이 불규칙적이다(영어의 I/my/me처럼). 만주문어는 주격만이 추상격이며 나머지 구조격, 의미격 모두 형태격이다. 종속절에서 주격에 속격의 i, 대격의 be가 쓰이지만, 이는 한국어나 일본어에서의 주격/속격의 교체나 보문주어의 주문목적어에의 인상과 같은 경우의 것이다.

인칭대명사의 속격+beye(자기자신)가 재귀대명사로 쓰이는 특이성이 있다.

현대 만주어(依布氣村)의 격조사에는 3가지 형식만 있다.

(1) 1. tə 여위격, 향격 등의 의미격에 쓰인다.
2. pə 대격, 경유·장소격. 대격의 경우 일상적으로 거의 쓰이지 않으며 경유·장소격도 잘 쓰이지 않는다.
3. təlie 비교격, 기구격, 탈격의 의미역에 쓰인다.

1.과 2.의 구별은 절대적이 아니고 혼용하는 경우가 있다.

대략적으로 주격, 대격의 구조격은 추상격으로, 나머지 의미격은 형태격으로 쓰인다고 말할 수 있다.

구조격이 추상격으로 쓰인 예를 보이면 (趙杰 1989: 162)

(2) niaxma niaxma amcʻimi. 사람이 사람을 뒤따른다.
(원문의 음성표기를 필자 나름의 음운표기로 고침. 이하 마찬가지.)

인칭대명사는 격에 따라 어형이 불규칙적이다(주격 pi[bi], 속격 min, 대격 mim).

몽고문어나 현대몽고어는 주격 이외(속격, 여위격, 대격, 탈결, 도구격, 공동격)는 모두 형태격이다. 그러나 현대몽고어에서 주격이 간혹 형태격으로 쓰이는 경우가 있으며 대격도 NP가 특정적인 것이 아니면 추상격으로 쓰이기도 한다(不定格). 이 때는 NP는 동사에 인접해야 한다.

(3) ном авлаа 책 (a book)을 샀다
номыг авлаа 그 책 (the book)을 샀다

대격의 NP가 문두에 뒤섞기할 때는 형태격이라야 한다. 여위격(도달점)의 경우도 지명이나 구체적인 장소이고 뒤에 이동동사가 올 때 추상격이 되기도 한다.

몽고문어나 현대몽고어에 인칭속격(접미사), 재귀소유격이 있는 특이성이 있다. 이들은 쉽게 말해서 '나는 방에 들어간다'에서 '방'에 인칭속격접미사가 후첨하면 누구의 방이 들어간 것이 된다. 재귀소유격이 후첨하면 자기의 방에 들어간 것이 되고, 후첨하지 않으면 아무하고 상관없는 방에 들어간 것이 된다.

(4) a. Би тасалгаанд чинь орно. 나는 너의 방에 들어간다.
b. Би тасалгаандаа орно. 나는 자기 방에 들어간다.
c. Би тасалгаанд орно. 나는 방에 들어간다.

그리고 몽고문어나 현대몽고어의 인칭대명사는 격(주격/속격/여위격/대격)에 따른 어형이 불규칙적이다. 만주어처럼 절 주어에 속격이나 대격이 쓰인다.

튀르크어는 주격은 추상격이다. 대격은 목적어가 대명사와 고유명사의 경우, 한정적인 경우, 뒤섞기의 경우 등에는 형태격이 쓰이고 부정(不定)적인 목적어이고 동사에 인접하는 경우에는 추상격이 쓰인다. 속격 그리고 처소격, 향격, 도구격, 공동격, 비교격, 원인격, 탈격 등 의미격은 형태격이다. 참고로 튀르크어의 몇 가지 격이 나타나는 문을 보이면(George, L. et al. 1981 : 108) 구조적으로 한국어와 다를 바 없다.

(5) Ahmet-∅ viski-yi dolap-tan çikar-ip mutfak-ta-ki
주격 대격 탈격 처소격
Ahmet(가) 위스키를 벽장으로부터 꺼내 -서 부엌 에 (있는)
masa-ya koy-du
여격
탁자 에(게) 놓-았다

주격이 추상격이라도 다음 [ ] 안의 절 주어인 경우는 형태격인 속격조사가 나타난다(Mulder, J. 1976 : 298).

(6) Bu adam ban-a [Ayse-nin kitab-ɨ o adam-a
이 사람(이) 나 에게 Ayse 속격 책 을 저 사람 에게
ver -diğ -i] -ni söyle-di.
주 명사형 3인칭단수소속접사 대격 말하-였다.
(이 사람이 나에게 Ayse가 책을 저 사람에게 주었다고 말하였다)

속격이 명사말음이 모음/자음에 의해 nin/in으로 구별되는 점, 모음으로 된 일본어의 속격이 no(중세한국어 nɐn과 유관)라는 것 그리고 주격/속격의 교체가 한·일 두 언어에서 보인다는 사실과 관련되는 것으로 보인다.

몽고어(그리고 퉁구스어)에 있는 재귀소유격은 튀르크어(그리고 만주어)에는 없다. 대신 몽고어와 만주어에 없는 동사의 인칭어미(1, 2인칭)가 있다(geldi-m 왔다-나). 아이누어도 화석적으로 이러한 용법이 있다.

인칭대명사는 격에 따른 어근의 변동은 한국어, 일본어처럼 완전하지는 않아도 없는 편이다. 1인칭과 2인칭(고대어 3인칭도) 대명사가 명사에 후첨하여 명사를 수식하는 인칭속격접미사가 있다 '나의 집은' '나의'와 '집(나의)'을 함께 써서 나타낸

다. '집'에 후첨한 것이 인칭속격접미사이다.

(7) ben-im ev-im
나 의 집 (나의)

여기에 속격의 인칭대명사 대신에 kendi가 대신할 수 있다.

(8) kendi ev-im
나 자신의 집 (나의)

동사에도 1인칭과 2인칭의 인칭어미가 있다(전술). 이상과 같은 격의 실현이나 특이성은 고대튀르크에서도 거의 동일하다.

퉁구스어계의 Evenki의 경우는 주격만이 추상격이고 나머지의 구조격, 의미격 모두 형태격이다. 대명사의 어근은 무슨 격이든 1인칭단수의 ∅주격의 bi 이외에는 모두 동일하며 격도 규칙적으로 실현된다. 명사의 인칭속격(어미), 재귀소유격, 동사의 인칭어미도 있다.

Evenki의 특성으로 소유표현이 다양함을 들 수 있다. 그 중의 하나인 양도가능의 소유표현의 예를 보이면(Nedjalkov 1997: 144),

(9) a. Mingi halgeIn-mi enu -d'ere- n.
나의 다리 (1인칭단수소유) 아프 다(현재). (3인칭단수)
b. Mingi halgan -ngi -v tadu bi
나의 다리 (양도가능소유) (1인칭단수소유) 저기에 있다(현재).
- si - n.
(3인칭단수)(놓여있다)

b.의 '다리'는 예컨대 자기가 죽이고 토막낸 어떤 짐승의 다리 곧 남에게 줄 수 있는 것을 뜻한다. 양도가능소유의 형태 다음에 수-격-인칭소유/재귀소유의 형태가 따를 수 있다.

이상에서 알타이어계의 언어의 격실현의 양상은 보았지만 결국은 격이 후핵으로서 NP를 추상격 혹은 형태격으로써 기능화하는 것으로 귀일된다. 그리고 주격의 추상격, 의미격의 형태격이라는 점은 동일하고 그 유별 등도 비슷하다.

이들 언어의 특이성은 인칭속격(접미사)과 재귀소유격이 있는 것인데, 몽고어, Evenki에서는 이 두 가지가 보이고, 튀르크어에서는 인칭속격(접미사)이 보인다. 인칭속격은 단독으로 나타나고, 재귀소유격은 다른 형태격의 뒤에(몽고어) 또는 앞에(Evenki) 위치하여 NP에 후접한다.

참고로, 다음과 같은 제주방언에서,

(10) a. 나 가이한티 책 <u>나껏</u> 주언.
b. 지 나한티 책 <u>지껏</u> 주라.(지=2인칭대명사/재귀대명사 (지(네))

밑줄 친 부분이 인칭소유격에 상응한 구실을 한다고 보면, 앞서의 여러 언어들도 그 분포지역에 따라 또 시대의 흐름에 따라 나름대로의 특이형이 있게 된 것으로 생각할 수 있다.

제8장 소위 예외적격표시구문에 대하여

1. 머리말

예외적격표시구문과 관련된 목적어상승, 주어인상, 예외적격표시 등 기제에 대하여 김공칠(1995: 249~250)에 간략하게 언급되어 있다. 여기서는 이들 통사적 운용에 관한 과거의 의견들을 돌아보면서 새롭게 해석할 여지가 없는 것인지 검토해보기로 한다. 제주방언에서 말하면 다음과 같은 구문에서 두 번째 DP가 하나는 주격, 하나는 대격으로 나타나는 경우와 같은 것이다.

(1) a. 철수(는/ㄴ/가) 영희(가) 천재엥 믿어/ᄀᆞ랑게/헹게/생각해.(엥=이라고)
 b. 철수(는/ㄴ/가) 영희(가) 착하뎅 믿어/ᄀᆞ랑게/헹게/생각해.(뎅=다고)
(2) a. 철수(는/ㄴ/가) 영희(ㄹ/를) 천재엥 믿어/ᄀᆞ랑게/헹게/생각해.
 b. 철수(는/ㄴ/가) 영희(ㄹ/를) 착하뎅 믿어/ᄀᆞ랑게/헹게/생각해.
(3) a. 철수(는/ㄴ/가) 영희가 머리(가) 좋뎅 믿어/ᄀᆞ랑게/헹게/생각해.
 b. 철수(는/ㄴ/가) 영희(ㄹ/를) 머리(가) 좋뎅 믿어/ᄀᆞ랑게/헹게/생각해.
 (ᄀᆞ랑게=말하였-어/다더라, ㅇ게(←ㄴ게)=았(었)-어/다더라)

이들 구문이 보문을 내포하고 있다고 보면, (1)에서 보문의 이다 구문과 형용사문의 주격주어가 (2)에서 대격으로 실현되어 있고, (3) a.에서 주격중출구문의 DP_1가 b.에서 대격으로 실현되어 있다. 이러한 격교체가 주문과 보문의 역학관계에서 오는 것인지 아니면 어떤 다른 이유가 있는 것인지 궁금하게 한다.

2. 예외적격표시

다음은 Chomsky 1995: 112)에서 인용한 것이다.

(4) a. Bill sincerely believed Sam.
b. *Bill believed sincerely Sam.

(5) a. Bill sincerely believed [Mary to be here].
b. *Bill believed sincerely [Mary to be here].

(4) a. 와 (5) a.에서는 대격 부여의 인접성조건을 준수하고 있다. (4) a.는 엄밀한 지배관계에 있으나, (5) a.는 보다 덜 엄밀한 지배관계에 있다.

이들 예문에서의 논의의 핵심은 (5) a.의 보문의 주어가 어떻게 대격을 부여받는가이다. 부정사절 전체에는 명제의 의미역을 부여할 수 있어도, 의미역을 부여하지 않는 부정사절 내부의 한 요소인 논리적 주어에 대격을 부여할 수 없는데도 부여되고 있는 형편이다. 또 부정사절을 CP로 보면 CP와 IP를 넘어서서 무리로 격부여하는 형편이 된다. 따라서 이는 주절(주문) 동사가 보문의 주어에 예외적으로 대격을 부여한다고 해서 이를 예외적 격표시(Exceptional Case Marking, ECM)라고 한다.

영어의 believe와 같은 동사가 보문에 대한 처신에는 유표적인 규칙이 있는 것으로 보고, GB이론에서는 이를 $\overline{S}$삭제(IP화)라 하고 있다(Chomsky 1981: 66). 보문표지(S'(=CP)) 삭제분석은 believe 동사류의 보어부로 [s'[s]]]를 설정해 놓고 S'를 삭제하는 식이다(여기서의 s'($\overline{S}$)는 CP, s(S)는 IP의 이전의 표기이다).

(6) a. b.

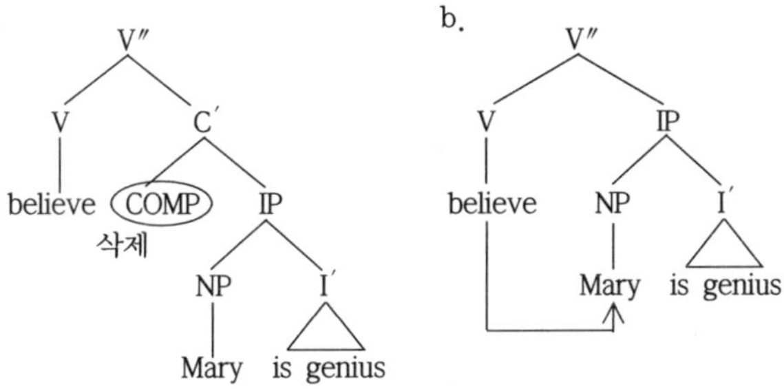

(7) a. I believe [α John to be the winner].
b. *I believe [α PRO to be the winner].
c. *I tried [α John to be the winner].
d. I tried [α PRO to be the winner].

여기서 (7) a., b.의 α는 S이고 c., d.의 α는 C로 가정된다고 한다. believe 같은 ECM동사는 그 선택특성으로 CP뿐 아니라 S(=IP)를 선택하는 것으로 하고 있다(Chomsky 1986b: 189).

(8) a. John [$_{VP}$ believe [$_{CP}$ that [$_{IP}$ She is a genius]]]
b. John [$_{VP}$ believe [$_{IP}$ her to be a genius]]

곧 (8) a.와 같이 보문의 주어가 주격으로 나타나는 경우는 that절의 시제절의 경우이다. (8) b.와 같은 ECM구문은 that(S')삭제 규칙이 적용 후 이루어진다고 보는 것이다. S(=IP)가 선택되는 경우에 ECM 현상이 있게 된다. try 동사는 (7) c., d.를 보면 believe와 상반된 처신을 보여준다.

ECM구문은 보문절의 술어가 영어는 계사를 개재하는 형용사와 명사(그리고 부사)의 경우이다. 竹沢(1997: 37~38)은 이러한 부정사 보문은, 보문화사가 나타나지 않는 데서 시제보문 CP로 보지 않고 to를 주요부(핵)로 하는 IP로 보면, 투명적이므로 그 투사에 직접관할되는 요소((5)의 Mary)는 상위의 주문동사로부터 격부여될 수 있다고 하였다.

(9)

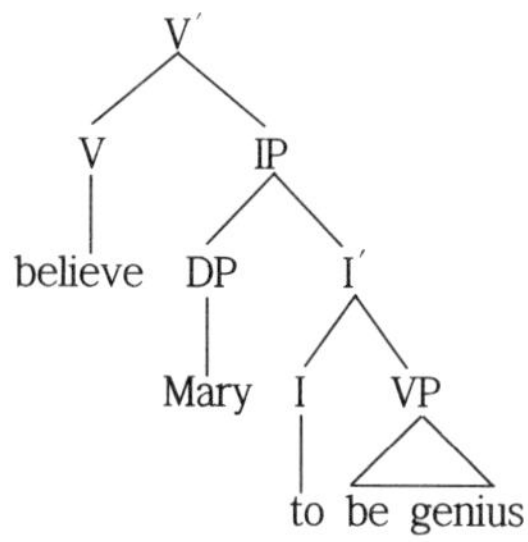

그런데, 한·일 두 언어에서는 보문절의 술어가 계사류의 형용사(명사형용사, 형용동사 '健康하다, 健康だ'), 명사(+단정조동사, '学生이다, 学生だ')인 때는 영어와 비슷한 면이 있으나 일반 형용사가 계사의 수반 없이 쓰이는 것은 영어와 다르다.

(10) a. Billは Maryが 天才だと信じた。
(Bill은 Mary가 천재라고 믿었다)
b. Billは Maryを 天才だと信じた。
(Bill은 Mary를 천재라고 믿었다)

(10) a., b.처럼 보문의 주어가 ga(가)와 o(를)의 두 가지로 나타나고 있는 것이 특색이다. b.에서는 보문표지(と(고))가 있음에도(S'삭제가 없어도) 대격이 부여되고 있다.

곧 영어는 보문표지 that가 있을 때 보문주어는 시제절의 주어로서 주격으로 나타나고 that 표지가 없을 때는 비시제절로 to부정사의 주어가 대격으로 나타난다. 이에 대해 한·일두 언어에서는 (10) a., b.와 같이 보문주어가 동일한 절내에서 'が(가)/を(를)'의 격교체 현상을 보이고 있는 것이다. (10)의 예문은 a., b. 모두 시제절의 주어이니까 영어의 경우와 같이 주격으로 나타나는 것이 무표적이라 할 수 있는데, 유표적으로 대격으로 나타나는 경우가 있는 것이 특이하며, 또 그것은 종전의 격부여의 격이론으로서는

그 대격 부여의 기제가 특이한 것(예외적격표시)이 될 수 밖에 없다.

그렇다고 한국어에 보문절에서의 S'삭제 현상이 없는 것은 아니다.

(11) a. 철수$_i$는 그$_i$가 천재라고 믿었다.

b. 철수$_i$는 그$^{*}{}_i$를 천재라고 믿었다.

(11) a.의 '그'는 두 가지 의미해석이 가능하다. '철수' 아닌 제 3자 그리고 철수 자신이다. 여기서는 '철수' 자신으로 해서 동일지표를 하였다. (10) b.는 '철수' 아닌 제3자이다.

이는 곧 (11) a.의 '그'는 주문과는 별개의 보문절에 있기 때문에(S'삭제가 적용되지 않아서) '철수'와 결속되어도 결속조건 B(대명사는 그것의 지배범주 안에서 결속되어서는 안 된다)에 위반하지 아니한다. (11) b.의 '그'가 주문의 '철수'를 가리킬 수 없다는 것은 S'삭제가 적용되었기 때문에 '철수'와 '그'가 같은 지배범주에 있게 되어 결속조건 B를 위반하기 때문이다. 여기서 대명사화규칙(철수→그)은 보문절의 주어에는 적용이 되지만, S'삭제 적용 후에는 적용되지 아니하고 재귀사화(자기, 자신, 자기자신)가 적용되는 것이 된다. 결속조건 A에 의해 재귀사는 그 지배범주 안에서 결속되게 되어 있다.

보문주어의 대격 교체의 예 (10) a., b.에 대한 해석에는 여러 가지가 있을 수 있다.

(12) a. 기저생성

철수는 영희$_i$를 [pro$_i$ 天才라고] 생각하였다.

b. 주어 인상

철수는 영희$_i$를 [t$_i$ 天才라고] 생각하였다.

c. ECM

철수는 [영희를 天才라고] 생각하였다.

d. 동일명사구삭제

철수는 영희를 [~~영희가~~ 天才라고] 생각하였다.

e. 술어핵병합체의 CP 유지 여부

철수는 [영희가 天才라고] 생각하였다.(CP 유지)

철수는 영희를 [天才라고] 생각하였다.(CP 제거)

(12) a.에서는 내포절내에서의 원래의 관계(주술관계)를 나타내기 위해 공범주를 가정하고 있다. 다음과 같이 소절(小節)로도 나타낼 수 있다.

(13) 철수는 영희를 [e 천재라]고 생각하였다.

유별하게 (12) b.는 이동 운용을 치르는데, 가급적 그것을 피하는 것이 바람직하나 초점화가 상승이동의 요인이 된다고 한다. (12) d.는 문의 선조적 전개를 전제해야 하고, (11) e.는 격부여 지연 또는 교체를 전제해야 하는 문제들이 있다.

ECM도 IP의 지정어로 설정된 내포절 주어에 가해진다는 의견과 보문소구 CP의 지정어 위치로 상승한 연후에 가해진다는 의견들이 있다. ECM설에는 CP보다는 불완전한 소절이라는 단위를 도입하는 경우가 많다.

(14) a. 철수는 [$_{CP}$ 영희가 천재라고] 믿는다.
b. 철수는 [$_{SC}$ 영희를 천재라고] 믿는다.

소절에 대하여는 아직 그 성격이 분명하지 않는 점이 있다. 주어 · 술어관계가 결하여 (14) a.와 같은 명제로서 성립할 수 없는 것은 분명하다. 그것은 주문 동사가 S' 경계를 지우고 (14) b.처럼 S' 전체의 주어에게 특별히 대격을 예외적으로 부여했다면 그 DP 자체는 주문의 어엿한 구성소가 되는 것이므로, (14) b.는 (15)와 같이 된다고 볼 수 있다.

(15) 철수는 영희를 [$_{SC}$ 천재라]고 믿는다.

곧 내포절의 주어가 대격으로 격표시된 후, 주술관계를 이루었던 나머지 술어 부분이 목적어와의 의미역 연결을 위해 소절로 남는 것으로 풀이하게 되는 것이다. 이 경우 소절 내에 그 의미역 연결을 위해서 공범주를 설정할 수 있다. 앞서의 (12) a.와 (13)의 경우와 같게 된다.

통사구성상의 소절의 위치에 대하여는 여러 가지를 상정할 수 있다.

(16) a. b.

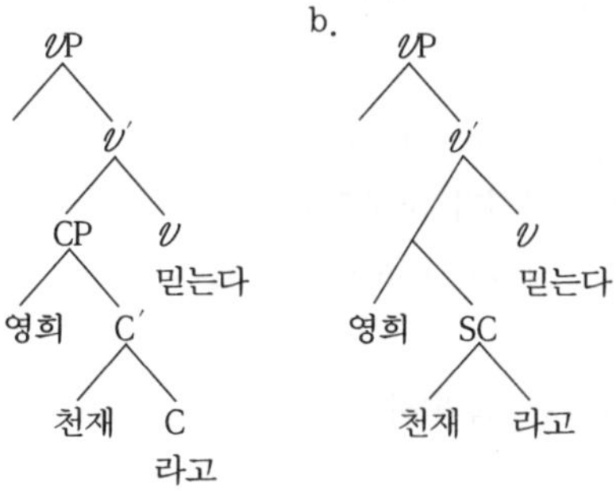

(16) a.에서 CP가 삭제되면 일단 (16) b.처럼 된다고 하면 (17) a., b.처럼 조정될 수 있다. '믿는다'의 하위범주화로 [~를~(이)다]가 가능하다.

(17) a. b.

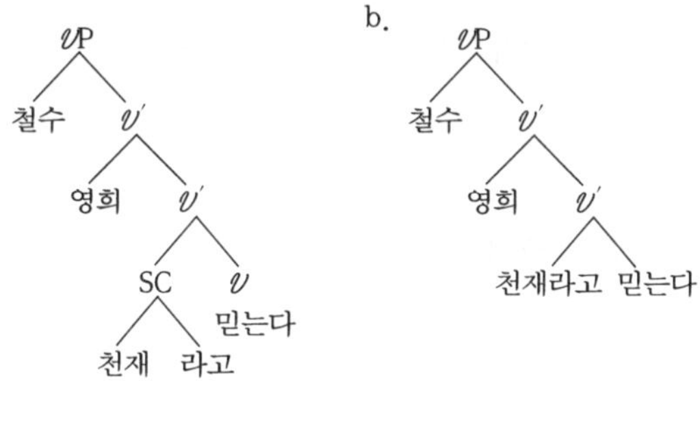

(18) 철수는 영희를 어리석게도 천재라고 믿는다.

의 예문에서 '어리석게도'의 부사구가 주절에서 '믿는다'를 수식한다고 보면, (16) a.보다 (17) a.쪽이 나은 듯 보인다. 부사를 부가어로 본다면 v의

구성소 내에도 개재할 수 있다고 본다 (믿고 또/다시(어리석게도) 믿다)

(12) d.의 동일명사구 삭제의 경우를 보게 되면,

(19) a. 철수는 영희가 바보라고 믿는다.
b. 철수는 영희를 바보라고 믿는다.

(19) a., b.의 기저문은 (19) a.로 하고,

(20) a. 철수는 영희를 [영희가 바보라고] 믿는다.
b. 철수는 ~~영희를~~ [영희가 바보라고] 믿는다.
c. 철수는 영희를 [~~영희가~~ 바보라고] 믿는다.

(20) b.에서처럼 목적어 NP를 삭제하면 (19) a.가 이루어지고, (20) c.에서처럼 내포문 주어를 삭제하면 (19) b.가 이루어진다. 문제는 선조적 전개에서 (20) b.에서처럼 삭제될 처지에 있는 것을 굳이 배열할 필요가 있었겠느냐의 의문점은 있다.

어떻든, 이와 같은 많은 논의를 통하여 보문주어 위치에 있는 DP에게 예외적으로 대격을 부여(확인)한다는 생각과 예외적인 격부여가 아닌 순리적인 다른 기제로 대격 DP가 실현시키는 생각들이 있음을 알 게 된다.

3. 보문주어 인상의 논의

보문주어의 목적어에의 인상의 논의는 Kuno(1972: 29-)에서 볼 수 있다.

(21) a. John-wa [Mary-ga baka da] to omotte ita.
(존은 메리가 바보라고 생각하고 있었다)
b. John-wa Mary-o [baka da] to omotte ita.
(존은 메리를 바보라고 생각하고 있었다)

(21) a.의 보문주어가 (21) b.에서 주문목적어로 상승한 것으로 보고, 그 근거를 다음과 같이 몇가지 제시하였다.

1. 격표지. 대격 o표지는 내포절의 주어 자리를 점유할 수 없다.
2. 부사의 자리.

(22) a. Orokanimo, John wa [Mary ga tensai da] to omotte ita.
(어리석게도 존은 메리가 천재라고 생각하고 있었다)
b. *John wa [Mary ga orokanimo tensai da] to omotte ita.
(존은 메리가 어리석게도 천재라고 생각하고 있었다)
c. John wa Mary o orokanimo tensai da to omotte ita.
(존은 메리를 어리석게도 천재라고 생각하고 있었다)

(22) b.에서처럼 부사가 보문주어 다음에 오면 비문인데, (22) c.가 정문인 것은 부사가 주문목적어 다음에 왔기 때문으로 풀이된다.

3. 어순의 도치(p. 32)

(23) a. John wa Mary ga tensai da to omotte ita.
(존은 메리가 천재라고 생각하고 있었다)
b. *Mary ga, John wa tensai da to omotte ita.
(메리가 존은 천재라고 생각하고 있었다)

(24) a. John wa Mary o tensai da to omotte ita.
(존은 메리를 천재라고 생각하고 있었다)
b. Mary o John wa tensai da to omotte ita.
(메리를 존은 천재라고 생각하고 있었다)

(23) b.가 비문인 것은 Mary ga 가 원래 내포절의 요소이기 때문이고,

(24) b.가 정문인 것은 그것이 주문의 요소이기 때문이다. 내포절의 주어는 앞으로 나오는 뒤섞기는 어려우나 주문의 목적어는 앞에 나오는 뒤섞기가 자유로이 될 수 있다는 것이다.

4. 양화사의 작용역

주문주어와 보문주어를 양화사로 해서 Q_1, Q_2로 하면,

(25) a. Dareka ga [minna ga baka da] to omotte iru.
(누군가가 모두가 바보라고 생각하고 있다)
b. Dareka ga minna o baka da to omotte iru.
(누군가가 모두를 바보라고 생각하고 있다)

단문에서는 작용역의 해석이 대개 $Q_1 > Q_2$이고, 경우에 따라서는 부수적으로 $Q_2 > Q_1$이 되기도 한다. 그러나 Q_2가 종속절에 있을 때는 부수적인 해석은 불가능하다.

$Q_1 > Q_2$의 해석은 누군가(한 사람이) 모두를 바보로 생각하고 있다는 것이고, $Q_2 > Q_1$의 해석은 모두를 누군가 (여러 사람이) 바보로 생각하고 있다는 것이다.

그런데 (24) a는 $Q_1 > Q_2$의 해석은 가능하나 $Q_2 > Q_1$의 해석은 불가능하다. 이에 대해 (25) b.는 $Q_1 > Q_2$의 해석은 물론 부수적으로 $Q_2 > Q_1$의 해석도 가능하다. 이것은 무엇을 뜻하느냐 하면 (24) a.의 Q_2는 종속절에 있다는 것이 되고 (24) b.의 Q_1(Dareka ga)와 Q_2(minna o)가 함께 주문에 있다는 것이 된다.

5. 재귀화

Kuno(1976: 17-)에서는, 다섯 번째 논거인 ~no koto(~의 일) 포함은 뒤로 돌리고 그 자리에 재귀화가 추가되었다(p. 28-)

(26) a. Yamada$_i$ wa zibun$_i$ ga tensai da to omotte ita.
(Yamada는 자기(자신)가 천재라고 생각하고 있었다)
b. ?Yamada$_i$ wa kare$_i$ ga tensai da to omotte ita.
(Yamada는 그가 천재라고 생각하고 있었다)

(27) a. Yamada$_i$ wa zibun$_i$ o tensai da to omotte ita.
(Yamada는 자기(자신)를 천재라고 생각하고 있었다)
b. *Yamada$_i$ wa kare$_i$ o tensai da to omotte ita.
(Yamada는 그를 천재라고 생각하고 있었다)

일본어(한국어도)에서는 주문주어의 대용화에 보문절에서 zibun(자기(자신))을 쓰지만 대명사화의 kare(그)를 쓰기도 한다. 그러나 kare는 주문에서는 결속조건 B 위반이 되므로 zibun을 써야 한다. 그래서 (27) b.가 비문인 것은 kare가 주문의 요소로 쓰였기 때문으로 보는 것이다. 여기서 (27) b.의 zibun/*kare o 는 주문의 요소로 볼 수 있다는 것이다.

앞에서 제시된 (21) a., b.는 동일한 기저구조를 가지는데 그 바탕은 a.쪽이며 a.에서의 보문주어가 b.에의 주문목적어로 인상된다는 것이 주어인상(Subject Raising)이다. 문제는 보문에 주격을 받는 주어가 주문에 인상하여 주문동사로부터 다시 대격을 받을 수 있는가에 있다.

주어인상에 관한 영어의 변형분석의 한 예를 (Akmajian, A. and F. Heny 1975: 328-338), 필자 나름대로 정리해보면,

(28) a. John believe Bill to be a criminal.
b. John prefers Bill to be a criminal.
c. John forces Bill to be a criminal.

이들 동사가 동일한 행동을 취하는 듯 하지만 속내는 그렇지 않다.

(29) a. John believes the story.

b. John prefers the cake.
c. *John forced the cake.

(29) a., b.의 동사는 직목(직접목적어)을 취할 수 있으나 (29) c.의 동사는 직목을 취할 수 없다.

(30) a. Some of us believe Bill to be a criminal.
b. Bill is believed by some of us to be a criminal.
c. *Bill is prefered by all of us to be a criminal.
d. One of us forced Bill to be a criminal.
e. Bill was forced by one of us to be a criminal.

(30) a.와 (30) c.를 보면 believe 다음의 NP(Bill)는 직목처럼 처신하고 있다. (30) d., (30) e.의 force다음의 직목도 마찬가지다.

곧 believe가 prefer하고 행동을 같이 하기도 하고((29)), 다르게 하기도 하고((30)), force하고도 마찬가지로 같이 하기도((30)) 다르게 하기도((29)) 함을 알 수 있다. 이를 believe는 prefer와 같은 기저구조를 가지다가도 파생단계에서 force 형태구조로 변형된다고 가정하였다(p. 333)

(31) a. prefer 기저구조에 준한 believe의 기저구조 (p. 334)

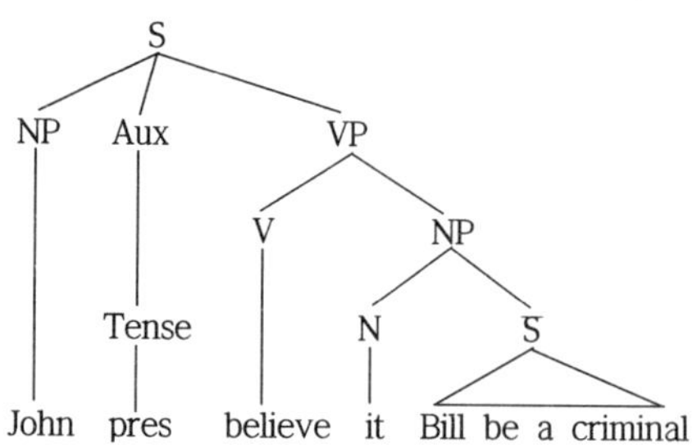

b. force의 기조구조 (p. 310)

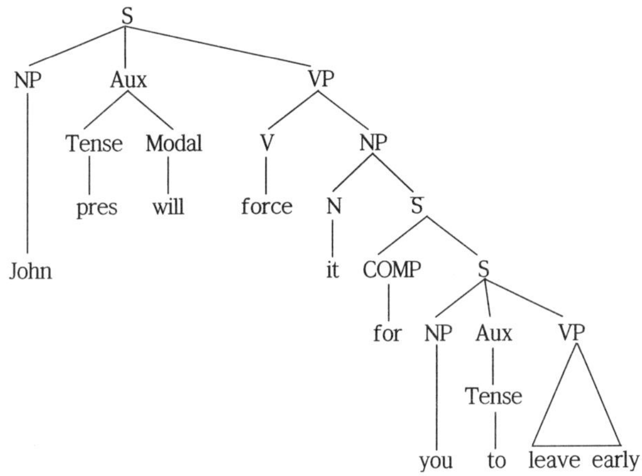

(32) ((31) a.→(32) b.식 파생) (p. 336-337)

a.

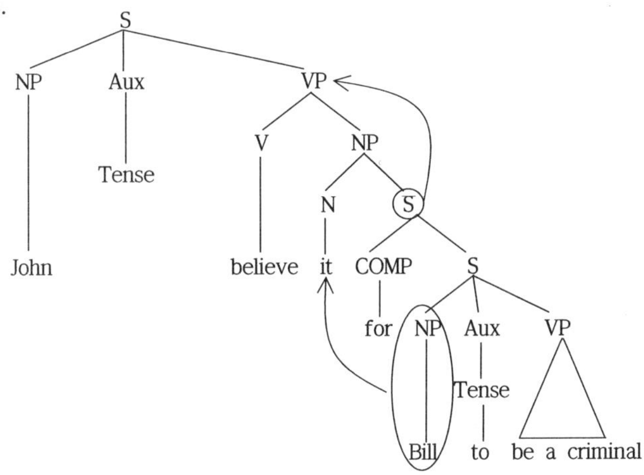

여기서 내포문의 주어가 상승하여 it와 대치하고 내포문의 나머지 요소들은 NP 절점에서 떼어내고 VP절점 아래로 이동시킨 출력이 다음 (32) b.이다.

b.

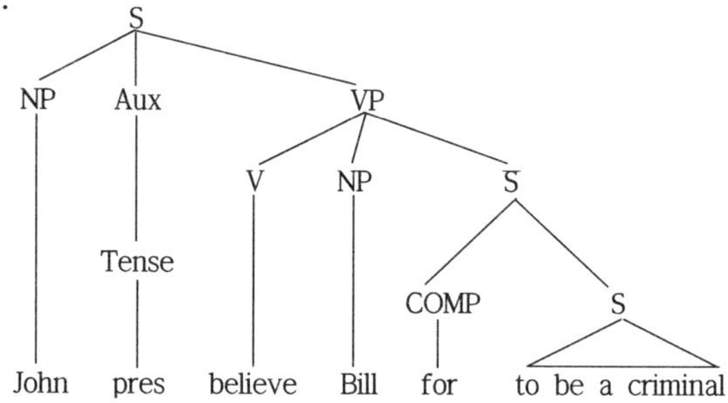

to에 인접한 보문표지가 삭제되면 $\bar{S}$절점도 자동적으로 삭제된다.

c.

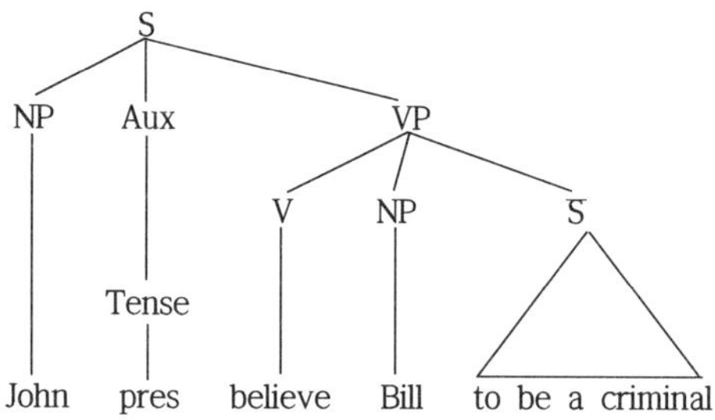

(32) a.를 (32) b., c.로 대비해 보면, 보문절에 있던 주어 NP Bill이 주절 목적어 위치로 상승된 것을 볼 수 있다(목적어 상승변형 〈Raising to Object〉, 상승변형 〈Raising〉).

초기변형문법의 운용이 그렇듯이 변형의 힘이 강하게 나타나 있다. 결국은 $\bar{S}$절점의 제거로 끝나 있지만($\bar{S}$탈락규칙과 다름없다), $\bar{S}$절점의 제거를 위한 여러 가지 요소의 연산을 보여주는 점은 최소주의적인 관점의 내포성 조건 혹은 경제성원리를 고려할 때 재고할 여지가 많다. 다만 언어생성의 기제면에서 있을 수 있는 일면들을 새겨보게 하는 점은 없지 않다고 본다.

김영희(1985: 344)에서의 보문주어 올리기의 수형도를 보면 마찬가지로 S_2의 제거로 그 관할의 NP가 VP_1의 관할에 올라있다.

(33) a. b.

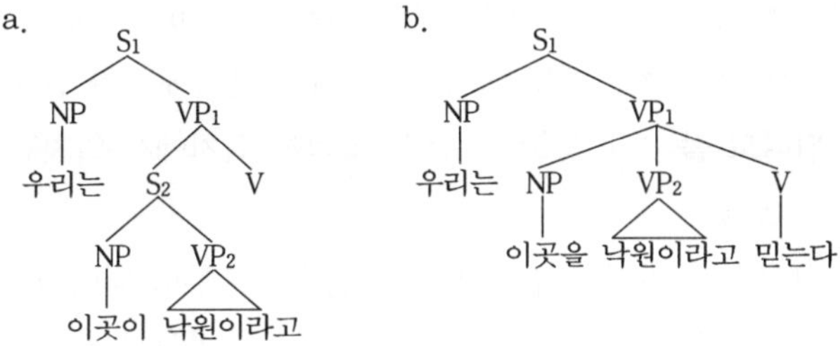

곧 보문(S_2)의 직접구성소인 주어(이 곳이)가 주문동사의 직접구성소 자리로 인상되고 있다. (33) a., b.를 동일한 기저구조((33) a.)로 보고 있는데, 근거로는 Scrambling(어순재배열, 뒤섞기)이나 보문술어의 주어존대의 일치면에서 동일한 양상을 보여준다는 점을 들고 있다. 필자 나름대로 풀이하면, (33) a., b.에서 a.의 S_2의 구성소(이곳이 낙원이라고)나 b.의 VP_1의 구성소(이곳을 낙원이라고)하고 주문 주어 NP(우리는)와 동일한 어순재배열을 보여주고 또 보문의 구성소의 주어이든 주문의 구성소의 목적어이든 그것이 함유한 존대의 자질이 후행하는 술어의 존대의 자질과 일치관계를 보여준다는 것이다.

그런데, Scrambling은 격부여와 격점검이 완료 후 최종적인 음성형식에서, 의미해석에서의 선행 제고를 위해 일어난다는 점을 고려한다면, 별개의 기저구조에서 유래된 요소의 Scrambling이 얼마든지 있을 수 있다. 또 주요부(주요부〈핵〉병합체) 이외에 주요부가 도입한 최대범주 NP(DP)(그리고 CP(CP도 어느 면에서 DP와 동일))는 뒤섞기가 가능하며 주어 DP는 어느 DP(CP)에도 후치할 수 있는 현상이라는 점도 고려할 일이다. 따라서 Scrambling의, 기저구조의 분간에는 효험이 없지 않나 싶다. (34) b., c.처럼 주어 DP가 '우리가'가 된다면 (34) c.처럼 보문주어 '이곳이' 다음에 자리하기는 곤란하듯이 격표지에 따라 Scrambling의 양상이 달라진다.

(34) a. 이곳이 우리는 낙원이라고 믿는다.
b. 이곳을 우리가 낙원이라고 믿는다.
c. ?/*이곳이 우리가 낙원이라고 믿는다. (LF에서의 재구축에 당혹)

이는 역으로 말해서 목적어로 인상된 다음 Scrambling하였다고 볼 수 있다. 주어존대의 일치관계도, 동일 기저의 보문절에서의 일치관계가 주문에서 유지된다고 볼 수도 있고, 주문의 목적어 위치에서 일치관계를 이룬다고도 볼 수 있다.

문제는 보문의 논리적인 주어가 그 보문술어로부터 의미역을 받고 또 주문에 상승하면서 주문술어부터 의미역을 새로이 받는다고 할 수 없는데 있다(의미역 기준 위반), 또 주문술어의 의미적 논항이 아닌데도 주문술어로부터 격을 부여받는다는 것도 격부여에 있어서 예외적 경우가 된다.

Saito(1985: 210-222)에서는 Srambling에 관하여 주어· 목적어의 비대칭성이 지적되었다. (35)처럼 주어는 어순재배열이 자유스럽지 못하고 목적어는 자유스럽다는 것이다. 이를 목적어 인상의 증표로 본다. 곧 목적어로 인상된 다음 재배열된 것으로 볼 수 있다.

(35) a. 철수가 그가 바보라고 생각한다.
b. ??그가 철수가 바보라고 생각한다. (a.의 의미 유지 못함)
c. 그를 철수가 바보라고 생각한다. (a.의 의미 유지)

또한 다음을 보면,

(36) a. 철수는 그를 바보라고 생각했다.
b. *철수는 그를 바보라고 생각되었다.
c. 철수는 그가 바보라고 생각되었다.

(36) a.가 정문인 것은 목적어가 인상되었기에 상위문 동사로부터 목적격을 부여받았다는 것이고, (36) b.가 비문인 것은 피동사가 된 '생각되었다'로부터는 목적격을 받지 못했다는 것이 된다. (36) c.의 피동문에서 보문주어가 주격으로 있는 것은 인상된 성분을 갖는 구조가 피동 구성이 되면 인상성분이 주어로 이동하였다고 보고 있다. 이 때 명제 자체는 보문주어의 경

우와 동일하게 된다.

(37) a. 철수는 그가 바보라고 생각했다.
b. 철수는 그가 바보라고 생각되었다.

김귀화(1994: 128-)에서는 보문주어의 목적어에의 인상에는 반대하지만, 보문주어가 초점(초점자질[+FOCUS) 부여]을 받아 보문 C"의 SPEC 위치로 이동(인상)하는 것을 주장한다. 상위문에는 상승하지 않으나 이동 위치에서 상위문 동사에 의해 목적격을 부여받는 것이니 예외적 격표시의 경우로 볼 수 있다.

(38) a. 철수는 영희가 천사라고 여겼다.
b. 철수는 영희를 천사라고 여겼다.

여기서 (38) a.가 (39) a.의 기저구조로 보고 내포문의 주어 '영희'가 초점을 받으면 초점자질 부여원리 (p. 30)에 따라 이동을 하게 된다는 것이다 ((39) b.).

(39) a. ((38) a.) (p. 130) b. ((38) b.) (p. 131)

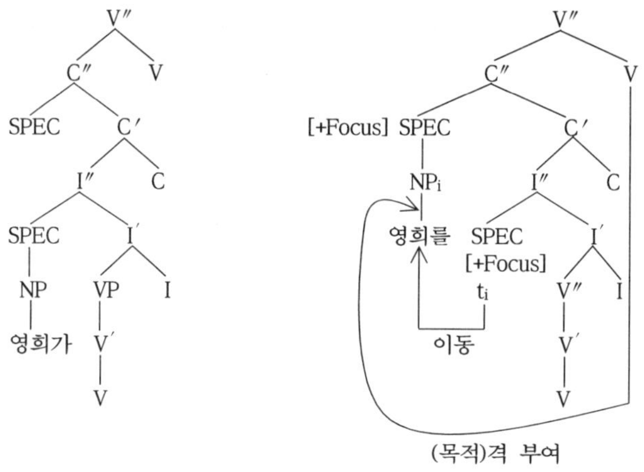

흔적 t 는 굴절소에 의해 적정지배되고 선행사(영희)에 의해서 성분통어되므로 변항결속이론을 만족시킨다고 본다. 그리고 동사(V)의 보어 C"는 동사에 의해 의미-지배를 받는 성분이므로 C"는 장벽이 되지 않는다고 한다(p. 131).

견해에 따라서는 C"는 L-표시되지 않으며 V로부터 명제의 의미역을 받기 때문에 V가 C" 내부의 요소를 지배하여 의미역을 준다면 이중의 의미역을 부여하는 것이 되지 않을까 한다. C"(CP)를 느슨하게 보고 IP로 대체하기도 하나 여기서는 CP의 SPEC 위치를 설정하기 때문에 어려운 일이다. 또는 이동된 성분 NP_i와 t_i의 연쇄 〈NP_i, t_i〉가 동일한 의미역의 연쇄를 이루므로 가능한 것으로 보기도 하지만, 주격자질을 수반한다고 보면 격상충을 일으킬 염려가 있다. 초점받은 성분이 상위문 동사에 의해 지배되어 목적격이 실현된다지만 그 성분이 자리한 위치는 여전히 내포문내의 위치이므로 상위문의 목적어가 되는 것은 아니다. 다만 초점자질부여원리 (라)(p. 30)에서 말하는 결여된 요소가, 격자질이 결여적이거나 격 실현이 지연되는 뜻으로 풀이될 수 있다면 사정은 다르다. 그 외에도 그 요소가 의미적으로 동사에 직접지배를 받음으로 해서 동작의 직접대상이 되면서도 문법적 기능은 내포문의 주어에서 벗어날 수 없는 정황이므로 문법적 기능의 상충 또는 이중성의 곤혹을 LF에서 치를 수 있다.

양정석(2002: 508-)에 의하면, 이정식(Lee, J.-S. 1992, 필자 未見)도 내포절 IP의 지정어가 (39) b. CP의 지정어 위치로 상승하여((40) a.), 상위절의 동사로부터 예외적으로 격을 받는다고 보고 있다.

(40) a. 가) 존이 메리를 예쁘다고 믿는다.
　　　나) *존이 메리를 톰을 만났다고 믿는다.
　b. 가) 존이 메리가 예쁘다고 믿는다.
　　　나) 존이 메리가 톰을 만났다고 믿는다.

(40) a. 가), 나)의 수형도를 보이면(p. 509),

(41) a. ((40) a. 가) b. ((40) a. 나)

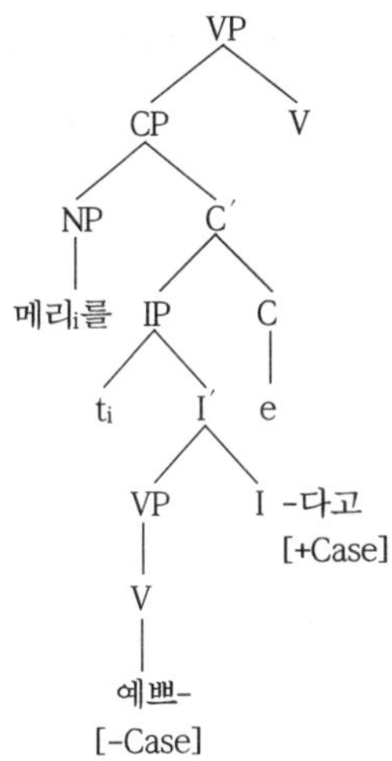

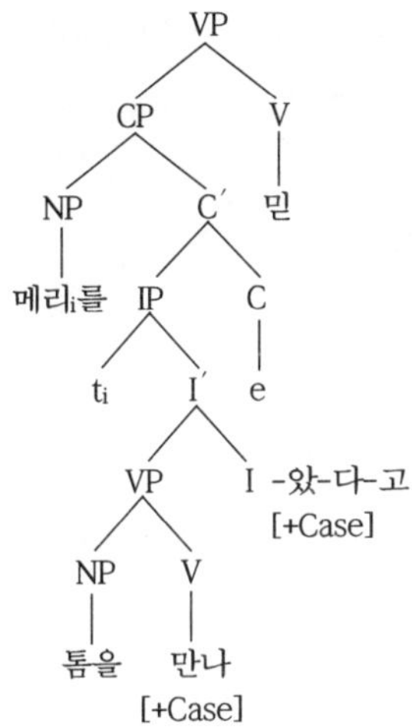

(40) a. 가) 와 (40) a. 나)의 형상이 비슷한데, 전자는 정문이고 후자가 비문인 것은 내포절 동사의 성격(Case 유무)에 따른다는 것이다.

격부여자는 통사적 과정에서 최소(국부)영역을 가지는데(최소격영역), 그것이 ECM구문에서 내포주어의 상승에 장벽이 된다고 하였다. (40) a. 가)의 경우 핵인 V가 [−Case]이기 때문에 그것이 투사 VP를 격부여자 I가 보충어로 가지면 I의 직접투사 I'가 최소영역이 되어 IP가 차단 범주가 아니라는 것이며, 따라서 연쇄 〈메리$_i$, t_i〉도 공범주원리를 만족시킨다는 것이다. ((40) a. 나)처럼 [+Case]의 V의 투사 VP의 경우는, I의 직접투사가 아닌 최대범주 IP가 최소영역이 되어 IP가 차단범주가 되어 연쇄를 이루지 못하여 공범주원리를 만족시키지 못한다고 한다.

앞의 (41)의 수형도에서 보문소 '−다고'가 하위의 핵성분 I로 내려와 결합되었다가 LF에서 다시 상위의 보문소 위치인 e로 이동한다는 것인데, 그렇게 내렸다 올랐다 하는 연산인 있을 수 있는지는 의문이 간다. 또 (40) a. 나)의 비문은 이중 목적격 ~를 ~를 제약에 위배한 것으로 하는, 보다 간결한 제약성의 처리도 가능하지 않은가 하는 생각도 나게 한다. 이중목적격제약의 예외가 되는 전체-부분 관계에도 해당되지 않는 경우가 된다.

참고로 이정식 본인의 논문(Lee, J.-S. 1995)의 (40) a.에 대한 수형도 (p. 292)를 보이면,

(42)

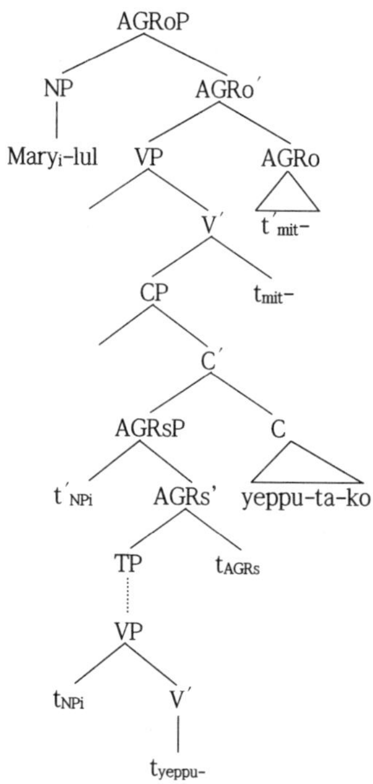

여기서, AGRsP는 IP와 동일하다고 보면 되고, AGRoP의 경우는 이를 설정하면 (41) a.에서 CP의 지정어 자리에 있는 목적어는 AGRoP의 지정어 자리에 있어야 하나 이를 인정하지 않으면 (41) a.의 경우와 같게 된다. 다만 AGRs((41) a.의 I)가 주격자질을 지닐 때는(그것을 내포한 CP가 최소격영역) ECM적 상승은 없고 AGRs가 주격자질을 지니지 않을 때는 (CP가 최소격영역 아님) AGRoP에의 상승이 가능하다(p. 294)고 되어, (41) a.의 설명과는 기본적으로는 동일하나 통사과정은 약간 다르게 된다. 곧 격자질을 지닌

핵이 최소격영역을 형성한다는 처지에서(p. 293) C는 격자질도 지니지 않아서 자신을 최소영역을 이루지 않으므로, CP에서의 격부여는 어렵게 된다. 대신, C는 강한 V-자질을 지녀서 외현적 통사부에서 동사를 유인(술어핵병합, 필자)한다고 하여 그 병합체가 표시되어 있으니 그 병합체가 격을 부여하는 기제를 상정할 수 있다.

일단 AGRoP 문제는 덮어 두고 (41) a., b.에 대한 설명을 정리한다면, V-I-C 이동으로 I(AGRs)의 주격자질은 C로 하여금 최소 격영역 CP를 투사하는데 그것은 이 C가 [+Case]의 AGRs의 투사인 AGRsP를 보어로 취하기 때문이다. 이 CP가 내포절 주어의 ECM을 위한 상승을 차단한다((41) b.의 경우)고 한다.

이러한 저지를 피하기 위해 한국어의 AGRs를 선택적으로 주격자질을 지니는 것으로 해서 가지지 않을 때 C를 [-Case] 로 하면 최소영역을 이루지 않아 ECM의 상승이 허용된다는 것((41) a.의 경우)이다. 곧, 상승한 내포절의 동사가 격자질을 가질 때는 최소영역을 형성하여 그것이 ECM동사와 내포절 주어 사이에 개재하는 것이 되어 ECM과정을 차단하고 격자질을 지니지 않을 때는 차단하지 않고 ECM과정을 이룬다는 것이다.

4. 주문목적어의 기저생성

지금까지의, 소위 ECM구문에서의 보문주어→목적어(주문/CP의 지정어/AGRo의 지정어)에의 인상(이동)의 주장과는 달리, 이광호(1988)에서는 주문의 목적어를 기저생성하고 보문주어의 공범주를 설정하여 동지표문을 이루게 하여, 주어→목적어 인상규칙은 한국어에서는 불필요한 규칙이라고 하였다(p. 127). 다음의 (43)의 '~게 하다' 구문과 (44)의 '~고 믿는다' 구문(판단동사 구문)을 목적어-주어 동지표지문으로 하고 (43)의 기저구조(p. 75)를 (45)와 같이 보았다(p. 78). (44)도 이와 동일한 구조로 본다.

(43) a. 존이 메리가 가게 하였다.
b. 존이 메리를 가게 하였다.

(44) a. 철수가 영희가 예쁘다고 믿는다.
b. 철수가 영희를 예쁘다고 믿는다.

(45) a. 존이 [$_{NP}$ e_i] [$_{S'}$ [$_S$ [$_{NP}$ 메리i가] [$_V$ 가-]] [$_{COMP}$ 게]] 하였다.
b. 존이 메리$_i$를 [$_{S'}$ [$_S$ [$_{NP}$ e_i] [$_V$ 가-]] [$_{COMP}$ 게]] 하였다.
(원문 S_1, S_2를 S′, S로 함)

(45) a., b.에서 표면적으로 NP 논항이 나타나지 않더라고 지배자에 의한 격조사가 배당될 것으로 기대되는 위치에 공범주 논항을 상정하고 있다. (44)와 같은 판단동사 '~고 믿는다' 류의 내포문은 그 동사가 [+stative] 자질을 갖거나 서술명사구일 때만 수의적 삭제가 가능한 목적어-주어 동지표문이 형성된다는 것이고, 이러한 조건을 어기면 동지표명사구는 내포문의 주어로만 실현되어 수의적 삭제가 불가능한 목적어-주어동지표문이 형성된다(pp. 129-130)는 것이다.

(45) a., b.의 공범주를 상대의 표면적 NP로 채우고 그 공통적인 구조로 (46)을 상정한다면,

(46) a. 존이 [$_{NP}$ 메리를] [$_{S'}$ [$_{NP}$ [$_S$ 메리가] [$_V$ 가-]] [$_{COMP}$ 게]] 하였다.
b.

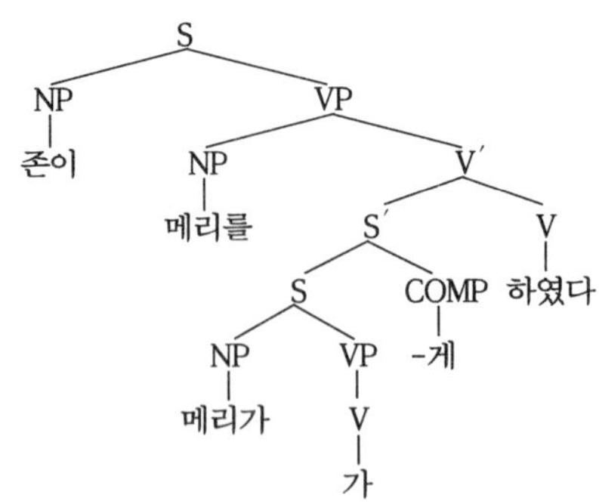

LF에서의 의미해석과 PF의 음성해석에서 어느 하나의 NP의 삭제가 행해진다면 이는 동일명사구삭제의 기제와 같아진다.

단순히 시간적 순서나 어휘항목의 배열에서 필수출력조건(해독조건)에서 동일지표의 공범주나 동일명사구의 나열이 바람직한 것인지 좀 생각해 볼 필요는 있다. 선조성을 고려하거나 상향식 쌓아 올리기로 보아도 명제의 구조가 중핵을 이루고 있다면, (43) a.는 그렇다 치고 (43) b.는 '존$_i$이 [존$_2$이 메리를 가게] 하였다'에서 존$_2$을 삭제하거나 그 자리에 존$_i$이 복사 또는 투사된 것으로 볼 수도 있다. 참고로 이들 구문과 관련해서 이중대격으로 실현되는 경우를 보이면, (pp. 92-94)

(47) a. 철수가 영희가 밥을 먹게 했다.
b. 철수가 영희를 밥을 먹게 했다.

(48) a. 철수가 [$_{VP}$ [$_{NP}$ e_i [$_{S'}$ [$_{S}$ [$_{NP}$ 영희$_i$가 [$_{VP}$ [$_{NP}$ 밥을] 먹-]] [$_{COMP}$ 게]] 하였다.
b. 철수가 [$_{VP}$ [$_{NP}$ 영희$_i$를 [$_{S'}$ [$_{S}$ $_{NP}$ e_i] [$_{NP}$ 밥을] 먹-]] [$_{COMP}$ 게]] 하였다.

(49) a.
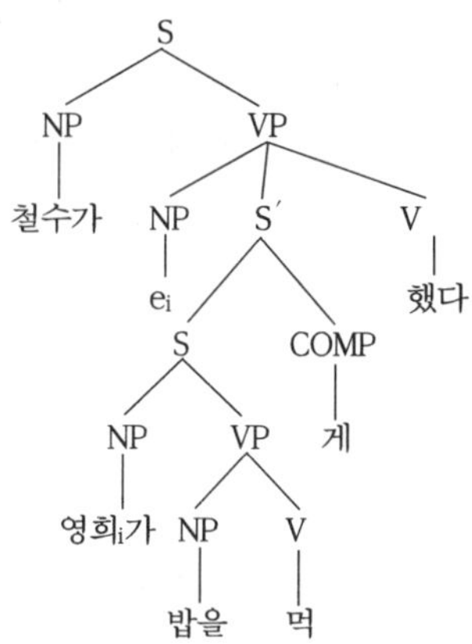

b.
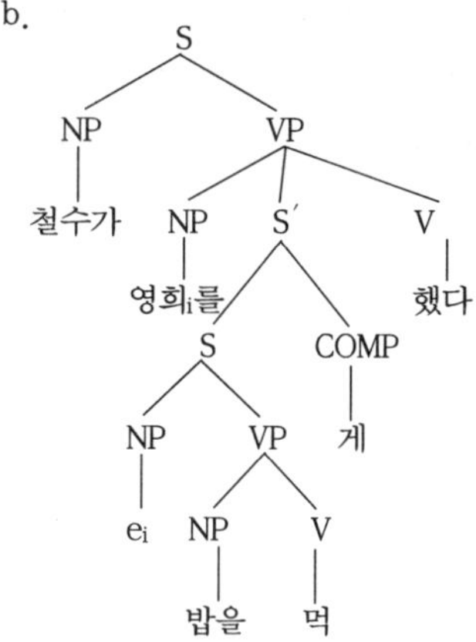

(47)예문에 대해 (48)은 그 기저구조, (49)는 그 수형도이다. (47)-(49)의 공통구조로 상정되는 것이 (50)이다(pp. 94-95).

(50) a. 철수가 [$_{VP}$ [$_{NP}$ 영희$_i$를] [$_{S'}$ [$_{S}$ [$_{NP}$ 영희$_i$가] [$_{VP}$ [$_{NP}$ [밥을] 먹-]] [$_{COMP}$ 게]] 하였다.

b.

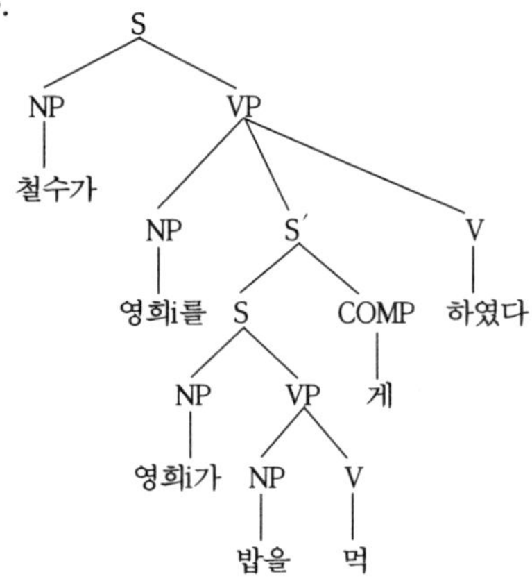

(47) a.의 경우는 (48) a., (49) a., (50) a., b.가 여잉적이고, (47) b.의 경우도 (48) b., (50) b.도 여잉적이라고 보고, (49) b.에 있어서의 e 자리는 공범주가 아닌 원래의 자리로 상정하는 방법이 있을 수 있다. 주어 상승의 기제와 유사하나 술어부 핵요소의 병합으로 오는 재구조화의 자연의 귀추라는 점에서 다르다.

곧 (47) a.는 CP 유지형이고, (47) b.는 CP 붕괴형이다. 전자는 술어핵 병합이 '~먹게' 에서 일단 정지한 것이고, 후자는 '~먹게 하였다' 까지 미친 것으로 본다. 이 과정에 S-S' 투사체가 제거되고 자동적으로 S' 내의 주문 요소가 된다. 이러한 기제에는 격의 교체 문제가 있게 되지만, 제주방언에서처럼 늘상 추상격으로 실현되는 경우와 또 연산중에는 격의 실현이 지연되는 점등을 고려한다면 설명에 큰 무리가 없을 것이다.

(51) a. 철수(는/ㄴ/가) [영희 밥 먹 게] 혜연.

b. 철수(는/ㄴ/가) 영희를(/ㄹ) 밥 먹게 혜연. (혜연=하였다)

양정석(2002: 497)에서는 (52) a.를 를-판단구문, (52) b.를 이-판단구문이라 하고(이하 이 명칭 준용), 이들은 별개의 기저생성의 구문으로 보고 있다.

(52) a. 철수는 영호를 키가 크다고 생각했다.
b. 철수는 영호가 키가 크다고 생각했다.

지금까지의 논의는 이 두 구문의 기저가 동질적이고 상관적임을 보이려는 것이었다. ECM, 주어올리기, 주문목적어의 기저생성도 그랬다. 그리고 어느 것이나 변형의 조작을 거치고 있다. 양정석(2002)에서는 D-구조를 전혀 고려하지 않고 S-구조에 해당하는 단일한 통사구조가 어휘부와 직접 상호작용한다고 가정한다(p. 526). 통사구조로서의 S-구조의 각 구성성분은 어휘부의 정보를 이용하여 형성되고, 그 성분의 개별적 어휘항복의 의미 그리고 어휘항목들의 결합의 의미에 따라 대응 규칙이라는 제약이 가해진다.

(53) 통사구조로서의 S-구조
대응규칙
의미구조

S-구조나 의미구조는 각기 독립적인 원리에 따라 형성되며, 대응규칙은 이 두 구조 표상(표시) 사이에서 두 구조 표상(표시)의 특정 구성성분들 사이의 대응을 허가해 주는 원리 또는 규칙의 체계이다.

구성성분 '생각하다'의 어휘항목 [V. [THINK(X, Y)]]은 그 동사는 주어와 목적어 또는 주어와 내포절의 두 논항을 취할 수 있음을 보여준다. 따라서 다음과 같이 NP-를(DP) (j로 표시)과 내포절(k로 표시)을 가지는 통사적 논항구조가 이루어질 수 있다.

(54) 를 판단구문의 대응규칙

가) $[_{VP}$ DP$_j$ $[_{V'}$ XP$_K$ V$_h]]$ 는 다음에 대응된다.

나) [[THINK (X$_i$, [BEcirc ([FOCUS, Y$_j$] [AT ([TYPE]$_K$)])])], $_\gamma$]$_h$

(p. 528) (가), 나)는 필자가 붙인 것)

(54)의 대응규칙은 동사가 THINK와 같은 의미를 가지고(생각하다, 결정하다, 판단하다처럼 판단·판정의 대상의 목적어를 가지는 동사의 의미) 그 내포절이 비한계성(非限界性)(도달점이 없는 상대성, 필자)의 의미자질을 가질 경우 내포절의 의미가 'BEcirc'의 둘째 논항이 되고, 다시 'BEcirc' 함수를 가지는 의미구조가 동사(의미)의 한 논항이 된다는 점을 규정한다(p. 527)(circ는 상황성(circumstantial)의 의미영역 표지). 피작용자는 [DP, VP]로 그 밖의 논항은 [XP, V′]로 연결된다.

여기서 i, j, k 는 통사구조 논항과 의미구조 논항 사이의 연결관계가 확립되었음을 나타낸다. 그 절차를 동지표화라고 한다(p. 528). i는 주어논항(철수)을 나타내되 다른 논항의 연결관계가 확립된 연후에 연결된다. h는 머리(핵, 주요부) 성분인 동사 (생각하다)(γ)와 그 대응되는 의미구조 성분 사이의 동지표화를 나타낸다((나)에서의 h가 [THINK (X, Y)]) 형식으로 되어 있음을 확인). [TYPE]의 자질은 XP절이 판단구문의 내포절의 유형의미를 가져야 한다는 제약을 표시한 것이다. [FOCUS]는 이러한 구문의 목적어(영호를)는 초점을 받는다는 표시이다. 이 초점은 통사적인 것이 아니고 대응규칙에 의해 도입되는 의미론적 요소이다. 'BEcirc'는 그 둘째 논항 (키가 크다)이 항상 사건이나 상태 곧 상황의 의미범주를 가지며 그 첫째 논항(영호)과 동일지시된다는 특성이 있다(γ는 판단구문 동사 (생각하다)가 가지는 어휘개별적 자질).

종전에는 를-판단구문의 목적어가 주문 또는 CP의 지정어 위치에 상승함으로써 초점을 받는다고 한 것인데, 여기서는 그러한 통사적 변형 조작 없이 대응규칙에 [FOCUS]와 같은 표시를 통해서 의미론적으로 도입하는 방식을 취한다. 그러면서 (52) a., b.의 두 문이 그 표시를 통해서 해당 DP가 동일지시하는 것으로 포착하였다. 다만 수형도상으로는 상위절 요소 곧 상위 VP 지정어의 DP(영호를)와 V'에 관할되는 CP와의 연계를 위하여 공범주 흔적을 표시하고 있다. (55)의 예문에 따른 통사구조와 수형도를 (56)로 보이면(대응규칙은 (54)참조),

(55) 철수는 영호를 바보라고 생각한다.

(56) a. 철수는 [$_{VP}$ [$_{DP}$ 영호를] [$_{V'}$ [$_{CP}$ O_i t_i 바보라고] [$_{V}$ 생각하]$_{h}$]] ㄴ다.

b. (VP만)

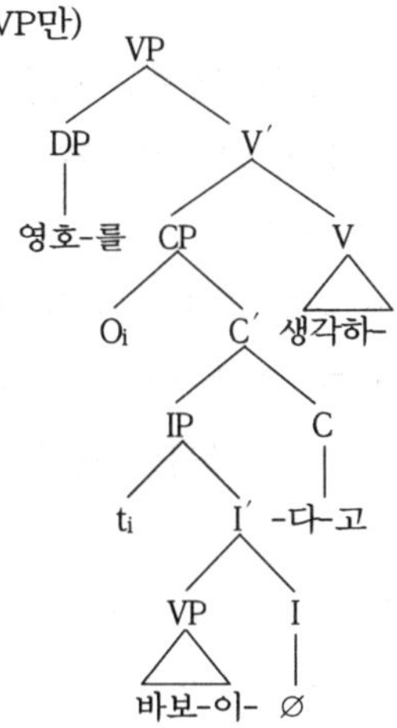

(p. 530)

여기서 O_i는 공범주연산자, t_i는 그 흔적을 나타낸다(DP와 CP와의 연계). 결과적으로 공연산자 이동과 같은 변형적 조작이나 t_i 자리의 DP가 상승하는 것 같은 기제와 혼동될 소지가 있다. D구조를 은연중 마련하는 것 같고 설혹 그렇지 않다 하더라도 통사와 의미의 이중구조가 마련되어 있는 셈이다. 또 공범주라면 통제구문의 PRO와도 혼동될 소지가 있다. '생각하다' 동사는 보문(CP)을 취하는 경우 CP의 관할 내의 어느 위치에 요소도 지배할 수 없다는 한 관점에서 볼 때 그 관할인 IP 역시 주요부가 제로인 무시제절이고 보니 IP 내에서도 지배되지 않으므로 목적어통제구문의 PRO와 큰 다름이 없어 보인다. 문제는 어떤 경위가 힘 안 들이고 쉽게 해독(출력)되는 효과적인 것인가에 있다고 본다.

三原(1994: 123)도 이- 그리고 -를판단구문(인식동사구문)을 별개의 구조로 포착하고 있다.

(57) a. [$_{IP}$ 太郎は [$_{VP}$ [$_{CP}$ [$_{IP}$ 花子の横顔がとても美しい]と]思った]].
(太郎은 花子의 옆얼굴이 매우 아름답다고 생각했다)
b. [$_{IP}$ 太郎は [$_{VP}$ 花子の横顔をi [$_{VP}$ [$_{CP}$ [$_{IP}$ pro$_i$ とても美しい]と思った]]].(太郎은 花子의 옆얼굴을 매우 아름답다고 생각했다)

'思う'(생각하다)와 같은 동사의 엄밀하위범주의 틀은 b.를 위해 [NP가 NP를 CP]로 할 수 있다고 하였다. 'NP-를'의 의미기능을 고려할 때 그것은 후속하는 문 명제에 대한 주제로서 기능하는 것으로 포착하고 있다. 곧 'NP-를'은 장면 설정의 기능을 지니고 이에 후속하는 문 명제하고 의미적 의존관계에 있는 것으로 보았다. 그러한 의존관계는 주제관계와도 같고 Aboutness 관계라고도 할 수 있고, 그러한 관계를 지탱하는 것이 인식동사구문의 성립요건이라 하였다(p. 124).

(57) b.의 pro 공대명사 자리는 주어 자리이다. (12) d.에서는 그것이 유형으로 나타난데 대해, 여기서는 (12) a.처럼 무형으로 나타난 경우가 된다. 보문의 주어 자리를 pro로 설정한 것은 이미 다음의 예 (Saito 1985: 203)가 있다.

(58) John-ga Mary$_i$-o [$_{C'}$ pro$_i$ baka-da to] omotte iru.
(존이 메리$_i$를 pro$_i$ 바보라고 생각하고 있다)

이광호(1988)에서는 (45) b.처럼 e로 설정되었다.

이와 같이 주문의 목적어로 기저생성한다는 주장에도 보문주어를 주문 목적어와 동일한 명사구를 설정하거나 내현적인 공범주 e 또는 pro를 설정하거나 공연산자를 설정하는 등의 다양함이 있다.

5. 술어부 형성과정의 관점

필자가 가정하는 술어형성기제는 술어 내부의 핵요소가 탐색자로서 자기의 통사적 요구를 채워주는 목표물(외항(지정어))을 찾아서 병합을 이루는데 이 목표를 달성하면 이를 수용하는 또 다른 핵요소가 가세하여 새로운 목표를 탐색하는 일을 반복하여 술어부를 형성한다는 것이다. 이러한 반복을 거쳐서 의도하는 문이 형성된다. 곧 각 핵 요소는 외항(지정어) 논항 하나만 도입하고 선핵(하위)의 요소는 후핵 투사체의 보어부(내항)로 수용(부가)하여 각 술어핵이 도입한 DP와 술어핵의 합체로 문이 형성되어가는 것으로 보았다.

다음에 보인 소위 예외적 격표시 관련구문에서,

(59) a. 철수는 영희를 천재(이)라고 생각한다.
b. 철수는 영희가 천재(아)라고 생각한다.
c. 철수는 영희를 머리가 좋다고 생각한다.
d. 철수는 영희가 머리가 좋다고 생각한다.

여기서 '생각하다'와 같은 동사, 그리고 '-이다'를 수반하는 명사술어(계사), '좋다'와 같은 형용사술어의 예를 들어서 술어 및 문 형성과정을 보기로 한다.

5.1. 1차적 술어부형성

1) 1차 술어핵(어근)

(60)

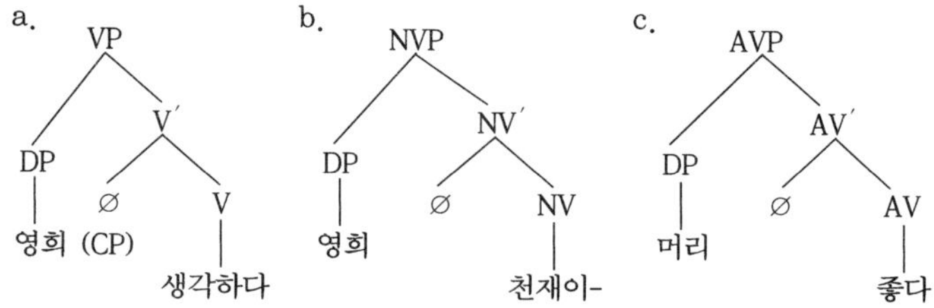

어근핵은, 술어부 형성의 첫단계는 전단계의 부분을 보어부로 받아들일 필요가 없으므로 외항(지정어) DP 논항 하나만 도입하고 보어부는 제로로 하였다. 그 자리에는 부가어가 개재할 수 있다. (CP)를 표기한 것은 '생각하다' 동사는 $\mathcal{V}_2$ 레벨에서 CP를 취하나 여기서도 CP를 취할 수 있는 동사라는 것을 참고로 표시한 것이다. CP를 부판(보조판)에서 형성하여 주판에 합치는 기제도 생각할 수 있다. $\mathcal{V}$P 핵문을 이룰 때 CP의 SC화의 갈림길도 있게 된다. 도입논항을 DP로 표기하였으나 추상격이면 NP와 마찬가지다. 값(D)의 실현이 지연될 수도 있다.

2) 2차 술어핵(접사)

(60) b:에 대해 다음과 같은 파생과정도 예상할 수 있다.

(61)

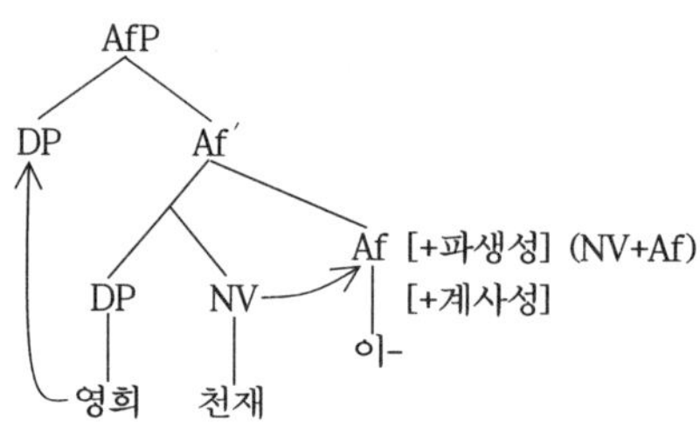

그러나 통사적 파생의 경제성을 고려하여 (60) b.쪽을 택한다. 어휘부에서 NV핵 부분이 N+Af→NV를 거쳐서 도출된 것으로 본다.

(60)의 동사와 형용사의 경우는 그 예문에 한해서는 접사적 파생이 되지 않았으므로 생략시켰다. 그리고 NV 어근은 다른 술어핵과 달리 태(態)의 파생(변동)이 없으므로 Af를 거치지 않은 것으로 할 수 있다((62) b.). (62) a.의 ∅자리는 다른 투사체 또는 부가어를 취할 수 있는 자리다.

(62) a.

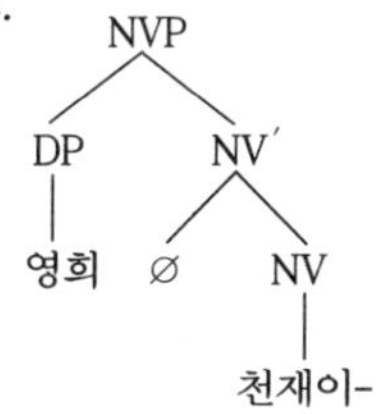

b.

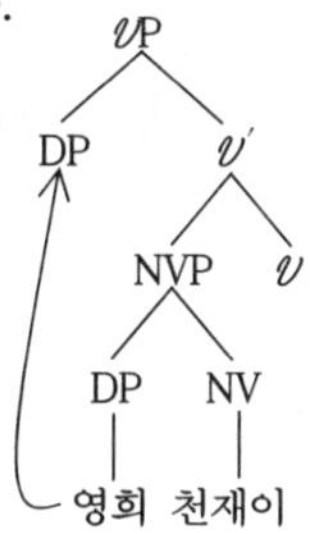

3) 3차 술어핵(시제, 서술어미)

(63) a.

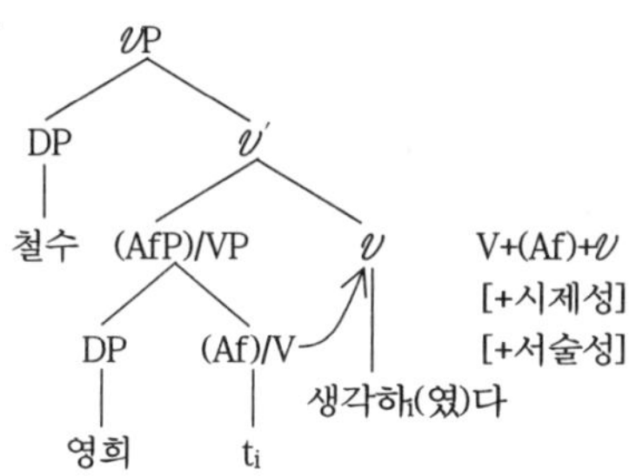

(AfP) 그리고 (Af)는 어근핵에서 접사핵을 거치는가에 따른 것이다.

b.

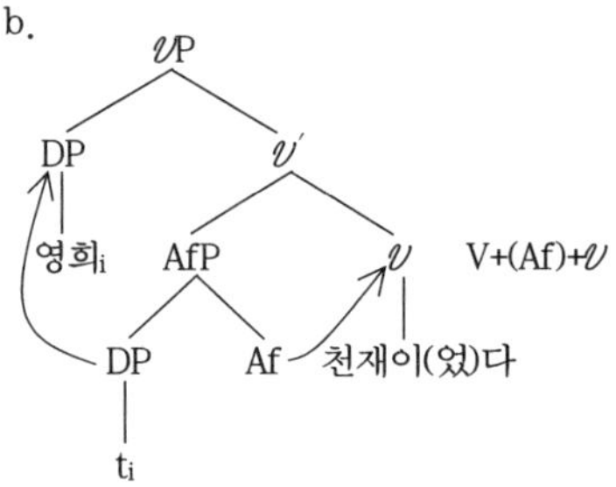

이것은 (61)을 가정했을 때이고, 이보다 (62) a.를 취한다. 술어핵의 병합 전의 흔적 표시는 생략하였는데 이하에서도 마찬가지다.

c.

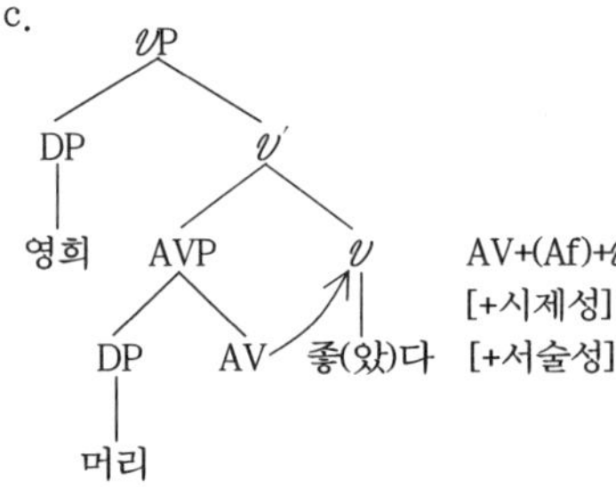

여기서의 v(v1)는 영어의 I(INFL)와 같은 굴절성을 지니는 것으로 시제 및 서술어미가 포함된 것으로 본다. [−서술성]은 부정의 뜻을 지닌다. 다음의 형태의 구별을 가능하게 한다.

(64) a. 생각하(였)다, 생각하지 아니하(였)다.
b. 천재이(었다)다, 천재가 아니(었)다.
c. 좋(았)다, 좋지 아니하(였)다.

5.2. 보문핵

(65) a.

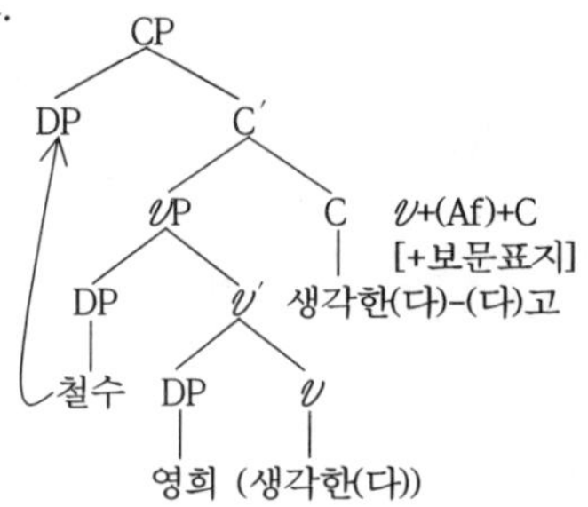

b.

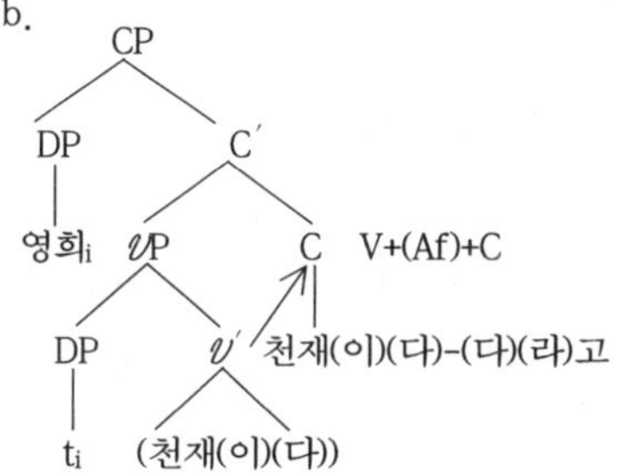

c.

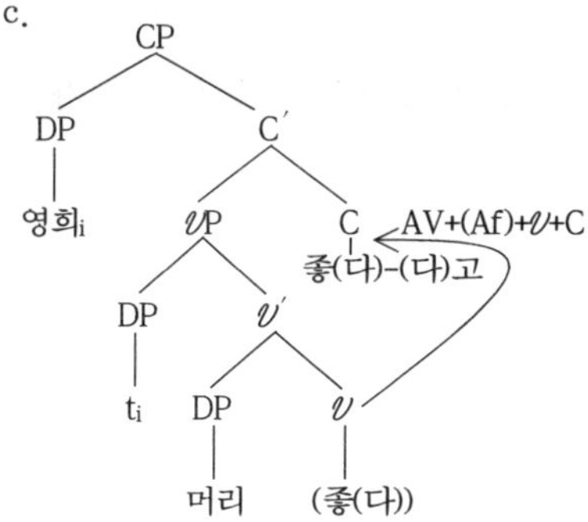

보문핵은 인지 가능한 한도까지 반복될 수 있다. (65) a.는 타동사문, b.는 명사술어문, c.는 형용사 술어문이다. (66)처럼 CP 다음에 2차적 술어부가 이어진다.

5.3. 2차적 술어부 형성

(66) a.

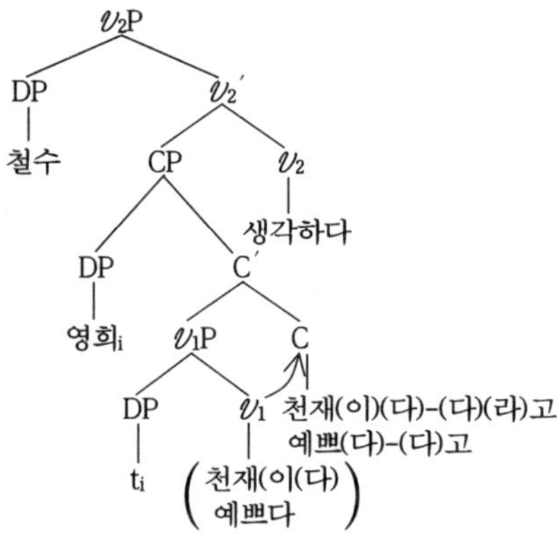

b. 철수 [CP 영희가 천재라고] 생각한다.

2차적 술어부를 형성하게 되면 그 핵동사는 주어 논항을 지정어에 도입한다. v_2의 보어부에 선핵 곧 C의 투사체를 내항으로 수용한다. 소위 ECM 구문과 관련된 판단구문(인식동사구문)을 보어부로 취할 때는 그 구문의 술어는 명사술어가 아니면 형용사 술어이어야 한다. 따라서 (60)에서의 1차 술어핵에서 (60) b., (60) c.를 이루고 v_1–C–v_2와 같이 구축할 수도 있고, CP를 다른 판에서 구축하여, (60) a.처럼 v_1의 내항으로 부가할 수도 있다.

(67) a.

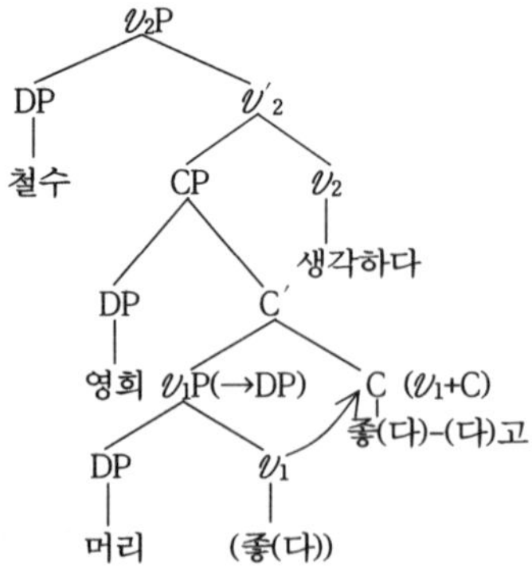

b. 철수 [영희가 머리가 좋다고] 생각한다.

어떻든 CP 관할에 있는 DP가 (v_1P)/v_2P 관할에 있는 DP로 나타나는 경우를 보면,

(68) a.

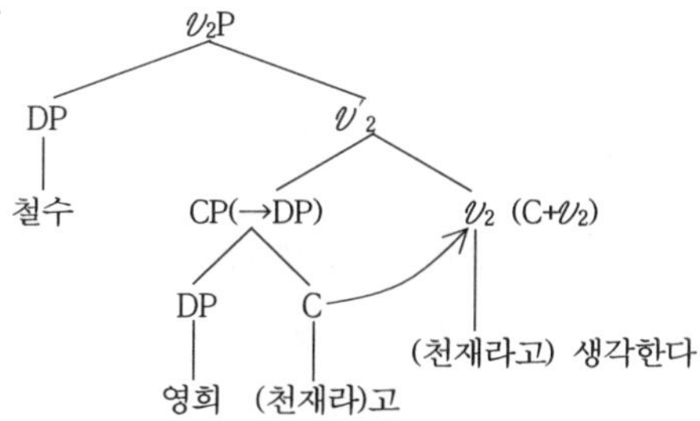

b. 철수 영희를 [천재라고 생각한다].

이러한 술어부 합체(병합)는 무리라고 할 지 모르나 술어부의 '천재–' 자체가 명사술어였기 때문에 가능한 연산으로 볼 수 있다. 또는 CP의 핵 C와 상위(후행) 술어핵과의 합체가 CP절 경계 때문에 무리가 되어 합체되지 못하고 공중에 뜨게 되어 그 자체 소절을 이룬다고도 볼 수 있다. 곧 소절은 주술관계를 이루는 주어 부분이 빠진 절이 되는데 그 주술 관계를 지탱하기 위해 소절이 시제절이면 공범주 pro로, 비시제절이면 PRO로 메꾸는 방법이 있을 수 있고, 한국어처럼 시제절/비시제절의 변별이 분명하지 않을 경우 그대로 e 로 메꿔둘 수 있다.

자연 언어생성의 과정에서 소절이라는 통사적 구획으로 운용하고 있는지는 알 수 없어도 (68)에서의 술어부의 합체가 길어질 경우(굳게/확실히/정말 믿는다 처럼 다른 요소의 개입으로)에는 그런 경우도 있다고 볼 수 있다.

그런 경우 그 소절은 통사구조상 어떤 위치에 있다고 할까?((16) a., b., (17) a., b.참조)

먼저 보문핵 C와 v_2의 보어부에 수용되는데 소절(SC)은 (69)와 같이 v_2에

근접한다고 볼 수 있다. C－v_2의 합체가 좀처럼 어려운 경우는 SC의 일부에 포함되는 것으로 볼 수 있다.

(69) a.

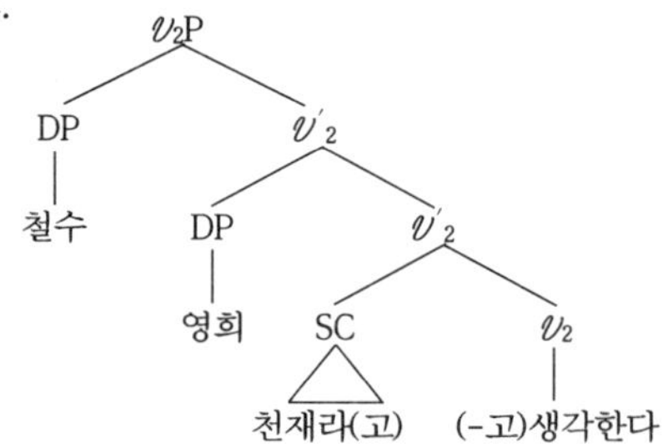

b. 철수는 영희를 [$_{SC}$ 천재라(고)](고) 생각한다.

그 다음으로 C+v_2의 합체에서 보문표지 C의 특수성으로 완전합체하지 못하고, (66)의 C는 SC로서 (69)처럼 v_2에 부가한다고 볼 수 있고, (70) b.처럼 CP가 SC로 재편된다고도 볼 수 있다.

(70) a.

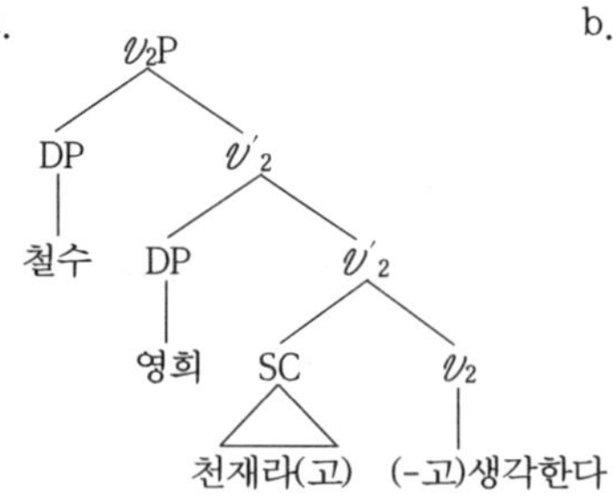

b.

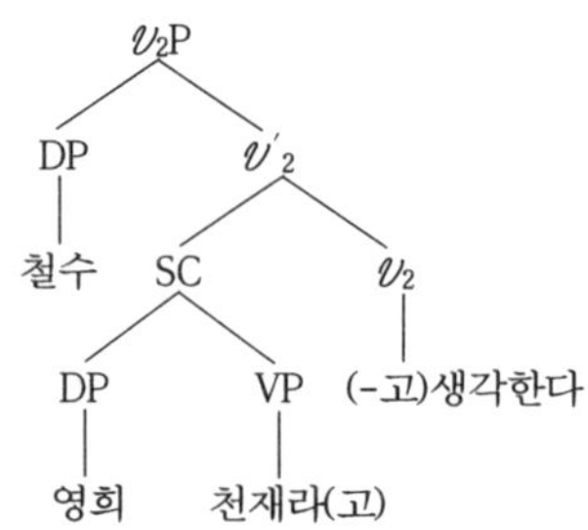

a′. 철수는 영희를 [$_{SC}$ 천재라(고)] (고) 생각하다].

b′. 철수는 [$_{SC}$ 영희를 천재라(고)] (고) 생각한다.

(69)이나 (70)에서 부사는 얼마든지 개재할 수 있다. 보문표지를 괄호로 묶은 것은 SC의 일부 아니면 v_2의 일부로 볼 것인가의 문제점을 보인 것이

다. 술어부 형성과정으로 볼 때는 (70)이, 그리고 보문표지는 v_2에 있는 것으로 하는 것이, 선조성으로 볼 때는 (69)가, 그리고 보문표지는 SC에 있는 것으로 하는 것이 각각 상대적으로 나은 듯 싶다.

한편, (67)의 경우에서 C+v_2의 합체로 C의 투사체가 와해될 때에 지정어의 DP(영희)가 v'_2 관할화하면, 나머지 요소 곧 C의 보어부는 C가 SC로 안고 (70)처럼 v_2의 관할하에 두든지, (68) a.처럼 근접의 v'_2 관할하에 그대로 남겨 두든지 할 것이다.

(71) a.

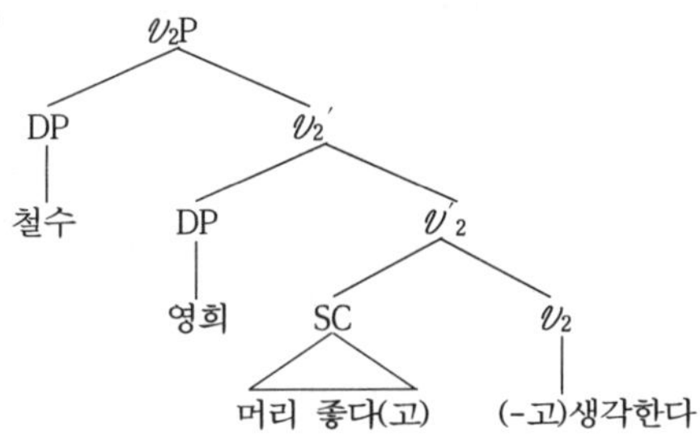

b. 철수는 영희를 [$_{SC}$ 머리가 좋다(고)](고) 생각한다.

(72) a.

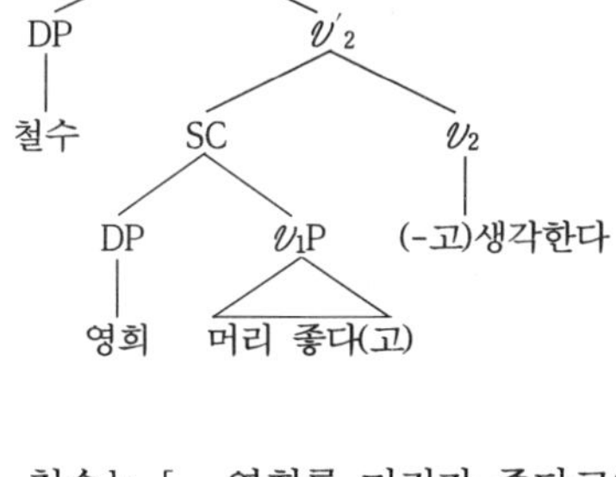

b. 철수는 [$_{SC}$ 영희를 머리가 좋다고(고)] (고) 생각한다.

이 역시 술어부 형성과정과 v_2핵이 v'_2관할의 DP(영희)에게 대격을 부여하는 점이나 선조성으로 볼때 (71) a.와 (72) a.중에서 (71) a.가 나아 보이고 구조 구축의 상관성으로 볼 때는 (72) a.가 나아 보인다.

그리고 보문표지 '고' 문제는 소절의 성격과 관련된다. (71), (72)에서의 '머리 좋다'의 부분이 소절이 아닌 절 같기도 하지만, '머리'가 신체의 일부분으로 볼 때 대상어가되어 불완전한 서술이 되는 것은 사실이다. 그리고 보문표지 '고'가 소절 안에 있다면 불완전한 보문절이 될 것이고, 밖에 있다면 불완전한 서술절이 될 것이다.

이-판단 구문의 DP-CP-V 와 를-판단구문의 DP-DP-SC-V 또는 DP-SC-V으로 상대적으로 파악할 때, 를-판단 구문을 DP-SC-V로 보는 것이 나아보인다. 이-판단구문은 CP유지형이고 따라서 보문표지 '고'는 CP내에 있고, 를-판단구문은 CP붕괴형이고 보문표지 '고'는 v_2에 합체한 것으로 볼 수 있다. 그리고 SC는 목적어(서술)구의 구실을 한다고 할 수 있다. 이-판단구문의 CP는 주문동사가 인허하고, 를-판단구문의 SC는 보문핵과 주문동사의 합체가 인허한다고 할 수 있다.

이제는 언어형식의 선조적인 전개와 술어의 의미역의 쌓아올리기식의 관계를 살펴보기로 한다. 지금까지 다루어 온 소위 ECM구문도 발제-결말의 큰 테두리에 있는 것은 틀림없다. 그 테두리에서 술어가 선택되면 그 속성에 따라 명제가 형성되고 발제와 명제의 주어가 동일한 경우는 하나가 삭제되고, 다를 경우는 Scrambling 혹은 복사를 통하여 문이 형성되는 것으로 필자는 보고 있다. 몇 가지 예를 들어 보면,

(73) a. 철수가(/는) 영희를 어떻다고?
b. 철수가(/는) 영희가 어떻다고?
c. 영희를(/는) 철수가 어떻다고?
d. 영희가(/는) 어떻다고 철수가 생각하는데?

와 같은 선행 문맥 또는 화맥이 있다고 하면(이들 문 또는 발화 자체가 명제(CP) 위주냐 목적어(-소절 (보충)) 위주냐에 의해 생성되었겠지만) 다음과

같은 문이 생성될 수 있다.

(74) a. (철수(가/는)) (영희를) 천재라고 생각해.
b. (철수(가/는)) (영희가) 천재라고 생각해.
c. (영희를/는) (철수가) 천재라고 생각해.
d. [(영희(가/는)) 천재라고] (철수가) 생각해.

(73) a.~d.의 각항의 선행이 있다면 (74) a.~d. 각항의 유도가 있을 수 있다. 물론 이외에도 철수는 어떻다고? 라는 선행 화맥에 따른 대응문이 있을 수 있다.

(74) c.의 경우는 1) (74) a.의 Scrambling의 경우와, 2) 다음과 같이 발제 복사의 경우를 생각할 수 있다.

(75) (영희를/는) (철수가) 천재라고 생각해.

(74) d.는 CP의 Scrambling이나 다음과 같은 복사의 경우를 생각할 수 있다.

(76) [영희(가/는) 천재라고] (철수가) 생각해.

문의 생성은 선행 화맥의 유무, 대화 환경의 여하, 화자의 처지 여하 등에 의해 다양하게 생성되는 것은 두말할 필요가 없다. 를-판단구문과 이-판단 구문이 하나의 기저문에서 변환된다는 것은 기제 운용을 더 복잡하게 할 것이므로 각기 별개의 운영으로 이루어질 수 있다. 다만 명제의 쌓아 올리기까지는 동일한 통사과정을 거치고 CP/SC의 갈림길에서 그리고 발제의 여하에 의해서 별개의 통사구조가 형성되었다고는 볼 수 있다.

(77) a. 를-판단구문 DP-(DP)-SC-V
b. 이-판단구문 DP-CP-V

선조성으로 볼 때도 주어(DP)가 대상(DP)을 SC로 혹은 주어(DP)가 명제(CP)로 서술하는 두 식으로 볼 수 있다.

선두 DP도 마찬가지다. 철수가/ 철수가 영희를/ 철수가 영희가/ 영희를 철수가/ 영희가 머리가/ 어떻다고? 라는 화맥에 따른((73)에 준한) 대응문이 있게 된다.

(78) a. (철수(가/는) (영희를) 머리(가) 좋다고 생각해.
b. (철수(가/는) (영희가) 머리(가) 좋다고 생각해.
c. (영희(를/는) (철수가) 머리(가) 좋다고 생각해.
d. [(영희가 머리가) 좋다고] (철수가) 생각해.

여기서의 (78) c., d.도 (75), (76)에 준해서 볼 수 있다. 유의할 일은 (78) b.의 주격의 중출에 DP_1과 DP_2와는 pause가 개재하든지 첫 번째 DP를 주제화(철수는) 하든지 해야한다. 그렇지 않으면 DP의 병열구로 오인되기 쉽다. 아예 비문으로 보기도 한다. (78) d.의 경우는 이와 좀 달라서 사람-신체부분의 관계여서 선행화맥이나 표현의도에 따라 가/의 의 교체 선택이 가능하다. 이렇게 본다면 격의 실현은 CP/SC 어느 하나의 단계까지 유보/지연되었다가 확정될 수 있다고 볼 수 있다. 곧 발제의 DP는 선행 문맥에서 계승하는 것이 일반적이라 본다면 명제의 구성 여하에서 나머지 DP의 격이 확정된다고 보면 될 것이다.

6. 마무리

지금까지, 소위 ECM구문 곧 를-판단구문에서의 대격목적어의 생성기제에 대한 여러 가지 의견을 살펴보았다. 대별하여 를-판단구문이 이-판단구문과 동일한 기저구조를 지닌다는 것과 각각 별개의 기저구조를 지닌다는 것으로 나눌 수 있다.

이-판단구문과 동일한 기제에서 온 것이면, 그것은 이-판단구문의 보문주어가 주문 목적어에의 인상 또는 초점화로 CP의 SPEC 위치 아니면 목적어 일치소구에 상승하여 를-판단구문이 연유된다고 보고들 있다.

를-판단구문과 이-판단구문이 각각 별개의 기저구조를 지닌다는 의견에서도 두 구문의 연관을 위해, 이-판단구문의 경우는 주문목적어 자리에 공범주 e를, 를-판단구문의 경우는 보문주어 자리에 공범주 e 또는 pro를 설정하고 각기 연관되는 요소에 동일지표를 부여시키기도 한다. 또 별개의 통사적 구조가 설정된다 하더라도 이에 대응하는 또 다른 구조 곧 의미구조를 설정시켜 연결규칙으로 초점화의 목적어를 도입한다거나 공연산자로 보문주어와 주문목적어를 연관시키거나 한다.

필자가 의도하는 술어부의 형성기제로는 각 술어핵이 도입한 DP와 술어핵의 병합체로 문이 형성되는 것인데, 이-판단구문과 를-판단구문은 술어부 형성과정의 차이라고 본다. 이-판단구문은 DP-CP-$\mathcal{V}_2$로, 를-판단구문은 DP-(DP)-SC-$\mathcal{V}_2$로 형성된 것이다. 이 경우 $\mathcal{V}_2$는 판단동사(인식동사)이고 CP의 술어핵은 NV 또는 AV와 $\mathcal{V}_1$+C의 병합체이고, SC의 주문술어핵은 NV/AV+$\mathcal{V}_2$ (C는 $\mathcal{V}_2$에 병합된 것으로)의 병합체이다. 따라서 $\mathcal{V}_2$(판단동사/인식동사)는 선택적으로 CP와 SC (목적어(서술)절)의 어느 하나를 논항으로 갖는 하위범주화 특성을 지닌다.

또 한편, 이와 같은 아래에서 쌓아올리기식 일면 외에 위로부터의 시발점인 발제-결말의 테두리 안에서 앞서의 쌓아올리기 식의 명제가 안겨서 선조형으로 전개되는 일면도 있다.

명제는 술어가 선택한 논항으로 되어 있고 그 첫 논항과 발제의 것과 동일한 경우는 하나는 삭제되고, 다른 경우에는 Scrambling 혹은 복사가 가능하다. 발제에는 선행문맥(화맥)에 따라 '철수가(는)/영희를' 의 논항과 [영희를 천재라(고)] 는 SC가 올 수 있다. 주어 '철수'가 나오면 명제 주어 논항이 삭제되고 대상 '영희를' 이 나오면 명제 안에 복사되든지 혹은 명제 안의 것이 Scrambling 한 것으로 볼 수 있다. [영희를 천재라(고)]의 SC가 나오면 이 역시 명제 안에 복사되든지 혹은 명제 안의 것이 Scrambling 한 것으로 볼 수 있다. SC 안의 서술부분(NV/AV)만이 나오는 경우도 있으나 이는 DP를 생략한 것으로 복원 가능한 것이다. 그리고 서술부분이 복사되지 않고 '그렇다(고)'로 대용할 수 있다(영희를 그렇다고). 곧 주문/보문의 DP논항은 생략(복사)이든 Scrambling이든(대명사의 대용이든) 비교적 자유스러운데, 보문/주문의 술어는 대용동사 아닌 자체로서는 생략 또는 Scrambling이 자유스럽지 못하다.

한국어와 같은 술어후치형의 언어에서는 CP 또는 SC의 술어(/술어+C)의 경계만 유의하면, 결국 문은 기본적으로 DP의 연속과 술어로 되어 있다고 할 수 있다. 기본적으로 첫 번째 DP는 발제와 연관되고 후미의 술어(어미)는 종결과 연관된다. 격은 D의 형태적 실현으로 파악된다(추상격은 구조 관계로 파악된다). CP 또는 SC의 갈림(주문동사의 여하도 한 몫) 곧 술어핵의 합체가 매듭지울 때까지 격의 형태적 실현은 유보 또는 지연될 수 있다고 본다. 그것은 격점검기제가 완전히 정돈되지 않았기 때문으로 생각할 수 있다.

예컨대, 제주방언에서 NV의 '천재-'의 술어는 대상인 '영희'를 도입하나 '영희'의 격은 미확정적이다. 영희가/영희를/영희는/영희의…등 여러 가지 격 실현의 가능성이 있을 수 있다. NV+$\mathcal{V}$의 합체와 NV+$\mathcal{V}$+C의 경우도 마찬가지다.

(79) a. 영희(는/ㄴ/가) 천재엥.('엥'은 '이라고'의 약형) ([이+(ㄹ)아](→에)+고(→ㅇ))→엥)

b. 영희ㄹ(/를) 천재엥. (~엥=(이)라-고/더라)

c. 영희(가/의) 머리(가) 좋뎅. (~뎅=다-고/더라)

d. 영희ㄹ(/를) 머리(가) 좋뎅.

앞에서 a.와 c.는 CP, b., d.는 SC의 경우다.

주문동사 ᄀ랑게(말하더라), 헹게(하더라), 생각해(생각하다), 믿어(믿다)…와 그것이 도입하는 주어 (또는 발제와 동일형)인 '철수'가 있으면,

(80) a. 철수(는/ㄴ/가) 영희(가) 천재엥 ᄀ랑게/헹게/생각해어.
b. 철수(는/ㄴ/가) 영희ㄹ(/를) 천재엥 ᄀ랑게/헹게/생각해어.
c. 나(는/ㄴ/가) 영희(가) 천재엥 ᄀ라서.
d. 나(는/ㄴ/가) 영희ㄹ(/를) 천재엥 ᄀ라서. (ᄀ라서=말하였어)

(81) a. 철수(는/ㄴ/가) 영희(가) 착하뎅 ᄀ랑게/헹게/생각해어.
b. 철수(는/ㄴ/가) 영희ㄹ(/를) 착하뎅 ᄀ랑게/헹게/생각해어.
c. 나(는/ㄴ/가) 영희(가) 착하뎅 ᄀ라서/헤서/생각해어.
d. 나(는/ㄴ/가) 영희ㄹ(/를) 착하뎅 ᄀ라서/헤서/생각해어.

(80)은 NV술어의 경우이고, (81)은 AV술어의 경우이다. 각 a.(c.)는 그 술어가 CP에 있고 b.(d.)는 SC에 있다.

(82) a. 철수는(/ㄴ) 영희(가) 머리(가) 좋뎅 ᄀ랑게/헹게/생각해어.
b. 철수(가/ㄴ/는) 영희를(/ㄹ) 머리(가) 좋뎅/헹게/생각해어.
c. 나(는/ㄴ) 영희(가) 머리(가) 좋뎅 ᄀ라서/헤서/생각해.
d. 나(는/ㄴ/가) 영희를(/ㄹ) 머리(가) 좋뎅 ᄀ라서/해서/생각해어.

(82) a., b.에서의 주문주어 '철수'는 다른 예문의 경우처럼 pause를 두면 추상격일 수 있으나, 그렇게 되면 보문주어는 가급적 형태격이 되어야 한다. 형태격은 인지 가능범위에서 생략되지만 인지를 위해서는 나타나야함을 보여준다. SC의 목적어는 모두 형태격으로 나타나는 것도 그러한 이유일 것이고 실지 CP와의 구별에 도움을 준다.

이상에서 소위 ECM구문이 다양한 경로로 형성될 수 있음을 보았다. (60) a.처럼 CP를 별도로 형성하여 vP를 이룰 때 주어 DP의 상승과 V의 상승시에

CP의 DP$_1$의 동반 상승 여하에서도 올 수 있다 를–판단구문만을 따로 떼어서 제5장의 (122) 수형도의 XP 자리에 대상을 보충(자격서술)하는 부가어 (또는 SC로)가 자리하게 하여 간편하게 형성할 수 있다. 선조성의 면에서 판단(인식) 주체가 판단 대상을 판정(인식)할 때 대상 다음에 보충적 설명을 SC로 부가할 수 있는 일이고, 아니면 대상을 주술 관계로 명제화하여 CP로 내포할 수 있는 일이다. DP$_1$과 DP$_2$의 격 실현이 가급적 달라야 하고 DP$_1$이 주도적임을 볼 때 ECM 구문은 내려오기식 성격이 진하다고 할 수 있다.

선행문맥(화맥)이 주어지는 환경에 따라 대처하는 표현 방식도 여러 가지일 수 있다. 문제는 표현 주체의 의도가 어디에 두어지는가(조사 '가/를'의 교체 사용에서)에 따르는 것으로 보며, 우리로서는 그러한 다양한 경로 가운데 통사적으로 보다 무리없이 설명될 수 있고, 또 파생과정이 보다 더 간명하고 비용이 덜 드는 쪽을 선호하여 운용하고 있는 것으로 생각할 수 있다. 이러한 다양한 통사과정의 해명은 바로 사람의 머리/마음의 언어·인지기능의 해명의 단서가 될 수 있으리라 본다.*

---

* 만주문어에서, 본래 대격을 나타내는 be 조사가 sembi(~라고 말하다/생각하다) 등 술어의 내포문의 주어에 부착되고 그것을 주격조사로 풀이하는 것을 보면(河內1996: 89), 만주어는 주격은 추상격인 점에서 주어(주격)→목적어(대격)의 인상 운용이 있는 것으로 보인다. 다음은 seme(~라고(말하다/하다)가 쓰인 예다.

(1) Omosi mama mimbe bolgon sain seme gajifi…
오모시 마마(가) 나를(/나가) 청결하고 아름답다 고(해서) 데려와서
(河內의 일문역을 약간만 바꿈)

주어의 목적어에의 상승(SOR, Subject to Object Raising)에 따른 ECM구문의 예는 튀르크어에서도 볼 수 있다. 다음은 Moore, J.(1998: 154~155)에서 인용한 것이다.

(2) a. Ahmet Berna-yı uyu-du san-ıyor-∅.
Ahmet Berna-ACC sleep-PST believe-PROG-3SG
Ahmet believes Berna to have slept.

b. Sen-i viski iç-ti bil-iyor-du-m.
you-ACC whiskey drink-PST know-PROG-PST-ISG
I knew you to have drunk the whiskey.

c. Sen-i viski iç-ti zanned-iyor-du-m.
you-ACC whiski drink-PST think-PROG-PST-ISG.
I thought you to have drunk the whiskey.

몽골어에서도 다음 예문에서처럼 내포문 주어가 대격으로 나타나는데, 이는, 주어의 목적어에의 상승으로 풀이할 수 있다.

(3) a. Бат(нь) туяг хөөрхөн гэж байна.
(바트가 토야를 예쁘다고 말하고 있다)
b. Намайг Бат гэдэг.
(나를 바트라고 한다)
c. Бат туунийг тэнэг гэж хэлэв.
(바트는 그를 바보 라고 하였다)

최동권(2004: 10)의 예를 빌리면,

(4) a. Батыг зур-сан зураг сайхан болжээ.
바트를 그리-ㄴ 그림 잘 됐다.
b. Эгчийг бод-дог тэр хүнийг би сайн танихгүй.
언니를 생각하 는 그 사람을 나 잘 모른다.

이 경우에 선두 대격 DP가 (4) a.의 관형절에서 [[바트가 ei 그린] 그림i] 외에 [[e 바트를 그린] 그림]으로, b.의 관계절에서도 [[언니가 ei 생각한] 그 사람i] 외에 [[ei 언니를 생각한] 그 사람i]으로 해석되기 쉬워서 대격 외에 속격(Батын, Эгчийн)으로 나타내기도 한다.

Evenki의 다음의 예에서 (Nedjalkov 1997: 137)

(5) a. Bi archa-0-m asi-va himat tuksa- d'ari-va agi-tki.
나 만나 았다(나) 부인을 빨리 달아나고 있는 것을 삼림 구역(에).
b. Bi archa-0-m himat agi-tki tuksa- d'ari-va asi-va.
나 만나 았다(나) 빨리 삼림 구역(에) 달아나고 있는(것을) 부인을.

(5)의 a.는 목적어의 수식분사절을 후치한 경우가 되고, b.는 그것이 목적어의 앞에 있는 경우가 된다. b.가 용인되는 처지지만 이 쪽을 선호한다고 한다. 한국어의 격식으로 보면, 주문동사를 b.에서 문발에 후치하면 제격이 되는 것이지만, 여기서는 영어처럼 주어 다음에 오고 있다.

발제-결말의 구조로 본다면, a.는 주문 술어가 결말과 함께 나타나고, CP 내의 핵문주어가 주문목적어가 되면서 나머지는 SC화된 것으로 해석할 수 있다. b.는 수식분사절을 부가어로 본다면 전형적인 영어와 같은 SVO패턴이다. 주목되는 어순배열 변이의 현상들이다.

제9장 주격목적어구문

1. 머리말

한국어나 일본어는 타동사의 목적어를 대격으로 나타내는 것이 일반적이다.

(1) a. 철수가 책을 읽는다.
  b. 太郎が本を読む。

그런데 한국어의 '좋아하다', '말할 (수 있다)(복합형)' 타동사는 목적어에 대격이 쓰이는데, 이에 의미상 상응하는 일본어의 '好きだ', '話せる'는 대격이 아닌 주격과 동형인 'が'가 쓰인다.

(2) a. 太郎がリンゴが好きだ。(太郎은 사과를 좋아한다)
  b. 太郎が英語が話せる。(太郎은 영어를 말할 수 있다)

(2) a.의 일본어의 '好きだ'는 형용동사라하여 형용사와 동사의 양면성을 띠고 있고, (2) b.도 타동사에서 가능동사화한 것으로 그 나름대로의 내력이 있기는 하다.

DP_2의 'が'에 대하여, 형태상 주격과 같고 기능상 목적어 표지 구실을 하는 특수성을 고려하여 대상어로 부르기도 한다. 주격형태가 목적어를 나타낸다 해서 주격목적어(구문)라는 말을 쓰게 되는 것이다.

한국어도 (2) a.의 술어를 형용사로, (2) b.의 술어를 가능표현화하면 DP_2가 주격이 된다. (예문 제주방언)

(3) a. 나(는/ㄴ/가) 사과(가) 좋아.
b. 나(는/ㄴ/가) 영어(가) 되어.

타동사 술어 그리고 제주방언의 다음((4) b.)의 가능표현에서는 대격이 온다.

(4) a. 나(는/ㄴ/가) 사과(를) 좋아해.
b. 나(는/ㄴ/가) 영어(를/가) 말해진다.

두 번째 DP_2가 (2)의 일본어, (3)의 제주방언처럼 목적어(대상어)가 주격으로 나타나는 경우가 있고, (4) b.의 제주방언처럼 가능표현에서 대격과 주격이 양용되는 경우도 있다. (4) b.의 DP_2의 주격 쓰임을 비문법적으로 보는 화자도 있으나 다음과 같은 대화에서처럼 용인이 되는 것으로 본다.

(5) a. 영어ᄒᆞ고 일본어 중에 어느 게 더 잘 말해지니?
a′. 일본어가 더 잘 말해진다.
b. 영어ᄒᆞ고 수학 중에 어느 게 더 잘해지니?
b′. 영어가 더 잘 해진다.

이와 같이 목적어가 주격으로 나타나는 경우, 그리고 주격과 대격으로 양용되는 경우의 사정과 생성 기제에 대해 이하에서 논의해 보고자 한다.

2. 형용사술어문

형용사술어문도 가지가지이다. 먼저 〈대상〉, 〈대상〉연속의 구문을 보면,

(6) a. 귤(은/ㄴ/이) 껍질이 좋아.
b. 영어(는/ㄴ/가) 문법이 어려워.

c. 얼굴(은/ㄴ/이) 피부(가) 고와.

여기서는 선행 DP의 유속화 혹은 어느 DP 하나의 생략 그리고 복합 DP화 등이 가능하기 때문에 DP_2를 목적어로 볼 수 없으므로 주격목적어구문과는 관계가 없다고 본다. DP_1이나 DP_2가 술어에 대하여 주어와 같은 구실을 하고 있어서 DP_1은 주어, DP_2는 소주어의 격식이다. 주격이 중출하는 형식상으로 주격중출구문이라 할 수는 있으나, 주격목적어구문과 대조적으로 주격소주어구문(주어중출구문)으로 부를 수 있다. DP_2의 소주어에 대해 DP_1을 대주어라 할 수 있지만 그 용어가 다른 이론에서 쓰이기도 하므로 그대로 주어라고 하였는데, 소주어와 상대적으로 쓰일 때는 대주어로 쓰일 수도 있다.

다음처럼 〈경험주〉, 〈대상〉의 경우는,

(7) a. 나(는/ㄴ/가) 사과(가) 좋아.
b. 나(는/ㄴ/가) 수학(이) 어려워.
c. 나(는/ㄴ/가) 가이(가) 싫어.
d. 나(는/ㄴ/가) 영어(가) 서툴러.

(6)의 경우와 달리 DP_1의 유속화가 불가능하고 DP_1과 DP_2가 밀접불가분하거나 상하위관계에 있지 않고 또 복합DP화된다고도 볼 수 없다.

(6)의 구문은 DP_1과 DP_2가 술어에 대해 주어-(소)주어-술어와 같은 이중주어(다중주어)의 구문이라면, (7)의 구문은 DP_1과 DP_2가 술어에 대해 주어-목적어-(술어)와 같은 관계에 있고 그 목적어를 주격으로 실현하고 있으므로 주격목적어구문이라 하는 것이다.

형용사술어문에서 형용사(상태술어)는 목적어를 취하지 않는다는 원칙을 내세울 때는 이는 대격의 목적어를 취하지 않는다는 뜻이지, 주격의 목적어까지 배제한다는 것은 아니다. (7)에서처럼 심리적이든 난이의 표현이든 그 주체가 있고 대상이 있을 때 주어-목적어-술어의 패턴화는 가능하다. 일부에서는 대격과 결부되는 목적어의 용어 대신에 주격과 결부되는 대상어라는 용어를 쓰기도 한다.

일본어도 (8)과 같이 형용사의 주어가 중출하는 구문이 있다.

(8) a. 象が鼻が大きい。(코끼리가 코가 크다)
b. 英語が文法が難しい。(영어가 문법이 어렵다)
c. 彼が口が悪い。 (그가 말(쓰임)이 안 좋다)

한편, (9)와 같이 주격이 중출하더라도 형용사의 대상을 주격목적어로 보게 되는 구문도 있다.

(9) a. 私がリンゴが好きだ。(내가 사과가 좋다/나는 사과를 좋아한다)
b. 私が数学が難しい。(내가 수학이 어렵다)

여기서 (9) a.의 '好きだ' 술어는 형용동사로서 형용사와 동사의 양면성을 지닌다.

다음과 같이 사람/유정물이 주어인 경우에도 그것이 경험주가 아닌 〈대상〉으로서 〈대상〉〈대상〉의 연속이 되어 그것이 복합DP화와 DP_1의 유속화가 가능한 (6)의 구문과 동일한 이중주격(주어) 구문이 되므로 (7)의 구문과는 구별된다.

(10) a. 나(는/ㄴ/가/의) 손(이) 커.
b. 가이(는/ㄴ/가/의) 머리(가) 좋아.
c. 영희(는/ㄴ/가/의) 마음(이) 고와.

구별되는 구문의 생성기제는 다르기 마련인데, 주어중출의 경우 곧 (6)과 (10)(그리고 일본어의 (8))은 통사적 파생에서 DP_1과 DP_2는 V레벨에서 다중외항(지정어)에 도입되는 것으로 본다.

(11)

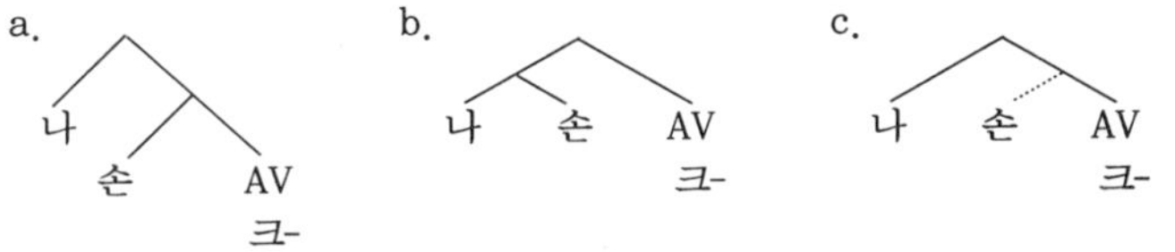

(11)에서 DP_1과 DP_2는 전체-부분, 또는 양도불가능의 밀접관계로 보면, (11) a. 또는 (11) b.의 파생이 가능하다. (11) a.에서 '나'는 v_1레벨의 주어 자리에 인상되어 주격이 실현될 수 있다. (11) b.에서처럼 복합 DP화되어 DP_1의 유속화 아니면 동일한 격형태로 실현될 수 있다. (11) c.는 DP_2가 부가어로 생성되는 것인데, 선조식으로 보면 DP_1이 먼저 도입되고 구체적으로 DP_2로 보충한 것으로 볼 수 있다.

언어의 생성에서, '손이 크다'라는 표현 국면에서도 다름아닌 '나'가(a.), 혹은 '나의 손'이 어떻다(b.), 혹은 '나는 말이지 손이 커'(c.)와 같이 뇌/마음이 움직였다면 (11) a., b., c. 각각으로 파생될 수 있다고 볼 수 있고, 그 a., b. 같은 경우는 DP_1의 인상 혹은 인하로 서로 파생관계가 될 수 있을 것이다.

따라서, 이들 구문은 외견상 〈대상〉, 〈대상〉의 이중의 의미역의 겹쳐있는 것 같지만, 하나의 복합된 〈대상〉의 의미역을 복합DP로서 수행하는 것으로 볼 수 있고 그래서 DP_1의 인상, 인하가 자유로울 수 있는 것으로 볼 수 있다.

이에 대해 (7)(그리고 일본어의(9))의 주격목적어구문에서의 DP_2는 V레벨에서, DP_1은 v_1레벨에서 도입되며 이에 따라 DP_1과 DP_2와의 유속관계나 복합DP화는 어렵게 된다.

(12)

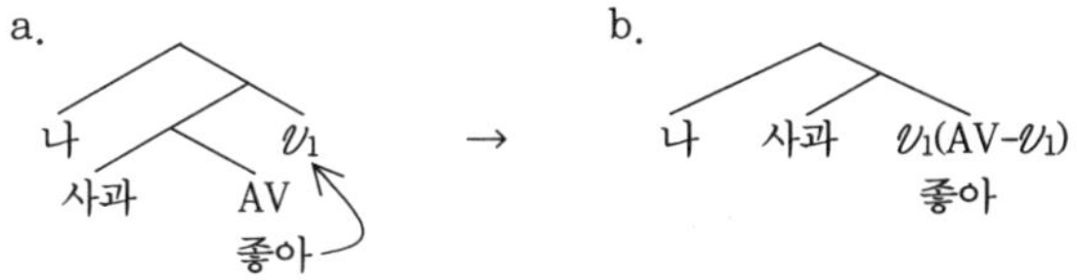

(11)의 투사체도 v_1레벨에서 핵문을 이르게 되면 (11) b.를 제하고는 (12) b.와 같게 된다.

(13) a. ((11) a.)

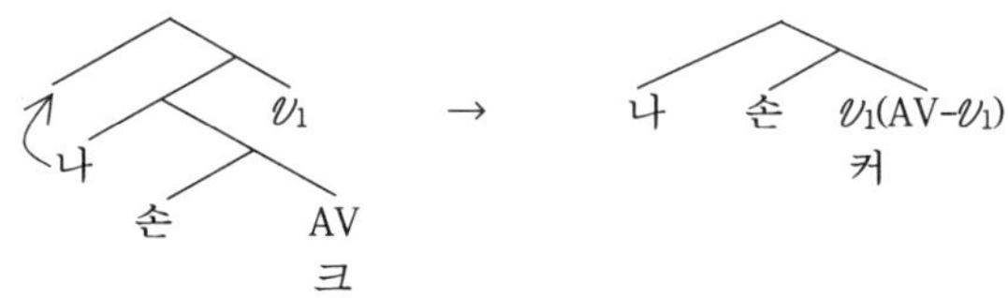

a'.

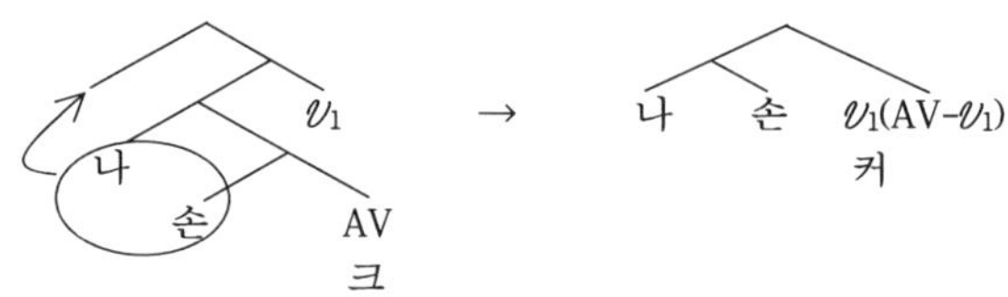

b. ((11) b.)

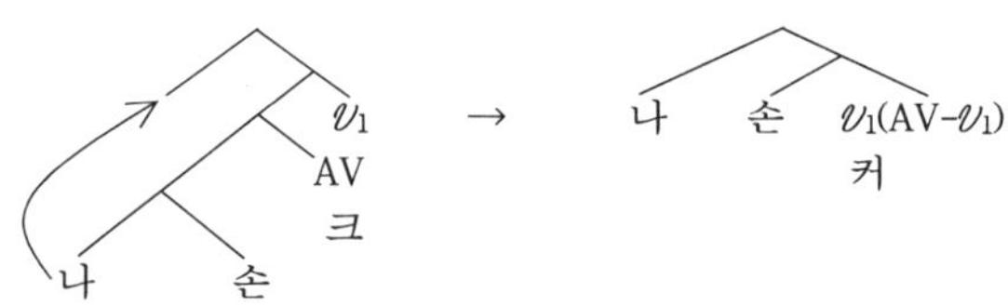

c. ((11) c.)

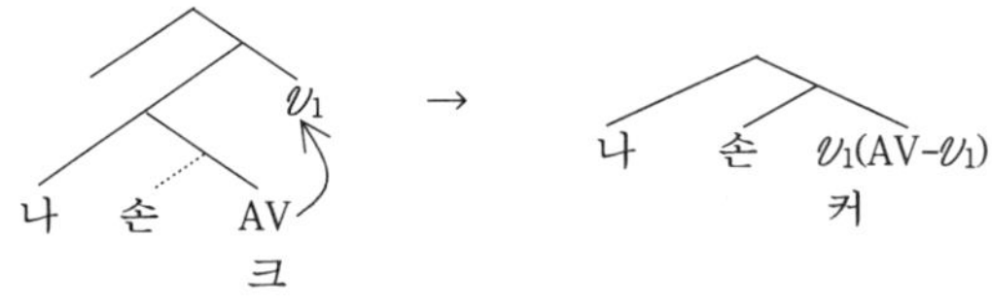

따라서 (6), (10)(그리고 일본어의 (8))과 (7)(그리고 일본어의 (9))의 서로 성격이 다른 구문이 결과적으로 표면에서(음성배열) 동일하게 되지만, 내면(의미적)에서는, 하나는 V레벨에서 DP를 모두 도입하고 그 동일 의미역의 연속을 유속관계나 DP복합화(다중외항)를 이루어((13) c.처럼 부가논항이 있을 때는 DP_1만이) 주어 자리에 가게 되는 이동의 과정이 있고, 다른 하나

는 술어핵 하나가 논항 하나를 도입하는 기제로 V에서는 대상을, v_1의 외항에는 주어(경험주)를 도입하는 식의 다름이 있다((13) a'는 다중외항의 유속화를 보여준다).

후자의 경우는 대격동사구문의 생성기제와 비슷하다. 다만 대격동사는 대상논항에 대격을 부여할 수 있는데, 형용사문(심리형용사문 같은)에서는 대상에 대격을 부여하지 않고 주격을 부여한다. 그래서 주격목적어구문이라는 말이 있게 된다. 대격동사문과 구별하기 위해 형용사술어문은 형용사(상태동사)는 목적어를 취하지 않는다, 곧 대격을 부여하지 않는다는 원칙을 내세우기도 하지만 일률적으로 그렇다 할 수 없는 경우들이 있게 된다. 대격을 취하면 모두 목적어고 –i격을 취하면 모두 목적어가 아니라고 할 수 없는 일들이 있다. 동사의 피동화 그리고 다음에 언급할 –싶다 구문에서의 이/를 교체 등 사례들도 있고 이동동사의 출발점, 경유지에도 대격이 쓰이는 일들도 있다.

3. –싶다 구문

어떠한 동작을 희망하는 구문의 술어는 동사 다음에 소망을 나타내는 말이 후행하는 식으로 이루어지는데 이러한 방식은 한국어(제주방언)나 일본어에서 공통적으로 보인다.

(14) a. 나(는/ㄴ/가) 책(을) 보고 싶으다. (싶으다=싶다)
b. 나(는/ㄴ/가) 책(이) 보고 싶으다.

(15) a. 私(は/が) 本(を) 読みたい。
b. 私(は/が) 本(が) 読みたい。

주목되는 것은 한국어나 일본어가 희망 술어의 목적어를 대격/주격의 두 가지로 나타나고 있다는 점이다.

공통어 '싶다'는 자립어가 아니므로 통사부에서 V핵에 도출되기 어렵다. 보통 보조형용사로서 용언(동사/형용사/지정사 어간) -어미(~고/ㄴ가/은가/는가/면…), 용언-형식명사(듯) 뒤에 쓰인다. 이 때 '듯싶다' 의 경우의 '싶다'를 접미사로 보기도 한다. 연결어미 ~고에 후행하는 경우만을 어휘부에서 '보고싶다'가 형성되어 V(AV)핵에 도출시키면 통사부에서는 간편한 운용이 될 수 있으나, 목적어가 대격/주격으로 실현되기 때문에 그 구별을 항목에 표시하고(예컨대 타동사의 '보고싶다', 형용사의 '보고싶다') 그에 상응한 V(AV)핵에 도출해야 하는 불편함이 있게 된다.

(16) c., d.에서 보이는 공통어의 다른 선행 형태들의 경우하고도 맞추어서 희망이나 추정의 '싶다'는 CP/SC를 통어하는 형용사로 동재하고, 통사부에서는 v_2자리에 도출시키는 방식도 생각할 수 있다.

(16) a. 나(는/ㄴ/가) 책(을/이) 보고 싶으다.
b. 가이(는/ㄴ/가) 책(을) 보고 싶언 헴서. (헴서=하고 있-다/어요)
c. 그는(/가) 책(을) 보는가 싶다.
d. 그는(/가) 책(을) 보는 듯 싶다.

(17)

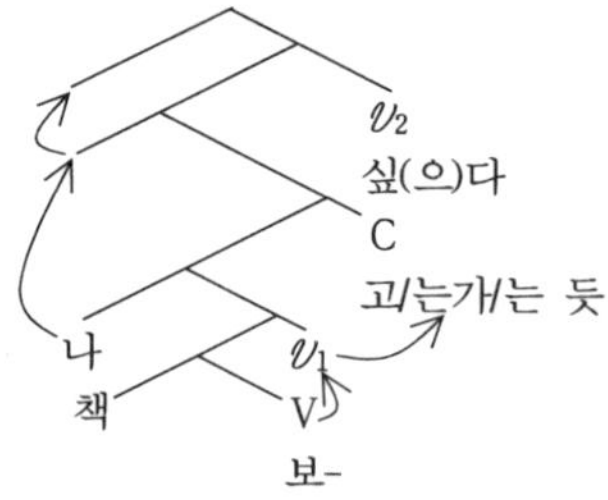

여기서는 어근핵이 V이지만 이외에도 AV와 NV핵이 도출된다. 그 상대항은 주격만이 실현된다.

이러한 기제 하에서 (16) a.의 경우는 SC 유지형과 SC붕괴형이 있고 전자에서 대격이 실현되고 후자에서 주격이 실현된다고 보는 것이다.

(18) a. (SC유지형) b. SC붕괴형

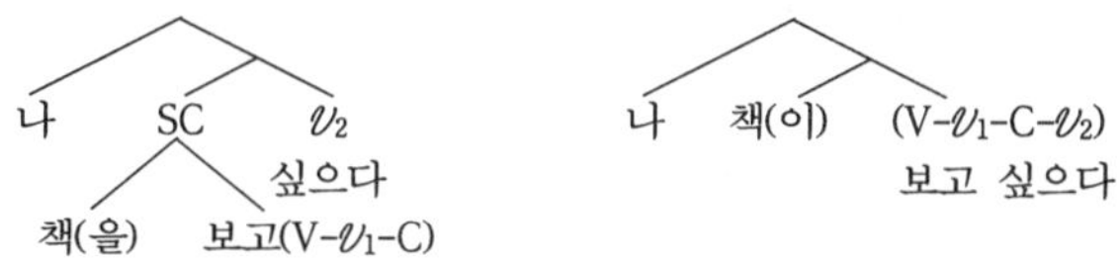

SC 유지형에서는 v_1레벨의 동사술어와의 관계로 대격을 실현할 수 있고, SC붕괴형에서는 v_2레벨의 형용사성 술어로서 주격을 실현할 수 있다. 이로 보아 형태격의 실현은 가능한 한 지연되는 것으로 보이며, 형태론적 실현이나 PF에의 배출도 v_2국면에서도 이루어진다 볼 수 있다. (16) c., d.의 추정의 경우는 SC붕괴형이 없다. 그래서 목적어는 대격으로 실현되고, 주격으로 실현되지 않는다. 그것은 (16) c.의 C가 [+WH]자질을 지닌데 있지 않을까 하며, (16) d.의 경우도 '싶다' 를 접미사로 보는 만큼 v_2의 기능이 아예 없거나, 있더라도 SC의 술어부를 흡수할 수 없기 때문일 것이다.

(16) a. 문의 사용 추세는 목적격 실현 쪽이 많아 보이는데, 그것은 C가 조사를 수반할 수 있을 만큼 범주성이 강해서 좀처럼 붕괴되지 않기 때문일 것이다. 앞에서 '보고싶다'를 간편하게 어휘부에서 하나의 술어로 형성할 수 있으면 그만큼 통사부의 일은 쉬어진다고 하였지만, '보고는 싶으다(싶다)'처럼 중간에 조사가 개재하는 현상들을 설명하게 되면 도로 복잡해질 수 있다. (16) b.를 보면 '보고싶언 헴서'를 v_1레벨의 것이라기보다 v_2레벨(또는 그 이상에)에 까지 미치는 것으로 보게 된다. 대격을 취하는 점에서 SC유지형이다.

이상에서 v_2레벨의 희망술어구문에서 SC의 유지 여부로 목적어가 주격/대격의 두 가지로 나타날 수 있는 것을 보았는데, 그것과 의미적으로 가까운 '~구젱ᄒᆞ다' 구문을 보기로 한다.

(19) a. 나(는/ㄴ/가) 사과(가) 먹구젱ᄒᆞ다.
b. 나(는/ㄴ/가) 사과(를) 먹구젱ᄒᆞ다.
c. 너(는/ㄴ/가) 사과(가) 먹구젱ᄒᆞ냐?
d. 너(는/ㄴ/가) 사과(를) 먹구젱ᄒᆞ냐?

'먹구젱ᄒᆞ다'는 단순히 '먹고 싶다'에 상응한다 보기 어렵고, '먹고저(/고자) 하다'에서 유래하여 여러 형태가 융합한 숙어형같이 보인다. 그렇다면 어휘부에서 '먹구젱ᄒᆞ다'가 형성되는 것으로도 볼 수 있으나, 이 전체가 하나의 항목으로 등재되어 있다고 보기 곤란한 것은 모든 동사에 별도의 숙어형을 두면 양적인 부담을 주게 되기 때문이다. 동사를 떼어낸 '~구젱ᄒᆞ다'를 분리하여 이 항목이 어휘부에서 동사와 결합하는 과정을 두는 방식도 생각할 수 있다. 혹은 '구젱ᄒᆞ다'를 통사부의 접사로 해서 다음과 같이 통사부에서 형성되는 것으로 볼 수도 있다.

(20)
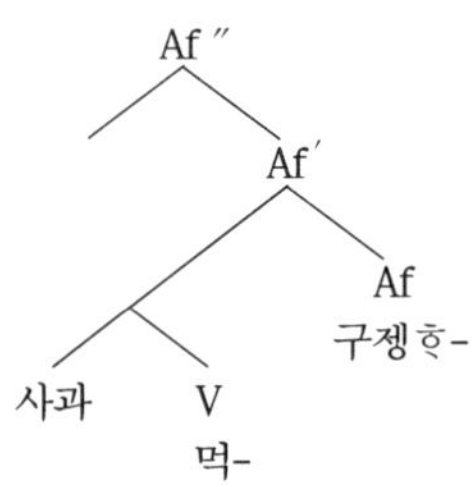

그러나 Af핵으로서 도입하는 의미역 논항이 없기 때문에 문제된다. 〈원인〉같은 논항을 생각할 수 있으나 그것은 필수적이지 못하다.

한편, '먹고는 싶으다'의 경우처럼 '먹구젱은 ᄒᆞ다'의 경우를 생각하면 이 역시 '~구젱'을 C로, 그리고 'ᄒᆞ다'는 C를 통어하는 곧 v_2에 도출되는 형용사(보조형용사)로 생각하는 것이 나을 수 있다. '~젱'이 '먹젱ᄒᆞ다'의 경우에 C의 구실을 하는 것과 견주어 볼 수 있다. 그렇다면 통사부에서 이루어진다는 것인데, 그 기제를 (17)에 비추어서 보이면,

(21) a. 나(는/ㄴ/가) 사과(를/가) 먹구젱ᄒᆞ다.

b.

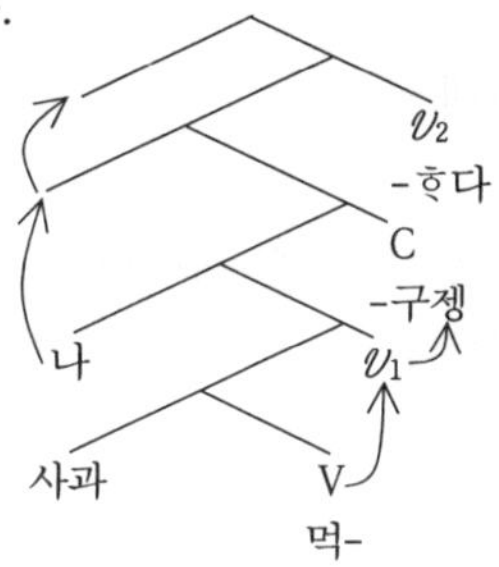

와 같고, (17)이 (18) a.의 SC유지형과 (18) b.의 SC붕괴형으로 갈리 듯 (21)도 (22)처럼 두 갈레로 갈리어 목적어가 '가/를' 과 같이 두 가지로 격표지를 가질 수 있다.

(22) a. (SC유지형) b. SC붕괴형

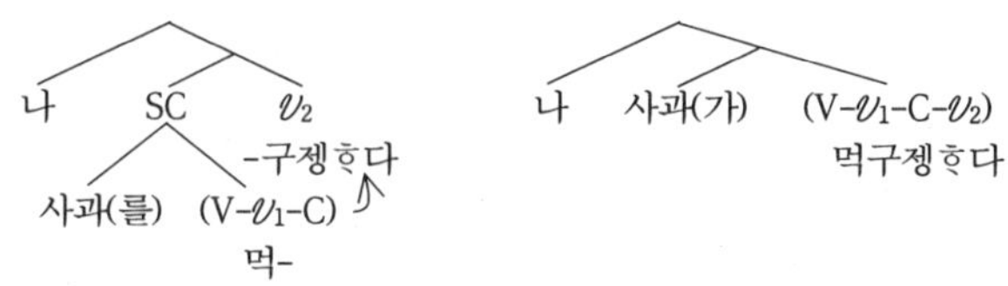

(22) a.에서는 '사과'와 '먹-'이 일치관계를 이루어 대격이 실현될 수 있고, (22) b.에서는 '사과'와 '먹구젱ᄒᆞ다'가 일치관계를 이루어 주격이 실현될 수 있다.

(22) a., b.의 투사체의 차이는 작용역 문제와도 관계가 있다. '사과'의 경우 a.는 사과 하나를 꼭 집어서 '먹고자하다'의 뜻이 있다고 하면, b.의 경우는 다른 과일도 그렇지만 그 중에서 사과가 '먹고싶다'의 뜻이 있다고 볼 수 있다.

4. 가능표현구문

이는 다음과 같은 가능표현의 경우인데,

(23) a. 나(는/ㄴ/가) 물질(을) 잘해진다. (물질=해녀작업)
b. 나(는/ㄴ/가) 물질(이) 잘해진다.
c. 나(는/ㄴ/가) 물질(을) 해진다.
d. 나(는/ㄴ/가) 물질(?이) 해진다.

여기서의 '해진다'는 수동표현이 아닌 가능표현이다. d.의 물질(이) 해진다가 용인성이 약한 것을 보면 '잘해진다'는 하나의 동사(복합형)로 굳은 것으로도 볼 수 있다. '물질(이) 해진다'의 경우도 '물질(을)' 보다는 작용역이 넓어서 많은 것 중의 '물질' 이라는 뜻이면 정문이 된다고 본다.

(23)의 과생과정은 생각해보면, 먼저 어휘부에서 '(잘)해지다'가 형성되어 하나의 항목으로 등재된 것으로 볼 수 있으나, 통사부에 도출할 때 상대논항에 주격/대격 부여의 구분을 해 두어야 하는 난점이 있다.

(20)처럼 통사적 접사핵을 거친 것으로 볼 수 있다. V레벨에서 대격을 부여하거나 그것을 지연시켜 Af와의 병합 후에 주격을 부여하는 식이다 ((24)).

(24)

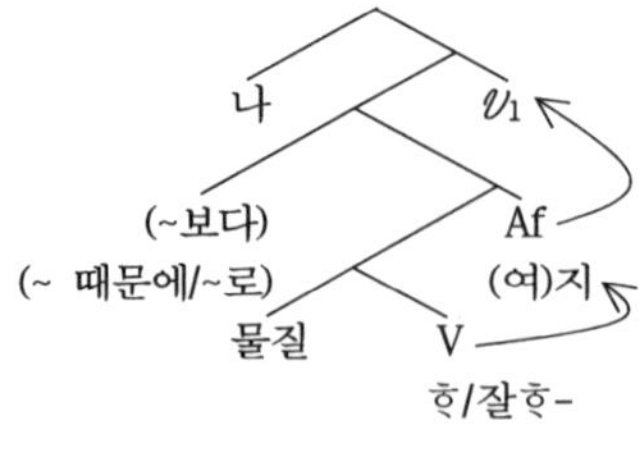

통사적 접사핵은 외항에 의미역 논항을 도입한다는 전제하에서는 안 맞는 것이 되지만, ( )에 표시한 것처럼 비교 또는 원인 논항이 필수적으로

도입되는 것이라면 맞을 수 있다. 일반적으로 그러한 논항은 임의적인 것이기에 문제는 있다. 게다가 V의 'ᄒᆞ다'의 경우는 Af와 병합되어도 비교·원인 논항을 도입하기 어렵다. 그렇지만 '잘ᄒᆞ다'의 경우는 필수논항으로 도입할 수도 있다.

이 외에 (17)의 '싶으다' 구문의 경우나 (21)의 '구젱ᄒᆞ다' 구문의 경우처럼 v_2에 가능의 '지다'를 도출하여 SC유지형과 SC붕괴형을 파생하도록 할 수도 있다.

(25)

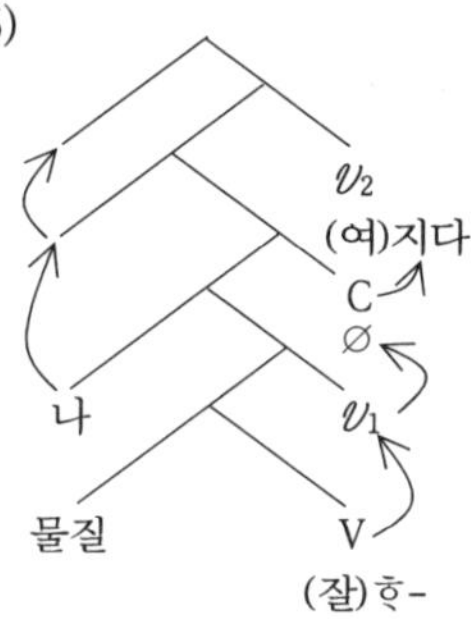

그러나 이 경우는 C는 ∅로 상정해야 하는 난점이 있다. (25)는 (17)이나 (21)과 동일한 투사체계를 이루는 이점은 있으나, (21)에서처럼 C핵을 설정할 근거가 약하다. 필자는 유연성있게 풀고자 한다. 만약 (25)이면 C는 v_1와 v_2의 연결 구실을 수행한다고 보면 되고, (24)이면 Af의 외항이 필수논항으로 채워지거나 그렇지 않으면 그 빈자리에 '물질'이 있게 되고 V+Af+v_1의 병합체에 의해 주격 표시될 수 있다고 보는 것이다((26) b.).

(26) a.

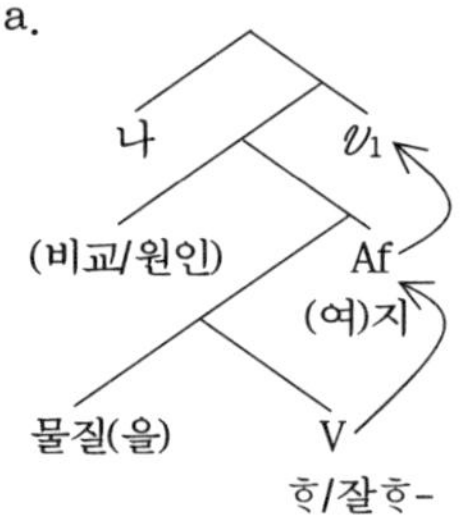

b.

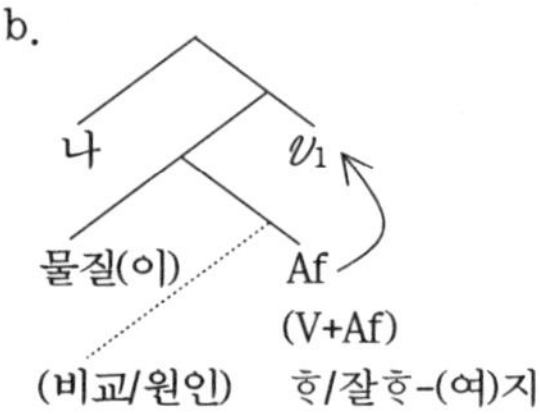

점선의 (비교/원인)은 부가어로 나타낸 것이다.

필수논항도 생략되는 경우(피동문에서의 소동주, (철수에게) 손이 잡혔다)도 있고, 임의논항도 선행 화맥(문맥)에 호응하여 혹은 강조로 꼭 내세워야 할 때 필수적일 수 있다. 다음의 예문에서,

(27) a. 나 (미국에) 등기우편(을/이) 보내진다.
b. 나 (고등ᄒᆨ생한티) 영어(를/ㄹ/가) ᄀᆞ르쳐진다.

(27) a.는 목표가 있고 없는 것에 약간의 의미상의 차이가 있다. 없는 경우는 보통우편과 다른 등기우편을 부칠 수 있다는 뜻이, 목표가 있으면 서면기입을 해야하는 일들도 처리할 수 있다는 뜻이 함유된다.

(27) b.에 상대자가 있고 없는 것도 마찬가지다. 없으면 영어를 가르칠 수 있는 능력을, 있으면 그 정도까지 능력이 높다는 것을 나타낸다. 그러한 목표나 상대자를 어필하기 위해 V가 Af핵과의 병합을 수행한다고 볼 수 있다.

이 Af 단계에서 가능표현의 골격이 이루어진다면 구태어 C－v_2의 단계를 거칠 필요는 없다. 그러나 Af의 구실이 필요 없을 때(목표/원인/상대자 논항을 도입할 일이 없을 때), C－v_2로 넘어갈 수도 있다. v_2레벨에서 '지다'(장형피동의 경우처럼)가 쓰이기도 하므로 그 자리로 향하거나 혹은 견인될 수도 있는 일이다. 가능표현과 피동표현이 매우 가까운 형태적 관계에 있으므로 비슷한 행동이 있을 수 있다. V–Af–v_1냐 V–v_1–C(∅)–v_2냐는 V핵에

동일방향으로 후속하는 후핵의 어느 부분이 기능하느냐의 차이일 뿐 어떠한 번거로운 교차 혹은 혼합이 있는 것은 아니다. 경우에 따라 유연하게 운영할 수 있는 것으로 본다.

다음과 같은 특수한 경우도 있다.

(28) a. 느(/니) (는/ㄴ/가) 영어(는/ㄴ/가/*를) 되어?
b. 응, 나(는/ㄴ/가) 영어(가/*를) 되어.

'되다' 동사(자동사)는 보통 '이루어지다', 라는 뜻의 동사인데 '괜찮다'와 같은 형용사적인 뜻도 지닌다. 여기서의 '되다' 는 가능의 뜻으로 쓰이며 주격의 목적어를 취하고 있다. 대격은 실현되지 않는다. 상태술어로 본다면 상대논항이 주격으로 실현되어도 이상할 것은 없지만(일본어도 'できる' 동사의 대상은 주격을 취하고 대격을 취하지 않는다), 가능표현의 경우는 술어의 단순형은 대상에 주격만을, 복합형은 주격과 대격의 양쪽을 취하므로 '되다'는 그 단순형으로 볼 수 있다. 희망표현도 '원하다, 바라다'와 같은 타동사인 경우 당연히 대격을, 앞에서 본 '싶으다, -구젱ᄒᆞ다'와 같은, 타동사와의 복합형에서는 주격과 대격을 부여하는데 그것과도 병행한다고 할 수 있다. 다음의 '되다'와 같은 단순형의 구문에서는,

(29) a. 물이(/은) 얼음(이) 되어(서).
b. 나(는/ㄴ/가) 선생(이) 되어.
c. 나(는/ㄴ/가) 영어(가) 되어.

여기서 '되다' 동사는 모두 주격의 상대논항을 취하고 있다. 대격의 논항을 취하지 않는다. 이 예문이 보이듯 '되다' 동사는 DP_1과 DP_2의 두 논항을 필수적으로 취한다. 그러나 내부적으로는 그 어휘개념구조는 각각 다르다. (29) a.의 경우는 무정물의 액체가 고체로 변하여 액체 자체는 사라진다는 것이고, b.는 유정물의 사람이 어떤 신분 자리를 얻는다는 것이다. c.는

b.의 유정물인 사람인 경우와 마찬가지나 어떤 일을 할 수 있다는 것이다. DP_1−DP_2−술어의 투사체는 간명하게 (30)과 같으나, 그러한 어휘개념구조를 어떻게 반영하느냐의 문제가 있게 될 것이다. 어휘개념구조를 구체화하여 그것을 통사구조에 연결시키는 방법도 있을 것이고, 통사체에서의 의미역 논항위치를 지정하여 술어의 의미역을 방출, 포화하는 방법도 있을 것이다. 여기서는 '되다' 구문을 심도 있게 논의하자는 의도나 계획이 있는 것이 아니어서 잠정적으로 다음과 같이 표시해 두고자 한다.

(30) a. ((29)의 a.)

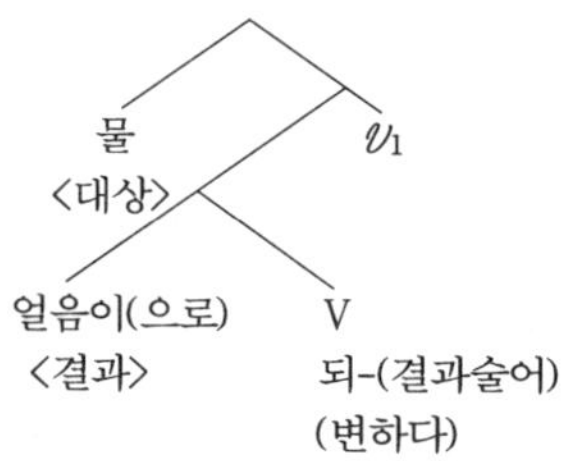

b. ((29)의 b.)

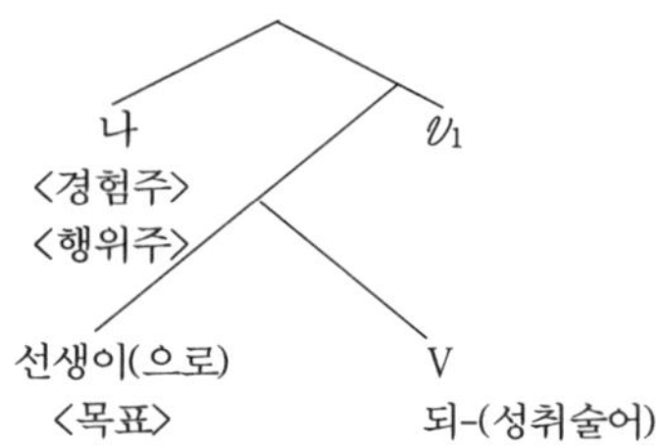

c. ((29)의 c.)

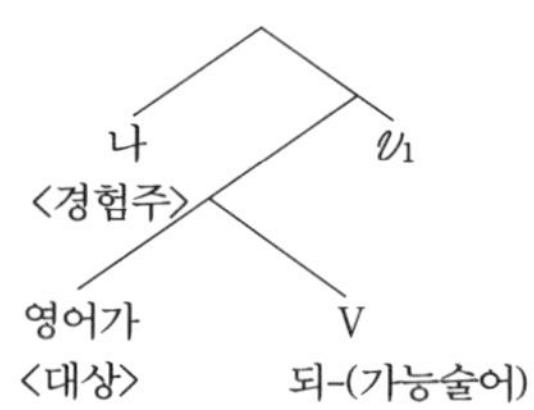

곧 '되다' 동사를 a)결과를 가져온다든지 b)성취를 이룬다든지 c)어떤 일이 가능하다든지 하는 것은 어휘부에서 분류해 둘 수도 있다. 혹은 그것과 관련이 되지만 '되다' 동사가 어떤 의미역의 목적어 논항을 도입하는가에 의해 달라지고 구문의 의미가 달라지는 것으로 볼 수 있다. (30) b.에서의 주어 논항을 경험주/행위주로 한 것은, 문맥이나 경우에 따라 목표에 적극적으로 작용할 수도 있고(행위주), 무의지적으로 자연적으로 그렇게 될(/겪을)(경험주) 수도 있기에 구별해 본 것이다. 어떻든 여기서는 DP_2가 주격으로만 나타나는 예로서 단순형인 '되다' 구문을 간단히 예시해 본 것이다. (30) c.((29) c.)의 가능표현의 '되다' 의 경우는 DP_2는 목적어로서 주격을 취하기에 주격목적어구문이라 할 수 있으나, 그 외의 DP_2는 DP_1가 변하는 결과와 같아서, 술어가 작용하는 대상인 목적어라 하기 어려우나 그렇다고 이중주격 구문이라 할 수 없다. DP_1과 DP_2의 유속화나 복합화는 안되기 때문이다. 그 점에서 주격목적어구문의 범주에 들어간다고 해둔다.

이번에는 일본어의 가능동사 '話せる'(말할 수 있다)의 경우를 보기로 한다. 이 말은 보기에는 단순형인 것 같지만 내부적으로는 두 요소가 복합되어 있다.

(31)

hanas	u	말하다
	eru	말할 수 있다.
동사어간	가능동사화 접미사	

이 일본어의 가능동사는 소위 5단동사(다섯 가지 음형의 어미로 활용)의 어간에 eru를 부가하여 만들 수 있다. 이 동사와 다른 활용을 하는 동사는 이와는 다른 방법 곧 어간+가능조동사(rareru)로 이루어낸다. 어느 것이나 동사와 가능표현 요소의 복합형으로 볼 수 있다. 이들 목적어는 주격과 대격의 격표지를 지닐 수 있다.

Takano(2003: 800-801)에서는 가능표현에서의 주격목적어나 대격목적어의 갈래를 각각 별개의 생성구조에서 오는 것으로 하고 있다. 곧 다음의 예문은 별개의 구조로 되어 있다.

(32) a. John-wa doitugo-ga hanas-e-ru.
존은 독일어가 말해진다

b. Jonn-wa doitugo-o hanas-e-ru.
존은 독일어를 말해진다 (말해진다=말 할 수 있다)

다음의 (33)의 a., b. 구조에서의 기반은 vP구조이다. a.에서는 PRO_i는 문주어 자리와 연계되고, v_2의 보어 pro_j 자리는 원래 대격목적어 자리인데 v_1의 지정어 자리의 주격목적어와 연계되고 있다. b.에서는 PRO_i는 a.의 경우와 같고 v_2의 보어자리는 pro가 아닌 유형의 대격 목적어가 기저생성되고 있다. a.에서는 주격목적어가 v_1의 지정어 자리에 기저생성되고, b.에서는 대격목적어가 v_2의 보어 자리에 기저생성되고 있는데, a.에서는 주격목적어가 pro_j와 연계되는 것이 특색이다(범주의 숫자 표시는 하향식 차례가 되어 있다. 상향식이면 이와 반대의 표기도 가능하다).

(33) a. ((32) a.)

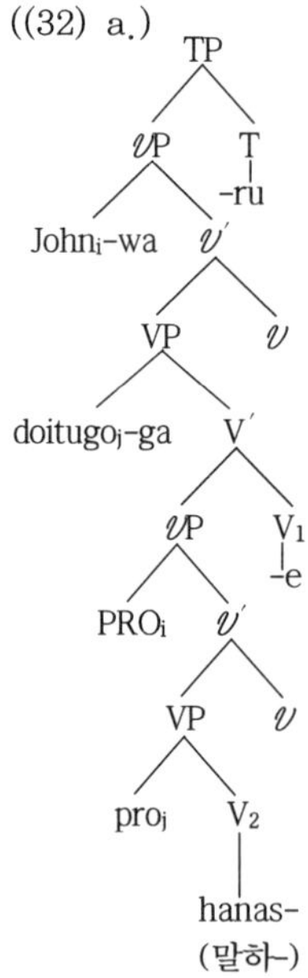

b. ((32) b.)

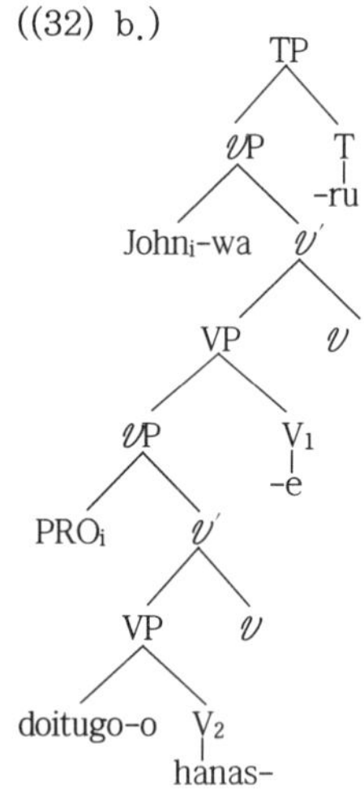

PRO와 pro는 핵문의 주어와 목적어로 보면 될 것이고, PRO는 상위의 문주어와, pro는 상위의 주격목적어와 결속되는 관계가 되어 본래의 통사적, 의미적 위치를 표시하는 것이 된다. b.에서는 대격목적어가 실현되었기에 핵문에 pro를 설정할 필요가 없다.

필자는 TP투사체는 설정하지 않으며 T(시제)는 v에 함유되는 것으로 보고 있다. 일본어의 hanaseru 가능동사는 (33)에서처럼 여러 단계의 국면으로 분리하지 않고 (26)에서처럼 다음과 같이 핵문 레벨에서 처리할 수 있도록 하고 있다.

(34)

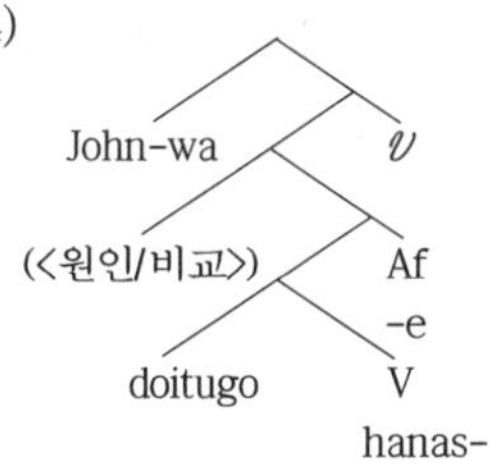

Af를 거치면(V+Af의 합체로) 주격, 거치지 않으면 대격이 실현된다. (33)과 대비하면(TP 제거) 하위의 vP투사체를 제거하여 v_1이 Af에 상응하는 것이 된다. 주격이 대격보다 상위에서 실현되는 점은 양쪽이 공통적이다.

만일 (25)처럼 핵문보다 상위의 v_2레벨의 투사체가 다음처럼 이루어진다면,

(35)

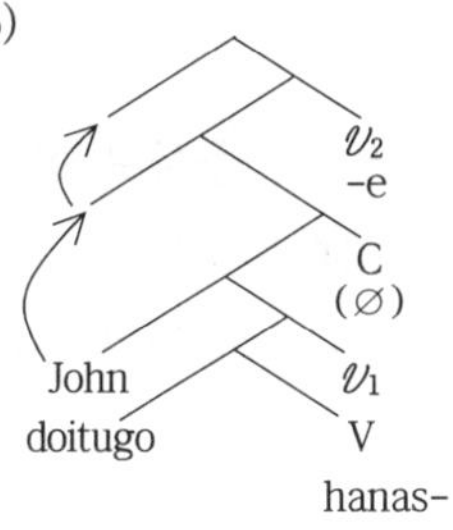

거의 비슷한 파생을 보인다. (33)의 PRO, pro는 각 국면의 투사체를 유지하여 술어 병합에서 오는 재구조화 이전의 도입 위치와의 결속관계를 나타낸 것이 되는데(PRO는 주어 위치의, pro는 목적어 위치의 공범주 표시다), 그것은 곧 하향식 전개에서 DP_1과 DP_2의 그 의미구조상의 위치와의 상관의

표시다. (35)의 상위에 발제 – 결말의 시발구조가 있어서 그 발제와 John과 동일하다면 상향식에서도 명제구조(의미구조)의 John은 PRO로든 복사체로든 연관을 짓게 된다.

어떻든 여기서는 상향식의 술어핵 병합과정에서 오는 구조 조정을 전제하고 있다. 술어핵의 병합의 양상에 따라 목적어 위치가 (22)처럼 (36) a.의 SC유지형으로 조정되면 대격을, (36) b.의 SC붕괴형으로 조정되면 주격을 가질 수 있다. 따라서 (33) a., b.처럼 별도의 투사체계를 가정할 필요는 없게 된다.

(36) a. (SC유지형) b. SC붕괴형

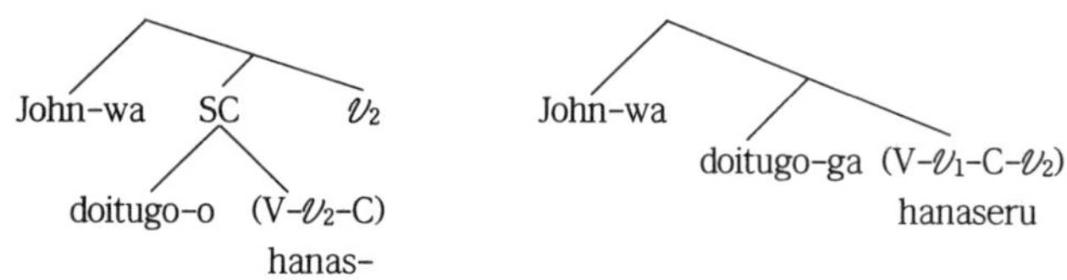

필자로서는 (33)은 물론 (34), (35)와 같은 여러 국면의 통사적 운영으로 일본어의 '話せる' 로 되는 간단한 구문을 그런 식으로 이룰 필요가 있는가 한다.

어휘부에서 5단동사의 어간+eru가능접미사→가능동사로 형성되어 통사부의 V핵 자리에 도출하면 되지 않을까 한다. 어휘부에는 그렇게 형성되는 가능동사는 주격의 대상을 취한다는 것이 표시되어야 한다. 5단동사 이외의 동사는 rareru 조동사를 취하는 것으로 되어 있다. 이에 대하여는 rareru가 수동, 자발, 존경 등에 쓰이는 점에서 그들과 함께 v_2레벨에서 처리할 수도 있지만, 가능의 rareru도 어휘부에서 동사 어간에 접미되어 가능동사로 형성되는 것으로 할 수 있다. 그 쪽이 훨씬 경제적이다. 다만, 어휘부에서 a) hanas-eru의 복합표시와, b) hanaseru의 단일표시를 하는 대책이 필요하다. 전자에서는 대격이 후자에서는 주격이 주어지게 되는 것이다. 그러한 구별 자체가 문제라면 a)의 가능동사는 통사적 파생과정을 거치는 것으로 할 수 있다. 곧 a)의 e(ru)는 통사적 접사, b)의 e(ru)는 어휘적 접사로 보는 것이다. 어느 경로든 선행문맥(화맥), 상황, 중립적 처지 등에 따라 보다 합리적이고 경제적인 연산을 거칠 것이다.

제주방언의 '말해져?', 일본어의 '話せる?'와 같은 1어문의 질문에 일일이 핵문 그리고 상위문까지 해당 범주를 투사할 필요가 있을까? 간단히 복사해서 혹은 간단히 어휘부에서 가능동사를 도출하여 '말해져', 또는 '話せる'를 가지고 완결조의 억양만 맞추면 될 일이다. 의미구조의 투사체는 선행 화맥(문맥)에 그려져 화자 사이에 전송되어 있다고 볼 수 있다. 이미 가능동사의 대상 표현 하나만이 논의가 되었거나 아니면 여러 표현이 논의 되었거나 했기에 대상의 주격/대격의 구별도 자연히 분간되는 것으로 보인다. 따라서 여기서의 논의는 중립문에서의 가능한 모든 경로를 제시해 본 것이 된다.

5. 주격목적어의 격부여와 격점검

DP(NP)의 격 실현이 DP를 도입한 술어핵이 부여·확인한다거나 기능핵이 점검한다는 관점에서는 주격목적어의 격부여 기제가 중요한 관심사가 된다. 그것은 일반적인 격 형태나 격부여자의 틀과 어떻게 다른가에 있다.

(37) 주어-주격 - 시제/주어일치소(AGRs)
목적어-대격 - 타동사목적어일치소(AGRo)

곧 주격은 흔히 주어가 T 혹은 AGRs와 일치를 이루어지는데서 주어지고 대격은 목적어가 타동사 혹은 AGRo와 일치를 이루어지는데서 주어진다고 하는데, 주격목적어는 그러한 정황과 간격이 있다. 곧 주어도 아니고 대격도 아니기 때문이다. 더욱이 격점검 기제가 기능핵의 지정어 - 핵 일치관계에서 이루어진다는 일반화도 논의되기도 하여 주격목적어의 위상(위치)도 가변적이다.

먼저 주격목적어의 격표시 이/가(일본어 ga)의 부여자에 대하여 알아보면,

(38) a. 형용사(상태술어)와 같은 어휘범주가 부여(또는 점검)한다.
b. 기능범주가 부여(또는 점검)한다.
c. 어휘범주와 기능범주가 부여(또는 점검)한다.

와 같은 여러 가지 견해가 있다. (38) a.는 다음 예문에서,

(39) a. 나(는/ㄴ/가) 돈(이) 없으다/엇으다. (없으다/엇으다=없다)
b. 나(는/ㄴ/가) 책(을/이) 사고 싶으다.

'없으다/엇으다'가 '돈'에 '이'격을, 동사(사고)와 보조형용사(싶으다)가 형용사(상태술어)로 병합(재구조화)하여 '사고 싶으다' 전체가 '책'에 '이'격을 부여하는 것이 된다.

(38) b.는 주격은 기능범주 T가 인허한다는 주장에 입각한다. 그렇다면, T는 일반적으로 통사 투사체에서 상태술어보다 상위의 자리에 위치하므로 상태술어가 T의 위치로 상승하든지, T가 상태술어에 내려와서 V-T의 병합체를 이루어야 한다. Takezawa(1987: 84)는 후자의 처지다.

Chomsky (1981: 256)에서는 이러한 조작을 시제접사이동 또는 R규칙으로 불렀다. 동사구의 밖에 있는 INFL이 동사구내에 나타나는 식이다.

(40) NP INFL [vp…V ↑]

竹沢(1997: 68)에서는 이와는 다르게 상위의 IP의 주요부인 시제소(T)가 그 자리에서 주격을 부여하는 분석도 가능하다 하였다. 곧 상태술어는 격부여능력을 지니지 않는 어휘요소이고 또 그 투사(VP)는 격부여에 투명하다 하여 VP 내부의 목적어 명사구에 대해 상위의 T가 주격을 부여할 수 있다는 것이다.

그런데, 일본어의 경우는 주격목적어에 대해 주어는 NP가 아닌 PP-ni, 혹은 주제의 ha의 경우가 많다. 만일 한국어나 일본어가 주어에 주격조사를 지니게 되면 주격주어와 주격목적어의 배열이 되어 같은 격부여 경합의 문제가 생긴다. 다음에서처럼 상태술어문에서의 주어가 한국어에서는 에게/가 로 일본어에서는 ni(ha)/ga 로 교체될 수 있는 점에서 DP_1가 주어가 아닌 것으로 보게 되는 경우도 있다.

(41) a. 철수한테(/는/가) 영어(는/ㄴ/가) 어려워.
b. 철수한테(/는/가) 자식(은/이) 엇어. (엇어=없어)

(42) a. 太郎に(/は/が)英語が(/は) 難しい。
b. 太郎に(/は/が)子供が(/は) 無い。

그렇지만 DP_1의 가(が)를 주격조사가 아니라고 보기도 힘들다. 그렇다면 시제소 T가 주격에도 주격목적어에도 양쪽으로 격을 부여하는 격이 되는데, 하나의 격부여자가 두 개를 주는 꼴이 되어 문제될 수밖에 없다.

(38) c.와 관련해서 주어와 목적어의 일치소구를 따로 인정하는 처지가 있다. 예컨대, Koizumi(1999)는 일본어의 목적어에 대한 일치소구를 채택하고 있다.

(43) a. 지배에 의한 격이론 b. 일치이론에 의한 격이론

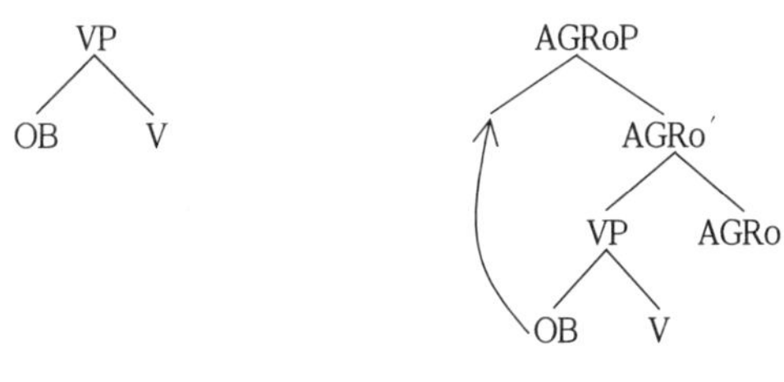

(43) b.는 비상태동사의 대격목적어에 대한 것이지만, 목적어가 AGRoP

의 지정어로 이동하여 지정어 – 핵 일치에 의해 격이 인허되고 있다(p. 59). 곧 비상태동사의 어휘범주는 대격을 부여하는 능력을 지니나, 기능범주의 AGRoP 영역에서 인허(점검)된다는 것으로 풀이된다. 이에 대해 상태술어는 주격을 부여하는 능력을 지니나 실지 주격목적격을 인허하는 것은 T라 하였다(p. 66 및 주 4).

(44)

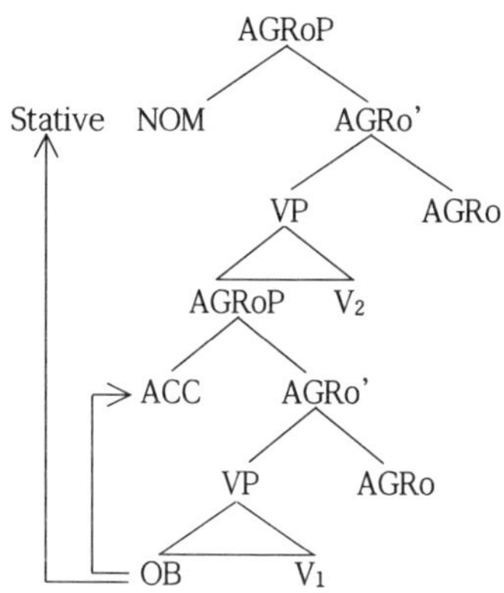

이는 가능상태술어구문의 경우인데(예컨대, 나(는/ㄴ/가) 영어(가) 되어, 私(は/が)英語ができる), 대격목적어와는 달리 주문 영역에서 주격목적어의 격이 인허된다고 보고 있다(p. 70~71). 주격 점검을 하는 AGRs의 점검영역에 자리하기 위해 주격목적어가 TP에 부가한다는 것이다(p. 160).

이와 같이 기능범주가 관여하는 경우도,

a. 목적어 일치소구(AGRo)가 수행한다는 것.

b. 주어일치소구(AGRs)가 수행한다는 것.

c. 시제소구(TP)가 수행한다는 의견으로 갈린다.

김선웅(1998: 250)에서는 TP 등 외에 AGRs의 상위와 하위의 지정어를 마련하고 상위에는 주격주어가 하위에는 주격목적어가 자리하게 하였다.

(45)

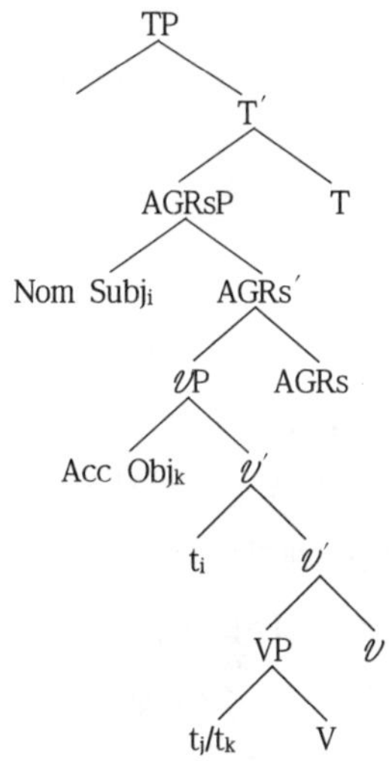

VP내에 있던 주어(t_i)는 AGRsP의 지정어 상위 자리에, (주격)목적어는 AGRsP의 지정어 하위자리에 이동하여 AGRs의 [NOM] 격자질에 의해 점검되고, (대격)목적어는 VP내에서 vP의 상위 지정어 자리에 이동하여 대격이 점검된다는 것인데 주격주어, 주격목적어, 대격목적어 모두 교차적으로 이동해가는 양상이 생길 수 있고, 하나의 AGRs가 두 개의 주격을 점검하게 되는 등의 문제점이 있게 된다.

또한, 주격목적어가 나타나는 구문의 동사는 전통적으로 [동사+보조용언]으로 구성된 것으로 보고 '~고 싶다'의 용례를 사용하고 있는데, 앞에서 보인 한국어의 희망 술어(제주방언 ~고 싶으다, ~구젱ᄒᆞ다) 그리고 일본어의 희망술어(~tai)의 목적어가 주격/대격 양쪽을 취하고, 한국어의 가능술어(제주방언 ~아/어진다) 그리고 일본어의 가능술어구문(~eru, ~rareru)의 목적어가 주격/대격의 양쪽을 취하는 것도 모두 복합형의 술어였다. 그러한 구문의 생성기제가 (45) 일 수 있다는 것이다. 필자로서는 다음에서,

(46) a. 나(는/ㄴ/가) 화학(이) 싫어.

b.

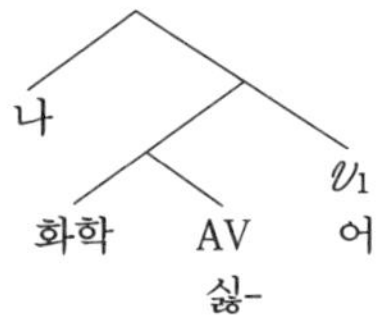

이러한 간단한 예문의 생성에는 목적어 일치소구, 주어일치소구(V1이 감당한다면) 등 기능범주를 설정하지 않아도 술어핵과 상대논항의 합치를 기할 수 있다고 본다. 상태술어는 의미역으로 대상을, 격자질로 주격목적격(i격)을 지닌다. v_1핵은 주격자질을 지니면 AV핵과의 병합으로 경험주를 도입한다. 만일 동작주를 도입한다면 주격목적어와 맞지 않아 그 파생은 파탄이 될 것이다. 대상논항이나 경험주 논항은 모두 술어핵에 대해 외항의 위치에 있으므로 외항(지정어) – 핵 일치 관계를 이루어 점검이론에서 말하는 격점검(일치관계)이 이루어진다. 그것으로 각 술어핵이 지닌 격자질은 제거되는 것으로 보는데, 이러한 격점검(일치관계) 기제가 없다면 술어핵이 병합할 때마다 격자질이 누적되어 완전해석원리에 위배될 것이다. 이같이 각 술어핵이 상대논항과의 격점검(일치관계)을 전담함으로써 하나의 기능범주 예컨대 T가 복수의 논항에 복수의 주격을 책임지는 일은 없게 된다.

요컨대, 상태술어문, 희망표현구문, 가능표현구문에서의 격실현과 그 일치의 확인은 술어핵의 몫이며 V(AV) 내지 V(AV)–Af 병합체(경우에 따라 v_2에 미칠수도)가 감당한다. 단순형술어의 상태술어문에서는 AV의 목적어로서 주격 한 가지로, V–Af(/v_2)의 복합형술어의 희망표현구문이나 가능표현구문에서는 목적어가 주격과 대격의 어느 한가지로 실현되는데 V의 국면에서 아니면 Af(–v_1 / v_2)에서의 실현의 차이다. v_2국면에서 볼 때 SC 단계에서는 대격이, SC 붕괴 단계에서는 주격이 실현된다. 곧 대격은 V와의 일치가, 주격은 Af(–v_1 / v_2)와의 일치가 되어야 한다. 주격소주어구문(이중주어구문)의 경우는 AV핵이 외항에 이중으로 〈대상〉 DP를 주어로 도입하든지, DP_2는 AV핵이, DP_1은 v_1에서 도입하는 생성기제이며, DP_1은 DP_2에 대해 유속화되지 않거나 복합 DP화가 되지 않으면 v_1의 국면에서 외항 위치에서 (대)주어(주격)로서 일치관계를 이루게 되는 비교적 간편하게 운용되는 기제이다.

주격목적어구문이 필자가 가정하는 발제 – 결말의 시발구조 안에 내포되는 경우는 어떻게 되는가? 발제 자리에 선행 화맥(문맥)과 연관되는 대격의 목적어도 주격의 목적어도 나올 수 있고, 이에 맞추어 상향적인 술어의 논항구조와의 합치도 기하게 된다고 본다. 곧 발제의 논항의 복사체와 이외의 요소들이 술어핵(그리고 그 병합체)과 일치관계를 이루는 일이다. 발제가 희망·가능 표현의 주체인 경우도 그것이 주제/구정보라면 주제격으로, 초점/총기(總記)/신정보라면 주격으로 실현된다. 대상목적어의 경우, 주격과 대격의 양쪽으로 실현되면 전자는 술어핵의 복합체가, 후자는 V(타동사) 단독으로 격부여한 것이 되는데, 전자는 그만큼 투사체의 상위에 위치하는 점에서 목적어의 의미영역이 넓고, 후자는 투사체는 하위에 위치하므로 그만큼 의미가 한정적인 것이 된다.

6. 마무리

각 술어핵이 도입한 DP 논항과 술어핵 병합체가 v_1 국면에서 주어 – 목적어(대격) – 술어의 핵문을 이룬다고 하면 대격동사구문이 되는데 이 때의 술어는 타동사이고 두 DP의 의미역은 〈동작주〉, 〈대상〉이다. 이에 대해 술어가 형용사인 경우는 주어–소주어(주격)–술어의 핵문을 이루는데 두 DP는 a) 동일한 〈대상〉의 의미역을 가지는 경우와, b) 〈경험주〉–〈대상〉과 같이 서로 다른 의미역을 가지는 경우가 있다. 전자의 a)는 두 DP가 밀접불가분의 관계, 양도불가능의 관계, 상하위의 개념관계로 밀착되어 있어서 선행 DP의 유속화 혹은 두 DP의 복합화를 쉽게 이룰 수 있기에 동일 의미역의 연속을 피할 수 있다. 그러한 일이 없이 혹은 그러한 일과의 연관으로 술어의 다중 외항(다중 주어)의 하나로 DP_1과 DP_2가 주격으로 실현되면 주격-주격과 같은 주격중출구문 (주격소주어구문)이 된다. 후자의 b)에서는 a)와는 달리 두 DP가 서로 다른 의미역을 지니며 선행 DP의 유속화나 두 DP의 복합화가 불가능하다. 선행 DP_1와 술어가 DP_2에 작용하는 면이 없지 않다. 그런 면에서 DP_2는 목적어의 자격을 지니는 것으로 보아 주격으로 실현되어도 이를 주격목적어(구문)로 해서 a)와 구별한다. b)도 넓게는 주격중출구문이지만, a)의 주격의 중출(주어중출구문)과는 달리 주격목적어의 실현에 중점을 두어 주격목적어구문으로 해서 구별한다.

상태술어문의 이중주격(이중주어, 주격소주어구문)구문의 생성에는, a) AV핵이 〈대상〉논항 DP를 다중주어로서 혹은 복합 DP화로(DP_1의 유속화 가능)로 도입하여 v_1의 핵문의 국면에서 DP_1를 v_1의 외항에 자리잡게 하든지, b) AV핵이 DP_2를, v_1(AV+v_1)가 DP_1을 도입하게 하는 경로가 있다.

이에 대해 주격목적어구문의 경우에는 상태술어문의 b)와 같은 경우도 있겠으나(단 DP_1의 유속화는 불가능), 술어가 복합형이고 〈대상〉의 DP_2가 주격과 대격으로 양용되는 경우는 a) 대격의 DP_2는 V핵이, 주격의 DP_1은 Af(-v_1)가 도입하든지, b) v_2의 국면에까지 지연되다가 DP_2가 SC 유지형 내에 있으면 대격이, SC 붕괴형에 있으면 주격이 실현되는 경로가 있게 있다.

한국어나 일본어의 희망구문의 술어는 동사 다음에 희망을 나타내는 형식이 후행하는 식으로 되는데, 그 두 부분의 어느 쪽에 〈대상〉 논항이 관계하느냐에 따라 주격과 대격의 어느 한 쪽으로 실현된다. '~고 싶으다', '~구젱ᄒᆞ다'의 경우도 a) V국면에서 대격, Af(-v_1) 국면에서 주격이 실현되든지, b) v_2국면에서의 SC 유지형에서 대격이, SC 붕괴형에서 주격이 실현되든지 하는 경로가 있다. 어느 경로든 주격 DP가 대격 DP보다 상위에 있게 되는데 그만큼 주격 DP의 경우가 상대적으로 작용역이 넓다는 것이 된다.

가능표현의 경우, 일본어의 가능동사(-eru형)는 목적어가 주격과 대격의 양쪽으로 실현되지만, 한국어(~할 수 있다)는 대격으로만 실현된다. 다만, 제주방언의 가능표현(~해진다)은 주격과 대격의 양쪽으로 실현된다.

(29)의 '되다' 동사의 경우는 DP_1과 DP_2를 필수적으로 취하는데(DP_2는 주격으로 실현된다), DP_1의 주어가 변하여 DP_2의 결과가 되는 것이나, DP_2가 DP_1의 주어가 작용하는 대상이 아닌 것은 비록 엄밀한 주격목적어구문이 아니더라도 이중주격구문의 범주에 들어가지 않으므로 일단은 주격목적어구문으로 해둔다. '되다' 동사가 가능적인 의미로 쓰이는 경우는 주격목적어구문의 범주이다. 어떻든, DP_2의 목적어가 주격 이외에 대격으로 쓰이는 일은 없다. 술어형태가 단순형인 경우는 상태술어와 마찬가지로 목적어는 주격을, 복합형(동사~가능형태)인 경우는 어느 형태에 치중되느냐에 따라 대격과 주격으로 나뉘어, 양용되는 것으로 보인다('할 수 있다'는 대격만을 취한다).

가능동사구문의 생성기제는 여러 가지로 상정할 수 있다. 제일 바람직한 것은 어휘부에서 가능동사를 형성하여 통사부에 도출하든지 아니면 Af를 거쳐서라도 핵문 레벨에서 이루어지게 하는 것이다. 보다 상위의 v_2레벨에서 형성되는 경우도 있겠으나 가급적이면 여러 단계를 거치는 다비용의 파생은 피할 일이다.

주격목적어의 격부여와 점검에는 여러 가지 의견이 있다. a) 어휘범주(상태술어)나, b) 기능범주 (T, AGR)가, c) 아니면 a), b)의 양자가 이를 담당한다고 한다. 그 위치(점검)도 V_1의 지정어 위치(Takano), 혹은 VP의 목적어 위치에 있다가 AGRsP의 지정어 위치(주격은 상위 위치)(김선웅), 또는 TP의 지정어 위치(Koizumi)에서 행하는 것으로 의견이 갈린다.

필자는 어휘범주와 기능범주의 구별을 엄격하게 보지 않으며 격의 부여, 인허, 점검 일치 등의 일들도 각각 별개의 일이거나 또 위치를 바꿔가면서 하는 일로 보지 않는다. 술어핵이 그 속성에 합당한 상대논항을 외항에 도입하는 기제 자체에, 앞서의 일들이 모두 포함되어 있는 것으로 본다.

술어핵이 상대논항을 도입하는 것은, 서로의 통사상, 의미상의 속성이 합치하기 때문이다. 그 속성에는 격자질이 포함되어 있다. 따라서 합치되는 격자질은 도입논항에는 추상격/형태격으로 실현되고 술어핵의 격자질은 없어진다. 목적어에서의 주격의 실현은 상태술어(희망표현과 가능표현의 주격 실현의 경우도)의 주격목적어자질과의 일치로 이루어지며 그에 따른 격의 실현은 술어핵의 처지로 보면 격을 부여 또는 확인하는 일이고, 상대논항과 술어핵의 관계로 볼 때는 격의 점검 또는 일치의 일이 되는 것으로 생각한다.*

---

* 주격목적어구문에 상응하는 알타이제어의 예들을 제시해 보면,

(1) 몽고어

a. Би ардын дуунд дуртай.
나 민요 에게 좋아하다.

b. Би алиманд дуртай.
나 사과에게 좋아하다.

주격목적어가 아닌 여격목적어의 형태다. 다음은 주어 - 소주어 구문의 예다.

c. Бат(нь) сэтгэл сайтай.
바트(가) 마음 착하다.

d. Батын сэтгэл нь сайхан.
바트의 마음 이 좋다.

e. Батын хамар том.
바트의 코 크다.

(2) 만주어 (趙杰 1989)

a. ərə ɛtci k‘əsik‘ə ci c‘iaŋŋa ma? (p. 154)
저 작은 고양이 너 좋아하 나? (너 저 작은 고양이 좋아하나?)

b. ci ts‘an pəjie. (p. 27)
너 좋다 신체. (너 몸 좋다.)

c. cin ut‘ok‘u t‘e nɛt‘k‘on. (p. 142)
너의 옷 몹시 더럽다.

DP가 모두 추상격으로 되어 있다. (2) a.에서는 목적어가 전치하는 경우 대격의 형태격이 있게 되는데 여기서는 추상격 그대로다. b., c.는 주어 - 소주어 구문에 상응하지만 b.에서 DP_2가 어말에 있다. c.에서는 DP_1이 속격화하고 있다.

만주문어에서 다음 예도 있다.

d. šangiyan alin edun mangga. (만주실록 권1)
白 山 바람 강하다.

(3) 튀르크어

a. Bazisi muzik sever.
어떤사람들 음악(을) 좋아하다.

b. Bugün hava iyidir.
오늘 날씨 좋다.

c. Us, başım ağriyor.
앗 머리(나의) 아프다.

d. (Ben) başım ağriyor.
(나) 머리(나의) 아프다.

(3) a.는 주격목적어구문에 비길 수 있으나 격 틀이 다르다. b.이하는 주어 - 소주어구문에 비겨볼 수 있다. c., d.는 명사의 인칭접사가 DP_1을 대행하는 형세다.

가능표현의 경우를 예시해보면,

(1) 몽고어

a. Би монгол хэл(ийг) уншиж чадна.
나 몽골 어(를) 읽을 (할)수 있다.

b. Би монгол хэлээр ярьж чадна.
나 몽골 어 로 말하(할)수 있다.

대상에 대격의 형태격(특정)이 쓰이나 안 쓰이는 경우(부특정)도 있다.

(2) 만주어 (趙杰 1989)

a. ərə xaxacie pɛit'ə icikiɛn mut'umi. (p. 139)
이 젊은이 일 처리하(할)수 있다.

b. pi cin pə ats'ə mut'uaxou. (p. 139)
나 너 를 만나 (할)수 없다.

다음은 만주문어의 예다.

c. daiming ni cooha, manjui coohai horo be alici eteraku.
(河内 1996: 112)
大明 의 병사, 만주의 병사의 위세 를 맞이하(할)수없어서

(2) a.는 대격이 추상격으로 b., c.는 형태격으로 실현되고 있다.

(3) 튀르크어
a. Ben biraz Türkçe konuş-abil-ir-im.
나 조금 튀르크어 말하(할)수있 다(나)
b. Resim yap ma-yi hiç becere-m-iyor-um.
그림(을) 그리는 것을 도저히 할 수 없다 (나)

(3) a.는 동사의 가능형, b.는 능력동사의 예다. b.의 동명사형의 대격을 보아서 a.의 대상의 추상격이 대격임을 알 수 있다.
다음의 몽고어의 희망구문의 경우도 대상에 대격의 형태격이 쓰이나(특정) 안 쓰이는 경우(부특정)도 있다(a., b.는 외래어의 경우).

(4). a. Би пальто авмаар байна.
나 코트 사고싶다 (어 한다)
b. Би кино үзмээр байна(/үзэх юмсан).
나 영화 보고싶다 (어 한다)
c. Би энэ номыг уншмаар байна(/унш их юмсан).
나 이 책을 읽고싶다 (어 한다)

희망가능성 형동사(маар, 희망표현으로 쓰임.) 외에 괄호 안과 같은 표현도 쓰인다. '되다' 동사의 경우는 한국어의 경우와 같이 대상항은 주격을 취한다.

(5) a. Бат багш болсон.
바트(가) 선생(이) 되었다.

b. Ус мөс болчихсон.
물(이) 얼음(이) 되었다.

이상과 같이 후핵언어인 알타이제어에서의 관계 구문에서 술어에 따라 대상논항의 격틀의 다름이 다소 있어도 생성기제는 동일함을 알 수 있으며, 가능, 희망표현도 후행술어핵과의 병합으로 이루어지는 것을 볼 수 있다.

제10장 이중목적어구문

1. 머리말

이중목적어 구문은 영어에서 제4문형 (그 중에서 여격형)의, 간접목적어(이하 IO), 직접목적어(이하 DO)의 순으로 나오는 문이다. DO가 먼저 나오는 경우는 IO는 전치사구로 바뀌어 문형도 제3문형으로 바뀐다. 이 경우, IO의 격은 전치사가 부여하기 때문에 나머지 목적어는 보통의 문의 격 문제와 같이 다루어도 이에 대해 큰 논란은 없다. 문제는 제4문형의 경우인데, 두 목적어가 추상격의 연속이기 때문에 격의 확인 또는 부여(점검)가 어떻게 이루어지는가가 관심거리다.

제주방언 '주다'의 구조격 논항 실현의 예를 보면,

(1) a. 나 책 가이 주언. (주언=주었-다/어)
    b. 나 가이 책 주언.
    c. 나 책 ∅ 주언.
    d. 나 ∅ 책 주언.
    e. 나 ∅ 가이 주언.
    f. 나 가이 ∅ 주언.

주어가 (2)에서처럼 꼭 선두에 나오지 않아도 되지만, IO가 사람인 경우 (1) b.에서 '가이가' 선두로 뒤섞기한다면 주어로 오인되므로 형태격으로 실현되어야 한다. 형태격으로 실현되면 (3)처럼 뒤섞기가 자유스럽다.

(2) 책 나 가이 주언.

(3) a. 나 책 가이한티(안티) 주언.
b. 가이한티 나 책 주언.
c. 나 가이한티 책 주언.
d. 가이한티 책 나 주언.

동사에 따라서 목적어 모두 추상격이 될 수 없는 경우가 있다.

(4) *나 책 가이 보내연.

'가이'가 IO가 아닌 주어로 오인될 수 있다. (1) a.의 '가이'도 음조에 따라 주어로 오인될 수 있으나 (4)보다는 덜하다고 본다. '보내다' 동사가 '주다' 동사보다 IO를 덜 요구하기 때문이 아닌가도 생각된다.

이중목적어구문에서는 IO와 DO의 어순이라든지, 이들 논항에 어떻게 구조격의 추상격과 형태격이 실현되는가에 대해 그리고 구조격 IO, DO의 이중목적어구문과 혼동되기 쉬운 이중대격(ㅇ격)구문과의 구별에 대해서도 여러 논의가 있을 수 있다.

2. 두 목적어의 어순

영어나 한국어에서 목적어들이 추상격으로 나타날 때 어순이 다르게 나타나는 것을 어떻게 볼 것인가?

(5) a. I gave my brother a book.
b. 나 책 동생 주언.

'주다' 동사의 일반적인 파생대로라면, 영어의 IO가 전치사구로 바뀌어 후행하는 데 대해 한국어의 IO는 Af 외항에 형태격으로서 선행한다.

(6) a.

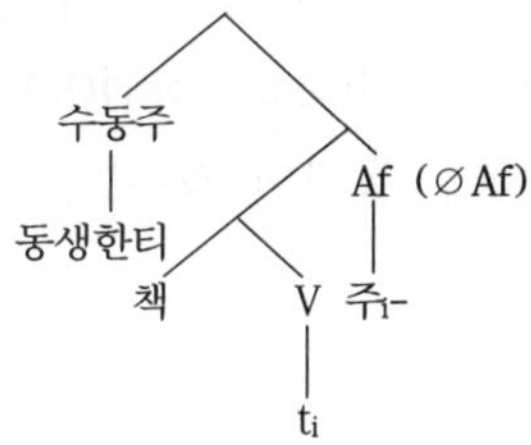

b. I gave a book to my brother.

(6) a. 같이 IO가 선행하는 한국어의 경우 형태격(제주방언 –한티)으로 실현되고 있다. 또한 (7) a.에서처럼 V의 내항의 부가어 자리에서 추상격의 실현도 가능하다.

(7) a.

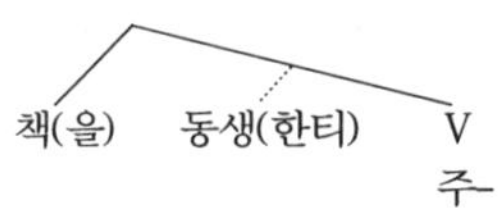

b. I gave my brother a book.

(7) a.에는 책은 외항 위치에서 대격을 받고, 내항 자리는 부가 논항 자리로서 추상격 또는 형태격을 받는 것을 보여준다. '~에게'의 의미가 함의된 의미격의 성격을 지닌다. 그 이유는 '주다'의 대상은 '책'이지 '동생'이 아니다. '동생'은 수동주 혹은 수혜주 논항으로 도입되거나 부가 논항으로 도입되어야 한다.

(8) 나 책 동생한티 주언.

이상의 풀이대로라면 서술어 직전의 IO가 추상격으로, 형태격(여격)으로 다양하게 나오게 되어 구조적인 제약성이 허물어지는 듯 보인다. 여기서 (6) a.의 파생과정과 다른 파생과정이 있는 것으로 생각할 수 있다. 서술어 직전의 추상격이나 형태격(대격)은 충분히 그 이유가 설명되나 수동주(수혜주, 목표)의 경우가 문제이다. (6) a.의 수동주와 대상이 뒤섞기의 결과에서 (8)이 올 수 있지만, 대상과 술어 사이에 방향(목표), 착점(도달)의 부가 논항이 개재된 것으로 하면 된다. '가르치다' 동사의 경우도,

(9) a. 나 영어 가이 가르쳐.
b. 나 영어 가이 가르쳐 주어.

비슷한 경향을 보여준다. '주다', '가르치다' 동사는 다음을 보면,

(10) a. 느 무시것 가르쳠서? (무시것=무엇)
b. 영어 가르쳠서
c. 누구한티 가르쳠서?
d. 영희한티 가르쳠서. (가르쳠서=가르치고 있어요)
e. 느 선물로 무시것 주언.
f. 시계 주언.

IO를 필수적으로 요구하지 않는 동사로도 생각할 수 있다. 만일 '누구한티'의 질문이 개입된 것이면 필수적으로 개재시켜야 한다. 발제 – 결말 구조에서 선행문맥에서 '누구한티'가 관심사이거나 중립적인 문이면 IO는 선행하나, 그렇지 않고 '무엇을' 이 관심사이면 IO는 뒤섞이거나 부가논항 자리에 위치할 것이다.

곧 DO와 IO의 관계는, 수여, 전달 등의 동사가 IO 없이 쓰일 때는 타동사 구문으로 DO만이 실현되고, IO를 취하게 되면, V+Af(∅)의 병합핵이 수동주 논항을 도입하든지 아니면 병합과정 이전에 IO를 VP 내에 부가어로 도입하든지 해서 이중목적어구문을 이룬다고 볼 수 있다. IO는 형태격으로 실현되는 것이 일반적이나, 추상격의 경우도 인지되기 쉬운 V의 최근접 위치에는 실현된다고 하겠다.

술어핵의 병합과정에서 도입되는 논항이 '~한티 주언 /보내연/ 가르천'

과 같이 먼저 수동주 논항이 도출된다고 보지 않는다. 필수적인 대상 논항이 빠져 있기 때문이다. '책 주언/보내연/가르쳔'과 같이 대상을 먼저 도입하는 것이 순리라고 생각한다.

요컨대 IO를 필수논항의 구조격으로 도입할 때는 IO-DO 순이며, 개별적인 동사의 의미역에 따라 IO를 부가어로 도입할 때는 그 역이 될 수도 있다. 그리고 두 목적어의 작용역의 관계, 어느 하나의 우위(優位)화를 위한 뒤섞기 등에 의해 그 순위는 가변적이라고 할 수 있다.

3. 구조 표시, 작용역

그런데, 이중목적어의 구문은 IO에 의한 DO의 소유 사상을 주어가 일으키는 것과 같은 의미 구조를 가진다고 풀이하기도 한다. 다음은 Shibatani(1994: 45)에 의한 의미표시다.

(11) 주어 CAUSE IO HAVE DO

여기서의 IO는 DO를 소유 가능한 유생명사이어야 한다(유생명사제약)는 제약이 따른다. '보내다' 동사의 경우 다음에서,

(12) a. 영희한티 책(을) 보내연.(보내연=보내었-다/어)
b. 집에 책(을) 보내연.
c. 도서관에 책(을) 보내연.

(12) a.는 '영희'가 '책'을 소유하는 의미구조가 되며, (12) b.는 이와 달리 '집에'는 IO가 아닌 향격(도달격)의 부가논항이다. 형태격도 다르게 실현되는데, 유생명사의 경우는 대개 '~한티'로 실현된다. (12) c.의 경우는 애매하다. 분명히 도서관이 책을 소유하는 관계가 되기 때문이다. 도서관을 유

생명사로 준해서 생각할 수 있으나 의미격의 형태격 실현으로 볼 때는 부가 논항으로 볼 수 있다.

(11)에 의거하여 한일 두 언어에서의 give 동사의 의미표시를 다음의 구조, 의미역할, 문법기능, 통사적 부호화로 보일 수 있다.

(13)	구조	[NP_1	NP_2	NP_3	GIVE]
	의미역할	동작주(사람)	목표(사람)	대상	
	문법기능	주어	IO	DO	
	통사적 Coding	ka/ga	eke/ni	rɯr/o	

곧 give는 사람인 동작주(주어 NP)가 사람의 목표(IO NP)로 하여금 대상(DO NP)을 가지게 하는 동사가 된다.

결국, 이중목적어구문에서 IO는 추상격으로는 V의 최근접 위치에 부가생성되기도 하나 (DO-IO순), 형태격이 명시되는 것은 Af의 외항 위치에 필수 논항으로 도입된다(IO-DO순). 그래야 IO가 DO의 소유관계의 의미 구조가 된다. 그렇다면, 추상격으로 DO 뒷자리에 실현된 IO의 경우는 어떻게 되는가? 소유 사상의 의미구조를 이루기 위해서는 내현적으로 IO가 DO 앞으로 LF-이동한다고 가정할 수 있다.

IO와 DO의 상대적 위치에 대해서는 아직도 완전히 확립되었다고 할 수 없다. 일본어의 경우, IO와 DO 모두가 VP내에서 그것도 2분지적으로 생성된다고 했을 때 IO가 앞서는 것으로 보기도 한다(Hoji 1987: 181). 그것은 IO의 작용역이 DO보다 넓다는 데 있다.

(14)

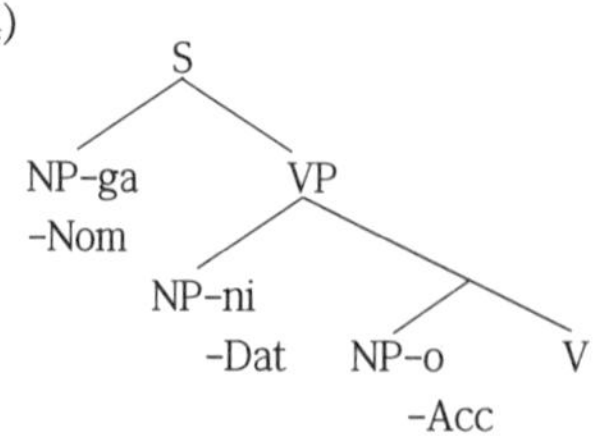

그것은 양화사의 어순의 차이가 작용역에 차이를 가져온다는 데에 착안한 것이다. Kuno(1973: 360-361)의 다음 예문으로 말하면,

(15) a. Daremo-ga dareka-o aisite iru.
누구나가(각자가) 누군가를(한 사람을) 사랑하고 있다.
b. Dareka-o daremo-ga aisite iru.
누군가를 누구나가 사랑하고 있다
(누군가가 넓으면 여러 사람을 각자가, 좁으면 한사람을 모두가)

(15) a.에서는 daremo가 애매성 없이 넓은 작용역을 가지는데, (15) b.에서는 daremo나 dareka의 어느 것도 다른 것에 대해 넓은 작용역을 갖는다. 두 개의 양화사가 있을 때 원래 (15) a.처럼 다른 것을 c-통어하는 양화사 NP(Q-NP)가 다른 것보다 넓은 작용역을 갖고, (15) b.처럼 어순이 바뀌면 작용역 해석이 애매하게 된다고 보는데 이는 일반적으로 받아들여지고 있다. Hoji(1987:183)의 예문에서,

(16) a. John-ga sannin-no onna-ni hutari-no otoko-o syookaisi-ta.
존이 세 사람의 여성에게 두 사람의 남성을 소개했다.
b. John-ga hutari-no otoko-o sannin-no onna-ni syookaisi-ta.
존이 두 사람의 남성을 세 사람의 여성에게 소개했다.

(16) a.에서 Q-NP-ni가 애매성 없이 넓은 작용역을 가지는데, (16) b.에서는 어느 Q-NP도 넓은 작용역을 가진다. 곧 다음과 같이 풀이된다.

(17) a. ((16) a.) 셋 여자 각자에게 두 남자를 소개했다.
b. ((16) b.) (넓게 보면) 두 남자를 셋 여자 각자에게...... a.와 같다.
(좁게 보면) 두 남자를 셋 여자 함께 모두에......

다음의 경우도 동일한 양상을 보여준다.

(18) a. 철수(는/ㄴ/가) 두 아이한티 장난감(을) 두 개 주언.
b. 철수(는/ㄴ/가) 장난감(을) 두 개 두 아이한테 주언.

이는 마찬가지로 다음과 같은 해석이 성립한다.

(19) a. ((18) a.) '두 아이'가 상대적으로 작용역이 넓어서 두 아이 각자에게 장난감 두 개씩 주었다.
b. ((18) b.) '두 아이'의 작용역이 넓은 경우도 있고, 좁은 경우도 있게 되는데, 넓은 경우는 a.의 풀이와 같고, 좁은 경우는 장난감 두 개를 두 아이 합쳐서 준 것이 된다.

이러한 작용역의 해석으로 볼 때 구조적으로 IO가 상위에 있고 DO는 하위에 있는 것으로 볼 수 있다. 의미역 계층도,

(20) Agent 〉 Goal 〉 Theme

와 같이 보는 것이 일반적이다. 참고로 의미역과 문법기능과의 연결을 (Jackendoff 1991: 261) 보이면,

(21)

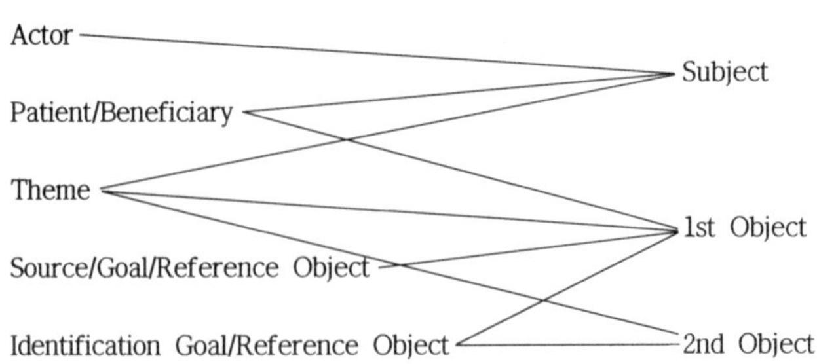

Theme 과 Goal이 목적어의 양쪽에 걸쳐 있다. 그래서 어떤 이는 Theme을 상위에, 어떤 이는 하위에 두게 되는데 Goal이 상위에 있을 경우는 소유

적인 경우이다. receive의 주어와 give의 IO가 그것이다. 하위에 있는 것은 공간적인 Goal의 경우이다. enter의 목적어와 같다. 곧 give는 소유사상 구조로 IO가 수동주 논항으로 상위에 도입되는 경우가 되고, enter는 하위의 부가논항으로 목표, 위치를 나타내는 경우가 된다. vP 패각분석을 곁들인 Matsuoka(2003: 172)는 이중 목적어구문은 동사에 따라서 여격논항이 목적어 논항보다 상위에도 하위에도 올 수 있다고 하여 NP-Acc-NP-Dat, NP-Dat-NP-Acc의 어순으로 나뉜다고 하였다.

(22) a. b.

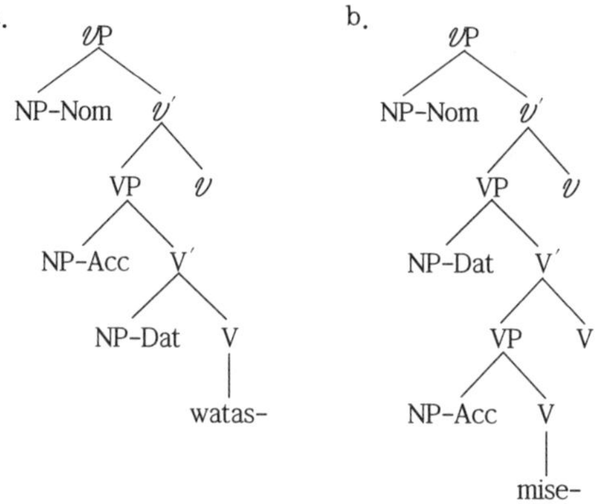

전자 곧 (22) a.에 속하는 동사로는, 건네다, 전하다…, 후자 곧 (22) b.에 속하는 동사로는 보이다, 가르치다, 입히다…등이 예거된다.

이러한 견해의 주지(主旨)는 앞서의 필자의 술어형성과정에서 도입되는 구조와도 상응한다. 곧 경우(동사, DP의 성격)에 따라서는 V의 투사체내에 대상 목적어 아래에 향격(여격)의 부가논항이 생기기도 하고, 또 경우에 따라서는 Af의 투사체의 도입논항으로 대상 목적어 위에 생기기도 한다. 후자의 경우는 형태격으로 실현된다. (22) a.에서의 NP-Dat는 동일 VP내의 부가적인 것, (22) b.에서의 상위의 VP는 필자의 Af에 상응하는 것이다. 지금까지의 고찰로는 (22) a.에서의 NP-Dat는 방향이나 도달의 NP가, (22) b.에서의 NP-Dat는 사람의 NP가 쓰이고 있다. 그래서 소유사상이 표출된다.

한편 통사부분에서 부사절에서의 (S구조)복합(影山 1993: 212)이 일어나서 한자어 동명사(경동사)에 가까운 위치에 있는 요소가 복합어에 편입된다고 하면 IO와 DO의 어순이 일정하게 나타나지 않는다. 다음과 같은 예문을 들었을 때,

(23) a. 보상금을 피해자에게 지급한 때
b. 피해자에게 보상금(을) 지급할 때
c. 보상금(을) 피해자 지급 시(중/후/전)
d. 피해자(에게) 보상금(을) 지급 시

(23) a., (23) b.에서의 동명사 근접 요소가 (23) c., (23) d.에서 복합어로 편입하고 있다.

(24) a. c.

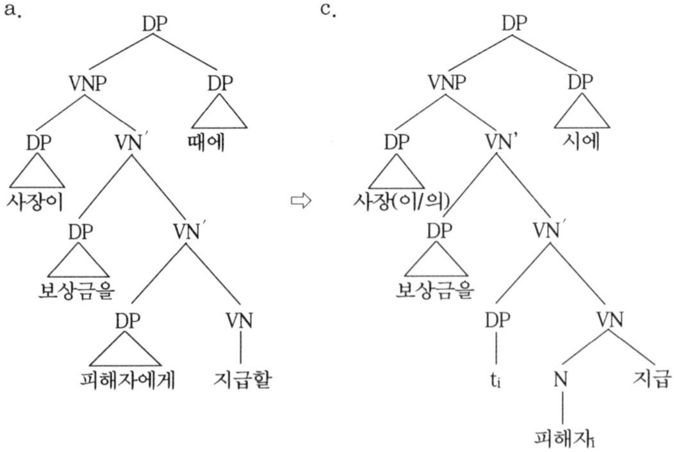

b. d.

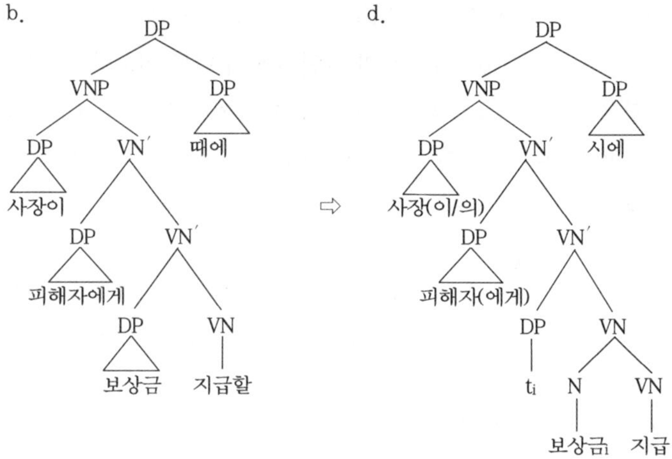

여기에 든 예문들은 중립문이거나 현상문은 아니라고 본다. 발제 이전에 복잡한 사연이 깔려 있다. 보상금이나 피해자의 어느 한 쪽이 중점적으로 논의되었을 경황을 상정할 수 있다. 원래 부사절이란 부대적인 상황을 그려내는 것이기에 상황에 따라 IO와 DO가 뒤바뀐다고도 볼 수 있다.

益岡(1987: 131)은 동사에 따라 그 의미역구조가 다를 때 IO와 DO의 순이 뒤바뀌기도 하고 순서가 무관하기도 한다고 하였다. '与える'(주다) 동사는 동작주-상대-대상-술어의 의미역구조이며, '乗(載)せる'(태우다, 싣다) 동사는 동작주-대상-착점-술어의 의미역구조다. 곧 IO의 의미역할이 상대인가 아니면 착점인가에 따라 DO와 IO의 순서가 달라진다는 것이다. '入れる'(넣다)의 경우는 순서는 무관한 것으로 하였다.

필자가 보기로는 이들 동사가 모두 IO와 DO를 수의적인 순서를 취할 수 있는 것으로 보는데, 문제는 IO가 Af의 도입논항(수동자)인가 V의 부가논항(방향, 위치)인가의 차이에 있다고 본다. '주다' 동사는 일반적으로 IO를 수동주(여격)로 취하여 상위(하위에 올 때는 뒤섞기로 봄)에, '태우다'는 일반적으로 타동사이며 IO를 취할 때는 거의 장소의 부가논항이다(어순이 바뀔 때는 뒤섞기로 봄), '넣다'는 IO를 장소로 취하여 대상보다 상위에 오나 의미역

DO의 위계로 보아 하위로 뒤섞이는 것으로 본다.

동사의 종류에 의해서가 아니라 동일 동사가 다른 어순의 구조를 기저 생성한다는 경우를 watasu(渡す)(건네다) 동사의 예로 보이면, Kitagawa(1994)는 IO–DO의 어순은 다음의 (25) a.에, DO–IO의 어순은 (25) b.에 상응시키는데 모두 별개로 기저 생성되는 것으로 보고 있다.

(25) a. John gave Mary a book. DOC(이중목적어구문)
b. John gave a book to Mary. ODC(사격여격구문)

IO–DO의 어순의 경우는 능동구조로, DO–IO 어순의 경우는 피동구조와 연관된다. 양자의 패각구조가 다르게 되어 있다(Kitagawa 1994: 234).

(26) a. IO–DO = DOC = 능동 b. DO–IO = ODC = 피동

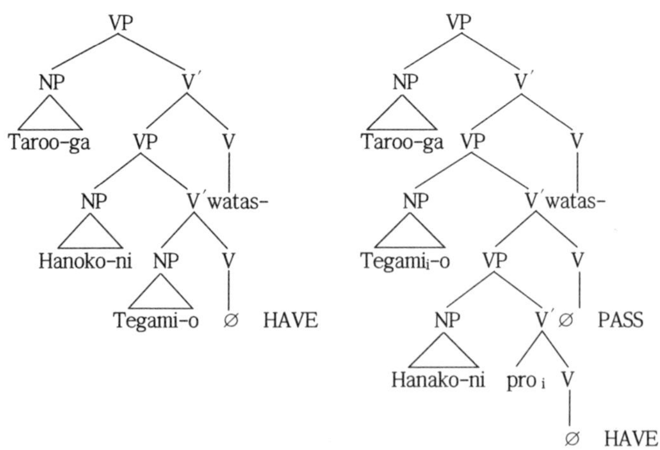

(26) a.의 이중목적어 동사 watas–는 사동적 서술어형으로 분석하여, 내적 주어(Hanako가 tegami〈서신〉를 소유한다는 뜻에서)를 포함한 VP보문을 선택한다. 이 VP보문은 추상적인 소유를 뜻하는 동사가 핵이 된다. 상위절의 사역동사는 보문주어 Hanako에 격(–ni)을 부여하고, 하위절의 ∅동

사가 보문목적어 tegami에 격(-o)표시한다. (26) b.는 (26) a.의 DOC에서 뒤섞이로 ODC가 되었다고 하는 사격여격구문이다. 사역동사가 피동구문을 포함하는데 피동구문은 음성적으로 ∅인 피동형태소이다. 상위절의 watas- 동사는 피동주어(Tegami〈서신〉는 Hanako에게 보내진다는 의미에서 내적주어)인 Tegami에 목적격을 부여한다. 피동형태소는 가장 깊이 내포된 보문주어 Hanako에 여격(-ni)을 부여한다.

피동구조를 θ'-위치에의 NP이동보다는 θ'-위치의 상위절 주어에 의한 pro통제로 보는 것이 특이하다. 이 어느 구조에서든 목적어끼리의 뒤섞기가 허용된다. 따라서 Kitagawa의 분석대로라면 IO와 DO의 어순은 여러 경로로 갈리어 애매성을 띤다는 것이 된다.

앞에서 IO-DO는 VP패각이 하나이고 DO-IO는 VP패각이 두 개다. 패각의 핵이 동일범주 V로 되어 있다. 필자의 방식에 맞춰보면, V의 ∅ HAVE 자리는 '무엇을 건네다'의 타동사 V의 자리이고, watas-(渡す) 자리는 V-Af-∅의 핵 병합의 자리로 보면, 패각이 두 개 있는 유사한 형세지만, 필자의 것은 동일 VP 범주의 반복이 아닌 핵의 병합에서 논항이 도입되는 방식이다. V '건네다'는 직접목적어(소유자)를 도입하고, V-Af의 건네-∅는 이중 타동사 곧 누구에게(무엇을 건네다)의 간접목적어를 도입한다. 이중목적어구문이 주어, IO, DO의 3개의 논항이 필수적으로 요구되는 만큼 필자의 술어핵 논항도입 기제로는 3개의 술어핵이 필요로 하므로, 자연적으로 두 개의 패각이 있기 마련이다. 그래서 기본적 골격은 (26) a.보다 (26) b.쪽이다. 다만 술어핵의 명칭이나 IO(Hanako-ni)와 DO(Tegami-o)의 위치가 바뀌어 있는 것이 필자의 처지와 다르다. 또 Kitagawa(1994)에서는 이중목적어 사이의 어순의 차이는 서로의 작용역의 관계에서 온다고 (16)의 예 등을 가지고 언급하고 있다.

이제, 이중목적어 구문에서의 격의 문제를 살펴보면, 보통 DO는 대격으로 받아들이나 IO의 격에 대하여는 여격 혹은 대격(후치사의 목적어로 해서) 등 이견이 있다. 이는 곧 IO의 위상과 관계되는 일로 IO를 여격목적어로 보느냐 후치사구로 보느냐에 달린 것이다.

필자는 IO-DO 어순에서 DO는 V핵이, IO는 Af핵이 도입하는 필수논항이며 그 격은 모두 구조격으로 DO는 추상격/형태격으로 실현되고 IO는 형태격으로 실현된다고 보았다. 그렇다면 DO는 대격이며, IO는 여격이다. 다만 IO에 대하여는 제주방언처럼 추상격으로 나타나는 경우가 있으나 그때는 IO가 술어에 최근접한 경우이다. IO가 일반적으로 형태격을 동반해야 하므로 의미격으로 볼 수도 있으나, 술어형성과정에서 필수적으로 도입되는 논항인 점에서 구조격으로 보고자 한다. 곧 문의 구조적 패턴 곧 문형을 이루는 골격이 되기 때문이다.

三原 외(2006: 207-208)를 참조하면, Kishimoto(2001, 필자 未見)는 '보내다', '던지다'와 같은 동사와 공기하는 -ni격의 구는 PP(후치사구)이고 이중목적어구문이 아니며 '주다', '건네다' 동사와 공기하는 -ni격의 구는 DP이고 이중목적어구문으로 구별하고 있다. 전자는 위치변화형으로 유생명사제약이 적용되지 않으며, 후자는 소유변화형이며 유생명사제약이 적용된다. 그리고 위치변화형은 ~まで(~까지)를 허용하나 소유변화형은 이를 허용하지 않는다.

(27) a. John-wa [Mary-ni / zitaku(自宅)-ni] tegami(手紙)-o okut-ta.
b. John-wa [Mary-ni / *zitaku-ni] zoohoo(情報)-o atae-ta.
c. John-wa [Mary-he / Mary-no ie(家)-made] nimotsu(荷物)-o okut-ta.
d. John-wa [??Mary-he / *Mary-no ie(家)-made] zoohoo-o teikyoo(提供)si-ta.

위치 변화형은 필자 식대로라면 V의 투사체의 부가논항의 DP이며 목표, 위치, 장소 등을 나타낸다. 그래서 '~まで'(~까지)를 허용한다고 본다. 소유 변화형은 앞에서 언급한 소유 사상의 구문과도 같다. 그래서 유생명사제약이 적용되는 것이다.

(27)의 예문에서 보듯이 문제는 NP의 구조격/의미격의 차이, 그리고 NP와 서술어의 의미와의 의미일치 여부와 관련된다는 점이다. 곧 술어핵이 도입한 필수논항(구조격)이나 의미적으로 부가한 논항(의미격)이냐의 차이이다. 필자의 풀이대로라면 (27) a.의 Mary-ni는 여격의 구조격이며, zitaku-ni는 향격(목표, 장소)의 의미격이다. (27) b.의 ataeru(주다)는 여격 IO를 취하며 *zitaku-ni는 여격이기보다 향격이기에 비문이 된다고 본다. (27) d.도 여격(수동자) 아닌 향격이기에 비문이 되는 것으로 본다.

개별적인 술어와의 관계에서 IO와 DO가 필수논항으로 도출되었는가 여부에 의해 이중목적어구문을 좁게도 넓게도 가늠할 수 있다.

4. 이중대격제약

이번에는 지금까지의 IO-DO의 이중목적어구문과는 달리 일견 목적어(대격)의 연속의 O-O(이하 O는 한국어는 목적격/대격(Objective/Accusative), 일본어는 o격 표지를 겸해서 나타내는 것으로 한다)로 인해서 이중목적어 구문으로 풀이되기도 하는 구문에 대해 살펴보기로 한다.

일본어에서는 Harada(1973: 138)에 의해 표층구조제약으로서 이중대격제약이 제기되었다. 통사적 파생이 만약 동일 VP절점에 직접 관할되는 O격 명사구를 두 개 공기시키는 표층구조에 이르면 비적격이 된다는 것이다. 이는 역행동일명사구삭제와 연동되어서 제안되었다.

동일명사구삭제(Equi-NP Deletion)는 주문명사구와 보문명사구가 동일한 경우 그 하나의 명사구를 삭제하는 것인데, 주문의 NP로부터 c-통어받는 보문의 NP가 삭제되는 것은 순행동일명사구삭제라고 하고 그와는 반대로 c-통어하는 주문의 명사구가 삭제되는 것을 역행동일명사구삭제(Counter Equi-NP Deletion)이라고 하는데 후자의 규칙이 일본어에서 tokoro(여기서는 '것, 현장, 바'의 뜻) 부사절에서 보인다는 것이다.

(28) a. Keisatsu(警察)-wa sono doroboo(泥棒, 도둑)-ga nige-te iku tokoro-otukamae-ta.

경찰은 그 도둑이 도망가는 것(현장)을 잡았다.

b. Keisatsu-wa ~~sono doroboo~~ [sono doroboo nige-te iku] tokoro tukamae-ta.

여기에서 (28) b.에서의 주문의 sono doroboo가 삭제되는 것을 말하며 그 결과 (28) a.가 파생한 것으로 보고있다. (28) b.가 가정되는 것은 tokoro 보문을 부사절로 보았기에 주문동사의 목적어를 설정한 데 있다. tokoro를 한국어를 번역할 때는 '바/것/때' 등의 형식명사로 풀면 명사절 보문이 되므로 사정이 약간 달라진다. '때에, 현장에'와 같이 풀면 부사절에 가까워진다.

어떻든, (28) b.에서 주문의 NP가 보문의 NP와 겹쳐져서 주문의 NP를 삭제하지 않으면 이중대격제약에 걸리게 되므로 그래서 역행동일명사구 삭제규칙이 적용된다는 것이다. 곧 이러한 역행동일명사구 삭제에 의해 실제로 표층구조에 이중대격구문이 생기하지 않게 된다는 것이다.

柴谷(1978: 262)에서 다음의 이중대격목적어제약이 제시되었다.

(29) 하나의 문중에서 두 개 이상의 대격목적어가 나타나서는 안 된다.

이것과 原田의 것과 다른 점은, 이 제약이 적용되는 영역이, 原田은 VP내로 하는데 비해 柴田은 문 전체로 한 것이 다르다. 또 原田은 O격 명사로 규정하고 있는데, 柴田은 O격 명사라 하더라도 목적어가 아니면 제약받지 않는다는 것이다. 그 예로서,

(30) 太郎は急な坂を自転車を一生懸命押した。

太郎은 급경사의 고개를 자전거를 온 힘으로 밀었다.

밑줄 친 부분은 목적어가 아니고 부사구와 같은 일을 하고 있다고 본다.

이는 동사의 의미역과 관계가 있다. '押した'(밀었다) 동사는 대상 하나를 취하는 동사이다. '자전거' 가 그것이며, 밑줄 친 부분은 '밀었다' 동작의 장소를 뜻하는 부가 논항이다.

(31) θ-기준. θ-역할은 오직 하나의 논항에만 부여된다.

(31)에 따르면 NP-O, NP-O는 외형적인 격형태는 동일하다 하더라도 같은 θ-역할일 수 없다. 이중목적어의 동사는 결국 두 목적어에 대해 각각 다른 의미역을 부여한다. 이중대격제약이 이중대격목적어제약이 되고 또 그것은 이중 θ의 대격목적어가 금지되는 것이 된다. Fillmore(1968: 24)의 1문1격 원리 곧 의미격(θ-role 상당)은 S→M(odality)+P(reposition)에서의 P의 확장에서 적어도 하나는 선택되어야 하지만 한번 이상은 발생하지 않는다는 것과 맥을 같이한다고 하겠다.

격이 부여되어 있으면 θ-표지가 따라오게 된다는 θ-표지에 대한 가시성 조건(추상격 위주의 언어에서는 θ-역할에 따라 격 표시가 가시적이다)은 θ-표시되는 논항은 반드시 격표시되는 위치에 있어야 된다는 것인데, 이중목적어대격 표지에는 효능이 바래진다. O-O 격형태의 연속은 이중θ대격목적어의 금지가 선행조건이라면, O-O의 연속은 동일 θ역할을 지니는 복합논항으로 볼 수 있다. 아니면, 하나는 O격 대상논항이면, 하나는 다른 O격 비대상 논항일 것이다.

이중대격제약의 예외로 볼 수 있는 다음의 공통어의 예에서,

(32) a. 철수는 영희의 머리를 때렸다.
b. 철수는 영희를 머리를 때렸다.

여기서 영희는 양도불가능 대상소유자(Inalienable Possessor)이다. (32) b.처럼 대상과 소유자가 떼어져 있으면 소유자에게도 목적격 표지가 부여되어 O-O의 연속이 된다.

이에 대하여 (32) a.에서 (32) b.가 파생되었다고 보면 소유자가 대상으로부터 주절에 인상(이동)이 있었다고 보게 된다. 아니면 반대로 (32) b.에서 (32) a.가 파생되었다고 보거나 (32) a.와 (32) b.는 기저구조가 다르다고 보기도 한다.

필자는 소유자와 대상은 (32) b.의 구조로도 도출되고 그러면 그것은 하나의 θ역할을 지니는 복합논항으로 볼 수 있다고 본다.

(33) a. 철수는 영희를 머리를 때렸다.
b. *철수는 머리를 영희를 때렸다.

술어핵의 도입으로 보아서는 같은 대상이라도 '머리'의 도입이 먼저이다. 이론상 때리+∅의 Af 단계에서 '영희한테(에게)'를 도입할 수 있을 것 같으나 그러한 도입은 어렵다. 대신 '영희를' 도입했다면 이중 O대격제약 위반이나 복합 DP화 안에서의 O-O 연속은 예외로 본다.

(34) a. 복합 DP화

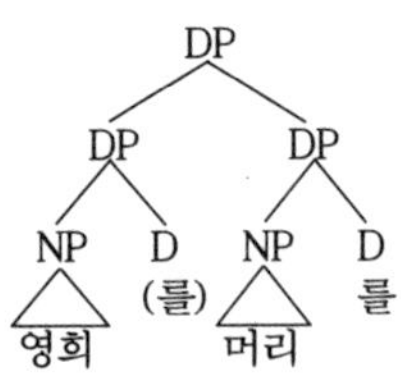

b. 소유자 인하(대상 수식)

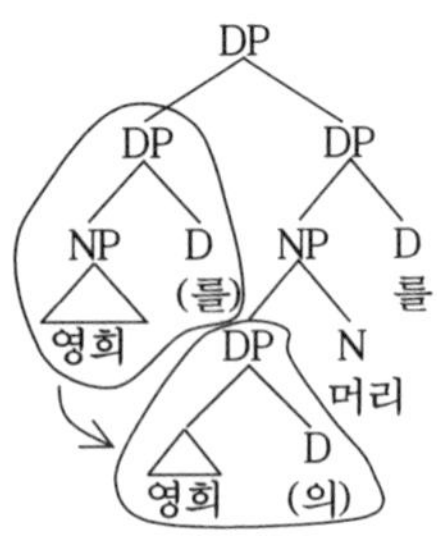

c. 소유자 인상

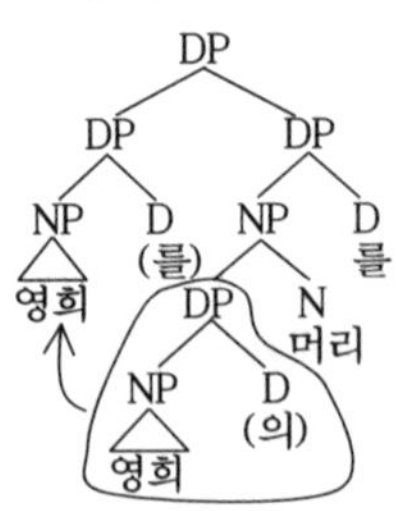

(34) a.의 복합논항은 병열구와 같은 성질을 지니나 의미적으로 大/上(소유자) 〉 小/下(소유물)의 배열이다. (33) b.와 같은 반대의 배열은 없다.

복합논항의 형성에는 두 가지를 상정할 수 있다.

1. 먼저 선항(영희를)을 도출하고 후항(머리를)을 그 구체적인 보충으로 도입하는 것.

2. 먼저 후항을 도출하고 그 소유자를 확충적으로 도입하는 것이 있겠다.

(34) b.는 선항이 후항에 흡수되는 경향을 보이고 (34) c.는 반대로 후항에서 선항으로 확대되는 경향을 보인다.

그런데 다음의 (35) a.의 예를 보면 DP의 병열로 볼 수 없게 된다.

(35) a. ?영희를 철수는 머리를 때렸다.
b. *머리를 철수는 영희를 때렸다.
c. 영희를 머리를 철수는 때렸다.

(35) a.에서 DP 병열구 사이에 다른 요소가 개재되고 있다. 이는 병열체 일부가 뒤섞기한 때문이라고 본다. (35) b.는 병열체의 大/上(소유자)의 원칙에 위배되기도 하고, 그 일부요소(小)가 뒤섞기한 까닭도 있을 것이다. (35) c.는 병열체가 함께 뒤섞인 것이기에 정문으로 본다.

(35) a.의 판별이 애매하여 비문으로 본다면 DP 병열구의 위배가 되지만 다음의 예는 DP의 연속체 사이에 특히, '그 중에서'와 같은 다른 요소가 개재하거나 뒤섞기 하는 것도 가능한 것임을 보여주고 있다.

(36) a. 학생들은 제주도를 특히 한라산을 관광하고 싶어 한다.
b. 철수는 과학 공부를 특히 생물공부를 좋아한다.
c. ?영어를 철수는 특히 영어회화를 치중해서 하려고 한다.

DP의 병열구가 아니면 그들 DP는 어떻게 도입된다고 볼 수 있을까? 핵요소는 외항 하나를 도입하는 것이 원칙이지만 외항이 대상 논항인 경우 그것과 양도불가능 소유자를, 또 밀접불가분한 상위 개념어를 상위 외항으로 도입할 수 있다고 보는데, 다음의 (37) a.가 상위외항으로 부가한 경우가 된다. 이와는 달리 (36) b.는 소유자물 또는 하위개념어를 하위의 부가어로 부가한 경우가 된다.

(37) a.

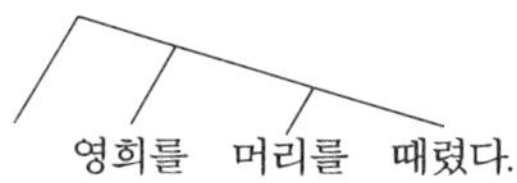

b.

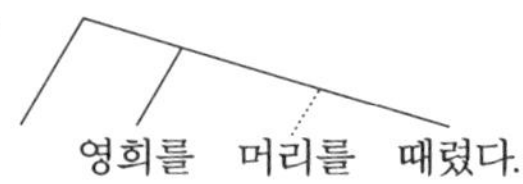

앞에서도 DP 병열구내의 순서의 변동이 곤란함을 보였지만 여기서의 상/하위의 계층을 달리하는 구조에서는 더욱 그렇다(동위개념의 병열, 예시의 DP병열체는 순서는 무관).

(35)의 예문에서 a.는 상위개념어이기 때문에 뒤섞기가 가능하고 b.는 하위개념어이므로 단독으로 뒤섞기가 불가능한 것이라고도 할 수 있다.

필자는 술어핵의 탐색자의 [+대상] 자질이 일치(대응)하는 목표 대상을 제 1차로 선택하여 이를 보족 또는 확장할 때에 하위에서 상위로, 상위에서 하위로 동일 DP의 병열체를 연산해낼 수 있는 것으로 본다. PF의 출력은 약간 다를지 몰라도 (DP병열체는 이중 외항보다 pause가 짧다.) 인지면에서는 선조성으로나 위계성으로 보아 크게 다를 것이 없다고 본다.

여기서 필자는 모든 범주는 동격관계, 양도불가능대상 소유자 관계, 상호밀접불가분의 관계, 大(上) 〉小(下) 관계의 요소는 도출의 순서가 달라서 상/하위의 계층을 이루다가도 문법기능이 동일한 한, 병열체 구조화가 가능하다고 본다. 사항의 예시, 단순 나열은 어순과 무관하다.

의미적으로 밀착한 밀접불가분한 관계의 DP의 병열체구가 술어의 동일 논항의 구실을 한다면 각 DP에 동일 격 표지를 부여할 수 있다. 그렇다면 동일범주 내의 병열구의 O-O의 연속(그 외에 모든 격 표시도)도 인지 가능한 범위 내에서 얼마든지 있을 수 있다. 따라서 동일범주의 병열체에서의 O-O 연속에는 O-O대격제약은 적용되지 않는다고 할 수 있다.

소위 경동사구문에서도 예외로 볼 수 있는 현상이 있다. 제주방언에서,

(38) a. 영희가(/는/ㄴ) 할머니(의) 봉양을 헴쪙.(헴쪙=하고 있다-고/더라)
b. 영희가(/는/ㄴ) 할머니(ㄹ/를) 봉양햄쪙.
c. 영희가(/는/ㄴ) 할머니를(/ㄹ) 봉양을 헴쪙.

문제는 (38) c.의 경우다. b.처럼 '봉양'의 한자어 동사 어근이 경동사 '하다'와 병합하게 되면 대상목적어가 대격으로 표시될 수 있으나, 한자어 동사 어근이 대격을 유지한 채 그 대상에 대격을 부여하게 되면 O-O의 연속이 되는데 그것을 용인하면 예외가 된다. 언어 그리고 방언에 따라 그 용인성에 미묘한 차이를 보이기도 한다. 한국어 그리고 제주방언에서도 용인되는 경향이 있으나 애매한 경우도 없지 않다(조사가 없으면 c.는 a.와 동일하게 인지된다). 일본어에서도 애매하게 보게 되는 경우가 많다. 그러한 일본어에서도 O-O 연속의 중간에 부사구를 개재하면 정문이 된다.

(39) a. 太郎は古代史を大学院で/着実に研究をした。
太郎은 고대사를 대학원에서 / 착실히 연구를 하였다.
b. 花子はおばあさんを一人で奉養をしている。
花子는 할머니를 혼자서 봉양을 하고 있다.

이렇게 보면 O-O 연속구가 DP의 병열구로 볼 수 없지만, 연산에 따라서는 대상과 경동사의 관계가 밀접불가분의 관계나 上〉下의 관계와 유사하다고 보면 유속화와 복합 DP화가 가능한 것으로 본다.

(40) a. 고대사(의) 연구
b. 할머니(의) 봉양

(38) c.도 (39)도 DP의 병열구로 보고 부사구 개입의 경우는 부가어(어쩌면 동일 대격 음성실현의 제약(표면음성제약)을 완화하는지도)로서 가능한 것

으로 볼 수 있고 혹은 접합형의 경동사가 부사구의 개입으로 무거워서 분리형으로 쓰인 것으로도 볼 수 있다.

다음은 보문과 주문에 O-O 연속이 있는 경우인데, 보문은 순환범주로서 제약적용 차원을 달리하기 때문에 O-O제약의 대상이 되지 않는다.

(41) a. 철수(는/ㄴ/가) [[영희가 중국어(ㄹ/를) 공부ᄒᆞ는] 걸] 몰라. (몰라=모르다)

b. 영희(는/ㄴ/가) [PRO 민요(ㄹ/를) 불르멍] 검질(을) 메염서. (불르멍=부르면서)

여러 가지 양상을 보이는 이중대격제약을 동일순환범주 내지 국면에서의 제약으로 보기도 한다. Hiraiwa(2002)(필자未見, 三原外(2006: 296 참조)에서의 각 국면의 문자화 영역에서의 이중대격제약과 같은 취지이다. 국면이론과 순환다중문자화와 관련해서 각 국면에서의 문자화 영역에서만 두 개 이상의 대격 값이 구현화되어서는 안 된다는 것이다. 곧 1회의 문자화로 PF에 구현화되는 대격 값은 최대 하나라는 것이다. 한 국면에서의 두 개의 대격 값이 있는 경우, 필자의 비견대로 DP의 병열구가 아니라면, 다중외항의 도출에 의하는 경우가 되는데, 그것은 일치이론대로라면 하나의 탐색자의 다중일치에 의한 것이 된다. 그 이론에서는 대격의 탐색자는 v (주격은 T, 속격은 D)로 상정하고 있다(필자는 대격의 일치는 V에서). 三原 외(2006: 298)의 소유자 DP 인상분석을 보면,

(42) a. ??太郎は 花子を 頭を 叩いた。

太郎은 花子를 머리를 때렸다.

b.

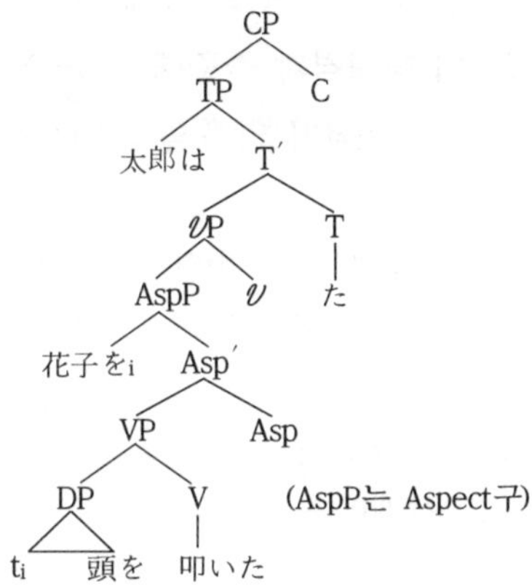

(42) b.에서는 소유자 DP(花子)는 DP(t_i 頭)에서 AspP지정어 위치로 인상이동한다고 가정하고 있다. 여기서 가정하는 순환다중문자화는 통사파생이 CP국면에 도달했을 때 𝑣P국면(그 주요부 𝑣 의 보부 AspP 이하가 배출(=문자화)영역)인테 그렇게 되면 두 개의 O격 DP가 있게 되어 문법성이 낮아진다. 여기서 '花子を'를 '花子をも'(보조사의 부착, 대격값의 억제) '花子も'(PF에서의 문자화(음성화))와 같이 바뀌면 대격값이 하나가 줄어들어 이중대격제약의 회피도 가능하다는 것이다.

투사체계는 약간 다르지만(필자는 AfP는 있으나 AspP는 없다) V핵 투사체의 DP내의 것이 Asp 핵의 투사체로 이중대격제약의 위반을 각오하고 인상이동하는 이유가 확실하지 않다. (34) c.처럼 간결하게 DP내에서 해결할 수 없는 것일까? 동일핵의 다중지정어 위치에서도 도입할 수 있는 일이다. 이중대격제약은 국면적인 제약성과 전연 무관하지 않으나 동일 의미역할을 지닌 구조격 실현의 제약성이 강하다. 격표지가 같아도 동일 의미역할을 지니지 않았거나 구조격과 의미격의 다름이 있으면 제약되지 않는다. 또한 동일 DP 범주내에서의 복합 DP범주로서 상호간 양도불가능 대상과 소유자 관계, 양자가 大>小, 上>下와 같이 의미적으로 밀접불가분의 관계의 경우도 제약 대상이 되지 않는다.

의미격의 형태격에 대격이 함의된 조사(특수조사, 보조사)가 한·일 두 언어에 존재하나 이들이 구조격의 형태격과 중출해도 O-O 제약에 저촉되지 않는다. 구조격으로는 O-O가 실현되지 않음을 의미한다.

(43) a. 철수(는/ㄴ/가) 영희도/만(을) 머리(ㄹ/를) 때렸젱.
b. 철수(는/ㄴ/가) 고대사도/만(을) 연구(ㄹ/를)했젱.

(44) a. 花子を 太郎が 頭を 叩いた。
b. 花子を 頭を 太郎が 叩いた。

(44) a.의 뒤섞기에서 정문이 되는 것은 대개 뒤섞기의 경우 CP의 지정어로 이동한다고 보기 때문에 본래 자리의 문자화 국면과 달라지므로 이중대격제약에 위배되지 않는다고 하기도 하지만, 뒤섞기 이전에 이미 O격 표지가 있었다고 하면 문제되는 일이다. 전술한 바도 있었지만 그렇다고 동일 DP 내에서 빼내었다고 하기도 힘들고 해서 다중외항 위치에서의 뒤섞기로 보는 것이 다소라도 나을 듯 싶다. 필자는 사람의 마음/머리의 언어생성 경로는 단 하나의 외길 일변도의 것으로 보지 않기 때문에 다중 외항 위치에 도입한 때는 한 요소의 뒤섞기가 가능하고, 동일 DP화되면 DP병열체도 뒤섞기가 가능했던 것으로 본다. 나열, 예시의 DP의 경우도 그렇다.

지금까지 이중대격의 출현과 제약에 관한 논의를 하여 왔는데 이에 대한 정리도 겸해서 유형선(2001: 123)의 예문을 빌어 그것들이 어떻게 설명될 수 있는지 보기로 한다.

(45) a. 철수가 수학을 공부를 한다.
b. 어머니가 아이를 젖을 주었다.
c. 철수가 영희를 아내를 삼았다.
d. 철수가 낚시질을 세시간을 하고 있다.
e. 철수가 라면을 농심라면을 먹었다.

f. 철수가 영희를 손목을 잡았다.

모두 O-O의 연속을 보여주는데, 유형선은 첫 번째 O격 명사가 두 번째 O격 명사에게 부가된 것이고, 의미적으로는 전자가 후자를 한정하는 표현이라 하였다. 그렇게 일률적으로 말하기에는 곤란한, 각 예문의 다양한 생성경로가 있을 수 있다.

(45) a.는 1) 수학의 공부를, 2) 수학 공부를, 3) 수학을 (공부)하다.
(45) b.는 아이에게 젖을,
(45) c.는 영희를 아내로,
(45) d.는 낚시질을 (세시간),
(45) e.는 1) 라면으로 농심라면을, 2) 라면을 (농심라면으로),
(45) f.는 영희의 손목을,

술어핵의 논항도입 순으로 볼 때는 술어핵에 근접한 두 번째 O격 명사가 도입된 다음 첫 번째 O격 명사가 부가된 것으로 보는 것이 순리이나 두 번째 O격 명사가 부가된 경우도 있을 수 있다. 술어핵의 도입이 아닌 선행문맥, 발제, 작용역의 문제등으로도 그 역이 될 수도 있다.

(45) a.는 (수학(의)) 공부를 하다 → (수학을) 공부하다 에서 수학을 1) 목적어로 도입하면 접합형의 경동사가, 2) 그 반대로 수식어로 도입하면 분리형의 경동사가 쓰인 것으로 볼 수 있다. 1)에서 경동사가 분리형으로, 2)에서 수식의 조사가 안 쓰이면 DP병열구화하기도 하고 혹은 DP의 병열구 ↔ 복합명사구의 조작도 있을 수 있다. 우리가 글을 쓸 때에 문맥이나 그 때의 정감에 따라 앞서의 여러 가지 표현으로 바꿔쓰기도 하는 것처럼, 언어생성의 연산도 다양한 경로를 밟는 것으로 볼 수 있다.

(45) b.는 IO-DO의 이중목적어구문에서 연유한 것으로 보인다. '주다'의 대상은 '젖'이지 '아이를'이 될 수 없다. 주-∅ 병합핵이 수동주 '아이에게'를 도입하는 것이 순리로 본다면, 여기서의 '아이를' 의 '를'은 대상을 나타

냈다고 보기보다는 수동주의 뜻을 나타내는 '~에게'를 함유한 것으로 볼 수 있다. O-O의 연속이 소유사상을 나타내는 밀접불가분의 관계로 보아 DP의 병열구화가 이루어졌다고도 볼 수 있다.

(45) c.는 다른 유형의 구문으로, O-O의 연속은 소절의 성격을 지닌다. '삼다' 동사에는 이 경우는 첫 번째 O가 먼저 도입되고 두 번째 O가 그 보족으로 도입되는(또는 소절로 동시에 도입되는) 구문이다. 소절이 DP의 병열구화가 이루어졌다고 볼 수 있다.

(45) d.는 첫 번째 O격 명사가 대상 논항이고 두 번째 것은 부가어이다. 수량사의 유리화에서도 올 수 있다. (45) e.는 d.와 같이 두 번째 것이 첫 번째 것을 구체적으로 지시하기 위해 부가된 것일 수 있고(농심라면으로) 上〉下의 포섭관계로 DP병열구화 되었다고도 볼 수 있다.

(45) f.는 첫 번째 것이나 두 번째 것이 (45) e.처럼 모두 술어핵의 대상 논항이 될 수 있다. 두 논항 사이의 관계에 대하여는 (32)의 풀이에서 여러 가지로 언급하였다. 경로가 어떻든 DP의 병열구가 된 것으로 본다. 다음과 같은 大〉小의 DP 병열체가 가능하다면 동류가 된다.

(46) 엄마가 아기를 얼굴을 코를, 콧대를 어루만지고 있다.

다만 이 경우는 병열구가 다수이기에 분산적으로 인지되어 아기를(어루만지고), 얼굴을(어루만지고), 코를(어루만지고)와 같이 계기(계시)적으로 인지될 수도 있다.

이상에서 보듯이 (45) a. - f.의 예문들은 경우에 따라서는 첫 번째 O격 명사구가 먼저 도입되고 두 번째 O격 명사구가 보충적으로 부가된 것으로 볼 수 있는 것이 있다. 그리고 a.의 경우는 경동사화, b.는 복합 DP화, c.는 소절화, d., e.는 보충화, f.는 복합 DP화 등 여러 가지 기제에서 올 수 있다. 결과적으로 그러한 기제는 복합 DP화를 형성하여 이중대격제약의 회피를 기하는 것으로 생각된다. 이 경우의 '를' 외에도, 모든 구조격은 추상격/형태격으로 DP 병열구를 이루었을 때는 통사적으로 나열의 의미가 파생되는 것으로 가정할 수 있다. 제주방언에서,

(47) a. 철수(는/ㄴ/가) 코가 길어.
b. 나(는/ㄴ/가) 철수한티(도), 영희한티(도) 펜지 보내서.
c. 철수이(=의) 영희이(=의) 동생이 착하뎅. (착하뎅=착하다-고/더라)

(45)의 d., e.처럼 두 번째 O격 명사구가 첫 번째 O격 명사구의 부가어로 생기하는 제주방언의 다음 예에서,

(48) a. 저 엄마(는/ㄴ/가) 지네 똘을 미국을 보냈젱. (지네=자기네, 똘=딸)
b. 저 엄마(는/ㄴ/가) 지네 똘 미국 보냈젱.
c. 저 엄마(는/ㄴ/가) 지네 똘(을) 미국에 보냈젱.

(48)에서 부가어는 미국을/미국/미국에/미국으로 등으로 여러 가지로 실현된다. 다만 (45) d. 이외의 예문과도 같이 대격 연속으로는 뒤섞기는 불가능하다. 어떻든 이 예문에서의 O-O 연속은 동일한 의미역을 나타내지 않으므로 이중대격제약에 위배되지 않으며 두 번째 O격은 의미격으로, '를'에는 공간적인 범위, 방향의 의미가 함유되는 것으로 볼 수 있다.

앞 예들과 좀 다르게 보이는 유승섭(2003:170)의 한 예를 보기로 한다.

(49) a. 순이가 꽃밭을 물을 주다.
b. 순이가 꽃밭에서 물을 주다.

이 두 예문은 의미가 다르고 해서 연관지을 수 없는 것으로 필자는 보지만, 유승섭은 (49) b.의 '꽃밭에서'의 처소격이 '꽃밭을'로 대격화한 것으로 보고 있다. 그렇다면 두 번째 O격 명사구가 중심적(대상 논항)이고 첫 번째 O격 명사구는 부수적(부가어)이 된다. 그렇다면 (49) b.는 다음의 (50) b., c.의 도입도 가능한데,

(50) a. 순이가 꽃밭에 물을 주다.
b. 순이가 물을 꽃밭에(서) 주다.
c. ?순이가 물을 꽃밭을 주다.

(49) a.는 의미상 (50) a.쪽에 보다 가깝지만 (49) b.에서 올 가능성도 없지 않다. (50) c.의 경우는 필자로서는 애매하나 대격 '를'에는 공간적인 범위, 방향의 의미가 내포된다고 보면 조사의 교체는 가능할 것이다. 또한 가지, 이 경우의 O-O 연속은 소유사상(의인화하면 가능?), 유속화, 양도불가분관계, 밀접불가분의 관계 그리고 大>小의 관계가 되는 것은 아닌 듯 싶다. 그렇다면 (49) a.의 생성기제는 다음을 가정할 수 도 있다.

첫째는 (50) b.에서 장소(목표)의 부가어가 술어와의 최근접 위치에서 조사의 교체를 이루어 뒤섞기하였거나,

둘째는 선행문맥에서 '순이가 정원을' 어떻게 했는가(/할 것인가)의 논의가 있어서, '순이가 꽃밭을' 이 발제가 되고 '~~순이가~~ 물을 주다'와 같이 명제부분에서 동일주어가 삭제된 것으로 볼 수도 있다. 첫째는 의미역이 다르고, 둘째는 국면이 달라서 이중대격제약에 저촉되지 않는다.

요는 언어생성의 기제는 발화 의도가 그러듯이 단순하고 외길 일변도의 것이 아니라는 것과 조사(부여, 개재, 제거), 부가어, 어순 등의 양상의 의미나 형태가 원리나 규칙으로 설명되어지는 것이라면 일단은 수용, 용인하고 의도를 새겨보고 사용의 추세를 볼 일이라고 생각한다.

5. 마무리

지금까지 논의된 것을 정리하면, 수여동사문과 같은 이중목적어 구문은 두 개의 목적어가 구조격으로 실현되는데, 서로 의미역이 다르고 선행 DP

(간접목적어)는 여격의 형태격으로, 후행 DP(직접목적어)는 대격의 형태격 아니면 추상격으로 실현된다. 주어를 두고 그 어순이 바뀌는 경우는 뒤섞기로 보았다. 선행 DP가 대격으로 후행 DP가 의미격으로 실현되는 경우는 좁게는 이중목적어구문으로 보지 않는다. 이하, 제주방언의 예문에서,

(51) a. 나 가이 책 주언.
b. 나 책 가이 주언.
c. 책 나 가이 주언.
d. 가이한티 나 책 주언.

추상격의 IO는 뒤섞기로 주어 앞에 나올 수 없다. 주어와 혼동되기 때문이다. IO가 (51) d.처럼 형태격이면 혼동되지 않기 때문에 앞으로 뒤섞기로 나올 수 있다. IO, DO의 어순이 기본이나 뒤섞일 수 있다.

(52) a. 나 책 가이 주언.
b. *나 책 가이 보내언.

동사에 따라 IO가 동사 직전에 올 수 없는 경우도 있다. (52) a., b.에서 '나'를 연체격으로 밀착시키면 목적어로 전치한 것이 되고 '가이'가 주어가 되어 (52) b.도 정문이 될 수 있다.

형식상 O-O 대격의 연속의 구문은 다음에서 언급하는 이중목적격구문(이중대격구문)에 포함시킨다. 이중목적어구문에서는 주어를 두고 IO와 DO의 뒤섞기가 가능하나 대격으로 실현된 IO는 뒤섞기가 곤란하다고 보기 때문이다.

이중목적어구문에서는 IO가 추상격인 경우 V의 최근접 위치에 부가하기(DO-IO 순)는 곤란하고 형태격인 경우가 일반적이다(제주방언에서는 추상격인 경우도 가능). 후행의 IO는 뒤섞기가 아니면 의미격으로 본다. 제격의 IO는 구조격으로 Af의 외항 위치에 필수논항으로 생성된다(IO-DO순). 작

용역의 해석으로도, 의미역의 계층성을 보아도 IO가 DO보다 상위에 있다. IO와 DO의 어순이 동사의 의미에 따라 달라지는 경우가 있다고 하나 뒤섞기가 아니라면 구조적으로 다른 패턴이 되는 경우다. 동사가 IO를 구조격으로 취하느냐 의미격으로 취하느냐에 달려있다. IO가 유생적이며 소유사상적인 구조격일 때 제격의 이중목적어구문이 된다.

(53) a. 철수(는/ㄴ/가) 영희한티 책(을) 보내연.
　　 b. 철수(는/ㄴ/가) 책(을) 집에 보내연.

(53) a.의 경우는 IO는 구조격이며, (53) b.의 경우는 의미격으로 방향, 장소의 뜻이다. (53) a.는 구조격의 목적어가 두 개의 구문이고, (53) b.는 구조격의 목적어가 하나인 구문이다. (53) b.는 좁게는 이중목적어구문에서 제외된다.

IO와 DO의 어순은, 중립문 이외에 발제 - 결말의 구조가 선행문맥, 화제에 의존할 때 달라지기 마련이다. '철수(는/ㄴ/가) 누구한티 책(을) 보내연?' 취지의 선행 화행이 있었다면 (53) a.의 어순이, '영희한티 뭘 보내연?'의 선행 화행이 있었다면 (53) a.의 IO-DO 순이 바뀔 수 가 있다. (53) b.의 경우도 '철수(는/ㄴ/가) 어디로 책(을) 보내연?' 이란 화행이 있었다면 부가어가 선행될 수 있다. 이런 점에서 어순을 중립문에서 고정적으로 생각하는 것은 문형의 이해에 도움이 되나, 실지의 언어생성은 여러 가지 요인으로 여러 경로를 거친다는 것을 유의한다면 넓게 유연하게 생각할 필요가 있다.

한편, 동일한 대격의 형태격의 DP가 두 개 나오더라도 하나는 구조격이고 다른 하나는 구조격이 아닌 의미격인 경우와, 두 개의 DP가 소유사상, 양도불가능의 관계, 밀접불가분의 관계, 大>小의 관계로 하나의 DP와 같이 행동하는 복합 DP병열구로 보는 경우는 O-O 대격연속의 형식상 이중대격구문으로 하되, 이 경우의 O-O 연속은, 동일 의미역의 연속이 아닌 경우와 국면을 달리하는 경우 그리고 '하다'의 대상논항으로 묶을 수 있는 경우 등은 이중대격제약을 위반하지 않는 것으로 하였다. 이외에도 이 제약에 위배되지 않는 경우는 대등절 그리고 주절과 종속절에 걸치는 O–O 연속들이다.

그리고 복합 DP화의 인지, 수용 등 여부는 지역성/사회성/문법의식 등의 변수가 있기 마련이다.

(54) a. 철수는(/ㄴ/가) 영희를 머리를 때련.
b. 철수는(/ㄴ/가) 영희(의) 머리를 때련.
c. *철수는(/ㄴ/가) 머리의 영희를 때련.
d. *철수는(/ㄴ/가) 머리를 영희를 때련.

(54) a.와 b.의 관계에 대하여, (54) b.에서 a.가 파생되었다고 보기도 하고 기저구조가 서로 다르다고 보기도 한다. (54) c., d.를 보았을 때 두 대격 DP가 '때련'의 대상논항이 되는데 앞의 대격 DP와 뒤의 것과는 어순이 뒤바뀔 수 없다. '때리–' 동사가 머리를 먼저 도입할 양이면 '영희'를 소유자(영희의)로 해서 병합하였을 것이고, 영희를 먼저 도입할 양이면 '머리'를 소유자의 일부분으로, 양도불가능의 소유물로, 밀접불가분의 하위개념 등으로 해서 DP 병열구의 복합체화를 기하였을 것이다.

(55) a. 영희(는/ㄴ/가) 할머니 봉양 헴쩽.
b. 영희(는/ㄴ/가) 할머니(의) 봉양 헴쩽.
c. 영희(는/ㄴ/가) 할머니(를) 봉양(을) 헴쩽.
d. 영희(는/ㄴ/가) 할머니(를) 봉양헴쩽.

(55) a.가 c.와 같은 뜻이면 요소마다의 pause가 있다. (55) b.의 속격의 뜻이거나 (55) d.처럼 경동사화한 경우는 밀착된다. (55) d.의 경동사화에서 대상목적어가 동사어근의 내항에서 떨어져나간 (55) a., c.의 용인성이 언어(방언)에 따라 미묘한 차이가 있겠으나 제주방언에서는 용인되는 것으로 필자는 경험하고 있다. 이때의 (55) a., c.의 O–O 연속은 복합 DP화로 이중

대격제약에 위배되지 않게 된다.*

---

* 알타이 제어의 이중목적어구문(수여동사구문)의 예를 보면,

(1) 만주어

a. wang sun jang-de iog-i jafu bu-he. (河内 1996: 90)
(하이픈은 필자)
왕순 (이) 장-에게 유격-의 지령/모전(을) 주-었다.

b. amə min-tə ilan fe pu-xə. (趙杰 1989: 182)
아버지(가) 나-에게 세자루(의) 붓(을) 주-었다.

c. t'ərə min-tə ilan təputərən pit'k'ə pu-xə. (趙杰 1989: 181)
그(가) 나-에게 세 권 (의) 책(을) 주-었다.

(1) a.는 만주문어이고, b., c.는 현대만주어(依氣布村)이다.

(2) 몽고어

a. Аав надад энэ номыг өгсөн.
아버지(가) 나에게 이 책을 주었다.

b. Бат туяад цэцэг өгсөн.
바트(가) 토야에게 꽃(을) 주었다.

c. Бат цэцгийг туяад өгсөн.
바트(가) 꽃을 토야에게 주었다.

IO - DO 순으로 DO가 동사에 인접할 때는 대격이 추상격이고, DO - IO 순으로 DO가 앞 설 때는 대격이 형태격이다. 유표적인 어순이기에 그렇다 볼 수 있다.

(3) 튀르크어 (Türeli 1968)

a. Baba-n sana ne ver-di? (p. 22)
아버지-(너의) 너에게 무엇(을) 주-었나?

b. Ben sana bunu ver-di-m. (p. 23)
나(가) 너에게 이것(을) 주었다-(나).

c. Bana bir gazete ver-in. (p. 52)
나에게 한 장의 신문(을) 주-세요.

(4) Evenki (Nedjalkov 1997)

a. Ami-m girki-du-vi purta-vi bu:-re-n. (p. 108)
아버지i-(나의) 친구-에게-(자기i의) 나이프-(자기i의) 주-었다-(3인칭단수).

b. Purta-va-s min-du bu:-kel. (p. 148)
나이프-를-(너의) 나-에게 주-어라(2인칭단수명령)

c. Ollomimni d'av-vi girki-du-vi bu:-re-n. (p. 158)
어부(가) 보트-(자기의) 친구-에게-(자기의) 주-었다(3인칭단수).

Evenki도 어순이 자유로운 언어이다. (4) a.에서는 동사 앞의 목적어는 추상격인데 b.에서 전치한 목적어는 형태격이다. 이 역시 유표적인 어순이 아닌가 싶다.

이상의 언어들에서 IO는 모두 여격의 형태격으로 실현됨을 알 수 있고 이에 대해 DO는 동사 직전에는 거의 추상격이고 전치의 경우는 형태격으로 나타나는 경향을 볼 수 있다.

제11장 결속이론

1. 결속과 결속조건

문 중의 A-위치에 동일지시 관계의 DP가 두 개 나오는 경우가 있다.

(1) a. *철수$_i$(는/ㄴ/가) (어떤 땐) 철수를$_i$(/ㄹ) 나무렌다.
b. 철수$_i$(는/ㄴ/가) 자기$_i$를(/ㄹ) 나무렌다.
c. 철수$_i$(는/ㄴ/가) 지$_i$를(/ㄹ) 나무렌다.
d. 철수$_i$(는/ㄴ/가) 자기자신$_i$을 나무렌다. (나무레다=나무라다)

(2) a. 철수(는/ㄴ/가) (어떤 땐) 영희를(/ㄹ) 막 욕해.
b. *철수$_i$(는/ㄴ/가) 가이$_i$를(/ㄹ) 막 욕해.
c. 철수$_i$(는/ㄴ/가) 가이$_j$를(/ㄹ) 막 욕해.

문 중에 동일지표가 부여되는 것은 대개 다음의 경우인데,

(3) a. 주어와 일치요소 (AGR 또는 Tense) 사이
b. α-이동의 경우 이동 요소와 원 위치의 흔적 사이
c. 양화사나 WH-구의 이동의 경우, 그것과 원 위치의 변항과의 사이
d. 문 중에 두 DP 사이에 동일 지시(동일인물) 관계가 있을 때

이 중 (3) b.와 c.의 이동의 흔적은 이동 요소와 반드시 동일지표되어야 한다는 단순지표이론(Chomsky 1982: 185)에 의하여 자동적으로 주어진다.
예문 (1)에서 선행사와 동일 지표의 지시적 표현을 쓰면 비문이고, 동일

지표의 재귀대명사를 쓰면 정문이 되고 있다.

(2)에서는 선행사와 다른 지표의 지시적 표현을 쓴 것은 정문이고, 동일지표의 대명사를 쓴 것은 비문이 되고 있다. 동일지표가 아니면 c.처럼 정문이다.

이를 보고 대충 말할 수 있는 것은,

(4) a. 지시적 표현은 선행사에 결속되는 일은 없고,
b. 재귀대명사는 최소의 문 내에서 결속되어야 하고,
c. 대명사는 최소의 문내에서 결속되어서는 안 된다는 것이다.

여기서 말하는 결속은,

(5) a. 요소 α와 β가 동일지시 관계가 있고.
b. α가 β를 c-통어하는 관계가 있는 것으로 정의된다.

이 때 α를 선행사로 생각하면 된다. 예문 (1), (2)와 (4)의 조건을 볼 때 재귀대명사와 대명사는 최소의 문(절)에서 동일한 위치를 점유할 수 없고 서로 다른 위치에서 기능하는 상보적 관계를 지탱하는 것으로 볼 수 있다.

그리고 예문 (1) b. – c.에서는 논항위치(A-위치)에서 재귀대명사(조응사)를 결속하고 있으므로 논항(A)-결속이라고 하고, 다음과 같이 비논항위치에서 결속하는 것은 비논항(A')-결속이라고 한다.

무얼$_i$ 철수(는/가) t$_i$ 먹엄시니? (먹엄시니=먹고 있니)

Chomsky(1981: 184)의 정의를 보이면,

(6) a. α와 β가 동일 지표를 가지고 α가 β를 c-통어하고 α가 X-위치에 있으면 β는 α에 의해서 X-결속된다.
b. β는 X-결속되지 않으면 X-자유롭다.(필자주. 원문의 α와 β를 바

꿔 썼음.) 여기서의 X가 A면 A-위치, A-결속, $\bar{A}$면 $\bar{A}$-위치, $\bar{A}$-결속이 된다.

(7) 결속조건

A. 조응형(재귀대명사, 상호사)는 어느 영역(지배범주, 결속영역)안에서 결속되어야 한다.(앞의 (4) b.의 경우)

B. 대명사는 어느 영역 안에서 결속되어서는 안 된다. (앞의 (4) c.의 경우)

C. 지시적 표현은 결속되지 않는다. (앞의 (4) a.의 경우)

이러한 결속조건은 문중에서의 동일지시 지표의 적격성과 비적격성을 가려내기 위한 것인데, 단문이 아닌 경우에는 결속관계가 다양하게 이루어지므로 결속자와 피결속자가 위치하는 통사영역의 범위가 문제된다. Chomsky (1981: 188)는 앞의 (6)을 결속이론(Binding Theory)의 이름으로 제시하고 있다.

(8) A. 조응사는 지배범주 안에서 결속되어야 한다.

B. 대명사는 지배범주 안에서 자유이다.

C. 지시적 표현은 자유이다. (밑줄은 필자가 침)

결속관계가 이루어지는 어느 영역을 지배범주(Governing Category)로 나타내고 있으나 결속범주란 말도(Chomsky 1981: 220), 결속영역(Binding Domain)이란 말도 쓰인다(Roberts 1997: 142).

결속이 이루어지는 통사영역의 정의가 이론의 진전에 따라 바뀌고, 새로운 각도로 해석되기도 한다. 그러한 구조적인 각도 외에도 화자의 시점(視點)등 다른 각도도 고려하게 되는데 이와 같이 결속 관계와 그 적부를 다루는 이론을 결속이론이라고 한다.

2. 결속상의 DP

결속이론은, 영어의 재귀대명사(myself…), 상호대명사(each other) 그리고 대명사, 공범주 등이 반드시 선행사가 있어야 하고 그것과 어떤 상대적 위치에 있는가를 밝히는 데서 비롯된 것이다. 이론은 자꾸 변모하기 마련이고 그렇다고 바뀐 것이 다 더 나은 것은 아니므로 그 과정은 되돌아 볼 필요는 있다.

결속(Binding)이란 두 개의 DP 사이에 의존관계와 동일지시 관계가 성립하는 것인데, 그 중의 하나의 DP는 결속하는 DP 곧 결속어 혹은 결속자(Binder), 선행사가 되고, 다른 하나의 DP는 결속을 받는 DP 곧 피결속어(Bindee)가 된다. 종전에는 DP 사이가 아닌 NP 사이의 관계로 보았지만 NP 단독으로 나타나는 경우보다는 조사를 동반하기 때문에 곧 NP는 DP의 투사체내에 있기 때문에 DP로 쓰기로 한다. 실지 한국어의 조응사는 조사를 수반하는 것이 일반적이고, 상호사 '서로'는 조사를 수반해야하며 수반하지 않으면 부사로 해석되기도 한다.

다만 학자에 따라서는 조사를 핵으로 보지 않고 NP의 접사로 보기도 하고 DP가 추상격으로 쓰이는 경우 등을 고려하면 NP도 병용될 수 있다. 제주방언에서 DP는 추상격의 경우가 흔하다. 그래서 동일지표는 일반적으로 NP에 부여되고 있다.

DP로는 먼저 1) 그 자체 고유의 지시성이 있거나 지시성을 가질 수 있는 것을 들 수 있고, 다음으로 2) 고유의 지시성은 없고 선행사가 존재하여서 비로소 지시성을 특정짓는 것을 들 수 있다. 전자의 1)의 지시적 표현에는 고유명사처럼 그 자체 지시성이 있는 것(철수, 영희, 제주도)와 보통명사처럼 지시성을 가질 수 있는 것(사람, 학생, 지방)이 있다.

후자의 2)에는 대명사와 조응사가 있고, 조응사에 재귀대명사(자기, 지)와 상호사(서로〈가/를〉)가 있다.

(9) DP { 1) 지시적표현(고유명사/보통명사)
2) 대명사
조응사(재귀대명사/상호사) }

이들 DP를 피결속 여부에 따르는 [±Anaphor, ±a], 대명사성 여부에 따르는 [±Pronominal, ±p]의 2항대립자질에 따라 분류하면 다음이 성립한다. 이는 음형을 갖지 않는 경우의 유형 곧 공범주 유형의 분류에도 적용된다.

(10)

		음형을 갖춘 것	음형을 안 갖춘 것 (무형 조응사)	비고
- 조응형 [-a]	+ 대명사성 [+p]	대명사 [-a, +p]	pro	
	- 대명사성 [-p]	지시적 표현(R-표현) 외현적 DP [-a, -p]	WH-흔적(변항)	
+조응형 [+a]	+ 대명사성 [+p]		PRO 대명사적 조응형	[+a, +p]의 외현적 DP는 없다
	- 대명사성 [-p]	조응사 (재귀대명사, 상호사) [+a, -p]	NP-흔적	

이러한 분류는 영어에 입각한, 편의적인 자질 조합에 의한 것으로 절대적인 기준이 못된다. pro에도 [+a]의 자질이, PRO에도 경우에 따라 [-a],[-p]의 자질이 있기도 한다고 한다.

한국어의 '자기'는 조응사로는 [+a, -p]의 범위에 들겠지만, 대명사로는 [-a, +p]의 범위에 들어갈 것이다. 한국어의 '자기'에 상응하는 일본어의 zibun(自分)도 마찬가지겠지만 반드시 결속되어야 하는(한국어도 마찬가지) 자질표시가 안 되었다는 점에서 앞의 표에서 위치할 곳이 없다고(Nakamura 1989: 209) 하기도 한다. Fukui와 Ueda가 zibun을 [+p, +b (b=bound)]의 결속대명사로 분석하고 있으며, 이에 대해 Nakamura(1989: 225)는 대명사라면 결속조건 B를 지켜야 하는데, 그러지 못한 경우가 있음도 지적하고, zibun은 [+b]만의, 그래서 선행사 선택에서 국소성에 구애받지 않는다고 하고 있다.

김용석(1999: 7-9)에서는 조응사(재귀사)는 형태론적으로 재귀자질(Reflexive Feature, [Ref])을 갖는 어휘적 요소로 가정하고 한국어의 '자기, 자신' 그리고 일본어의 zibun이 이러한 자질을 갖는 것으로 하고 있다. [Ref]는 φ자질에 의해 선택되고 지시자질(R)에 의해 점검되는 것으로 하고 있다. 재귀사의 다음과 같은 분석은 D의 선핵 처리가 다른 범주와 병행적으로 가능한지 궁금하다.

(11)

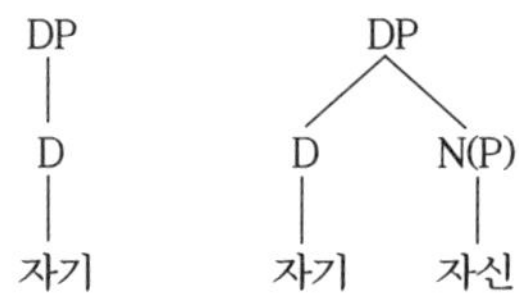

필자로는 동일지시관계의 R-표현과 조응사는 동일속성에서의 음형의 차이뿐이라고 생각하고 있다. 곧 VP 내의 R-표현이 v_1 내지 v_2……의 주어로 복사되어 내부 병합할 때 t 대신에 [+b]자질과 이에 수반한 음자질을 남긴 것으로 보고 있다.

3. 지배범주

α(결속어)와 β(피결속어)의 결속 영역은 그것들이 동일한 절 안에 있어야 하는데, 그것은 시제가 있는 절 그것도 최소 시제절이어야 한다(시제문조건). 곧 시제절 안의 요소와 그 바깥의 요소와는 관계 지울 수 없다고 하였다. 그리고 다음의 구조와 같이 두 요소 사이에 어떠한 다른 주어도 개재해서는 안 된다(지정주어조건)고 해 왔다.

(12) …X…[α…Z…WYV…]의 구조에서 X와 Y는 관계(결속)지울 수 없다.
(Z는 WYV의 지정주어 〈X에 의해 통제되지 않는 주어〉, α는 순환절점 〈S' 또는 NP〉)

곧 문중의 요소를 그 문의 주어를 건너뛰어서 문 밖의 요소와 관계 지울 수 없다는 것이다. 이 두 조건의 효과를 통합하여 지배범주라는 개념을 사용하고 다음과 같이 정의하고 있다(Chomsky 1981: 188).

(13) a. α는 NP 아니면 S이고,
b. α가 β와 β의 지배자를 포함하는 최소의 범주일 때 α는 β에 대한 지배범주가 된다.

여기서 β의 지배자가 되는 범주는 N, V, A, P의 어휘범주와 AGR의 기능범주를 포함하는 INFL이다(AGR이 없다 하고 Tense를 세우기도 함).

다시 말하면, β의 지배범주 α는 β 자신과 β의 지배자를 포함하는 최소의 NP 혹은 S(=IP/TP)로 정의되고 피결속어 곧 조응사 β는 그 지배범주 α 안에서 결속되어야 한다는 것이다. 바꿔 말해서 지배범주 α는, β를 지배하는 요소(지배자), 지배되는 요소 곧 β, 그리고 주어의 세 가지를 포함하는 최소의 NP 또는 S가 된다. 모두 주어를 가지는 범주이다. 예시하면 다음과 같다.

(14) a. [$_{IP}$ 철수(는/ㄴ/가) 지/자기를(/ㄹ) 자랑햄서.](자랑햄서=자랑하고 있다.)
b. [$_{NP}$ (철수의) 지 자랑] ~햄서=~하고 있다)

이상의 정의로는 결속관계를 원만히 설명할 수 없는 부분이 있게 된다. NP가 지배범주되려면 NP 안에 주어가 있어야 하는데 그렇지 않는 경우가 있기 때문이다. Chomsky (1981: 211) 에서는 지배범주의 정의를 다음과 같이 수정하고 있다.

(15) a. AGR은 자신이 지배하는 명사구와 동일 지표를 갖는다.
b. α는, β와 β의 지배자와 β에 접근 가능한 대주어를 포함하는 최소 범주일 때 β에 대한 지배범주가 된다.
(원문의 α와 β는 앞서의 정의에 맞추어 각각 β와 α로 고침. 필자)

결국 지배범주 α는, β와 β의 지배자 그리고 β에 접근 가능한 대주어의 세 가지가 포함되어 있어야 한다는 것이다(접근가능성과 대주어는 후술).

이어서 Chomsky(1981: 220)에서는 (15)의 정의에서의 b.에서, β의 지배자의 부분을 빼고, α가, β와 β에 접근 가능한 대주어를 포함하는 최소범주일 때만 α는 β의 결속범주가 된다(원문의 α와 β를 맞바꿔 씀, 필자)고 하여 지배범주란 말 대신에 결속범주로 고쳐 쓰고 있다. 지배자라는 개념은 소용이 없고 결속자(접근 가능 대주어)와 피결속자 β의 두 가지가 포함하는 최소 영역이 결속범주(지배범주)라는 것이다. 앞서의 (8)에서 결속이론 A, B에서 밑줄 친 지배범주 표현을 결속 범주로 고쳐 쓰는 것이다. 그리고 그 부분은 다음과 같이 국소(局所)영역(Local Domain)으로 바뀌고 있다.

(16) (A) 조응사는 국소영역에서 결속되어야 한다.
(B) 대명사는 국소영역에서 자유이다.
(C) 지시적 표현은 (그 연쇄의 머리어의 영역 내에서) 자유이다.

결속은 결속자(선행사)(아래서 A로)가 피결속자(조응사)(아래서 B로)를 성분통어하고 또 A와 B가 동일지시가 되는 경우에 A가 B를 결속하는데, 이때 A와 B사이에 R가 개재하여 A가 R를 결속하고 R가 B를 결속하는 경우는 B에 보다 가까운 R가 B를 국소적으로 결속하고, R가 존재하지 않을 때는 A가 B를 국소적으로 결속한다.

(17)

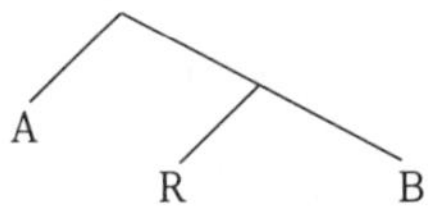

예를 들면,

(18) a. [철수$_i$(가) 자신$_i$을 자랑헴서.]
b. *[철수$_i$(의) 동생(이) 자신$_i$을 자랑헴서.]
c. [철수(의) 동생$_i$(이) 자신$_i$을 자랑헴서.]

a.는 A와 B사이에 R가 개재하지 않는데 b.는 개재되고 c.는 R와 B가 보다 가까운 경우다.

4. 대주어와 접근가능성

여기서 대주어란 지배범주 안에서 가장 두드러진 DP 요소로 보통의 주어가 해당되는데 그 외에 AGR까지 확대(포함)한 것으로 그래서 확대주어(SUBJECT)라고도 한다.

보통의 주어는 시제절과 비시제절의 주어, 부정사절의 PRO 주어, NP의 주어를 말하고, AGR은 언어에 따라 그 존재가 뚜렷하지 않기도 해서 이견이 있다. 영어와 같이 주어-술어의 일치를 갖는 언어에서는 AGR이 대주어(확대주어)가 된다고 한다. 주어-술어 일치는 결국 주어와 AGR의 일치이므로, 그런 의미에서 AGR의 인칭, 성, 수의 자질을 대명사적 요소라고 볼 수 있기 때문이다. 그래서 AGR은 일종의 명사(DP)의 선행사 역할을 하므로 그것을 주어라고 생각하는 것이다. AGR은 지배하는 명사(주어)와 동일 지표를 갖는다. AGR의 [+N, −V]자질은 NP와 동일하다. 그리고 AGR은 반드시 [+Tense]를 동반하고 [−Tense]일 때는 배제된다.

한국어의 경우는 그러한 AGR이 없는 것으로 보기도 해서 문제가 있을 수 있으나 굴절요소(술어형성어미)에는 그것을 함유한다고 볼 수 있으니 시제 등 다른 요소와의 병합형(INFL)으로 대신할 수도 있다.

접근가능성(Accessibility)은 (19) a.의 적격성조건 (Well-Formedness Condition) (i중의 i조건, i-within-i Condition 이라고도 함)을 이용해서 b. 처럼 정의된다.

(19) a. *[γ…δ…] 단 γ와 δ는 동일지표를 갖는다.
b. 만약 β가 α의 성분통어 영역 내에 있고 α의 지표를 β에 부여하더라도 (19) a.에 위반하지 않을 경우에 α는 β의 접근 가능한 요소가 된다.

(19) a.는 어떤 통사범주 δ와 그것을 관할하는 상위의 범주 γ가 동일지표를 지녀서는 안 된다는 것으로, 상위범주우선의 원리(A-Over-A Principle)와도 같이 지표 i를 부여할 때는 상위범주(γ)에만 부여하고 그 범주에 관할되는 하위범주(δ)에는 i를 부여하는 것을 금지한다는 것이다.

다음의 구조에서

(20) [가네들$_i$(은/이) [[[$_{NP}$ 지네$_i$/서로$_i$의 일들(이)] 잘 된 AGR$_j$]걸] 좋아헴서 AGR] (가네들=그들, 지네=자기네)

'지네'의 접근가능성의 대주어의 후보자는 보문절의 AGR이다. 이 경우 보문주어 NP와 보문 AGR이 동일지표를 갖게 되면 [$_{NPj}$…지네$_j$/서로$_j$의 ……]와 같은 구조가 되어 (19) a.의 조건에 위반된다. 따라서 '지네$_i$/서로$_i$'의 접근가능의 대주어는 주문주어, 주문 AGR이 되고 '지네$_i$/서로$_i$'의 지배범주는 '지네$_i$/서로$_i$'와 그 지배자 '일' 그리고 '지네$_i$/서로$_i$'의 접근가능의 대주어 '가네들'을 포함하는 주문(IP)이 되고 '지네$_i$/서로$_i$'는 '가네들'에 의해 결속된다고 설명하는 식이다.

그런데 Huang(1983: 557)은 대주어, 접근가능성의 개념은 조응형에만 적용되고 대명사에 적용되지 않는다고 하고 Chomsky (1981: 211)의 정의 (15) b.를 다음의 (21)과 같이 수정하였다.

(21) α는 다음의 경우에 β의 지배범주이다.
a. α가 β와 β의 지배자, 그리고 대주어를 포함하는 최소범주일 때.
b. 만일 β가 조응사이면 대주어는 β에 접근가능한 것이라야 한다.
(원문의 기술내용을 a., b.로 나눔, 필자)

이 정의에 따르면 조응사와 대명사의 지배범주는 달리 잡아야 한다. 조응사는 반드시 선행사를 가져야 하기 때문에 접근가능한 대주어가 있는 영역에까지 상대적으로 커질 수 있다. 결속조건 A., B.도,

(22) (A) 조응사는 접근 가능한 대주어를 가지는 최소범주 안에서 결속되어야 한다.
(B) 대명사는 그 지배범주 내에서 자유이다.

로 고쳐졌다(Huang 1983: 558). 다음에서,

(23) a. $They_i$ saw [each $other_i$'s pictures].
b. $They_i$ saw [$their_i$ pictures].

외견상 조응사(상호사)와 대명사가 상보적 분포 아닌 동시적 분포를 이룬다. 곧 DP를 지배범주, 그리고 핵 D가 그 주어를 지배한다고 가정했을 때 a.에서 조응사가 주어, b.에서 대명사(their)가 주어(NP의 지정어)가 되고 있다.

조응형은 i중의 i조건이 적용되므로 주어의 조응형은 그 자신 접근가능이 아니어서 그 자신 대주어가 될 수 없다. 접근가능성의 정의에 의하면 그 자신 성분통어하거나 성분통어를 받지 못하여 결속되지 않는다. 대명사에

는 접근가능성은 적용되지 않아 i중의 i조건이 적용되지 않고 주어의 대명사는 그 자신 대주어가 될 수 있다. 따라서, 조응형(a.에서 each other)의 지배범주는 상위의 문(절)이 되고 그 안에서 결속되는 것이 된다(결속조건 A). 이에 대해 주어의 위치에 있는 대명사(b.에서 their)는 그 자신 대주어가 되어 그 지배범주 안에서 자유이다(결속조건 B)와 같이 풀이하는 것이다.

조응사와 대명사가 시제절에서 주어 위치의 동시적 분포를 이룰 수 없는 것은,

(24) a. *John and Mary$_i$ said [$_{TP}$ themselves$_i$ are the best]

b. John and Mary$_i$ said [$_{TP}$ they$_i$ are the best]

(24) a.에서는(시제절) 지배범주 안에서 조응형이 결속되어 있지 않고 지배범주 밖의 요소와 결속되어 있으므로(결속조건 A 위반) 비문이고,

b.에서는 주어의 대명사가 (시제절) 지배범주 밖의 요소와 결속되어 있으므로 (결속조건 B 준수) 정문이다.

이상과 같이 조응사냐 대명사냐에 따라 지배범주를 다르게 설정하는 것이 바람직하다는 전제하에 中村 외(1989: 125)에서는 다음과 같이 양자의 다름을 도식화하였다.

(25) a. 조응형(β)의 지배범주

[……접근가능한 대주어……β의 지배자……β……]

b. 대명사(β)의 지배범주

[……대주어……β의 지배자……β……]

(한국어·일본어는 β의 지배자와 β의 순서가 바뀜)

영어의 경우 조응사는 시제절에서 주어가 될 수 없는데 한국어의 경우 다음에서처럼 주어로 실현될 수 있다. 그 경우에,

(26) a. 철수$_i$(는/ㄴ/가) [$_{TP}$ 자기$_i$/지$_i$가 어리석었]젱 생각햄서.

b. 철수$_i$(는/ㄴ/가) [$_{TP}$ 그$_j$가 어리석었]젱 생각햄서.

(생각햄서= 생각하고 있어)

한국어에서 AGR을 인정하고 AGR을 대주어로 보게 되면 a.의 내포문에 AGR(혹은 Tense)이 있게 되고(그것과 동일 지시되는 조응사는 i중의 i조건에 위배되기도), 내포문이 지배범주가 되니(그 안에서 결속되지 않으니) 결속조건 A를 위반하게 된다. 상위의 주문의 주어가 접근가능의 대주어다.

b.에서는 대명사가 대주어가 되므로 내포문이 지배범주가 되어 주문 주어와는 결속되지 않고 결속조건 B를 충족시킨다. 다음의 관계절에서도,

(27) [[$_{IP}$ 자기$_i$차가 고장난] 운전수$_i$]

IP(TP)에 대주어 AGR가 있다고 하면 그 자체가 지배범주가 되고 조응사가 그 안에서 결속되어야 하는데 그렇지 못하고 있고, 한편 IP의 핵과 조응사 '자기'가 동일지시되면 i중의 i조건 때문에 그 자체로 지배범주가 되지 못한다. 관계절의 처리는 여러 가지가 있으나 그 한가지로 다음과 같은 방식도 있다.

(28) [[$_{IP}$ pro$_i$ 자기$_i$ 차가 고장난] 운전수$_i$]

IP가 지배범주가 되고 자기와 동일지시된 pro$_i$가 관계절의 핵 운전수와 관계된다.

다른 예들을 더 보이면,

(29) a. 철수$_i$(ㄴ/는/가) [지$_i$/자기$_i$ 누나(ㄹ/를)] 우찬해.

b. 철수$_i$(ㄴ/는/가) [가이$_i$ 누나(ㄹ/를)] 우찬해.

c. 철수$_i$(ㄴ/는/가) [지$_i$/자기$_i$ 가 바보엥] 헹게.

d. 철수$_i$(ㄴ/는/가) [가이$_{*i}$/$_j$가 바보엥] 헹게.

(우찬해=칭찬해, 엥=(이)라고, 헹게=하였-어/다더라)
(ㅇ게(↔ㄴ게) = 았(/었)-어/다더라)

앞서의 풀이대로 조응사가 주어 위치에 있으면 자신이 속한 NP(DP) 그리고 보문이 지배범주가 못되고 접근 가능한 대주어가 있는 상위문 전체가 지배범주가 된다. 대명사는 NP(DP) 또는 보문의 주어 위치에 있으면 그것의 대주어가 되므로 자신이 속한 NP(DP) 또는 보문이 지배범주가 된다.

(29) d.에서는 철수≠가이 로 해석했지만, 철수=가이 의 해석도 있을 수 있다. 철수의 처지(시점)로서는 철수≠가이 지만, 화자의 처지(시점)에서는 철수=가이 일 수 있다. 철수=가이 인 경우 결속이론과 무관한 무작위적인 지표 부여의 우연의 결과로 풀이하기도 한다. 공대명사의 설정으로 결속관계를 지탱할 수도 있다.

(30) 철수$_i$가 [$\varnothing_j$ 가이$_i$가 바보엥] 헹게.

대주어의 내용이 언어에 따라 Parameter화 되기도 한다(Manzini et al 1987: 421). 지배범주는 α와 α의 지배자 그리고 γ를 포함하는 최소범주인데 그 대주어 γ가 다음의 어느 것이냐가 언어에 따라 다르다고 하는 것이다.

1. 주어	영어
2. INFL	이태리어
3. Tense	아이슬랜드어 대명사
4. Referential Tense (직설법의 시제)	아이슬랜드어 조응형
5. Root Tense (근〈주문〉의 시제)	일본어

대개 Parameter는 2치(値)대립에 의한 것인데 위를 정리하면 결국 주어와 시제이다. 그 시제가 어디서 실현되는가의 차이다.

5. 완전기능복합(체), BT-양립

앞서 본 지배범주의 개념 대신에 Chomsky(1986b: 169)에서는 완전기능복합(체) (Complete Functional Complex, CFC)란 개념을 쓰고 이전의 대주어의 개념을 쓰지 않고(Chomsky 1986b: 171) 지배범주를 재정의하였다.

지배범주는 주어와 α를 지배하는(그래서 α를 포함하는) 어휘범주를 포함하는 최소투사이며 그 속에서 핵과 양립할 수 있는 모든 문법적 기능(관계)(핵의 의미역과도 같다)이 실현됨을 의미하는 완전기능복합(체)이다. 곧 지배범주는 문과, 주어를 지닌 NP(DP)만이 된다. 문은 동사를 핵으로 하는 CFC이고, 주어를 지닌 NP(DP)는 N(D)를 핵으로 하는 CFC이다. 구체적으로 문(S=IP/TP)에는 주어와 보어부가 실현되어 있어야 하고 NP(DP)는 주어가 포함되어 있어야 CFC가 된다. 결국 IP(TP)와 NP(DP)를 완전기능구조로 일반화시킨 것이 된다.

지표 표시 I(i)를 가진 구조체에서 지표표시 I의 짝(α, β)이 지표를 통해 결속이론을 만족시키면서 양립되면 그 최소영역이 지배범주이다.

다음이면 I는 결속이론 양립(적합) (BT-Compatibility)한다.

(31) (A) α는 조응사이고 I를 통해서 β에 결속한다.
(B) α는 대명사이고 I를 통해 β에 자유이다.
(C) α는 지시적 표현이고 I를 통해 β에 자유이다.

이러한 지표 부여는 그 영역에 관해 결속이론과의 양립성(적합성)을 지닌다고 한다. BT-양립은 앞서의 Huang의 아이디어에 입각하고 있다. 곧 조응형의 지배범주에는 선행사가 될 수 있는 요소가 포함되어 있어야 하고, 대명사류의 지배범주에는 그러한 요소가 없어도 된다는 것이다. 요컨대, α의 지배범주는 α와 α의 지배자를 포함한 최소의 CFC이며, 그 안에서 α의 결속조건이 원칙적으로 충족될 수 있어야 한다(Chomsky and Lasnik 1993=Chomsky 1995: 102)는 것이다. 다음에서,

(32) a. [$_{IP}$ 철수$_i$(ㄴ/는/가) [$_{NP}$ 자기$_i$(의)/지$_i$/자신$_i$의 초상화](ㄹ/를) 그렴서.]

b. *[$_{IP}$ 철수$_i$(ㄴ/는/가) [$_{NP}$ 영희$_i$(의) 초상화](ㄹ/를) 그렴서.] (그렴서=그리고 있다)

(32) a.의 NP는 주어가 없기 때문에 조응형에 대한 최소의 CFC가 못 되고, IP는 주어부와 보어부를 통하여 모든 문법관계(주어, 목적어)가 실현되어 있으므로 조응형에 대한 최소의 CFC가 된다.

한편, b.에서는 NP가 주어를 가지고 조응사(R-표현이지만 피결속자로 보고) 지배자는 물론 핵의 모든 문법관계가 실현되어 있으므로 NP가 최소의 CFC가 된다. 조응사가 NP 안에서 결속되어야 하는데 그 밖에 있는 주어와 결속되어 있으므로 비문이 된다고 하는 설명 방식이다. b.는 결속조건 C로 배제되는 것이며 이들 {α, β}가 동일지표 아닌 이접지표이면 정문이다. 다음에서,

(33) a. 선생님들$_i$이 [$_{CP}$ [$_{IP}$ 학생들$_j$이 [$_{VP}$ t_j 서로$_j$/*$_i$가 화해하]기(ㄹ/를)] 바램서.

b. 선생님들$_i$이 [$_{NP}$ 우리$_j$의 서로$_j$에 대한 악담(을)] 들었젱.
(았(/었)젱(↔았(/었)젠)=았(/었)다-고/더라)

(33) a.에서는 VP내부주어 가설에 의하면, '화해하다'가 핵이 되는 VP가 최소의 CFC, b.에서는 '악담'(을)이 핵인 NP(DP)가 최소의 CFC이다. 그 안에서 선행사를 찾아야 하는데 a.에서는 흔적의 고리가 표시하는 IP의 지정어의 '학생들이' 해당되며 '선생님'은 해당되지 않는다. b.에서는 NP(DP)의 CFC 안에서 결속이 이루어지며 '선생님'은 해당되지 않는다.

6. 재귀화사분석, 해석결속이론

앞서의 논의들은 선행사와 피결속어(조응사, 대명사)의 결속관계가 동일지표부여를 통하여 어떤 영역 내에서 성립하는가에 대한 것이었다. 이와 다르게 지표 부여를 통하지 않고도 결속관계를 설명하는 시도도 있게 된다.

조응사로는 영어는 himself / herself의 장형 한 가지 외에, 중국어는 自己, 他自己, 일본어는 自分, 自分自身, 한국어는 '자기, 자기자신' 과 같이 단형과 장형이 있기도 한다. 네덜란드어의 zich, 노르웨이어의 seg등 단형은 장거리 결속 조응사로, 영어의 himself, 네덜란드어의 zichzelf, 노르웨이어의 seg selv 등 장형은 단거리 결속 조응사로 보는데(전자를 SE조응사, 후자를 self조응사로 불리기도 함) 그것들에 맞춰 볼 수 있다((43), (46) 참조). Reinhart and Reuland(1993: 659)는 SEFL류는 그것을 지배하는 술어를 의미적으로 재귀화하는 기능을 지니는 재귀화사로 분석하기도 한다. 술어가 재귀화되면 주어가 목적어에 미친 작용을 도로 주어로 되돌린다고 하는 풀이다. 이 경우, 주어(선행사)와 목적어(조응사)가 같은 동사의 논항구조를 지녀야한다(공존항 제한)(三原 외 2006: 81~82). 선행사와 조응사의 공존항 여부가 가려지면 이에 따라 결속이론의 적용 여부가 가려지게 한다.

(34) a. 선행사가 조응사와 공존항인 경우 결속원리 A가 적용된다.
b. 선행사와 조응사가 공존항이 아닌 경우에 결속원리 A가 적용되지 않는다.

(34) b.의 경우의 조응사는 면제조응형(Exempt Anaphor)이라 부른다. 일반적으로 발화주체 지향성을 지닌다고 한다. a.가 단거리결속이라면 b.는 장거리결속의 경우가 된다. 대명사는 술어를 재귀화하는 능력이 없는 것으로 하여 조응사와 구별한다.

Reinhart and Reuland(1993: 663)는 술어의 두 논항이 동일지시지표가 부여되면 술어는 재귀동사가 된다고 해서 지표를 쓰고 있으나 조응사가 재귀화(사)자질을 지니면 술어가 재귀동사화하여 주어의 목적어에의 작용을 주어에 되돌아가게 하므로 지표 사용 없이 동일지시 될 수 있다.

(35) a. 철수(는/ㄴ/가) 자기(ㄹ/를) 반성햄서.
b. 철수(는/ㄴ/가) 자기자신을 반성햄서.

(35) a.는 술어 자체가 재귀적인 동사의 내재적 재귀화의 경우로, b.는 외재적이고(자기자신) 또한 내재적인 재귀화의 경우로 볼 수 있다. 이러한 분석으로 나아가면 동일지시 지표부여는 필요 없는 일이 된다.

지표를 통해서 동일지시 하기보다는 가급적이면 지표 표시를 없애고 LF에서의 해석원리로 동일지시를 기하려 한다. 구조체의 통사적 파생이 개시될 때 그 파생에서 사용되는 요소에 포함되지 않는 것은 파생의 단계에 보태질 수 없다는 내포성(포괄성)조건을 지키려면 동일지시의 지표는 사용할 수 없게 된다. 그래서, 결속관계를 LF에서의 해석원리로서 재정립하려는 것이다. 그 해석결속조건은 다음과 같다(후술의 LF 이동분석 참조).

(36) a. α가 조응형이면 그것은 D 내에서 그것을 c-통어하는 구와 동일지시되는 것으로 해석하라.
b. α가 대명사이면 그것을 D 내에서 c-통어하는 모든 구와 이접지시되는 것으로 해석하라.
c. α가 지시적 표현이면 그것을 c-통어하는 모든 구와 이접지시되는 것으로 해석하라.
(여기서의 D는 관련된 국소적 영역)
(Chomsky and Laznik 1993 = Chomsky 1995: 100, Chomsky 1993=1995:211)

결속의 해석이 외현적 통사부의 LF 분리 후에 운용된다고 보아야 하는 것은 중문, 복문 등 복합한 문에서는, 통사적인 형상성에 입각한 결속의 조건으로 풀지 못하는 예외적인 것들이 나타나기 때문이다.

소위 등위문(Equational Sentence)의 경우는 선행사의 c-통어 영역이 없어도 결속관계가 성립한다. 中村(1996: 141)에 의하면 일본어 외에 아이슬랜드어, 노르웨이어 등 많은 언어에서도 같은 일이 보인다고 한다.

(37) 철수$_i$가 각시ᄒᆞ고 헤어진 건 각시가 자기$_i$를(/ㄹ) 믿지 않아 투기ᄒᆞ기 때문이엥. (때문이엥=때문이라고 ~이엥=~이라고(하더라))

선행사가 조응사에 후속하는 소위 역행결속의 경우도 선행사가 조응사를 c-통어하지 않는 위치에 있는 것이 된다. 그러나 역행 결속을 연쇄결속으로 c-통어 관계를 지탱하기도 한다.

Fujita(1993: 383)에서는 조응사가 선행사보다 선행하는 역행결속을 연쇄결속으로 보이고 있다.

(38) [$_{AgrSP}$ [zibun$_i$no kodomo]$_j$ [$_{AgrS'}$ [$_{AgrOP}$ Yoshiko$_i$ [$_{AgrO'}$ [$_{VP}$ t$_j$ [$_V$ [$_{VP}$ t$_i$ t$_v$]waraw-ase]] AgrO]] …AgrS]].

주격과 대격 점검을 위한 AgrS, AgrO를 일단 덮어두고 수형도를 그리면 (제주방언으로 대역해서, Yoshiko의 인명은 '어멍(母)'으로 고침),

(39)

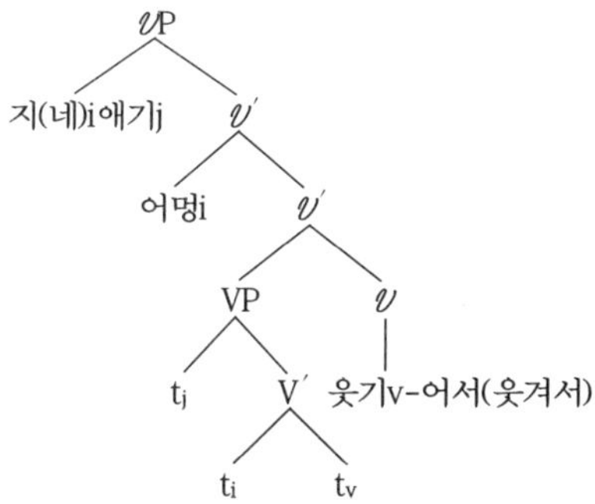

VP 내부에 있던 주어 및 목적어가 격점검을 위해 이동하였다고 가정하면

'어멍$_i$'이 t_j 곧 사역동사의 주어를 c-통어하게 되어 '자기(/지(네))'를 연쇄결속한다고 보는 것이다. 三原 외(2006: 68)의 예시에서는,

(40) 自分iの論文が先生に批判されたことが[VP太郎iを憂うつにした。]

(41)

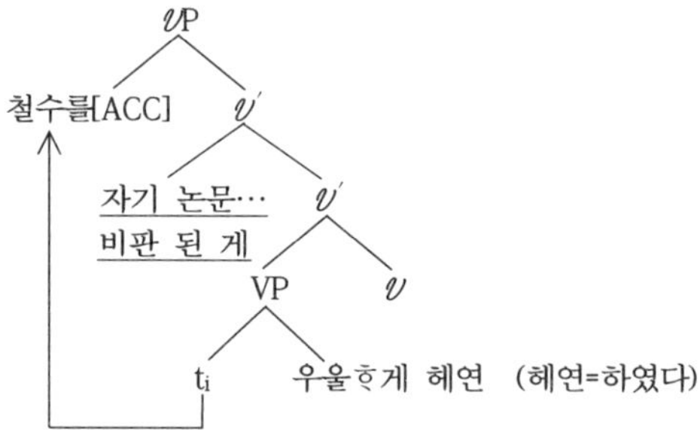

(40)을 제주방언으로 대역해 보인 것인데 수형도는 三原 외의 예시 그대로지만 이는 대략적인 것이다(Tense의 표시 문제가 있다).

위에서 밑줄 친(필자) 부분이 v의 지정어의 주어 자리에 있고, VP에 있는 목적어가 그 상위에 이동하여 대격 자질이 점검되고 그 위치에서 자기(zibun)를 결속한다는 것이다. 이 기제는 대격자질 점검자가 v, 그리고 점검을 위한 v의 지정어 위치에의 이동을 가정하고 있다.

(42) pro_i 自分$_i$の論文が先生に批判されたのが太郎を憂うつにした。

와 같이 pro의 설정의 방법도 있을 수 있다. pro가 아닌 太郎이 그 자리에 실현되면 목적어 太郎은 재귀화될 것이다.

다음의 분열문의 경우도 역행결속의 예로 볼 수 있는데, 앞서와 같은 전방이동으로, 또는 pro의 설정으로 순행결속으로도 할 수 있다.

(43) a. [자기$_i$를(/ㄹ) 고발ᄒᆞᆫ 건]$_j$ 철수$_i$(자신) t_j여.

b. [pro_i 자기$_i$를(/ㄹ) 고발ᄒᆞᆫ] 건 철수$_i$(자신)여.

pro 자리에 철수가 실현되면 서술보어의 철수는 재귀화된다.

(44) a. [자기$_i$를(/ㄹ) 탓한 걸]$_j$ 철수$_i$(는/ㄴ/가) t_j 나중에 후회헤연.
  b. [pro$_i$ 자기를(/ㄹ) 탓한] 철수$_i$는 나중에 후회헤연.
  c. ~~철수가~~ 자기를(/ㄹ) 탓한 걸 철수는 나중에 후회헤연.

(44) b.는 관계절의 경우이고 c.는 복사를 가정한 경우이다. 가급적이면 c-통어 관계라는 구조적 형상성이 지탱되는 것이 문법의 명시성에서 볼 때 바림직하지만 그것의, 외현적인 통사부에서의 지탱에 한계가 있다면, 내현적인 통사부에 넘기게 될 수밖에 없다. 앞서의 결속의 해석원리도 그렇다. Kitagawa(1991: 533)는 A-결속은 LF부문의 일이며, LF에서 동일지표 부여가 자유로이 수행되고 결속조건(원리) A, B, C (BT A, B, C)는 LF부문에서 지탱한다고 한다. 그리고, VP 생략부분에 대한 LF에서의 복사, 파생을 보여주고 있다. 예컨대, "철수는 자기를 미워하고 영희도 그렇다."에서 VP생략형(대용언)에서의 조응사의 선행사는 '철수'도 '영희'도 될 수 있다. 대용언인 경우는 보다 '철수'쪽을, 재생형에서는 보다 '영희'쪽을 지향한다 하겠다.

7. LF 이동분석

조응사의 주어지향성을 설명하기 위하여 조응사를 주어가 c-통어하는 위치로 LF 인상한다는 아이디어는 Chomsky(1986b: 175)에 보인다. Katada(1989)에서는 일본어에서 장거리 조응사의 zibun(自分)은 오직 주어를 선행사를 취하는 연산자(연산자 조응사)로 보고 있다. 다만 인상 위치가 VP의 부가위치로 보는 것이 특이하다.

먼저, 한국이나 일본어는 다음 세 가지 (조응사)체계이며 이들은 각각 다른 결속관계를 보여주는데, 이는 다음과 같이 범어적인 것으로 보았다(p. 260).

(45)

	인상	국소인상	비-인상
일본어	自分(zibun)	自分自身(zibunn-zisin)	kare-zisin
한국어	자기	자기-자신	그-자신
네덜란드어	zich	zich-zelf	'm-zelf
중국어	ziji(自己)		ta-ziji(他自己)
영어			himself

Katada(1991: 309)에는 다음이 추가된다.

(46) 노르웨이어	seg	seg-selv	ham-selv
이태리어	se	se-stesso	lui-stesso

이들 조응사의 분류는 [±operator]와 [±lexical]로 표시한다. 다음은 일본어의 예다.

(47) 인상조응사	[+op, +lex]	zibun(自分)
국소-인상 조응사	[+op, −lex]	zibun-zisin, mizukara
비-인상 조응사	[−op, −lex]	kare-zisin

인상조응사는 장거리결속의 주어지향성으로, 국소-인상 조응사는 국소결속 주어지향성으로, 비-인상 조응사는 국소결속의 무지향성의 속성이 있는 것으로 하였다.

일본어의 zibun(自分, 한국어 '자기' 상당)을 연산자로 볼 때 이때의 연산자는 표준적인 곧 양화사와 공영산자와는 구별되는 다른 개념이다. 연산자 zibun에게는 [+human]의 자질밖에 없고 φ자질은 지정되어 있지 않아서 (kare-zisin은 [+3인칭 단수, 남성, human]의 자질복합체(φ자질)를 지닌다), 넓은 폭의 의미를 허용한다.

everyone/who, everything/what의 자질도, 전자는 [+human], 후자는 [−human]만의 자질을 지니고 그 이상의 자질이 주어지지 않는 것처럼

zibun(한국어 '자기')도 그같은 연산자로서 LF에서 인상하나 VP 부가위치에 부가한다고 보는 것이다(동사성 연산자). 그 자리는 A'-위치이다. LF이동에는 하접(하위인접)의 조건(두 개의 경계절점(NP, S)을 넘지 못함)이 적용되지 않으며 상위의 VP 부가 위치에 자유로이 이동하여 주어의 선행사 하고만 결속이 된다.

(48) $[_{IP}$ NP_1-ga $[_{VP}$ zibun $[_{VP}$…NP_2-ni… $[_{CP}$*…t-Case…]]]
SB IO [+lex gvnd]
(CP*는 제로 또는 그 이상의 절을 나타낸다)(Katada 1991: 296)

NP_1-ga의 주어를 지향하여 zibun이 t(어휘지배되는)자리에서 VP부가위치로 LF-이동하나 실상은 t 자리에서 장거리 결속된다. 그리고 주어 NP_1는 이동해 온 zibun을 국소적으로 c-통어하는 격이 되고 그 밖의 NP_2-ni와는 그렇지 않게 된다.

(49) 철수$_i$(는/ㄴ/가) 영희한티 [민수$_j$가 자기$_{i/j}$ 동생(을) 나무랬젱] ᄀ랑게.
(ᄀ랑게/ᄀ란게=말하-였어/더라)

자기가 두 가지 동일지시가 가능한 것은 LF에서의 VP 부가 위치에의 이동의 차이 곧 어느 선행사의 국소영역에 다가서는가에 의해서 설명된다.

(50) a. 철수$_i$(는/ㄴ/가) 영희한티 [민수$_j$가 $[_{VP}$ 자기$_j$ $[_{VP}$ t_j 동생을 나무랬젱] ᄀ랑게.
b. 철수$_i$(는/ㄴ/가) $[_{VP}$ 자기$_i$ $[_{VP}$ 영희한티 [민수$_j$가 t_i 동생을 나무랬젱] ᄀ랑게.

(50) a.는 단거리(절 내) 결속의 경우고, b.는 장거리결속의 경우다. 그리고 '자기'의 흔적은 조사(주격 ka, 속격∅)를 어휘지배자로 본다면 어휘지배되기 때문에 공범주원리를 만족시킨다. 이러한 '자기'에 대해 '자기자신'은

단거리 결속만이 가능하다.

(51) a. 철수$_i$(는/ㄴ/가) [영희$_j$가 자기$_{i/j}$를(/ㄹ) 사랑ᄒᆞ는 줄] 알안.
(알안=알았다)
b. 철수$_i$(는/ㄴ/가) [영희$_j$가 자기$_{i/j}$를(/ㄹ) 한탄ᄒᆞ는 줄] 알안.
c. 철수$_i$(는/ㄴ/가) [영희$_j$가 자기자신$_j$을 사랑ᄒᆞ는 줄] 알안.

(51) a.와 b.는 '자기'가 단거리/장거리 결속되는 것을 보여 준다. 그러나 a.는 단거리결속보다는 장거리 결속 쪽에, b.는 장거리 결속보다는 단거리 결속 쪽에 더 가깝다. 조응사의 지배자의 어휘적 의미가 결속관계에 영향을 미침을 보여준다. c.에서 '자신'이 부가된 것은 가장 가까운 VP에 한정되는 단거리결속만이 가능하다. 곧 '자신'이라는 형태적 후접 여하에 따라 단거리/장거리 결속 여하로 갈린다. '자신'에는 스스로/직접/자체의 뜻이 있기 때문에 근접한 주어와 결속되는 것은 당연하다.

이에 대해 선행사를 VP 내의 R 표현의 복사로 볼 때 그 대체물은 '자기'이며 '자기자신'은 아니다. 따라서 '자기'만이 절 내외에 문의 선행사와의 결속이 가능하다. 연산자 이동분석에서는 '자기자신'은 비연산자로 분석된다.

(52) a.

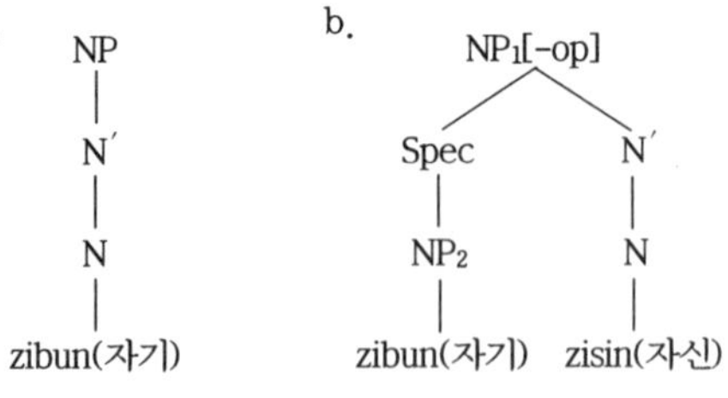

(52) a.의 '자기'는 연산자로 LF에서 장거리이동은 가능하나 b.의 '자기'만의 이동은 그 원 위치에 흔적(t)을 남기게 되고 흔적은 공범주원리를 충족해야 하기 때문에 선행자 지배를 받자면 실지로는 단거리 이동만이 허용되는 것이다.

zibun(자기)과 zisin(자신) 사이에 조사(일본어 -no, 한국어 -의)가 개재할 수 있다면 이동 후의 [e(-조사) 自身]이면 흔적이 조사에 의해 어휘 지배되어 공범주원리를 충족시킬 수 있게 되어 장거리 이동도 가능하지만 그런 표현은 한국어나 일본어에 없기 때문에 불가능하다.

zibun 단독의 경우는 zibun-no(자기-의)와 같이 속격을 수반하기 때문에 zibun이 LF 이동하더라도 속격 조사가 원 위치에 남아서(격조사 잔류, Case Stranding) 이 격조사가 흔적을 어휘 지배한다고 가정하면 선행사 지배의 필요 없이 단거리 결속 외에도 장거리 이동이 가능하다는 것이 된다.

한국어의 '자기' 경우는 '자기 동생'과 같이 표면적으로 격조사가 개재하지 않고 쓰이는 것이 일반적이다. '자기자신'의 경우와 달리 [자기의 동생]과 같이 표면적으로 나타나기도 한다. 나타나지 않는 경우는 [자기-∅ 동생]과 같이 추상격이 있는 것으로 보면 동일한 결과가 된다. 속격이 외현적으로 나타날 때 장거리 결속을 더 드러낸다.

전항의 대명사에 후항의 自身이 결합한 '나자신, 너자신, 그자신…'등의 결합형도 연산자가 아니다.

(53) a. 나(는/ㄴ/가) 나자신을 타일런. (타일런=타일렀다)
a'. 나(는/ㄴ/가) [나자신이 바본 줄] 알안. (알안=알았다)

b. 너(는/ㄴ/가) 너자신을 타일러.
b'. 너(는/ㄴ/가) [너자신이 바본 줄] 알안?

c. 가이(는/ㄴ/가) 가이자신을 타일런.
c'. 가이(는/ㄴ/가) [가이자신이 바본 줄] 알았나봐.

'자신'이 부가하지 않는 대명사 단독으로도 쓰이고, 전항의 대명사 없이 '자신'만으로도 쓰인다. 이 중에서 '그자신'은 조응사로 쓰이기도 한다.

(54) a. 철수$_i$(는/ㄴ/가) [영희$_j$가 민수$_k$한티 [그 자신$_{?*i,j,k}$의 일을 의논ᄒᆞ켕] 혰젱] ᄀᆞ랑게.

b. 철수$_i$(는/ㄴ/가) [영희$_j$가 민수$_k$한티 [그 자신$_{?i,j,?*k}$의 일을 전달ᄒᆞ켕] 혰젱] ᄀᆞ랑게.

(ᄒᆞ켕=하겠다고, 혰젱=하였다고)

(54) a., b. 모두 가능 선행사가 3개 있으나 동사에 따라 결속관계가 달라지는 듯 보인다. 그자신이 조응사이면 LF이동을 하지 않고 조응사를 지배하는 동사의 주어를 포함하는 국소적 영역(IP=TP)의 명사구 (앞에서는 영희, 민수)에게 결속되지만, b.의 경우처럼 전달자-피전달자-전달내용의 의미관계가 성립하는 경우 국소적 영역 외의 명사구에도 미칠 수 있다.

참고로 Saito and Hoji(1983: 247)에서는 일본어의 zibun(그리고 공대명사)은 (명시적)대명사가 아닌 변항으로 해석한 바 있다. 곧 zibun은 국소적으로 A'-결속되면 변항으로 해석된다(p. 255). 변항은 A-위치에 있으면서 국소적으로 A'-결속되는 범주로 정리하였다. 수량사(양화사)의 LF에서의 A'-위치 이동 후 결속되는 경우를 들고 있다.

(55) a. 누구도$_i$ [자기$_i$가 $^{/*?}$그$_i$가 시험에 떨어진뎅] 안 헤. (~뎅=~다고)

b. 누구도$_i$ [pro$_i$ 시험에 떨어진뎅] 안 헤.

c. 누구도$_i$ [그$_j$가 시험에 떨어진뎅] 안 헤.

여기서 '누구도'는 보편수량사이고 '자기'와 ∅는 이에 결속되는 결속변항이다. '자기'도 보편수량 해석을 지닌다.

8. 주어지향성

쉽게 간추려서 한국어나 일본어의 조응사는 단형이든 장형이든 선행사는 일반적으로 주어이고(주어선행사조건) 조응사가 관계절 등 보문 내 있을 단형조응사의 주어는 상위절의 주어일 수 있다(주어지향성)는 것이다. 그리고 그 장거리결속은 복수의 IP(TP), NP등을 넘을 수 있는 특징을 지니는 점에서 LF에서 있는 일로 보게 되는 것이다.

여기서는 주어 지향성의 주어조건을 명기한 변형규칙의 간명성을 상기시키고 주어지향성에 대한 예외적인 사례에 대해 언급하고 이어서 다음 절에서 주어선행사조건이 부과되지 않는 대명사의 c-통어 조건 등에도 간단히 언급하고자 한다. 이전에 제시된 바 있는 재귀대명사화규칙에서도 (柴谷 1982: 284, 286), 주어조건은 명기되었었다.

(56) a. 영어

NP X NP

1 2 3 → 1 2 3

[+대명사, +재귀형]

(단 (i) 1과 3은 동일지시를 지닌다.
(ii) 1과 3은 동일 S 내에 있어야 한다.)

b. 일본어

NP X NP

1 2 3 → 1 2 3

[自分]

(단 (i) 1과 3은 동일지시를 지닌다.
(ii) 1은 주어이다.)

([ ]표시는 특징이 주어진다는 뜻으로 쓰임)

이는 재귀대명사는 기저생성하지 않고 변형을 통하여 대치됨을 보여 주고 있다. 기저생성의 방식과는 다르고 R-표현이 조응사화하는 것과 역방식이다. 어떻든 일본어는 영어와는 달리 선행사와 재귀대명사는 반드시 동일

절 내에 있지 않는 경우도 있다는 것과 그 대신 반드시 선행사가 주어야 된다는 것을 보여주고 있다. 이는 발제/주어가 선도적으로 후행의 동일 DP를 재귀화하는 것이 되고 저절로 주어선행성과 주어지향성으로 귀결된다.

술어핵의 논항도입의 상향식의 경우도 VP내의 NP(DP)가 v_1P 내지 v_2P의 주어로 복사 도입되고 자신은 조응사로 바뀌는 것 그 자체가 주어지향적이라 할 수 있다. 앞에서 언급한 바도 있지만 절내주어에만 결속되는 것은 '자기'가 아닌 '자기 자신'의 경우이다. 동일 절 내에 있어야 한다. 곧 절내주어지향이다. '자기자신'은 스스로의 의미가 부가되는 자기의 강조형인 면도 없지 않아 근접한 주어를 결속하는 힘이 강한 것으로 보인다.

(57) a. 철수$_i$(는/ㄴ/가) 영희$_j$가 자기$_{i,\ j}$가 그린 그림을 던져버렸젱 ᄀᆞ랑게.
b. 철수$_i$(는/ㄴ/가) 영희$_j$가 자기자신$_{*i,\ j}$ 그린 그림을 던져버렸젱 ᄀᆞ랑게.

근접한 주어를 지칭하고 '스스로 / 직접 / 자체'의 뜻이 있어서 철수≠자기자신, 영희=자기자신의 관계를 이룬다. 따라서, '자기'하고 '자기자신'은 상대적이며 전자는 장거리 결속이 가능하여 (문)주어지향적이고, 후자는 단거리결속 (국소결속)하여 (절)주어 지향적이다.

'자기'는 주어위치에서도 목적어 위치에서도 장거리 결속이 가능하다.

(58) a. 철수$_i$(는/ㄴ/가) 영희$_j$한티 자기$_i$가 도둑(을) 잡았젱 자랑헤연.
b. 철수$_i$(는/ㄴ/가) 영희$_j$한티 민수$_k$가 자기$_{i,*j,*k}$를(/ㄹ) 때렸젱 ᄀᆞ랑게.
c. 철수$_i$(는/ㄴ/가) 영희$_j$한티 민수$_k$가 자기$_{*i,\ j,\ k}$를(/ㄹ) 때려시냐 물엉게.

(57)에서의 '자기'의 중의성 그리고 (58)의 b., c.에서는 '자기'를 지배하는 동사의 술어성과 주문동사의 다름에 따라 바뀌는 동일지시 관계(c.의 '자기$_j$' 해석은 조응사가 아닌 대명사로도 볼 수 있다) 해석은 앞서의 재귀대명사화 규칙과 같은 변형방식이 더 간명할 수 도 있다. 다만 그 규칙은 다음과 같이

고쳐 쓸 필요는 있다.

(59) NP X NP

1 2 1' → 1 2 1'

[자기']

곧 재귀대명사가 선행 NP의 번호를 취할 수 있어야 한다.

주어지향성에 예외가 되는 듯한 예로,

(60) a. 철수$_i$(는/ㄴ/가) [$_{NP}$ [자기$_{i,\ j}$ 동생을 때린] 민수$_j$를] 탓헴서라.

b. 철수$_i$(는/ㄴ/가) [$_{NP}$ [pro$_j$ 자기$_{i,\ j}$ 동생을 때린] 민수$_j$를] 탓헴서라.

(탓헴서라=탓하고 있더라)

(60) a.에서 조응사 '자기'는 주문주어와 관계절의 주명사와 동일지시될 수 있고, 후자의 경우 주어지향성의 예외이고, 또한 역행결속의 경우가 된다. (60) a.를 b.와 같이 내포절에 후행의 주어명사 '민수'와 동일지시되는 pro를 설정하면 후행의 '민수'가 조응사의 선행사 구실을 하는 것이 된다. 다음에서 (61) b.의 경우도 주어지향성의 예외라고 볼 수 있다.

(61) a. 철수$_i$(는/ㄴ/가) 영희$_j$한티 자기$_i$ 방을 보여주었젱.

b. 철수$_i$(는/ㄴ/가) 영희$_j$한티 자기$_j$ 방을 보여ᄃᆞ렝 햇젱.

술어의 형성과정의 차이에 따라 결속관계의 다름을 보여준다. 보여주는 것은 자기의 것이고 시키는 것은 상대방의 것이다. 여기서 b.도 [pro$_j$ 자기$_j$ 방을 보이-] 와 같은 구조로 보면 예외는 아니다.

9. 대명사, 제로(공)대명사

대명사에는 주어선행사 조건이 부과되지 않는다.

(62) a. 철수$_i$(는/ㄴ/가) 가이$_j$를 우찬해.
b. 철수$_i$(는/ㄴ/가) [가이$_{i, j}$/가네$_{i, j}$ 동생(을)] 우찬해.
c. 철수$_i$(는/ㄴ/가) 애인$_j$한티 [가이$_{i, j}$ 사진(을)] 보내연.
d. 철수$_i$(는/ㄴ/가) [애인$_j$한티 [가이$_{i, j}$사진(을)] ᄃᆞ렝] 헴서. (ᄃᆞ렝=달라고)

그러나 b., c., d.의 예처럼 결속영역이 다른 경우에는 주어지향성이 없지 않다. c., d.처럼 여격 명사가 선행할 때 중의적일 수 있다. 요구동사가 '돌려달라'의 뜻이면 주문주어에 더 가깝다. 여기서 대명사의 조응적인 것과 지시적인 것에 대한 논의를 본다면 Kitagawa(1992 필자 未見, 三原 1994: 179)는 대명사를 조응적 대명사 (A대명사)와 지시표현적 대명사 (R-대명사)로 나누었다. 전자는 내재적(독자적) 지표를 갖지 않고 선행사에 의존하는 관계가 되고, 후자는 지시표현처럼 내재적(독자적) 지표를 최초부터 내재적으로 갖고 선행사에 의존하지 않는 관계가 된다. 따라서 A표현에는 조응형 외에 A대명사가 있게 된다. 이들은 c-통어하는 선행사가 필요하며 그것과 동일지표를 갖는다. R-표현에는 지시표현 외에 R-대명사가 있게 되는데 이들에는 c-통어하는 곧 동일지표가 주어지는 선행사가 없다.

앞에서 (62) b., c., d.처럼 선행사와 동일지시가 주어진 대명사는 A대명사이고, (62) a.처럼 동일문 중에 동일지표가 주어지는 선행사가 없고 문밖에 담화적으로 지시, 특정할 수 있는 대명사는 R-대명사가 된다. '자기'에게도 A-자기와 R-자기가 있을 수 있다. c-통어하는 선행사의 필요 여부에 있다.

대명사가 그 선행사를 c-통어해서는 안 된다는 대명사의 c-통어조건은 결속조건 C로 일반화된다. 곧 지시적 표현은 대명사에 결속되는 일은 없다.

(63) *가이$_i$(는/ㄴ/가) 애인한티 철수$_i$의 사진을 보내연.

다음의 경우는 어순하고 무관한 구조상의 c-통어 여부에 의한 것이다.

(64) a. 가이$_i$(가) 여행간 때 철수$_i$ 애인과 각방(을) 썼젱.
b. 철수$_i$(는/ㄴ/가) [가이$_j$가 손수 짠] 세타를 영희$_j$(/본인$_j$) 앞에서 입어보고렝.
(~고렝 (↔고렌)=~았(었)다(라)고 (하더라), 세타=스웨터)
c. [$_{NP}$ [$_{NP}$ 가이/가네$_i$] [$_{NP}$ 애인(이)]] 철수(ㄹ/를)$_i$ 너무 지켜세왐서.

(64) a.는 별개의 문, b.는 대명사가 관계절 내에 있고 c.는 [가이/가네] NP를 관할하는 최초의 분지절점은 외측의 NP이므로 이 절점을 넘어 '가이/가네'가 철수를 c-통어하지 않는다. 화자에 따라서 (64) a., b., c. 모두 용인성이 애매할 수 있다. 대명사를 R-표현 '철수'(b.에서는 '영희')와 맞바꾸면 정문이다.

이번에는 음형을 갖지 않는 대명사 pro(조응형에 상응하는 NP-t 그리고 비조응형인 R-표현에 상응하는 Wh-t에 대해서는 제4장 이동 참조)의 결속관계에 대해 간단히 언급하고자 한다.

먼저 공대명사로 말하면, 한국어나 일본어는 문맥상 알 수 있는 요소를 생략하는 언어인데, 화자를 나타내는 1인칭 대명사와 청자를 나타내는 제2인칭 대명사가 생략되는 경우 등에 그 자리를 메꾸어 준다고 보는 것이다.

(65) a. 어제 ___ 영화 보안.(↓)
b. 어제 ___ 영화 보안.(↑)
c. 응, 나도 ___ 보안.(↓)
d. 응, ___ ___ 보안.(↓) (보안(↑) 보았느냐, 보안(↓) 보았다)

이들 문에서 비어 있는 부분을 모두 채운다면 '나(도) 영화 보안'이 되어 타동사의 최소한의 의미역인 동작주(AG), 대상(TH)이 포화(방출)된다.

이와 같이 의미역을 수행하는, 보이지 않는 요소를 음형을 지니지 않는 대명사(제로대명사)로 채워서 논항구조의 틀을 짤 수 있다.

(66) a. 어제 pro 영화 보안.
b. 기, 나도 pro 보안. (기=그래, 보안=보았다)

이렇게 주어 위치에 혹은 그 외의 θ-위치에서 제로대명사가 나타나는 언어로는 한국어, 일본어, 중국어 등이 있다. 이태리어는 주어위치에만 제로대명사가 나타난다.

(67) a. 現在忙吗. 不忙. 他忙.
b. 誰看. 父亲看. 父亲看報.

아이누어에서도 회화체에서 보인다 (神保外 1978 :40-41)

(68) a. Ohau e e ruwe he an. 국(수프)을 먹을 것입니까?
b. Ohau eramasu ya ? 국(수프)을 좋아합니까?
c. Shomo k'eramasu. 싫습니다. (shomo = somo)

(68) a.에서는 주어(e 너), 타동사 (e 먹다)가 다 나와 있고, b.에서는 주어인 인칭대명사가 생략되어 있고 c.에서는 그것이 (ku '나'의 모음 탈락형) 나타나 있다(대상 논항은 생략).

몽고어에서도 주어, 목적어, 보어가 e 로 나타난다.

(69) a. (Энэ) юу бэ? (이것은) 무엇이냐?
b. Юу? 무엇?
c. Ном. 책.

(69) a., b.의 물음에 c.의 답도 가능하다.

다음의 예문에서 주어나 목적어 중에 한 가지를 생략해도 이해는 되고 두 개가 생략되면 어색하다고 한다.

(70) Би будаа идсэн.　　나 밥 먹었다.

만주어도 주어, 목적어가 생략되기도 한다.

(71) a. s̀ii bədaa jekə naa?　　너는 밥을 먹었느냐?
　　b. jekə.　　먹었다.

튀르크어에서 목적어가 생략될 수 있다.

(72) a. (Ben) öğren-di-m　　(나는) e 배웠(/익혔)다(나).
　　b. (Ben) oku-du-n　　(나는) e 배웠(/읽었)다(나).
(-m, -n은 동사인칭어미, di, du는 과거형태소)

동사의 인칭어미로 몇 인칭 주어인지 알 수 있으므로 인칭대명사의 주어는 생략할 수 있다. 주어는 생략되어도 인칭어미는 생략될 수 없다.

이러한 공대명사가 절중에 있을 때의, 선행사와의 결속관계의 문제가 있게 된다. 다음에서 종속절의 주어와 주절의 주어가 동일한 경우,

(73) a. [철수$_i$(의) 집에 가보난] [철수$_i$(는/ㄴ/가) 자기$_i$방에서 잠성게].
　　b. [철수$_i$(의) 집에 가보난] [pro$_i$ 자기$_i$ 방에서 잠성게].
　　c. [철수$_i$(의) 집에 가보난] [~~철수~~ 자기$_i$ 방에서 잠성게].(잠성게/잠선게 =잠자고 있더라)

주절의 주어 자리를 공대명사로 채워야 하는지 삭제 혹은 그림자를 드리우는 식으로 하는지 또는 다른 방법이 있는지 이견이 있을 수 있다.

다음의 종속절 내의 공대명사는,

(74) a. 철수$_i$(는/ㄴ/가) [e_i/$_j$ 영희(를/ㄹ) 차버렸젱] ㄱ랑게.
b. 철수$_i$(는/ㄴ/가) [영희가 $e_{?*i/j}$ 차버렸젱] ㄱ랑게.

(74) a.에서는 종속절의 주어공대명사가 주절주어와 동일 지시되는 경우와 이접(상이)지시를 하는 경우가 있다. 후자는 담화문맥에서 결정된다. b.에서는 종속절의 목적어 공대명사가 주절주어와 동일지시 안 되고 있다. 이 경우도 담화문맥에서 결정된다.

또한 종속절 내에 공대명사가 두 개 나오는 경우가 있다.

(75) 철수가 [$e_{i/?*j}$ $e_{j/?*i}$ 좇아뎅긴] 사람과 결혼했젱. (좇아뎅긴=좇아다닌)

이 경우 다음의 두 가지 결속관계가 성립한다.

(76) a. 철수$_i$는(/ㄴ/가) [e_i e_j 좇아뎅긴] 사람$_j$과 결혼했젱.
b. 철수$_i$는(/ㄴ/가) [e_j e_i 좇아뎅긴] 사람$_j$과 결혼했젱.

관계절에 주어와 목적어의 두 빈 자리가 있다. 공대명사는 대명사인 이상 결속조건 (B)에 의해 절 내에서 동일지시되지 아니하고 이접지시된다.

(76) a.와 같이 주문주어와 절 주어가 동일할 때 통제구문으로 해서 절 주어를 PRO로 볼 수 있으나, 그것은 영어의 경우 부정사절의 주어인 경우로 한정되어 있어서 영어와는 어긋남이 있다. b.의 경우는 주문주어와는 무관하고 시제절의 주어이기에 pro로 보통 해석되고 있다. 한국어의 경우는 종속절의 시제성이 모호한 경우가 있다. 목적어는 그 지배자가 있기 때문에 pro로 해석해서 큰 문제는 없다. 주어 자리는 종속절의 시제성에 따라 PRO가 되거나 pro가 되거나 하는데 비시제절도 ∅시제성을 지닌다고 하면 pro로 해석될 수 있다. 그렇게 되면 절 내에 pro의 연속이 되어 해석상의 문제도 생긴다. 이를 구별하기 위해 PRO (아니면 Pro)와 pro로 구별하여 쓸 수 있지 않을까 한다.

10. 마무리

지금까지 결속이론에 대한 여러 가지 관점과 그 실례들을 살펴왔다. 조응사를 R-표현의 일부자질[+b, ·····]로 볼 때 선행사와의 결속 거리의 장단에 의해 재귀화사 혹은 연산자로서의 면모도 보여 주었다.

발제 - 결말의 시발구조에 명제가 안기는 언어표현 구조를 가정하게 되면 결속이론도 그러한 두 영역에 걸치는 것으로 보아야 한다.

명제구조는 국면의 축조로 이루어진다. '자기'라는 형태가 국면에 쓰인 경우를 보면 Af 국면에서,

(77) 지/자기한티 주쿠라. (주쿠라=주겠어)

의 표현이 생성될 수 있다. 이 경우 '지/자기'는 조응사가 아니고 대명사(2인칭)가 될 것이다. 𝒱P 국면에서,

(78) a. 자기가 가.
b. 난 자기가 싫어.
c. 자기 동생도 몰라.

(78) a.-c.의 표현의 '자기' 역시 대명사로 주어와 목적어 그리고 관형어로 쓰이고 있다. 단 b.에서는 소위 A-자기로도 쓰이고 c.에서는 소위 R-자기로도 쓰인다.

(79) a. 철수(는/ㄴ/가) 자기 동생을 애껴.
b. 철수(는/ㄴ/가) 자기를 우찬해.

(79) a.에서 국면의 도출순이 '자기 동생'에서 어순은 '자기'가 먼저이므로 대명사의 경우와 혼동되기 쉽다. 그러나 그것은 DP '동생'에 대해 부가된 것이다. 혹은 지시적 표현 '철수의 동생' 그리고 '철수'와 같이 사용된 것으

로도 볼 수 있다. 그렇다면 VP에서 vP로 확장하면서 주어와 VP의 목적어와 동일하여 조응화의 기제가 작동한 것이 된다. 이 때 vP의 주어가 VP의 목적어에 의해 복사 혹은 부가되면서 VP의 해당구가 자동적으로 조응사가 된 것인지, VP의 목적어인 자기(조응사)와 vP의 주어와 동시적으로 도입된 것인지 혹은 재귀대명사화규칙대로 주어와의 동일성 때문에 후행구가 조응사화 된 것인지 두고 생각해 볼 일이다. 하위 국면에의 침투의 경우가 되는 일이 있다면 애초부터 '자기'로 도입된 것으로 볼 수 있으나 그것은 대명사의 경우와 혼동되기 쉽다. 애초부터 R-표현으로 도입된 것으로 볼 수 있다.

vP - CP의 확대 국면에서는 vP와 CP의 주어가 동일주어이면 결속관계는 그대로 유지된다. CP - v_2P의 확대 구조에서는 CP와 v_2P의 주어가 같을 수도 있고 다를 수도 있다. 같은 경우는 구조보존가설대로 결속관계는 그대로 유지된다. 어느 단계나 동일한 경우 종래의 주어 명사구 인상으로 볼 것인지 복사의 소멸의 기제가 작동하는 것인지는 생각할 일이다.

주어 NP(DP)가 다른 경우는 결속관계 성립에 애매성이 있다.

(80) a. 철수$_i$(는/ㄴ/가) 자기$_i$ 동생을 사랑해.
b. 철수$_i$(는/ㄴ/가) [자기$_i$ 동생을 가장 사랑ᄒᆞ는 줄] 알아.
c. 민수$_i$(는/ㄴ/가) [철수$_j$가 자기$_{i/j}$ 동생을 사랑ᄒᆞ는 줄] 알아.
d. 민수$_i$(는/ㄴ/가) [철수$_j$가 자기$_i$ 동생을 사랑해주는 줄] 알아.

(80) a., b.는 조응사는 주어에 결속된다. c.는 주어가 두 개이므로 조응사는 두 가지 해석을 갖는 모호성이 있다. d.의 해석의 방법으로는 조응사의 LF이동으로 주문 주어의 피결속자가 된다는 식이다.

CP와 SP의 합체로 문장 전체가 완전기능복합체가 되어 조응사화한다고도 할 수 있다. 필자가 생각하는 보다 간결한 조응사화의 연산은 쌓아올리기 견지에서 볼 때 VP에서의 R-표현이 vP의 주어로 복사되면서 R표현이 조응사화 하는 것이다. 조응사화가 아닌 경우 원자리에 t를 남기는 것과 대조적이다. 곧 R-표현이 상위 국면에 복사시 원 자리에 유형으로 남느냐 무형으로 남느냐 곧 다른 말로 자질 이동의 한 경우냐 범주 이동의 경우냐의 다름으로 보게 된다. 절 내의 R-표현이 절 외에 복사할 때도 마찬가지다.

발제 - 결말의 시발구조에서 내려와 보는 경우 발제에 선행문맥이나 화제의 중심으로서 또는 그것들과 무관한 중립주어로서 '철수'가 자리하고 있다면, 그것이 명제주어와 동일한 경우하고 동일하지 않는 경우로 나누어 생각해 볼 수 있는데 동일한 경우는,

(81) 철수(는/ㄴ/가) [~~철수가~~ 철수(이) 부모를 극진히 봉양흔 줄] 알안.
조응사화

와 같은 복잡한 도출방식이 불필요하도록 내포절의 주어든 NP의 주어든 발제와 동일한 NP는 ∅복사되고 조응사 '자기(이 (←의))'가 부가된 것으로 하면 된다. 그만큼 경제성을 도모할 수 있다. 문주어와 CP주어가 동일하지 않을 경우,

(82) a. 철수(는/ㄴ/가) [민수가 철수(이) 부모를 극진히 봉양한 줄] 알아.
b. 철수(는/ㄴ/가) [민수가 자기(이) 부모를 극진히 봉양한 줄] 알아.

(82) a.의 CP에서는 조응사가 없으나 SP와의 합체에서 조응사화가 생긴다고 보게 된다. 그것으로 인해서 그 조응사가 CP 주어의 것인지 SP주어의 것인지의 애매성이 생긴다.

b.의 CP에서는 원래 CP 주어와의 조응사가 있는 경우인데 SP와의 합체에서 그 조응사는 a.의 경우에서 조응사화(철수→자기)된 것과 모호성이 있게 된다. 도출과정과 대비했을 때, 선조적으로는 발제의 존재는 (82) a.면 합체의 국면에서 혹은 '철수의 (부모)'를 도출을 거치지 않고 직접 '자기'로 반영한다고 본다.

(83) 철수는 [민수가 자기 부모를 극진히 봉양한 줄] 알아.

그렇다면 그 만큼 도출이 경제적이다. (84)도 마찬가지나 (82) b.의 경우와 결과가 같아져서 선행사 결속에 모호성이 있게 된다.

(84) 철수는 [민수가 자기 부모를 극진히 봉양한 줄] 알아.

(82) a.와 (82) b.를 대비하면, a.는 (발제) 문주어 지향적이고, b.는 절주어 지향적이다. 이는 '철수'의 위상의 문제와 관련된다. 곧 선행맥락이나 화제, 언급대상성(Aboutness)의 '철수'에서 온 '자기'는 (발제)문주어 지향적이다. 발제로서의 선점에 작용되었다고 볼 수 있다. 그러한 발제의 것이 아니든지, 중립적인 것이면 '자기'는 절주어 지향적이다. 도출 과정으로는 (발제)문주어 지향적으로 장거리 결속이면 LF에서 조응사가 그 쪽에 다가가고, 최소의 문(절) 주어 지향적인 단거리 결속이면 제자리에서 결속의 조건이나 해석에 어울리게 풀이되는 것으로 본다.

이는 R-표현이 어느 선두 자리에 복사되면서 자신은 조응사화하였는가에서 온다. 이와 반대방향의 경우는 선두의 R-표현이 자신을 조응사로 복사하는 경우다.*

---

*결속의 통사적 영역, 그 영역에서의 지배자(동사)의 속성, 그리고 LF에서의 이동·해석과도 관련이 되는 두 DP의 결속의 문제는 피결속어의 하나의 DP가 주어지향적으로 절내/주문 중의 어느 DP에 미치느냐는 것인데, 이는 언어(방언)에 따라 화자에 따라 미묘하게 그 인식성·용인성이 다룰 수 있다. 하물며 아무리 동계의 언어라 하더라도 시대적으로 장기간, 지역적으로 원거리에 떨어져 있는 언어간의 그 문제도 그 만큼의 형태·통사·의미상의 차이가 있기 마련이다. 그리고 장거리 결속에 있어서의 선행어의 인지에 미묘한 차이가 있을 수 있다.

그러한 화자들과 접촉할 기회가 없는 필자로서는 알타이계어 중에 몽고어의 경우를 들어서 재귀표현의 예 그리고 차이점들을 익힌 대로 예시해 보고자 한다. 기타의 언어는 참고적으로 보인다.

먼저 절내의 것을 자동사 그리고 타동사의 경우를 그 부가어 또는 대상논항의 격의 다름에 따라 예시한다.

(1) a. Сурагчид сургуульд явсан.
학생들(이) 학교에 가 았다(갔다)
b. Сурагчид сургуульдаа явсан.
학생들(이) 학교에 (자기의) 갔다.
c. Сурагчид өөрсдийн сургуульд явсан.
학생들(이) 자기의 학교에 갔다.
d. Сурагчид өөрсдийн сургуульд(аа) явсан.
학생들(이) 자기들의 학교에(자기의) 갔다.

(1) a.에서는 아무 학교에도 b.에서는 재귀소유어미가 주어의 '자기의' 학교에 갔다가 된다.

c., d.는 재귀대명사가 선행하는 경우이다. d.에서는 재귀소유어미와 함께 쓰인 경우인데 이 경우 재귀소유어미는 생략이 가능하다.

(2) a. Бат туяагийн дүүг зодсон.
바트(가) 토야의 동생을 때렸다.
b. Бат тууний дүүг зодсон.
바트 그의 동생을 때렸다.
c. Бат дүүгнь зодсон.
바트(가) 동생(그의) 때렸다.
d. Бат өөрийн дүүгээ зодсон.
바트(가) 자기의 동생을(자기의) 때렸다.
e. Бат дүүгээ зодсон.
바트(가) 동생(자기의) 때렸다.

(2) b.는 제 3자의 동생을 나타낸다. c.도 마찬가지다. d.는 재귀대명사와 재귀소유어미(생략가능)가 쓰인 것이고 e.는 재귀소유어미가 쓰인 것이다.

(3) a. Би аавдаа хайртай.
나(가) 아버지에게(자기의) 사랑한다.

b. Бат миний аавд сайн байдаг.
바트(가) 나의 아버지에게 좋아한다.

c. Би өөрийн аавд(аа) хайртай.
나(가) 자기의 아버지에게 사랑한다.

a.는 재귀소유어미가 쓰인 것이고, c.는 재귀대명사와 재귀소유어미가 쓰인 것이다. c.에서 재귀소유어미 없이 쓰이기도 한다.

(4) a. Бат Туяаг өөрт нь дургүй гэж бодсон.
바트(가) 토야를 자기에게(인칭소유) 미워한 다고 생각했다.
(가)

b. Бат нь Тояаг өөртөө дургүй гэж бодсон.
바트는 토야를 자기에게 미워한 다고 생각했다.

c. Бат Тояаг өөртөө дургүй гэж бодсон.
바트(가) 토야를 자기에게 미워한 다고 생각했다.
(가)

d. Бат Туяаг өөрийг нь цохнсон гэж итгэсэн.
바트(가) 토야를 자기를(인칭소유) 때렸 다고 믿었다.
(가)

e. Бат нь Туяаг өөрийгөө цохнсон(байна) гэж итгэсэн.
바트는 토야를 자기자신 때렸 다고 믿었다.
(가)

f. Бат Цэцэгийг өөртөө хайртай байсан гэж итгэсэн.
바트(가) 체첵을 자기에게(재귀소유) 사랑하고 있었다고 믿었다.
(이)

(4)는 복문의 경우로서 주문주어와 절내주어와의 결속에 대한 것이다.

a.는 주문주어인 주격 선행사와 재귀사(여위격 - 인칭소유)의 관계,

b.는 절주어인 대격선행사와 재귀사(여위격 - 재귀소유)의 관계,

c.는 주문주어인 주격선행사와 재귀사(여위격 - 재귀소유)의 경우인데, 상응한 선행 문맥이 있다면 절내주어인 대격선행사와의 결속도 가능하다고 한다.

d.는 주문주어인 주격선행사와 재귀사(대격 - 인칭소유)의 관계,
e.는 절내주어인 대격 선행사와 재귀사(대격 - 재귀소유)의 관계로 g.도 같은 경우다.

화자에 따라서는 결속 영역의 인식이나 표현의 수용에 차이가 있을 수 있는 것으로 본다.

Evenki에는 몽고어와 같은 재귀소유어미가 임의적으로 쓰인다. 대부분의 타동사는 재귀대명사를 취하는데 일부의 타동사에서 재귀소유어미의 목적어를 취한다 (Nedjalkov 1997: 110).

(5) a. Eni n'urikte-l-vi igdy-d'-ara-n.
어머니(가) 머리카락(들)(자기의) 빗질하 ㄴ 다 (그(녀)가).
b. Eni me:nmi igdy-d'ara-n.
어머니(가) 자신을 빗질하 ㄴ다 (그(녀)가).
c. Eni hunat-vi ajav-d'ere-n.
어머니(가) 딸 (자기의) 사랑하 ㄴ다(그(녀)가).
d. Hunat me:nmi ajav-d'ere-n.
딸(이) 자신을 사랑하 ㄴ다(그(녀)가).

튀르크어에서 몽고어, Evenki에서와 같은 재귀소유어미는 안 보이나 다음((6) b.)과 같이 속격의 인칭대명사가 명사에 후행하고 있다.

(6) a. ben-im ev-im 나의 집
나의 집 (나의)
b. kendi ev-im 나 자신의 집

재귀대명사 kendi 다음에 속격의 인칭대명사가 후행하는 예로(Gorge, L.M. et al. 1981 : 119),

(7) (sen$_i$) [kendi -n$_i$ -i başari-ya ulaş-miş] san-iyor-sun.
2인칭단수 자신 너의 대격 성공 여격 이르러-과거 믿-현재 2인칭단수
(너는 (너) 자신이 성공하였다고 믿는다.)
(을)

다음의 제주방언과 대비해볼 수 있다.

(7) 가이 지네 집 가이꺼 삿젱. (그가 자기 집(그의 것) 샀다고)

만주문어에는 재귀대명사 beje(mini beje 나(의) 자신), 현대만주어(依氣布村)에는 pəjie(t'ələ pəjie 그(의) 자신)가 인칭대명사의 소유격 다음에 쓰이나 그것 자체가 단독으로 쓰이기도 하여 재귀소유어미와는 다르다고 본다.

끝맺음

이제, 제1장에서 제11장에 이르기까지의 논의를 끝맺으려 한다. 각 장의 논의는 각 장의 마무리에서 정리되어 있으므로 다시 그것을 여기에 부연할 필요는 없을 것이다.

여기서는 지금까지 논의된 것 중에서 필자 나름대로 문 생성의 기반에 대해 생각한 바를 재확인하고 그 외에 다른 언어들과 대비되는 바를 간추려 두기로 한다.

1. 문의 시작으로 발제 - 결말의 시발구조를 가정하였다. 그 테두리 안에서 어휘부로부터 시초 어근술어핵 V를 도출함으로써 접사술어핵 Af, 핵문술어핵 $\mathcal{V}$ 등 후행 술어핵과의 병합이 이루어지고, 각 술어핵이 도입한 상대논항도 술어핵 병합 중에 위계 조정되어 문이 성립한다. V핵에서는 주로 대상을 Af핵에서는 피사동주, 소동주를, $\mathcal{V}$핵에서는 동작주, 경험주 등의 주어를 도입하기 때문에 $\mathcal{V}$핵의 투사체 내에서 기본적인 의미역이 포화되어 핵문이 성립한다. 의미역의 위계는 시초핵 V와 접사핵 Af의 속성에 의하여 달라지므로 핵문의 주어 자리의 의미역이 고정적일 수 없다. 핵문 술어핵 $\mathcal{V}$는 한국어(제주방언)로 말하면 추상적인 '-다'로 매듭짓는 것이 된다. $\mathcal{V}$는 후행의 보문소핵 C를 중개하여 $\mathcal{V}_2$와 연결되면서 문이 확장된다.

2. 각 술어핵은 하나의 논항을 상대항(외항)으로 도입하기 때문에 그 병합체는 2층위다. 그러나 후행 술어핵과 병합하게 되면 선핵이 도입한 논항은 내항으로 수용하게 된다. 그렇게 되면 핵 - 내항(절점) - 외항(절점)의 3층위가 된다. 외항의 도입을 곧 각 술어핵의 속성에 맞는 상대 논항과의 병합으로 본다면 문은 술어핵과 도입 논항의 대칭관계가 겹쳐가는 식으로 확장조건을 충족시키면서 이루어진다. 그리고 하나의 술어핵이 여러 의미

역 논항을 방출시킬 수 있는 종전의 투사제도 하고는 다르며 주어 외항을 요구하는 EPP자질도 가정할 필요가 없다. 곧 기능범주가 지정어를 요구하는 EPP자질은 모든 술어핵이 하나의 외항을 도입하는 제도에서는 특별히 설정할 필요는 없는 것이다.

3. 문은 보통 T(IP)의 투사체로 보나 필자는 한국어에서 T는 v의 내부속성으로 보고 있다. T는 단독으로 상대 논항을 도출한다고 보지 않기 때문이다. DP가설과도 같이 NP논항을 받쳐주는 조사를 격자질의 D핵으로 하고 있으며, D가 비명시적인 경우도 추상적인 D가 있는 것으로 하고 있다. 격자질은 술어핵의 것은 비해석성자질이나 논항을 받쳐주는 D의 것은 해석성자질로 보고 있다. 곧 술어핵의 격자질은 후행 술어핵의 격자질과의 충돌을 피해서 병합전에, 따라서 LF전에 삭제되지만, 논항의 D는 LF에서 해석되는 것으로 보고 있다. D가 명시적인 경우는 D가 직접 NP에 격을 부여하고 비명시적인 경우라도 ∅의 D가 부여하되 그것에 인접한(자매관계에 있는) 술어핵이 보장하는 것으로 보았다. 격점검 문제는 각 술어핵과 상대논항과의 격자질의 일치, 확인에 대한 문제이다. 일치소구라는 범주를 따로 세우지 않는다. 일치 확인 후에는 술어핵의 격자질은 제거되고 후핵과의 병합이 진행된다.

NP를 지탱하는 D는 문법기능(GF)의 계층적 위계를 잡혀줄 뿐만 아니라 어순상 평면구조를 받쳐주는 구실을 한다. 곧 D의 격자질은 GF는 물론 의미역까지 가시적일 수 있게 하기 때문에 뒤섞기, NP-이동에도 LF의 해석에 지장 없도록 한다.

문에서의 분절 절점의 범주 표시는 생략될 수 있다. 그것은 술어핵의 범주만 표시하면 그 투사체는 술어핵의 범주 층위가 자동적으로 나타나기 때문이다. 상대 논항은 술어핵이 도입하는 DP이므로 이 역시 표시하지 않아도 된다고 본다. 다만 소체구조이론과는 달리 술어핵의 범주 표시는 필요하다. 그것은 어휘부에서 통사부에의 도출의 연결고리다.

VP 위에 vP패각구조는 핵문이 형성되는 것으로 하였고, IP분리가설과는 달리 𝓋핵에 T가 내포되고 𝓋핵이 IP구실을 하는 것으로 하였다.

4. 문 생성의 경로는 여러 가지의 다경로로 보았다. 발제 – 결말의 시발 구조에서 아래로 내려오기의 발제/주어 주도식과 명제구조의 시초 술어핵에서 위로 쌓아올리기의 병합식의 경로가 교차될 수 있다. 발제의 DP가 명제구조에 복사되거나 명제구조의 DP가 발제에 복사될 수도 있다. 전자에서는 문맥(화맥)의 반복, 인용, 언급이나 문제 제기로 출발되는 경우고, 후자는 문중 요소의 내세움, 강조, 대비화로 위에의 이동의 운용이 있게 되는 경우이다. 어느 경우든 국소적인 최단 거리의 제약과 신분상의 변동이 없는 구조보존제약 내에서 논항의 위계화(어순)의 조정이 있게 된다.

실지의 언어사용에서 필자식 곧 각 술어핵의 투사체를 국면으로 보는 처지로서는 한국어의 경우 최하위의 국면(심지어 어근핵만으로도)에서도, 그것을 포용하는 상위의 국면에서도 발화의 구실을 발제–결말의 테두리에서 상↔하로 수행하는 것을 감지할 수 있다.

구체적인 구문의 형성은 시초 술어핵과 Af 접사핵의 여하에 의해 그 기반이 갈리고 핵문의 𝓋핵에서 매듭된다. 그리고 보문은 C를 매개로 내포 또는 확장된다.

1) V핵 능격동사문/비능격동사문/심리동사문
   AV핵 형상성형용사문/성상형용사문/심리형용사문
   NV(V) 하다동사(경동사)문
   NV(AV) 하다형용사문
   NV(N) 명사술어문(계사문)
2) Af핵 피동문, 사동문, 중간동사문
3) 𝓋핵 핵문, 1), 2) 이외의 대격동사문, 대격성경동사문, 이중주격구문
4) C CP로 실현되는가 SC로 실현되는가에 의해 전자는 –이 판단구문, 의도구문, 목적구문, 후자는 –를 판단구문이 된다.
   CP–$\mathscr{v}_2$의 병합에서 CP가 그대로 유지되어 명제구조를 지탱하면 보문주어는 주격(–이 판단구문)이다. CP를 유지 못하고 CP내의

v_1가 v_2에 근접하면 SC화한다(-를 판단구문).

5) C-v_2 긴 사동문, 긴 피동문, -게 하다 심리형용사문·심리동사문

술어 어형의 변동은 V-Af-v-C의 단계에서 일어난다. 이들 술어핵의 병합은 어형의 변동으로 보아 단순한 병합이라기보다 융합의 상태다. V-Af에서 Af핵에 의한 역행동화와 축약현상이 있고, v-C에서도 마찬가지다.

먹이(다)→멕이(다) 먹이어→메기어→메겨

간뎅(←간다고), 오젱(←오려고), 갔젱(←갔다고), 가젱 ᄒᆞ다(←가려고 하다)

먹구젱ᄒᆞ다(←먹고자 하다)(먹구젱~먹구장~먹고정~먹구정)

V-Af 단계에서 동사의 교체도 있게 된다. 제주방언의 중간동사의 경우 무형교체와 유형교체가 있는데 그것은 이 단계에서 행해진다고 본다.

유형교체를 보이면(깨다-깨지다),

a. 그릇이 깨져. (피동)

b. 그릇을 깨져. (가능)

c. 그릇은 잘 깨져. (중간동사)

b.의 가능표현은 공통어에는 잘 보이지 않는다. 제주방언의 '-지' 형태가 피동, 가능, 중간의 구실을 한다는 것은 이 세 가지 표현이 의미적으로 매우 가까운 관계에 있는 것을 보여준다.

구체적인 여러 구문의 형성기제의 논의 외에 마지막 장에서 절 내지 문 중에서의 두 DP의 결속관계도 논의하였다. 제자리에서의 결속의 해석과 LF에서의 절외 주어와의 다가섬의 결속의 해석으로 대별 할 수 있다. 단거리 결속과 장거리 결속의 경우가 된다. 필자로서는 이 역시 앞(위)에서의 발제/주어 주도형과 뒤(아래)에서의 쌓아올리기 식의 경로가 있는 것으로 보았다. 전자의 경우는 뒤의 동일 R-표현이 피결속어로 복사되고 후자의

경우는 최하위의 VP의 R-표현이 절/문 주어로 복사하는 방식이 있을 수 있다. 그렇게 되면 어느 것이나 피결속어는 R-표현의 부분자질의 것이 될 것이다. 자살적 이기성의 한 예로 보아진다.

조응사를 R-표현의 일부자질 [+b, ·····]로서 볼 때 결속관계가 단거리면 재귀화사의 면모를, 장거리면 연산자로서 이동하는 면모를 보여 주게 되는 것으로 생각된다.

5. 한국어는 일본어를 포함한 알타이어계하고 후핵언어에 속하고, V-Af-$\mathcal{V}$-C-$\mathcal{V}_2$와 같은 술어핵의 병합이나 그 투사구도도 비슷하다. 형용사는 계사를 수반하지 않으나, Evenki에서는 수반하는 예가 보인다.

한국어나 일본어는 심리형용사의 대상은 주격, 심리동사의 대상은 대격을 취하나 만주어와 몽고어는 여격, 튀르크어, Evenki는 탈격(몽고어도 탈격을 취하기도 한다) 그 외에도 도구격(Evenki)을 취하는 등 다양하다. 이는 구조적, 형태적으로도 유사하게 제약할 수 없는, 대상을 대하는 심성의 태도의 문제로 본다.

보문 주어는 한국어, 일본어, 만주어가 주격/속격으로 교체하고 몽고어는 속격/대격으로 교체한다. ECM은 대개가 주격/대격이다.

명사술어에서 한국어와 일본어, 그리고 몽고어는 명사 단독으로 쓰이는 경우가 있다. 만주어, 현대튀르크어도 그렇다. Evenki에서 bi 지정(동)사(계사)가 생략되기도 한다.

한국어는 일반적으로는 지정사가 따르는데 아이누어도 지정동사가 따른다. 한국어, 일본어, 그리고 아이누어, 몽고어의 지정/계사 동사는 '있다'의 뜻과 관련된다. 알타이계어의 주격은 ∅격이고 명사술어의 단독형(∅계사)이 쓰이는 것도 고려하면 지정(동)사는 '있다'의 어원이나 주격의 원 형태하고도 어떤 상관적인 관계가 있어 보인다.

격 형태는 제주방언은 의미격 이외의 구조격은 추상격(단 여격은 일반적으로 형태격이나 추상격으로 쓰이는 경우도 있다.)이다. 의미격 중의 향격이 추상격으로 쓰이는 경우도 있다. 아이누어도 구조격은 추상격이고 의미격은 형태격이다. 추상격인 구조격의 구별에는 술어의 의미역에 의존하기 마련인데, 그래서 아이누어 같은 언어는 주격, 목적격의 인칭대명사가 술어에 밀착하여 집합(輯合)적인 언어로 보게 되기도 한 것이다.

만주어, 몽고어, Evenki, 튀르크어 모두는 주격만이 추상격이고 나머지 구조격, 의미격 모두 형태격이다. 단 대격인 경우 부정(不定)적인 경우 그리고 동사에 인접할 때는 추상격으로 쓰이기도 한다. 일본어는 주격, 대격은 추상격으로 실현되기도 하나 속격, 여격은 형태격이다. 의미격은 물론 형태격이다. 이것들을 보면 아이누어, 한국어, 일본어, 기타 알타이어계 순으로 구조격이 추상격에서 형태격 쪽으로 많아지고 있는 것을 알 수 있다.

주격목적어(구문)는 몽고어는 여격목적어로 나타나며, (주어)-소주어(구문)에서는 한국어, 일본어를 비롯해서 다른 알타이어도 추상격으로 실현되는 것을 볼 수 있다.

이중목적어구문의 IO와 DO를 모두 구조격으로 보이는데, 한국의 공통어, 그리고 일본어에서는 IO가 여격의 형태격으로 나타나고, DO는 형태격 혹은 추상격으로 나타난다. 제주방언에서는 모두 추상격으로 나타나기도 한다. 다른 알타이어는 IO는 형태격으로 DO는 추상격으로 나타나는데, DO가 추상격인 경우는 IO-DO의 순에서 동사에 인접한 경우이고, DO-IO 순으로 DO가 앞설 때는 대격이 형태격으로 나타난다. 이 경우도 공통어, 제주방언, 일본어는 추상격으로 나타날 수 있다.

제주방언은 전형적으로 SOV언어지만 수의적으로 SVO, VOS, OVS, OSV, VSO의 어순이 나타난다. 일본어도 거의 마찬가지다. 용인성의 차이가 있겠지만 몽고어에는 VOS, OVS, OSV는 잘 보이지 않으나 SVO, VSO는 볼 수 있다고 한다.

알타이제어에서 만주·퉁구스어계의 남군(南群)인 만주어를 제외하면 주어가 문말에 오는 경우가 있다(인칭어미). 몽고어는 현대는 안 보이고 중세몽고어에는 보인다. 예전에 그리고 지금 한국어, 일본어에서 쓰이는 종결어미 혹은 종조사 -na의 형태가 그 흔적이 아닌가도 싶다. 제주방언의 민요의 그와 같은 형태도 고려될 수 있다. 아이누어는 부분적으로 주어 인칭접사가 쓰이고 있다.

아이누어, 일본어, 한국어 그리고 다른 알타이어도 주어의 pro와 목적어의 pro가 존재한다. 활용형(혹은 인칭어미)으로 파악되기도 하지만 대개가 구조적으로 파악되는 것이다.

이상의 부분적인 대비를 보아서는 모든 알타이어가 매우 비슷한 공통성을 지닌다고 볼 수 있다 다른 점이라면 주어인칭어미와 인칭소유 그리고 재귀소유 표현일 것이다. 주어인칭어미는 한국어(제주방언), 일본어에서 옛 흔적이 남아 있을 듯 하고 인칭소유와 재귀소유 표현도 다음의 제주방언을 보면 예전에 있었을 가능성이 없지 않고, 아니면 그러한 표현들이 새로이 부분지역으로 파생한 것일 수도 있다.

a. 철수(는/ㄴ/가) 책 가이껏 팔안.
b. 철수(는/ㄴ/가) 책 지껏 팔안.

따라서, 외적인 방언의 모습은 한편으로 언어생성의 여러 경로를 보여주고 한편으로 언어(방언)의 분파와 변화의 양상을 보여준다고 하겠다.

끝으로 이 책에서 다루지 못한 접속의 문제는 그 대강에 있어서 병열구조는 해당구(절)의 동일 명칭으로, 종속-주절의 주종(문)구조는 간단한 것은 C-$\mathscr{V}_2$에서, 복잡한 것은 문말의 결말소 S[-결말]에서, 연결처리가 된다고 본다. 유속(내포)구조는 $\mathscr{V}_1$-C에서 도출되든지 혹은 부판(별판)의 것이 포용처리된다.

참고문헌

고창수·김원경(1998) '이다'는 동사인가?, 한성어문학 17 (한성대).

김공칠(1989) 언어연구의 기초이론, 한신문화사.

______(1995) 일어통사론, 글 출판.

______(2000) 아이누어 연구, 한 · 일어와의 비교의 관점에서, 한국문화사.

______(2005) 격의 실현기제와 문구조, 한국일어일문학회 동계학술대회 발표논문집.

______(2007) 술어형성기제, 한국일어일문학회 추계학술대회 발표논문집.

金貴花(1994) 국어의 격연구, 한국문화사.

김동석(1996) 최소주의 문법론, 태학사.

김선웅(1998) 한국어 주격목적어구문, 언어 21-1 · 2, 한국언어학회.

김영희(1985) 주어올리기, 국어학 14, 국어학회.

김용석(1997) 최소주의 재귀사문법, 한국문화사.

김희수(2002) 형식동사 '이다'의 문법, 어학연구 18-3 (서울대).

박순혁(2005) 이동에 대한 신경학적 접근, 언어 30-1, 한국언어학회.

박승혁(1997) 최소주의 문법론, 한국문화사.

양동휘(1994) 수정문법론, 한국문화사.

______(1996) 최소이론의 전망, 한국문화사

______(2002) 최소주의 통사론, 한국문화사.

______(2003) 최소주의 가설, 한국문화사.

양동휘 외(1998) 최소주의 이론, 한신문화사.

양정석(1996) '이다'구문과 재구조화, 한글 232, 한글학회.

______(2002) 시상성과 논항연결, 태학사.

연재훈(1989) 국어중립동사구문에 대한 연구, 한글 203, 한글학회.

유승섭(2003) 국어 겹목적격구문의 격점검에 대하여, 국어국문학 135, 국어국문학회.
유형성(2001) 이중목적격에 관한 일고, 류구상 외「한국어의 목적어」月印.
윤만근(2001) 최소이론의 변천 3, 경진문화사
윤종열(2000) 영어명사구와 절의 유사성에 대하여, 어문학논총 19 (국민대).
_____(2003) 명사구구조 및 명사구 내부 이동현상에 대하여, 어문학논총 22 (국민대).
이광호(1988) 국어격조사 을/를의 연구, 탑출판사.
이홍배(2002) 최소주의 통사론, 한국문화사.
任洪彬(1987) 國語의 再歸詞研究, 新丘文化社.
정태구(2001) 논항구조와 영어통사론, 한국문화사.
천호재(1999) 일본어와의 대조에서 본 한국어의 중간구문, 일본학보 43, 한국일본학회.
_____(2007) 日本語の総称文と中間構文, 일어일문학연구 63-1, 한국일어일문학회.
최기용(편저)(2005) 최소주의의 최근 흐름, 한국문화사.
최동권(2004) 몽골어 대격형 내포문주어 연구, 몽골학 16, 한국몽골학회.

秋山正宏(1996) 最新チョムスキー理論をめぐって (上, 中, 下) 言語 25-1 · 2 · 3, 大修館書店.
安藤貞雄 外(1993) 生成文法講義, 北星堂書房.
今西春秋(1992) 満和蒙和対訳満州実録, 刀水書房.
影山太郎(1993) 文法と語形成, ひつじ書房.
河内良弘(1996) 満州語文典, 京都大学学術出版会.
久野暲(1973=1977) 日本文法研究, 大修館書店.
酒井邦嘉(2002) 言語の脳科学, 中央公論社
柴谷方良(1978) 日本語の分析, 大修館書店.
柴谷方良 外(1982) 言語の構造, 意味統語篇, くろしお出版.
島田昌彦(1979) 国語における自動詞と他動詞, 明治書院.

神保小虎・金沢庄三郎(1978) アイヌ語会話字典, 北海道出版企画センター(新版).

外崎淑子(2005) 日本語述語の統語構造と語形成, ひつじ書房.

竹沢幸一 外(1997) 格と語順と統語構造, 研究社出版.

時枝誠記(1941) 国語学原論, 岩波書店.

________(1950) 日本文語 口語篇, 岩波書店.

中井悟(1999) 言語科学は自然科学か−生成文法の方法論, 昭和堂.

中井悟 外(2004) 生成文法を学ぶ人のために, 世界思想社.

中右実(1991) 中間態と自発態, 日本語学 10−2, 明治書院.

中村捷(1991) 受動態の普遍的特徴, 日本語学 10−1, 明治書院.

______(1996) 束縛関係一代用表現と移動, ひつじ書房.

中村捷外(1989) 生成文法の基礎−原理とパラミター−のアプロ−チ, 研究社出版.

西光義弘(2004) 英語のトピック構文, 益岡隆志編「主題の対照」くろしお出版.

萩原裕子(1998) 脳にいどむ言語学, 岩波書店.

長谷川信子(1990) 原理とパラメータのアプローチにおける受動構文,「認知科学の発展」2, 講談社.

__________(1999) 生成日本語学入門, 大修館書店.

服部四郎(1959) 日本語の系統, 岩波書店.

原口庄輔 外(1992) チョムスキー理論辞典, 研究社出版.

福井直樹(1998) 極小モデルの展開, 田窪行則 外「生成文法」, 岩波書店.

益岡隆志(1987) 命題の文法, くろしお出版.

________(2004) 日本語の主題一敍述の類型の観点から, 益岡隆志編「主題の対照」くろしお出版.

三原健一(1994) 日本語統語構造, 松柏社.

________(1998) 生成文法と比較統語論, くろしお出版.

________(2004) アスペクト解釈と統語現象, 松柏社.

三原健一 外(2006) 新日本語の統語構造, 松柏社.

村山七郎 外(1973) 日本語の起源, 弘文堂.

森田順也(2005) 派生名詞表現の分析, 一分散形態論的見方一, 大石強外編「現代形態論の潮流」, くろしお出版.
渡部明(2001) ミニマリストプログラム入門 1-5, 言語 30-1・2・3・5・6, 大修館書店.
Türeli, O.(1968) トルコ語文法・会話.
Whitman, J.-Y.(1989) 語順と句構造, 竹沢幸一 外「格と語順と統語構造」, 研究社出版.
趙杰(1989) 現代満州語研究, 民族出版社.

Abney, S. P.(1987) The English Noun Phrase in Its Sentencial Aspect, Unpublished Ph, D. dissertation, MIT Press.
Ackema, P. and M. Schoorlemmer(1994) The Middle Construction and Syntax-Semantics Interface, Lingua 93.
______________________________(1995) Middles and Movement, Linguistic Inquiry 26.
Akmajian, A. and F. Heny(1975) An Introduction to the Principles of Transformational Syntax, Tower Press.
Arad, M.(1999) On 'Little *v*', MIT Working Papers in Linguistics 33.
Baker, C. L.(1978) Introduction to Generative Transformational Syntax, Prentice-Hall, Inc.
Baker, M.(1988) Incorporation : A Theory of Grammatical Function Changing, Univ. of Chicago Press.
Bresnan, J. W.(1970) On Complementizers : Toward a Syntactic Theory of Complement Types, Foundations of Language 6.
Bruzio, L.(1986) Italian Sintax, Reidel.
Cho, Sungdai(1993) On the Potential Middle Constructions in Korean, Language Research 29-4.
Chomsky, N.(1957) Syntactic Structures, Mouton.
__________(1977) On WH-Movement, in Culicover et al. (eds.) Formal

Syntax, Academic Press.

__________(1981=1982) Lectures on Government and Binding, Foris Publications.

__________(1982) Some Concepts and Consequences of the Theory of Government and Binding, MIT Press.

__________(1986) Barriers, MIT Press.

__________(1986b) Knowledge of Language, Praeger.

__________(1991) Some Notes on Economy of Derivation and Representation in Principles and Parameters, in Freiden, R. (ed.) Principles and Parameters in Comparative Grammar, MIT Press., and in Chomsky, N. (1995) MIT Press.

__________(1993) A Minimalist Program for Linguistic Theory in Hale, K. et al.(eds.) The View from Building 20, MIT Press, and in Chomsky, N. (1995).

__________(1994) Bare Phrase Structure, MIT Occasional Papers in Linguistics 5. and in Webelhuth(ed.) (1995) Government and Binding Theory and the Minimalist Program, Basil Blackwell.

__________(1995) The Minimalist Program, MIT Press.

__________(1998) Minimalist Inquiries : The Framework, MIT Occasional Papers in Linguistics 15. and in Martin R. et al. (eds.)(2000) Step by Step, Essays on Minimalist Syntax in Honor of Howard Lasnik, MIT Press.

__________(1999) Derivation by Phrase, MIT Occasional Papers in Linguistics 18.

__________(2001) Derivation by Phrase, in Kenstowicz(ed.) Hale, K. : A Life in Language, MIT Press.

__________(2001b) Beyond Explanatory Adequacy, MIT Occassional Papers in Linguistics 20.

Chomsky, N and H. Lasnik(1993) The Theory of Principles and Parameters, in Jacobs, J. et al. (eds.) Syntax. : An International Handbook of Contemporary Research, and in Chomsky, N.(1995) MIT Press.

Collins, C.(1997) Local Economy, MIT Press.

________(2001) Eliminating Lebels, MIT Occasional Papers in Linguistics 20. and in Epstein, S. D. et al. (eds.)(2002) Derivation and Explanation in the Minimalist Program, Blackwell Publishing.

Comrie, B.(1981) Language Universals and Linguistic Typology, Basil Blackwell.

Downing, B. T.(1977) Typological Regularities in Postnominal Relative Clauses, in Eckma, F. R.(ed.) Current Themes in Linguistics, Hemisphere Publishing.

Emonds. J. E.(1976) A Transformational Approach to English Syntax, Academic Press.

Fagan, S, M. B.(1988) The English Middle, Linguistic Inquiry 19-2.

Fillmore, C.(1968) The Case for Case, in Bach, E. et al. (eds.) Universals in Linguistics Theory, Holt, Reinhart and Winston, Inc.

Fujita, K.(1993) Object Movement and Binding at LF, Linguistic Inguiry 24-2.

________(1994) Economy of Derivation and the English Middle, in Park, S-H et al.(eds.) Minimalist Approaches to Syntax and Morphology, Hankuk Publishing Co.

Fukui, N.(1986) A Theory of Category Projection and its Applications, Doctoral dissertation, MIT.

Fukui, N and M. Speas(1986) Specifiers and Projection, MIT Working Papers in Lingustics 8.

George, L. M. et al.(1981) Finiteness and Boundedness in Turkish, Hony,

F.(ed.) Binding Filtering, Croom Helm.

Greenberg, J. H.(1966) Some Univarsals of Grammar with Particular Reference to the Order of Meaningful Elements, in Greenberg, J. H. (ed.) Universals of Language, MIT Press.

Grimshow, J.(1990) Argument Structure, MIT Press.

Grimshow, J. and A. Mester(1988) Light Verbs and θ–Making, Linguistic Inquiry 19–2.

Hale, K. and S. J. Keyser(1987) A View from the Middle, Lexicon Project Working Papers 10, Center for Cognitive Science, MIT.

______________(1993) On Arguement Structure and the Lexical Expression of Syntactic Relations, in Hale, K. and S. J. Keyser (eds.) The View from Bulding 20, MIT Press.

Han, Hak–sung(1987) The Configurational Structure of the Korean Language, Hanshin Publishing Co.

Harada, S.(1973) Counter Equi NP Deletion, in Annual Bulletin 7, Research Institute of Logopedics and Phoniatrics, University of Tokyo.

Hasegawa, Nobuko(2001) Causative and the Role of v Agent, Causer and Experience.「先端的言語理論の構築とその多角的な言証(5)」神田外語大学.

Hoji, H.(1987) Weak Crossover and Japanese Phrase Structure, in Imai, T. et al. (eds.) Issues in Japanese Linguistics, Foris Publications.

Hwang, C. T. J.(1983) A Note in the Binding Theory, Linguistic Inquiry 14–3.

Imai, Takashi(1987) Some Consequences of Move–α and Japanese Grammar, in Imai, T. and M. Saito (1987).

Imai, T. and M. Saito (eds.)(1987) Issues in Japanese Linguistics, Foris.
Jackendoff, R.(1977) $\overline{X}$ Syntax : A Study of Phrase Structure, MIT Press.
____________(1990) Semantic Structure, MIT Press.
____________(1991) Semantic Structures (seconnd printing), MIT Press.
Kang, Young-se(1986) Korean Syntax and Universal Grammar, Hanshin Publishing Co.
Katada, F.(1988) LF-Binding of Anaphors, WCCFL 7.
________(1989) What Can Long-Distance Anaphora Say About Operater Systems of Syntax? NELS 19.
________(1991) The LF Representation of Anaphors, Linguistic Inquiry 22-2.
Kayne, R.(1984) The Antisymmetry of Syntax, MIT Press.
Keyser, S. J. and T. Roeper(1984) On the Middle and Ergative Construstion in English, Linguistic Inquiry 15-3.
Kitagawa, Y.(1991) Copying Identity, Natural Language and Linguistic Theory 9-3.
__________(1994) Shells, Yorks and Scrambled e. g. s., NELS 24.
Kitahara, H.(2002) Scrambling, Case and Interpretability, in Epstein S. D. et al.(eds.) Derivation and Explanation in the Minimalist Program, Blackwell Publishing.
Koizumi, M.(1999) Phrase Structure in Minimalist Syntax, Hituzi Shobo.
Kuno, S.(1972) Evidence for Subject Raising in Japanese, Papers in Japanese Linguistics 1, Japanese Linguistics Workshop, Univ. of California.
_______(1973) The Structure of the Japanese Language, MIT Press.
_______(1976) Subject Raising, Syntax and Semantics 5, Academic Press.
Kural, M.(1997) Postverbal Constitutions in Turkish and the Linear Correspondence Axiom, Linguitstic Inquiry 28-3.
Kuroda, S.-Y.(1965=1979) Generative Grammatical Studies in Japnese

Language, Doctoral dissertation, MIT.

______________(1988) Whether We Agree or Not : A Comperative Syntax of English and Japanese, Linguistic Investigations 12. Reprinted in Kuroda(1992).

Kuroda, S.-Y.(1992) Japanese Syntax and Semantics, Kluwer Academic Publishers.

Larson, R. K.(1988) On the Double Object Construction, Linguistic Inquiry 19-3.

Lee, Jeong-Shik(1992) Case Alternation in Korean : Case Minimality, Doctoral dissertation, Univ. of Connecticut.

______________(1995) The Role of Case in Exceptional Case Marking. 생성문법연구 5-1, 한국생성문법학회.

Li, C. N. and S. A. Thompson(1976) Subject and Topic : A new Typology of Language, in Li, C. N. (ed.) Subject and Topic, Academic Press.

Manzini, M. R. and K. Wexler(1987) Parameters, Binding Theory, and Learnability, Linguistic Inquiry 18-3.

Matsuoka, M.(2003) Two Types of Ditransitive Constructions in Japanese, Journal of East Asian Linguistics 12.

May, R.(1985) Logical Form : Its Structure and Derivation, MIT Press.

Moor, J.(1998) Turkish Copy-Raising and A Chain Localty, Natural Language and Linguistic Theory 16.

Mulder, J.(1976) Raising in Turkish, Proceedings of the Second Annual Meeting of the Berkeley.

Nakamura, M.(1989) Reflexives in Japanese, 言語研究 95, 日本言語学会.

Nedjalkov, I. V.(1995) Converbs in Evenki, in Haspelmath, M. et al. Converbs in Cross-Linguistic Perspective, Mouton de Gruyter.

______________(1997) Evenki, Routledge.

Park, Byung - Soo(1972=1974) Complement Structures in Korean : A Syntactic

Study of the Verb ha, 광문사.

Perlmutter, D.(1978) Impersonal Passive and Unaccusative Hypothesis, Proceedings of the Fourth Annual Meeting of Berkeley Linguistic Socioty.

Pesetsky, D.(1995) Zero Syntax, MIT Press.

Pollock, J.-Y.(1989) Verb Movement, Universal Grammar and the Structure of IP, Linguistic Inquiry 20-3.

Poppe, N.(1954) Grammar of Written Mongolian, Otto Harasowits.

________(1955) Intorduction to Mongolian Comparative Studies, M. S. F. O. 110, Helsinki.

________(1965) Intrudoction th Altaic Linguistics, Wiesbaden.

Radford, A.(1997) Syntactic Theory and the Structure of English, Cambridge University Press.

________(1997b) Syntax : A Minimalist Introduction, Cambridge University Press

Reinhart, T. and E. Reuland (1993) Reflexivity, Linguistic Inquiry 24-4.

Rizzi, L.(1986) Null Objects in Italian and the Theory of pro, Linguistic Inquiry 17.

________(1990) Relativized Minimality, MIT Press.

Roberts, I.(1987) The Representation of Implicit and Dethematized Subjects, Reidel Publishing.

________(1997) Comparative Syntax, Arnold.

Saito, M.(1985) Some Asymmetries in Japanese and Their Theoretical Implication, Doctoral dissertation, MIT.

Saito, M. and H. Hoji(1983) Weak Crossover and Move-α in Japanese, Natural Language and Linguistic Theory 1-2.

Shibatani, M.(1994) Benefactive Construction : A Japanese-Korean Comparative Perspective, Japanese/Korean Linguictics 4, CSLI Publications.

Stroik, T.(1992) Middles and Movement, Linguistic Inquiry 23-1.

________(1999) Middles and Reflexivity, Linguistic Inquiry 30-1.

Takano, Y.(2003) Nominative Objects in Japanese Complex Predicate Construction : A Prolepsis Analysis, Natural Language and Linguistic Theory 21.

Takezawa, K.(1987) A Configurational Approach to Case-Marking in Japanese, Ph. D. dissertation, Univ. of Washington.

Washio, Ryuichi(1990) The Japanese Passive, The Linguistic Review 6.

Williams, E.(1981) Argument Structure and Morphology, Linguistic Review 1.

Yoon, J.-Y.(1990) Korean Syntax and Generalized X-bar Theory, Hanshin Publishing Co.

찾아보기

※ 색인과 대역을 겸하게 하였다.

ㄴ

ㄷ

ㅁ

ㅂ

ㅅ

ㅇ

ㅈ

ㅊ

ㅌ

ㅍ

ㅎ